U0925577

1936 年的鲁迅

无穷的远方，无数的人们，都和我有关。

——鲁迅《且介亭杂文末编·「这也是生活」……》

张梦阳作品

鲁迅全传

苦魂三部曲之三

怀霜夜

中国出版集团有限公司
華文出版社

主要人物表

鲁　迅　浙江绍兴人。姓周，本名樟寿，初字豫山，入学时改字豫才，小名阿张，后改名周树人。一九一八年五月发表第一篇白话小说《狂人日记》时开始用鲁迅作笔名。

许广平　广东番禺人。号景宋，女师大学生，学生自治会总干事。后为鲁迅爱人。

周作人　鲁迅二弟，名櫆寿，字星杓，小名阿櫆，后改名周作人。

周建人　鲁迅三弟，名松寿，字乔峰，小名阿松，后改名周建人。

王蕴如　浙江上虞人。周建人的夫人。

鲁　瑞　浙江绍兴安桥头人。鲁迅母亲。

朱　安　浙江绍兴城里凰仪桥（俗称黄泥桥）丁家弄人。鲁迅原配夫人。

瞿秋白　江苏常州人。中国共产党早期领导人，作家、翻译家、文艺理论家。原名阿双，谱名懋森，字熊伯，号秋白、雄魄，又名爽、霜，笔名陈节、易嘉、萧参、惟宁、疑冰、何凝、史铁儿、范易嘉、宋阳、何苦、屈维它等。

杨之华　浙江萧山人。瞿秋白夫人。中国共产党早期干部。

瞿独伊　浙江萧山人。杨之华与前夫之女，在杨之华与前夫离婚、与瞿秋白结婚后，改姓瞿。瞿秋白视为己出。

许羡苏　浙江绍兴人。许钦文四妹，曾在女师大学习，后在女师大图书馆工作。在鲁迅家三次居住，并协助管理家务。

俞　芬　浙江绍兴人。鲁迅在砖塔胡同暂居时的邻居。

俞　芳　俞芬的二妹。

俞　藻　俞芬的三妹。

内山完造　日本冈山人。内山书店老板，鲁迅挚友。

内山美喜子　日本人，内山完造夫人。

内山嘉吉　日本冈山人。内山书店老板弟弟。

宋庆龄　上海人。孙中山夫人。

蔡元培　浙江绍兴人。时任“南京政府”大学院院长。

沈钧儒 浙江嘉兴人。字秉甫，号衡山。曾任国会议员、广东军政府总检察厅检察长、上海法科大学教务长。

胡愈之 绍兴上虞丰惠镇人。原名学愚，字子如，笔名胡芋之、化鲁、沙平、伏生、说难等，著名社会活动家。

柳亚子 江苏苏州吴江区黎里镇人。创办并主持南社。诗人。曾任孙中山总统府秘书，中国国民党中央监察委员、上海通志馆馆长等。

杨杏佛 江西清江人。社会活动家。中央研究院总干事，中国民权保障同盟总干事。一九三三年六月十八日被国民党军统特务暗杀于上海。

茅 盾 浙江桐乡人。原名沈鸿，改名沈得鸿，字雁冰，笔名茅盾、方璧、玄珠、沈余、东方未明等。著名作家。

冯雪峰 浙江义乌人。原名福春，笔名画室、洛扬、吕克玉、何丹仁等。诗人，文艺理论家。曾与鲁迅等筹备中国左翼作家联盟，担任过“左联”党团书记、中共上海中央局文化工作委员会书记和江苏省委宣传部部长等职。

胡 风 湖北蕲春人。原名张光人，笔名张果、高荒等。文艺理论家。曾任“左联”宣传部长和行政书记。

梅 志 江苏常州人。原名屠圮华，屠琪，笔名梅志。胡风夫人，作家。

许寿裳 浙江绍兴人。字季茀，又作季芾，号上遂。教育家。鲁迅至交。曾在北京女子高等师范学校等校任职，当过中央研究院院长蔡元培的秘书。

郁达夫 浙江富阳人。作家。

林语堂 福建漳州人。作家。

巴 金 四川成都人。祖籍浙江嘉兴。原名李尧棠，另有笔名有佩竿、极乐、黑浪、春风等，字芾甘。中国作家、翻译家、社会活动家、出版家。

曹聚仁 浙江浦江人。字挺岫，笔名陈思、刘率真等。作家。

王春翠 曹聚仁夫人。

黎烈文 湖南湘潭人。小名六曾，笔名李维克、林取、达五、达六等。作家，时任《申报》“自由谈”主编。

萧 军 辽宁义县人。原名刘鸿林，后改名蔚天，笔名田军、萧军、刘军等。作家。

萧 红 黑龙江呼兰人。原名张迺莹，笔名萧红、悄吟。作家。

聂绀弩 湖北京山人。原名聂国棪，笔名耳耶、箫今度等。作家。

唐 弢 浙江镇海人。原名唐端毅，笔名风子、晦庵等。作家。

黄 源 浙江人，翻译家、出版家。

许粤华 浙江人，翻译家，笔名雨田。黄源夫人。

许钦文 浙江绍兴人。鲁迅学生。作家，曾著《故乡》等小说。

陶元庆　浙江绍兴人。字璇卿。画家。

荆有麟　山西猗氏人。又名李林，笔名艾云、织芳、金林等。曾协助鲁迅创办《莽原》周刊等。

章廷谦　浙江上虞人。字矛尘，笔名川岛。作家。

李小峰　江苏江阴人。名荣弟，字小峰。出版家。曾为北京大学新潮社成员，后参加编辑《语丝》，创办北新书局。

李霁野　安徽霍邱人。翻译家。未名社成员。

台静农　安徽霍邱人。作家，书法家。未名社成员。

韦素园　安徽霍邱人。翻译家。未名社成员。

尚　钺　河南罗山县人。原名宗武，字健庵。作家、历史学家。

徐诗荃　湖南长沙人。原名徐琥，笔名冯珧、梵澄等，晚年始用徐梵澄为通名。哲学家、翻译家。

周　扬　湖南益阳人。字起应。文艺理论家。中国左翼作家联盟党团书记。

夏　衍　浙江杭州人。原名沈乃熙，字端先。文学、电影、戏剧作家，报告文学作家。

田　汉　湖南长沙人。戏剧家，诗人。中国左翼作家联盟常务委员，左翼戏剧家联盟党团书记。

阳翰笙　四川高县人。作家。曾任中国左翼作家联盟党团书记和中共上海局文委书记。

徐懋庸　浙江上虞人。作家，翻译家。文艺家协会理事。

沙　汀　四川安县人。原名杨朝熙，又名杨子青。作家。

傅东华　浙江金华人。原名傅则黄，字冻药，笔名伍实等。作家、翻译家。

杨邨人　广东潮安人。笔名柳丝等。作家。

胡　适　安徽绩溪人。原名胡洪，字适之。作家，学者。五四文学革命倡导者之一。

陈烟桥　青年木刻家。

白　危　青年木刻家。

曹　白　青年木刻家。

李　桦　青年木刻家。

林　夫　青年木刻家。

沙　飞　青年摄影家。

山本实彦　日本《改造》社社长。

增田涉　日本汉学家，鲁迅著作《中国小说史略》等的翻译家。

辛岛骁　日本汉学家。

鹿 地 亘 日本革命青年，鲁迅著作翻译者。

池田幸子 日本人，鹿地亘爱人。

奥田杏花 日本人，日本牙科医生兼塑像家。

儿 岛 亨 日本革命青年。

山本初枝 日本歌人。中国文学爱好者。笔名幽兰。

斯 诺 美国著名记者。

史沫特莱 美国记者、作家，共产党员，长期在中国活动。

蒋介石 祖籍江苏宜兴，生于浙江奉化。名中正，字介石，幼名瑞元，谱名周泰，学名志清。国民党当政时期的主要领导人。

陈立夫 浙江吴兴人。名祖燕，字立夫。曾任蒋介石机要秘书，中统头目。

戴 笠 浙江衢州府江山县保安乡人。国民政府军事委员会调查统计局、即军统长官。

沈 醉 湖南湘潭人。字叔逸。深得军统长官戴笠信任。

宋希濂 湖南湘乡人。毕业于黄埔军校第一期，国民党第三十六师师长。

王杰夫 吉林人。中统“中共负责人招待所”领导，中共问题专家，瞿秋白“劝降小组”负责人。

陈建中 原中共陕西省委书记，一九三三年七月被捕，叛变，受到中统重用，就职南京总部。瞿秋白“劝降小组”成员。

目　录

序　幕　上海外滩

外滩夜影

公元一九三五年，即民国二十四年五月初的一个傍晚，夕阳下去，弯月上来了。小风吹在脸上，凉爽爽的。波光粼粼的黄浦江，在月光和西岸霓虹灯光的交相辉映下，悠缓地载着汽轮和帆船，从苏州河的外白渡桥下，向东流去，不时发出一声声呜呜的汽笛鸣响。而万国建筑中最高耸的海关大楼钟楼的钟声响起时，就将其他声响都压下去了。只听得嗡嗡嗡地一下下地敲，一共敲了七下。这座大钟楼，亚洲名列第一，世界名列第三。海关大楼顶部为逐级收拢的四面钟楼，每日准确、悠扬的报时钟声，使之与南侧汇丰银行大楼一起成为当时外滩建筑群的核心建筑之一。

这就是上海的名片——外滩。

外滩最显著的标志，就是西岸多层和高层、式样五花八门、美轮美奂的建筑群，诸如英国古典式、英国新古典式、英国文艺复兴式的亚细亚大楼、上海总会、汇丰大楼、怡和大楼等，还有法国古典式、法国大住宅式、哥特式、巴洛克式、近代西方式、东印度式、折中主义式、中西掺合式等的楼厦，被誉为“万国建筑博览”。北起苏州河口的外白渡桥，南至金陵东路，全长约一千七百米。无论是极目远眺还是徜徉其间，都能感受到一种雄浑、雍容的

上海的名片——外滩。

气势。

最华贵、美丽的是外滩的夜色，华灯初上时，外滩各栋建筑物上灯光辉煌，霓虹闪闪，一座座犹如水晶宫似的，令人赞叹不已。

其实，一百多年前，上海仅是江南沿海的一个中等县城，航运事业很不发达，人们没必要也没能力在沿江修筑堤岸，所以除县城东门黄浦江岸外，大部分江岸是一片自然滩地。退潮时，江水聚滞在河床中心，露出一大片滩地。涨潮时，江水又没过河滩。黄浦江是上海的主要河道。由于江宽水急，逆水而行的船就须拉纤行走。几百年来，纤夫的足迹就在黄浦江滩踩出一条曲折多弯的小道，人们称之“纤道”，这纤道就是外滩最早的路了。在上海的地名习惯用词中，一般把河流的上游叫作“里”，河流的下游叫作“外”，上海人习惯把虹口港上的汉阳路桥叫作“里虹桥”，把长治路桥叫作“中虹桥”，把大名路桥叫作“外虹桥”，就是根据桥所在河流的位置来取名的。

同样，苏州河入黄浦江口的第一座桥叫作“外白渡桥”，依次向里的桥也俗称“里白渡桥”、三白渡桥。如以县城为依据时，距城近的地方称为“里”，距城远的地方称为“外”，进入上海县城附近的黄浦江在陆家浜出口处形成一个急弯，于是上海人就以陆家浜为界，其上游称为“里黄浦”，下游称为“外黄浦”。里黄浦的河滩叫作“里黄浦滩”，简称“里滩”，外黄浦的滩地就叫作“外黄浦滩”，简称“外滩”。

一八四〇年以后，上海作为五个通商口岸之一，开始对外开放。一八四五年英国殖民主义者抢占外滩，建立了英租界。一八四九年，法国殖民者也抢占外滩建立了法租界。分别叫作“英租界外滩”和“法兰西外滩”。公共租界的工部局和法租界的公董局分别为它们的最高市政组织和领导机构。租界俨然是一个主权区，西方列强以他们的方式经营、管理、建设租界，外滩就成了租界最早建设和最繁华之地。早期的外滩是一个对外贸易的中心，这里洋行林立、贸易繁荣。从十九世纪后期开始，许多外资银行和华资银行在外滩建立，这里成了上海的“金融街”，又有“东方华尔街”之称，于是，外滩成了一块“风水宝地”。在外滩拥有一块土地，不仅是财富的象征，更是名誉的象征。商行、金融企业在外滩占有一席之地后，即大兴土木，营建公司大楼。外滩的建筑大多经过三次或三次以上的重建，各国建筑师在这里大显身手。经营、管理、建设租界，外滩就成了租界最早建设和最繁华之地和对外贸易中心。

这样的十里洋场，是冒险家的乐园，也是声色犬马、寻欢作乐的场所。什么上海夜总会、跑马厅等都是洋人与高等华人吃喝玩乐的高级享受园地，应有尽有。外边的黑暗角落，桥头江畔，则是嚷着“勿要哇啦哇啦”的小瘪三，和“姑娘勒浪做生意”的暗娼、妓女，还有高喊卖报的破衣烂衫的报童。

忽听一个报童在喊：“最新消息嗑！‘赤共闽省书记之妻投诚，供出瞿秋白之身份’！”

熙熙攘攘的人群中，有人不闻不问，照样疾行；有人心生好奇，从旁打听；一个中年男人，不言不语，沉稳地掏出两块铜板，交给报童，拿过报纸，匆匆而去。

杨之华

在上海一处偏僻的亭子间里，刚刚奔波回来的杨之华，拖着疲惫不堪的身子进了门，顾不上洗漱，就倒在床上。

她刻骨铭心地思念着秋白。一九三三年深冬，中央命令秋白赴江西苏区时，他们是多么难分难舍呀！申请俩人一起去，无论怎样艰苦，哪怕是刀山火海也永不分开！但是中央却不同意，一定要秋白独自去。他们也只好服从。临走前，秋白去看望他最敬重的鲁迅先生，先生也觉得以秋白的身体状况，不宜去苏区，但也没有办法，只能和秋白推心置腹地长谈。

第二天，秋白又去探望并告别了茅盾。

晚上秋白回来，非常兴奋地谈着鲁迅先生，景仰与亲近之情溢于言表。对之华说：“要见的都见到了，茅盾和鲁迅身体都好，海婴也没有什么病。鲁迅和许先生睡了一夜地板，把床让给了我。”

最后他们两人离别时，秋白去买了十册黑漆布面英文练习本，分成两半，说道：“这五本是你的，这五本是我的，我们离别了，不能通讯，就将要说的话写在上面罢，到重见的时候，交换着看吧！”之华接过练习本，和自己最亲爱的人拥泣一团。

秋白一夜没有休息，但精神很好。他和之华谈当前的工作，也谈离别以后的生活。之华发现秋白一直为分别后自己的生活担心，为自己的安全忧虑，就像小孩子似的轻松地对秋白说：“不要紧的，过去离别几次不是都看见了吗？这次当然也一样！”秋白忽然紧紧握住之华的手说：“之华，我们活要活在一起，死也要死在一起。你还记得广东某某同志夫妇一同上刑场的照片吗？”之华点点头，紧紧地拥抱着秋白说：“直到那一天也是幸福的！”他们互拥着，沉入爱的海洋。结婚多年，之华一直没有怀孕，前夫所生的独生女瞿独伊，秋白视如己出，担心再有孩子会影响工作，也会更加减少对独伊的照顾，所以始终非常节制。有时在一起，也一定采取避孕措施。这晚，之华却不管那套了，她盼望自己能再怀孕，为秋白留下一个他自己的骨血。但是虽然从来没有这般甜蜜地在爱的海洋中自由地游来游去，之华还是没有怀上孩子。

临分手，秋白对之华说：“如果可能有信，会寄到鲁迅先生那里，托他转交给你。”

秋白离沪去苏区以后，鲁迅就成了瞿秋白与杨之华之间的特殊联络员。春天，杨之华两次托人带药品给秋白，其中有一种药品是鲁迅亲自购买的。

因为杨之华担任过中央妇委、全国总工会女工部、上海党中央组织部秘书等职，认识她的人很多，为了鲁迅的安全，她绝不轻易去鲁迅家里，与鲁迅先生很长时间没有联系。一九三四年年底，杨之华听说鲁迅病了，决定找机会去看望。那是一个寒冷的晚上，杨之华从后门进去，走上熟悉的楼梯，在二楼房间里，看见鲁迅先生坐着烤火。他的头发和胡子很长，脸瘦削凹陷得厉害，眼眶也深陷了进去，好像大病初愈的样子。杨之华惊异地问他身体为什么这样不好。他没有回答，却沉重地反问杨之华：“听说秋白在苏区病死了，这个消息确实吗？”猛一听鲁迅的话，杨之华的心好像给针扎了一下，一时心神不安起来。镇静下来后，像是安慰鲁迅又像安慰自己似的告诉鲁迅：我没有听到什么消息，这个消息不见得确实。鲁迅不胜感慨和惋惜地说：“像秋白这样的身体，去苏区是不适宜的，应该去苏联才对。”最后鲁迅嘱咐杨之华：“把消息打听确实后立刻告诉我。你自己多加小心。”

后来杨之华得到了瞿秋白仍然活着的确讯，便给鲁迅写了一封平安信。

不久，上海地下党组织接二连三地遭到严重破坏，杨之华的家也受到国民党军警搜查，幸好被住机关的朱姚老太太接出来，一起住在杨树浦沈家滩一位工人家中。去苏区的交通中断了，不可能与秋白取得联系，也担心牵连鲁迅先生，不敢去问鲁迅。在极为困难的境况下，何叔衡的女婿、地下党印刷厂的负责人杜延庆，帮助她考上了英商班达蛋厂，每天从早到晚做十几个小时的苦工，艰辛不堪。

四月初，杨之华给鲁迅写了一封信，询问是否有秋白的来信或是否有可能同秋白通信。这样，鲁迅总算知道了杨之华的下落，马上派人送信给杨之华说：有紧急事情找你二十多天了，赶快来取信！

原来瞿秋白以“林祺祥”之名给鲁迅、周建人和杨之华写信。信寄到在上海商务印书馆当编辑的周建人那里，信封背面盖了一个蓝色长方形印章，这是已经过监狱检查的印记。杨之华赶快到周建人那里看到了信。此时的周建人已经与羽太芳子彻底分手，与自己的学生王蕴如结了婚。

信的内容是：

> 我在北京和你一杯之交，分别多年没通消息，不知道你的身体怎样，我有病在家住了几年，没有上学。二年前，我进同济医科大学，读了半年，病又发，到福建上杭养病，被红军俘虏，问我作什么，我说并无擅长，只在医科大学读了半年，对医学一知半解。以后，他们决定我作军医。现在被国民党逮捕了，你是知道我的，我并不是共产党员，如有人证明我不是共产党员，有殷实铺保，可释放我。

结尾署名林祺祥。鲁迅、周建人和杨之华一看就明白这是瞿秋白暗示自己已经落入国民党铁窗，但没有暴露身份，希望设法营救。

周建人还把瞿秋白致杨之华的信交给了杨之华本人，信中写他在上杭被捕，在狱中衣衫单薄，夜间很冷，食物又少，受冻受饿，管狱的人告诉他：要有殷实铺保或有力的团体可以保释。

鲁迅把瞿秋白的信转交给杨之华后，把瞿秋白被捕一事也告诉了茅盾。茅盾很着急，问能否有办法搭救。鲁迅说，这一次上海党组织破坏很严重，看来只有自己想法开铺具保了。于是鲁迅一面写信四处借钱，一面打算筹款开一个铺子。

杨之华见到秋白的信后，如五雷轰顶，焦急万分，一天一夜未眠。当时党的领导机关都被破坏了，无法依靠组织去营救秋白。再三考虑，还是找杜延庆商量，想利用存下的一架印刷机办一个印刷所，作为铺保去保释秋白，但没有钱，就还托杜延庆去找鲁迅，并带上杨之华的一封亲笔信，请鲁迅设法。一九三五年鲁迅的健康状况已很不好，还是热情地接待了杜延庆，看了杨之华的亲笔信后，立即答应筹钱，但又心情沉重地要杜转告杨之华：秋白的真实身份虽然尚未暴露，严酷的斗争事实告诉我们，敌人是不会轻易放人的，其后果只能是凶多吉少。要杜代为安慰之华同志，请她保重，作最坏的精神准备。杜延庆将鲁迅先生的意见转达给杨之华。杨之华听了，不但不感到突然，反而更为冷静地说："自得知秋白被捕的消息起，就有这种估计，况且和秋白一起被捕的还有几个人，更难免会被敌人发现，争取保释的希望是很小的，我已作了最坏的精神准备……"

虽然作了最坏的准备，但只要尚有万分之一的可能，就不能放弃努力。杨之华多方设法，通过一个同志的关系，找到以牧师身份掩护工作的秦化人，他找了一个旅馆老板，写好了铺保证明。

随后，杨之华请周建人夫人王蕴如找到一家烟纸店楼上的亭子间，离开班达蛋厂，住进亭子间。用鲁迅托人送来的五十元钱，亲手做了两条棉裤，连同鲁迅又送来的五十元和旅馆主人出具的铺保，一并寄往福建上杭。她抱着莫大的希望日夜等候保释出狱的瞿秋白，在朋友相助下租定房子以备秋白保出后到上海静心养病。

等着吧，看上天是否有眼了……

咚咚咚，响起暗号式的敲门声，杨之华连忙起身开了门，是杜延庆，哭丧着脸，进来关好门后，就递过两份报纸，轻声说:“报上已经登出，秋白暴露身份了。”

杨之华拿过报纸一看，几乎晕倒在床上。除小报上登着“赤共闽省书记之妻投诚，供出瞿秋白之身份”外，各大报纸也以醒目标题报道了捕获瞿秋白的消息。

给了报纸，杜延庆说:“我是在外滩桥头买到报纸的。立刻去鲁迅先生家，他说已经看见报了。一直木然地坐在那里，一言不发，悲痛得头也抬不起来了。”说完就转身开门走了，轻轻地将门合上。

上海的住所，亭子间可能是最上不了台面的。它位于灶披间之上、晒台之下，挑高只有两米左右，面积仅仅六七平方米，朝向北面，地板是由未经加工的木板拼接而成的，十分粗糙。虽然因为地理位置的关系，曾被打趣地称为厨房的“顶头上司”，但毕竟条件太差，一般只是用来堆放杂物，偶尔也可以居住佣人，或出租给穷人。住在里面，真可说是冬冷夏热，厨房烧柴的时候，一缕一缕的青烟从地板缝冉冉上升。亭子间上面又有所谓晒台者，名义是作为晾晒衣服之用，但是实际上是人们乘凉的地方，打牌的地方，开演留声机的地方，还有另搭一间做堆杂物的地方。晚上会吵得人无法入睡。

杨之华住的这间烟纸店楼上的亭子间，条件格外差。夏天赛蒸笼，冬天如冰窖，刚到五月就令人气闷难忍。加上刚才知道的让她崩溃的消息，就气闷得要死了。她欲哭无泪，只是木然地躺着，要与秋白一块儿去死。

即使自己也知道是无望的挣扎，杨之华还是写信给宋庆龄、鲁迅、茅盾、柳亚子等人，希望通过社会舆论，公开营救。

柳亚子写给杨之华一封回信，说:“接来信，怅然！孙夫人被监视，我亦一样，心有余，力不足，事与愿违，千万保重身体。”后来他遇到杨之华时，说当年不能营救秋白是他“引为终身遗憾之一，甚愧他日无以见秋白于地下也”。

大陆新村九号

鲁迅到上海定居，先住景云里，后来搬至拉漠斯北川公寓，一九三三年四月十一日迁居大陆新村。这是当时大陆银行投资所建，专为出租而造的住宅，一排排紧挨着的三层楼建筑。因为处在“越界修路”区域，即外国列强越出“租界”范围修筑马路的地方，所以称之“半租界”。鲁迅所谓的“且介”，即取“租界”二字各一半，含有“半租界”之意。“且介亭”，表明这些杂文是在上海半租界的亭子间写就的。鲁迅住九号，西邻十号住的是白俄巡捕，东邻八号是一家日本人，大门原先是铁栅式，后来封上洋铁皮，因为有日本小孩常来欺负海婴，丢石块，喊叫“八格耶罗”，还用洋泾浜的中国话骂他“猪猡”。

大陆新村九号是新式里弄，进前门是方形的小天井，长四公尺，宽二公尺半，人一多就挤得转不开身。这里种过牵牛花，也种过海婴操持的南瓜，由于只有二尺许一条土壤，名贵花卉种不活。

从天井进门是客厅，可会客也可以用餐。鲁迅的客厅里摆着长桌，长桌是黑色的，油漆不十分新鲜，但也并不破旧，桌上没有铺什么桌布，只在长桌的当心摆着一个绿豆青色的花瓶，花瓶里长着几株大叶子的万年青。围着长桌有七八张木椅子。尤其是在夜里，全弄堂一点什么声音也听不到。它可坐八人，鲁迅坐南朝北，既是主位又不碍上菜。配的八张椅子，均一色西洋薄黑漆。

这间客厅日常很少使用，平时家庭用饭都在玻璃格门内间，隔门可敞开。周建人夫妇来也在内间吃饭，两家人团聚在一张小桌边更显得亲切。孩子不上桌面，碗面上夹些菜在一旁吃，上桌面是孩子长大成人的标志。鲁迅是绍兴人，又在家乡长大，按照生活环境和遗传，应当具有相当酒量，但没有醉过。其实他饮酒不多，一两杯而已，喝尽杯中的酒就说：“盛饭哉！”同时劝别人再继续喝，但是客人也就此停杯用饭了。

从一楼里间北进，迎面是洋灰质楼梯，上去十几级是鲁迅的卧室，右手边是亭子间。三楼卧室边上也有一间亭子间，可留住客人。三楼的卧室由海婴和保姆住，卧室正面是落地窗，窗外是个宽不足二米的阳台。

三层楼上阴面还有一个晒台，供平日晒晾衣被用。到了春节要燃放花炮、烟花，它又是一处好去处。楼下的天井太窄，能蹿天的烟花施展不开，而晒台的视野开阔，“穿天老鼠”在空中可摇曳多时，那是孩童最兴奋的时刻。

鲁迅的卧室，一张铁架大床，床顶上遮着许广平亲手做的白布刺花的围子，顺着床的一边折着两床被子，都很厚，花洋布的被面。挨着门口的床头的方面站着抽屉柜。一进门的左手摆着八仙桌，桌子的两旁藤椅各一，立柜站在和方桌一排的墙角。立柜本是挂衣服的，衣裳却很少，都让糖盒子、饼干桶子、瓜子罐给塞满了。沿着墙角往窗子那边走，有一张装饰台，桌子上有一个方形的满浮着绿草的玻璃养鱼池，里边游着的不是金鱼而是灰色的扁肚子的小鱼。除了鱼池之外另有一只圆的表，其余地方满装着书。铁床架靠窗子的那头的书柜里书柜外都是书。最后是鲁迅的写字台，上边也都是书。家里，从楼上到楼下，没有一个沙发。鲁迅工作时坐的椅子是硬的，到楼下陪客人时坐的椅子又是硬的。鲁迅的写字台面向着窗子，桌上铺了张蓝格子的油漆布。四角都用图钉按着。桌子上有小砚台一方，墨一块，毛笔站在笔架上。笔架是烧瓷的，不很细致，是一个龟，龟背上带着好几个洞，笔就插在那洞里。鲁迅多半是用毛笔的，钢笔也不是没有，放在抽屉里。桌上有一个方大的白瓷的烟灰盒，还有一个茶杯，杯子上盖着盖。鲁迅的习惯与别人不同，写文章用的材料和来信都压在桌子上，把桌子压得满满的，几乎只有写字的地方可以伸开手，其余桌子的一半被书或纸张占有着。这时，桌上乱放着几张报纸。左手边的桌角上有一个带绿灯罩的台灯，那灯泡是横着装的，是上海极普通的台灯。桌前是一张旧藤椅，旁边还有一张躺椅，也是藤的，光滑而陈旧。

这时的鲁迅，比十年前在北京时衰老病弱多了。一直木然地半躺在藤躺椅上，一言不发，悲痛得头也抬不起来，两眼满含着泪水。

许广平在一旁站着，默默地不说一句话，也不知道该说什么。她已经成为一位丰满的中年母亲了。

快六岁的海婴不晓得父母的心事，跑进来要耍着玩。广平连忙拉住他，一直拉到三楼他的卧室，指着玩具柜里的“积铁成象”说：“送你玩具的何苦叔叔病得要死喽，阿爸悲伤极了，勿要吵闹！”

海婴听了，马上不作声了，也低下头来。

坐在躺椅上的鲁迅，猛然想起什么，立即起身坐到桌前藤椅上，挪开报纸，抱着万一的可能，提笔给中央研究院院长蔡元培和正给蔡当秘书的挚友许寿裳写信，恳请他们能够设法保住瞿秋白的生命……

第一章　秋之白华

秋白囚室

一九三五年，国民党第三十六师在福建长汀的驻地，曾经是汀州试院和龙山书院以及汀郡中学堂，此时重兵把守，壁垒森严。

红色的墙壁，圆形的墙檐，坐南朝北，大门两边是两座长汀特有的瘦长石狮。两个穿黄色军装的士兵，持枪守在门口两边。走进拱形的红色大门，满是持枪的黄衣兵士，气氛阴森。但桂花香气扑鼻而来，大院里一棵老樟树后面，立着株巨伞似的四季桂，开满浅黄色的小花，有如晴朗夜空中的点点繁星，闪射异彩，清香醉人。桂树下洒了一地金黄的“花魂”，至死要将余香吐尽。

桂花树旁边是双柏树，直矗云天，据说此“双柏”植于唐代大历年间，距今已有一千三百余年。清代大学者纪晓岚曾在试院做过监考，当年常在“双柏”下散步。

沿着古树间的甬道往前走，是一座翘着黑色尖檐的大殿，殿内曾经是苏维埃代表大会的会场。现在则是三十六师的师部，师长宋希濂就住在楼上。进殿往里，从左后门出去，右拐，进里院，又见两株四季桂，喷吐着桂花香气，只是比大院中的小些。

出里院左门，右拐，往南走过一条狭长的小道，到头再右拐，沿殿堂后窗和大院红色后墙间的过廊西行，就见砌筑齐整的灰色砖墙和一扇拱形的小门。出门右拐，又是一狭长过廊，从左侧的小门进去，是一座小院。院内北面是高耸的黑檐白墙，南面是两间陈旧的小屋。墙、屋之间是鹅卵石铺地的狭窄院落。走进东边的小屋，北墙靠着一个茶几，两边各有一把原木色的旧椅，一把有扶手，一把没有。从隔断小门进到里屋，见南墙边放着一张单人床。床上铺着白色被单，床东头是叠得整整齐齐的青白薄被，西头放着枕头。床边东墙立着木制脸盆架，北边玻璃窗下摆着一张书桌，桌上放着两匣线装书，旁边是青瓷笔洗，笔架。架上有一大一小两杆毛笔和两支篆刻刀。一台圆砚压着一叠中式信纸，正中端端正正摆放着一个打开的黑漆布面练习本子。桌前是一把旧式的椅子。桌右是屋门，可以出门来到院落。

只见瞿秋白坐在床边，黑色上衣，白色裤子，脸色苍白，戴着眼镜，左手扶腿，右手支床，压着一页稿纸，陷入深深的沉思，像是酝酿着诗篇……

秋白，一八九九年一月二十九日诞生在江苏常州府旧城南部的青果巷八桂堂“天香楼”一家书香门第。他所属的瞿氏家族，世代读书，世代做官，不仅代代研习四书五经、经史子集，而且许多人深谙琴棋书画，多才多艺。秋白的叔祖父瞿庚甫和父亲瞿世玮，都是在画家传略上有条目的人。三伯父瞿世璜擅长篆刻。秋白从小受到诗书熏陶，向长辈学习过绘画、篆刻。他在家族中排在“懋”字辈，谱名懋淼，字熊伯。

出生时，父母发现他的发际呈双螺旋形，即“双顶”，于是给他取乳名“双”，小名阿双或阿爽，后来他自己改为阿霜。他母亲江阴金璇，字衡玉，是位好佛的才女。秋白少年时代受其母影响很深。他在《金刚经》上读到偈语“一切有为法，如梦幻泡影，如雾亦如电，应作如是观”后，说人生既如朝露，当亦如秋霜，乃改小名为阿霜。他的一位表姑知道后说：“你用霜为名，不免有点凄厉。”秋白说：“我这个霜不是瓦上霜，而是做霜中之杰。”于是上学读书后，学名起为“瞿霜”。他又自起别号瓠舟、秋白、涤梅、铁梅。其中“秋白”，直接从“霜”字演化出来，成了他最常用的名字，意为像霜雪一样洁白纯净，清明晶莹，不随俗流。

秋白坐在床边……

秋白天赋甚高，十三岁就写过一首咏菊诗：

今岁花开盛，栽宜白玉盘。
只缘秋色淡，无处觅霜痕。

这首诗既嵌入了自己的名字：秋白、霜，又寄情耐寒的菊花，表达了对高洁、正直品格的追求。获得母亲的称赞，父亲却顿觉怆然，认为诗里充满不吉利语，叹息道："此儿恐不得善终。"

秋白出身的家族，与鲁迅有相同之处：都是"士的阶级"，也都是长子，还都有一个不善经济的父亲，起初衣食无忧，安逸舒适，后来破落了。不同之处是：鲁迅少时祖父入狱、父亲病死，在从小康到没落的途中看清世人的面目，在母亲的激励下，自强自立，"穷出山"；秋白则是母亲因为债台高筑、生活艰难，一九一六年正月初五，秋白十七岁的时候，母亲写了绝命书，将红色火柴头一根一根掐下来，放入一杯烈性酒里溶化，饮下自尽了。

秋白的表姑父往瞿家寄寓的常州庙沿河瞿氏宗祠吊唁时，见灵堂桌上置有蓝绸封面的《妙法莲华经》一本，是秋白手抄的经卷。

秋白在母亲安葬于白塘后，到表姑家回谢，表姑要他抄写一本《金刚经》。秋白说，他已经抄了一本《金刚经》和《心经》，于是回家将手抄之经卷拿来送给表姑。抄本系楷书，端正娟秀，一笔不苟。表姑见之，喜极，抚摩经卷再三。

母亲去世后，父亲还是到亲戚家赋闲，无能为力，秋白只能是号啕大哭之后，将母亲的慈爱永留心间，"长子代父"，当起家里的顶梁柱，像鲁迅少时一样，典卖家当以换柴米。并以他早熟的天才，外出就学，很快崭露头角，成为最早报道"赤都"苏联的著名记者。在赴苏的旅途上，秋白还和同行者谈过佛理中的"世间法"，认为人生既不能离开现实，须脚踏实地，努力奋斗，方能生存，又不必将现世得失看得过重，须看透人生，把功名利禄当作过眼烟云，不必过于追逐。由于秋白天分甚高，不久就成为著名才人和俄国文学专家、翻译家，直至连自己也没想到地做了共产党的领袖，又很快被共产国际的米夫及其代理人王明等排挤出中央，在文化教育的边缘地带徘徊。但身心一直留有佛理的影响，表露他一生爱好乃是文学，而非政治。

秋白一九三四年二月五日抵苏区瑞金任教育人民委员。瑞金刚刚开过中华苏维埃共和国第二次工农兵代表大会。教育部的办公处邻近中央大礼堂，是一处低矮的房屋，井字结构，人字屋顶，一色黄土墙，内分两间，与左邻右舍农房无异。里面一张木板床，一张破旧的桌子和一条长凳，成为瞿秋白的住处。秋白来到后，在墙边搁上一块长木板，充当书架，旧桌上放着一个墨盒，几支毛笔，还有苏区自制的粗黑纸张，秋白用这些简陋的文具，起草了许多重要文件。外间有一张旧长条桌，几张长板凳，作为开会场所。每次开会，秋白总是热情地与大家招呼，倒开水。尽管喝的是白开水，会场气氛却很热烈。

因此，生活艰苦，粮食很少，盐更少，秋白的肺病更加重了，三天两头发高烧，医生天天都来给他看病，开药、打针，同志们也都精心关怀。老乡对他很好，房东老伴叫他“同志哥”，老母鸡一下蛋，就拿给他吃。所以，秋白感到这里比充满白色恐怖的上海好多了，有一种终于回家的感觉。

但是，形势越来越严峻了。一九三四年十月，第五次反“围剿”失败，红军主力转移。秋白原以为自己会和大家一起走，但却被宣布留下，几经要求，都遭拒绝。他只好服从，把自己的好马换给年长的徐特立，又嘱咐挚友冯雪峰不要为他的安全过分担心，脱下长衫，披在雪峰身上。

大部队转移之后，中央分局决定让患病的秋白取道香港，去上海就医。同行的有何叔衡、邓子恢、项英的妻子张亮和中央红军医院院长周月林。一九三五年二月八日到达长汀县四都山区的中共福建省委所在地小金村，省委书记万永诚想出一个办法，让瞿秋白一行化装成香菇客商和随行眷属，并选调百余人组成护送队，顺汀江南下。一路上，秋白患病，何叔衡年纪大，张亮怀有身孕，行动缓慢。结果在水口镇被钟绍葵带领的“清剿”队包围，邓子恢率领护送队激战几小时，难以突围，何叔衡对邓子恢说：“子恢同志，我不能走了，革命到底了！”说着夺过警卫员手里的枪，对准自己头部。邓子恢急忙说：“你千万不能这样！”边说边跑去夺枪，但是为时已晚，何叔衡手里的枪已经击发，他从山崖滚落下去，敌人又用机枪扫射，何叔衡身中数弹。

敌特务连在稻田中发现身受重伤的何叔衡，他们从他身上搜出黄金和五百元港钞后把他杀害。黄金、港钞是瞿秋白一行出发前在瑞金领到的交通费和活动经费。

万分紧急关头，瞿秋白、邓子恢等不顾一切滚下山坡。经过一夜奔跑突围，秋白已经精疲力竭，坐在地上大口喘气。心急如焚的邓子恢催着赶快跑。秋白说："我病成这个样子，实在走不动了，你快点走吧。"敌人的枪声越来越近，邓子恢急得伸手去拉他，他推开邓子恢的手说："你快走！"看着周围的茂密树丛，安慰邓子恢说："我在这里，敌人不会发现的。"几经劝说，秋白还是坚持己见，邓子恢只好转身领着护送队冲出重围，重新返回福建省委驻地，回到闽西永定地区打游击。

秋白和张亮、周月林在树丛中相遇，被敌人发现，不幸被俘，押回水口镇，下午四点左右才到，没有立刻审讯，三人趁机商量：秋白自称医生；张亮自称周莲玉，系香菇商的老婆；周月林假称陈秀英，系红军护士。

第二天，敌人严刑逼供，秋白忍受残酷折磨，坚决不吐实情，只按商议好的口供答复：名叫林祺祥，现年三十六岁，江苏人，肄业于北京大学中国文学系，中途辍学，在上海经营旧书店及古董生意，又入医学校，学医半年。一九三二年因病游历普陀、宁波、厦门后，又赴漳州。适因红军打进漳州，将其俘虏送往瑞金，先后在红军总卫生部当过医生、医助、文书及文化教员。红军主力转移后，他被留在福建省苏维埃政府、省军区医务所做医助。一九三五年初携款逃离瑞金，走到上杭露潭地区，被苏区地方武装发现，当夜由保卫局人员看押，准备天明再走，不料被国民党军队发现，做了俘虏。敌人逼供时，秋白还巧妙地掩护张亮和周月林。

张亮自称周莲玉，系香菇商的老婆，说是被红军"绑票勒赎者"。她的口供与怀孕的身形，让敌人有点相信。周月林起初自称为陈秀英，继后供名黄秀英，系红军护士。她会打针、换药和接生，不怕敌人盘查。

当天下午，保安十四团团长钟绍葵和副官张友民从长汀赶回水口镇。狡黠奸诡、反复无常的钟绍葵得知被俘的林祺祥等人携有港钞、黄金，护送人员多数携带驳壳枪，便推测林祺祥可能是共产党的"要人"。当晚，亲自刑讯瞿秋白，得到的回答依然如前。

二月二十六日，瞿秋白、张亮、周月林三人被押解沿汀江下行，到上杭县回龙保安团第一营驻地。第二天下午，到达保安十四团部所在地上杭县城，被囚禁在上杭县监狱。一连几天，钟绍葵用尽酷刑逼供，秋白仍然一口咬定自己是“林祺祥”。三月九日，秋白在狱中写了一个“笔供”：红军主力出征后不久，“林祺祥”任医助的总卫生部解散，“林”借为财政委员会主任治病之机，窃得钞票及金饰逃走。至上杭露潭地界被苏区保卫局特务队俘获，绑押过河。天明后闻枪声，上山奔逃。“林”与两女犯落在最后，保卫队员开枪击“林”未中，“林”滚入沟中，旋即被俘。

这个“笔供”起了作用。获允：如果所述属实，可以取保释放，即写信给上海朋友索要证明，或在当地觅铺保，以证实与共产党向无关系，即可予以开释云云。于是秋白以“林祺祥”之名给鲁迅、周建人和杨之华写了那封信。

秋白的“供词”对张亮和周月林也起了作用。保安十四团二营营长李玉，以其妻即将生孩子为由，要被俘的女护士陈秀英，即周月林到家服侍其妻，征得钟绍葵同意，将周月林接回家中当“保姆”。张亮已临近分娩期，由上杭县城一家糖果店姓林的老板保出。因为林老板尚无子嗣，遂看中怀孕的张亮。

但是，情况急转直下，四月下旬，正在厦门养伤的三十六师师长宋希濂，接到蒋介石南京密电，称“据可靠情报，共匪头目瞿秋白在你部的俘虏群中，务必严密清查”。宋立即命令师参谋长向贤矩执行，先在一〇八旅方面清查，一个个俘虏均加以细细辨认和盘问，都没有发现线索；又电告保安第十四团，几天后得复电，说俘虏中有个可疑的人，自称林祺祥，上海人，但操苏南口音，面容消瘦，职业医生。宋即命令师参谋长亲自前往，速将此人解往长汀师部审问。师参谋长去保安第十四团的次日，即电复经人指认，林祺祥就是瞿秋白，但并未提审瞿确认，他将立即押瞿回师部审定。宋接此电后深感事关重大，也立即离开医院，赶返三十六师师部。宋希濂是湖南湘乡人，毕业于黄埔军校第一期，读过瞿秋白的不少文章，听过瞿秋白的演讲，很是仰慕瞿秋白的学问和人品。回来后回师部的当天，军法处处长吴淞涛就向宋做了汇报。吴为了在宋面前表功，把提审过程讲得有声有色。吴说，他耐着性子反复审问瞿秋白的姓名，年龄，籍贯，职业。瞿秋白都不紧不慢地答复叫林祺祥，三十六岁，上海人，职业医生。吴说他有意长时间静默，静得提审室里五六个人都听见彼此的呼吸声，他站起来在屋里来回踱步，并不时观察瞿秋白的神色，只见瞿半合半闭的眼睛，脸孔苍白消瘦，端坐的样子像一个打坐的和尚。一段时间的寂静之后，吴突然一转身使劲把桌子拍得震天响，大声说："你是瞿秋白，不是林祺祥！民国十六年我在武汉听过你讲演，你不认得我，我可认得你，你不要冒混了吧！"

这一突然的逼问，瞿秋白神色有所动，但仍然不紧不慢地说："你们搞错了，我不是瞿秋白！"吴才使出最后一招，大声一吼："来人啦！"进来的是事先在外等候传话的被俘投敌的叛徒郑大鹏，他指着瞿秋白，向吴献媚地说："我用脑壳担保，他就是瞿秋白。我说了不算，还有他本人照片可核对。"

郑大鹏曾在人民教育委员会工作过，认识瞿秋白。秋白心知无法再遮掩了，原来表面像一座佛，这时却坦然一笑，说道："既然这样，用不着这位好汉拿脑壳作保，我就不用'冒混'了。我就是瞿秋白。十多天来我在上杭的供录，什么'林祺祥''上海人'之类，就算是作了一篇小说。"心境坦荡而从容。

原来四月十日福建省委书记万永诚的部队被重兵包围，英勇牺牲，他的妻子被俘，供出了瞿秋白。曾在人民教育委员会工作过的叛徒郑大鹏又被叫来指认，才演出了那一场戏。

因此，张亮和周月林也被重新收押，最后各被判刑十年。

于是宋希濂命令下属先不要再提审瞿秋白，并批了"优裕待遇，另辟间室"八个字，首先给瞿秋白改善生活环境和条件。宋这样做是经过深思熟虑的，其出发点自然是想以柔克刚，用软化的办法克敌制胜。但目的并未达到，还一连出现宋意料之外的情况：给瞿秋白生活优待，原担心瞿不会接受，瞿却二话未说，欣然处之；做了充分准备之后，宋以为直接出马同瞿交锋会有所获，不料瞿外表体弱神伤，心中却有一把利剑，迫使宋步步退守。

宋希濂大革命时期，在黄埔军校集体加入国民党，又由陈赓介绍，秘密加入了共产党。陈赓是他的湖南湘乡小同乡，一九二二年在湖南就加入了共产党；一九二四年，同宋希濂一道领着二十来人从湖南长沙绕道上海到广州投奔国民革命，考入了黄埔军校，一同成为黄埔一期的学生。但后来宋思想发生转变，脱离了共产党，忠诚于蒋介石。从职位和立场考虑，宋必须把瞿秋白降服，让瞿公开投靠国民党，这将是国民党的一次成功，对共产党的一个打击，同时也是个人对蒋介石的一大功劳；另一方面，瞿秋白的突然出现也自然唤起宋对往事的记忆，先前既是国民党党员又是共产党党员的宋，对瞿秋白这样的领袖人物曾经崇敬过、仰慕过。这些往事在心中的涌现和情感的藕丝，宋是不会向任何人吐露的。但是，正是这些往事情丝的牵绕，促使宋对瞿秋白采取了一些非常的措施。

宋首先去囚室看望了瞿秋白，提出好好给瞿治病，瞿答复用点药减轻病痛尚可，认真的治疗则完全没有必要了。宋说两国开战尚且对战俘伤病员实行人道主义，何况你我都是一国的同胞。瞿却厉声说，蒋介石一九二七年靠血腥镇压革命起家，不顾国难当头而发动五次反革命“围剿”，请问这人道主义又扔到哪里去了？宋避开同瞿争辩国共两党的是非，递烟给瞿抽，重申来看瞿是询问生活和健康上有什么要求，瞿倒直爽地说，他作为病人，不反对看病吃药；作为半拉子文人，要写东西，需要笔墨纸张书桌；又说他写东西习惯上需要烟酒，但他身无分文，仅有的财物全被保安团的兵搜走了。宋当即答复，这些要求均可满足。退出囚室后即采取生活优待措施，宋把参谋长和几位处长叫到跟前，亮出“优裕生活，另辟间室”八个大字，然后宣布六条措施：一、另辟一较大的房间，供给纸张笔墨和现有的古书诗词文集，备书桌一张；二、新购白裤褂两身，布鞋一双；三、按三十六师“官长饭菜”标准供膳，需烟酒时另备；四、允许每天在房间门口的院内散步两次，指定一名副官和军医负责照料，房间门口白天可不设武装看守；五、自师长以下，一律对瞿秋白称“先生”；六、禁止使用镣铐和刑罚。

宋宣布了这六条，下属都表示不解，甚至目瞪口呆。宋解释道：“以柔克刚是一条古训。对瞿秋白这样声望大、位置高的人，不能像对待平常人那样，要以情感人，亲近他，软化他，才能谈及其他。你们都要理解我作出这个决定的本意，你们认真去执行吧。”

一开始宋希濂感觉不错。生活环境一改变，瞿秋白每天作息有规律，写诗词，刻图章，舞文弄墨，颇有点悠然自得。以至于宋的部属凡是能接近瞿的，包括哨兵，都向瞿讨字要印章，瞿都有求必应。宋下命令："其他人一律先不谈政治，头一个同他正面交锋的必须是我！"改变生活条件之前，手下的人已对瞿作过多次审讯，在保安团时不但戴镣铐，还受过刑罚，都没有效果。宋自信这一手定会有所进展。这样过了半个月，下属天天向宋报告瞿秋白的情况，把瞿写的诗词、书法、印章送给宋看。

一天，宋的目光停留在瞿秋白书写的小楷咏梅词《卜算子》的最后一段上：

花落知春残，一任风和雨，信是明年春再来，应有香如故。

宋边看着边思考瞿秋白的心态，盘算着如何同他交锋，译电员送来南京和东路总指挥部催问瞿秋白情况的电报——这已经是第三次了，宋决定次日由他单独提审瞿——但怎么也没有料到，经过第二天上午三个小时的舌战，竟宣告宋的苦心策划完全无效。瞿秋白被武装卫兵带进了设在长汀中学的三十六师师长办公室，贴身勤务兵送上茶水，退出，屋子里只剩下宋希濂与瞿秋白。

宋希濂的办公室布置得很文雅，茶几上放着两杯清香的福建特产乌龙茶，摆着上等好烟和翡翠色的玻璃烟缸，两边是舒适的沙发。

宋希濂笑脸相迎，请秋白在左侧沙发上就座。秋白毫不客气地坐下来，宋希濂又递上烟，并亲自点上，指着茶杯说："先生请饮茶。这是福建的上好茶叶。"

秋白潇洒地坐在沙发上，抽着烟，饮着茶。开诚布公地问道："谈什么？你问吧。重复的话，我不想说。我正在写东西，我的时候不多了。"

"请用茶。"宋希濂笑着说，"瞿先生，这些天我们的陈军医都用了些什么药？你的病情有好转了吧？"

"谢谢。"瞿秋白呷了一口茶水，回答说，"我早已讲过，目前的处境，作为囚犯，我服药只是为了解除点病痛，已用不着作认真的治疗。"

"瞿先生，你太悲观了。坦率地说，我是敬重你的。我在湖南上中学时就拜读过你的文章，那时慕名而不得见。今天在这种场合相见，在我也是一段意想不到的插曲。我今日虽有军务职责在身，仍有一种抑制不住的感慨……”

“宋先生，你不必往下说了。”瞿秋白打断了宋希濂的话，“我不想判断你讲这些话的用意，但我也可以坦率地说，第一，任何语言改变不了我们今天相对立的位置；第二，我的命运最终并非由你宋先生主宰，你讲这些怕也是多余的吧。”

“瞿先生，我赞赏你快人快语。主宰你命运的是最高当局，委员长本人。但我是这里的最高长官，直接对委员长负责，向最高当局反映情况是我的职责。我希望我们能开诚布公地谈谈。你正在写什么，可以谈谈吧。”宋希濂顺水推舟。

“写完后可以公之于众，也会送给你看的。我想在离开这个世界之前，回顾往事，剖析自己，让后人全面地了解我，公正地对待历史。但是，这里边没有共产党的组织名单，也没有红军的军事情报。如果你今天要问的是这些，那是会白费时间的。”

“我看先不要封口为好，随便谈，说到哪儿算哪儿，好吗？”宋希濂口气缓和下来。

“那么，宋先生，我可以先问你一个问题吗？”瞿秋白忽然以攻为守。

“听便。”宋希濂满不在乎地点头。

“你说上中学时就读过我的文章，请问你当时对我在文章中所宣传的主张，是赞成还是反对？”瞿秋白抬起他浮肿而苍白的脸，那双充满倦意的目光忽然发亮。

“我曾经相信过你的主张，走了一段弯路。”宋希濂直爽地回答，停顿了一下，然后提高嗓门，说，“但是，眼前的事实证明，你的那套主张在中国行不通。不仅七年前我本人抛弃从前的信仰做得对，就是在今天，我还想奉劝你也做一名三民主义信徒，以发挥你的才华。因为只有孙总理的三民主义，才是适合中国国情的救国救民的真理！”

“哈哈！”瞿秋白竟抑制不住笑出声来，“宋先生讲这些大道理，究竟是要同我辩论什么主义是真理，还是要规劝我也随你走同一条路，归顺蒋介石？”

“打开天窗说亮话，两者兼有，出发点是为先生的前途着想。”宋希濂也答复干脆，并为审问顺利进入正题而有点自鸣得意。

“我原本认为，此时此地争论这些问题，未免不合时宜。既然你有雅量让我争辩，我只好奉陪一下。宋先生，恕我再问你，一九二四年一月召开中国国民党第一次代表大会，重新解释三民主义，实行国共合作，那时你在什么地方？”

宋希濂一时搞不清瞿秋白问话的用意，没有马上答复。但他一想到目前自己的身份，就若无其事地回答道:“那时我刚从长沙奔赴广州投考黄埔军校。”

“那好。”瞿秋白又喝了口茶，紧接着说，“因为你提出了孙中山的三民主义问题，使我想起自己曾经是中国国民党第一次代表大会宣言的起草人之一，就在那时，我便粗略地研究过三民主义。中山先生是中国革命的先驱者，这是毫无疑义的，但通观世界政治潮流，对比各种主义、学说，当时中山先生的三民主义倒像是一盘大杂烩，无所不包，而又缺乏真谛，并不能最终解决中国的出路问题。可称道的是，孙先生顺乎潮流，合乎民意，果断地确定了联俄、联共、扶助农工三大政策，实现国共两党合作，重新解释了三民主义学说即新三民主义，在当时的确起着推动中国历史前进的作用。

“但时至今日，蒋介石背叛革命，屠杀人民，是名副其实的法西斯蒂，还有什么资格谈论三民主义呢？至于共产主义学说，在苏联正在变成现实，在中国也为觉悟了的农工民众所接受，而为蒋介石所深恶痛绝，也可以说是心惊胆战！要不然，蒋介石何以要运用百万兵力一次又一次地‘围剿’苏区呢？所谓共产主义不适合中国国情，更是历来各种反共分子都在弹的陈词滥调。好了，我还是那句话，现在争辩这些不合时宜，你我都不必浪费时间了吧！”瞿秋白滔滔不绝，脸色绯红，起身要走。

宋希濂心中恼火，却装出若无其事的神色，手指头习惯地弹着桌面，缓慢而冷冷地说:“请坐下，不必激动！瞿先生，你说完了，我还没讲呢！”

“好吧，我洗耳恭听！”

“瞿先生，共产主义在中国能不能行得通，不是高谈理论，而是要看事实！”宋希濂特别加重了“事实”这个词的语音，接着又说:“请看当今党国政令一统天下，委员长秉承先总理的宗旨，实行三民主义，全国民心归顺，乃大势所趋。

共产党自民国十六年之后，苦心经营了若干山头，如今已荡然无存。以至于像瞿先生这样的头面人物，也落到今天这种地步。共产主义如能救中国，何以这样奄奄一息，濒于绝境？你既不愿争论这些，我也就说到此为止。但我想郑重地提醒你的，是别忘了眼下你自己的处境。时至今日，你还没有对我们讲一点有关共党和匪区的有价值的情况，这对你是很不利的！”

“说得好！这最后几句话才是你今天绕着大弯子找我谈话的本意，也是为多日来想完成蒋介石给你任务而使的小手段！”瞿秋白笑着对宋希濂投以冷嘲的目光，“但我也可以坦率地告诉宋先生，几年来我身患重病，在苏区所做工作甚少，管过一些扫盲识字办学校的事，你不愿意听这些吧？至于其他情况，我早就说过，无可奉告。我对自己目前的处境，十分清楚。蒋介石决不会放过我的，我从被认定身份之后就没有打算活下去。我唯一的希望，是让我把要写的东西写完，我剩下的时间不多了。我应该感谢宋先生的是，你在生活、医疗上优待我，使我有条件完成我要做的最后几件事。但是，宋先生，我郑重地告诉你，如果你想借此完成蒋介石交给你的任务，那将一定是徒劳的。好了，纸已戳穿，我们的谈话也该结束了。”

宋希濂无言以对。从此，宋希濂再也没有直接出面找瞿秋白进行这种审问谈话。

与宋希濂舌战回来，秋白继续用蓝黑墨水钢笔，在与之华分别时各自带着的黑漆布面练习本子上，写作《多余的话》。一行行端端正正、秀秀气气的字，几乎一个字都不改动。

一看到这黑漆布面练习本子，秋白立刻想起了他最亲爱的人——之华，禁不住热泪盈眶。是的，自从一九三四年底那个冬夜和之华分别之后，秋白无时无刻不思念这陪伴他十年的最亲爱的人——之华。在这个本子上写自己最后的话，就是对之华剖示自己真实的心胸啊！她知道自己的真实后，还会爱自己吗？

秋白仰躺在木床上，抽着一支烟，和之华的往事浮现在眼前……

秋白的第一位妻子是四川姑娘王剑虹，上海大学的学生，热爱古诗词，最欣赏俞平伯讲的宋词，常常沉醉在俞先生“独倚望江楼，过尽千帆皆不是……”这些既深情又蕴蓄的词句之中。也是因为诗，秋白与学生王剑虹、丁玲成为好朋友。剑虹爱上了老师秋白，写了许多爱慕秋白的诗。秋白对剑虹也很有情，一次去找剑虹，剑虹不在，只有丁玲在屋里，丁玲先是冲秋白发脾气，后又把剑虹爱慕秋白的诗交到秋白手里，成了秋白与剑虹的牵线人。秋白与剑虹俩人在一九二三年底到一九二四年上半年过了短暂而又充满柔情蜜意的婚姻生活，瞿秋白称王剑虹为“梦可”，是法语“我的心”的音译。他给“梦可”的信中还有这样一首诗：

万郊怒绿斗寒潮，检点新泥筑旧巢。
我是江南第一燕，为衔春色上云梢。

但天公不作美，才几个月，身患肺病的剑虹就在秋白的怀抱中去世了。不久，秋白出色的才华和潇洒的风度，又引起了上海大学学生、萧山美人杨之华的爱慕。但杨之华已经结婚，有夫有儿。可是已是共产党员的杨之华怎能再与前夫纨绔子弟沈剑龙维持下去，于是萌生了与沈剑龙离婚并与瞿秋白建立家庭的想法。

一九二四年深秋，杨之华与瞿秋白先后到了萧山，一个回家决定与沈剑龙离婚，一个到萧山决定与杨之华结婚。结果竟然出现了一场难以想象的场面：三个人坦率地开诚布公地谈了彼此的想法，居然谈得很好。一九二四年十一月二十七至二十九日，上海《民国日报》上连续刊登三条启事：杨之华与沈剑龙“正式脱离恋爱的关系”；杨之华与瞿秋白“正式结合恋爱的关系”；沈剑龙与瞿秋白“正式结合朋友的关系”，都是自十一月十八日起。秋白赠给之华的定情物是一个金别针，上面亲手刻着“赠我生命的伴侣”。还给之华刻了一方印章，蘸上红色的印泥，清晰地印在宣纸上，叫之华来看，那是四个字：“秋之白华”。俩人的名字巧妙地合刻在一起，多才多艺的瞿秋白把他们真挚的爱情凝定在篆刻作品里了，杨之华深为感动。

秋白非常理解杨之华对女儿的思念，俩人一起去沈家，等候心地善良的沈家大姨太把孩子悄悄抱出来。可爱的女儿果然出现了，两个小胳膊紧紧搂着杨之华的脖子。突然，冲过来两个大汉，一阵风似的抢走了孩子。女儿挣扎的哭声，深深刺疼杨之华的心，震撼着瞿秋白。痛哭的杨之华抬起头时，第一次见到瞿秋白流下热泪。

几经周折，他们终于把女儿带到上海。秋白真诚地爱护女儿，之华很高兴，把女儿的名字改为“瞿独伊”。秋白手把手地教独伊写字，之华让独伊叫秋白“好爸爸”。秋白因病住在列宁疗养院时，经常给独伊写信，写过一首诗：

小小的蓓蕾，
含孕着几多生命，
陈旧的死灰，
几乎不掩没光明。
看那沙场的血花灿烂，
经过风暴之后的再生。
难道是无意中的赤化？
却是赤爱的新的结晶。

在这黑漆布面练习本子上，写“多余”，不，“心里”的话，就是给之华和独伊心对心的讲话。写吧，这是最后的机会了。要大胆面对自己曾经的错误，真诚反思并勇敢认错。自己所参与的以恶易恶、以暴易暴的“左”倾暴力运动正确吗？共产国际操纵的党内派系的斗争与倾轧有益吗？实在倦于戴着面具的灵魂扭曲了……

秋白先用《诗经·黍离》里的话作为题辞：

知我者，
谓我心忧；
不知我者，
谓我何求？

然后异常流畅地写下去。

当天，写成《何必说——代序》。二十日写完《“历史的误会”》《脆弱的二元人物》《我和马克思主义》《盲动主义和立三路线》四章。二十二日写完《“文人”》《告别》两章，以及附录《记忆中的日期》。全文共七章，近两万字，完成于六天之间。

在这窄狭、简陋的囚室，他时而坐在床边沉思，时而在小屋里踱步，时而伏在书桌上疾书，时而点燃一支烟，朝窗外凝视，浮想联翩，心潮汹涌，自己的一生像演电影一样在眼前浮现，真实、婉美地书写在本子上。

写至结尾，提到爱妻杨之华和爱女瞿独伊时，秋白满含热泪写道：

> 我留恋什么？我最亲爱的人，我曾经依傍着她度过了这十年的生命。是的，我不能没有依傍。不但在政治生活里，我其实从没有做过一切斗争的先锋，每次总要先找某种依傍。不但如此，就是在私生活里，我也没有“生存竞争”的勇气，我不会组织自己的生活，我不会做极简单极平常的琐事。我一直是依傍着我的亲人，我唯一的亲人。我如何不留恋？我只觉得十分的难受，因为我许多次对不起我这个亲人，尤其是我的精神上的懦怯，使我对于她也终究没有彻底的坦白，但愿她从此厌恶我，忘记我，使我心安罢。
>
> 我还留恋什么？这美丽世界的欣欣向荣的儿童。“我的”女儿，以及一切幸福的孩子们。我替他们祝福。
>
> …………

最后秋白还想再读读鲁迅的《阿Q正传》，这恐怕包含深意：把赵太爷专政换成阿Q专政，是行不通的……“知我者，谓我心忧”，知道我是身在囹圄而心忧天下；“不知我者，谓我何求？”会追问我写这些“多余的话”有何求呢？

《多余的话》全部写完后，秋白轻轻地合上这黑漆布面的练习本子，松了一口气，庆幸自己终于完成了最后一件最重要的大事。接着，禁不住哭了，哭得极为伤心，为着最亲爱的人——之华和独伊，为着永远尊敬和亲近的鲁迅先生，为着这美丽的世界，也为着长汀特别有味儿的豆腐……

《多余的话》之后，秋白本拟还要写《读者言》和《痕迹》，形成“三部曲”，可惜死期已到，未能如愿，只留下了《未成稿目录》。《痕迹》是长篇回忆录，从目录看，有写儿时随母亲到大姑母家去游玩的“环溪”，写家庭的“父亲的画”“娘娘”“宁姐”，写妻女的“生命的伴侣”“独伊”，写战友的“丁玲和他”“忆太雷”“真君潭（雪峰）”，直到写囚室生活的“得其放心矣”，共三十一节。仅从篇名品味，就饱含着浓郁的诗情。确是“只缘秋色淡，无处觅霜痕”。

这部《痕迹》里，在众多人物中占据重要地位的是杨之华和女儿瞿独伊。秋白被囚禁之后，对她们母女思念之情日益浓烈。曾有一首集句诗：

集唐人句狱中忆内

夜思千重恋旧游，他生未卜此生休；
行人莫问当年事，海燕飞时独倚楼。

此诗分别录自唐代李端《宿淮浦忆司空文明》、李商隐《马嵬》（其二）、许浑《咸阳城东楼》、戴叔伦《寄司空曙》，表达了秋白对“生命伴侣”杨之华的思念。

秋白还写了两封信，分别给杨之华和她的哥哥。其中写给杨之华哥哥信的大意是：想来你们已经在报上看到我的事。我要和你们永别了，之华是我平生的知己，我要留给最后一封信与她永别。可能她也已经被捕，你们不知道她的下落。那么，就请你们把信投寄给叶圣陶先生作为写小说的材料吧。但是，秋白写给杨之华的诀别长信，却被特务扣在手中，想以此诱捕杨之华。之华明其用意，没有去取，后来不知逸于何处。之华痛惜之极！

秋白叹了口气，感到此生最为遗憾的是，未能实现翻译俄国文学巨著的志愿，像列夫·托尔斯泰的《战争与和平》《安娜·卡列尼娜》，果戈理的《死魂灵》，高尔基的《克里姆·萨姆金的一生》，等等，该是多么壮观的事业啊！却由于“历史的误会”，进入自己并不擅长的政治领域，来了个“以犬耕田”。

由此又想起了引导自己走向革命的陈独秀。嗨，独秀先生当时也是身不由己。自己在一九二七年五次会议上对他的态度是不是欠妥呢？他现在在哪儿？怎么样了？……

但又想：历史是不能后悔的。革命的发生，自有其原因。如果中国不陷入列强的侵略和瓜分，蒋介石不背叛革命、屠杀共产党人、篡夺革命成果，何以造成如此局面呢？是反革命的血腥镇压逼出了革命的暴动。面对反革命砍向脖颈的屠刀，能不拿起武器反抗吗？既已如此，就一死殉“道”吧！彻底摘掉面具，做一个“真的人”！

石榴树

囚室外的高墙东侧有一长方门洞，从门洞望去，可以看到一棵郁郁苍苍的石榴树，好像竖挂在墙上的画幅。走进去，是天井，四围黑檐白墙，高达数丈，只能看见一小片天宇和墙檐上樟树的翠绿枝梢，唯一值得端详的是这株老石榴树，仿佛一幅古画，百看不厌——

虬曲盘旋的树干向上坚韧地崛挺着，像要蹿出高墙，直上云天。树皮苍老、粗粝，好似饱经沧桑、历尽忧患的老人；枝叶却青葱、鲜嫩，仿佛刚刚出生的婴儿，又如少女长长的青丝，一派浓浓的新绿，与一线蓝天遥相辉映。蓝、绿互衬，煞是玄美。而蓝、绿之间倏忽冒出两三支黄红灿烂的石榴花，令人想起“一枝红杏出墙来”的诗句。那石榴花虽不能出墙，而花魂早上了云天……曹雪芹门前的晨风夕月、阶柳庭花滋润过《红楼梦》的笔墨，这石榴树和石榴花也一定润色过《多余的话》的文辞诗境。

尤其吸引眼球的是石榴树粗干上的苍苔，墨绿中透发青白，宛如“巴山夜雨”过后，清晨闪烁着雨水、露珠的青霜，凄美而爽润，凝望后心中留下难忘的印痕。秋白名“霜”，他拟写的《痕迹》，是秋白生命的印痕，可以称之为《霜痕》。

忽然飞过一只蜜蜂，落在“霜痕”上。秋白放风来到石榴树下，看到这只蜜蜂，非常珍惜这灵物，走近看它，蜜蜂立时飞了。看着飞翔的蜜蜂，秋白极其羡慕，羡慕它的自由飞翔，愿自己的心灵跟着飞起来。仰望蓝天、观赏石榴树的绿叶红花，又想起了之华和独伊。倘若能够和她俩一起观赏这鲜红的石榴花，该多好啊！

是的。此时的秋白，纵然身居囚室，失去自由，而他的心灵却获得了最大的自由。如他的狱中诗所言“寂寞此人间，且喜身无主”。想写什么就写什么，再不必按照别人的意旨进行诠释了。

医生和记者

宋希濂给秋白派的军医叫陈炎冰。他对秋白非常敬仰，看病很是精心，不仅尽力医治秋白多年的肺病，还疗治在上杭狱中刑讯时受皮肉之苦留下的伤痕。因而成了秋白所信赖的朋友，秋白致郭沫若的信，就是委托他辗转带出的，另外他还帮助办了许多好事。秋白很感激他，送他数首诗，还将狱中照片赠给他，并在照片上题词：

如果人有灵魂的话，何必要这个躯壳！
但是，如果没有的话：这个躯壳又有什么用处？！
——这并不是格言，也不是哲理，而是另外有些意思的话……

秋白

一九三五年五月摄于汀州狱中

陈炎冰对秋白永世难忘，把秋白赠他的诗词和照片始终保存完好。有三首秋白手书的真迹如下：

浣溪沙

廿载浮沉万事空，年华似水水流东，枉抛心力作英雄。
湖海栖迟芳草梦，江城辜负落花风，黄昏已近夕阳红。

卜算子

寂寞此人间，且喜身无主。眼底云烟过尽时，正我逍遥处。
花落知春残，一任风和雨。信是明年春再来，应有香如故。

梦回

山城细雨作春寒，料峭孤衾旧梦残。
何事万缘俱寂后，偏留绮思绕云山。

秋白被杀后，陈炎冰就离开三十六师，回故乡医院工作。

三十六师黄埔出身的人很多，他们懂得中国古典文化，有的还出洋留过学，有人甚至在莫斯科中山大学学习过。所以他们对书法金石很有兴趣，到囚禁秋白的方丈斗室，向“瞿先生”交谈学问、叩求诗书印章的颇为不少。

一九三五年六月四日上午八点，《福建日报》记者李克长访问了瞿秋白。秋白接待了他，谈话很和谐。

李克长进入囚室时，秋白正在篆刻石章。墙上贴有秋白在狱中作的诗词，桌中间放着黑漆布面练习本，本里是已经完稿的《多余的话》；桌旁摆着线装的唐诗集、国语文学史和杂志数本。秋白穿着短褂裤衣衫，脸色黄黑，因病虚胖。他见记者进来，气定神闲，从容站起，点头示意，询问记者来意和姓名。

李克长问道：“足下亦善篆刻？”

秋白淡然答道：“狱中无事，借此消磨时间。只是中学时，向一老师学过，略知一二。”

因为谈话顺心，秋白答应为他刻一方印章，书写三首诗词。李克长兴奋地上街，买了宣纸和一颗印石。秋白收好，郑重地委托他带出已写好的《多余的话》。他一口应允。

当天傍晚，李克长就拿到秋白的墨迹和印石，并阅读了《多余的话》。后来据他证明这篇长文写在黑漆布面练习本子上，用钢笔书写，字迹为蓝黑墨水，练习本的封面贴有白纸题签。李克长只读了一半，就被监押人索去，说是另抄副件给他。

李克长回去后，写下《瞿秋白访问记》，全文约六千字。在一九三五年七月八日的《国闻周报》第十二卷二十六期上发表了。文化界对瞿秋白充满广泛的关注与同情，对下令杀害秋白的蒋介石充满愤恨。从人心得失上看，秋白是以自己病弱的文人身躯战胜了蒋介石的重兵钢枪。

“劝降”和“审问”

蒋介石对瞿秋白被捕之事非常重视，专门在南京召开了中央级的会议讨论。大学院院长蔡元培先生据理力争，说瞿秋白是不可多得的天才，主张不杀。当时担任国民党中央组织部部长的陈立夫也坚持尽量不杀，极力劝降，对党国更为有益。

秋白被关押在三十六师时，军统人员就曾经奉蒋介石之命前去劝降。瞿秋白可以不公开声明反共或写自首书，迁往南京养病，身体好了之后从事翻译或国际问题研究工作，等等。但遭到瞿秋白严词拒绝，只得再由中统出面劝降。

由于高层持不同意见，蒋介石也同意“缓杀”。得到他的准许后，陈立夫就指使中统插手劝降工作，召集中统局副局长徐恩曾，以及王思成、张冲、王杰夫、陈建中等中统智囊开会研究。根据瞿秋白的政治地位、学识、性格、家庭状况等诸方面的特点，研究出一套劝降办法。议决派出王杰夫和陈建中负责最后的劝降工作。

王杰夫，吉林人，称得上是中共问题专家，任的就是中统“中共负责人招待所”领导，燕京大学毕业，在知识层次上算是中统的佼佼者。

陈建中原是中共陕西省委书记，一九三三年七月被捕后，叛变，出卖组织，受到中统重用而到了南京总部。

六月初，王杰夫以国民党中央组织部特派福建党务视察委员身份与陈建中踏上长汀旅途。这两个“溶共”专家到了福州又召入了中统福州调查室的钱永键，到了厦门又召入了朱培璜，后者是中统龙岩区调查室主任，对于闽西革命根据地的情况和关押瞿秋白的长汀是相当熟悉的。途经漳州受到东路军司令蒋鼎文的迎迓，到了龙岩这去长汀的最后一站，在第二绥靖区司令李默庵的配合下安排了可以称之为“瞿秋白劝降小组”四个成员的分工：王杰夫和钱永键与瞿秋白对话，展开劝降攻势，陈建中负责与南京联络以及文件文书事宜，朱培璜为录事。

四人小组抵达三十六师师部，宋希濂亲自迎接住宿，设宴洗尘，配备人员，参与劝降一干事宜，自是不在话下。

王杰夫中统小组劝降历时六天，与瞿秋白共进行了九次谈话，七次为“劝”，两次为“审”。“劝”，是在陈设雅致的谈话室内，摆上糖食糕点，有时还备酒和酒饵，气氛和谐，像是朋友间的恳谈；“审”，则是空气严肃，按公堂法律规程进行。第九次谈话，即第二次的“审”，为“终审”。王杰夫等四人与瞿秋白交锋之前，由三十六师参谋长向贤矩引见双方。然后主要由王杰夫与瞿秋白对话。

王杰夫躬身笑言：“蒋委员长、陈部长对瞿先生的真才实学，尤其精通苏俄国情，至为爱惜。”

瞿秋白也笑笑说：“谢谢你远道来‘挽救’我，但我听不进，有负盛意，奈何！”

王杰夫答道：“你的问题，你自己没有兴趣考虑，你的朋友，你的亲戚和家属，倒希望你好好地加以考虑。你可不能使他们失望啊。”说着，递给秋白两封上海友人的信。

瞿秋白接过信看后说道：“我自己的问题，从来由自己考虑，不劳朋友亲戚甚至家属来考虑。”

王杰夫又微笑着说：“瞿先生是当代名人，在共产党内威信很高，声望很大。不过现在中共已临末路，瞿先生若能识时务转变方针，为国尽力，岂不为善举？”

瞿秋白对这种政治“劝说”已无兴趣，正色说道：“当前国家、民族存亡的关键是抗日。日寇亡我东北，现在又侵华北、胶东，你们不去抵抗，却在这里空喊为国尽力，前途何以有之？”

王杰夫也收起笑容，得意地说：“当下闽西平定，共军西窜，浙赣铁路畅通无阻，东南诸省一片升平景象……”

瞿秋白痛心地说：“东北四省早已沦亡，淞沪卖国协定墨迹未干，华北、山东又危在旦夕，外患方盈，亏你们还说得出什么‘升平’……”

王杰夫深知秋白对爱侣杨之华的思念，又转为柔和地说：“少谈国事，少谈国事。你想家吗？瞿先生！”

瞿秋白反问道：“你想家吗？王先生，你是东北人，东北沦陷，家破人亡何止千万，你的家料想也难保全。……古语云‘国破家何在！’谈家事焉能不涉国事！”

王杰夫略有愧色地说：“何必如此严声正色……京沪朋友很关心瞿先生的身体和安全。自从瞿先生被捕消息传到京沪，许多亲友，甚至许多青年为瞿先生的安全担心，有的还向‘中央’呈意见书，要求予以‘考虑的机会’……先生只要从长计议，自己也有极其光明的前途。”

瞿秋白断然言道：“王先生，钱先生，谢谢你们的好意。我问你们，这种关心和陷害有什么区别？事实上，没有附带条件是不会允许我生存下去的。这条件就是我丧失人格而生存。我相信，凡是真正关心我爱护我的亲友家属，特别是吾妻杨之华，也不会同意我这样毁灭地生存！”

王杰夫又劝道：“你如果决心生存下去，不一定叫你做公开的反共工作。瞿先生，你学识渊博，我们为国家爱惜你的生命。”

硬攻不成，就转向软磨，用感情、家眷、人道、人才难得，死了可惜之类感化的手段。还说可以请瞿秋白出任大学教授，或做编译工作。谈来谈去，又谈出一个“榜样”——

“瞿先生，你不看顾顺章转变后，南京对他的优待。他杀人如麻，中央都不追究嘛！”

不提顾顺章倒罢，一提，瞿秋白炸了锅了，怒不可遏地吼道：“我不是顾顺章，我是瞿秋白。我不会做个出卖灵魂的人！”

王杰夫倒不发怒，假装惋惜地说：“你才三十几岁，就这样顽固，不愿活下去吗？老实告诉你，这次共军西窜途中，中共大部委员均已被捕，他们的地位不比你重要，但已认清大势，一一投降了，你何必这么顽固呢？”

瞿秋白慷慨地说：“古语云：‘朝闻道，夕死可矣。’我不仅闻了共产主义世界大同之道，而且还看到这个道正越来越多地为人民所拥护，千千万万人正在为它洒热血，抛头颅，不管遭受多大的牺牲，多少次的失败，总有一天会在中国、在全世界成功的。我瞿秋白纵然一死，又何足哉！”

这就等于“封门”。你王杰夫不必再费心劝降，“我瞿秋白”已决心一死殉“道”。不必再交谈了。这一天，也就是“中统特派劝降小组”费力工作的第六天——最后一天，在三十六师师部花厅——这本是生徒们向龙山书院主人执弟子礼的、满溢琅琅读书声的地方，成为最后一次审讯的公堂。一切已经透亮，“没有什么考虑的了”。瞿秋白在审讯笔录上签字并钤押指印。

这天是六月十四日，所谓“劝降”到此结束。晚上，不甘失败的王杰夫，又来到秋白囚室作最后的劝告，但也遭到秋白最后的拒绝。第二天，即六月十五日，乘兴而来的王杰夫劝降小组败兴而归。

临走时，宋希濂等为王杰夫等饯行。席间，王杰夫哀叹道：“我们不能做到使瞿秋白为我们所用，这就说明我们工作的失败。”

宋希濂也叹息说：“我们做了不知多少倍的工作，南京军委会也派了专员来，他们办理这样的案子很有经验，结果也是无功而返。”又说：“要瞿秋白为我们国民党所用，实在等于做梦。他在师部还不放弃马克思主义宣传，我们师部有些人对他看法就不正确，很同情他。他多在师部一天，我就不放心一天。万一有个差错，我将如何向委员长交代？”

同日，秋白坚决要求看报，于是在卫兵押送下到师部“新生活俱乐部”读报。这是秋白最后一次通过报纸与中国和世界接触了。他从报纸上获悉国民党的何应钦与日本天津驻军司令梅津美治郎六月九日签订了“何梅协定”，并从报纸文章中看出“日方对于瞿秋白久系图圄而不处死的事，甚为注意”。更坚定了一死殉“道”的决心。

看报当中，再次见到了记者李克长，稍作寒暄。

六月十六日，平静无事。

六月十七日，秋白本人若无其事，异常淡定，三十六师却紧张到极点，蒋介石处决瞿秋白的电令六月二日已到，因陈立夫派王杰夫劝降，被一再推延。

南京直接派人到长汀提审瞿秋白，反复几个回合，依旧毫无所获。宋希濂这时倒放宽了心：不是我无能，南京派来专人审讯，不是也毫无结果吗？事情至此，宋希濂估计，瞿秋白有可能押送南京处置。

出乎他意料的是，六月十六日，突然接到由顶头上司蒋鼎文转发来的蒋介石密电，命令宋希濂对瞿秋白"就地枪决，照相呈验"，中央社和各大报发消息。宋希濂拿着电文，端坐在办公室考虑了半天，把参谋长、军法处长、政训处长和陈军医召来，先让他们传阅电报，随后严肃地下达命令："委员长作出这个决定，有着重要的考虑。消灭共党已到了关键性的时刻，没有严厉的措施是不行的。无条件地执行命令，是我们军人的神圣职责。"

根据委员长的命令，宋希濂作出如下安排：第一，明天（十七日）中午，参谋长去瞿秋白房间下达最高当局的命令，宣布后天（十八日）上午执行，听取犯人有什么遗言遗物。同时房门和师部大院内外要加岗严密警戒，三天内全体人员一律禁止在师部大院会客，陈军医可在房中陪同犯人，密切注意动向，有情况及时报告。第二，十八日中午，军法处长和政训处长到场监督执行，刑前在中山公园备酒菜，执行地点在罗汉岭下，拍照后备棺木埋葬。

布置后，宋希濂问道："你们有什么意见补充？"

"执行命令！"参谋长、军法处长、政训处长异口同声，只有陈军医没有做出反应。

已到了不能再延迟的时刻，中午，师参谋长向贤矩随陈军医来到秋白囚室。

秋白正在聚精会神地给师部的一名卫兵刻图章。秋白头也没有抬，顺口对来人说："请坐，稍等片刻。"

紧接着，参谋长的勤务兵端进来一大盘酒菜，秋白这才站了起来说："今天是什么日子？参谋长还亲自来作陪。"

"不要客气，瞿先生，随便喝点，请坐，坐。"参谋长边说边招呼瞿秋白对坐。

秋白一坐下，发觉陈军医脸色不好，一言不发，立即联想起他一上午未曾露面，预感到有什么重要事情将要发生。

参谋长提起酒壶,同瞿秋白一杯又一杯地对喝起来。待双方都有几分酒意,参谋长才张口说:“瞿先生，你住在这儿有一个多月了吧？”

“我不记日子。怎么，要送我上路？”秋白放下手中刚举起的筷子。

“是的。”参谋长严肃地说:“好在你多次讲过，从被俘后就没有打算活着出去。现在，南京最高当局来电，命令就地枪决，可以成全你了。师座遵照委员长的电令，决定明天上午执行，让我提前转达给你。你有什么话要说，有什么后事要办，可以直说，我们将视情况而尽力为之。”

秋白深深吸了一口气，缓缓地饮了一口酒，面不改色，毫不迟疑地笑道:“我早就等着这一天了！这样做才符合独夫民贼蒋介石的性格。我提议，为你们提前给我送行，干杯！”说着，就去桌上取酒。

向贤矩面对这位千古难逢的风云人物,自惭形秽,感到自己虽为师参谋长,对于瞿秋白这种人物也难以应付。

他和陈军医都没有举杯，惶惶然失神的陈军医结结巴巴地说:“瞿……瞿先生，你还……还有什么事要办的，尽管说。”

“我一切准备就绪。”秋白响亮地回答，“我唯一的要求，是委托陈军医将我身边的一些遗墨，特别是《多余的话》，在我死后寄给一位武汉的朋友，请参谋长报请宋师长照准。”

参谋长当场答复:“好说，好说，你写的那些东西对我们没有用，我想宋师长会照准的，请瞿先生放心。”

谈话就此结束。当晚，秋白服安眠药后睡得很沉，陪宿的陈军医却彻夜未眠。

当夜，秋白一生最后的一夜，他做了一个梦——“月光似乎也比以前更光明”……

就义罗汉岭

一九三五年六月十八日，整个长汀城笼罩在一派肃杀的气氛中，兵士枪口上的刺刀寒光闪闪，从三十六师师部到西边的中山公园，三步一岗，五步一哨，步步森严。

清晨，秋白起床，漱洗毕，像往日一样，开卷披阅唐诗，忽然想起昨夜的梦境，遂坐在桌前，挥毫洒墨——

一九三五年六月十七日晚，梦行小径中，夕阳明灭，寒流鸣咽，如置仙境。翌日读唐人诗,忽见“夕阳明灭乱山中”句,因集句得《偶成》一首：

夕阳明灭乱山中，（韦应物）
落叶寒泉听不穷。（郎士元）
已忍伶俜十年事，（杜甫）
心持半偈万缘空。（郎士元）[①]

八时，三十六师特务连连长余冰走进囚室，后跟一人，似乎是记者。连长向秋白出示枪决令。秋白随即奋笔疾书：

方欲提笔录出，而毕命之令已下，甚可念也。秋白曾有句：“眼底云烟过尽时，正我逍遥处”，此非词谶，乃狱中言志耳。

秋白绝笔

面对手持命令的特务连连长，秋白咏叹道：

人生有小休息，有大休息，今后我要大休息了。

秋白整理衣衫，特地穿上从上海进入中央苏区时穿的旧内衣，衣上的五

① “夕阳明灭乱山中”源自韦应物《自巩洛舟行入黄河即事，寄府县僚友》，原诗为“夕阳明灭乱流中”；“落叶寒泉听不穷”“心持半偈万缘空”源自郎士元《题精舍寺》，原诗为“落木寒泉听不穷”“僧持半偈万缘空”。

个白纽扣，是临行前杨之华细心缝缀的，外面着一件青衫，在来人押送下步入作为临时军事法庭的师部正屋，宋希濂、向贤矩以下官员一百多人拥塞在师长参谋长两旁。庭长向瞿秋白正式宣读蒋介石的枪决令。读毕，瞿秋白被夹在林立兵丁之中，整衣昂首走出师部房门，来到院中。院里似乎依然弥漫着桂花香气，阳光洒满院落，两排上了刺刀的士兵站在院里。他在院门口驻足，抬头扫了一眼山坡不远处二楼窗户上低垂的帷幕，那里是宋希濂的办公室，一个月前他曾去过。秋白不可能想到，这时的宋希濂，正一个人在办公室里悄悄挑起窗帘的一小角，望着独立院中的瞿秋白和押送他赴刑场的官兵们。

在明里和暗里的注视中，秋白缓步通过曾经是汀州试院和龙山书院的大门。

参谋长昨天为秋白送行后，向宋希濂面报时提到：午间酒后瞿秋白曾说，你们的宋长官在生活上优待我，秋白想诀别时能同他对酒致谢，不知他敢大驾光临否？宋当即打断参谋长的话，冷冰冰地说："优待他是为了软化他，化敌为友。委员长已决定处置他，我再出面同他喝酒，还成什么体统？"

但是，今日上午宋希濂在办公室听到下边院中的传令声，却情不自禁地挑起窗帘望上一眼，他注目着瞿秋白先生的背影，心中像倒了五味瓶，酸甜苦辣咸，说不清是什么滋味儿。不管怎么说，对世间此种奇人、奇才感到敬佩而又无奈。

十时正，军法处长传令出发。秋白昂首走出大门，脚踩着行进的节拍，轮流高歌俄语、华语"英特耐雄纳尔，一定要实现！"这时候，沿途的老百姓驻足聆听，注目送行；此时，阳光铺路，风停树静，只有悲壮的歌声在山城长汀上空回荡……

这时的长汀还很荒凉，公路北边是长满野草、野花的山坡，南边是小沟和坡地。正逢花草茂盛，绿葱葱的，天地间弥漫重重绿雾。沿路重兵把守，如临大敌，黄色的军装和枪口上闪亮的刺刀，在雾中显得格外阴森。其实，军士押送的只是一位从容淡定的文弱书生。

缓走了一段，见路北有一棵老樟树，高入云天，枝叶繁茂，浓绿盈盈。树外有围墙，门口顶牌上书写"中山公园"四个大字，两边有四名军士把守。

秋白被押送进公园，见公园占地不大，老樟树据说是唐代种的，已有一千多年，树干苍老，枝繁叶茂，千年以来不知看见过多少次的朝代改换，沧桑变迁，人世挣扎。树旁有一凉亭和砖砌的讲台，四周散布着特务连士兵。秋白着紧身青衫，短打扮，下穿白色齐膝短裤，足蹬蓝色长筒袜、黑鞋，泰然自若，气势逼人。站在亭边，背手挺胸，两腿分叉，面带笑容，由长汀园艺照相馆赖韶九和许荫秋为他拍照。面对照相机镜头，秋白大义凛然，闲静中露出一股庄严气概，为世人留下最后的风采。

照相后，秋白进亭，亭间有一方桌，桌上摆着菲菜四碟，美酒一瓮。秋白背北面南坐定，自斟自饮，旁若无人。酒兴中他又高唱《国际歌》《红军歌》数遍。默默无语的兵士，他视同送殡的人群；闪闪发亮的刺刀，他看作送葬打幡的竹竿。痛饮多杯后，放声歌曰："人之公余稍憩，为小快乐；夜间安眠，为大快乐；辞世长逝，为真快乐也！"

此时，老樟树上落满了鸟雀，一声不吱，静静地望着秋白谈笑。继而秋白用俄语高唱《国际歌》，唱毕，抛杯而起，厉声喝道："启程！"

秋白走出公园，沿路西行，徐步赴刑场，前后军士押送，空气极为肃穆。经过街衢之口，见一瞎眼乞丐，犹回头顾视。忽想起少年在家乡常州施舍乞丐、唯一一次回嘴母亲的事，不禁感叹普天之下不知还有多少这样的穷苦大众，自己不是为穷苦大众争取生存权而奋斗、牺牲的吗?

"起来，饥寒交迫的奴隶……"秋白又用俄语唱起了《国际歌》。监刑的三十六师政训处处长蒋先启是留俄学生，听清了"英特耐雄纳尔就一定要实现"的歌声。接着，秋白又用汉语唱起《红军歌》，高呼"中国共产党万岁！""中国革命胜利万岁！""共产主义万岁！"

初夏的阳光下，万物宁静，空气都要凝结了。唯有这歌声和口号声直冲霄汉。

到达罗汉岭下，秋白见半山坡上，有一绿茵茵的小草坪，微笑点头说："此地甚好！"向执行者提出两点：我不能屈膝跪着死，我要坐着；不能打我的头部。说毕，上了山坡，盘膝坐在草坪中间。

执行者遵命用盒子枪朝秋白后背一击，秋白一枪毙命，仰躺在草坪上，鲜血奔涌，染红了青青的野草。

突然，不远的老樟树尖顶的翠绿枝叶急遽晃动，群鸟齐飞，喳喳地叫着，为秋白哀鸣……

第二章　诸夏怀霜

人生知己

瞿秋白就义的第二天，即一九三五年六月十九日，上海《申报》等大小报刊就以显著篇幅做了报道。鲁迅和文化界所有良心尚存的人们，都极为悲痛！

这天晚上，鲁迅喝了许多酒，不断地抽着烟。像大病一样，一切不闻不应。许广平想劝止他，但知道先生是在为秋白沉痛，也不好多说，只好放任他一下。这样可能会使他心里好受些。

过了一会儿，忽然看不见他了。广平很着急，四处寻找，几乎哭了。后来才发现他睡在黑黑的晒台地上，给五岁的海婴寻到了，也一声不响的并排睡下，广平不禁转悲为笑，鲁迅这时倒爬起身来了。他绝不是故意和广平过不去，他时常说："我们的感情算好的。做文学家的女人真不容易呢，讲书时老早通知过了，你不相信。"他是思念秋白太切，无法抑制自己悲痛已极的心情。就像秋白所说的野兽的奶汁所喂养大的莱谟斯一样，跑到空地去躺下，或者正如他自己所说，像受伤了的狼，跑到草地去舔干自己的伤口。

广平听见鲁迅喃喃地念叨："人给杀掉了，作品是不能杀掉的，也是杀不掉的。"

鲁迅回到书房，仰在藤躺椅上，抽着烟，回忆起与秋白的交往，一幕幕场景像电影一般在眼前浮现——

那是一九三一年，一个五十四岁，一个三十二岁，开始了神交。十二月一日，在左联刚创刊的《十字街头》小报上，刊登了《论翻译》一文，署名J.K.。文章很长，分两期登完。半年之后，一九三二年六月也是刚创刊的《文学月报》第一卷出现了鲁迅的《论翻译——答J.K.》，两篇文章都是采取通信方式，谈的是鲁迅刚翻译、出版的苏联小说《毁灭》，令人注目的是从未谋面的两位作者竟互称"同志"。化名J.K.的瞿秋白称鲁迅为"亲爱的同志"，鲁迅则回称瞿秋白"亲爱的J.K.同志"。如瞿秋白翌年七月在《再论翻译——致鲁迅》中所说：鲁迅是"没有见面的时候就这样亲密的人"。

鲁迅一九二七年九月到上海，一九二八年就遭到创造社、太阳社四面围攻，骂他为"封建余孽"或"没落者"，甚至为"法西斯蒂"，处于非常孤立的境遇中。鲁迅气愤至极。一九二九年春天，荆有麟到上海去看鲁迅先生，当时有人通知鲁迅说，创造社要在他们北四川路的书店楼上咖啡座开会，商议对付鲁迅，鲁迅立刻兴奋了，在问明了开会的时间之后，吃过中饭，便说：

"走，我们到创造社咖啡座捣乱去，坐在他们面前，看他们怎样对付罢。"

于是鲁迅和他的爱人许广平，还有周建人和荆有麟，一同走进创造社的楼上咖啡座去，刚巧，在屋中间摆起长台子，鲁迅就邀他们坐到长台上，而且还说任什么人来也不让。

但是，坐了整整一下午，来客川流不断，却没有说明，要长台子开会，教他们让出的话来。于是，电灯已亮，要吃饭的时光，他们才在笑声里，走出了创造社咖啡座。在归途中，鲁迅还说：

"什么也不怕，怎样来，就怎样应付，他们就莫可奈何了。"

这时，竟然有来自左翼的人士称他为"同志"和"亲密的人"，鲁迅自然感到意外的温暖。

《再论翻译——致鲁迅》发表不几天，即一九三二年七月上旬，这两位亲密的同志第一次会面了。地点在鲁迅到上海后的第二个住处——四川北路的拉摩斯公寓。由英国人拉摩斯投资，一九二八年建造。占地约一千四百五十平方米，建筑面积五千六百七十五平方米。为上海著名公寓之一。钢混结构，坐南朝北，装饰艺术派风格。平面长方形，三段式立面，竖线条构图。是有四个门楼的坚实高大的四层平顶大楼，入口门洞有券饰，二至四层均挑出阳台，花式铸铁栏杆，四层顶部设半圆券。拉毛墙面有勾缝。室内楼梯栏杆螺旋式，转角立柱雕刻精致。

对面是工部局学校，即西童公学，斜对面是日本海军陆战队司令部和陆战队医院，右侧近内山书店。鲁迅住在北四川路一九四号 A3 楼四室。原属内山完造的一位名叫赤喜谷久子的日本朋友所有。此人到青岛海关工作，内山完造就以自己的名义租下，门上贴着写有“内山完造”名字的纸条，让鲁迅一家居住。邻居是一个英国人，鲁迅与其素不交往。原房主一套精致的西式木制家具，廉价卖给鲁迅，依然放在房里。他那套房很别致，前边一间很宽大，是会客室兼书房，墙壁的一面全是书架。后面连着几间，是卧室、餐室、浴室等，望去很黑暗。鲁迅写作兼睡卧之处，设于临街朝北一大间。房间前面有两扇落地的门窗，门外是阳台。左首的门窗放置着鲁迅的写字台。

上午，阳光明媚，瞿秋白和杨之华相伴着来了。

一听见叩门声，许广平立即跟着鲁迅开门迎了出来。她记得一九二三年秋白刚从苏联回来，女师大请他讲演，他留着长头发，长面孔，讲演起来头发掉下来就往上一甩，简直是一位英气勃勃的青年宣传员。而现在站在鲁迅和她面前的，却是剃光了头，圆面孔，沉着稳重的革命家和文学家，不可同日而语了。杨之华呢，比秋白低半头，一看就知是位秀气、聪颖的江南才女。俩人站在一起，确是天生的一对。

把秋白和之华让进会客室，坐在藤椅上。之华和广平坐在两旁的椅子上。还不到三岁的小海婴，不顾保姆的阻拦，也跑过来迎接客人。

广平索性拉过海婴介绍道：“这是海婴，小淘气。”

秋白站起来爱抚地摸摸海婴的头，之华弯下腰亲了海婴一下。

秋白的别名很多，在鲁迅家时称“何苦”。因此，鲁迅对海婴说：“这是何叔叔，那是何家姆妈。”

海婴听话地叫：“何叔叔，何家姆妈。”

说完，广平和之华拉着海婴到卧室去了，留下鲁迅和秋白畅谈。他俩一见面就有说不完的话，从日常生活、淞沪战争，到彼此的遭遇和文学界的情况等，一个话题接着一个话题。

为了庆祝这第一次的会见，广平准备了一桌丰盛的午餐。秋白破例喝了一些酒，脸上泛着红晕。下午俩人放弃午睡接着谈，一直谈到夜幕降临，秋白和之华才依依不舍地离去。

九月一日上午，在初秋的蒙蒙细雨中，鲁迅一家三口应邀来到瞿秋白夫妇寄寓的谢澹如家回访。谢家在紫霞路六十八号，是自置的一所楼房，占地七分多，三开间三进，家里只有老母、一个孩子和几个佣工，环境相当幽静。秋白夫妇住在二楼东厢房，家具都是现成的。对面厢房是书房，秋白夫妇非常喜欢谢家的藏书。深通人情的鲁迅特地买了一盒玩具送给谢家的孩子。这是第二次会面了，谈话更加无拘无束，秋白拿出他关于文字改革的书稿，兴致勃勃地在书桌前与鲁迅交谈。这是一张特制的西式木桌，上面有书架可以放文件，下面的抽斗也一样，只要把书桌上面的软木板拖下来，就可以像盒子一样，连抽斗也给锁起。这张桌子，随着秋白多次迁徙，最后在离开上海去苏区前，搬入大陆新村鲁迅家保存。

为了招待鲁迅一家，杨之华到饭馆叫了几个菜。但吃的时候发现菜是凉的，味道也不好，之华很内疚和不安。鲁迅却毫不在乎，仍然和秋白谈笑风生。这天，鲁迅在日记中写道：“午前同广平携海婴访何家夫妇，在其寓午餐。”

从一九三二年九月一日开始，鲁迅日记中就时常出现“何家夫妇”“文尹夫妇”“何君”“维宁”“它”“宜宾”“何凝”等代表瞿秋白和杨之华的“名号”。

九月十四日，秋白夫妇再次访问鲁迅。当时鲁迅“神经痛”和“右足发肿”初愈，尚未完全康复。九月二十七日是海婴的生日，秋白夫妇于十八日赠给三岁的海婴一盒金铃子和两盒叫呱呱，同时有信致鲁迅。

十一月下旬，秋白、之华住的紫霞路出现紧急情况，必须马上转移，他们即刻想到的去处只有鲁迅家，约好分别走，在鲁迅家碰头。可惜恰逢鲁迅回北平探母病，广平接待了秋白。等了好久，之华没到，第二天还没有到。秋白着急了。请人到街头寻找，终于在马路上遇到了之华。原来之华一直东躲西藏，生怕特务还在盯梢，给秋白和鲁迅带来严重后果，只在外边兜圈子，没敢进鲁迅家。来人找到她后，因为是白天，仍不放心，请那人先走，自己继续在街上兜转。天黑下来，确信没有"尾巴"跟踪了，精疲力竭的之华才来到鲁迅家。广平赶忙让她洗漱，因鲁迅不在家，把大床让出来，让秋白和之华睡。直到十一月三十日晚，鲁迅从北平回来了，十分高兴地与秋白热谈。夜里，秋白和之华换到另外一间继续住下来。这是秋白第一次在鲁迅家避难，感触颇深，十二月七日，之华赠送广平一副面镜，秋白用毛笔书写了一首青年时代的七绝旧作赠给鲁迅：

雪意凄其心惘然，江南旧梦已如烟。
天寒沽酒长安市，犹折梅花伴醉眠。

诗后附一段跋文："此种颓唐气息，今日思之，恍如隔世，然作此诗时，正是青年时代，殆所谓'忏悔的贵族'心情也。"向人生知己鲁迅坦露自己当时的情怀，也是对现时现地遭受压迫的写照。朝夕相处，亲如一家。海婴亲切地喊之华"何家姆妈"。十二月九日下午，秋白夫妇托人到一家大公司买了一套高级玩具——"积铁成象"送给海婴。

鲁迅在日记中写道："下午维宁及其夫人赠海婴积铁成象玩具一合"。玩具有积木，似乎众所周知，这里说赠的是"积铁成象"，好像不易理解。其实就是铁材制成的可搭成各种形象的玩具。鲁迅对它这样命名，是非常贴切的。

这一盒珍贵玩具，上面有全部零件的清单，可以按件核对，以便发现临时遗忘了哪件。匣盖面呈黄色，里为白色，秋白还亲自以清晰秀丽的笔迹，按顺序写明零件的名称，各有多少种，多少件，连有多少颗螺丝、螺母都写得一清二楚，毫无遗漏。字里行间，凝集、渗透着一位革命家对待事物非常缜密细心、一丝不苟的精神。

这种“积铁”玩具，当时非常稀罕，只有舶来品。盒分大中小三种，零件多少繁简不一。秋白送的是一个中盒。其中大小轮子各有四个，长方形底座一个，长方形铁片两块，梯形铁片一块，还有许多不同形态的条、轴若干，摇把一只，还附有螺丝和卡子一小盒。零件全都漆以红绿两色，满布均匀的圆孔，以备搭积时穿固螺丝之用，所有零件都做得非常精致。匣内还附有厚厚的说明书一册，载有搭成各种器物图像若干幅，从简至繁，一一备载。简者如天平、椅子、跷跷板；繁者如火车、飞机、起重机等。海婴最喜爱搭的是起重机，搭成以后，还挂上一件物品，然后用摇把摇起，逐渐升高，十分有趣。这种玩具，不仅益智，而且因为它用铁材制成，经久耐用。秋白夫妇送的一套，售价之贵令人咋舌。使鲁迅和广平于心不忍：他们自己生活极其艰苦,却以昂贵的价格买下这套玩具送海婴。但其用心可谓深矣！当时秋白说:“将来革命成功，必有一番大规模的建设，而这些建设工作，没有人才是不行的，因此对下一代必须及早给以科学技术教育，以备将来深造之用。”言谈之间，秋白隐约透露，他们这些革命家难免有不测之遇，“留个纪念，让孩子大起来也知道有个何先生”，这就是他们仅有的一点愿望。

转眼间，秋白夫妇在鲁迅家里避难近一个月了，组织上决定把他们接走。十二月十一日是星期天，鲁迅夫妇准备家庭晚宴，秋白夫妇之外，还把冯雪峰和三弟周建人请来了。大家热热乎乎地吃了顿离别饭。

深夜十一时许，当时任全国总工会党团书记的陈云，坐着一辆黄包车，把带在头上的铜盆帽挪低到眉毛以下，把吴淞路买来的一件旧的西装大衣的领头翻起盖满两颊，由曲曲弯弯的小路，到了北四川路的一路电车掉头的地方就停下黄包车，付了车钱。往西边一看，没有人“盯梢”。就迅速地走进了沿街的一座三层楼住宅房子的大门……广平很客气地请他进去。

秋白一切已经准备好了，他的几篇稿子和几本书放在之华的包袱里，另外他还有一个小包袱装着他和之华的几件换洗的衣服。陈云问他:“还有别的东西吗？”他说:“没有了。”“为什么提箱也没有一只？”陈云奇怪地问他。

他说："我的一生财产尽在于此了。"他问陈云："远不远？""很远，我去叫三辆黄包车。"陈云说着正想下楼去叫车子，站在旁边的鲁迅就说："不用你去，我叫别人去叫黄包车。"说着招呼广平叫黄包车去。这时候，秋白就指着鲁迅问陈云："你们会过吗？"陈云和鲁迅对视："没有。"秋白说："这是周先生，就是鲁迅先生。"同时又指着陈云向鲁迅说："这是陈同志。""久仰得很。"陈云尊敬地说了一声。的确，他是第一次见过鲁迅：他穿着一件旧的灰布的棉袍子，从庄重而带着忧愁的脸色看出，他非常担心秋白、之华和陈云在路上被侦探、巡捕捉了去，问陈云："深夜路上方便吗？"陈云用安慰的口气回答鲁迅："正好天已下雨，我们把黄包车的棚子撑起，路上不妨事的。"陈云是第一次与鲁迅会面，原来不知他是哪里人，听他的说话，多少带着绍兴口音，后来把秋白、之华送到了他们的房子里，问起秋白，才知道鲁迅是绍兴人。

一会儿广平回来说："车子已经停在门口。"陈云说："走吧！"就帮助之华提了一个包袱走到门口，秋白向鲁迅说："我要的那两本书，请你以后就交陈云带给我。"又指着陈云对鲁迅说："或者请陈同志到你这里来拿一下。"陈云顺便插口："隔几天我来拿。"正想开门下楼去，之华还在后间与广平话别，大家就稍微等了一下，鲁迅向秋白说："今晚上你平安到达那里以后，明天叫陈云来告诉我一声，免得我担心。"秋白答应了。一会儿他们三人就出了房门下楼去，鲁迅和广平在门口连连地说："好走，不送了。"当他们下半截楼梯的时候，陈云回头去望望，鲁迅和广平还在门口目送他们，从鲁迅那副庄严而带着忧愁的脸色上，看出他仍然担心秋白等的安全，秋白也回头望了他们一眼，说："你们进去吧。"他们就不作声地点了一点头。秋白等走下到二层楼梯口，才听到三层上"啪"的一声关上了房门。

自从一九三二年有同志被捕以后，侦探到处在追逐秋白，他病得又很重，住在鲁迅家里已经好久了。虽然鲁迅当时也为暗探四面跟踪着，但是鲁迅终于把秋白安全保护了近一个月。后来因为外面已经有些"风声"，所以组织上决定把秋白同志搬到另一个地方。陈云本来还要到鲁迅家里去替秋白拿那几本书，也很想再去会会鲁迅，后来因为别的原因，很快就离开了上海，所以没有再去，陈云第一次会见鲁迅，也就成了最后一次了。

秋白回到暂时无事的紫霞路谢澹如家，第二天就托人给鲁迅带了平安信，并赠火腿爪一枚；鲁迅回赠文旦饴两盒。此后，两人信件往来不断。十二月二十八日，秋白写信给鲁迅，还附一首诗：

不向刀丛向舞楼，摩登风气遍神州。
旧书摊畔新名士，正为西门说自由。

此诗抨击当时报刊上的颓废文章，无视帝国主义的侵略，而为西门庆之流“说自由”。

但是，谢家很快受到警告，又不安全了。出于无奈，一九三三年二月，距离第一次避难才两个月，秋白和之华只得再去鲁迅家，并托鲁迅代找房子。鲁迅、广平像旧友重逢一般保护他们住下，丝毫不嫌麻烦。

二月十七日，恰逢萧伯纳到上海，热闹了一番。秋白在鲁迅支持下，在广平、之华收集的资料基础上，编、译、注释、加按语，辑成了《萧伯纳在上海》一书，鲁迅为此书写了序，很快就出版了。鲁迅把全部稿费都给了秋白，还预付了之华几篇小说的翻译费，以资助秋白夫妇的生活。

一九三三年三月一日，鲁迅托内山完造在施高塔路东照里找到一幢里弄房子，比较清静。租定十二号仿日式的三层楼建筑的二楼南间，面积十六平方米，方形，南为四扇大窗，光线充足，北墙两头各有一门，东门为出入门，西门通厕所，东墙中央有壁炉。鲁迅两次由内山夫人陪着去看屋，六日，秋白夫妇搬去。下午，鲁迅又把内山夫人送他的一盆堇花转送给杨之华。

四月十一日，鲁迅从拉摩斯公寓搬到了施高塔路的大陆新村九号定居。正在秋白夫妇对面，来往更密切了。鲁迅几乎每天来看秋白夫妇，有时还带着面包店刚烤好的热烘烘的面包。秋白也常常晚间到鲁迅家去倾谈一番，总有说不完的话，不愿意离开。

无拘无束的谈话，旁若无人的大笑，臧否古今的智慧，冲破樊笼的气度……都是那样相合，秋白夫妇东照里居室的墙上贴出了鲁迅抄录给秋白的一副对联：

疑仌道兄属

人生得一知己足矣

斯世当以同怀视之

洛文录何瓦琴句

“疑”是由“凝”字拆解而来的。因为瞿秋白曾以“何凝”为笔名。“仌”是“冰”的古体字。洛文是鲁迅的笔名之一。

这期间，秋白写了《王道诗话》《伸冤》《曲的解放》《迎头经》《出卖灵魂的秘诀》《最艺术的国家》《内外》《透底》《大观园的人才》《关于女人》《真假堂吉诃德》《中国文和中国人》和《儿时》《〈子夜〉和国货年》等十四篇杂文。其中有些是秋白提出后与鲁迅交换意见、共同确定，由秋白执笔写成，有些是略经鲁迅润色、修改的。多数由鲁迅用自己的笔名发表，并收进鲁迅自己的集子里。秋白下笔很快，住在鲁迅家里时，每天午饭后至下午二至三时为休息时间，鲁迅一家为了秋白的身体健康，都不去打扰他。到时候，他自己开门出来，往往笑吟吟地带着牺牲午睡写好的短文一二篇，给鲁迅看。鲁迅对这些杂文称赞道:“尖锐，明白，很有才华”，同时也直言不讳地指出缺点:“深刻性不够,少含蓄”,第二遍读起来有“一览无余”的感觉。两人真是推心置腹，肝胆相照。

刚搬到东照里十二号，秋白就对之华说，他要做一件重要的事情：应鲁迅之请，编一本鲁迅的杂感集，精心写一篇序言。又说：“我和鲁迅谈了不少，又反复研究他的作品，可以算是了解鲁迅了。”

秋白想集中精力做这件重要的事情，但周围客杂，女房东时常来串门，只能设法“谢客”，说瞿秋白养病，关起门看书，杨之华在门口熬汤药，药味弥漫，闲人果然不再来打扰。瞿秋白花四天时间，写完了约一万七千字的流传史册的《〈鲁迅杂感选集〉序言》。

鲁迅又来秋白家里时，秋白把《〈鲁迅杂感选集〉序言》拿给他看。鲁迅抽着烟，看了很久，显露出感动和满意的神情。香烟头燃着青烟，快烧到手

人生得一知己足矣，斯世当以同怀视之。

指头了，他也没有感觉到。看后说："只觉得说得太好了，应该对坏的地方也多提起些。"事后，他在冯雪峰面前提起这篇序言，"很看重和赞赏"。他说："序言的分析是对的，以前没有人这样批评过。"尤其对秋白把他骂章士钊等人的话，看成是在批评社会上某"一群人"的典型，非常感激。因为当时有些人总认为鲁迅是在对某个人发"私怨"。经过创造社、太阳社"法西斯蒂"式的围攻后，鲁迅更加感到了瞿秋白对他的温暖与亲近，虽然有些提法，他并不完全同意，也不能不极力支持了。

一九三三年四月五日，秋白把《鲁迅杂感选集》书稿交给鲁迅。鲁迅立即联系出版。四月十三日，致北新书局老板李小峰的信中说："序文因尚须在刊物上发表一次"，本文"也须略看一回"。四月二十六日，又写信给李小峰，请李派人来取已批好的《杂感选集》书稿，信中还说：序文中"有稍激烈处，但当无妨于出版"。鲁迅精心校改书样，并叮嘱李小峰，"此书印行，似以速为佳。"七月，北新书局以青光书局的名义出版了《鲁迅杂感选集》，封面和扉页上都署"何凝编录并制序"。并且特地设计了二十五开毛边本，书前还有一幅司徒乔画的鲁迅头像的速写。此书以后多次重版，影响甚广。

鲁迅请瞿秋白编选杂感集，最初主要是想借此资助秋白，使他们夫妇经济上不至于困窘，虽然明知这本杂感选集出版后，势必影响自己单行本的发行。两天后，下大雨，鲁迅冒雨把良友图书公司刚付的版税，交给秋白编辑费二百元，又给之华三十元苏联小说的翻译费。

但东照里也不安全了，女房东趁他们外出时偷偷检查过他们的房间，看他们是不是共产党。为防意外，秋白夫妇转移到王家沙鸣玉坊一家花店的楼上，这里是中共江苏省委机关所在地。冯雪峰也住在这里，时任江苏省委宣传部长。秋白在这里有时帮助通讯社审改稿件，也为党刊写文章。不到两个月，一个机关暴露，可能牵连秋白，必须在半小时内搬走。报信人说："到周先生家里去吧！"于是冒着雨，急匆匆转移到鲁迅家住了几天。这是秋白夫妇第三次在鲁迅家避难。住了几天以后，杨之华被分配担任上海中央局组织部秘书，夫妇俩搬到"地下"交通主任高文华家里。一个多月后的一个深夜，又传来警报，他们再次到鲁迅家去。已是凌晨两点，鲁迅全家被急促的敲门声惊醒。

广平拦住要起身的鲁迅，自己起身去听动静，听出是瞿秋白的声音，这才放心地开门。秋白腋下夹着一个小包，匆匆进门。刚上楼进屋，后门又响起敲门声，广平又急忙下楼去，原来是杨之华带着高文华的女儿，一个小姑娘，也赶来了。如此惊扰鲁迅一家，秋白夫妇很过意不去，但鲁迅夫妇仍像以往一样，非常热情地接待他们，广平特意为他们端来了夜宵。几天后，高文华帮秋白夫妇在中共另一机关安排好住处，他们才离开鲁迅家。这是秋白夫妇在鲁迅家的第四次避难。

此后，鲁迅与三弟周建人、王蕴如夫妇商量，拟由周建人夫妇出面租房子，与秋白、之华夫妇住在一起。看过几处住房，之华都觉得不合适。后因秋白要去中央苏区，只得作罢。

这是何等亲密的友情，不是兄弟，胜似兄弟！

鲁迅从回忆中醒来，又看了下秋白就义的消息和临刑前那从容自若的照片，禁不住热泪盈眶，好不容易才克制着自己，没有哭出来。

其实，鲁迅早已预见到这个结果。他给曹靖华信中连续三次谈到。

一九三五年五月二十二日夜说：

……它事极确，上月弟曾得确信，然何能为。这在文化上的损失，真是无可比喻。……

六月十一日信中再说：

……它兄的事，是已经结束了，此时还有何话可说。

六月二十四日，在秋白就义五天后又说：

中国事其实早在意中，热心人或杀或囚，早替他们收拾了，和宋明之末极像。但我以为哭是无益的，只好仍是有一分力，尽一分力，不必一时特别愤激，事后却又悠悠然。……

《海上述林》

杨之华虽然对秋白的牺牲早有精神准备，但看到报上的新闻后，还是悲痛欲绝，哭得直不起身来。但她终于在鲁迅、茅盾、周建人、郑振铎、陈望道、叶圣陶等友人对秋白的深切哀悼下，要编辑、出版瞿秋白遗著的实际行动鼓励和灼热的爱的护卫中，顶住了哀痛，诚如鲁迅一再说的："哭是无益的"。她在秘密生活状况下，坚持与鲁迅等协商瞿秋白遗著的出版事宜。

一九三五年六月下旬，杨之华母亲从报纸上看到瞿秋白遇害一事，从浙江萧山老家赶来上海，找到周建人妻子王蕴如。请王蕴如带话给杨之华：不要再干革命了，回家吧！杨之华坚决不同意。七月二十二到二十四日，上海中央局又遭到大破坏，杨之华被迫搬迁住处。七月底，上海地下党组织负责人项平设法送杨之华去苏联学习，由中央特科直接领导下的特别党员胡愈之通知她。八月初，之华托王一飞烈士夫人陆缀雯找王蕴如，说她不便向鲁迅告别，只能向周建人、王蕴如道别。傍晚，王蕴如、陆缀雯去杨之华在吕班路花园洋房的住处，看见杨之华穿着漂亮，只拎了一个小提箱。天黑了，王、陆送杨之华快到黄浦江码头时才分开。当天晚上，杨之华与何叔衡的女儿何实山等搭上苏联轮船，途经海参崴再到莫斯科。八月中旬到达，正好在莫斯科工会大厦圆柱大厅召开共产国际"七大"，杨之华刚赶到，连衣服都来不及换，穿了一件旗袍入场。中共代表团成员都亲热地与她握手。八月下旬，随共产国际"七大"代表去南方克里米亚参观，约一个月。旧地重游，怀念牺牲的瞿秋白，赋诗道：

回忆七年前，来到此人间，共游如飞燕，
我曾被你坚强的意志燃烧；
我曾被你多年的幽情缠绕，

过去的一切甜情蜜意，
已成今日悲苦的回忆……
心影呀！你就在眼前，你犹在云烟。
今战后负伤只身来，又从地狱到人间。

九月下旬，杨之华留在莫斯科工作，担任国际红色救济会常务委员，兼驻国际组织的中国代表。

鲁迅于八月五日、七日两天，接连收到杨之华的信。八月十九日又收到来信，一是告别，二是商量编辑瞿秋白遗著的事宜。以后，又不断通过“两地书”共同商议编辑秋白遗著工作。开始，杨之华主张瞿秋白的译著和论著全出，因为论著最能表达他自己的见解。但是，鲁迅考虑到瞿秋白的著作除少量文艺论文外，绝大多数是政论乃至文件性质的文章，无法隐名埋姓出版，当然也根本无法公开出版，只能由将来中国的“公模学院”出版了。现在只宜先出版文学艺术、文艺理论方面的译文，等资金周转开，时机成熟了，再出版著作。杨之华最后同意了鲁迅的意见。

一九三五年八月六日，郑振铎在家中设便宴，邀请鲁迅、许广平、海婴全家及陈望道、叶圣陶、胡愈之、章雪村、徐调孚、傅东华等十二人聚会，沉痛哀悼瞿秋白烈士，并商议为他集资出书，永作纪念。受邀请者一位一位到齐了，大家都沉默不语，眼里含着泪水。回忆起秋白当年的音容笑貌，相对凄然。小海婴知道何苦叔叔牺牲了，不再像过去那样调皮，也跟大人一样，低着头，眼泪汪汪的，一句话也说不出来。

郑振铎回想起自己准备结婚时，仰慕瞿秋白的治印水平，想求秋白刻一对印，秋白开的润格是五十元。郑付不起转而求茅盾。婚礼那天，秋白手提一手绢小包，说来送金五十，郑不胜惶恐，打开一看却是两方石印，而且分文不取。所谓“润格是五十元”不过一句戏言。自此，郑振铎对瞿秋白更加敬佩，视为良师益友，六月十九日看到瞿秋白就义前的从容照片和无畏经过，当时就哭了，既沉痛又景仰。大家和郑振铎是一样的心情，默默地吃完这席饭，议定了编辑、出版瞿秋白遗著之事。决定先出上、下两卷译著《海上述林》。这次聚宴实际上是对瞿秋白的一次悼念会。

而实际承担起这项巨大工作的，还是鲁迅。当知道秋白暴露身份的消息时，他就预见秋白生还无望，开始与杨之华、谢澹如、茅盾、郑振铎、内山完造等筹划编辑瞿秋白遗著。经过两个多月的努力，一百多万字的瞿秋白遗著就陆续集中到鲁迅家里。九月四日，茅盾到鲁迅家时，见鲁迅已经把原稿分好类，对茅盾说："这一摞是著作，那一摞是译文。当然不全，不过之华已经尽了全力。"他俩看到秋白用蓝色圆珠笔复写的秀美字迹时，不禁落泪，叹息中国失去了这样的天才！一个病人，在内外夹攻、病痛折磨下，居然仅用两三年时间写出了一百多万字的译著，这是何等的才华和毅力？！据杨之华说，秋白寄居在谢澹如家中时，即使病重，也要每天伏案工作十小时以上。收存亡友的遗文真如捏着一团火，寝食难安！他们定下了先出两巨册《海上述林》的编辑原则，鲁迅愤然地说："我们把他的作品出版，是一个纪念，也是一个抗议，一个示威……人给杀掉了，作品是不能给杀掉的，也是杀不掉的！"署名为"诸夏怀霜"，意为华夏诸众怀念秋白。而这一年，正是鲁迅沉疴不起的一年，也是他生命的最后一年。

之华思秋

俄罗斯的秋天是富有情韵的。且不说莫斯科郊外的晚上，身着艳丽彩裙、热情洋溢的姑娘们，和穿着高筒皮靴、高大彪悍的小伙子们，在手风琴伴奏下手拉着手，跳起奔放的俄罗斯舞，唱起嘹亮、激昂的俄罗斯歌曲；广阔、清爽的伏尔加河畔，一对对情侣旁若无人地甜蜜拥吻、谈心；就是笔直的白桦树林里簇拥着的圆圆的黄叶和铺满黄叶的伸向天际的小路，也都充满了美好的情调和无穷的韵味儿。

杨之华可以去看望她的爱女瞿独伊了。一九三三年，独伊和其他中国孩子一起转到伊万诺沃市以 E·D. 斯塔索娃命名的第一国际儿童院了。秋天的一个清晨，国际红色救济会专门派了辆吉普车送她前往。一路上，阅尽俄罗斯美丽的秋色，但都吸引不了之华，她心里只向往着早点儿看到现在唯一的亲人——独生女儿独伊。

终于到了，儿童院门前站满了中国孩子和他们的老师。只要有一个孩子的父母来探视，其他所有孩子也都跟着来迎接，因为这是他们父母的同志啊！

之华首先看到站在中间的独伊，独伊也第一个看到开来的吉普车和车一停下就急忙下来的妈妈，疯了似的向着日夜思念的妈妈扑去。

母女俩紧紧地紧紧地搂抱在一起，滚滚热泪流在一起……

其他中国孩子也一声接一声地喊之华“妈妈”，之华一边与独伊分开，一边掏出手绢擦干眼泪。听一个男孩子问她：“我妈妈在中国好吗？”

之华一惊，想起他问的妈妈已经牺牲了。但还是说：“很好！很好！孩子们的父母在中国都很好！”

孩子们一个个都很高兴。是的，看来人世间有时需要些好心的谎言。

之华领着已经九岁的独伊进了儿童院的房间，刚一坐下，独伊就问：“好爸爸呢？好爸爸怎么没来？”

与秋白结婚后，是之华让独伊叫秋白“好爸爸”的。之华眼睛又湿了，要滚出热泪，但她极力克制住了，说道：“好爸爸很好，他工作太忙了，来不了，让我问他的独伊好，还给你带来了你最爱吃的东西。”说着，掏出了一大包牛奶渣。秋白知道独伊爱吃牛奶渣，在共产国际开会时，每隔一星期，从机关回来，路过店铺，总不忘记买一些回来，带到幼儿园给独伊吃。独伊接过纸包，打开来，果真是她最爱吃的牛奶渣，就一把把分给旁边的同伴们。这是儿童院的“潜规则”，无论谁的父母来，带来的食物和玩具都“共产主义化”，大家一起吃，一起玩。然后由各自的父母领着自己的孩子到附近森林中去。

独伊跟妈妈说：“我还记得，夏天，好爸爸带我在树林里采蘑菇，画图和折纸给孩子们玩；冬天，地上铺满了厚厚的雪毡，好爸爸把我放在雪车里，他自己拉着雪车跑，故意把雪橇拉得忽快忽慢，有时候假装跑不动了，有时候又假装摔了一跤，用手蒙着脸哭起来。这时候，我就向妈妈叫：‘妈妈，我跌一跤都不哭，你看好爸爸跌一跤就哭了。’好爸爸一听我这话，放开手，哈哈大笑，说是跟我逗着玩呢！我也很高兴，拍着手大笑起来……”

之华听了独伊的话，既高兴，又难过。高兴的是独伊至今一直想着好爸爸，难过的是她们再也见不到“好爸爸”了。想着，眼泪又要往下流，竭力止住了。她不愿意独伊知道秋白牺牲的消息，能瞒多久，就瞒多久。

不过，聪明、懂事的独伊，感到有些不对劲儿。一提“好爸爸”，妈妈的眼圈就红了，泪水要往下流，好不容易才止住了。晚上，又拿出好爸爸给妈妈的信和给她的题词，不住地念，止不住流泪。问妈妈怎么啦，妈妈却什么都不说，又反复念好爸爸的信：

> ……你的信，是如此的甜蜜，我像饮了醇酒一样，陶醉着。我知道你同着独伊去看《青鸟》，我心上非常之高兴。……独伊看《青鸟》一定是非常高兴。我的之华，你也要高兴的。……
>
> …………
>
> 之华，独伊如此的和我亲热了，我心上极其欢喜，我欢喜她，想着她的有趣齐整的笑容，这是你制造出来的啊！之华，我每天总是梦着你或是独伊。梦中的你是如此亲热……

念到这里，之华再也忍不住，号啕大哭起来。独伊惊呆了，赶快过去搂着妈妈，拍着妈妈的背轻声说：“妈妈别哭，别哭……”说着，自己也叫着“好爸爸”大哭起来，母女两人哭成一团……

第三章　内山书店

内山完造

从大陆新村鲁迅先生的寓所出来，往西南走不远，就可到内山书店了。

书店老板内山完造，日本冈山人，个子不高，圆头圆脸，人很忠厚。自十二岁起就先后在大阪和京都的商店当学徒。一九一三年作为“大学眼药”本店——参天堂派驻上海人员，二十多岁的内山完造来到中国。起初在上海推销药品，兼售基督教福音书。一九一六年在日本与美喜子结婚后，偕夫人内山美喜子一起赴上海。一九一七年，以美喜子的名义开设内山书店，最初在上海虹口的北四川路余庆坊弄口旁的魏盛里一条里弄，一九二九年迁至北四川路的施高塔路十一号。这里房子只有七幢，全部住着日本人。内山完造借了那弄口靠右边的两幢，打通成一所使用。进出就用着那原来的两个石库门。小天井上全部盖了玻璃，作为采光之用；可是里面依然阴暗，几乎白天也开着电灯。在那电灯底下，有七八张沙发和椅子围着一张小桌子，那就是所谓“漫谈席”。凡有空暇或者疲累了的客人，谁都可以坐下来，喝喝茶什么的，一边宽荡荡地看看书，谈谈话。

一九二七年十月的几天，一位穿蓝长衫的先生，身材小而迈着特长的脚步，鼻下蓄着浓黑的口髭，个子小却有一种浩大之气，常常和二三个朋友同道来。

由于这位先生的衣衫很随便，书店一位负责的日本人打量了他一番后，对一个中国店员说："注意看着这个人，他可能会偷书。"因为店里的书有时遗失。一次，那位被认为会偷书的先生一个人跑来，挑好了种种书，而后在沙发上坐下来，一边喝着内山夫人送过去的茶，一边点上烟，指着挑好了的几本书，用漂亮的日本话说：

"老版[①]，请你把这些书送到窦乐安路景云里二十三号去。"

内山完造立刻就问："尊姓？"

一问，那位先生就说："周树人。"

"啊……你就是鲁迅先生么？久仰大名了，而且也听说是从广东到这边来了，可是因为不认识，失礼了。"

确实，一九二七年十月三日鲁迅同许广平抵达上海，暂寓爱多亚路长耕里的共和旅馆，十月八日，从共和旅店迁入景云里第二弄的最末一家二十三号居住了。景云里云集着很多上海文化名人，景云里的二十三号前门，紧对着茅盾先生的后门，但鲁迅、广平搬进去时，他已经因国民党的压迫到日本去了。留在他家中的，还有他的母亲和夫人及子女等人，好在叶圣陶先生住在近旁可以照应。再稍远处，还有建人先生等一批长久在商务印书馆的同事，在这许多熟人环境之中，他们就将此暂作安身之所了。

从那时候起，鲁迅和内山完造的关系就开始了。

内山完造发现鲁迅有着一双极其清澈、敏锐又充满了温情的眼睛，无论是谁看到，都要对此感叹一番。像日本大作家长谷川如是闲、新居格等人也都惊异于那双眼睛的美妙。另外武者小路实笃对此也写得很有意思，"仅是有过一面之缘，什么也没说，但是一看到那眼睛，就有一种跟他畅谈了一番的感觉。"

但鲁迅先生是个四面棱角的人，所以一顽固起来便彻头彻尾，至死都不低头。

内山夫人美喜子年轻的时候曾经当过艺伎，是个善于应酬的女性，又是

① 把"老板"写成"老版"的，只有鲁迅一个人。

宇治县出身，经常弄来一些宇治特产清茗，用来款待鲁迅。鲁迅坐在书架之间的藤椅上，喝着茶，借以消遣每日午后的时光。

从此，执笔疲乏了，或是看书看倦了的时候，鲁迅就荡过来。他一天天地和内山夫妇亲密起来，几天之间，这对夫妇心里便已没有了所谓主人客人的意识。在店堂里间，有一张紫檀木的桌子，和来客谈话通常就在那里。在桌子左边，有一只椅子正好被店门口的书架遮挡着，这只椅子就是当时上海人所熟悉的“鲁迅先生的椅子”。

那时，鲁迅也常常被一些不清楚的客人错认做掌柜的，因而大笑起来。

可是他随便什么时候，总以漂亮的日本话说：“老版，他把我当作掌柜的了。”这么告诉内山完造，没有什么不高兴的。

有时，一些认识鲁迅面孔的学生来了，他们不客气地望着他细声说，“鲁迅！”“鲁迅！”于是他就说：“喔，又来研究我了。哦，回去吧。”说着，拿起帽子，匆匆出去了。

过了些天，鲁迅来到内山完造家，头一句便说：“老版，我结婚了哦。”

内山完造便问：“怎么会……”

“是和许结的婚，虽然我本无结婚的打算，但大家都撮合我们，最后我也就随了他们的意。”

“对象不是在北平吗？”

“哦，那是我母亲的媳妇，可不是我的媳妇呢。”先生爽快地答道。

原来中国式的婚姻中男女双方大多未曾谋过面，所以对于男方来说，更多的像是母亲在娶媳妇而并非自己娶媳妇。

内山完造看过鲁迅写的中国白话文运动最早的一部白话小说《狂人日记》，这部小说旨在唤起家族制度的革命，内山完造想他怀揣的这种思想在他那不经意的言语中也有所体现吧。那句话一点儿也不像是刻意说出来的，虽然作为日本人听上去感觉有点儿不自然，但先生本人确确实实是心如其言的。难怪那位所谓的“母亲的媳妇”一次都没来看望过远在上海的丈夫。

他一天天地和内山夫妇亲密起来……

内山完造早就听说鲁迅是偕妻子来到上海的，而他的妻子就是他的秘书许女士，不久前还听闻尚未结婚。他们相识于女师大学潮时期，当时鲁迅在女师大当讲师，就在运动掀起一股热潮的时候，许女士站在了众多女学生的前面，挥舞着旗帜，英姿飒爽……

许广平和内山夫妇，因为言语上的关系，没有多多交谈，不过他们之间，彼此心中都很了解。

不久，鲁迅和广平有了孩子，起名叫海婴，意为在上海生的婴儿。海婴幼年时跟着父母去内山书店较多，可说是相当熟悉，单开间的门面，左右有两个橱窗。店里经常出售最新书籍，橱窗中的玻璃上不时更换招贴广告。读者进到店内，感到它的最大特点，就是仿佛来到了书籍的海洋之中，书架一直顶上房顶，每排每架，满满当当，丝毫不留空隙，真所谓“汗牛充栋”，几乎把所有能利用的空间都利用了。售书实行开架制，店内备有几个木梯，有高有低，高的可达顶层，低的可取中层书籍，读者可以自己上梯取阅选购，店员毫不干涉。书店中间，特设新书台，陈列新到书籍，集中醒目，方便读者，使他们容易寻觅近期书刊，便于浏览选购。这些书籍，大都是洋装的外文版本，那时海婴因年龄太小，全看不懂。不过每次来到书店以后，总要爬上高梯，居高临下，俯视一切，俨然一个“盖世英雄”。这时，似乎也没有遭到过父亲的呵止，到鲁迅起身回家时，才招呼他下来一同回去。

在内山书店逗留，除了这攀登高峰的木梯以外，还有两样东西，在海婴的印象中一直存在，不易淡忘。这就是夏天放在门口的茶桶和冬天摆在屋内的火盆。

三十年代的上海，有些店铺，夏天备有茶桶。有的用大缸，有的用木桶，也有用铁皮焊成的洋铁桶，径约成围，外装两三个水龙头，并备有简易的竹质或搪瓷水杯几只，供劳动者临时休息解渴饮用。内山书店也不例外，门口也有这样一座茶桶，夏天为劳动者施茶。鲁迅在他的《日记》一九三五年五月九日项下，记有“以茶叶一囊交内山君，为施茶之用”，看来至少是赞助的。

鲁迅有时远从绍兴嵊县购置一囊茶叶，大约有十至二十斤，或者即为此用也说不定。大概这类山茶，叶大经泡，投入桶内，茶味能保持一定时间，足能助人解渴。

上海夏天酷热，冬天则又变得很冷，一般住户，室内并不生火。内山书店却不是这样。因为那里经常有人选购图书，有时还有“漫谈活动”，所以生有炭火，照顾来客。冬天海婴随父亲到内山书店时，就见他和完造先生在低矮的圆形瓷炭盆边围坐，盆内架一只三腿圆架，上坐茶壶，冲饮日本宇治特产清茗。海婴无事可做,对拨弄火发生兴趣。用尾带金属链的铁火筷拨夹火炭。弄得暗暗炭火,大放阵阵暖气,驱赶室内的寒冷,使大家的脸颊热得通红。这时，书店门旁的收银机，每当书款交纳，总会发出打数后的隆隆声。整个书店呈现着一派安静而有秩序的景象。

鲁迅单独带海婴去书店的机会不多。往往是父母两人携他同去。要说购书，海婴在这里得到的读物可以说是没有。有一次，从这里又转到另一家中国人开的旧书店，所看到的书籍，不再是厚厚的日文书和其他外文书，而是可以识得一些字的中文读物，不禁兴高采烈，赶快挑了几本，要求买回家去阅读。谁知尚未开口，却看到父亲现出一副从未见过的、极不高兴的脸色，放下手中浏览的书籍，让母亲领了他，和他一起很快离开这个书店。甚至连他已经挑选好的书籍，也放弃购置。当时，海婴心里纳闷，不知出了什么事情。之后，母亲才向他解释，说是旧书太脏，有些是病人出售之物，在书店里什么人都来翻阅，小孩子抵抗力较弱，容易传染疾病，所以父亲要带他赶快离开，至于阅读书刊，以后另外再买好了。后来，海婴果然有了一套商务印书馆出版的《儿童文库》，低年级和高年级程度的都有，内容有童话、游记、动植物故事、历史、地理知识和其他科技读物等。这是父亲特意托叔叔订购的，直到父亲去世以后，仍然陆续收到。

内山完造，实在生来就是个老实本分的人，天明也罢，天黑也罢，总归在堆积着的书架当中，守着那张长五尺宽三尺的桌子，左边电话听筒，右边钢笔，是这么一副腔调，过着三百六十五天的。

一天，鲁迅说:“老版，怎么样？你这样从早忙到晚，该歇歇，休养休养，不然是要生病的呢，哈哈哈哈哈哈……”鲁迅这么笑着，内山完造也就连着说:“好，好，那么，我到这边来喝一杯吧。”

说着，便一骨碌把椅子转了过来，冲着茶加入漫谈伙伴行列。鲁迅开说他的一次遭遇:“先生，昨天到大马路Cathy Hotel去看一个英国人。可是，据说房间在七层楼，我就马上去搭电梯，哪晓得司机装着不理会的脸孔，我以为也许有谁要来吧，就这么等着。可是谁也没有来，于是我就催促他说‘到七层楼’，一催，那司机家伙重新把我从头顶到脚尖骨溜地再打量一番，于是乎说‘走出去！’我终于被赶出了电梯，只得迈上扶梯到七层楼，于是乎碰见了要见的人，谈了两小时光景的话，回来的时候，那英国人送我到电梯上。恰巧，停下来的正是方才那位司机掌握的那部电梯。英国人非常殷勤，所以这次没有赶出我，不，不是的，那个司机非常窘呢——哈哈哈哈哈……”

听了这些话，内山完造就想道:头发翘耸耸地养到一寸多，简直像百日鬘，也就是戏子戴在头上，扮演乞丐或囚徒之类的一种假发。脸上蓬蓬地蓄着随便的胡子。随随便便地穿着粗朴的蓝布长衫，穿着廉价的橡皮底的中国跑鞋，只有一双眼睛放射着异样的光彩。以这样的神气，跳进上海屈指的豪华旅馆的电梯，司机那样对待，也不是讲不过去的事。虽说是赶出了他，与其加以责备，毋宁说是那窘住了的司机，倒未免有点可怜，鲁迅想寄他一点微微的同情罢了。

“老版，《泰山》来了，去看看吧。听说非常有趣的呢。我同你大概是没有机会到非洲的山中去的了。不去看一点电影之类吗？”

“老版，你晓不晓得这个？这个，是广东产的，叫‘黄皮’，口琴指头这么大，却确是橘子的一类。不过和金橘味道却完全不同，有一种特别的香味。”

鲁迅说着这一类的话，常常拿珍奇的东西送给内山夫妇。他们心里正在想“是这样的吗？”他却又说:“老版，对本国人扯的谎，是罪恶，不过从外国受到强大压迫的时候，对那压迫者扯的谎，却绝不是不道德的。”

在国民政府下通缉令的时候，鲁迅也一迳是满不在乎，好像完全不知道那么一回事似的来来去去。

内山夫妇担心着，“先生，危险哪，暂时躲一躲怎么样？”这么一说，他就讲——

“不，不要紧的，如果是真的要捉，就不下什么通缉令啦。”

“就是说，有点找讨厌，别给我开口——是那么一回事。”

鲁迅真是平平淡淡，满不在乎。

内山完造夫妇由此还想起鲁迅的一些趣事——

亲力亲为，无分巨细，也不骄，也不馁，对阔人是这副面孔，对穷人、村妇、小孩也是这副面孔。一九三一年，避难住在花园庄旅馆的时候，有一位叫老杨的听差，当他是老教书先生，天天围炉子谈天，叫他为自己写家书，简直不晓得他是鲁迅，这就是十足的鲁迅。

而日本青年长尾景和的叙述更是动人——

一九三〇年，我在关西大学读书时，为了将来研究中日贸易，很想熟悉一下中国的风俗习惯，就到了上海游学去了。当时住在黄陆路的花园庄。

一个晴朗的冷天，我在四川北路遇到一位向我问路的日本妇女，因为地理不熟，我正苦于无法回答，忽然从身后传来一句流畅的日语，代我回答了她。这是一位和我身材相仿，穿着一身整洁的中国服装的中年绅士。迷路的女人得到完满的解答，非常高兴。我已感到这人很亲切，便行了一个礼表示敬意，当时就这样分别了。次日，在花园庄又见到了这位亲切的中国人。我说我叫长尾，并将名片递过去。他说：“我身上没有带着名片，我叫周豫山。”因为同住一个楼内，紧接着，第二天，第三天，我又会见了周豫山。两个人很快就亲密起来了。周豫山第一次谈话时所谈的都是有关美术的事情，从凡·高、高更、米勒的画，谈到罗丹的雕刻，又从日本的水墨画谈到广重、歌麿的版画，即安藤广重、喜多川歌麿，都是日本江户时代的著名版画家。我暗中估计，这一定是位美术家。

第二天的谈话，是从医学开始的。从维生素、荷尔蒙、达尔文的进化论起，一直谈到天文学、爱因斯坦相对论、灵魂不灭说，愈谈愈觉得他是博学的人。像这样学识渊博的人，我是从未见过的。在日本，我虽然也结识不少教授、博士等有名的人物，但他们对于自己业务以外的事，知道得并不比我多。直到现在我没有遇到过一个能够谈得投机的人，然而和他却不可思议地很容易引起共鸣。这大概就是所说的情投意合了。

周豫山总是很谦虚，不论谈论什么从来没有表现出知道得比人多的神气。如果他修一修面，一定是位仪表堂堂的美男子。我说："我从来没有见过像您这样了不起的人,您真了不起！"他笑着说："我吗？没什么！"每晚当我和他告别回到床上时，就揣测他一定是某某大学的教授，至于他的真正身份，我从来没有询问过。

随着我们的相识，愈来愈感到他的伟大；我想，在上海一个普通的里弄之中，竟会有这样的人，中国真是太伟大了！和他在一起谈话，你会感到时间过得非常之快；我丝毫觉不出，我们两个人的年纪有着很大的距离；他也无所顾忌，甚至忘掉了中国人和日本人国籍的差别。当时正好我们彼此都没有什么事情可做，所以能够常整日长谈，常常是从早晨开始，吃过午饭之后再接着谈，晚饭后仍然继续谈，他所谈的话，对我来说，都是宝贵的精神食粮。他说："我们两人之间很熟悉，所以我没有什么顾虑，可以随意连续谈上几个小时。"他总是微笑着很热心地倾听着我这样一个无名青年的谈话。他的日语造诣是极其深而博的。每当我脱口诵出《万叶集》《源氏物语》《徒然草》等的章句时，他都能很快地理解。这些词句，即使对现代的某些日本人来说，也是很费解的。可见，他的日本文学修养是比普通日本人还要高的。

我们谈话时，除了有关学问上的问题，其他问题我是向来不问的，所以我一直以为他是一位没有家室的、"因公外出的学者"。待我们相识后的半个多月，我才知道他是偕同夫人、孩子一起到花园庄来的。他住在副楼楼梯下靠里边的一个小屋。他的房间，除了床之外，什么也没有，就是睡觉的床，也是很窄的。他狭窄的房间总是睡着小孩，平时他就坐在火盆旁边的椅子上取暖。几乎没有什么人来访问他。我也没有什么事情要出外，差不多整天坐在门口楼梯旁边和周豫山君谈话。和他谈话是最快乐的事情，我们常常烤着火彻夜长谈。

我买了一些花生围在火盆旁边剥食。他谈起了云南出产的一种什么豆，粒小味甜，谈得非常详细，等我买来栗子时，他又说天津附近良乡的栗子比其他地方的都好，就是日本的丹波栗子也赶不上。有一次我打来些老酒，他的酒量不大，稍喝一点，眼边就微红了。他说绍兴出好酒，因为那里的水性像日本云滩那里一样的好。总之，他什么都知道。我想，就是五个日本博士集合在一起，也不会知道这么许多。

像这样又过了二十多天，一天下午，我从四马路回来时，买了一本鲁迅的《呐喊》和一本郁达夫的作品。鲁迅的作品，我看不大懂。我坐在平常取暖的那个地方，正要把书打开时，他走过来了，笑呵呵地坐在平时坐的那把椅子上。我把书递过去，说："请您看看这本书，我有很多地方读不懂，我想您是一定懂的。在日本，鲁迅也是很出名的，郁达夫就不太熟悉了。"我做出一副很懂的样子这样地评论着。当时他的面部表情是我一生也忘不了的。他衔着烟卷，微微地笑了笑。于是我想，是因为我说这本书很难懂，他在笑我连这样的书都看不懂吧。或者他大概早就看过这本书了，所以笑我到现在才劝他看这本书吧！可是，紧接着他就哈哈大笑起来，然后悄悄地对我说："我就是鲁迅。"我当即大吃一惊。稍稍沉默了一会，他说："我本名周树人，字豫才，笔名鲁迅。"这时，我才恍然大悟。然后他又很感慨地告诉我："反对了蒋介石的政策，特别反对他的阴谋诡计和恐怖的政治，所以到处追捕我，我的学生已经有很多人被逮捕了。"我知道了我所尊敬的这个人就是鲁迅，感到非常高兴，同时也非常憎恨国民党政府。为什么要逮捕这样伟大的人物呢？我马上向他致了歉意："由于不知道您就是鲁迅先生，很失礼！为了尊敬的先生，有什么事情需要我做，尽管交给我好了！"鲁迅先生很热情地紧紧握着我的手，用很轻微的声音说："谢谢，谢谢！"

自从知道了他就是鲁迅先生之后，先生的一言一行，我都细细地加以玩味。这时，我说话的语气较以前礼貌了，可是先生却没有比周豫山的他有任何变化，反而更谦虚了。

大概是在二月上旬的事。我照样在楼梯旁的那个地方和先生一同围着火盆取暖时，一个三岁左右的小孩走到了我的身旁。先生说："这是我的小孩。"我立即将他抱起，问他叫什么名字，先生说叫海婴。我说："海里边的樱花，这真是一个漂亮的名字。"先生说："不，是取其在上海生的婴儿的意思。"这个孩子用小手指着旁边的椅子，我听不明白他说的是什么，先生告诉我，这把椅子上有颗钉子露出来了。我一看，果然露出一个芝麻粒大小的钉子尖呢。这个孩子的聪明伶俐，使我惊奇不已。先生说："我因为这孩子的神经太过敏，所以有点担心。他睡觉时，旁边稍稍有些动静，马上就会醒来。"在小孩的身后，有个端庄的女人从屋里走出来。先生说："这是内人。"我点头致意寒暄。这就是我第一次所会见的许广平女士。当时先生带着苦恼的神情，亲切地对我流露过他的心情。他说："我本来想过独身生活，因为有了孩子，就会对人生有所牵挂。"

记得仿佛二月中旬，先生为我写了一首义山的诗，说："在花园庄什么也没带来，这幅写得不好，将来有机会再用鲁迅的名字写幅好一些的。"同时还送我《苦闷的象征》《彷徨》各一册。我想这一定是先生偷偷回到家里为我写的，使我深为感动。

在一个二月的雨天，我们谈了一整天。最初，我是以朋友的身份和先生结识的，现在却以学生的心情来侍奉先生了。我一边听着淅沥的雨声，一边听着先生讲述列宁、高尔基的故事。先生谈起了克扣囚粮的中国监狱，谈起了受金钱左右的审判。对当时中国政治的腐败，先生非常愤慨。他又谈到帝国主义的末路。谈到美国的资本主义危机。先生是非常厌恶美国资产阶级那种奢侈生活的，对当时中国民众的贫困则嗟叹不已。他说："只看城市的中国人，你不能了解中国人的贫困生活。到四川省更远僻一些的地方，人们都住在窑洞里，而且那窑洞是连门都没有的。”我问:“为什么连门都没有呢? ”鲁迅先生叹口气,说:“洞口如果装了门,就会被强盗抱走,拿去烧火取暖。”他举出种种实例来说明贫民生活的疾苦。“他们生活的贫困,你真是难以想象! ”说到这里,先生眼睛里立刻露出同情、苦闷的神情,脸上也笼罩了一层悲哀的阴影。到现在,我的眼睛里还常常浮现出先生当时的形象。

记得是旧历春分前后的事,一天下午,当我从主楼走出来时,看见两个男人在花园庄上徘徊。他们的行动很是可疑,一个人窥视着门口。我连忙跑进配楼把这情况告诉鲁迅先生,先生立刻躲到里屋。约摸过了十分钟,鲁迅先生从里屋走出来,我们两人就从窗口向外望去,看见那两人还是一动不动地站在那里。先生紧张地一句话不说,又悄悄躲到里屋去。我为了查清情况,就到主楼去,最后才把事情弄清楚,原来那两个人是因为花园庄里的一个房客要搬走,叫他们来搬东西的。可是他们不知道园里的情形,所以在那里东张西望,停留了许久。当时对鲁迅先生和我来说,这二十分钟真是特别长久,对于鲁迅先生恐怕更是令人不安吧。

天气渐渐暖和了的四月初的时候。一天,突然鲁迅先生来到我的房间,拿着一封信说:“长尾君,这封信请您代为送去”,接着拿出一张画了路线和草图的纸给我看。又说:“如果有回信请给带回。”鲁迅先生紧张的表情使我感到发生了什么重大的事情,于是用报纸把信包好,藏到大衣的最里层,走出了花园庄,沿着北四川路电车站走去,走到横滨桥向左拐进一条小道。那地方仿佛是在这一带,可是又不太清楚。我想到花园庄里有许多中国仆役,鲁迅先生不把这封信托付给他们,而托付给一个地理不熟的日本人,这样的信一定是很重要的。我为受到自己衷心敬重的人的这种信赖而感到满怀喜悦。

我一面想着鲁迅先生受到蒋介石这样的迫害,连日常的自由都被剥夺而气愤,一面继续寻找,结果是越发找不到目的地。当我在一条沥青小路的尽头,好容易才找到收信人住宅时,已是出了一身冷汗。这人家的红色砖墙上装有防贼的碎玻璃片,黑漆的铁门。我上前一按电铃，走出一个女人。我问她主人在不在家的时候，大约里面听到了声音，出来一个戴眼镜的人。我把写着收信人姓名的信递给他，他一看就点点头。等了一会，他给了我一封回信，我笑着向他说了声谢谢。

我回到了花园庄，鲁迅先生担了心吧。他一个人坐在椅子上等着我。我把信递给鲁迅先生，先生说，“让你受累了。”这时，他平静的脸色又像平时所常见的一样了。

四月中旬，一天我正在和鲁迅先生谈天时，一楼的两个仆人来找鲁迅先生，先生跟着他们走了。我想许是什么紧急的事。约摸过了一小时，鲁迅先生重新坐到椅子上，我问:“有紧要的事吗？”先生平淡地回答道:“他们常给家乡写信，来找我代写信的。”说着燃起一支香烟。

四月末，鲁迅先生回到了北四川路的公寓。日本有句谚语:流言过不了七十五天，我想也许是风声不是那样紧了，监视得没有以前严了吧。立刻我感到花园庄寂寞了。鲁迅先生走后的一星期，先生的佣人拿着一封信来找我。原来先生以鲁迅的名字为我写了老子的话，特地送给我的。这是一幅写了一百数十字的大幅字屏。信上写道:“我的字很拙劣，笔家看了会见笑的。我也没有写过这样大幅字屏。”此外还写了和我分别后感到寂寞等的话。

五月一个晴朗的日子，我到鲁迅先生的公寓去访问先生。鲁迅先生住的公寓靠近北四川路电车站终点，在新公园的前面。记不清是四层还是五层的建筑物，只记得是一幢四方形、惹人注意的大楼。名字好像是拉摩斯公寓。

先生的房间虽大，但好的家具摆设一样也没有。有的只是靠墙壁排列着的像书店一样多的书籍。

微微含笑的鲁迅先生出来了，他一面说:“你来了我真高兴。”一面把我引进书房里去。他身上穿着一件口袋很大的灰色毛衣，夫人从另外一间屋里端来自己煮的咖啡。鲁迅先生拿出照片来给我看。其中有一张是鲁迅先生穿着中国长袍站在墓穴里，一具棺材放在他身旁的稀有的照片。我看了说:"这是一张难得的照片呀!"鲁迅先生说:"中国因为有许多迷信,所以中国人是不喜欢这种照片的。世界上不论是哪里,恐怕没有一个国家会喜欢的吧。"说完两人便哈哈大笑起来。

这时,就以世界上的迷信为话题,谈了两个小时之久,我才回去。

从那以后,十天过去了。

我打电话给吴淞路的裱装店,知道已经把鲁迅先生写的字屏裱装好了。于是我立刻到吴淞路去取。在回来的路上,顺便就到鲁迅先生的公寓去。鲁迅先生像素日一样穿着那件宽敞舒适的毛衣走了出来。我说:"您为我写的字已经裱成一幅立轴。现在送来给您看看。这家店里没有适合的绫子,只能裱得这样。在给任何人看之前,先请您看看。我刚从裱装店来。"鲁迅先生说:"已经裱起来了吗?特地送来给我看的吗?"说着,就自己去搬来一把椅子,把立轴挂在书房原来挂画的钉子上,然后朝后退了两三步,看着这立轴说:"字写得不好,可是裱得太好了。"我说:"您的字写得丝毫没有矫揉做作之气,所以我很喜爱,我将永远带着它。"

这天,我得到了鲁迅先生赠给的由先生编辑出版,印数有限的一册描绘俄国革命、工人、工厂等等的单色版画后回家去了。

几天之后,我从花园庄迸到鸭绿路。这以后我又到鲁迅先生的书斋去访问过两三次,但不记得谈的是些什么了。最后一次访问鲁迅先生的时候,是在我搬到鸭绿路一两个月后,那是一个炎热的日子。我一看见鲁迅先生就说:"我决定再过一个月就回日本去了。因为这里发生了排日运动,连北四川路的文具店对我这个日本人什么都不卖了。我只有通过一个老朋友,广东人何志澄君,才买到一点东西。在这种情况下是很难希望贸易情形好转的。"鲁迅先生说:"这真是遗憾的事,你回到日本之后,请给我写信。"我说:"您是有名的人,所以不论住到世界上的哪一处,都能很快地从报纸上知道;我是个无名的人,不论住到什么地方,您都不会知道的。十年以后,我或许能够稍稍为人知道,成了名吧,到那时为止,请以十年为期,我不给您写信,请您原谅我。这对我的心是有一种鞭策的意思。”“是的么，像你这样的人是一定会成功的。”鲁迅先生这样说着，又让我看他收藏的种种书籍，并且告诉我：“这些书是和我共过患难的。请来看看我的书架。”

在鲁迅先生这样说之前，我还没有注意。现在一看，尽是木制的箱子。坚固的厚木箱叠成了书架。鲁迅先生说：“这些书架全部是木箱，里面装满了书，就这样，任何时候都可以装上卡车逃跑。”

我没有看见过这样的书架，像这类的准备逃跑的书架，世界上恐怕也没有，这使我我很佩服。我说：“对您的迫害也是越来越厉害了啊。日本也有特高警察和宪兵这两种可怕的东西，如果被他们盯上了，真是走投无路，那就要一生抬不起头来。”

“什么时候你再来中国啊，一定会有好日子来到的。”最后，鲁迅先生这样说着就和我分别了，而那一次竟成了永久的分别。对我来说，和鲁迅先生大约有一百数十小时的谈话。这是我一生中的黄金时代。

内山夫妇还记得鲁迅被一个日本妇人欺骗的事情：

有一次，一个妇人说是为救她被恶棍们欺侮的丈夫，来向先生求借款，先生明知自己受骗，但却一口答应，把许多钱交与那妇人带去。那个时候内山完造对他说：“为什么你不对她说明你知道受着她欺骗的情事呢？”对此，先生说：“不能够这样的，倘使此时我这样说出，她便认为我是吝惜钱，不肯周济的，并且在中国的习惯上，有钱的人遭到无钱的来诉苦求贷时，是不能予以拒绝的。她是没钱的，我是有钱的，所以我就借给她了。”

先生并且说：“她是晓得我知道受了她的骗的吧！”听到这话时，内山先生不由得脸红起来。

对某些“草根”的势利，鲁迅有时也会忍不住回击一下。某次，他穿一件破旧的衣服去理发店，理发师认为这个人肯定是个穷人，出不起大价钱，就随便给他理了一下。鲁迅从口袋里抓出大把钱给了理发师，理发师开心得不得了。第二次，鲁迅又去理发，这回理发师将他视若上宾，心想此次鲁迅一定会给更多的钱，未料理完发之后，鲁迅却将铜钱数了又数，一个也不多给。理发师觉得奇怪，问他为什么，鲁迅说："先生，上回你胡乱地给我剪头发，我胡乱地付钱给你。这次你很认真地给我剪，所以我很认真地付钱给你！"说完，不顾理发师一脸惊愕，飘然而去。

内山完造觉得鲁迅先生真是一个伟大的教育家，而且是一个实践躬行的教育家。留学东洋者多矣，独有先生一人，能驰名于世界的由来，内山完造由此一事，才知道了。

这是内山完造时常说的话——先生在病中，曾发现了："中国人全部所患的毛病，就是马马虎虎这一个毛病。"他发现此一事同时并得了一个结论，就是："东瀛小岛的日本帝国，仅在半世纪之间，得以跻于世界五大强国的班内的原因就是在日本人认真肯干的一点上。"而且反复说着："中国的这个马马虎虎的毛病，倘不救治，中国是无可救药的，若要救此毛病，只有日本人所具有的那种认真肯干的一服药，才能奏效。"他又说："全日本人都可排斥，独那认真肯干的一服药是不可不向他购买的。"他得了这个结论后，并且说：待他的病痊愈时，当起来为此大声疾呼的。

不知不觉，将近十年的岁月过去了。

为秋白辩护

因为海外一位朋友要转给鲁迅先生一封信。次日，转信的朋友来到内山书店，鲁迅先生已经来了，他当门斜坐着，面色很灰暗苍老，衣服不大整洁，两眼却很有力地看着转信人。邀转信人到旁边的咖啡馆去坐一下，喝杯咖啡。

坐好后，转信人说："听说先生要出国休养？是真的，还是谣言？"

鲁迅笑了笑，吸着纸烟，慢吞吞地说："谣言呢？这是一年到头都有的，怎能顾得了那许多，到国外去住一时，自然是好，而且也曾经这样打算过。但如果是为谣吓走的，那倒不必。因为在国外也是不能久住呀，回来还不是要到中国来，那时谣言或者更多了。"他说了这些话，跟着突然问转信人认识不认识何苦、即瞿秋白先生。转信人告诉他十年前便认识，并且他那时还是上海大学的教员。

鲁迅听到转信人认识瞿秋白，因此告诉许多关于瞿秋白的消息，从瞿秋白近年的生活，和他死的经过。以及他自死后还有许多关于他的谣言。

这时，瞿秋白狱中写的《多余的话》，已于一九三五年八、九月间，在中统主办的《社会新闻》第十二卷第六、七、八期上，刊出了第二节《历史的误会》、第六节《文人》和第八节《告别》等三节。在"编者按"中用奇毒的语言写道："瞿之狡猾恶毒，真可谓至死不变，进既无悔祸之决心，退亦包藏颠倒黑白之蓄意。"这还不够，最后又加上一句："所以瞿之处死，实属无疑义"。

鲁迅感慨地说："连《社会新闻》这种狗屁报纸，都说瞿秋白'至死不变'，'处死，实属无疑义'。而秋白就义又是那么从容，大义。一些号称'革命'的人，却说秋白是什么'革命的叛徒'。这岂不是连狗屁都不如了！"

鲁迅气愤得大口喘着气，使劲吸着烟。告诉转信者：他正在为瞿秋白搜集各种遗作。预备要半年工夫，将瞿秋白的遗著编印成功。并整理好自己的一切东西，然后又谈到出国的事。说现在不能即时出国，需要编印秋白遗著也是重要的原因。

"瞿秋白极有才华，在中国是少有的。他的遗作是可宝贵的，它将给予人类很大的贡献，我为他编辑遗著，倒不仅是为朋友的私情。"最后他微带一点伤感的声调这样说。

他们相偕走出咖啡馆，彼此轻轻地点了下头，便背道走开了，转信者走了约有五码远近，回头来看鲁迅，见他正慢慢地斜披着阳光向西北角他的寓所走去。

一　面

在内山书店里，鲁迅还亲自向一些普通劳动者推销进步书籍。

一次，天空正飞着牛毛细雨，店里空荡荡的没有一个顾客。一会儿，一个汽车售票员模样的年轻人进来了。他四下望了望，见只有店后面长台子旁边有两个人用日本话在谈笑。他们说得很快，听不清说些什么。有时忽然一阵大笑，像孩子一样的天真。那笑声里，仿佛带着一点“非日本”的什么东西；他向里面望了一下——阴天，暗得很，只能模糊辨出坐在南首的是一个瘦瘦的、五十上下的中国人，穿一件牙黄的长衫，嘴里咬着一枝烟嘴，跟着那火光的一亮一亮，腾起一阵一阵烟雾。

进来的人把帆布袋、夹剪、票板放在一个角落的地板上，开始翻南面一排社会科学杂书。翻了一会，觉得没有什么适意的，就踱到北面。门外，细雨烟雾似的被秋风扭着卷着，不分方向地乱飞。店里冷得像地窖一样，冷气从裤管里向上钻。忽然，来者看见架上横排着一列中文的《毁灭》。《毁灭》？他记得一本什么杂志上介绍过，说是一本好书。看一下那书脊，赫然印着“鲁迅译”三个字，他便像得到了保证似的，立刻从书架上抽下一本。他先看那后记，有人读鲁迅先生的书一向是这么古怪的读法，但是看完第一面就翻不开了：书没有切边。

一个结实而矮的日本中年人——内山老板走了过来。

来者问：“先生，这本书多少钱？”

对于同情中国的内山老板，许多中国人总是带着敬爱和感激，叫先生的，虽然并没有什么根据。内山完造殷勤地点头，接过书翻了翻底页：“一块四。”一杯冒着热气的茶放在来者左手的桌角上了。来者吃惊了，像他，穿着一身黄咔叽布的工人制服，嵌着“Conductor！　××”蓝磁牌的制帽歪戴在后脑勺上，平素看惯了西装同胞的嘴脸，现在忽然受着这样的优遇，简直有点窘了起来。他不好意思地笑一下，鞠了一个“半躬”，摸摸里衫上的袋，袋里只剩一块多钱，那是他和一个同住的失业工友那几天的饭费。他有些懊悔自己的莽撞了。红了脸说：“贵了。”内山完造没有注意到他的窘相，扬着眉毛，一半正经一半好像故意逗人笑似地用他那肥厚的手掌在书上拍一拍，又用粗短的手指哧啦哧啦捻那张灰绿色厚布纹纸的封面：“哪里贵？你看这纸……”很厚的洋纸，印得很清楚，相当厚的一大本书。摸在手里，有一种怪舒服的感觉。“你买一本吧，这书是很好的。”

来者真踌躇起来了；饭是不能不吃的，然而书也太好了，买一本放在床头，交班回来，带着那种软绵绵的疲倦躺着看这么几十页，该多好！他摩挲着那本书，舍不得丢开，也不说买，不买。内山老板大概这时看出点什么苗头，就笑着回头对里面说了一句日本话，原先和内山说话的那个老人咬着烟嘴走了出来。他的面孔是黄里带白，瘦得叫人担心，好像大病新愈，但是精神很好，没有一点颓唐的样子。头发约莫一寸长，原是瓦片头，显然好久没剪了，却一根一根精神抖擞地直竖着。胡须很打眼，好像浓墨写的隶体“一”字。“你要买这本书？”他看了来者一眼。那种正直而好心肠的眼光，使来者立刻感到身上受了父亲的抚摩，严肃和慈爱交综着的抚摩似的。

“是的。”来者低声地说。

老人从架上扳下一本书来，版式纸张和《毁灭》一模一样，只是厚一点点，封面上印着两个八分体的字：《铁流》。他用竹枝似的手指递给来者，小袖管紧包在腕子上：“你买这本书吧——这本比那一本好。”

他是谁？对这样一个平日被人轻视的工人，作出那样诚恳的劝告？来者一进门的时候原就有点疑惑；现在更加疑惑了，虽然猜不出是谁，但自己断定：一定是一个不平常的人。他一翻那定价：一元八角！“先生，我买不起，我的钱不够……”来者的话低得自己都听不见了，不知道怎样才好。他低了头——头脑里轰隆轰隆的。不敢看老人的脸。只听见一个声音在问他：“一块钱你有没有？一块钱！”“有！”来者抬起头，顿时恢复了勇气。“我卖给你，两本，一块钱。”什么？来者很惊异地望着老人：黄里带白的脸，瘦得叫人担心。头上直竖着寸把长的头发。牙黄羽纱的长衫。隶体“一”字似的胡须。左手里捏着一枝黄色烟嘴，安烟的一头已经熏黑了——这时，他忽然记起哪本杂志上的一段访问记——“哦！您，您就是？……”来者结结巴巴的，欢喜得快要跳起来了。一定是他！不会错，一定是他！那个名字在来者的心里乱蹦，向四周望了一望，可没有把它蹦出来。老人微笑，默认地点了点头，好像来者心里想就要说的，老人已经统统知道了一样。这一来不会错了，正是他！站在前进行列最前面的劳苦大众的同志，朋友，父亲和师傅！憎恶黑暗有如魔鬼，把一生的时光完全交给了大众，越老越顽强的战士！来者又仔细地看老人的脸——瘦！这位宝贵的战士的健康，差不多已完全给没有休息的艰苦工作毁坏了。老人带着奖励似的微笑，对来者说明：“这部《铁流》本来可以不要钱的，但是是曹先生的书，现在只收你一块钱本钱；我那一本，是送你的。”

来者费力地从里衫的袋里——公司为防止工人“揩油”，衣衫上一只袋都没有缝，掏出那块带着体温的银元，放到老人的手里——他的手多瘦啊！来者鼻子里陡然一阵酸，像要哭出来。他恭敬地鞠了一躬，把书塞进帆布袋，背起走出书店的门。

他心里想着：这些年历尽了艰苦，受尽了非人的虐待，自己咬紧了牙，哼都不哼一声。就是在被人随意辱骂、踢打……的时候，总是昂着头，对自己说：“鲁迅先生是同我们一起的！”

虽然只见了这一面，鲁迅先生的音容笑貌、慷慨行止却永远铭刻在他的心里。

第四章　三弟一家

周建人

自瞿秋白就义后，周建人也一直处在悲痛中。一九二一年他只身到上海商务印书馆工作，举目无亲，生活艰难，那时在上海大学社会系当主任的瞿秋白，一九二三年曾请他到上海大学讲进化论。以后一些信件也是寄到商务印书馆由他转交鲁迅的。对于这样的恩情，建人永难忘怀。

建人知道秋白的死，对大哥刺伤极深。他从来没有见过大哥对任何人像对秋白那样情深，但又不好多说什么，多说只能使大哥更加难过。夜里睡在床上，翻来覆去总难入眠，大哥跟自己的过从一幕幕浮现在眼前——

那是一九二七年八月二十九日，大哥和许广平离京南下，途经上海，建人前往迎接，寓沪宁旅馆，又移住孟渊旅社。午后大雨，晚上许广平移寓其族人家。三十日晚，与建人和郑振铎、叶圣陶、胡愈之、沈雁冰、朱自清、陈望道等上海文化界知名人士，在消闲别墅用饭。

建人见大哥携许广平同行，心里晓得他们的关系，因为他回北京处理家务时，见到许羡苏和许广平与大哥都很亲密，问过孙伏园鲁迅爱哪一个，孙伏园对他说过，鲁迅爱"长的那个"，也就是个子高的许广平，因为"他是爱才的"，而许广平"最有才气"。

虽然相爱，迫于舆论压力和种种阻碍，两人只得分开走。九月一日晚，许广平登“广大”轮，二日晨开船，直往广州。夜十二时，建人送大哥登“新宁”轮，二日晨从上海出发直赴厦门。

鲁迅去厦门后，建人常听到关于他大哥的逸事：一件是第一次拿到厦门大学薪水，四百元的支票，就自己跑厦门市的“美丰银行”兑现。商埠的钱鬼子照例眼珠儿往上翻，他们怎看得起一位穿着破灰布棉袍、头发长长的老头儿呢？其中的一个就问：“这张支票是你的吗？”大哥吸了一口烟，还他一个白眼，一语不发，他连问了三次，大哥也连吸了三口烟。那张支票到底在无言的抗议中兑现了。第二件是在他将去广州时，厦门大学校长给他饯行，当时还有些资本家在座。校长介绍其中一个说：“某某先生是我们的董事。我们私立大学不管别的，谁捐钱谁就可以作董事。”大哥毫不犹豫地从口袋里掏出两毛钱来往桌上一拍，说：“我捐两毛钱也可以作董事吗？”这是他一次有言的抗议。

建人懂得这就是大哥的脾气和性格，处处显出棱角。但对自己的亲人和朋友却充满了人情味儿，知道建人收入低，家里人口多，生活困难，到厦门大学一拿到薪金，就给建人汇去二百元，以后还多次汇钱。大哥与二哥“兄弟失和”的内情，建人也不清楚，一九二四年他们已经失和之后，建人还给大哥写信向他询问羽太芳子的情况，不知已经素不来往了。羽太两位日本姐妹的“歇斯底里病症”，建人也是深有领教。由于父逝之后、“长兄为父”的传统和倔强个性，盼弟成才、为家争气的急迫心情，大哥对两个弟弟是有态度粗暴的一面，但他的心意是好的。二哥把大哥和三弟全赶出来，自己一家占了八道湾的大院，怎么也说不过去。但大哥从来不跟自己详谈，看来是强忍了这口气。

在厦门大学待了不到一年，一九二七年一月十八日，大哥离开厦门到达广州中山大学，任文学系主任兼教务主任。建人知道其中内因，除生活不便、人事不和外，主要是为了与许广平团聚。到广州不久，建人耳里又传来不少大哥的逸闻。

一次，应黄埔军校之约，前往讲演那有名的《革命时代的文学》，大谈“文学无用论”：“一首诗吓不走孙传芳，一炮就把孙传芳轰走了。”讲毕，有某政治家，约大哥前往其官邸吃饭，大哥再三辞不掉，只得前往应酬，酒席自然是很丰美的。但在吃饭时，大哥发觉，主人虽对自己再三恭维，但实际上，是什么也不懂得的俗人，更不必谈文学了。自然，主人所谈的对于先生的讲演，怎样佩服，怎样同感，完全是假话了，大哥于是很讨厌起来，刚巧上来一道菜，主人特别称道其好处，并说明：此菜系某先觉所喜食，而此菜之制作人，就系为某先觉做菜的原厨子等语，在旁人，得到这样的恭维，除了随同主人赞美菜好而外，恐无别话可说了。而大哥当时连筷子都不动一动，竟说：

“我就是不喜欢吃这一样菜。”

其不喜逢迎人，可谓到极点了。

所以，大哥鲁迅总是孤立无援的，虽然他是位有思想、很可爱、很真、敬业的人。他在厦门大学教书，教了四个半月离开的时候，学生写给他的送别词，就有点像看圣经时候的感受，是一种弟子们对自己老师的崇爱，也像孔子弟子对孔子的那种感觉。大学教书的人很少会去关注底层人，鲁迅做教育部官员时一个月挣二百块大洋，而能写祥林嫂、孔乙己，这太不简单了。

不久，大哥又在广州待不住了。原因建人很清楚，是因为所谓“清党”中，当局滥捕滥杀青年学生，大哥营救无效，愤而辞职的。大哥一向心软，连一只鸽子、一只小兔、一只小狗惨死也要心疼，何况是活生生的人呢？离开最适合他做学问的北京，不就因为三一八惨案中刘和珍等学生的无辜遇害吗？

一九二七年十月三日，大哥携许广平到达上海，初住共和旅店内，建人天天来陪伴。旅店不是长久居住之处，大哥与建人商议，拟觅一暂时栖身之所。恰巧建人因在商务印书馆做编辑工作，住在宝山路附近的景云里内，那里还有余房可赁。而当时住在此地的许多文化人如茅盾、叶绍均等，都云集在这里，颇不寂寞。于是大哥和许广平就在十月八日，从共和旅店迁入景云里第二弄的最末一家二十三号居住了。

大哥在广东遭遇一九二七年的“清党”之后，惊魂甫定，来到了上海，心里是走着瞧，原没有定居下来的念头的，因自厦门到广州，他如处于惊涛骇浪中，原不敢设想久居的。所以购置家具，每人仅止一床、一桌、二椅等便算是足备了。没有用工人，吃饭也和建人以及他的同事们在一起。

不料有一天，忽然砰砰枪声接连不断。他们只好蛰居斗室，听候究竟。事后了解，才晓得有一“肉票”，被关在弄内，后为警察发觉，绑匪企图抵抗，就蹿到汽车房的平台上，作居高临下的伏击。在射击时，流弹还打穿二十三号的一扇玻璃窗，圆圆的一个小洞，煞是厉害。结果自然警察得胜，绑匪陈尸阳台，可见当时景云里是鱼龙混杂，各色人等都有的。大哥也未能安居，住在景云里二弄末尾二十三号时，隔邻大兴坊，北面直通宝山路，竟夜行人，有唱京戏的，有吵架的，声喧嘈闹，颇以为苦。加之隔邻住户，平时搓麻将的声音，每每于兴发时，把牌重重敲在红木桌面上。静夜深思，被这意外的惊堂木式的敲击声和高声狂笑所惊扰，辄使大哥掷笔长叹，无可奈何。尤其可厌的是在夏天，这些高邻要乘凉，而牌兴又大发，于是径直把桌子搬到石库门内，迫使大哥竟夜听他们的啪啪之声，真是苦不堪言。

大哥又建议，和建人两家合伙烧饭，以免和同事们一起诸多不便，一切柴、米、油、盐等杂务，托蕴如的一位亲戚兼管，就在二十三号楼下煮食。后门，紧对着鼎鼎大名的奚亚夫，挂有大律师的招牌。他家中有十四五岁的顽童，兄弟两家通常走前门，哪里招惹他们呢？但因蕴如亲戚早晚在厨房煮饭，并看护建人的小孩，因此被顽童无事生非地趁煮食时丢进石头、沙泥，影响到小孩的安全和食物的清洁。大哥几经忍耐，才不得已地向之婉言。不料律师家的气焰更甚，顽童在二十三号后门上做了那时上海流氓最可鄙的行为，画白粉笔的大乌龟，并向他们的后门撒尿。理论既不生效，控告岂是律师之敌，这时，刚好弄内十八号有空屋，于是在一九二八年九月九日移居到十八号内，并约建人全家从一弄原来的住处搬在一起邻旁的十九号。从一九二七年十月起，在二十三号共住十一个月。在十八号、十九号，建人和大哥兄弟怡怡相处了五个多月，这是大哥最快活的日子了。

忽然，听说隔邻十七号又空起来了，大哥欢喜它朝南又兼朝东，两面见到太阳，是在弄内的第一家，于是商议结果，又租了下来。当时正在粉刷，并想在十七号与十八号之间，打通一木门，为图两家方便，就从十八号出入，正在计划之下，十七号因还没人搬进去，被偷儿乘隙破门守候了一夜，准备来家行窃，建人等却毫无所知。大哥因夜眠甚迟，有时开亮后楼的灯，去烧水煮茶，有时开亭子间的灯，去如厕，这样竟夜之间，陆续不断，四处通明。到了二时以后，鲁迅正在临睡前漱口，偷儿却以为是人起床了，动手不得，大忿之下，在楼梯撒满粪便，失意离去，家人安然无恙。事后，鲁迅笑着说："他对我一点也没有办法，只好撤退了。"

一九二九年二月，大哥参加了"自由大同盟"，一九三〇年三月又参加了"左联"。这时虽然搬到十七号内，但是风声紧迫，对大哥不利。大哥和广平在这里生了海婴，然而海婴半岁，大哥的全部牙齿肿痛，陆续拔掉，就避居到内山书店去了。搬到十七号住的时候，厨房是空着不用的，出入活动，一切集中在十八号内。十七号厨房刚好就存放了一大堆木柴，等待干燥时好用。那律师家的顽童，眼见这情景，趁两家疏忽，没有关上窗户，夜里却偷偷丢进满是煤油浸透的引火纸头，意思引起火灾。次早一看，却幸而熄灭在地，大律师的威焰，可算给他们吃尽了苦头。

因为政治上压迫，屡次避居，内山先生也为之不安起来。到一九三〇年五月，才由内山先生介绍，搬到北四川路拉摩斯公寓里去。到了"一·二八"战事，景云里陷入火线中，建人住的房子，楼上的眠床，直穿炮弹。幸而他躲在楼下，才免于危险。但日本军队如狼似虎地到处捉人，看见了他，就加以拘留，经过大哥托内山先生去查询才得放出来和家人相见。可是景云里还拘着不少的人，有一家有人被打死。有一家灶被毁坏，扔了不少脏东西。景云里十九号建人的房子被炸毁，他们一家只好搬到别处。

大哥住的拉摩斯公寓也极危险。左首正是日本军队的司令部。房间前面是落地的玻璃门，门外是阳台。正对左手的玻璃门放着写字台。开火的第三天早晨，有日本海军陆战队十多个人，拥到寓所搜查，理由是中国出现了便衣队，有人从楼上向下放枪！

搜查之后，日本兵去了。内山完造先生担心大哥的安全，请他们两家躲在英租界三马路内山书店支店楼上，十人一室，席地而卧，整整一周。回来后，发现写字台前面落地门的玻璃上有一个圆洞。分明是子弹打穿的。高低正在台子的抽斗下面，如果写字台后的椅子上有人坐着写字，子弹必定打在腹部，后果不堪设想。室内没人向外打枪，那子弹一定是由外面打进来的。大哥的住所在三楼上，相当的高，外面是马路，对过是西童公学的大空场，放枪的人立在什么地方的呢？如果从西童公学的楼上打过来，似乎距离太远，那洞也似乎不应该这样圆滑了。

最为糟糕的是商务印书馆也被炸了。建人要被老板王云五辞退，面临失业、生活无着的危险。老板的借口是建人平时有反日抗战言论，怕“有碍邦交”。大哥批评建人“不更事，例如与同事谈，时作愤慨之语，而听者遂掩其本身不平之语，但掇彼语以上闻，藉作取媚之资矣”。因此“施以忠告，冀其一心于饭，三缄其口，此后庶免于咎戾也”。一次大哥到他家中，正巧看见桌上放着一本《共产主义》，书架上也摆着相类的书，就严肃地批评道：“你怎么把这些书放在家里呢？这不就是公开向敌人说我们是左派，这是很危险的。”以后周建人对马列著作的阅读与保存，就更加谨慎了，平时言谈也格外小心。大哥批评建人的同时，又给挚友许寿裳连写七封信，请他托蔡元培先生出面说情，才使建人在商务的合同得以续签，生活有了着落。

但很多人家因为战事破产了。一些少女沦落为妓，一九三二年二月十六日，大哥和公寓的十个人到同宝泰饮酒，有些醉。复往青莲阁饮茶，邀一妓略来坐，给以一元。其实，这是施舍救济的一种方式，并从而了解难民的生活状况，并无也不可能有其他事情的。

一九三三年四月十一日，大哥搬到大陆新村九号去了。但兄弟之间经常走动，每周团聚，亲如一家。

王蕴如

睡在建人旁边的王蕴如也辗转反侧，难以入眠。送杨之华在黄浦江码头前分手后，之华的背影总在她眼前浮现。她俩可以说是最好的朋友了，连之华的母亲找女儿也通过王蕴如。之华走后，只有广平是无话不说的挚友，她想起与广平相识后的一件件往事——

认识广平是从一九二七年十月她和鲁迅到上海定居开始的。俩人都是女性，又都是嫁给了自己的老师，而且老师以前都是有妻室的，这一点真是太相像了。

起初，鲁迅和广平对外都不说是恋爱关系，只说是助手和秘书。一九二八年六月十二日，他俩同许钦文一起去杭州玩，到十七日才和鲁迅一起乘火车回来。王蕴如见了广平，觉得广平似乎不那么高兴。四围没有人时，广平悄悄问王蕴如："你们怎么不避孕？连生了两个女儿？"

王蕴如不好意思地答道："避什么孕。我们喜欢孩子。"

广平噘着嘴说："周先生可不这样想，他可害怕有孩子了！"

王蕴如从周建人那里早已晓得他们的关系，就问："你们一直避孕？"

广平面有愠色地说："不光避孕。连在一起的时候，先生也总克制着，从没有放开过。这次到杭州时已夜半，下车以后就在湖滨的叫清什么的旅馆住下。先生竟然开得个长长的房间，设着三张床铺。硬让许钦文也住这房，一人一张，许钦文在中间。我想当晚也就凑合睡吧。谁知第二天一早，许钦文临走时，周先生认真地同他说，'晚上请你仍然到这里来睡，一直到我们回去！'许钦文看来也觉得不合适，但既是先生的意见，只得服从。就这样，三个人一房过了整整五天。这叫什么度蜜月啊？！"停了会儿，广平又说，"这次旅行中，周先生仍然有着他的工作，到图书馆里去查考书籍。除了到虎跑去的一天，他都工作得很起劲的。我本是他的助手，也仍然做他的助理工作。我们刚从广东回到上海，没有找到寓所的时候，许钦文也曾在旅馆里和我们同住过两天。……"

王蕴如听了之后，也很纳闷。心想：哪有这样度蜜月的啊！但刚要出口，又吞了回去，觉得对广平只能劝慰，不可火上浇油，便委婉地说："可能大先生有他的难处，听说北京方面关于你们的流言很多，他是想让许钦文作一下证明。"

想不到，不说还好，一说"作证明"，许广平立刻"火"了，说："有什么可证明的！谁相信啊！这不是此地无银三百两吗？我早说过，和先生的事情是我主动的。我要再主动反抗一下！"

果不其然，一九二九年五月，广平显出怀孕的样子了。王蕴如一边尽力照顾她，一边想：这可能是她主动反抗的结果。

这样，鲁迅才公开宣布他结婚了，跟“密斯许”。

周　晔

隔壁屋子里，睡着周建人和王蕴如的三个女儿：九岁的周晔、八岁的周瑾和刚满三岁的周蕖。两个妹妹睡得呼呼的，周晔却没入眠，她看出父亲和大伯近来心情很不好，又不知其中缘故，只是老想着大伯，眼前浮现出好些事情——

每到周末，她们姐妹三个轮流跟随着爸爸妈妈到伯父家去团聚。

有一天是周晔去的，在晚餐桌上，伯父跟她谈起《水浒传》里的故事和人物。不知道伯父怎么会知道她读了《水浒传》，大概是爸爸告诉他的吧。老实说，周晔读《水浒传》不过囫囵吞枣地看一遍，只注意紧张动人的情节；那些好汉的个性，那些复杂的内容，全搞不清楚，有时候还把这个人做的事情安在那个人身上。伯父问她的时候，她就张冠李戴地乱说一气。伯父摸着胡子，笑了笑，说:“哈哈！还是我的记性好。”听了伯父这句话，周晔又羞愧，又悔恨，比挨打挨骂还难受。从此，她读什么书都不再马马虎虎了。那天临走的时候，伯父送周晔两本书，一本是《表》，一本是《小约翰》。这两本书周晔一直保存着。还有一次，在伯父家里，大伙儿围着一张桌子吃晚饭。周晔望望爸爸的鼻子，又望望伯父的鼻子，说：“大伯，您跟爸爸哪儿都像，就是有一点不像”。“哪一点不像呢？”伯父转过头来,微笑着问她。他嚼着东西，嘴唇上的胡子跟着一动一动的。“爸爸的鼻子又高又直，您的呢，又扁又平。”周晔望了他们半天才说。“你不知道，”伯父摸了摸自己的鼻子，笑着说，“我小的时候，鼻子跟你爸爸的一样，也是又高又直的。”“那怎么——”“可是到了后来，碰了几次壁，把鼻子碰扁了。”“碰壁？”周晔说，“您怎么会碰壁呢？是不是您走路不小心？”“你想，四周黑洞洞的，还不容易碰壁吗？”“哦！”周晔恍然大悟，“墙壁当然比鼻子硬得多了，怪不得您把鼻子碰扁了。”在座的人都哈哈大笑起来。

有一天黄昏，呼呼的北风怒号着，天色十分阴暗。街上的人都匆匆忙忙赶着回家。爸爸妈妈拉着周晔的手，到伯父家去。走到离伯父家门口不远的地方，看见一个拉黄包车的坐在地上呻吟，车子扔在一边。他们走过去，看见车夫两只手捧着脚，脚上没穿鞋，地上淌了一摊血。车夫听见脚步声，抬起头来,饱经风霜的脸上现出难以忍受的痛苦。“怎么了？”爸爸问他。“先生，”车夫那灰白的抽动着的嘴唇里发出低微的声音，“没留心，踩在碎玻璃上，玻璃片插进脚底了。疼得厉害，回不了家啦！”爸爸跑到伯父家里，不一会儿，就跟伯父拿了药和纱布出来。他们把那个拉车的扶上车子，一个蹲着，一个半跪着，爸爸拿镊子夹出碎玻璃片，伯父拿硼酸水给他洗干净。他们又给他敷上药，扎好绷带。拉车的感激地说：“我家离这儿不远，这就可以支持着回去了。两位好心的先生，我真不知道怎么谢你们！”伯父又掏出一些钱来给车夫，叫他在家里休养几天，把剩下的药和绷带也给了他。天黑了，路灯发出微弱的光。周晔站在伯父家门口看着他们，突然感到深深的寒意，摸摸自己的鼻尖，冷得像冰，脚和手也有些麻木了。她想，这么冷的天，那个拉车的怎么能光着脚拉着车在路上跑呢？伯父和爸爸回来的时候，周晔就问他们。伯父的回答周晔记不清了，只记得他的话很深奥，不容易懂。周晔抬起头来，要求伯父给她详细地解说。这时候，周晔清清楚楚地看见，而且现在也清清楚楚地记得，伯父的脸上不再有那种慈祥的愉快的表情了，变得那么严肃。他没有回答周晔，只把枯瘦的手按在周晔头上，半天没动，最后深深地叹了一口气。

第五章　相濡以沫

壶套暖心

瞿秋白的死对鲁迅的刺伤极深。看到秋白身份暴露的新闻后，就悲痛得抬不起头来。获悉秋白就义的消息，更是欲哭无泪，只能把全部哀思寄托在《海上述林》的编印上。十月二十二日，编完上卷，约郑振铎去印刷所付稿，一个月后初校样送来了。虽然身体状况急剧下降，他还是坚持在夜深人静时，一个字一个字地细读校样，像是捏着一团团的火，烧得手疼，但从心里到身外都感到一股寒气，使自己浑身战栗。简直是在战栗和颤抖中，读着秋白译著的校样。

上海的十一月，已经很冷。实在疲倦时，就倚在躺椅上，抱着戴套的茶壶取暖，休息。茶壶上的套，是广平恐夜深茶凉，特地给鲁迅缝制的，上面绣着两片叶子，有些像十年前在“老虎尾巴”定情时，送他的枕套上的刺绣，淡雅清新又透出浓郁的家的温馨。

十年了，幸好有广平做伴，不然，怎么经受这一场场血的惊吓——

一九二六年三一八惨案，刘和珍、杨德群等几十位青年学生的血惊得他们离京南下。本想是教书两年，积些钱，再与广平会合，但刚一离开就难以割舍，几乎每隔一天就通一封信，一百多天就通了八十多封。相思太甚，竟爱屋及乌，对相思树也产生了感情。一次，有头猪当着他的面啃相思树，鲁迅气极，就和那头猪展开了一场决斗。一时传为趣闻。并向许广平保证：所教的班上“女生共五人。我决定目不斜视，而且将来永远如此，直到离开厦门，和HM（害马）相见”。

可见许广平在鲁迅心中的分量是越来越重了，因而一听说高长虹的《月亮》是因暗恋许广平而作，又看到他在《狂飙》周刊上对自己既吹捧又攻击，想起当初为了校长虹的稿子累得吐血的往事，鲁迅不禁气愤至极！就在历史小说《奔月》中，在逢蒙身上加进些高长虹恩将仇报的言行，从中“开了点小玩笑”，使得高长虹以及向培良等气急败坏，一齐以怨报德。

两年实在太长了。听说许广平受一男性青年之邀要到汕头教书，厦门大学的生活又不习惯，鲁迅耐不住了，不得不承认自己对异性也是爱的，并向比他更决断的许广平郑重宣布：“我可以爱！”终于在一九二七年一月十八日，乘从厦门到广州的“苏州轮”到达黄埔港，冒雨下船，雇小舟至长堤，订下旅馆房间，顾不上休息，就匆匆赶往高第府街许宅去看望广平。两人重逢，喜出望外，充满了爱情的甜蜜。两人一起到了中山大学，鲁迅也再不胆怯，公开请许广平当他的助教兼翻译。

呵，那与广平和挚友许寿裳同住白云楼的日子，那书桌上浸在水中、枝叶青葱可爱的“水横枝”，那极目的远山和静静流淌的珠江……

他刚到中山大学时，就说过他的本意，“原不过是教书”，并不愿意像同乡秋瑾姑娘那样被捧为“战士”“革命家”。如不然，就会像秋瑾那样“被这种噼噼啪啪的拍手拍死的”。确实，鲁迅本就是志在教书、做学问、搞创作，本原思想是“幸福的度日，合理的做人”。

然而，本意是本意，事实却事与愿违。不久，就发生了四一五“清党”大屠杀，又眼见了许多青年的血，那瘦小精干的湖南青年毕磊，竟被同是青年的人装进麻袋，扔进珠江惨死了。“对于别个的不能再造的生命和青春，更无顾惜。如果对于动物，也要算‘暴殄天物’。”何况是人呢？他又被血吓得“目瞪口呆”，加之诬他的《中国小说史略》是抄袭盐谷温的顾颉刚也来到中山大学，于是“鼻来我走”，和广平一起离开广州来到上海。

鲁迅内心深处有两点是难以化解的：一是关于他的《中国小说史略》抄袭盐谷温的谣言；再就是关于他与许广平的流言。

然而，到达上海后，种种关于鲁迅与许广平的流言却越传越盛：什么“私奔”“卷逃”，许广平是“姨太太”“小妾”等，不一而足。鲁迅有些胆怯，初住景云里时，让广平住三楼，自己住二楼，作成并未同居的假象。对外，包括许广平在上海的姑母，只说许广平是他的助手和秘书，不说是爱人。到杭州去度“蜜月”，也要拉上许钦文同住。但流言不但没有消声，反而更盛。

一九二七年冬天，荆有麟去上海看鲁迅，鲁迅将自己住的二楼床铺让给他，自己住到三楼许广平那里去。第二天上午，广平拿一封信下楼来，交给鲁迅，还说：“你看，她们多可恶，江绍原太太来信，说她要改称呼了。再不以姊妹相称。她要称我师母。”

鲁迅笑了，说道：“那就让她称师母好了。有什么要紧呢？”

荆有麟当时也接着说：“那我也改称呼了。”

鲁迅又笑了。而且笑得很响亮。广平却红起脸说：“你们全可恶！”一下子跑出去了。

一九二九年五月，鲁迅回北平探视母亲。广平本来很想一同回去看看。一是这年三月十八日，“三一八烈士公墓”在圆明园建成了，她很想去为同学和挚友刘和珍等扫墓；二是一九二八年九月三十日，京都一代才女石评梅病逝于北平协和医院，已到上海的陆晶清急赶到北平，和女作家庐隐等人一起，根据评梅生前遗愿，把她埋葬在陶然亭畔高君宇墓旁，广平也很想去祭拜这一对恋人。石评梅的《墓畔哀歌》写得那么九曲回肠、哀情切切，连鲁迅先生看了都很感动，自己也读一遍，流一次泪。如能回北平去代晶清祭扫评梅和君宇墓，该是多么盼望啊！陆晶清也是鲁迅喜欢的学生。一九二六年七月，晶清有事临时离开北京，在给鲁迅先生的明信片中在这样的一句话：“我离开了北京，在你可减少一个淘气的学生，对吗？”可见小陆跟先生的关系是多么随和、亲切。还有很想去看一下北平的鸽子，那只受伤的棕褐色羽毛的健壮雄鸽还在吗？肯定不在了，不过它衍生的后代还在天上飞吧？如果没有鸽子，真的就不像北京古城了，不管是叫北京还是叫北平，一定要有鸽群在天上飞，还响着那悠长的鸽哨。但是许广平怀孕了，为避免颠簸，只好让广平留在上海家里。而这短短的分别，更增加了鲁迅对广平的依恋，不断地给广平写信，称广平为“乖姑”“乖而小的刺猬”。一次，还选用了两张寓意颇深的笺纸。第一张上画的是一枝淡红色的枇杷，枝叶间结有三个果实，两大一小，旁书一诗曰：“无忧扇底坠金丸，一味琼瑶沁齿寒。黄珍似梅甜似橘，北人曾作荔枝看。”第二张笺纸上所画是两个莲蓬，一高一矮，充满子实;左侧有诗曰：“并头曾忆睡香波，老去同心住翠窠。甘苦个中依自解，西湖风月味还多。”

五月二十日，许广平收到这封信，明白先生的寓意：彩印在笺纸上的三个红红的枇杷，是她特别爱吃的水果。如今，胎儿在腹中，更是想吃。这三个果实，两大一小，不正象征着夫妇俩和腹中即将出生的胎儿吗？第二张笺纸上，两个莲蓬一高一矮，不正是她和先生的象征吗？心里万分喜悦，回信称先生为“小莲蓬”。鲁迅复信说：“小刺猬，我们之相处，实有深因，它们以它们自己的心，来相窥探猜测，哪里会明白呢。我到这里一看，更确知我们之并不渺小。”

一九二九年六月三日，鲁迅惦念着怀孕的广平，忍心告别了年迈的母亲，携带一些书籍和广平产后需要的小米，由众多亲友送上南去的列车，急切地回到广平身边。

一九二九年九月二十七日清晨，鲁迅和广平爱情的果实诞生了。

二十六日上午，广平感到阵阵腹痛，鲁迅不顾自己生病发热，赶快把妻子送到医院。广平当时已属高龄产妇，难产，医生征求鲁迅的意见：“留小孩还是留大人？”鲁迅毫不犹豫地回答:“留大人。”经过二十七八个小时的阵痛，孩子终于呱呱落地了，是男孩。鲁迅欣慰又诙谐地说：“是男的，怪不得这样可恶。”他坚定地回答“留大人”，倒使母子俩都平安。

第二天，鲁迅满面春风地走进医院，手里端着一盆栽的小松杉，轻轻放在广平床边的小桌上。松杉那青翠嫩绿的枝叶，一直留在广平记忆中：“翠绿、苍劲、孤傲、沉郁，有似他的个性”，而且寄寓着鲁迅对“小刺猬”的爱。

小孩生下来后，鲁迅每天至少有两三次到医院里来，有时还领着一批批的朋友来慰问，而且顺便或特意，手里总拿些食用物品给广平，每当静静坐下来之后，更喜欢慈祥地看着小孩的脸孔，承认是很像他自己。却又谦虚地表示:“我没有他漂亮。”

十月一日的早晨，往常这时候鲁迅多未起床的，但是自从小孩生下来，每天九时左右他就来了。很悠闲地谈话，问到广平有没有想给他起个名字，广平说没有。鲁迅说:“想倒想起两个字，你看怎样？因为是在上海生的，是个婴儿，就叫他海婴，这名字读起来颇悦耳，字也通俗，但却绝不会雷同。译成外国名字也简便，而且古时候的男人也有用婴字的。如果他大起来不高兴这个名字，自己随便改过也可以，横竖我也是自己再另起名字的，这才暂时用用也还好。”广平同意了的。从此这就算是孩子的命名了。

然而海婴的名字多是在朋友面前才叫出的。依照上海人的习惯，不知是谁，也许是从护士小姐的口里叫起的吧，“弟弟，弟弟”，就成了他日常的称呼。不过他还有许多小名，那是他们私下叫的。譬如林语堂先生称誉鲁迅先生在中国的难能可贵，誉之“白象”。因为象多是灰色，遇到一只白的，就为一些国家所宝贵珍视了。这个典故，广平曾经偷用过，叫他是“小白象”，在《两地书》中的替以外国字称呼的其中之一就是。这时鲁迅拿来赠送海婴，叫他“小红象”。

十二天之后得到医生的允许，广平可以回家了。自然多住几天更好，在鲁迅心里是希望广平多休息几天的。不过他不时地奔走于医院与寓所之间，广平晓得他静不下来工作，不大妥当，于是回去了。走到楼上卧室里，哈！清洁齐整，床边也一样摆起小桌子，桌子上安放些茶杯、硼酸水之类的常用品，此外更有一盘精致的松树。每一件家具，尽可能地排换过位置，比较广平住院的时候调整得多了。平时鲁迅从不留心过问这些琐碎的，现在安排起来也很合适，给广平一种惊奇和满心的喜悦，默颂那爱力的伟大。

鲁迅更是一个好父亲，每天工作，他搬到楼下去，把客堂的会客所改为书房，在工作的时候他可以静心，更可以免得在小孩跟前轻手轻脚，不自如，和怕用烟熏了小孩不好。在会客的时候，也省得吵闹广平的休养。但一到夜里十二时，鲁迅必然上楼，自动地担任到二时的值班。而十二时以前的数小时，就由女佣招呼，以便广平能得充分休息。二时至六时，然后才是广平值夜。每天如此，留心海婴的服食眠息。大约鲁迅值班的时候多是他睡足之后吧，总时常见他抱着他坐在床口，手里拨弄一些香烟盒盖之类，弄出锵锵的响声，引得小孩高兴了，小身子就立在他大腿上乱舞。倦了，鲁迅也有别的方法，把海婴横困在他的两只弯起来的手弯上，在小房间里从门口走到窗前，再来回走着，唱那平平仄仄平平仄的诗歌调子：

小红，小象，小红象；
小象，红红，小象红；
小象，小红，小红象！
小红，小象，小红红。

有时又改口唱，仄仄平平平仄仄调：

吱咕，吱咕，吱咕咕呀！
吱咕，吱咕，吱吱咕。
吱咕吱咕……吱咕咕，
吱咕，吱咕，吱吱咕。

一遍又一遍，十遍二十遍……地，孩子在他两手造成的小摇篮里安静地睡熟了，有时听见他也很吃力，但是总不肯变换他的定规，好像那雄鸽，为了哺喂小雏，就是嘴角被啄破也不肯放下他的责任似的，鲁迅是尽了最大的力量，在可能范围里尽为父之责了。

最怕的是小孩子生病，如果一看到海婴发热伤风就会影响他的工作。遇到了真使他几乎“眠食俱废”，至少也得坐立不安，精神格外兴奋。后来小孩大到几岁，也还是如此。除了自已带着看医生之外，白天，小孩病了一定多放在旁边，到了夜里，才交给女佣照应。一定也不时到她们卧室去打听，小孩有些咳嗽，不管在另一间房子或另一层楼，最先听到的是鲁迅。为了省得鲁迅操心，广平每每忍耐着不理会，但是他更敏感，时常叫广平留心听，督促她去看，有时听错了也会的，不过被他猜中的机会更多。遇着广平睡熟了，如果不是咳得太厉害，他总是不叫醒，自己去留心照料。一个孩子他就费这许多心血，无怪他在日译《中国小说史略》序里说："一妻一子也将为累了。"的确是的，鲁迅时常说：有了广平和海婴的牵累，使他做事的胆子比较的小，时常有更多的顾虑。不过广平是不大明白的，莫非他在上海晚年的生活，比以前更稳当些吗？或者只是在遇到风声不大好，他比较地肯躲起来一下吧，在广平是担心他意外或意中的遇难，对于这，他们有时也起小许的波澜，每逢遇到鲁迅应友人邀请外出而没有依时间回来，广平在家中遭遇的煎熬，凡是个中生活的人都体会得到的吧。尤其是这种操心，不能向左右的人们说出，而在夜里，虽然绝不愿意想到什么万一的意外，却是首先总会想到这，甚至在脑中描出一件意外，一个人浴血躺在地上，但自己是安坐在家里，让血在沸腾着。焦躁地对着灯儿，等待那人不来，坐也不是，睡也不是，看书也不是，做事也不是的时候，真是闻足音则喜，竖起耳朵，在听到那钥匙到门锁的响声，就赶紧去开电灯，把满心的焦虑变成自觉是多余的庸人自扰了。这时，一面喜悦的埋怨声，一面抱歉地在说明，像闪电的瞬息，遇到了互相拥抱的欢慰。

有了孩子，更像是一个稳定的家庭了。鲁迅最盼望的是回北京写他的《中国文学史》《中国字体变迁史》，但又是青年的血，使鲁迅难以心安，家庭难以安稳。一九三一年二月，柔石等五位"左联"青年作家被当局逮捕，在上海龙华被杀害。他不得不偕广平、海婴移居花园庄旅馆，避难四十天。两年之后，一九三三年二月七日至八日，写了《为了忘却的记念》。这是继《记念刘和珍君》后第二篇纪念青年先烈的文章，第三次被青年的血惊呆，而最为怀念的是他认为最有希望、文笔工妙、为人忠厚的《二月》作者柔石："惟一的不但敢于随便谈笑，而且还敢于托他办点私事的人"，不知所以然、懵懂糊涂地被夺去生命了。岂不痛哉！柔石是浙江台州宁海人，有股方孝孺那种台州式的硬气。但又相信人们是好的。鲁迅有时根据自己在故乡绍兴的眼见耳闻以及以后的亲身经历，谈到人会怎样地骗人，怎样地卖友，怎样地吮血，他就前额亮晶晶的，惊疑地圆睁了近视的眼睛，抗议道，"会这样的么？——不至于此罢？……""无论从旧道德，从新道德，只要是损己利人的，他就

有了孩子，更像是一个稳定的家庭了。

挑选上，自己背起来。”然而就是这样的好人，竟被无辜地枪杀了，身上中了十弹。

鲁迅沉重地感到他失掉了很好的朋友，中国失掉了很好的青年，他在悲愤中沉静下去了，然而积习却从沉静中抬起头来，凑成了这样的几句：

惯于长夜过春时，挈妇将雏鬓有丝。
梦里依稀慈母泪，城头变幻大王旗。
忍看朋辈成新鬼，怒向刀丛觅小诗。
吟罢低眉无写处，月光如水照缁衣。

鲁迅叹道：“在这三十年中，却使我目睹许多青年的血，层层淤积起来，将我埋得不能呼吸，我只能用这样的笔墨，写几句文章，算是从泥土中挖一个小孔，自己延口残喘，这是怎样的世界呢。夜正长，路也正长，我不如忘却，不说的好罢。但我知道，即使不是我，将来总会有记起他们，再说他们的时候的。……”

青年们的血还淤积着，一九三三年六月十八日，中年学者杨杏佛又被特务暗杀了。据说继续暗杀的名单中有鲁迅，但他毫无畏惧地参加了二十日杨杏佛的葬礼，临走不带钥匙，准备牺牲。当局惮于他的声名，没敢下手。他回来后，写了《悼杨铨》一首：

岂有豪情似旧时，花开花落两由之。
何期泪洒江南雨，又为斯民哭健儿。

接着，又是最大的打击：瞿秋白被杀害了。应该说这些洒尽热血的人中，秋白是最为情深也最为可惜的。

如果没有广平的陪伴，在遭到这一连串血的淤埋时，自己该会是何等状况？所以鲁迅特地赠给广平一首诗：

题《芥子园画谱三集》赠许广平

十年携手共艰危，以沫相濡亦可哀；
聊借画图怡倦眼，此中甘苦两心知。

“文学家的女人”

“做文学家的女人真不容易呢，讲书时老早通知过了，你不相信。”这是每当惹得广平不悦时，鲁迅总要抱歉地讲的话。是的，先生是早就讲过这个话。广平当时并不在乎，答说自己就是愿意“做文学家的女人”。

一到上海，广平起初希望在社会上找一份工作，保持经济上的独立。努力了好几处，终于经母校女师大校长、鲁迅挚友许寿裳先生居中介绍，在教育界找到了一个教职。一天饭后，广平兴冲冲地告诉鲁迅，鲁迅却难过地说：“如果你到外面做事，我的生活又要改变了，又要恢复到以前一个人干的生活中去了。”广平当初没有想到这一层。两人沉默了好长时间，鲁迅又用哀求的语气说：“你出去做事，辛苦一个月，还得看人家的面孔，拿的薪金，我两篇文章就收来了。你还是在家里不出去，帮帮我，让我写文章吧。”广平深受震动。她也意识到鲁迅离不开她的帮助，自己同样离不开先生。因为他们互相爱得那样深，相依为命，离则两伤，谁都离不开谁，于是放弃了出去工作的打算，全方位地负起照顾鲁迅的责任。此后，鲁迅彻底改变了“古寺僧人”式的单身生活，一九二八年七月，章川岛趁暑假之便到上海看望鲁迅，感到先生不但精神愉快，精力旺盛，而且给人一种新鲜的感觉，脸上气色很好，不像以前那么沉郁、苍白了，人也似乎胖了一些，身上的衣着也比先前整洁得多。当然，这全赖于广平的温情照顾。

鲁迅也非常关心广平的未来，自己不在时，要有一门生活的技能，独立支撑。一九二七年十二月起，也就是他们在一起两个月后，开始给广平讲授日语。首先，鲁迅亲自编写了二十七篇课文，给广平讲授，打下基础；一个月后，课本换成《尼罗河之草》；最后讲授日文版的《马克思读本》。教学在晚上进行，一年半以后，广平能够把日文童话集《小彼得》转译成汉文，经鲁迅校改出版，署名“许霞”，因为许广平幼名“霞”。

鲁迅对广平的身体也很关心。一次，和郁达夫等人吃饭。饭后，茶房端上咖啡来时，郁达夫观察到鲁迅很热情地向正在搅咖啡杯的许广平看了一眼，又用告诫亲属似的热情的口气，对许广平说：“密斯许，你胃不行，咖啡还是不吃的好，吃些生果吧！”在这一个极微细的告诫里，郁达夫第一次看出了他和许广平中间的爱情。“情商”很高的郁达夫也感到了许广平对鲁迅的爱护。鲁迅对于烟酒等刺激品，一向是不十分讲究的；对于酒，也同烟一样。他的量虽则并不大，但却老爱喝一点。在北平的时候，郁达夫曾和他在东安市场的一家小羊肉铺里喝过白干；到了上海之后，所喝的，大抵是黄酒了。但五加皮、白玫瑰，他也喝，啤酒、白兰地也喝，不过总喝得不多。许广平无微不至地爱护、关心鲁迅的健康，有一次问郁达夫：“周先生平常喜欢喝一点酒，还是给他喝什么酒好？”郁达夫答以黄酒第一。但许广平却说，他喝黄酒时，老要喝得很多，所以近来她在给鲁迅喝五加皮。但因为五加皮酒性太烈，她平时老把瓶塞拔开，好消散一点酒气，变得淡些。在这些地方，郁达夫看出许广平一心为鲁迅牺牲的伟大精神来，仔细一想，真叫他感动得下泪。

然而，作为“文学家的女人”的许广平，也有许多辛酸处。那次跟王蕴如谈起杭州旅行的不悦之后，广平主动反抗了一下，逗引鲁迅起兴。鲁迅也果真来了激情，来不及妥当避孕，就欢合了，结果怀了海婴。既来之，则喜之。鲁迅老来得子，对海婴溺爱有加。

对于鲁迅平时只要写开东西就烦人打扰、爱在夜里写作的习惯，广平也实在反感，无法忍受这种自虐式的紧张生活，因为不但损害鲁迅自己的健康，也妨碍广平的睡眠和俩人之间的性爱。初到上海的时候，有一天，差不多是深秋，天快暗了，鲁迅还在那里迷头迷脑，聚精会神，拿着笔没完没了地尽写。广平偶然双手放在他的肩上，打算劝他休息一下，哪晓得他笔是放下了，却满脸的不高兴。广平那时满是孩子气，好心好意，这么一来，真像在北方极暖的温室骤然落入冰天雪地一样，感觉到气也透不过来，难过极了。爱人之间本是要富于情调的，但与先生竟然连这点儿手搭肩的小情调都是多余的。

鲁迅也感到刺伤了广平，随后解释道："写开东西的时候，什么旁的事情是顾不到的，这时最好不理他，甚至吃饭也是多余的事。"这件事情给广平印象非常之深刻，从此处处更加小心，听其自然了。

鲁迅是很欢迎客人到来的，还要请求客人吃了饭再走，于是广平就急忙稍加准备，略添蔬菜，这差不多成为例行生活了。这样，鲁迅可以有一个比较长的休息时间，只是谈谈天，广平窃以为得计，鲁迅确也称心快意地和朋友畅叙。但是当他一送走朋友之后，又记起工作，时常会感叹夹抱愧似地自言自语："唉！又是一天过去了，什么也没有做，那是不行的，得赶快赶起来！"但鲁迅也体谅和他一同生活的人。尤其留心的是不要因为他而使别人多受苦。所以，他很能觉察到广平的疲倦，会催促她快去休息，更抱歉他因为工作匆忙没有多聚谈的机会，每每赎罪似的在广平睡前陪几分钟。临到广平要睡下了，他总是说："我陪你抽一支烟好吗？""好的。"那么他会躺在旁边，两人有时亲热一下，但更多的是很从容地谈些国家大事或友朋往来，或小孩子与家务，或文坛情形，谈得起劲，他就要求说："我再抽一支烟好吗？"同意了，他谈得更高兴，但不争气的多是广平，没有精神领受他的谈话，有时当作是催眠歌般不到一支烟抽完，就睡熟了。鲁迅这时会轻轻地走开，自己去做他急待动笔的译作。从没有和广平一起睡过整宿觉……

但不管多困多累，每天清晨六点左右，广平总要准时起来。潜意识告诉她，通宵工作的鲁迅肚子已经饿了。她赶紧准备早点，服侍鲁迅吃完睡下之后，广平的日常事务便开始了：整理鲁迅通宵的成果，重新校对和誊抄稿件。然后还有烦琐的家务，顾不上料理自己的事情，冬天穿着自制的大棉鞋，平时穿的是粗旧衣服，有似村妇，和摩登的化妆品无缘，没有世俗的一切嗜好，除了两顿饭食，没有更多的零用，因为她不需要。对于广平的克俭，鲁迅有时对她说：看你这样落拓，去买新的来吧！广平则回应道：要讲究，你这点钱不够我花呢。于是两人相视一笑。

广平对鲁迅是从内心深处挚爱的。她在给挚友常瑞麟的信中说："……老友尚忆在北京当我快毕业前学校之大风潮乎，其时亲戚舍弃，视为匪类，几不齿于人类。其中惟你们善意安慰，门外送饭，思之五中如炙，此属于友之一面；至于师之一面，则周先生（你当想起是谁）激于义愤（的确毫无私心）慷慨挽救，如非他则宗帽胡同之先生不能约来，学校不能开课，不能恢复，我亦不能毕业，但因此而面面受敌，心力交瘁，周先生病矣，病甚沉重，医生有最后警告，但他……置病不顾，旁人忧之，事关于我，我何人斯。你们同属有血气者，又与我相处久，宁不知人待我厚，我亦欲舍身相报……”许广平是下定了“舍身相报”的决心的，她认为：“在这新旧过渡的社会，宁可丢弃名誉、地位、家庭、财富，忍受责骂，或委屈自己，男女两方把一切对自己有利的一面，都去牺牲了，来寻找至高无上的爱的建立，这才是真爱。”许广平对鲁迅产生的爱情，就是一种“真爱”。因此，她赞美鲁迅用“热烈的爱、伟大的工作，要给人类以光、力、血，使将来的世界璀璨而辉煌”，表示她不畏惧“人世间的冷漠，压迫”，不畏惧“戴着‘道德’的面具专唱高调的人们”给予的“猛烈的袭击”，一心一意向着爱的方向奔驰。“真爱”是不带功利，相互不要丝毫勉强的。所以他们的结合是新式的，到达上海之前，俩人就已商定：两性生活，贵在情投意合，互相信任，除了当事人之外，没有任何人可以束缚。日后，如有一方不满意，决不要争吵，也用不着法律解决，如果觉得没有同居的必要了，那么马上各走各的路，反正都能独立谋生。

俩人的共同生活中，有愉快，也有烦恼。文学家的脾气的确不同于普通人，因为广平不知什么时候说了什么话，使他听到不以为然了，或者恰巧他自己有什么不痛快，在白天，人事纷繁，和友朋来往，毫不觉得，但到夜里，两人相对的时候，他沉默，沉默到要死。最厉害的时候，会茶烟也不吃，像大病一样，一切不闻不应，那时候广平真痛苦万状。为了我的过失吗？打我骂我都可以，为什么弄到无言！如果真是轻蔑至极了，那我们可以走开，不是谁都没有勉强过谁吗？广平不是伤痛自己的遭遇，而是焦急鲁迅的自弃。他不高兴时，会半夜里喝许多酒，在广平看不到的时候，更会像野兽的奶汁所喂养大的莱谟斯一样，跑到空地去躺下。至少或者正如他自己所说，像受伤了的狼，跑到草地去舔干自己的伤口，走到没有人的空地方蹲着或睡倒。这些情形，广平见过不止一次，能这时候把他丢下不理吗？而他绝不是故意和广平过不去，他时常说：“我们的感情算好的。”广平明白他的天真。他对一切人可以不在意，但对爱人或者会更苛求。受到社会上许多磨难的他，一有感触，会千百倍于常人的看法的。广平同情他，但不知此时如何自处，向他发怒吗？那不是广平所能够的。向他讨饶吗？有时实在莫明其妙，而且自尊心是每个人都有的，广平不知道要饶什么。抑郁，彷徨，真想痛哭一场，然而这是弱者的行径，不愿意。就这样，沉默对沉默，至多不过一天半天，慢慢雨散云消，阳光出来了。他会解释似的说："我这个人脾气真不好。""因为你是先生，我多少让你些，如果是年龄相仿的对手，我不会这样的。"这是广平的答话，但他马上会说："这我知道。"

云雨天还是偶尔的，阳光日子为多。家庭用度，鲁迅全部交给广平打理，自己绝不过问，一切由广平决定。虽然知道鲁迅喜欢黑猫牌的香烟，但因为贵而少买，多是买价廉物美的品种，因为鲁迅说过："我吸烟不管好丑都可以的，虽然吸得多，却是不吞到肚子里。"多年以后，广平为此很后悔，觉得廉价烟对鲁迅的伤害更重，不然，先生会多活几年。然而，对于买书以利鲁迅的写作，广平则大力支持。为编《中国文学史》，需要《四部丛刊》参考，但书价有几百元之巨，鲁迅为此踌躇，广平却劝鲁迅说："我们在其他方面可以节省一些，参考书还是去买吧！"

广平是鲁迅的第一读者，每当鲁迅文章作成，总先给广平看，广平每每认真阅读，觉得有问题的地方会径直提出意见，鲁迅很重视，按照广平的意见，对文章进行修改。为了保存鲁迅的手稿，广平的一项重要工作，就是誊抄稿件。文章和书籍排出，广平又帮鲁迅校对，找相关资料。广平成为鲁迅不可缺少的助手。鲁迅出了书，都要送给广平，还在扉页上题辞，而且题得越来越亲密。《而已集》扉页上题道："给我的爱人：广平。鲁迅一九二八年，十一，二六在上海"。他最喜欢的照片，就是"毛衣照"：身穿广平给他织的毛衣，一手持广平送他的插着香烟的象牙烟嘴，一手叉腰，一副文化战士的姿态。

一九三一年鲁迅第九次校勘《嵇康集》，广平和鲁迅一起合抄。广平开始奇怪鲁迅怎么对嵇康这样充满感情，对《嵇康集》一校再校，平时闲暇时，也不断翻读、品味、思索。渐渐地她明白了，鲁迅与一千多年前的嵇康是心心相通的，他俩的精神气质和文章格调实在是太相像了。

一九三二年下半年，他们决定将两人的通信增删修订，编为《两地书》，由上海青光书局出版。广平眼看着鲁迅工工整整地抄写原信，那股认真劲儿，令她感动。先生是如此珍重俩人之间的感情呵！书印出来了，广平和鲁迅一拿到，就欣喜若狂。广平读着鲁迅在《序言》中的话："回忆六七年来，环绕我们的风波也可谓不少了，在不断的挣扎中，相助的也有，下石的也有，笑骂诬蔑的也有，但我们紧咬了牙关，却也已经挣扎着生活了六七年。"不禁流下泪来，和鲁迅商定，将抄稿和原信都留给孩子，将来可以公之于世，因为他们胸怀坦荡，没什么可避人的。确实，他们之相处，"实有深因"，是相通的思想精神因子不断碰撞的结晶。有灵魂深处的共同求索，也有幽默的逗趣，那张"小刺猬"的图画就是见证：一只小刺猬拿着伞走，真神气。出北京时这张图还保存着，后来找来找去也没有，记得从广州到上海，书箱在香港被检查的大敲竹杠而又乱翻了一通，都散乱在外了，不知是否那时失掉。先生也时常记起这张图，希望能够发现。它如果还有，那就不让他手写的"无常"专美了。

在朝夕相处中，广平也更了解了鲁迅的为人：哪里是什么"世故老人"，简直忠厚待人、"愚不可及"。

广平讲给人听的"干儿子"的故事就足以说明——

> 有一位厦大来的。那就是人们曾经谈起过的那位"义子"。从厦门到广州，一直追随在先生左右，在旁人看来，怕没有不当他是先生的忠实信徒的。他很能体谅先生的忙碌。除因事或领取学费等来到先生跟前稍坐一刻，其余总是不大向先生吵扰。他真是那么一个洁身自好的青年呢。
>
> 记得我们旅居于上海后不久，一天，大雨连天，由旅馆茶役送来了一封信。正是那位学生的，他通知他已经到沪，人地生疏，急待照料，先生立刻和他的三弟冒着大雨上旅馆去。那是一家用堂皇的名字招徕旅客而又颇不名副其实的旅馆。从船上移至旅馆的仅有一些简单

行李，可是那旅馆除开了一笔行李费之外，又横七竖八地不知开些什么账目，半天功夫要花二十余元的开销。那学生的经济本不宽裕，先生早已晓得。如果在这种类似敲竹杠的地方多停留下来，这一切费用义不容辞将要由先生张罗。为人也是为己，先生就急忙忙把他们接到景云里的寓所里来了。

开了门，先生带来了三位远客，其一是从厦门跟到广东，此刻到上海来的学生，另外还有一男一女，很年轻，都像不满二十岁。据说是兄妹。起先似乎听说那兄妹俩家里很有钱，打算来沪读书。后来又听说那妹妹的胞兄呢，则看透家里重男轻女的风习，如果女儿单独出走，怕会置之不理，但儿子也一同出走，就一定要设法追寻了。所以兄妹一同出来。这计划很周到，可惜的是一天天过去，没听见家里的表示,反而把先生当作家长了。供给膳宿,津贴零用,一切由先生负担。先生住在楼上，楼下就让给他们住。每逢步下扶梯，则书声琅琅，不绝于耳。但稍一走远，则又戛然中止。久而久之，先生才悟到这书声是读给他听的，后来就不敢出入了。继之他们又要求读书，要先生供给这三个人的学费。先生说:“我赋闲在家，给书店做点杂务，哪能有这大力量呢？”这是实在情形。先生离京时还欠上一身的债，好容易用厦门大学的薪水偿还。从厦门到广州又带了一批学生,旅费之类,也借用不少。在广州做了不到半年的工，就又失业了。原先我们预备做两年工的计划，既限于事实所迫，只得中途放弃。及至沪上，一切生活，俱未入轨道，平添三个人的生活，已非先生所能支了，哪还说得到供给学费。后来那学生把他的文章送来，请先生介绍发表。但文章太过幼稚，实在不能送出去，没能满足他的心愿。又请托找事，但有什么事情好设法呢？先生也是失业住在家里，又不认识达官商人、富商大贾，平时来往的，都没有这力量，就是认识三两家书店，偶然介绍点稿子,也往往要自己也有稿子陪去,才能成功,说不到找事情了。于万不得已的情形下，先生跟某书店说定，让他去做个练习生，先生每月拿出三十元，托书店转一转手给他，算是薪水。先生满以为如此则对书店也不为难，对这青年也可以得一学习机会。总以为这一份苦心，他是能够接受的，谁知通知他以后，他竟说："我不去。"是嫌薪水少，还是嫌工作低微呢？我们不晓得。但他怕还不知道这是特别设法，才能如此通融办理，在上海是学徒三年义务期满出师，也不过数元一月呢。

那时创造社诸君子正在围剿先生，先生也正在应战。一天，那学生突然来对先生说"他们因为我住在你这里，就把我都看不起了"。这叫先生怎么办法，他们能够不住在这里，能够有法子生活，先生又何必苦苦地挽留呢，真个是"实逼处此"。

后来那女孩子的哥哥回乡了，理由是家里既不寄款来，且回去筹措，坚定地非走不可。但要走，先须有旅费，这责任又落到先生身上了。可是那"哥哥"走不多时，又有远客来了，这回是那学生的哥哥。是木匠，来找事做。先生纵使交游广阔，接待这一类远客，怕还是初次。这如何动手？但既来了，第一是食住总得给他安排。楼下已经住了那学生和他的爱人，没法再搭床位，只好为他另在附近租间房子。饭食呢，自然不再为他另开火仓，顺便在家里腾出一份，托他送去。这总该可以了的罢，可是结果还是不成。拿饭篮不体面！仿佛还须先生亲自送去似的，没有法子，又要托人代劳了。这样烦琐的人事纠缠，使得先生困恼万分。好容易托建人先生辗转请托，总算给木匠哥哥找到了事，以为总可以吐一口气，解决了吧，结果又不成，不愿意去。那么再住下去。住下去，厌倦了，木匠哥哥要回乡了，再由先生来筹旅费。

这回剩下学生和他的爱人了，已经来了好几个月，他的爱人已能和别人稍微谈几句普通话，才从她的口中得知，那青年学生原来是来给先生做"儿子"的，她呢，不消说是媳妇儿了。他们满以为来享福，哪里知道会这样，而先生竟一点也不晓得这个中原因，没好好地招待现成的家族，弄得"怨气腾腾""烦言啧啧"，从这看来，先生真也太不会做人了。

在看透了对先生已无可希望，不能享福之后，"儿子"告辞要回乡去了，一天的晚上，他来同先生磋商，要两个人回去的旅费。先生想，这里到汕头，转到某县，至多一百元就足够了罢，然而不成。他说："我们是卖完了田地出来的，现在回去，要生活，还得买田地，你得给我某某元。"这个数目，先生实在做不到的，还是忍住气和他磋商罢。"我没有这许多钱，而且，你想想看，我负了债筹钱给你买田地，这可说得过去？"他可也回答得干脆："错是不错，不过你总比我好想法，筹借的地方比我多，你一定得给我筹某某款子才可以。"说来说去，他还坚持这数目，自然咯，他是来做儿子的，儿子同老子要钱，律以"儿孙做牛马"的义务，先生是无论如何不应拒却的。可惜先生不知道这就是儿子！而且先生实际的困迫他哪能了解？老实说，自他们来后，起居服用，再加以送往迎来，整批整批的路费筹措，已经觉得非常吃力了。但先生从来脾气是有苦自家知，一声不响的，而人们却以为他已成富翁，如果这虚名也可以卖钱，或者先生会是富翁罢，然而卖虚名的就不是先生，所以到头来往往弄成不谅解，不欢而散。那"儿子"终于也不满所欲气匆匆地走了。几年以后，"儿子"突然从广州来了封信。大意说："原来你还没有倒掉，那么，再来帮助我吧。"这使我们猛然地想到，当初他的回去，怕为是避免被牵连了倒掉吧。

谁说先生老于"世故"，我只觉得他是"其愚不可及"。世界上竟有这样的呆子吗？可是这呆气，先生却十分珍贵着。他总是说："我不能因为一个人做了贼，就疑心一切的人！"

许多人以为他就要没落了，聪明的人，都远远地离开。……先生所以时常说："某某书店乱七八糟，真气人，许多人固然受了他糊涂之累，可是他也时常糊里糊涂地吃人家的亏。比起精明的来，不无可爱之处。"

先生往常总不断指导我，说我太率直，不懂事。甚至有时发恼，质问我一个人将怎样生活？有时我因此不禁偷笑！至于他，到处赔小心扶助别人，也难免吃力不讨好，会招来莫名其妙的怨怼，或动气的绝交，这在先生，又将如何自解呢。

先生爱一切人，爱一切有专长之人，就是肯印书的人，他也极力夸奖鼓励，他说："他是老实的，还肯印书。"又说："在唯利是图的社会里，多几个呆子是好的。"先生自以为亦明知是呆子而时常去做。他说："青年多几个像我一样做的，中国就好得多，不是这样了。"自他死后，继他这样做去的仿佛已大有其人，先生如果还健在，一定很安慰的吧。

广平日益了解鲁迅，了解鲁迅的为人，也更认识到他的天才对于中国和人类文化的价值。知道鲁迅的一纸一墨将来都是极其珍贵的，所以对鲁迅的稿子，即使是废稿，也精心保存。暑间房子搬动了一下，偶然从抽斗里理出一些旧信、什物、笔记之类的东西。很意外的，就在簿子里面见到鲁迅的亲笔稿。其一是已经登载出来的朋友的墓志的底稿；另一页是没有发表过的。虽然经过好几年地压在书里，还是可以看到它的皱折不堪的遗痕，于是从这遗痕使广平回忆起来了；这都是从字纸篓里被她拾藏起来的。那一张墓志稿，因为已经留有底稿而丢弃掉，是很平常的。独有第二页没发表过的这一篇短文，为什么也弃去呢？这使广平记起那时鲁迅先生刚刚放下了笔，恰好有什么小事向他谈到，他却烦恼起来，就把眼前写过的一张纸团掉了。过些时候，广平向他说："你团掉的那张稿子我收起来了，给你重抄一遍，送去发表好吗？"他连忙说："不要不要，"就在他"不要不要"之下压置到如今。然而这也是他的吉光片羽，也许有些人看了会讨厌，但是一定更有些人珍视他的片言只字，不管怎的，发表出来就是了。

珍惜鲁迅的稿子，更珍爱鲁迅这个人。晚上，广平不是特别困的话，就尽量多陪鲁迅一会儿。鲁迅伏案写作，广平在旁边做针线活。都累了的时候，两人放下手里的活儿，聚在一起，聊聊天，喝喝茶，吃点儿零食。一年中秋节，在月夜里，他们熄了灯，偎依在床边看月亮。

鲁迅望着又圆又大的月亮说："这月亮多好看啊！"

广平明白先生是以月亮比喻自己，在夸自己呢！感到无上的欣慰和幸福。多苦多累，都甘心情愿。回报给鲁迅一个热烈的亲吻。

鲁迅说道："我要好好地为中国做点事情，才对得起你。"

广平很感动，心中酝酿了这样的诗篇——

我们的心换着心，
为人类工作，
携手偕行。
……

在深彻了解之下，
你说："我可以爱。"
你就爱我一个人。

我们无愧于心，
对得起人人。
此刻——
有些人忽然要来清算，
横给我们罪名。
说什么："每星期都有信"
好似我从中作梗。

卑鄙的血液染红了黑夜
封建的思想盘踞着神经。
他们想拿法律，
杀害普天下人。

在亚当夏娃的心目里，
恋爱结合神圣；
在将来解放的社会里，
恋爱，再——

志同道合，成就婚姻。

那言语不通，
志向不同，
本来并不同住的，
硬说是“佳偶”，
就是想诬蔑你的一生。

真理或有时存在，
我将依着进行，
所有那些设计，
让他发昏。

爱情的结晶——海婴

小海婴一年年长大了。开始记事，懂事了。

他一岁的时候，还在景云里住，是一位叫阿花的保姆带着他。阿花约莫二十五六岁。清秀的面孔，明亮的眼睛，瓜子脸，端正的鼻梁，乌黑而又匀整的“刘海”覆额齐眉。衣着整洁合身，神态端庄文静，就是这么一位阿姨曾经扶海婴学步，带领他迈开了走向生活的第一步。

父母亲初到上海的时候，家里并不起火，只和建人叔叔一家搭伙开饭。到海婴出世，因为家庭事务繁重，母亲照顾不过来，所以才聘请阿花来帮忙。她是绍兴人，娘家不知还有什么人，丈夫是章家埠的农民，患有“大脚疯”，俗称象皮腿，许是一种丝虫寄生虫病吧，失去了劳动力，生计无法维持，经常虐待和毒打阿花，还想把她卖掉，阿花得知，设法逃脱，来上海独自谋生。先在景云里某家帮工，后经人介绍，来鲁迅家帮忙。工作十分得力，做起活来，干净利落，一边唱着山歌，一边干着事体，心情似乎比较愉快。但是过不多久，发现她有点异常，有人敲门，常常被吓得丧魂落魄。上海弄堂房屋，前门正对着别人的后门。有一天，对面人家厨房里人影绰绰，阿花一见，面色发白，惊恐之情，莫可名状。仔细一问，她才对母亲说，是她丈夫带人从乡下赶来，准备要劫她回去。严重的局面，一直僵持了几天，空气相当紧张，眼看祥林嫂被人绑架的一幕惨剧又要重演。后来父亲花钱请来一位律师，向他们传过话去，有事大家商谈，不要动手。不知是谁，找来一位绅士，从中调停。这位绅士来到景云里，一见父亲，大吃一惊，连忙说："原来阿花在先生葛里（这里），好说好说。"原来这位绅士名叫魏福绵，早年在北京大学求学期间，曾请父亲做过他的保证人，并且汇划学费，可以说相当熟稔。父亲请建人叔叔出面与他协商，结果说定，由父亲出一百五十元代阿花"赎身"，准其自由，一场风波，才算平息。

之后，阿花在鲁迅家有一段时间。毕竟由于她比较年轻，看护幼儿缺少经验，清晨总抱着海婴在北窗下与人谈天，或去汽车修理间与人说话，以致使海婴受到风寒，由气管炎转成支气管哮喘。长期治疗，反复不愈，父母为此也劳累不堪。最后还是和建人叔叔商量，不如改请一位年老的妈妈妥当，阿花这才离海婴而去。阿花走后，未见来过，也许是因为海婴搬家，她寻不到地方。有人曾经在横滨桥附近，见她乘坐在人力车上，衣着尚可，匆匆而去。大概生活暂时尚过得去，但此后再没有音讯。

继阿花之后，又请来一位许妈。她是江苏南通人，五十多岁，大概由于在家务农，平素练就了一副好身骨，体格健壮，背起海婴走毫不费力。她与同乡对话，都用方言，十句有九句海婴听不懂。但平时却用上海话，可见她在上海帮工，时间不短了。

虹口大陆新村弄口往东迤北，有一爿"老虎灶"。一口硕大的铁锅，煮着沸水。附近居民谁要冲茶或灌暖瓶，往往花一两个铜板立即可得，需要沐浴的住户，只要说一声，届时就会有人挑一担滚烫的热水送上门来，并且倾入浴盆。服务周到，用户称便。开办"老虎灶"行业，以南通人居多。许妈常领海婴到那里去玩。这里是劳苦人民集聚的地方，百工杂艺，七十二行，为谋求生，各有其能。有时玩到傍晚，估计海婴有点饿了，许妈便摸出一两个铜板，临时买个扬州小贩的提篮点心，如"老虎脚爪""麻油馓子""脆麻花"

等，让海婴充饥。

从大陆新村直接往北走，约走几十丈以外，便呈现着另一番风光。竹篱茅舍，前后错落，瓜棚豆菜，相映成画。到了秋天，有时眼前是一片青纱遮目的玉米田野。在这时候，往往就是许妈带着海婴捕捉螳螂和蚂蚱的大好时机。也许在这里能够呼吸到一些老百姓的空气，而且可以避免对父亲写作的干扰，得到过父母的默许吧，所以有时消磨半天时间，也没有听到有制止的意思。随着年岁的增长，海婴被送进幼儿园“关”了起来，这些如画一般的生活，也就与他告别了。

由于从小留下了支气管哮喘的病根，这不但使海婴痛苦不堪，而且也给许妈带来了很多负担。病一发作，海婴便不能平卧，她只得扶持着海婴，坐在胸前，一夜不能合眼。直到东方发白，喘息稍停，她才轻轻放下海婴入睡，自已又须起身干别的事体了。

她带海婴几年，却从来不谈自己的家事。有时偶然接到乡下来信，见她独自落泪，海婴一探问，便敛起悲容，答称“没事”。海婴年幼，不懂这些悲苦，因而往往不再细问，也就忽略过去。其实农村妇女出外帮佣，家中必有难处，她不愿诉说，所以只有隐忍不言，暗自饮泣了。

海婴幼年很幸运。凡有适合儿童观看的电影，父亲总是让海婴跟他去观看，或者也可以说是由他专门陪着海婴去观看。有时也让母亲领着海婴和几个堂娣去看《米老鼠》一类的卡通片，即动画片。记得和父母一同看过的电影，有《人猿泰山》《泰山之子》《仲夏夜之梦》，以及世界风光之类的纪录片。

看电影一般不预先买票，碰到喜欢的片子，往往在晚餐以后，即兴而去。或者邀请叔叔婶母，或者邀请身边的其他朋友，共同乘坐出租汽车，悄然离去，很快到达。当时汽车行就在施高塔路路角，去一个人招呼一声，就能来车。车资往往一元，外加“酒钱”二角。因为看的多是九点晚场，所以对海婴来说，出去的时候，兴高采烈，非常清醒，等到回家，已经是迷迷糊糊，不记得是怎样脱衣，怎样上床的了。

由看电影而至于观马戏。有一次，在饭桌上听父亲说已经预购了有狮虎大象表演的马戏节目，海婴简直心花怒放，兴奋不止。这是因为名闻世界、誉驰全球的“海京伯”马戏团，在世界各地巡回演出之后，来到上海。按常规，这回准有海婴的份儿，于是在饭桌上听到这个消息以后，海婴一直熬得很晚，迟迟不肯上楼。时刻竖起耳朵，在聆听父母的召唤。谁料父亲考虑到这些节目，大都为猛兽表演，且在深夜临睡以前，怕孩子受到惊恐，因此，决定把海婴留在家里，他们从后门悄悄走了。海婴发现了这一情况，懊丧异常，先是号啕大哭，后是呜咽悲泣，一直哭到朦朦胧胧地睡去。父亲知道海婴很难过，和善而又耐心地告诉他上述考虑的意见，并且答应另找机会，白天陪他再去参观一次。一天午后，父母就携海婴观海京伯兽苑。这“兽苑”里面，只是关着的动物，参观时没有什么表演，只看了一些马术和小丑的滑稽节目。不过这对于海婴，已经是大开其心，如愿以偿，以后也就不再成天噘嘴，嘟囔不休了。

后来听说，这个马戏团去美洲途中，在海上遇到风浪，连人带兽，全部沉入海底，无一幸免。

有一天，吃过晚饭以后，时间相当晚了。门外来了一辆汽车，说是请他们去看电影的，父亲和母亲带海婴上了车，不久，来到一个地方，高大的洋楼，建筑得非常漂亮。大门以内，灯火通明。楼道里是鲜红的地毯，头顶上是耀眼的吊灯。他们被引进一所大型的餐厅，说是要参加晚宴。海婴感到很稀奇：怎么，看电影还请吃饭？请吃饭也不事先告诉，他们都是吃过饭来的，怎么消纳得了？当时看到外国人对父亲很客气，站着跟他讲话，还不住地点头。海婴听父亲答复说：已经吃过晚饭了。但是按照欧洲人的习惯，晚餐一般都在九点以后，大概盛情难却，结果还是被引到陈列极其丰盛的餐桌旁边，和其他客人顺序坐下。海婴和母亲坐在侧端座位之上，只见大家都不动手。因为距离比较远，对主人的谈话，听不清，也听不懂。海婴只好望着一些异香果品，脑子活动开了。母亲察觉他的心理，询问他要吃什么？海婴羞涩地指了指书本上曾经见过的芒果。母亲伸手取来一只，它又扁又长，通体蜡黄，放在她面前的空盘里，仔细地剥好，然后又谨慎地换过海婴面前的磁盘。叮嘱他小心，不要让芒果滑溜滚去。海婴闻着芒果透出的阵阵奇香，正在打算从正面还是从尖端一口咬下去，消受它的佳味，忽然耳朵里一阵椅子响，尊贵的主人和前来的客人，都纷纷离席，向门口走去。母亲示意让海婴放下餐巾，跟她出来。海婴只好望着金黄色的、通体沁出汁水而又完整无损的芒果，怅怅告别，离开这桌备极丰盛的筵席，和其他客人一道，来到一间放映厅里。屋内只摆两三排沙发，大家随意坐下，稍停便熄灯开映。这次放映的是俄文版的《夏伯阳》，因为没有翻译，没有字幕旁白，也没有现场解说，海婴一句也没有听懂。只记得有一个镜头，夏伯阳在作战时，手把“马克辛”重型机枪，向敌人勇猛扫射。这使他感到痛快之极，历久不忘。至于电影演完以后，父母如何向主人致谢，如何和别的客人话别，却是一点印象也没有了。

鲁迅很讨厌那种甚嚣尘上的世俗之声，但又花钱为海婴买来一架留声机。全是因为太爱海婴的缘故。

大概是一九三四年四月，或者更早一些时间吧，许妈带海婴到隔壁邻居家去串门。那是一户日本侨民。他家有一台落地式手摇大型留声机，高约一米半，比海婴的身材还长一截。听到他们在播放唱片，十分新鲜，内心深处隐存羡慕之情。回家以后，婉转向母亲提出要求，母亲向父亲表达了海婴的这个愿望。经过商量，表示只要不打扰父亲，可以考虑。规定不许在父亲工作时播唱，只在饭后稍许放放，听一听就算。海婴自然只有答应。过了几天，有一个晚上，看见内山先生笑呵呵地同一个店员来到海婴家，拎来一架小型便携式留声机，父亲下楼接待。内山先生用日语向父亲介绍这架留声机的性能，并且当场试放。放完以后，让海婴再来看看，问他喜欢不喜欢。当时，海婴觉得它与邻家的那台相比，真是小巫见大巫，差得太远。连连摇头，表示不要，父亲见此情景，就告诉内山先生，说孩子不大喜欢，就麻烦出售商店，请给另换一台。内山先生痛快地答应了，让店员拎走了这台留声机。过了几天，换了一台，仍然不大，海婴还是嫌小不要；又过了几天，通知说另换了一台，比较大，搬不来，母亲就带海婴到内山书店去观看。去了以后，见留声机放在里面房间，是一种中等尺寸的。这时海婴似乎感到大人们已经很不耐烦了，不能再提过高的要求，也就表示接受了。

留声机送到家里以后，海婴发现它还附有两匣金属钢制唱针，每匣两百支，还有近十张黑色虫胶唱片，都是日本产品，是儿童歌曲，如有声似火车行驶的“呜卡裴……呜、卡、卡”的音乐片，有童声唱片。后来，内山书店镰田诚一也送了两张唱片，记不起是谁的赠品。总之，大都是儿童唱片，而且只有那么几张，听来听去，都熟透能背，非常腻了，再加后来父亲健康欠佳，所以，除非来了客人，或在饭后偶尔播放一两次外，一般也就很少使用了。

父亲致命于肺病，但在生前经常折磨他的却是胃病。他来到南京，考入江南水师学堂。每逢严冬，衣服单薄，只能买点辣椒下饭，借以取暖，因此种下了胃病的根源。加以一九三〇年以后，牙齿又全部拔去，装以义齿，这就更加重了胃的负担。因此胃病常犯，痛苦不堪。每当这个时候，胃部强烈痉挛，从外面抚摩，好像一块硬团，坚硬如石。疼痛异常，良久不得稍缓。这时，海婴已稍稍懂事，每见父亲疼痛剧烈时用转椅扶手顶住上腹部，长久不去，以求减轻痛楚。母亲看得着急，有时便用手替父亲轻轻按摩。

即使如此，鲁迅也不停止工作。胃病发作以后，如果只是一般的服药和按摩，已不能奏效。所以只能用怀炉温之。因为上海的冬天，室内无火，气候往往比较寒冷。暖水袋充了开水，维持不了多久，顶多一小时就会变凉。经常灌它又比较麻烦。当时虹口一带的日本药店，除售药而外，往往有这种怀炉出售。海婴在家里见过两种：一种有眼镜盒大小，但稍许厚实一点，用镀锌铁皮压成，外贴黑色绒布。所用燃料，是把优质炭末紧压成圆棒形，直径约为二公厘，外裹薄纸。打开匣盖，中有容纳炭棒的圆槽，边用小齿条卡紧，以免移动。据说明，每根炭棒可燃三小时。可是母亲用火柴点燃以后，不消多时便熄火。屡点屡灭，只好弃之不用。海婴也偷偷试点过几次，结果一样，也不成功，所以未见父亲用过。这大概是由于产品质量没有“过关”的缘故。另外一种，炉体呈扁长方形。厚仅一公分半，电镀镍。匣盖竖开，下半段可以灌注酒精，有一根石棉制的炉芯，用火柴点燃后，芯子就发出荧荧绿光，盖上匣盖，让其在内部徐徐燃烧。匣盖刻有图案洞孔，借以流通空气，散发热量。这时炉体逐渐灼热，外边套上黑色天鹅绒的紧套，放进怀中，可以维持数小时之久。每到晚上九十点钟，海婴已是早入梦乡，父亲却在漫漫长夜，寒气袭人的环境当中，忍着病痛，用怀炉带给他的些许微温，埋头写作。

小海婴膝盖部位曾经长过一疮，出脓穿破后，一个多月总不长新肉，露着一个大洞，经常流血不止。鲁迅给他用一种叫“黄碘”的消炎药粉，填入伤口，过了不久，就从里向外长出新肉，伤口逐渐得到愈合。父亲弯下身去，细心地给他敷药的情景，海婴一直犹在目前。

上海的夏天天气闷热，鲁迅的事情又多，往往弄得“满身痱子”，身心很不舒适。其实，使他更着急的倒是海婴每年一到夏季，总要长一身痱子，又红又痒，抓挠不得，一不小心，溃破化脓，那就更加难受。每到夏天晚饭以后，海婴跑到二楼，躺在父亲床上，天色已暗，但不开灯，以求凉爽。这时候父亲就准备一个有盖的小碗和一块一寸左右、呈椭圆形的天然海绵，将兜安氏痱子药水先行震荡，待沉淀在下层的药粉混合均匀，在小碗中倒上一点，用药水把海绵浸湿，轻轻涂在海婴胸上或背上，每搽一面，就用扇子扇干，再搽一面。这时是海婴感到最大安慰的时刻，因不怕影响父亲的写作而被“驱赶”，而有机会同时多多亲近双亲，躺在两人之间，让自己的心灵浸在无比温暖之中。时光悄悄地逝去，直到天色黑尽，全市灯火通明的时候，父亲又开始工作了，海婴这才怀着恋恋的心情，无可奈何地回到三楼，在自己的卧室中进入梦乡。

海婴小时候因为种下了气喘病的根子，所以每到疾病发作期间，不但自己痛苦不堪，而且也使父母劳神不止。

这种哮喘病，每在季节变换的时候发作。一犯起来，呼吸困难，彻夜不眠。常用的一种方法，海婴称之为蒸气吸入法。父亲架好一套吸入器皿，即在盛水小锅中卡上一支细管，加橡皮圈密封，将细管一端通入另一小杯，杯中装有调好的“重碳酸曹达”和食盐稀溶液，用酒精加热烧开，蒸气将药液喷射带出，因为怕盐水刺痛眼睛，还要蒙上眼睛，叫海婴张口吸气。湿润的带药水气进入气管，药味咸而略苦。对消炎止咳有明显的效果。如果还不痊愈，就改用一种药膏热敷。先将“安福消炎膏”隔水泡热，母亲按海婴背部大小准备一块布料，父亲用钝刀将白色的黏稠药膏刮在布上，贴在海婴背部或前胸。二十分钟以后揭去。这种药膏不知都有哪些成分，仅感到有一种薄荷味，十分清凉，对于剧烈的哮喘，也能起到缓和作用。

但以上两种方法，都不如芥末糊的功效来得神速。这似乎成了对付哮喘病的一张王牌。说起来也很简单，用一个脸盆，放进二两芥末粉，冲入滚烫的开水，浸入一块毛巾，待芥末汁浸透以后，父亲便用两双筷子插入毛巾，以相反的方向绞去水分，以海婴能够忍耐的温度为准，热敷背部，上面再用一块干毛巾盖住，十几分钟以后撤去，此时背部通红如桃，稍一触及颇感疼痛。经过这一番热敷，感到呼吸大为通畅，而且又困又乏，缓缓睡去，往往可以睡个通宵。这种方法，不知由谁介绍，其明效大验，屡试不爽。所以多为父母所采用。但有时哮喘剧烈，此法仍不奏效，那就直接用二三两芥末，加凉水和匀，如“安福膏”一样涂在布上，贴在背部。此糊虽凉，但越敷越热，刺痒灼热，似不可忍，时间也以十分钟为度，时间稍过，则背部出水泡，如开水烫伤一般。这样气喘虽缓，但却要另吃一种苦头。因此一般不轻易采用。

小时候的海婴，简直是疾病灾难，萃于一身。除了哮喘以外，还得过阿米巴痢疾。吃药打针自不必说，厉害的时候，还不得不采用“饥饿疗法”，每天都以稀米汤为食，碗里漂有几个米粒，就感到大喜过望。眼看海婴饿得难以忍受，许妈心中不忍，自己掏钱买了一听饼干，这时吃在口里，真比什么美味佳肴都胜过十倍。但过不久，这一“秘密”被母亲发现，没收了这一听饼干，偿还了许妈的款项，这可叫许妈委屈了多日，总想不通孩子生病怎能用这种方法治疗，向海婴诉说了多次。其实是不懂在此期间禁食的重要作用。后来海婴常见父亲在吃了不易消化的东西如粽子、年糕等之后，总要加服一两片淀粉酶，以助消化，效果良好。对海婴采用“饥饿疗法”，大概也是出于这种考虑的结果吧！

鲁迅对老年才得的儿子宠爱有加，海婴也愿意跟父亲玩耍，广平夹在中间就为难了。她需要察言观色，看先生是否有急事要做，再看海婴是否到了适可而止的机会；倘若错过了机会，或者不晓得他在忙于工作，或者以为他们父子正玩得高兴，不好蓦然叫开，等之又等，才由广平叫海婴到别处玩，这个做父亲的鲁迅竟然会埋怨说：“把孩子交给我领了几个钟头了。”广平对别人感叹说：“在同孩子玩的时候，他是高兴的，我又不敢打断他们的兴致。但是把小孩叫开，他马上又珍惜时间了！他和爱子周旋着觉得高兴，一叫开又感到浪费时间了。这使我在彷徨无主中度着日常生活。”

但鲁迅对海婴的疾病，十分重视，费去多少精力也在所不惜。平时有病，即趁早治疗，如不奏效，就延医治疗到医院就诊，至少也在百次左右吧！但是他对自己的疾病，似乎不大重视。

为了使鲁迅颐养身体，内山夫人经常给海婴家送些花卉。有一次送了一盆上海通称的喇叭花。清晨，大家还没有起床，它已迎风带露，徐徐展开圆锥形的花朵，向世界呈现它的风采，中午，则因为经不起烈日的毒晒，花朵就收拢打蔫，显得十分委屈。但一到第二天，另一批花朵又重新开放，给人们带来了欢愉和希望。它有顽强的生命力，每年花谢以后，总要撒下许多橘瓣形的黑籽，延续它的生命。次年下种，总不会叫爱花的人们失望的。

鲁迅很少下楼，也没有工夫为那些花卉整理枝叶，浇水施肥。但这盆喇叭花却格外吸引着他，非常赞扬内山夫人的精巧手艺。这盆花之所以受到鲁迅的称赞，并不在于有多么名贵，而是由于内山夫人的精心培育。一般的喇叭花，善于攀附，拉一条绳索，往往能爬上一丈多高，但这盆喇叭花很特别，似乎属于匍匐茎一类的品种，只在花盆里生长。它花盏特别大，超过小酒盅，竟有小汤碗那么大，花数也并不多，间日轮流开放。日本妇女大多擅长插花和盆景艺术，往往能在尺许花盆之内，培植出许多争奇斗艳的花卉。内山夫人曾经向鲁迅介绍，这盆牵牛花所以能开大型花朵，奥秘全在于不断掐枝打尖。丝毫不能心痛手软，否则营养全被旁枝夺去，花朵就不能那么硕大和常开不谢。

为了使这种喇叭花继续开放，广平曾经仔细地捡拾花籽，准备明年再种。海婴对于这种遥远的事情不甚关心，顶多用双手捧着收集起来的花籽，倒进一个小罐就算完成任务。他最关心的是刚刚种下去的一棵南瓜秧。这是乡下农民挑进城来出售的，他买来栽下一棵以后，就早早地央求母亲给拉上一根绳子，期望它早日窜藤、开花、结瓜，南瓜秧种在大门外小天井的西侧，这个小天井虽然不过十二三米，但在海婴的心里却感到有无限广阔。每天清晨，只要没有忘记，总要给南瓜秧浇水施肥，忙上一通，然后再去干别的事情。终于，见到它开了花。黄黄的，也是喇叭形。也许是南方本来雨水勤，而海婴又多浇了水的缘故，结果发现花开的倒不少，瓜坐得却不多。秋天来临，瓜秧逐渐萎黄。有一天下午，鲁迅兴致很高，和广平一同来到天井。大门门楣上有一块水泥雨遮，离地面高约三米，这时架起了凳子，不记得是谁爬上去的，只记得令人吃惊地摘了两只沉甸甸的南瓜，一只较大，直径约在尺半以上，扁圆、蜡黄，满身皱褶，老结得很;另一只较小，还有点青，是长圆形。海婴顾不上收藤拉秧这些活，第一次收获的喜悦，冲上了心头，那高兴的劲头，恐怕远远超过了淘金矿看到了金子一样的雀跃。把它捧到客厅的桌子上以后，还独自端详了很长时间。恰巧晚间内山完造先生来访，告别时，鲁迅从二楼送到楼下，就在收获的南瓜前面停住了脚，他用日语向内山先生介绍，说这是孩子种的瓜，今天上午刚刚摘下来的。内山先生连连夸奖海婴，称赞瓜长得很大，鲁迅接着就说:“海婴是大方的，既然先生喜欢，就送你一只吧！”说罢，就提起一只大南瓜送给内山先生。海婴一时没有准备，感到出乎意料，心想：只受了几句夸奖，却失去了一只大南瓜，心里怪不是味儿。但也只得显着爽快地答应了，心里终于感到有些怅然若失。第二天中午饭前，内山夫人亲自端来一只盖碗，里边热腾腾地盛着异国香味的煮南瓜，颜色微暗，是仅用酱油和糖两味调料焖烧的，不加盐和其他佐料。一尝，果然香甜酥软可口，连瓜皮都可以食下。这时，海婴心里才舒畅多了，感到大南瓜送给内山先生家，也是颇为值得，毫不可惜的事了。之后，母亲又以剩下的那只南瓜，煮了绍兴风味的“面疙瘩”。吃完以后，心里剩下的疙瘩，也就随着飞到九霄云外去了。

在病痛和一次次血的淤埋中，海婴给鲁迅带来了异常的快乐。一天，郁达夫来访。鲁迅对他谈起了海婴尽在书房捣乱时，大笑着说：“海婴这小捣乱，他问我几时死；他的意思是我死了之后，这些书本都应该归他的。”有时还问：“爸爸是谁养出来的”“爸爸可不可以吃”“这种爸爸，什么爸爸”等。鲁迅开怀大笑，郁达夫记得鲁迅的许多次笑，要以这一次为最兴高采烈。

原来鲁迅和海婴父子之间有过这样的对话和交集——

海婴有病时，十二时鲁迅必然上楼，自动担任二时的值班。有时，鲁迅又靠在藤躺椅上，海婴不是和他挤着一张椅子上并排躺下，就是骑马式地坐在他的身上，边吃边谈天，提出许多幼稚的问题：

“爸爸，侬是谁养出来的呢？”

“我的爸爸、妈妈养出来的。”

“爸爸、妈妈的爸爸、妈妈，一直从前，最早的时候，人人是哪里来的？”

这样子追寻到物种起源来了，告诉他是从子——单细胞——来的，但是海婴还要问：

“没有子的时候，所有的东西都从什么地方来的？”

这问题不是几句话可以解答的了，而且也不是五六岁的幼小心灵所能了解的，在盘问了许久之后，回答不清了，就只好说：

“等你大一点读书了，先生会告诉你的。”

有时觉得在一张藤椅上两个挤着太不舒服，就会到眠床上去，尤其夏天夜里熄了电灯，海婴夹在两个人当中，听讲故事。高兴了，他会两面转来转去地吻爸爸、妈妈，而且很公平地轮流吻着。一天夜里，鲁迅还没有生病的前一年，照例躺在床上，海婴发问了：

“爸爸，人人是哪能死脱的呢？”

“是老了，生病医不好死了的。”

“是不是侬先死，妈妈第二，我最后呢？”

“是的。”

“那么侬死了这些书哪能办呢？”

“送给你好吗？要不要呢？”

“不过这许多书哪能看得完呢。如果有些我不要看的怎么办呢？”

“那么你随便送给别人好吗？”

“好的。”

“爸爸，你如果死了，那些衣裳怎么办呢？”

“留给你大起来穿好吗？”

“好的。”

就这样子，谈笑而道之的。听的时候，觉着小孩儿过于深谋远虑，以为说笑话般的，小孩子的问话，不料不久就像预立的遗嘱而实现了。

鲁迅反对教师鞭打儿童，但有时对海婴也会加以体罚，那是遇到他太执拗顽皮，说不清的时候。一次，小海婴手上蘸了墨汁，拍在鲁迅的稿纸上，然后撕了。鲁迅见到毁坏了他最心爱的文章，气愤至极，抓起几张报纸，卷成一个圆筒，照海婴身上轻轻打去，但样子是严肃的，海婴赶快喊：

“爸爸，我下回不敢了。”

这时做父亲看到儿子的楚楚可怜之状，心软了，面纹也放宽了。这宽容，海婴觉察到了，立刻胆子大了，过来抢住那卷纸筒问：

“看看这里面有什么东西？”

他是要研究纸里面包藏些什么东西用来打他。看到是空的，这种研究的迫切心情，把鲁迅逗笑了。紧跟着父子之间的融融洽洽地聚合。海婴会比较小心拘谨一段。

在别的时候，海婴也会发表意见道：

“我做爸爸的时候不要打儿子的。”

“如果坏得很，你怎么办呢？”鲁迅问。

“好好地教伊，买点东西给他吃。”

鲁迅笑了，他以为他自己最爱孩子，但是他儿子的意见比他更和善；能够送东西给不听话的孩子来做感化工作，这不是近于耶稣的打了右脸再送给左脸去地忍耐呢？实际却未必真做得到吧。

老来得子，最为疼爱，时时不忘。鲁迅写起文章来，一有机会就提起海婴，在《从孩子的照相说起》中说：

因为长久没有小孩子，曾有人说，这是我做人不好的报应，要绝种的。房东太太讨厌我的时候，就不准她的孩子们到我这里玩，叫作“给他冷清冷清，冷清得他要死！”但是，现在却有了一个孩子，虽然能不能养大也很难说，然而目下总算已经颇能说些话，发表他自己的意见了。不过不会说还好，一会说，就使我觉得他仿佛也是我的敌人。

他有时对于我很不满，有一回，当面对我说：“我做起爸爸来，还要好……”甚而至于颇近于“反动”，曾经给我一个严厉的批评道：“这种爸爸，什么爸爸！？”

我不相信他的话。做儿子时，以将来的好父亲自命，待到自己有了儿子的时候，先前的宣言早已忘得一干二净了。况且我自以为也不算怎么坏的父亲，虽然有时也要骂，甚至于打，其实是爱他的。所以他健康，活泼，顽皮，毫没有被压迫得瘟头瘟脑。如果真的是一个“什么爸爸”，他还敢当面发这样反动的宣言么？

在给萧军、萧红的信中也爱提起海婴：

代表海婴，谢谢你们送的小木棒，这我也是第一次看见。但他对于我，确是一个小棒喝团员。他去年还问：“爸爸可以吃么？”我的答复是：“吃也可以吃，不过还是不吃罢。”今年就不再问，大约决定不吃了。

字里行间充满了对海婴的爱。

广平有时也会打海婴，但海婴对于妈妈的打是不怕的，甚而欺负妈妈，母子之间的威严总建立不起来；对于爸爸的打却怕。有时候广平问海婴：

“爸爸打你痛不痛？”

“不痛。”

“打起来怕不怕？”

“不怕。”

一次，广平向鲁迅谈起：“每次在责骂海婴之后，他总是要我加以抚慰才算了事呢。”

鲁迅很率然地说：

“哪里只是海婴这样呢？”

广平才像彻悟似的说：

“啊！原来你也是要这样的吗？我晓得了。你无意中说出心底的秘密来了。”

广平感到鲁迅的性情跟小孩子多么像，人们说的“赤子心肠”，正是鲁迅天真的写照。其实广平并不会怎样责骂他，只是两个人相处惯了，大大小小、内内外外的不平、委郁，丛集到他的身上，在正没好气的时候，如果广平再一言不慎，这火山立刻会爆发，而且熔岩就在浇在头顶上来，如果不是广平温静地相慰，是不易了事的呢。

海婴还是欢喜跑到爸爸身边。鲁迅能够板起面孔叫他出去吗？不能的，就是在最忙的时候，也会放下笔来敷衍几句，然后再叫广平领他去外面玩。有一回，鲁迅的稿子正写到一半，海婴来了。看到他还未放下笔，出乎意外地，突然，用小手在笔尖一拍，纸上立刻一大块墨，鲁迅虽则珍惜他付心血写出来的东西，但并不发怒，放下笔，说："唔，你真可恶。"海婴飞快地逃开了。

其他客人来了，鲁迅也经常谈到他爱儿，说海婴的一切一切，都酷肖他自己的幼年时代，比方他幼时最爱万花筒的神秘美，海婴也同样爱玩这个，也要毁坏它来研究美的存在，海婴也全一样……

一九三二年十二月，日本学者辛岛骁又来访了。鲁迅赠他一首诗：

答客诮

无情未必真豪杰，怜子如何不丈夫。
知否兴风狂啸者，回眸时看小於菟。

是呵，投身于时代旋涡的猛虎般的人物，如同猛虎回看小老虎一般，回望他的爱儿，从中不是可以看到鲁迅作为一个人的风采吗？

第六章　北平忆旧

俞　芳

北京古城，自一九二八年国民政府定都南京以后，改称北平了。但仍有鸽群在天上飞，还响着悠长的鸽哨。那只受伤的棕褐色羽毛的健壮雄鸽，当然早就不在了，但它繁衍的后代仍然在天空上飞翔，带领着鸽群鸣响悠长的哨声。

当初还是小姑娘的俞芳，已经大学毕业要回故乡杭州工作了。她从一九三〇到一九三五年，代太师母给鲁迅先生写了五年信。以前都是许羡苏代写，一九三〇年春许羡苏离北平到河北大名府师范教书去了，临走把家里的账本和鲁迅先生给她写的一百多封信捆成一包交给大师母。据她说信里都是杂务事，有时是请她找什么书寄到上海去。鲁迅先生记性极好，能说清哪本书在哪个书箱，哪一格。这样，太师母家里的事，就由鲁迅的同乡和学生宋紫佩管，代她写信的任务则交给了俞芳。大姐俞芬已先回浙江杭州一带做小学教师了。

俞芳和三妹俞藻到西三条去看望太师母和大师母，想起这些年跟两位老人的亲密相处，真是依依难舍。

鲁迅先生对母亲非常敬爱，太师母去信，他总是尽快地回信。俞芳计算了一下，这段期间大先生给太师母的信，近一百封。

太师母给大先生的信，平均每月两封。有时大先生的来信偶有遗失，或因事迟复，太师母就去信询问，如果大先生较长时间没有收到太师母的信，也写信来问，从而发现其间有的信遗失了。就这样，他们母子间的信在正常情况下，从没有中断过。太师母寄出了信，就把能收到回信的大约时间计算好了，到时候没有回信来，她就焦急起来，跟俞芳商量着再写信去。

俞芳代太师母给鲁迅先生写信的五年，正是国家动乱的五年。

一九三〇年春，鲁迅被国民党反动派“通缉”，这是根据浙江省当局“呈请”决定的。他们给鲁迅先生加上“堕落文人”等莫须有的罪名。这项“通缉令”直到鲁迅逝世也没有撤销。一九三一年一月柔石等被捕，报纸乘机造谣说，鲁迅也被逮捕，甚至说他已死了。太师母焦急万分，幸亏过了两三星期，接连收到大先生两封亲笔信，才使老人家稍为宽怀。但局势险恶，路途纷纭，怎会完全解除老人家对爱子的悬念呢？十一月初太师母终于病倒了，延医服药，总不见效，而且病情日重，一度昏迷。迫不得已，才由宋紫佩急电告知鲁迅，很快就接到“即归”的回电。鲁迅回来看望并侍奉一别三年的母亲。这一来，她老人家精神上得到极大的安慰，心情特别愉快，病体转危为安，不久病就好了。这次会晤，鲁迅和母亲谈得很多。太师母深明大义，能理解儿子在上海的处境和事业。于是，她自己大病初愈后，就同意鲁迅离平返沪。这次鲁迅在北平只住了半个月，临行前与母亲约定，以后将与广平和海婴同来北平，住上一个时期。太师母盼望着一家团聚的日子到来。

鲁迅离北平不久，又传来了谣言，说鲁迅在途中被捕。好在很快即收到鲁迅平安抵沪的来信，太师母才放下心来。一九三三年六月十八日，国民党当局暗杀了人权保障大同盟执行委员杨杏佛，太师母从报上得知这消息。震惊、惋惜、气愤，更为儿子的安全担忧，愈加为鲁迅的安全和健康日夜悬心。

其实，在旅途中，鲁迅生活比平常更好。大约这时只好不执笔写字，暂时可以休息，所以路上食量比在家好，而且也不晕车晕船。如果能够利用旅行来调剂他的生活，对于身心一定都有益处，可惜他生性既不好动，就是愿意动也没法子打破上海生活时期天罗地网似的密重重的密令通缉。他的行李，在出门前是自己检点、预备，甚至卷铺盖捆绳子，都是自己动手，捆得坚实、紧凑、齐整，像他的包扎书籍一样，两次回平省亲，年纪虽然大了，也还是如此，永远不会像那些大人物那样，带着贴身随员簇拥着，样样有人代劳。

太师母对广平和海婴也很关心，每次写信都问到她们。特别是从一九三四年六月起，海婴每听到父亲给太师母写信，总吵着自己也要给娘娘（祖母）"写"信，他不会写字，由他口述，母亲广平代写，他的话里夹着上海话，鲁迅就加以注释。从此海婴在广平和鲁迅帮助下，也和太师母通信了。太师母和大先生之间的通信，又增加了新的内容。太师母十分喜爱这个孙儿，鲁迅的信里如果附有他的信，太师母叫俞芳代笔给大先生写回信时，一定叫俞芳也代她给海婴写回信。给海婴的复信，太师母也要听俞芳念草稿，提意见，誊清后还要亲自过目，从不含糊。

鲁迅还把他们全家和海婴单人的照片寄给母亲。双方托人带交的食品等等，就数不清了。

俞芳姐妹一进西三条，先到太师母的房里。老人一见，就亲热地将她们搂在怀里，一块说起过去相处的日子——

在砖塔胡同时，太师母多次想看"毛儿戏"。所谓"毛儿戏"，就是全由女演员来演出的戏。那是一个星期天，太师母叫大姐到戏院里定了一个包箱，她老人家邀大师母、许羡苏姐姐、大姐陪着，还带了俞芳和三妹，一起去看戏。那天演的是《红楼梦》，太师母看得津津有味，大姐姐们也很有兴趣。俞芳和三妹因为事前没看过《红楼梦》这部小说，只是东鳞西爪听她们讲过一点，故事并不太清楚；再说，唱戏和说话不同，所以，开始时有点莫名其妙。太师母看到俞芳和三妹听不懂，就叫她们坐到自己身旁，一边看，一边讲给姐妹俩听。有了太师母讲解，越看越感到有味。

那天看完了戏，太师母就住在砖塔胡同。许羡苏姐姐陪太师母回来，也住在她们屋里。晚饭后，许姐姐和俞芬三姐妹，到太师母屋里去玩，大先生也在。大家就谈论起当天看的戏来。太师母认为这个"毛儿戏"班演得好。可惜只演了两节："黛玉葬花"和"黛玉焚稿"。俞芳问太师母还有很多吗？太师母说，原书很长，哪里只有这一点！俞芳异想天开地问:这本书我能看吗？不料，俞芳这句问话，引得大姐姐们都笑了。大姐说她不知“天高地厚”。许姐姐却鼓励她:“试试看。”大先生则认为:《红楼梦》写的主要是大人的事，文字比较深。年纪小，初小程度的孩子，估计看不懂，没有兴趣，容易造成看书“半途而废”的坏习惯。他建议:还是等太师母有空时，请她老人家讲几段比较好。太师母点头表示同意。大先生的意见，小学生要看大部头小说，以先看《西游记》《三国演义》这类书为妥，这些书写得生动有趣，文字也浅近，容易看懂。大先生主张，孩子要看小说，还是看《桃色的云》等儿童读物比较合适。俞芳说:《桃色的云》我正在看，就是有些名字不懂，接下去就问大先生“土拨鼠”“蜥蜴”是什么？大先生耐心地给她作了解答，并说这是翻译的书，总不免讲些外国的风物，习俗。接着大先生慨叹中国儿童读物实在太少了，显出十分遗憾的神情。

一九三〇年以后，许羡苏和俞芬都离开了。太师母已是七十多岁的高龄了，她老人家几次谈起，想到北海漪澜堂去玩，要俞芳、俞藻姐妹陪她一起去。一个秋天的上午，事先约好的时间，俞芳和三妹在北海门口等着。等了好久，才看到太师母和大师母来了。俞芳搀着太师母，三妹搀着大师母，她们一行四人，一面谈话，一面观赏着北海的秋色。不知不觉，就走到漪澜堂了。找到一张靠栏杆的桌子，请太师母、大师母坐下先喝茶，然后买点心，叫面。太师母吃东西的顺序，叫的点心，点的面，都和大先生在北京时请她到漪澜堂时一样，谈话时也屡屡谈到大先生在北京时的情景。谈到大先生、广平师母和海婴，说：这几天大先生的信该来了。俞芳明白太师母很想念大先生。在这种场合下，她不忍把老人家思念大先生的情绪引开，就尽量顺着太师母的心意办事。吃过中饭，看到太师母有些疲倦的样子，俞芳问:太师母和大师母，想不想回家？因为太师母有午睡习惯。太师母说，既然出来了，就多玩一会儿；今天不午睡了，晚上早一点睡就是了，不要紧的。大师母当然同意太师母的意见。

后来她们的话题就转到大姐身上，大姐在一九二八年暑假离开北京，在杭州一带当小学教师。从太师母的话里知道，在砖塔胡同时，大姐常常叫俞芳和三妹“小鬼头”，大先生听不惯，认为做姐姐的不应该这样称呼自己的妹妹。有一次，大姐吃过饭一个人到北屋去。大先生幽默地故意用同样的称呼问道："两个'小鬼头'睡了吗？"大姐说："要大考了，她们在屋里复习功课呢。"她根本没有听出大先生话中的含义。太师母的话，引得大家都笑了。

俞芳接下去说，有一次，学校要做手巾操，老师关照每个学生都要准备好两条白手巾，大姐就是不肯给我们买，后来还是您老人家送给我们四条白手巾，才解救了我们的难处。大姐做出来的有些事，真使人为难。

太师母最后说，有些事，也不好完全怪罪她，她虽比你们大十几岁，但毕竟还年轻，有孩子气。她是你们的姐姐，不是妈妈。也许是你们的父母亲当初太娇宠她了，才养成她强横任性的坏脾气。这样的脾气，是要吃亏的。以后碰几个钉子，也许会变好的。谈着，谈着，不知不觉已经三点多了，俞芳和三妹就赶快送两位老人回家。

这次游玩，大家尽兴而归。特别是太师母，虽已高龄，却显得格外高兴。

太师母肚子里的故事很多，记忆力强，讲起来有声有色，引人入胜。这和她老人家看的小说多，口才又好有关。老人家看的小说，大先生在北京时，由大先生给她买，大先生在上海时也经常给她寄书来。有时，太师母自己还要到书店去买。过去是由大姐、许姐姐陪她，大姐姐们离京后，老人家就叫俞芳陪着去买书。

太师母买书的次数虽不多，但给人们留下的印象却是很深的。当时像她这样的老太太，识字的就不多，更何况她能看大部头小说，而且一次要买好几部呢？俞芳记得有一次陪太师母买书，俞芳扶着她老人家刚刚跨进书店，店员们马上就认出了她了，热情地起身向老人家招呼，问好：您老人家来啦，您老好啊！老太太的身体真健旺。这回您有好久没有来啦……一面搬出椅子请太师母坐下歇歇，捧出茶来，请老人家喝茶，一面问要看什么书，态度十分殷勤。太师母年事虽高，但听觉很好，只是不全懂北平话，更不会说北平话，只好笑着和他们点点头。她老人家和北方人说话，要由俞芳翻译。

太师母选书很内行，一本书拿到手，先看作者，看书名，再看看序言、目录和后记。俞芳则到书架边挑书。有时店员也带着挑选。他们推荐一些书，但往往大半她老人家已经有了。俞芳请店员取出他们新出版的章回小说，他们都很惊奇，这位老太太能看这许多书。有的称赞说她老人家学问好，有的说她老福气好。太师母听了，很和蔼地对他们笑笑。在太师母选书的时候，往往会引起周围买书人的好奇，他们用尊敬而又不解的眼光看着老人。这时老人只管自己找书，不看周围的一切。

俞藻留下跟太师母谈笑，俞芳到对面屋看望大师母。见她跟过去比变化不太大，只是更忧郁了。

俞芳记得大先生和广平师母在上海定居以后，寄来了照片，太师母给俞芳她们看，并告诉了她们这个喜讯。俞芳虽有些意外，但很高兴。偏眼看看大师母，见她并没有不愉快的表情。有一天，太师母在午睡，俞芳和大师母站在北屋的台阶上谈起这事。

俞芳说："大先生和许广平姐姐结婚，我倒想不到。"

大师母说："我是早想到了的。"

"为什么？"俞芳好奇地问。

"我看他们两人一起出去……"大师母惨然地说。

"那你以后怎么办呢？"俞芳关心地问。

不料这一句话触动了朱安的心，她很激动又很失望地对俞芳说："过去大先生和我不好，我想好好地服侍他，一切顺着他，将来总会好的。"她又给俞芳打了一个比方说："我好比是一只蜗牛，从墙底一点一点往上爬，爬得虽慢，总有一天会爬到墙顶的。可是现在我没有办法了，我没有力气爬了。我待他再好，也是无用。"她说这些话时，神情十分沮丧。她接着说："看来我这一辈子只好服侍娘娘（太师母）一个人了，万一娘娘'归了西天'，从大先生一向的为人看，我以后的生活他是会管的。"

俞芳听她说这番话，很有些意外，想不到大师母会对自己说这些话。她的比喻给俞芳的印象很深，以至于使俞芳感到，好像真有一只蜗牛落地跌伤了。俞芳久久地看着大师母，但一时想不出一句合适的话来安慰她。俞芳暗暗责怪自己，不该在大师母面前谈起这事，使她伤心。但又想起，大先生和广平师母定居上海后，一九二九年九月二十七日海婴出世了。消息传来，太师母十分高兴，大师母也十分高兴。她为什么高兴呢？原来她思想上已考虑过：她自己已是五十出头的人了，过去常常暗自思忖，此生、此世是不可能有孩子了。按绍兴习俗，没有孩子，也属妇人的一个“过错”。现在有了海婴，他是大先生的儿子，自然也是她的儿子。她自己无端加给自己的“罪名”，现在得到赫然“赦免”，怎么不高兴呢？另外，她还想到了海婴，死后，有海婴给她烧纸、送庚饭、送寒衣……阎罗大王不会认为她是孤魂野鬼，罚她下地狱，让她挨饿受冻的。于是她精神上得到了安慰，所以很高兴。因此，俞芳觉得大师母对大先生与广平姐姐的结合，特别是有了海婴，也有高兴的一面。因为她很善良。

过了一会，朱安看俞芳没有说话，嘱咐道：“我也是随便说说的，你不要把话讲出去。”

俞芳说：“大师母，你放心，我不是多嘴多舌的人，你是看着我长大的。”俞芳似乎在向她发誓。

“是的，是的，我相信你口紧，才和你说的。”大师母一本正经地回答。

要离别了，大师母扶太师母送俞芳、俞藻到大门口。俞芳想起一次自己在学校里被人偷了三块钱。三块钱对俞芳来说，是很大的损失，非常心痛，可也没有办法，只好自认晦气。星期天，到太师母这儿来说起这事，就低下头不说话了。临走，太师母硬塞给她三块钱，非要她收下，说道：三元钱，在你是一笔很大的数目，而我是可以省下来的，所以那三元钱就算我丢掉了，这三元钱你拿去用吧！并嘱咐俞芳以后自己的东西要放好，不可大意！俞芳只好收下了。现在看着这慈祥的老人，真是感激不尽，不禁哭出声来，说三妹俞藻还要在北平继续上学，有事可以找她做，也请二老多关照她。太师母和大师母也很难受，说希望以后能再来看她们，俞芳流着泪点了点头……

李霁野

此时，已到天津任教的李霁野，也在怀念着鲁迅先生。

鲁迅先生一九二九年五月和一九三一年十一月两次回北平，都是为了母亲的缘故。李霁野和台静农等人一直陪同。

一九二九年鲁迅先生回北平，在青年学生中引起了极热烈的反应，他不得不答应他们的要求，先后到燕京大学和北京大学去讲演。

五月二十九日下午，鲁迅先生到未名社谈天，台静农谈到一九二七年，瑞典探险家斯文赫定来到中国考察时，曾与刘半农商定，拟提名鲁迅为诺贝尔奖金候选人，由刘半农托他写信探询鲁迅意见一事。

鲁迅微笑着答道:“我还是给你信中的意见，诺贝尔赏金，梁启超自然不配，我也不配，要拿这钱，还欠努力……我觉得中国实在还没有可得诺贝尔赏金的人，瑞典最好是不要理我们，谁也不给。倘因为黄色脸皮人，格外优待从宽，反足以长中国人的虚荣心，以为真可与别国大作家比肩了，结果将很坏。”

这大概是中国作家第一次涉及诺贝尔奖金之事。李霁野说道：“先生对于中国人得到诺贝尔奖金之事的态度和看法，颇值得时下许多急着要问鼎诺贝尔奖的作家好好反省一下了。一个文学家或者是一个科学家，如果没有寂寞艰苦的劳作和淡泊名利的修养，而仅仅靠媒体的炒作来浪得虚名，就能得到诺贝尔奖吗？”大家点头同意。

韦丛芜说到他和韦素园同患肺病和未名社被封、他和李霁野、台静农被捕的事:一九二七年，韦素园大吐血，先进法国医院，后转至西山福寿岭疗养院。这时韦丛芜也吐了很多血，由燕大抬到协和医院，后又转送到西山福寿岭疗养院，同韦素园住在一个房间养病。直到十二月二十六日鲁迅先生才接到他们两人从西山发去的信，并于二十九日复了信。一九二八年二月初，韦丛芜从西山回到燕大，鲁迅于二月八日接到了他的信。四月的某个星期六，韦丛芜进城到中老胡同的未名社出版部，次晨即与台静农、李霁野同被侦缉队捕去。出版部也被封，一部分书籍被劫去。在侦缉队木笼内关了三天，又转警察所关了四天后，韦丛芜即因吐血病先行交保。当时由警察带着他去找常维钧，托觅铺保，台静农和李霁野又被关了六个星期才放出来。据说，宣传赤化的罪名还属次要，主要是追交两个曾在未名社住过的人。十月，未名社出版部迁到景山东街四十号，设门市部，兼代售其他新书店的书籍，先后参加工作的有王菁士、赵赤平、李何林、李耕野，营业渐佳。但李霁野却不大同意韦丛芜的说法，同意鲁迅给他的信中所说的："办事的头绪有些分歧"，经济上也不很清楚。

对于素园的一病不起，鲁迅觉得深深的惋惜。他极愿见见素园，便约定第二天到西山疗养院去。因为晚间就要在北京大学二院讲演，未名社离得近，李霁野他们就约鲁迅去森隆吃晚饭。鲁迅不喜赴宴会，更不愿做一般的周旋，但和几个熟人随随便便喝茶吃饭，他一点也不推却。

席上鲁迅先生谈到在南方各地讲演，最苦的是语言不通，要通过翻译。但是尽管有这种困难，各处青年对他的热烈欢迎并不稍减。这使先生在精神上感到很大的快慰。先生只有三五杯黄酒的量，脸也容易发红，李霁野恐怕影响讲演，婉言劝他少喝。鲁迅先生笑说他吝啬，非多喝几杯不可。这样随笑谈随喝，鲁迅的脸确实红了。但他说不会醉酒，李霁野等就陪他去北大讲演。

到北大第三院的时候，看到很多的学生往里面进，还有很多警察"维持秩序"，李霁野想大概与鲁迅先生讲演有关，一打听，原来因为听讲的人太多，第二院礼堂容不下，改到第三院礼堂了。可是连这里也挤得水泄不通，鲁迅先生绕到后台才走上讲坛。台上也差不多挤满了人，李霁野和另外一位朋友是站在幕布后面听的。鲁迅讲完后出来，听众还层层围住他，不肯走散。谈到这种热烈欢迎的情形，鲁迅先生告诉李霁野等，南方的青年比北方的更热情，常常把他抬起来，抛上去，有时使他头昏目眩才罢手。他说，北方的青年较为沉静，不过现在似乎也更为活泼了。各处青年对他的热爱，不仅使他精神上感到快慰，也使他在斗争中得到鼓舞。毫无疑问，他在这些情形中不只看到他个人的光荣和影响，也看到了祖国的希望和前途。

五月三十日李霁野、台静农、韦丛芜、张目寒四人用摩托汽车来邀鲁迅，到磨石山，即模式口西山病院探视韦素园，鲁迅知道韦素园只是一个普通的青年，可是对事情很认真负责，对人很老实直率，俄文基础虽不算很好，尚此切实钻研，所以对他非常惜爱。确如鲁迅后来在纪念韦素园的文章中说："素园并非天才，也非豪杰，当然更不是高楼的尖顶，或名园的美花，然而他是楼下的一块石材，园中的一撮泥土，在中国第一要他多。他不入于观赏者的眼中，只有建筑者和栽植者，决不会将他置之度外。”这几句话是很中肯的。鲁迅先生是最能识别并珍惜石材和泥土的建筑者和栽植者，他不仅对韦素园一个人这样。

鲁迅本来是不断吸烟的人，在病室里却一直没有吸烟，素园注意到了，再三说明吸烟对自己毫无妨碍，先生才走出室外，急急忙忙地吸完一支烟。李霁野向鲁迅说过，素园的病情是严重的，医生说痊愈的希望不太大，但鲁迅在几点钟的谈话中总保持着欢快的态度，一面鼓励素园只看些不太吃力的书，手痒时才少译点轻松的文章，一面敦劝他好好休养，把恢复健康看为最重要的事情。鲁迅注意到了陀思妥耶夫斯基的画像，李霁野说这是素园特意要来，挂在室内的，他就没有再说什么话。鲁迅连对李霁野等也没有流露出心里潜藏的悲哀。

这个时期，鲁迅受到无的放矢的攻击是很多的，他都给以有力的回击和讽刺。现在无须多说，李霁野等都认识到了这些攻击的幼稚和错误。在谈到这些的时候，鲁迅曾说过，某些攻击者作出革命家的姿态，哗众取宠，绝不能代表革命集团的意见。他们挂出“革命只此一家，此外别无分号”的幌子，鲁迅只觉得好笑罢了。

李霁野从鲁迅先生的表情和无意的言谈中感觉到，先生很希望回到北平写他的《中国文学史》和《中国字体变迁史》，因为北平的图书馆藏书丰富，环境平静，也有一些大学的师生有意邀请鲁迅在北平讲学。但一到北平，就有人说他“卷土重来”了！鲁迅不得不“卷土重去！”

而且这次回北平期间，与钱玄同等人闹得也很不愉快。一日，他到孔德学校拜访马幼渔，恰好钱玄同也在座。看着名片上所印“周树人”三字，钱玄同笑问：“你的姓名不是已经改成两个字了吗？怎么还用这三字的名片？”

鲁迅正色而严肃地说：“我从来不用两个字的名片，也不用四个字的名片！”

这里说的四个字，钱玄同知道是在讥讽自己的笔名“疑古玄同”，顿时脸上也布满了阴云。而在这时，顾颉刚走了进来，两人都愣了。鲁迅最不喜欢顾颉刚，而钱玄同则是顾颉刚最要好的朋友。鲁迅坐不住了，很快便起身离开。

自此，两人再也没有坐在一起。

鲁迅很是郁闷。他一九二六年离京后，许羡苏住进西三条“老虎尾巴”帮助料理家事。鲁迅这次刚到时，仍然让她住“老虎尾巴”，自己住南屋，但住了一夜就感觉不习惯，只好让许羡苏还住南屋，自己回到“老虎尾巴”。在这里，夜里唯一的事情就是给“乖姑”许广平写信，聊解分离的思念和所遇的苦闷。这天回家后在给“乖姑”的信中，还不忘描述这次郁悒的邂逅：“途次往孔德学校，去看马隅卿（马幼渔），遇金立因（钱玄同），胖滑有加，唠叨如故，时光可惜，默不与谈，少顷，朱山根（顾颉刚）叩门而入，见我即踌躇不前，目光如鼠，终即退去，状极可笑也。”

看来回北平写文学史的愿望是很难实现了，鲁迅六月二日应邀到第二师范学院演讲后，六月三日即南返，李霁野等到车站去送他。替他定卧铺的朋友为了安全，给他用了一个化名。他说，好意可感，不过认识他的人依然会认出他。他说这点小事也会被人拾取来对他大加奚落，但是他不想从这些人博得勇士的荣衔。

一九三二年八月五日，鲁迅先生接到台静农、李霁野和韦丛芜的联名信，说韦素园已于八月二日晨五时三十八分病殁于北平同仁医院，立即就写了复信，表示哀悼。一九三四年四月二日又以所书韦素园墓记寄台静农，并写了《忆韦素园君》一文。韦素园去世，大家都很伤心，因为他爱所有的朋友和家人，而所有的朋友和家人也都爱他。

鲁迅先生第二次回北平是在一九三二年十一月。他是在第一天夜里得到“母病速归”的电报，第二天买车票，第三天就成行的。朋友去看他时，问起老夫人的病况，鲁迅先生回答得很有意思。他说，我知道这是“母亲的病”，虽然我只不过替大夫做点翻译工作，对于治疗还是有些帮助的。

李霁野闻听消息，连忙从天津赶到北平，和台静农等在同和居宴请鲁迅。他们共同为鲁迅先生洗尘，一起向八月一日病逝的韦素园致哀，令鲁迅非常感动。他和朋友们一一握手，很快脱去了陈旧的青灰色粗呢大氅，里面是一身黑芝麻花布的薄棉袍。虽在冬天，仍穿着胶底布鞋。纵然旅途疲劳，但一点儿也不显出老年人的疲惫和衰弱，却是精力充沛，很像一个青年战士。

鲁迅说道:“这种老朋友的态度，在上海势利之邦是看不见的。”

席间，鲁迅给他们讲了个上海书店老板的笑话——

当年上海的四马路，号称文化街，各种大大小小的书店集中在这里。当局看到许多书店里摆的是左翼的书和杂志，读者买的是左翼的书和杂志。他们自己的书店门可罗雀，书刊无人过问。无可奈何之中，把卖左翼书刊最兴旺的一个书店老板捉了来，审讯他为什么不卖右翼的书，为什么爱卖左翼的书，这个书店老板回答说:“我是老板，将本求利。我不懂左翼右翼，我只懂算盘。”鲁迅先生的算盘二字，是用颇浓重的绍兴口音幽默地讲的。在座的是北方人，没听懂，没有反应。只有南方人笑了。先生又把这后两句再讲了一遍。这次在用普通话的同时，伸出左手掌，右手的指头在左掌心上做拨打算盘珠子状，大家懂了，同声笑了。

未名社此时已经消亡，鲁迅也于一九三一年五月一日“声明退出”，但是他仍然肯定未名社的成绩，说道:“无论怎么讲，未名社是一个实地劳作，不尚叫嚣的小团体。”又说:“霁野翻译的《往星中》和《黑假面人》，很好！小说《嫩黄瓜》《微笑的脸面》，深而细，真如数着每一片叶的叶脉，但因此就往往不能广。静农的《地之子》和《建塔者》，是相当可看的作品，是一位将乡间的生死，泥土的气息，移在纸上的少见的作家。”并感谢台静农一九二六年就编了《关于鲁迅及其著作》，成为关于他的第一本书。

李霁野和台静农听了，都很高兴，深为鲁迅中肯、精到的评说所折服。又问鲁迅近年为什么没有小说创作，鲁迅叹口气说:“因为理论把人拘束住了吧！起先没有理论，还可以随随便便地做下去，有了理论了，反倒不能写了，这是人之常情，虽然压迫也是一种原因，这个原因却占大多数。”又补充道:“这话我跟来请我讲演的师大学生也讲过。创作必须植根于生活，我现在只能躲在家里读书，写作，没有机会到外边考察，很难有新的资料和体验，所以想写也写不出。原来有过写红军的设想，但终于因为缺乏实际体验，不得不放弃了。”

后来在李霁野、台静农拜访鲁迅先生的时候，鲁迅才谈起他的亡弟。先生的书房兼卧室的外间一角，有一张方桌，是先生用饭的地方。那里挂着一幅儿童的画像。李霁野他们原是早就看到的，但不知道究竟是怎么回事。这次问起来，鲁迅说，他原有一个弟弟，母亲极为钟爱，不幸六岁时害病死了，母亲伤心难过，久久不能忘怀。绍兴有画像的风气，常常一张画既画死者也画还活着的人，不过将活人的脸遮起来。因此就为死去的弟弟画了这样一张像，母亲聊以自慰，一直很珍爱这张画。先生的心里这时充满了童年的回忆。

说着鲁迅走进内间，取出海婴的照片来给他们看。他们不禁叫了一声："像极了！"说从侧面最能看出相像的地方，海婴看来很健康。先生把照片拿远些又看了一番，笑出声音来说了一句笑话："那一时咒不死他了！"

十一月二十七日，鲁迅应北师大文艺研究社邀请，到北师大讲演。

鲁迅到达时，大批同学迎着涌上来，校园沸腾了。但学校当局却早将休息室和一切办公室上了锁，国文系主任钱玄同竟说："我不认识一个什么姓鲁的，要是鲁迅来讲演，我这个系主任就不当了！"由于听讲的人很多，讲演地点改在风雨操场。人流仍不断涌来，又只好改为露天讲演。因为人多，又没有扩音器，远处听不太清楚。讲题是《论"第三种人"》，鲁迅用带着绍兴味的普通话讲道："五四运动时代，胡适之之流，穿皮鞋西装，踏进文艺园地，而且坐了下来，又得了地位；但事到如今，另一种泥脚的工农劳苦大众，也踏进文艺的领域，并且与他们起了激烈的斗争，皮鞋和泥脚很自然地对立起来。皮鞋脚想把泥脚踢出去，泥脚就批评皮鞋脚，是坐在洋房里不动的。这时候便有了'第三种人'，'第三种人'主张什么？他说左翼作家是卢布运动，他主张超时代的文艺，他认为艺术是以少为贵的。可是事实上呢，事实上证明了，'第三种人'不过是造谣！所以目前只有文艺大众化，才是文艺的出路，因为目前的时代，已不是'皮鞋脚'时代，而是'泥脚''黑手'的时代了……"又说："我说要改革经济制度，并不是赞成共产。我不是个共产主义者，但亦许在我底主义里有些地方和共产主义相同的。比如对于吃饭，亦许共产主义里头主张是要吃的，而在我的主张里也主张要吃。我对经济没有过细的研究，有好多地方全不知道。”

十一月二十八日，鲁迅又应中国大学时代读书会邀请，午前往西城二龙路口袋胡同为该会讲演二十分钟。还因为听众过多，临时改为露天演讲。题为《我国文艺界之趋向》的讲演，又一次讲了他关于“皮鞋脚”与“泥脚”的论述。后来，北平的几家报纸特别为此事发专论，攻击先生。一些好友请先生留在北平教书，鲁迅说：“我一到此间，就有人说卷土重来！我不得不卷土重去！”

本来有意编《五讲三嘘集》,将《北平五讲》和《上海三嘘》囊括其中,与《南腔北调集》配对，也只得搁置了。

十一月二十九日，鲁迅离北平上回沪火车，李霁野、台静农等到车站送行。

这一切经历，都牢牢印在李霁野心中，多少年后仍时时浮现在眼前。

苦雨斋

此时，周作人悠闲地坐在八道湾他的苦雨斋中读书，鲁迅两次回北平，兄弟俩都没有见面。

一九二三年七月“兄弟失和”，八月二日鲁迅从八道湾迁出，搬到砖塔胡同。一九二四年六月，母亲鲁瑞也搬出，迁到鲁迅新居西三条，腾出了中院正房三间，周作人则略加装饰，搬了进去。院子里遍种各样的树木，便是仅留着的四条甬道，也被树荫遮着，枝头的花常拂着行人的头。走进去，中间的正房便是苦雨斋。这是典型的中国旧式房子,很高大宽敞,两间是藏书用的，大概有十个八个木书架，都摆满了书，有竖立的西书，有平放的中文书，装帧讲究，都整整齐齐摆放在带有玻璃门的书柜中。左手一间是书房，很爽亮，有一张庞大的柚木书桌，上面有笔筒砚台之类，清清爽爽，一尘不染，此外便是简简单单的几把椅子了。屋里挂着那满幅雨气的“苦雨斋”横幅，是沈尹默先生写的。照例有一碗清茶献客，茶具是日本式的，带盖的小小茶盅，小小的茶壶有一只藤子编的提梁，小巧而淡雅。永远是清茶，淡淡的青绿色，七分满。房子是顶普通的北平式的房子，可是四白落地，窗明几净。正中间屋子里还保存着那个称为“老虎尾巴”的北方特有的炕，炕上除了炕几外有一个很美丽的灯笼，正中悬着爱女若子的像。屋子里很寂静，夏天老是那样绿荫荫的，再加上户外的白杨响声，使你老觉得在下雨一般。这便是周作人读书写作并且会客的地方。在被称作侧座的右边房里，悬着俞平伯所写的“煅药庐”，很娟秀的一笔字，正如其人。

苦雨斋书架上放着一块砖，那便是凤凰砖，陶瓷烧成，古色古香。周作人素爱古砖，当年故乡绍兴阿Q原型之一的阿桂听说之后，曾经四次找来古砖卖给他，其中有一块很名贵，乃是永和十年的砖，即是兰亭修褉的次年，三面有字，共十九字，顶有双鱼，两面各平列八鱼形，所以是六面有文字图像，很是珍贵。后来送给朋友了。这块凤凰砖，是他自己在马下桥下小店觅得的，文曰“凤皇三年七”，甚爱惜，遂以“凤皇砖斋”为苦雨斋又名。还请绍兴篆刻名家张樾丞刻了一枚“会稽周氏凤凰专斋藏”（原刻如此）的藏书印，用的是魏书，令人舒心悦目。魏体很少入印，但如刻得精，似乎更显浑穆古雅。

周作人还喜欢收藏古钱币，大哥鲁迅曾经帮他购买不少，还为他花十二元买过十二册一部的《古今泉略》。为此一九一三年到一九一九年，没有少跑琉璃厂。其实，鲁迅的兴趣主要在金石拓片，并不在古泉。

除了“凤皇砖斋”之外，苦雨斋还有“苦茶庵”“苦竹斋”“苦住庵”“药草堂”“十药草堂”“东郭书塾”等多种别名。

虽然已搬到正屋，周作人有时仍把苦雨斋称为中院西屋。

周作人即便已经与鲁迅失和，但他们兄弟二人确有相同的地方——心地善良，见不得别人的病苦和死。一九二五年四月十二日晚，他的二女儿若子，忽然发热，继之大吐。经过山本医生七十二小时的抢救，脱离生命危险。脱险之后，周作人在院子里散步，见到白的紫的丁香都已盛开，山桃烂漫得开始憔悴了，东边爱罗先珂回俄国前手植作为纪念的一株杏花已经零落净尽，只剩有好些绿蒂隐藏在嫩叶的底下。这时，他才发现自己身上竟然蕴藏着如此强烈而热忱的亲女之爱。若子垂危时，邮局送来《孔德学校旬刊》第三期，上面载有刚过十岁的若子的文章，题目是《晚上的月亮》："晚上的月亮，很大又很明。我的两个弟弟说，'我们把月亮请下来，叫月亮抱着我们到天上去玩。月亮给我们的东西，我们很高兴。我们再拿到家里给母亲吃，母亲也一定高兴'"。读了这篇文章，周作人突然想起，曾使他极度悲伤的四弟椿寿的早夭。四弟患急性肺炎的前两天，也是固执地向女佣追问天上的情形。这使周作人禁不住产生一种莫名其妙的奇感。莫不是不吉之兆？昏迷中的若子提出想吃可可糖，他跑到很远的哈德门去买，一路上充满了不祥之感。后来他在一篇文章中说："死的悲痛不属于死者而在于生人"，"并不一定是在体察他灭亡之苦痛与悲哀，实在多是引动追怀，痛切地发生今昔存殁之感。无论怎样地相信神灭，或是厌世。这种伤感终不易摆脱"。所以三一八惨案对周作人刺伤极深，祭奠时他看见用衾包裹好的两个人，只余脸上用一层薄纱蒙着，隐约可以望见面貌，似乎很安闲而庄严地沉睡着。死者中杨德群他并不认识，但刘和珍却是面熟的，这大半年来一直在听自己的课；如今看见她们并排睡着。不禁觉得十分可哀，好像是自己的亲女儿死了。封棺之时，女同学齐声哭泣，周作人沉重得呼吸都要屏住了。他还始终难忘三一八的第二天，下着小雪，铁狮子广场上的仍躺着好些尸体，身上盖着一层薄雪……这情景永远"钉"在他的记忆里，"年年想起"。

而一九二七年四月，友人的死又在打击着周作人。七日，李大钊被军阀张作霖逮捕；二十六日，与张挹兰等学生被执行绞刑，周作人被震撼了。李大钊那"有些儒雅，有些朴质，也有些凡俗"的面容，总在他眼前闪动。日本扶植的《顺天时报》居然发文诬蔑李大钊，周作人接连写了《偶感》《日本人的好意》，奋起保卫李大钊的英名，指出：李大钊是"以身殉主义""没有什么悔恨"可言。又让李大钊的儿子李葆华住自己家中加以保护，继而送他到日本留学。

但是，在中国大地上发生的"清党"大屠杀中，周作人亲眼看到了不少熟知的青年的血，他感到失望和恐怖。不久，北新书局被迫停业，《语丝》停刊，十月二十四日，周作人与刘半农暂避菜厂胡同一日本友人家中。此后，周作人处于无边的寂寞，"几乎全不把笔"。到一九三〇年才开始重新写作，在纪念三一八惨案的一篇小文中，感慨道："三一八的死者恐怕白死了"，中国百姓"思想不发生一点变动"，"穷时承认该被打屁股"，"达时"必"打人屁股"。"朱元璋以乞食僧升为皇帝，为暴君之一"，这样的"循环"何时了结呢？……面对如此现实，他不像鲁迅那样"敢于直面惨淡的人生，敢于正视淋漓的鲜血"。而是无可奈何地提出了"闭户读书论"，从"忍耐着不说"到认为"苟全性命于乱世是第一要紧"，把"个体生命"价值置于第一位。而最沉重的打击，是一九二九年十一月二十日，虚岁十五的爱女若子终于死了，临死前忽啼曰"我要死了"，以两腕力抱母亲颈低语："姆妈，我不要死。"这个打击对周作人来说，几乎是致命的。他写了《若子之死》这篇短文，一个月之后在日记中写道："想起一月前若子尚在人间及临终事，不禁泫然。"周作人意识到自己已"人过中年"，只能"顺其自然"，以"得体地活着"为归宿。

唯一使周作人得到安慰的是，在苦雨斋集合了一群与他志同道合的京派文人。同辈的有钱玄同、刘半农、沈士远、沈尹默、沈兼士等，多是章太炎的弟子；学生辈的有俞平伯、废名、沈启无、江绍原等，人多自由、洒脱，钱玄同的狂狷、激昂，废名的古怪、深厚，沈尹默的大棉鞋与厚眼镜，形形色色，无所拘束，也无党派，不过有点"为学术而学术"罢了。经常聚会，亲如一家。也时常传出一些笑谈。一天下午钱玄同来访，遇雨受阻，晚留宿客室。次晨周作人与他见面时，钱玄同说，夜间室内似有人脚步声，是什么呢？周作人深信必无此事，以为当是幻觉，及客去收拾房间，乃见有大蛤蟆一只在床下，盖前此大雨时混入的。沈尹默闻之笑曰：玄同大眼，故蛤蟆来与晤对耳，遂翻敬亭山诗咏之曰："相看两不厌，蛤蟆与玄同。"

尤其是一九三〇年五月十二日，一份印制得十分精致的小型周刊《骆驼草》出版了。这是一份早就酝酿的"纯文艺杂志"，提倡"雍容""坚忍"的文化精神，力戒轻躁、浮薄与虚假。既不同于鲁迅为代表的左翼，又不同于胡适所领衔的右翼，而自成一种"清淡而腴润"的文体。苦雨斋为中心的文艺圈子和《骆驼草》的出刊，以及继《欧洲文学史》《自己的园地》《雨天的书》等著作奠定文坛地位后，一九二六年以来，又陆续印出了《谈龙集》《谈虎集》《永日集》《儿童文学小论》《中国新文学的源流》《看云集》《知堂文集》

《周作人书信》《苦雨斋序跋文》《夜读抄》《苦茶随笔》等一本接一本的文集、著作，郁达夫在《〈中国新文学大系散文二集〉导言》中说："中国现代散文的成绩，以鲁迅、周作人两人的为最丰富最伟大"，"结果把他们两人的作品选成了这一本集子的中心，从分量上说，他们的散文恐怕要占得全书的十分之六七"。这也使周作人的精神痛苦得到抚慰，开始平静下来。

周作人虽与大哥鲁迅坚持不见面，但互相还是惦念的。一九二六年三一八惨案后，当局发通缉令，见其中有鲁迅，周作人立即派人到西三条告知；周作人的五十自寿诗遭到围骂，鲁迅也尽力说和、谅解。这些都是心照不宣的。

但对鲁迅和周作人这哥俩的感觉也有人这样讲——鲁迅有意思，周作人没意思。他说见了鲁迅吧，鲁迅可以聊天抽个烟，很亲切，倒茶倒水，很人性化；周作人就坐在那读书，不理外事。鲁迅一生有几个特别好的朋友，周作人也有几个特别好的朋友。总体来讲，鲁迅的朋友都是没有被流行话语污染的一些青年人。他也有几个同龄朋友，但不是特别多。他不喜欢教授，包括胡适，他都觉得有点装，所以和他们都有一点距离。鲁迅是一个诗人，一个儿童。鲁迅确实是个儿童，有一次朋友去鲁迅家给他买了一些杨桃，他俩就站在街面上拿着杨桃吃。鲁迅吃的时候手上的杨桃掉到地下了，他蹲下来拣，上面有泥，往衣服上一蹭继续吃。朋友就笑。鲁迅自嘲地跟着笑。鲁迅是很好玩的一个人。年轻人确实喜欢鲁迅，鲁迅也喜欢年轻人。鲁迅最大的怨敌大概就是绅士，而且是留欧美的。他跟留欧美回来的这些人，关系都不是特别好，因为他受尼采影响，比较率真，他不愿意把自己包装成一个绅士。鲁迅觉得在国家出现问题、社会出现矛盾的时候，知识分子应当站在底层来看问题：官员和百姓发生冲突，肯定是老百姓有道理；学生和老师发生冲突，肯定是学生有道理；弱势群体和强势群体，肯定是弱势群体有道理。知识分子要站在弱势的这一面。鲁迅喜欢不装的人，比如郁达夫。1929 年有几个共产党人找鲁迅，说成立左联，鲁迅同意了。鲁迅当时说我介绍个人，谁呢，郁达夫。那几个人说郁达夫不行，写黄色小说。鲁迅觉得他们有毛病。

第七章 杂文战场

《申报·自由谈》

一九三二年十二月，从法国回来的黎烈文，受《申报》总经理史量才聘请，主编《自由谈》专栏，施行改革。但他人地生疏，怕一时集不起稿子，托郁达夫拉稿，郁达夫就和鲁迅说："我们一定要维持它，因为在中国最老不过的《申报》，也晓得要用新文学了，就是新文学的胜利。"鲁迅漫应之曰：那是可以的。于是起劲地写起了杂感，起初，鲁迅的稿子就是由郁达夫转交的。渐渐积得很多，集结为《伪自由书》《准风月谈》《花边文学》三个集子。往《自由谈》投稿的，还有其他作家，甚至名不见经传的青年杂文家。

一九三四年一月六日，《申报》副刊《自由谈》主编黎烈文，在上海三马路古益轩湘菜馆，自己掏腰包主办宴会。一是请常写稿的人岁首欢聚，二是为郁达夫、王映霞夫妇送行。除郁达夫夫妇外，有鲁迅、阿英、唐弢、胡风、徐懋庸、陈子展、曹聚仁、林语堂和廖翠凤夫妇，共十二人。

先到的除主人黎烈文外，有鲁迅、胡风、阿英、徐懋庸，共五人。阿英，即钱杏邨是太阳社主将，二十年代判决阿Q时代已经死去了，与鲁迅斗得很厉害。"左联"成立后，他们应当是熟识的，但好像没有见过，经过黎烈文的介绍才握了手。在这种场合，鲁迅的态度应付自如，随缘谈些闲天。

林语堂和廖翠凤夫妇晚到，那时大家已经入席了。他坐下之后，就和鲁迅谈起来，说道：“周先生又用新的笔名了吧？”

因为当时鲁迅的笔名是经常改变的。

鲁迅反问道：“何以见得？”

林语堂说：“我看新近有个徐懋庸，也是你。”

鲁迅哈哈大笑起来，指着一旁的徐懋庸说：“这回你可没有猜对，徐懋庸的真身就在这里。”

大家听了哄堂大笑起来。徐懋庸倒有些不好意思。

笑后接着谈话，林语堂提到一幅版画，画面是垂着帐子的床，帐子在轻微地动，一只猫蹲在帐子前面，和动着的帐子下摆做游戏。这表现了林语堂的艺术兴趣，他夫人听着几乎脸红了。但鲁迅很自然地听着，因为，这并不是什么思想斗争的场合。

黎烈文因为是留学法国回来的，所以爱说留法的逸事。说一位留法学生某某去见罗曼·罗兰，对罗兰讲了伍子胥和浣纱女的故事，说，他的母亲是浣纱女转世的。

鲁迅听了马上说：“不是的。我就是伍子胥转世的，她不是浣纱女……”口气很肯定，像是说真话，也不笑。

而在座的全都哈哈大笑了，林语堂的夫人廖翠凤几乎笑弯了腰。

一月的上海，虽然不像北方那样严寒，但却也冷气逼人。特别是没有暖气或火炉，屋里和外边一样冷，实在不好过。唐弢从狭小的房间里，找出一件大衣穿上，才觉得暖和一些，外表看来也算体面，才走出了大门，前往赴宴。他原名唐端毅，一九一三年三月三日出生于浙江省镇海县。由于家贫，初中时就被迫辍学，入上海邮局作拣信生，开始业余写作。二十岁时就试着给《申报·自由谈》投稿，第一篇是《故乡的雨》，他原本没有“野心”刊出，连住处都没有写明。可是竟然很快发表了。作为一个小小的邮局拣信生，看到最有名的《申报》上出现了自己的文章，赫然署着“唐弢”二字，其惊讶和兴奋是难以想象的！邮局中爱好学习的同事们，组织了一个读书会，会上大家看到了堂堂《申报》刊出了只有二十岁的同事唐弢的文章，也高兴极了，受到很大鼓舞！这样，唐弢写作劲头更大，又投去《人死观》等好几篇文章，居然连发连中。九月六日编者在“自由谈”左下角登出启事，请他和几位作者告知住处，以便联系，他才写信说明了。想不到一九三四年元旦之前，收到了《自由谈》主编黎烈文先生的请柬，邀他一月六日到古益轩出席宴请，更使他受宠若惊。这天下午特地换了最好的衣服，乘车前往。从外表看，唐弢身材颀长，仪表秀雅，完全看不出是邮局的拣信生。

古益轩在租界的三马路，布置高雅，设备堂皇，雅座里四壁堂皇，都是时贤字画。其实，论酒席并不怎么高明，但有几道拿手菜，确实引人入胜，清炖牛鞭用砂锅密封，小火细炖，葱姜盐酒，一概不放，纯粹白炖，牛鞭炖到接近熔化，然后揭封上桌，罗列各种调味料，由贵客自行调配，原汤原味，所以醇厚浓香，腴不腻人。到了冬季，去古益轩的客人不论大宴小酌，都要一只清炖牛鞭吃。

唐弢走进预先告知的包间里，见已经来了七位。中间靠左的一位，立刻站起迎接。他西服革履，很有派头，像是留过洋的。唐弢估计就是主人黎烈文，赶紧躬身说道：“是黎先生吧？我是唐弢。”

黎烈文连忙答道：“啊，唐先生比我想象的还年轻。”接着一一介绍在座的客人，并指着坐在正座的留仁字胡的先生说：“这是鲁迅先生。”

唐弢闻听大名，如雷贯耳，忙上前鞠躬，鲁迅倒很自然，笑着说道：“唐先生写文章，我在替你挨骂哩。”接着他问唐弢是不是姓唐，唐弢告诉他所用的是真名，他就哈哈地笑着说：“哦，哦，我也姓过一回唐的。”

这指的是鲁迅曾用唐俟这笔名。据解释，周唐何原出于一系，所以他间而还署作何干或者何家干。那天鲁迅穿的是蓝灰色华达呢皮袍子，黑色橡皮底跑鞋，上半截是老人，下半截是青年，从服装上看，唐弢觉得很不调和，然而唐弢必须修正自己的话，在鲁迅身上，这一切是太过调和了。

唐弢觉得鲁迅是永远年轻的老人。

黎烈文又介绍旁边的阿英先生，阿英很文静，谦和，躬身施礼。他虽然与鲁迅曾有笔墨相讥，但在一起时很是随和，看不出曾经是“论敌”。

然后就是郁达夫先生夫妇。其实，不用介绍，唐弢就认得出来，他的读书会里有个同事，是“郁达夫迷”，一部《沉沦》，不知读了多少遍，凡是达夫文章，片纸只字，都背得滚瓜烂熟。郁达夫追求王映霞，虽然报上登过消息，但详细情节却是他告诉唐弢的。唐弢对这类恋爱故事不感兴趣。不过新闻人物，近在眼前，自然也不能视若无睹了，好在客人尚未到齐，正有时间让他一面聊天，一面对他们细细端详。

达夫先生大概还不满四十岁，看上去比较清癯，头发丛长，眼睛又细又小，额部稍窄，双颊瘦削，穿一件青灰色袍子，态度潇洒，很有点名士风流的气派。映霞女士比他年轻得多，体态匀称，真所谓增之一分则太肥，减之一分则太瘦，两眼灼灼有神。不知怎的，唐弢总觉得与其说她长得美，不如说她长得有风度，是一个举止大方、行动不凡的女人。难怪达夫先生一见倾心，如醉似痴，颠倒至于发狂的地步。唐弢见到他们的时候，这对夫妇正过着婚后最幸福的生活，你怜我爱，形影不离。

到的客人一面闲聊，一面等待。映霞女士很少说话。接着而来的是胡风、陈子展、曹聚仁诸先生。林语堂的夫人廖翠凤，似乎早已与王映霞熟识，她们找到了谈话对象，虽然没有怠慢同席的人，却更多地一起低语，窃窃地谈着似乎只属于女人们的私房话。

唐弢开始觉得鲁迅这个老人的可亲。他慈祥，然而果决，说话有重量，却无时不引人发笑。大家围坐在一桌，就七嘴八舌地谈起来，从翻译谈到检查，从暴露文学谈到人肉馒头，从赛珍珠女士谈到黑旋风口里的“鸟官”。说话最多的是林语堂、陈子展、郁达夫三先生，而每次谈到一个问题，鲁迅先生终有他精辟的意见，他望望在座的各位，耸动一下唇上胡髭，说道：

“浙西有一个讥笑乡下女人之无知的笑话——是大热天的正午，一个农妇做事做得正苦，忽而叹道：‘皇后娘娘真不知道多么快活。这时还不是在床上睡午觉，醒过来的时候，就叫道：‘太监，拿个柿饼来！’”

话音刚落，在座的全都大笑起来，王映霞和廖翠凤两位女士，笑得弯下了腰。鲁迅却不笑，一本正经地说：

“荷兰作家望蔼覃所做的童话《小约翰》里，记着小约翰听两种菌类相争

鲁迅却不笑，一本正经地说……

论，从旁批评了一句‘你们俩都是有毒的’，菌们便惊喊道：‘你是人么？这是人话呵！’

“从菌类的立场看起来，的确应该惊喊的。人类因为要吃它们，才首先注意于有毒或无毒，但在菌们自己，这却完全没有关系，完全不成问题。

“‘人话’之中，又有各种的‘人话’：有英人话，有华人话。华人话中又有各种：有‘高等华人话’，有‘下等华人话’。听来这个笑话是‘下等华人话’，然而这并不真的是‘下等华人话’，倒是高等华人意中的‘下等华人话’，所以其实是‘高等华人话’。在下等华人自己，那时也许未必这么说，即使这么说，也并不以为笑话的。还有一个笑话，说一个农民每天挑水，一天突然想，皇帝用什么挑水呢？自己接着有把握地回答说，一定用‘金扁担’。其实，这同样是高等华人意中的‘下等华人话’，所以其实还是‘高等华人话’。”

鲁迅还要再说下去，但看了看林语堂，笑笑说：

“再说下去，就要引起阶级文学的麻烦来了，还是‘带住’吧！”

林语堂倒无反应，只是憨厚地笑着，吃喝间隙还忘不了吸一口他的烟斗。于是，鲁迅不紧不慢地捋捋胡髭，不动声色地继续吃饭。

唐弢晓得鲁迅先生刚才讲的笑话是他在杂文《“人话”》中写过的，“金扁担”的笑话也常跟年轻人说。领悟到先生说的深意是在启发人们不要总是以己之心度人之腹，从自己的主观臆想出发，去猜度别人和客观事物，但令他不明白的是鲁迅先生怎么能收藏着这么多的，逗人发笑，同时又引人深思的资料。

令唐弢难忘的还有鲁迅讲的两个笑话：

一个是：“我们乡下有个阔佬，许多人都想攀附他，甚至以和他谈过话为荣。一天，一个要饭的奔走告人，说是阔佬和他讲了话了，许多人围住他，追问究竟。他说：‘我站在门口，阔佬出来啦，他对我说：滚出去！’”听讲故事的人莫不大笑起来。

还有一个：国民党的一个地方官僚禁止男女同学，男女同泳，闹得满城风雨。鲁迅先生幽默地说：“同学同泳，皮肉偶尔相碰，有碍男女大防。不过禁止以后，男女还是一同生活在天地中间，一同呼吸着天地中间的空气。空气从这个男人的鼻孔呼出来，被那个女人的鼻孔吸进去，又从那个女人的鼻孔呼出来，被另一个男人的鼻孔吸进去，淆乱乾坤，实在比皮肉相碰还要坏。要彻底划清界限，不如再下一道命令，规定男女老幼，诸色人等，一律戴上防毒面具，既禁空气流通，又防抛头露面。这样，每个人都是……喏！喏！”

在座的人已经笑不可抑了，鲁迅先生却又站起身来，模拟戴着防毒面具走路的样子，走来走去，引得大家笑得都顾不上吃饭了。

后来，鲁迅把讽刺禁止男女同泳的笑话，写入了杂文《奇怪》，发表在一九三四年八月十七日《中华日报·动向》上。

席半，仆欧献上烟来，这就又触动了论语派名士语堂先生的话匣，不劝人不吸烟是他的信条，曾皇皇地公布在杂志上。这回碰到了烟不离嘴的鲁迅先生，他就问：“你一天吸几支烟？”

“这倒没有统计过，”鲁迅先生回答，“大概很多吧。你是不是替《论语》找材料？”

“我准备广播一下。”

“每个月要挤出两本幽默来，真是吃力的工作。倘是我，就决计不干的！”

语堂先生不作声。话又扯到别处去了。

鲁迅与林语堂两人的关系，是当时文坛注目的话题。林语堂对鲁迅很敬重，“白象”之说就出自他之口，意为鲁迅是人间稀有的天才；鲁迅也非常看重林语堂的英文水平。但两人又时不时发生摩擦，甚至擦出火花。

据说，鲁迅与林语堂曾同住在上海北四川路横滨桥附近。一次，鲁迅不小心把烟头扔在了林语堂的帐门下，将林的蚊帐烧掉了一角，林心中十分不悦，厉声责怪了鲁迅。鲁迅觉得林小题大做，因为一床蚊帐发这么大火气，便回敬说一床蚊帐不过五块钱，烧了又怎么样，两人就这样争吵了起来。

一九二九年，鲁迅和北新书店的老板李小峰闹版税官司，郁达夫做和事佬为二人调解，总算解决了。八月二十八日晚上，北新老板请大家吃饭。席间，林语堂提到鲁迅的北大学生张友松曾请鲁迅和他吃饭，说也要办一个书店，并承诺绝不拖欠作者的稿酬，还说“奸人”在跟他捣乱，意指张友松传播他在汉口发洋财一事。李小峰便怀疑自己和鲁迅起纠纷是张从中作梗。鲁迅听罢，则疑心林语堂讥讽自己受了张的挑拨，加上有些酒意，当即脸色发青，站起来大声喊道：“我要声明！我要声明！”一拍桌子，“语堂，你这是什么话！我和北新的诉讼不关张友松的事！”林辩解道：“是你神经过敏，我没有那个意思！”两人越说越上火，互相瞪着对方，如斗鸡般足足对视了一两分钟。当然只有郁达夫站起来做和事佬；一面按住鲁迅坐下，一面拉了语堂和他的夫人，走下了楼。宴席不欢而散。

一九三二年底，蔡元培和宋庆龄成立了中国民权保障同盟，林语堂和鲁迅都加入其中，二人又开始交往。次年六月十八日，杨杏佛被暗杀，举行入殓仪式这天，林语堂因正被严密监控，无法出门，未去参加。鲁迅去后没有见到林语堂，非常生气，说道：“这种时候就看出人来了，林语堂就没有去，其实，他去送殓又有什么危险？只要我活着，就要拿起笔，去回敬他们的手枪！”

事实上，林冒着生命危险参加了七月二日杨杏佛的出殡下葬仪式，这一次，鲁迅没有去。

林语堂办《论语》，做了“幽默大师”，鲁迅也不能理解，他认为在血与火的斗争中，是没有幽默可言的，幽默文学是“麻醉文学”。

林、鲁两人关于翻译究竟应该“信达雅”还是“直译”也发生了争执，惹得鲁迅十分不快，林语堂批评鲁迅是“急进主义”，是想“做偶像”。

鲁迅曾写信劝告林语堂不要搞这些小品了，多译点英文名著才是正途。林语堂回信：“等老了再说。”

陈望道回忆，一次饭桌上，林语堂谈及在香港时，几个广东人兀自讲粤语，其他人听不懂，林便故意对他们讲英语，将他们吓住。不料，鲁迅怒不可遏，拍着桌子站起来厉声道：“你是什么东西！你想借外国话来压我们自己的同胞吗？！”林语堂哑口无言，尴尬无比。

由于一次又一次的摩擦和误会，鲁迅不再把林语堂当朋友了。徐志摩在上海大观楼补摆婚宴，鲁迅来得晚，一看见林语堂夫妇在座，二话不说抬腿就走。但厚道的林语堂却始终没有跟鲁迅闹翻过，只当是文人间的相爱相讥，倒有些喜欢鲁迅的直来直去，从不藏着掖着。

这些事当然是两方的误解，后来鲁迅原也明白了。从他和语堂之间的随谈看来，他们俩是和解了。虽然鲁迅还在文章中讽刺林语堂提倡“幽默”，甚至斥责什么“西崽相”，但那只是文字之争，并没有妨碍俩人的友情。郁达夫在一边看着，也很高兴，他懂得鲁迅的脾气，激动起来好与人争。过后，一般来说仍友情如初。语堂也为人忠厚，不会太计较的，郁达夫不禁想起林语堂一些惹人发笑的往事——

有一次，林语堂——当时他住在愚园路，和郁达夫静安寺路的寓居很近——和郁达夫一起去看鲁迅，谈了半天出来，林语堂忽然问郁达夫：

“鲁迅和许女士，究竟是怎么回事，有没有什么关系的？”

郁达夫只笑着摇摇头，回问他说：

“你和他在厦大同过这么久的事，难道还不晓得么？我可真看不出什么来。”

郁达夫觉得林语堂，实在是一位天性淳厚的真正英美式的绅士，他决不疑心人有意说出的不关紧要的谎。只举一个例出来，就可以看出他的本性。当他在美国向他的夫人求爱的时候，他第一次捧呈了一册克莱克夫人著的小说《模范绅士约翰哈里法克斯》；但第二次他忘记了，又捧呈了她以同样的书。这是林夫人亲口对郁达夫说的话，当然是不会错的。从这一点就可以看出语堂真是忠厚老实的一位模范绅士。他的提倡幽默，挖苦绅士态度，不管人们说什么，都是从他的心底真实发出的。

语堂自从那一回经郁达夫说过鲁迅和许女士中间大约并没有什么关系之后，一直到鲁迅的儿子海婴将要生下来的时候，才恍然大悟。郁达夫对他说破了，他满脸泛着好好先生的微笑说：“你这个人真坏！”

郁达夫回想着，不觉看着林语堂发笑。

主人要菜馆准备了上好的绍兴酒，殷殷劝客，达夫先生喝得多了一点，王映霞频频以目止之，没有收效，她便直接阻拦主人，主人替达夫斟酒，映霞女士竭力阻止，说是近来达夫身体坏，尊重医生的嘱咐，不能喝酒的。子展先生问：“到底是太太的命令，还是医生的命令呢？”

达夫先生摇摇头。

王映霞见自己的先生摇头，就讲了一个故事，说婚后不久，有一段时间他们住在静安寺附近嘉禾里，寒冬十二月的一天，有个朋友约达夫去浴室洗澡，洗完同去吃饭，直到午夜不见回来。映霞通宵没有合眼。天刚黎明，听到紧急的叩门声，一个陌生人扶着满身冰雪的达夫进入屋内。原来他醉倒在嘉禾里街口上，拥着冰雪睡了半夜，一件皮袍子冻成了毡块。王映霞从此立下“禁令”：凡是约郁达夫出去吃饭或喝酒，必须负责将他伴送回家，如果没有人保证的话，就不许他出门。

鲁迅先生倒不忌讳，不仅自己喝，还敬郁达夫一杯上等成色的黄酒，说道：“尽管我不同意你们夫妇去杭州，但既已决计成行，就敬上一杯。”

郁达夫、王映霞急忙起立言道：“谢谢鲁迅先生了！”

郁达夫朗诵起鲁迅阻他去杭州的诗：

钱王登遐仍如在，伍相随波不可寻。
平楚日和憎健翮，小山香满蔽高岑。
坟坛冷落将军岳，梅鹤凄凉处士林。
何似举家游旷远，风沙浩荡足行吟。

然后说道：“虽然我们还是要去杭州，但始终不会忘怀鲁迅先生的好诗和好意。”

鲁迅先生答道：“有映霞相助，达夫可能不致像我想的那样不幸。”

于是二位太太就比起管家的本领来。自然，丈夫也在被管之列的。郁太太的是放任政策，林太太的是科学方法——在太太管教之下，吃饭，散步，写稿，都有一定的时候。

大家不约而同地朝语堂先生看。

语堂先生还是扯开去。他谈女人，谈贞操锁，谈雍正帝，谈旗人婚礼，一直谈不完。

最后，主人黎烈文说出主意来，要大家经常写稿子。

“你要是能登骂人的稿子，”鲁迅先生打趣地说，“我可以天天写。”

“骂谁呢？”子展先生问。

“骂某某某。”

“怎么骂法？”

“就这样骂骂。”

语堂先生接上说：“鲁迅骂的，终不坏。”

于是谈风又转到骂和批评上。鲁迅先生的所谓骂，其实是揭发时弊、袭击形象的意思，和粪帚式的随意糟蹋别人，是不可同日而语的。

郁太太映霞女士插嘴说：“周先生虽然会骂人，却骂不过儿子！”

大家便哄笑起来。

“鲁迅的儿子总不会忠厚的！”这是语堂先生的意见。

鲁迅先生笑着，一面自己解释：“是的，我的孩子也骂我。有一次，海婴严厉地质问我：‘爸爸！为什么你晚上不困，白天里却睡觉。’又有一次，他跑来问我‘爸爸，你几时死？’到了最不满意的时候，他就批评我‘这种爸爸，什么爸爸！’我倒真的没有方法对付他。”

大家又哄然笑起来。

在述说这些故事的时候，鲁迅先生总含着善意的笑，使人感到蕴藏在老人心头的爱。这爱是博大的。一直到后来，听他讲“义子”的故事，讲学生的故事，以及讲别的许多青年的故事时，也总领会到同样的爱，反激起同样的感觉的。

一旁的徐懋庸，原名徐茂荣，一九一一年一月十五日生于浙江上虞下管方山村一个贫苦的家庭。父亲是个老实巴交的纱筛匠，母亲则是个心地善良的女人。徐懋庸从小聪颖好学，刚满五岁就进入本村方山小学读书。小学毕业后，下管“真五房”新办了一所鹿溪小学，徐懋庸过去的老师、鹿溪小学校长徐用宾十分赏识他的学识和才能，聘请他去该校任教，时年十四岁的徐懋庸，被人称为“神童”“小先生”。以后他又到坤麓、民强小学任教，先后达四年。

上虞县有一个美丽的白马湖，白马湖畔有一所春晖中学。学校的教员有不少全国著名的文化人，如夏丏尊、丰子恺等。也经常有名人到校讲学，使徐懋庸大开眼界，立志要做一个学者、文人。一九二五年，上虞的一批进步教师，组织了“青年协进社”。也是在这一年，文化界著名人士胡愈之等办起了上虞第一张报纸《上虞声》。徐懋庸如鱼得水，有了用武之地，他在报纸上发表文章，并多次得到胡愈之的帮助。

一九二七年，他到慈溪工作，秘密编辑上虞“石榴社”刊物《石榴报》，后遭国民党通缉，被迫避居上海。考入半工半读的国立劳动大学，主要靠自学，达到了能够翻译法文书和日文书的程度。一九三〇年，毕业后的徐懋庸到浙江临海回浦中学任教。这样，有了小学生当小学教员、中学生当中学教员之说。教学之余，他开始翻译法国罗曼·罗兰著的《托尔斯泰传》及一些文学作品。一九三二年翻译完《托尔斯泰传》，又回上海，想把译稿卖出去，但因为他是“无名小卒”，大书局都很快退稿。最后虽被一家叫作华通书局的接受，却只预付他六十元版税。一九三三年夏，开始写杂文并向《申报·自由谈》投稿。他的杂文笔法犀利，揭露时弊不留情面，批判社会一语中的，因风格酷似鲁迅而以“杂文家”出名。但这时他很少说话，只是非常用心地听周围人谈话，显得才气逼人，又目空一切。少年时他常向那些有钱的同学借新书看，被有些人嗤笑为“知识界的乞丐”，对他刺激极深，心里很不服气，觉得这些人知识还不如自己丰富。进入上海文坛之后，这一情结仍难消解，地位虽不高，心里却很傲慢，似乎有股子觉得世上所有大人物都不过如此的气概。在《自由谈》刊登的第一篇杂文《“艺术论”质疑》，就是一边赞扬鲁迅翻译的普列汉诺夫的《艺术论》，一边指摘其中的误译。真是上来就是天不怕、地不怕。而主编不但不嫌弃，还很欣赏这股冲劲儿，几次把他的杂文排在头条，甚至在鲁迅之前。鲁迅不但不介意，还给他的杂文集《打杂集》写了序言，欢迎这位青年杂文家的出现，认为杂文这东西，“恐怕要侵入高尚的文学楼台去的”。

宴席之后，唐弢依然对鲁迅先生怀着敬畏之心，不敢主动上门拜访，但鲁迅却很欣赏他的杂文，有时约他去咖啡馆聊天。一次，竟自己跑来看唐弢，一进门就轻快地在地板上打旋子，一路转到桌子前，一屁股坐在桌面上，手里端支烟，嬉笑言谈，毫无架子。即使是鲁迅文章中骂过的人，也互相说笑，一起吃饭，谈天，没有芥蒂。

唐弢对鲁迅不再敬畏了，而是觉得鲁迅很有趣，很好接近，也很好看，但对鲁迅的天才和人格则更是崇拜和敬仰。

生性狂狷的郁达夫更是无拘无束，每回上海，都爱找唐弢和一些年轻朋友一起喝酒、乱谈，而且话题往往不离鲁迅。唐弢不会喝酒，只能陪着吃花生米，郁达夫说这是罚唐弢受苦刑，唐弢则说听他谈话是一种乐趣，这样的苦刑受起来心甘情愿。但毕竟够不上做他的酒友。

达夫先生学贯中西，听他谈话确是一种享受，他讲外国文学，从希腊、罗马一直谈到近代，渊博精辟，时有独到之见。唐弢简直插不上嘴。其时唐弢正迷上黄仲则[①]，一部《两当轩集》常在手头。达夫先生也是黄景仁的爱好者，他的诗受黄仲则、龚定庵影响最多，这两个人都以七言见长，郁达夫的好诗大都也是七言。每逢见面，他们没有一次不谈黄仲则，尤其是郁达夫的《都门秋思》诗。他自己欣赏诗意的凄苦，唐弢也以为重要的是诗人的寂寞之感。中国文人一向分为两类："狂"和"狷"。《论语》里说："狂者进取，狷者有所不为也。"仲则诗学李白，有点"狂"，但他也有"狷"的一面，寂寞之感来自他的落落寡合的性格。如果不是"有所不为"，他就不至于这样潦倒、这样凄苦了。达夫先生同意唐弢的观点，他读书多，对"狂"和"狷"又有许多发挥，给人以闻之憬然的启发。

记得有一次，他们一同听鲁迅先生讲故事，第二天再会面的时候，郁达夫说："鲁迅厉害。他讲的故事，我翻了许多书找不到出处。不像钱武肃王还

① 黄仲则（1749—1783）：清代诗人。名景仁，字汉镛，号鹿菲子，阳湖（今江苏省常州市）人。四岁而孤，家境清贫，少年时即负诗名，为谋生计，曾四方奔波。一生怀才不遇，穷困潦倒，后授县丞，未及补官即在贫病交加中客死他乡，年仅三十五岁。诗负盛名，为"毗陵七子"之一。诗学李白，所作多抒发穷愁不遇、寂寞凄怆之情怀，也有愤世嫉俗的篇章。七言诗极有特色，亦能词。著有《两当轩全集》。

有方志可查，这回是大海捞针，更加不着边际了。”“也许在什么笔记里吧？”唐弢问。“也许。你不觉得这故事和《泰绮思》有点相似吗？可是思想完全不同。真有趣。”

鲁迅先生讲的故事是这样的：

某地有位高僧，洁身苦行，德高望重，远近几百里的人都仰慕和敬佩他。临死时，因为他一生未近女色，抱憾没有见过女人的阴穴，辗转反侧，不能死去。徒弟们见他折腾得苦，决定出钱雇个妓女，让他见识见识。等到妓女脱下裤子，高僧见了，恍然大悟道：“喔！原来是和尼姑的一样的噢！”说完就断气了。

他们都觉得这个故事含义深刻。

正义的声音

鲁迅的杂文，几乎是当时舆论界发出的唯一的也最强有力的正义的声音。

一九三三年五月，日军向滦东及长城沿线发动总攻后，唐山、遵化、密云等地相继沦陷，平津形势危急。国民党政府为了向日本表示进一步的妥协，于五月上旬任黄郛为行政院驻北平政务整理委员会委员长；十五日黄由南京北上，十七日晨专车刚进天津站台，即有人投掷炸弹。据报载，投弹者当即被捕，送第一军部审讯，名叫刘魁生，年十七岁，山东曹州人，在陈家沟刘三粪厂做工。当天中午刘被诬为“受日人指使”，在新站外枭首示众。事实上刘只是当时路过铁道，审讯时他坚不承认投弹。国民党将他杀害并制造舆论，显然是借以掩盖派遣黄郛北上从事对日妥协活动的真相。

鲁迅看到这一消息之后，义愤填膺，写了《保留》一文，投给“自由谈”，但未能发表。他就收入自己的杂文集《伪自由书》中，在文中愤怒地指出：

我要保留的，是“据供系受日人指使”这一节，因为这就是所谓卖国。二十年来，国难不息，而被大众公认为卖国者，一向全是三十以上的人，虽然他们后来依然逍遥自在。至于少年和儿童，则拼命的使尽他们稚弱的心力和体力，携着竹筒或扑满，奔走于风沙泥泞中，想于中国有些微的裨益者，真不知有若干次数了。虽然因为他们无先见之明，这些用汗血求来的金钱，大抵反以供虎狼的一舐，然而爱国之心是真诚的，卖国的事是向来没有的。

不料这一次却破例了，但我希望我们将加给他的罪名暂时保留，再来看一看事实，这事实不必待至三年，也不必待至五十年，在那挂着的头颅还未烂掉之前，就要明白了：谁是卖国者。

从我们的儿童和少年的头颅上，洗去喷来的狗血罢！

写了《保留》，意犹未尽，鲁迅又写了《再谈保留》，由刘魁生被诬杀事，提醒人们不要忘记三百年前异族侵略的恐怖，要警惕日本帝国主义侵占中国的野心。

当年能够如此无畏地发出正义的声音，为被压迫人民说公道话的人，恐怕非鲁迅先生莫属了！

《清代文字狱档》

一九三四年五月，黎烈文辞去《自由谈》主编职务，鲁迅也就不再投稿了。正好故宫博物院将《清代文字狱档》印出，已出到第八辑，引起鲁迅浓厚的兴趣，买来靠在躺椅上散漫地读，不觉有所大悟：原来大家向来的意见，总以为文字之祸，是起于笑骂了清朝。然而，其实是不尽然的，许多文字祸是出于对皇帝的“愚忠”。于是起身，挺直坐在桌前，写了两篇很有意思的杂文。

一篇是《隔膜》，写的是鲁迅从《清代文字狱档》中发现的一件案例：乾隆四十八年二月，山西临汾县生员冯起炎，闻乾隆将谒泰陵，便身怀著作，在路上徘徊，意图呈进，不料先以“形迹可疑”被捕了。那著作，是以《易》解《诗》，实则信口开河，唯结尾有“自传”似的文章却很特别，大意是有两个表妹，可娶，而恨力不足以办此，想请皇帝协办。虽然幼稚之极，然而何尝有丝毫恶意？不过着了当时通行的才子佳人小说的迷，想一举成名，天子做媒，表妹入抱而已。不料结尾却甚惨，这位才子被从重判刑，发往黑龙江等处给披甲人为奴去了。鲁迅对此案做出了极深刻的评析：

……这些惨案的来由，都只为了“隔膜”。

满洲人自己，就严分着主奴，大臣奏事，必称“奴才”，而汉人却称“臣”就好。这并非因为是“炎黄之胄”，特地优待，锡以嘉名的，其实是所以别于满人的“奴才”，其地位还下于“奴才”数等。奴隶只能奉行，不许言议；评论固然不可，妄自颂扬也不可，这就是“思不出其位”。譬如说：主子，您这袍角有些儿破了，拖下去怕更要破烂，还是补一补好。进言者方自以为在尽忠，而其实却犯了罪，因为另有准其讲这样的话的人在，不是谁都可说的。一乱说，便是“越俎代谋”，当然“罪有应得”。倘自以为是“忠而获咎”，那不过是自己的胡涂。

一九三四年六月二日致郑振铎的信中，鲁迅又对此案做了如下评论：

顷读《清代文字狱档》第八本，见有山西秀才欲娶二表妹不得，乃上书于乾隆，请其出力，结果几乎杀头。真像明清之际的佳人才子小说，惜结末大不相同耳。清时，许多中国人似并不悟自己之为奴，一叹。

鲁迅由此想到即使才高如《楚辞》的开山老祖屈原，也只能发发“不得帮忙的不平”的牢骚；若是目不识丁的贾府中的焦大，则会被“塞了一嘴马粪”，终归脱不了“为奴”的牢笼。“不悟自己之为奴”一语，一针见血地扎透了不知自己的奴隶地位者的精神穴位。

另一篇是《买〈小学大全〉记》，写的也是从《清代文字狱档》中发现的一件案例：《小学大全》的编纂者尹嘉铨，他父亲尹会一，是有名的孝子，乾隆皇帝曾经给过褒扬的诗。他本身也是孝子，又是道学家，官做到了大理寺卿稽察觉罗学。还请令旗籍子弟也讲读朱子的《小学》，而“荷蒙朱批：所奏是。钦此。”后来又因编纂《小学大全》，得了皇帝的嘉许。到乾隆四十六年，他已经致仕回家，本来可以安享晚年了，然而他却继续求“名”，奏章给乾隆皇帝，为他父亲请谥，结果触怒龙颜，招致杀身之祸。鲁迅对此案的评析是：尹嘉铨的“祸机虽然发于他的‘不安分’，但大原因，却在既以名儒自居，又请将名臣从祀:这都是大‘不可恕’的地方。”因为“乾隆是不承认清朝会有‘名臣’的，他自己是‘英主’，是‘明君’，所以在他的统治之下，不能有奸臣，既没有特别坏的奸臣，也就没有特别好的名臣，一律都是不好不坏，无所谓好坏的奴子”。

一九三五年二月二十四日夜，鲁迅在致杨霁云的信中说：

> 尹氏之拼命著书，其实不过想做一个道学家——至多是一个贤人，而皇帝竟与他如此过不去，真也出乎意外。大约杀犬警猴，固是大原因之一，而尹之以道学家自命，因而开罪于许多同僚，并且连对主子也多说话，致招厌恶，总也不无关系的。

尹嘉铨招祸的原因与冯起炎相同，都是“骨奴而肤主”，表面上是学士、文人，骨子里却是奴才，“品”不出最高的奴隶主——皇帝的本性，也“不悟自己之为奴”，像阿Q那样对自己的奴隶地位与将死的命运毫无所知。

自此，《清代文字狱档》成了鲁迅的枕边书，时不时拿起读读，有时还发出笑声。

《病后杂谈》及其之余

一九三四年十二月，鲁迅生了一场病，脊肉作痛，盗汗。靠在躺椅或躺在床上，不愿动。内山完造夫妇来看望他，特地送来十尾“苏州鱼”，也叫“斗鱼”，请鲁迅靠在藤躺椅鉴赏这一缸鱼，看看那鱼的活泼姿态，给予他不少的欢喜。

有时也唤海婴一起来观赏鱼的遨游姿态。这种斗鱼，身体扁平，色显暗褐，呈流线型，有三寸多长，几条带纹横贯全身。外表极其平凡，但生命力极其旺盛，善于适应环境的变化，饲料不必特别精选，偶尔忘记，两天不投食也不打紧，无须经常换水，在不好的条件下面，仍能运用自如地遨游，绝不像金鱼那么娇气，而是活泼善游，忽而上升，忽而下降，追逐咬斗，灵活异常。从不见因为失去控制而冲撞在狭窄的玻璃壁上，它不像金鱼那样，慢条斯理，懒懒散散，即使外界有什么震动，也只是摇摇尾巴，沉入缸底完事。

经过一场严重的折磨以后，鲁迅的疾病，居然有所减轻，能够起床活动了。这不但使全家和他的朋友们庆幸，而且他自己也感到愉快和放松。每在空闲的时候，和广平一起，往鱼缸里换水、铺沙、布置水草，再把鱼慢慢地放下去。有时看到水草过密，怕妨碍鱼的呼吸，就把手伸进水里，又去掉一些，撒下干燥的鱼虫，静静地观看鱼在水中吞食争夺。海婴有时乘大人不备，伸手入水，想捞一两条鱼玩玩。然而斗鱼极其敏捷，往往从指缝里溜掉。没有办法，只好放弃这种念头。

海婴真是一个“好事之徒”。逮不住斗鱼，于是又来了一个新招，在这只鱼缸里又养了一群蝌蚪。这是纠缠着许妈，从郊区小溪里捞来的，有三十多只，一直养到它们脱去尾巴，长出四只脚来。小青蛙是两栖动物，不能光让它们在水里扑腾。于是海婴便小心地从鱼缸里倒出一些水，加些清沙，让它们在浅堆旁边跳跃。有时跳得很高，差点跳出缸外，海婴便用一块玻璃盖住缸面。后来，不知在哪一天，这些青蛙都被谁全部倒掉了。对于这些举动，鲁迅似乎也并不认为是多事之举而加以制止，反倒觉得有趣。

鲁迅悠闲地靠在躺椅上，一边看着“斗鱼”游动、儿子逗鱼，一边想着自己的文章。

躺着无事，忽然记起来少年时代读过的《立斋闲录》、张献忠、永乐皇帝、历史上的酷刑……杂七杂八，思无禁区，看来生病还真有点“雅趣”。想得差不多了，就笔直地坐到桌前藤椅上，铺开稿纸，拿起“金不换”毛笔，信自写起来。这时，只有这时，才是鲁迅最为愉悦的时候。

病后杂谈

一

生一点病，的确也是一种福气。不过这里有两个必要条件：一要病是小病，并非什么霍乱吐泻，黑死病，或脑膜炎之类；二要至少手头有一点现款，不至于躺一天，就饿一天。这二者缺一，便是俗人，不足与言生病之雅趣的。

我曾经爱管闲事，知道过许多人，这些人物，都怀着一个大愿。大愿，原是每个人都有的，不过有些人却模模胡胡，自己抓不住，说不出。他们中最特别的有两位：一位是愿天下的人都死掉，只剩下他自己和一个好看的姑娘，还有一个卖大饼的；另一位是愿秋天薄暮，吐半口血，两个侍儿扶着，恹恹的到阶前去看秋海棠。这种志向，一看好像离奇，其实却照顾得很周到。第一位姑且不谈他罢，第二位的“吐半口血”，就有很大的道理。才子本来多病，但要“多”，就不能重，假使一吐就是一碗或几升，一个人的血，能有几回好吐呢？过不几天，就雅不下去了。

我一向很少生病，上月却生了一点点。开初是每晚发热，没有力，不想吃东西，一礼拜不肯好，只得看医生。医生说是流行性感冒。好罢，就是流行性感冒。但过了流行性感冒一定退热的时期，我的热却还不退。医生从他那大皮包里取出玻璃管来，要取我的血液，我知道他在疑心我生伤寒病了，自己也有些发愁。然而他第二天对我说，血里没有一粒伤寒菌；于是注意的听肺，平常；听心，上等。这似乎很使他为难。我说，也许是疲劳罢；他也不甚反对，只是沉吟着说，但是疲劳的发热，还应该低一点。……

好几回检查了全体，没有死症，不至于呜呼哀哉是明明白白的，不过是每晚发热，没有力，不想吃东西而已，这真无异于“吐半口血”，大可享生病之福了。因为既不必写遗嘱，又没有大痛苦，然而可以不看正经书，不管柴米账，玩他几天，名称又好听，叫作“养病”。从这一天起，我就自己觉得好像有点儿“雅”了；那一位愿吐半口血的才子，也就是那时躺着无事，忽然记了起来的。

光是胡思乱想也不是事，不如看点不劳精神的书，要不然，也不成其为“养病”。像这样的时候，我赞成中国纸的线装书，这也就是有点儿“雅”起来了的证据。洋装书便于插架，便于保存，现在不但有洋装二十五六史，连《四部备要》也硬领而皮靴了，——原是不为无见的。但看洋装书要年富力强，正襟危坐，有严肃的态度。假使你躺着看，那就好像两只手捧着一块大砖头，不多工夫，就两臂酸麻，只好叹一口气，将它放下。所以，我在叹气之后，就去寻线装书。

一寻，寻到了久不见面的《世说新语》之类一大堆，躺着来看，轻飘飘的毫不费力了，魏晋人的豪放潇洒的风姿，也仿佛在眼前浮动。由此想到阮嗣宗的听到步兵厨善于酿酒，就求为步兵校尉；陶渊明的做了彭泽令，就教官田都种秫，以便做酒，因了太太的抗议，这才种了一点秫。这真是天趣盎然，决非现在的“站在云端里呐喊”者们所能望其项背。但是，“雅”要想到适可而止，再想便不行。例如阮嗣宗可以求做步兵校尉，陶渊明补了彭泽令，他们的地位，就不是一个平常人，要“雅”，也还是要地位。“采菊东篱下，悠然见南山”是渊明的好句，但我们在上海学起来可就难了。没有南山，我们还可以改作“悠然见洋房”或“悠然见烟囱”的，然而要租一所院子里有点竹篱，可以种菊的房子，租钱就每月总得一百两，水电在外；巡捕捐按房租百分之十四，每月十四两。单是这两项，每月就是一百十四两，每两作一元四角算，等于一百五十九元六。近来的文稿又不值钱，每千字最低的只有四五角，因为是学陶渊明的雅人的稿子，现在算他每千字三大元罢，但标点，洋文，空白除外。那么，单单为了采菊，他就得每月译作净五万三千二百字。吃饭呢？要另外想法子生发，否则，他只好“饥来驱我去，不知竟何之”了。

“雅”要地位，也要钱，古今并不两样的，但古代的买雅，自然比现在便宜;办法也并不两样，书要摆在书架上，或者抛几本在地板上，酒杯要摆在桌子上，但算盘却要收在抽屉里，或者最好是在肚子里。

此之谓“空灵”。

连鲁迅自己都没有想到，笔下竟这般悠缓、潇洒、空灵，看来生一点病，让脑子空出来，对于思考和写作都有好处。

鲁迅又想起一位朋友从成都带来送给他的一部《蜀龟鉴》，是讲张献忠祸蜀的书，其实是不但四川人，而是凡有中国人都该翻一下的著作，可惜刻得太坏，错字颇不少。翻了一遍，在卷三里看见了这样的一条——“又，剥皮者，从头至尻，一缕裂之，张于前，如鸟展翅，率逾日始绝。有即毙者，行刑之人坐死。”

鲁迅也还是为了自己生病的缘故罢，这时就想到了人体解剖。医术和虐刑，是都要生理学和解剖学知识的。中国却怪得很，固有的医书上的人身五脏图，真是草率错误到见不得人，但虐刑的方法，则往往好像古人早懂得了现代的科学。例如罢，谁都知道从周到汉，有一种施于男子的“宫刑”，也叫“腐刑”，次于“大辟”一等。对于女性就叫“幽闭”，向来不大有人提起那方法，但总之，是绝非将她关起来，或者将它缝起来。近时好像被他查出一点大概来了，那办法的凶恶，妥当，而又合乎解剖学，真使他不得不吃惊。但妇科的医书呢？几乎都不明白女性下半身的解剖学的构造，他们只将肚子看作一个大口袋，里面装着莫名其妙的东西。

单说剥皮法，中国就有种种。上面所抄的是张献忠式；还有孙可望式，见于屈大均的《安龙逸史》，也是这回在病中翻到的。其时是永历六年，即清顺治九年，永历帝已经躲在安隆，即那时的安龙，秦王孙可望杀了陈邦传父子，御史李如月就弹劾他“擅杀勋将，无人臣礼”，皇帝反打了如月四十板。可是事情还不能完，又给孙党张应科知道了，就去报告了孙可望。

《安龙逸史》上记道：“可望得应科报，即令应科杀如月，剥皮示众。俄缚如月至朝门，有负石灰一筐，稻草一捆，置于其前。如月问，‘如何用此？’其人曰，‘是揎你的草！’如月叱曰，‘瞎奴！此株株是文章，节节是忠肠也！’

既而应科立右角门阶，捧可望令旨，喝如月跪。如月叱曰，‘我是朝廷命官，岂跪贼令！？’乃步至中门，向阙再拜。……应科促令仆地，剖脊，及臀，如月大呼曰：‘死得快活，浑身清凉！’又呼可望名，大骂不绝。及断至手足，转前胸，犹微声恨骂；至颈绝而死。随以灰渍之，紉以线，后乃入草，移北城门通衢阁上，悬之。……”

张献忠的自然是“流贼”式；孙可望虽然也是流贼出身，但这时已是保明拒清的柱石，封为秦王，后来降了满洲，还是封为义王，所以他所用的其实是官式。明初，永乐皇帝剥那忠于建文帝的景清的皮，也就是用这方法的。于是鲁迅由此得出一句历史的感悟：

> 大明一朝，以剥皮始，以剥皮终，可谓始终不变。

至今在绍兴戏文里和乡下人的嘴上，还偶然可以听到“剥皮揎草”的话，那皇泽之长也就可想而知了。

真也无怪有些慈悲心肠人不愿意看野史，听故事；有些事情，真也不像人世，要令人毛骨悚然，心里受伤，永不痊愈的。残酷的事实尽有，最好莫如不闻，这才可以保全性灵，也是“是以君子远庖厨也”的意思。鲁迅写道：“比灭亡略早的晚明名家的潇洒小品在现在的盛行，实在也不能说是无缘无故。不过这一种心地晶莹的雅致，又必须有一种好境遇，李如月仆地‘剖脊’，脸孔向下，原是一个看书的好姿势，但如果这时给他看袁中郎的《广庄》，我想他是一定不要看的。这时他的性灵有些儿不对，不懂得真文艺了。”

《病后杂谈》最初发表于一九三五年二月《文学》月刊第四卷第二号，但只刊出了第一节，其他三节被检查官删去了。读者看了，还以为鲁迅是主张生病的，使鲁迅只能苦笑。

写了《病后杂谈》，鲁迅犹觉意思未尽，接着写了《病后杂谈之余》，写道：“我常说明朝永乐皇帝的凶残，远在张献忠之上，是受了宋端仪的《立斋闲录》的影响的。那时我还是满洲治下的一个拖着辫子的十四五岁的少年，但已经看过记载张献忠怎样屠杀蜀人的《蜀碧》，痛恨着这‘流贼’的凶残。后来又偶然在破书堆里发现了一本不全的《立斋闲录》，还是明抄本，我就在那书上看见了永乐的上谕，于是我的憎恨就移到永乐身上去了。”

永乐硬做皇帝，建文的忠臣景清、铁铉反对，于是永乐就将景清剥皮，铁铉油炸，他的两个女儿则发付了教坊，叫她们做婊子。这更使士大夫不舒服，但有人说，后来二女献诗于原问官，被永乐所知，赦出，嫁给士人了。这真是“曲终奏雅”，令人如释重负，觉得天皇毕竟圣明，好人也终于得救。她虽然做过官妓，然而究竟是一位能诗的才女，她父亲又是大忠臣，为夫的士人，当然也不算辱没。但是，这不过是士大夫的想象。永乐的上谕，和张献忠比起来，真是凶残猥亵，《立斋闲录》有这样的记载：“永乐十一年正月十一日，教坊司于右顺门口奏：齐泰姊及外甥媳妇，又黄子澄妹四个妇人，每一日一夜，二十余条汉子看守着，年少的都有身孕，除生子令做小龟子，又有三岁女子，奏请圣旨。奉钦依：由他。不的到长大便是个淫贱材儿？”“铁铉妻杨氏年三十五，送教坊司；茅大芳妻张氏年五十六，送教坊司。张氏病故，教坊司安政于奉天门奏。奉圣旨：分付上元县抬出门去，着狗吃了！钦此！”

鲁迅感慨道：“君臣之间的问答，竟是这等口吻，不见旧记，恐怕是万想不到的罢。但其实，这也仅仅是一时的一例。自有历史以来，中国人是一向被同族和异族屠戮，奴隶，敲掠，刑辱，压迫下来的，非人类所能忍受的楚毒，也都身受过，每一考查，真教人觉得不像活在人间。”

在《病后杂谈之余》后面，鲁迅又作了这样的附记：“倘使铁铉真的并无女儿，或有而实已自杀，则由这虚构的故事，也可以窥见社会心理之一斑。就是：在受难者家族中，无女不如其有之有趣，自杀又不如其落教坊之有趣；但铁铉究竟是忠臣，使其女永沦教坊，终觉于心不安，所以还是和寻常女子不同，因献诗而配了士子。这和小生落难，下狱挨打，到底中了状元的公式，完全是一致的。”

“窥见社会心理之一斑”，是鲁迅后期才有的话。说明他后期开始从社会心理的深层次窥视“人心”，其实早在写作《中国小说史略》时，他就已经注意到所谓士人的矛盾心理了。

这篇最初发表于一九三五年《文学》月刊第四卷第三号，发表时题目被改为《病后余谈》，副题“关于‘舒愤懑’”也被删去了。

前期虽无“社会心理”一词，但鲁迅对人的心理也看得极为深刻。《中国小说史略·第二十五篇 清之以小说见才学者》，对《野叟曝言》做了这样的评语：

> 意既夸诞，文复无味，殊不足以称艺文，但欲知当时所谓“理学家”之心理，则于中颇可考见。

《中国小说史略·第二十三篇 清之讽刺小说》，评《儒林外史》写王玉辉之女殉夫事尤其深刻：

> 其述王玉辉之女既殉夫，玉辉大喜，而当入祠建坊之际，“转觉心伤，辞了不肯来”，后又自言“在家日日看见老妻悲恸，心中不忍”（第四十八回），则描写良心与礼教之冲突，殊极刻深……

鲁迅的“品人”，也可用“殊极刻深”形容。到了后期，这种心理分析更加“刻深”得令人战栗。他不仅窥见了张献忠等农民起义领袖杀人的终极目的，而且窥视了永乐等封建统治者的凶残猥亵之心，尤其可贵的是看透了社会士人既想“有趣”，又要忠君的矛盾心理，戳穿了“小生落难，下狱挨打，到底中了状元的公式”，即中国封建专制社会的思想牢笼。

“悬想”

鲁迅的思维越来越开阔、深邃了。一九三五年十二月，他在《“题未定”草（六至九）》中，讲了一个发人深省的故事：

> 一个土财主，不知怎么一来，他也忽然“雅”起来了，买了一个鼎，据说是周鼎，真是土花斑驳，古色古香。而不料过不几天，他竟叫铜匠把它的土花和铜绿擦得一干二净，这才摆在客厅里，闪闪的发着铜

光。这样的擦得精光的古铜器，我一生中还没有见过第二个。一切“雅士”，听到的无不大笑，我在当时，也不禁由吃惊而失笑了，但接着就变成肃然，好像得了一种启示。这启示并非“哲学的意蕴”，是觉得这才看见了近于真相的周鼎。鼎在周朝，恰如碗之在现代，我们的碗，无整年不洗之理，所以鼎在当时，一定是干干净净，金光灿烂的，换了术语来说，就是它并不“静穆”，倒有些“热烈”。这一种俗气至今未脱，变化了我衡量古美术的眼光，例如希腊雕刻罢，我总以为它现在之见得“只剩一味醇朴”者，原因之一，是在曾埋土中，或久经风雨，失去了锋棱和光泽的缘故，雕造的当时，一定是崭新，雪白，而且发闪的，所以我们现在所见的希腊之美，其实并不准是当时希腊人之所谓美，我们应该悬想它是一件新东西。

鲁迅讲的这个故事，其实包含极为深厚的“哲学的意蕴”。他在这里所说的“悬想”，不仅与前面所述的“思理”“玄想”“思想能力”相通，而且更为精辟、准确、形象。其中最关键的是一个“悬”字。所谓“悬”，就是要从一味“专实利”“重实际”的狭隘思维窠臼中“悬”脱出来，提高“思理”“玄想”和“思想能力”。实质上说的是：人们在展开思维活动时，须“变化”我们“衡量”客观事物的“眼光”，移位换境，变换到事物原来的环境中进行设身处地的思考。因为人们在既定的凝固的视点上，从主观心理感觉出发，对客观事物所产生的直观意象，表面上似乎符合实际，实质上却是违背本来真相的。故事里所说的那些“雅士”们就是这样的。他们对周鼎所产生的“土花斑驳，古色古香”的意象，似乎符合当时所见的周鼎的实际，然而却违背周鼎本来的真相。原因在于：“鼎在周朝，恰如碗之在现代，我们的碗，无整年不洗之理，所以鼎在当时，一定是干干净净，金光灿烂的”，现在所见的鼎之所以“土花斑驳，古色古香”，是由于长期埋于土中，腐蚀、变化的缘故，并非当时的真相。同样，希腊雕刻现在之见得“只剩一味醇朴”，也由于“曾埋土中，或久经风雨，失去了锋棱和光泽的缘故，雕造的当时，一定是崭新，雪白，而且发闪的”。鲁迅说因此“变化了”他“衡量古美术的眼光”，从周鼎、希腊雕刻、古美术以及一切客观事物发展变化的历史过程中去衡量，去观察，去“悬想”，以获得“近于真相”的认识。在这种观察、思考过程中，当然需要具备“进化的观念”与“归纳的理论”。这个故事实质上是与胡适相通的。胡适认为：“今日大患，在于国人之无思想能力也”。并把“思想能力”归结为“有三术焉，皆起死之神丹也；一曰归纳的理论，二曰历史的眼光，三曰进化的观念”。胡适所说的“思想能力”，与鲁迅所说的“沉思”“内省”和“悬想”是一致的，胡适根据西方的科学方法进行了演绎和解释。所谓“归纳的理论”，就是说不能仅仅拘泥于眼前的一点实际而看不到全局，应该悬离某一定位、从宏观视野进行全面的归纳与综合，这种抽象的理论思维能力是中国人所缺乏的。所谓“历史的眼光”，就是说对过去的东西要历史地去看，既不要苛求古人，也不要拘囿成法。所谓“进化的观念”，就是说要相信现在和未来会比过去发展和进化，青年会超过老年。具备这“三术”，才可能不做古人、成法、眼前一时得失的奴隶，从习惯性思维的窠臼中解脱出来。

通过这样的“悬想”，悟出现在所见的“土花斑驳，古色古香”的周鼎并非当时的周鼎，倒是土财主无意之中将其擦得一干二净、发着铜光的周鼎近于当时的真相；又悟出“我们现在所见的希腊之美，其实并不准是当时希腊人之所谓美”；推而广之，悟出自己原来的许多意象与客观事物的本来真相之间存在极大的差距，从而有意识地调整与变化衡量客观事物的眼光，自觉克服中国传统思维定势的种种弊端，学会以历史、进化的观点、从理论归纳的高度全面地认识事物。

而人们往往相反，喜欢以己之心度人之腹，从自己所处的境遇去猜度他人的环境。据冯乃超回忆，鲁迅总爱对年轻的左翼人士举例说的：一个农民每天挑水，一天突然想，皇帝用什么挑水呢？自己接着很有把握地回答说，一定是用金扁担；一个农妇清晨醒来，想到皇后娘娘是怎样享福的，就猜道，肯定是一醒过来，就叫：“大姐，拿一个柿饼来吃吃。”鲁迅还把同样的道理写进了杂文《“人话”》。

在《“人话”》中，鲁迅以荷兰作家望·蔼覃的童话《小约翰》为例，形象地说明了其中的哲理：“小约翰听两种菌类相争论，从旁批评了一句‘你们俩都是有毒的'，菌们便惊喊道：'你是人么？这是人话呵！'从菌类的立场看起来，的确应该惊喊的。人类因为要吃它们，才首先注意于有毒或无毒，但在菌们自己，这却完全没有关系，完全不成问题。”这个故事启悟我们认识到从自己之境想别人之事的主观主义思路，简直可以说是一种人类的普遍弱点，其产生谬误的哲学根源是思维方法的僵化、狭隘与认知立场的凝固、静止。由此启发人们在认识事物时，一定须换位思考，“悬离”自己固有的立场，换个思路，转换思考的方向，换到对方的立场上去进行“悬想”，努力按照世界的本来样子去思考问题。就可能发现自己和世界以及自己与世界的关联都不是以前想象的那个样子。产生恍然大悟之感。

鲁迅不仅在《“题未定”草（六至九）》中直接论述了这种唯物辩证的思维方法，而且在其他杂文、特别是后期杂文中时时以生动的事例启悟人们进行“悬想”;从古人当时当事的具体环境进行“悬想”，悟出古人当时并不纯厚，“经后人一番选择，却就纯厚起来了”（《古人并不纯厚》）；采取正面文章反看法，从事物的反面进行“悬想”：“自称盗贼的无须防，得其反倒是好人；自称正人君子的必须防，得其反则是盗贼。”（《小杂感》）“专制者的反面就是奴才，有权时无所不为，失势时即奴性十足。”（《谚语》）这样上下左右、正反顺逆、纵横交错、自由自在地进行创造性的“悬想”，有助于人们“悬”离自身既定的凝固的视点，“悬”脱主观的心理感觉，对客观事物进行“悬”位换境的观察、思考，从而打破中国传统思维定势，克服种种弊端。

鲁迅也挖掘了中国人不善于“悬想”的原因，在《中国小说的历史的变迁》中说中华民族由于生活“太劳苦”，忙于“谋生”，所以“重实际，轻玄想”，缺乏足够的抽象力和想象力。

在讲“悬想”的故事之前，鲁迅用“摘句”和“选本”为例，说明要正确地认识事物，即“知人论世”，一定要注意全面地看问题，避免片面性，指出：

> 不过倘要研究文学或某一作家，所谓“知人论世”，那么，足以应用的选本就很难得。选本所显示的，往往并非作者的特色，倒是选者的眼光。眼光愈锐利，见识愈深广，选本固然愈准确，但可惜的是

大抵眼光如豆，抹杀了作者真相的居多，这才是一个“文人浩劫”。

我总以为倘要论文，最好是顾及全篇，并且顾及作者的全人，以及他所处的社会状态，这才较为确凿。要不然，是很容易近乎说梦的。

在“悬想”故事之后，鲁迅做出一个重要的科学论断：

凡论文艺，虚悬了一个“极境”，是要陷入“绝境”的，在艺术，会迷惘于土花，在文学，则被拘迫而“摘句”。

“虚悬了一个‘极境’，是要陷入‘绝境’的”——正是从科学思维的角度，对极端化思维方式的中肯批判。

在《“题未定”草（六至九）》第九节中，鲁迅还以明末党争为例说明“东林党中也有小人，古今来无纯一不杂的君子群，于是凡有党社，必为自谓中立者所不满，就大体而言，是好人多还是坏人多”。但鲁迅的“悬想”是绝不脱离现实的，他最后谈到刚刚发生的北平的一二·九运动，说道：

刚刚接到本日的《大美晚报》，有“北平特约通讯”，记学生游行，被警察水龙喷射，棍击刀砍，一部分则被闭于城外，使受冻馁，“此时燕冀中学师大附中及附近居民纷纷组织慰劳队，送水烧饼馒头等食物，学生略解饥肠……”谁说中国的老百姓是庸愚的呢，被愚弄诓骗压迫到现在，还明白如此。张岱又说：“忠臣义士多见于国破家亡之际，如敲石出火，一闪即灭，人主不急起收之，则火种绝矣。”（《越绝诗小序》）他所指的“人主”是明太祖，和现在的情景不相符。

石在，火种是不会绝的。但我要重申九年前的主张：不要再请愿！

鲁迅是始终扎根在现实生活中的，他时时在为中国人端正现实斗争的航向！

第八章　胡风与梅志

迎风返国

浩瀚无边的蔚蓝色大海，波浪起伏，浪边上泛着白沫，一直延展到天海的一线衔接处，与蓝天、白云衔合在一起。

一艘日本海船在澄蓝的海天之间，徐徐向东南航行。

船舷边一位高个儿的男子，双手扶着船栏，朝着海天瞭望。他三十岁左右，宽阔的前额开始谢顶，稀疏的头发被海风吹得向后拂起。高大的身材也开始发胖，脸色黝黑，若隐若现着少许麻子，嘴角紧抿，目光深沉，总像在思索着什么，吟诵着什么长诗。他就是后来非常著名的胡风，原名张光人，笔名谷非、高荒、张果等。湖北蕲春人。现代文艺理论家、诗人、文学翻译家。一九二〇年起就读于武昌和南京的中学。一九二九年到日本东京，进庆应义塾大学英文科。一九三三年被日本当局驱逐出境，遣返上海。不过，这时他还没有使用笔名胡风，人们也尚不这样称他，而叫张光人、光人或这一时期常用的笔名谷非。

甲板上还有一位瘦高个儿，吊儿郎当，随随便便，在海船上还不住地吸烟。灭了一支再点时，火柴总被风吹熄，就跑到船舱边背风点，还是不着，旁边一位精悍的女士过去用身子帮他挡风，才点着了。瘦高个儿使劲吸了一口，好像多长时间没抽过烟似的，香极了。这瘦高个儿，就是著名的诗人、杂文家聂绀弩，湖北京山人，曾用笔名耳耶、二鸦、箫今度等。一九二八年，任中央通讯社副主任，后兼任《新京日报》副刊《雨花》编辑，同年与周颖结婚。帮他挡风点烟的女士就是他的夫人周颖，一位干练的女社会活动家。聂绀弩一九三一年“九一八”事变后,因组织“文艺青年反日会”引起当局不满，为避免被捕弃职逃亡日本，与在东京帝国大学留学的周颖团聚。一九三二年二月，加入光人负责的“左翼作家联盟东京分盟”。一九三三年二月，因参与日本左翼文化运动，日本左翼作家小林多喜二被打死了，三月，聂绀弩夫妇与光人等一起被捕入狱。

光人记得当时被抓到监房。看守搜查了全身，取走了钱包、水笔等，送进了左手第一间。这间关押的是新来的犯人，白天三面墙人挨人坐。每日是三餐米饭，一律是饭盒子。早上是劣等豆汁汤，舀着分食，中午、下午是泡萝卜或一小块鱼。晚上监房长指定人出去取来满是脏灰的毯子，人挤人睡在毯子上，早起叠好送回去。

光人被关在警察署的拘留所，一直没有人过问。这是他精神上最不安的阶段。因为他身上带有许多关系，在拷问和他有关的人们时，不知道他们会不会暴露出来？大约过了半个月以后，他才被提上楼去。在一间办公室里，来的是一向跟踪他的刑警端保，把他带到一间日式房间内，劈头就问：“书记局是什么？”原来左联东京支部的具体工作一是读日本的《赤旗报》；二是组织了“新兴文化研究会”，会里分为社会科学研究会和文学研究会；三是出版了油印刊物《新兴文化》,因年轻狂妄,竟印着“新兴文化研究会书记局出版”，分送给相识的留学生看。所谓“书记局”虽然听起来吓人，其实本是“空头”罢了。光人心知此事一时说不清楚，倘若说了实情，旁人不仅不会相信，反而越讲越麻烦，就回答：“不知道。”端保马上把他掀翻在地，用棍子打他的双腿及后股。光人只好弯起小腿由他打去。端保打累了休息一下，又吼着问光人：“书记局是什么？”光人仍旧闷声不响，于是又打。这样前后经过了近两个小时，才把光人送下楼，交给看守。

第二天又被提到了“日本间”。又是追问书记局，光人的回答还是“不知道”，于是又掀倒，又用棍子打。昨天挨打的地方已经肿了，棍子打下去只感到火辣辣的烧痛，但光人心里很充实，仍是一声不哼。缠打了近两个小时，又把他送到楼下交给了看守。这时光人虽面带笑容，但腿已弯不过来了，好容易才用手撑着席子坐了下来。旁边的犯人注意到了，又看到他连铺毯子都站不起来，就赶快向看守报告。看守忙着替他买来了松节油，并帮他搽两股的肿处，由别人扶他睡下。

第三天，端保又将光人提到楼上的日本间。这次还有参加逮捕他的小胡子头目，气极了似的，把一叠纸往小几上重重一拍，吼道："这是什么，看！"胡风展开一看，是聂绀弩的口供。看完后，心中一块石头落了地。他供的是文学研究会开会的情况，重要的人事关系，无从涉及。这样，光人就在聂绀弩口供的范围内，作了"供述"，都是文学研究会开会的次数、地点和讨论内容等无关大局的事情。最后，只能因罪证不足，免予起诉，释放了他们。

后来才知道是由于聂绀弩"吊儿郎当"，警察在他那里搜出了《赤旗报》追悼小林多喜二专号的半张副刊引起的。

一九三三年六月中旬，他们被日本警察驱逐回国。

释放的前一天，先被警察押着去理发洗澡，回住处收拾行李。警察又陪光人到庆应义塾大学办退学手续。然后，每人由一名刑警监视着坐上火车。开车时，光人上身伸出窗外喊了"反对日本帝国主义侵略中国"的口号，总算吐了一口闷气。

在神户上船后，先把他们关在船头下面的尖舱里。留下两名警察监督，其余警察都回去了。第二天到长崎，那两名警察也上岸走了，他们才真正成了自由旅客。

结识鲁迅

一九三三年六月十五日，光人等抵达上海。第二天，暂住到了左联盟员、友人韩起家里——虹口区施高塔路四达里一个三楼。四达里和内山书店很近，住在附近的鲁迅几乎每天下午要到书店去坐坐。那时周扬也住在附近，光人到上海后两三天就来会见过。周扬，原名周运宜，字起应。笔名有绮影、谷扬、周苋等。湖南益阳人。一表人才，态度谨严，一股理论家的领袖派头。他告诉光人：丁玲曾是左联书记，今年春天被捕了，冯雪峰被调任江苏省委宣传部。现在是茅盾当左联书记，他负党团责任。

周扬陪着鲁迅来了。当是周扬到内山书店去遇见了他，他知道后就要周扬把他引来的。光人感到很抱歉，但鲁迅却自然得很。光人住在后楼，靠近楼梯一块地方摆一个单人床，没有坐处。正好韩起夫妇不在家，于是一起到前楼韩起房里，请鲁迅和周扬在一张旧沙发上坐下，自己拿一张椅子坐在他们对面。前一年发生了和“第三种人”的论争，光人回国时也写过一篇文章，这个论争目前还在继续。鲁迅坐下后就直接谈到了这个论争，他称呼光人这时常用的笔名谷非，告诉谷非说：“第三种人”戴望舒从巴黎寄回了一篇文章参加论争，以法国文坛为例，说法国纪德是“第三种人”，但法国左翼方面很尊重他，以此可见中国左翼批判“第三种人”是犯了错误。鲁迅认为，戴望舒是拿外国的事情来唬人，如果法国左翼尊重纪德，可见纪德是同情左翼的，那他就绝不是“第三种人”。这个意思，鲁迅后来写成了文章。谈到上海文坛的复杂性，国民党除了正面压迫以外，还通过各种文坛人事关系来破坏左翼。又谈到，鸳鸯蝴蝶派的落后和反动好像读者都明白了，但实际上它的读者数量还是相当大的。……他谈话时的感情虽然是平静的，但不断地使光人想到，鲁迅关注着整个文艺领域上的斗争目标，前一年自己回上海时看到，若干位左翼负责人，仅仅把注意力放在少数进步读者甚至组织成员中，过于在乎谁是谁非谁上谁下，鲁迅的态度与他们显著不同。鲁迅两次提到：谷非，你可以在这些方面做些工作。说得很随便，好像光人当然会这样做的。这使光人惶惑，不能答话，感到自己一无学力，二无资历，怎样能够参加这样复杂的斗争呢？送别时，望着鲁迅的步伐和姿态，心里又感到了安慰。

其实，光人早就崇仰鲁迅了。一九二五年秋，他同时考取了北京大学预科和清华大学英文系文科一年级。但因为向往北大是以鲁迅为中心的新文化运动圣地，宁愿损失两年而进了北大的预科。

光人是一九二一年开始接受新文学影响的，其中以鲁迅给他的影响最大。

在《晨报》副镌上读到了鲁迅的《呐喊》自序，受到了震动。那以后，总是在和鲁迅有关的报刊上寻找鲁迅的文章。《语丝》出版了，光人好像看到了一道光，等着每期的出版，到手就抢着读鲁迅的文章。

一开始，就有一个情况给光人留下很深的印象。一个精神失常的、自称杨树达的大学生来找鲁迅，发泄了一通对文坛的不满就走了。鲁迅怀疑这个杨树达是装疯，是他的论敌派来扰乱他、恐吓他的，于是写了一篇《记杨树达的袭来》，在《语丝》上发表了。其中叙述了自己怀疑杨树达的心理活动。接着，收到了杨树达的朋友也是他的学生李遇安的一封信，证明杨树达真是精神失常。这封恳挚的信使鲁迅感到惭然，他马上把信转给了《语丝》编者，自己也加了说明，要求发表，增加篇幅的费用由他负担，不要加价。信里说，这是无意中暴露了人对人的误会，由他制造的酸酒，只好由他自己喝干。这种不但不掩饰自己的弱点，反而公开暴露、公开自责的道德感情，打动了光人，提高了他对鲁迅的敬仰。

进了北大以后，光人感到很失望。原来，北大课程并没有什么新文化新文学，依然是国学概论、国文以及基础课程。预科有英文，教员是翻译易卜生作品的潘家洵，但教材依然是司各德的一部写牧师的小说，不但不是革命的，而且还不是现代的。又打听到，本科也没有新文化新文学的课程。鲁迅是有课程的，但也只是每周两小时的中国小说史。

在这种失望的情绪下，光人和同学朱企霞去旁听了鲁迅的一堂中国小说史，目的只是想看看他：浓发，平头，黑黑的一字胡须，长袍马褂，记不得是不是穿的陈嘉庚鞋。这一课恰恰讲的是鲁迅在文章里写过的内容。才子和佳人相爱了，但有一个不是才子的人从中捣乱，幸而才子中了状元，终于奉旨结婚，和佳人团圆了。声音是悠悠不迫的，学生中偶有笑声，但鲁迅自己并不笑。这是鲁迅一贯的反对虚伪的态度。就只听了这一堂课，算是感情上得到了一次满足。想都没有想过去旁听胡适、周作人的课。

当时，北大新潮社的李小峰办了北新书局，设在翠花胡同。主要是出鲁迅和与鲁迅有关的作者的书。原来，进门右首一间小房里用木板架着一个书摊，摆着新书刊，由读者选购。后来转移到里面南屋的厅房去了，当中摆着一个两面插书刊的架子。光人每周总要去找一次书刊。一次，正遇见鲁迅在那里。他一面走着看两面书架子上的书刊，一面和李小峰谈话，选出了创造社的《洪水》。李小峰问他，罗曼·罗兰给他的信，转信人是不是会转给他。他说，不会的，一定销毁了。当时光人从报刊上知道，在法国的敬隐渔把《阿Q正传》译成了法文，送给罗曼·罗兰看。罗兰看了以后，托敬隐渔转了一封信给鲁迅，说阿Q的苦脸要永远留在人间。敬隐渔大概是把这封信寄给国内创造社的什么人转给鲁迅的，但是并没有转。当时，光人连上前向鲁迅致意的意思都没有。他觉得，自己是不配向鲁迅请教什么的。

一九二六年，经鲁迅的手介绍的苏联作品中，使光人受到影响最大的是A.勃洛克的长诗《十二个》。它反映了十月革命掀动了全社会生活的风暴似的旋律，把光人也卷进了那里面。鲁迅的《后记》帮助他读懂了诗，也帮助他多少懂得了革命，多少懂得了革命会怎样影响作家和文学。这以前，光人读过鲁迅译的厨川白村的《苦闷的象征》，加强了他对创作过程中的庸俗社会学的认识。但是光人知道，厨川的出发点是唯心论的，现在这《后记》帮助他加强了这个观念。

大概这以前，鲁迅在《京报》副刊上编的《莽原》独立出来，改为半月刊的小本子。鲁迅在那上面发表了《论“费厄泼赖”应该缓行》，提出了“打落水狗”精神，这是鲁迅战斗纲领中最重要的内容之一，接着鲁迅就离开了北京。

每周等着读鲁迅文章的可能很少了，北京已对光人失去了吸引力。虽然转到了以清新精神见称的清华大学英文系二年级，但他还是决然离开，回到湖北本县参加革命，梦想在社会革命的大风暴中满足自己虚浮的、浪漫主义的渴求。

那以后，在漂流生活中，光人没有脱离过鲁迅的思想影响。一九二七年在武昌女一中教书时，光人选了《老调子已经唱完》和《无声的中国》做教材。同时选用作教材的有《向导》上的上海工人起义的长篇报导。他认为鲁迅的文章和那篇报导对学生能有所启发。虽然如此，就是有见到鲁迅的机会，光人也从未想到去见。一九二八年底到一九二九年初在上海，他和认识鲁迅的刘肖愚有交往，刘常常谈起鲁迅，但光人从没有意思要刘约着去见见鲁迅。光人认为那对鲁迅是不该有的打扰。

若干天后，鲁迅就在这条路上开了一个版画展览会。好像是鲁迅所收藏的外国版画，还有青年木刻家的作品。会场占了三间房子。在第一间的进口处，一张桌子上摆着鲁迅经手印的书。光人买了一本新出的A.聂维洛夫的《不走正路的安得伦》。到第二间房子进口旁边，也摆着一张桌子，鲁迅坐在桌边椅子上，桌子上好像摆着展览作品的目录。光人发现自己走错了，鲁迅这里才是进口，他走的是出口。鲁迅看见光人手上拿着的书，脱口说："哎……"现出了一个抱歉的表情。光人体会出鲁迅没有说出来的话是：何必买呢，可惜我忘了送你……

鲁迅和光人的确有股一见如故的味道，因为他们的精神气质是那么相通和类似：都想以独立的精神，自由、深刻地思考问题，不愿人云亦云，随风偏倒，跟上媚俗。从那以后，凡是鲁迅经手印的书，总要送光人一本。和鲁迅有关的，只要他有多的，也总送光人一本。

情遇梅志

一九三三年六月的一个下午三时，后门被敲得特响，韩起夫人曼尼丢钥匙下去，又摔断了，只好亲自去开门。上来的是老朋友楼适夷，后面跟着一个小姑娘，经韩起介绍，光人才知道是屠玘华，也叫屠琪或屠棘，祖籍江苏武进，出生于江西南昌，也是左联盟员。韩起向屠琪介绍光人时，只告诉她光人的常用笔名谷非。光人一九三二年回上海时，就从韩起口中知道她，甚为夸奖，说她办事如何认真，可惜没有见到。这次见面，给了他很好的印象。她穿着淡蓝色的短旗袍，短发，显得清纯、秀美，很有精神。她来告诉韩起，她小时候的朋友钟潜九，因鼓动公共汽车工人罢工被捕判了刑，现在她受钟之托来找朋友们要求支援，而她自己因为钟潜九的关系，失去了家庭教师的工作，回到南市区父母家中，也没有钱。同时，她来还要找韩起商量，想调到法南区的左联小组，以便于活动。光人因韩起的关系，认识钟潜九，也算是朋友，对屠琪又有好感，当即拿出五元钱要屠琪寄去。这时，住在楼下的安徽青年画家汪仑走进来，向曼尼轻声说了些什么，曼尼答说:那可要加菜了。屠琪似乎看出什么，准备告辞。光人知道，是要留他们吃饭，就又从皮夹中取出五元钱交给小汪，要小汪去买菜。于是，他们两人都留下来吃晚饭。小汪只买了一包猪头肉和一包咸牛肉，还有几两酒。光人看到屠琪没吃什么菜，不知怎的，心里对她很抱歉，饭后不久，屠琪就和楼适夷一道走了。

不几天，周扬来通知光人，要他担任左联的宣传部长。左联的工作决定以后，光人需要解决自己的工作问题，也就是找一饭碗，才能在上海生存下来,同时也才能从韩起家搬出。当时,孙科出钱办的中山文化教育馆刚刚成立,陈彬和任出版部主任，准备出一种半月刊《时事类编》，译载各国政治、经济、文学、时论等方面的文章。陈彬和当时是“民权保障同盟”的干事，同时又是《申报》系统的人,被认为是红色记者。韩起的朋友杨幸之是陈彬和的秘书,就介绍光人去那里工作。光人希望只上半天班，好利用下午做自己的事。陈彬和答应了,但工资比全天工作的人少三分之一,甚至一半,每月只有一百元。

这样，光人在法租界金神父路圣母院路附近，找到一处西式弄堂的俄国人开的公寓房。那是在楼梯旁的只有七平方米大的小房，放一张小床，一个小书桌和一个小五斗柜，一张小沙发。房钱每月二十元，早餐包给房主的大师傅，给他做一碗白米粥，外加白糖，每月给五元。中饭在中山文化教育馆搭伙，每月十元，下午就自由安排跑工作，访人，饿了随便找个地方吃一份客饭。

光人的工作和生活安排好了,心里却不安静。屠琪那清纯秀美、留着短发、穿淡蓝色布旗袍的模样，牢牢印在光人的脑海里了。无论什么时候，屠琪的倩影总在他的眼前浮现，想驱散也驱散不了，何况他不仅不想驱散，还想着屠琪能够永远在他身边。

住定之后，左联想出油印刊物，韩起建议，可以找屠琪，让她做这一工作挺合适。于是，光人就写信约屠琪到法租界，自己住处不远的巴黎电影院见面。那天特热，光人满头大汗，热不可耐，俩人一见，光人立即引屠琪去对面一家饮冰室里，要了两杯橘子刨冰。屠琪一边用麦管慢慢地吮吸沁人心脾的冰水，一边听光人讲话。

光人告诉屠琪她已经编入法南区,由他个人来领导,还留下了自己的地址。但谈到油印刊物事时,屠琪拒绝了,说她字写得不好,办不了,光人也只得作罢。准备离开时，屠琪打开手帕取出一块银元付账。光人笑了起来，一伸手就将账单接了过去。这次会面和饮刨冰的情形，一直被光人嘲笑，说屠琪那种怯生生的样儿真幼稚得可笑。其实，屠琪有个外号叫“冰激凌”，一是说她最爱吃刨冰，二是取意“诗怪”李金发的比喻——读一篇好作品，就像心灵坐沙发、眼睛吃了冰激凌一般。屠琪是典型的秀外慧中，令人越看越倾倒的美人，在光人这种硬汉子眼里，是最有吸引力的。那怯生生的神态，温柔柔的性格，与硬汉的刚性正好相配。

于是光人不几天就去信约屠琪见面。问她读了什么书。她读的书不少，辛克莱的《屠场》、苏联的《士敏土之图》等全读过，还读了鲁迅的《呐喊》《彷徨》和别的新书。但她更多的是读了一些历史小说、章回小说。光人听后很泄气，觉得这个小姑娘脑子里乌七八糟的东西太多了，就在自己的书堆里找了几本小说给她看,有鲁迅的《现代日本小说》和《小说译丛》等。几天后，屠琪如约来还书，光人问她喜欢吗，她沉默着说不出来。又问她，那么是不喜欢了？她才说,不是的,只是没有长篇的有故事的那么有趣。光人只好笑了:“我正想纠正你只追求故事情节，不想书中人物和思想的毛病。”屠琪不好意思了,没说什么。光人于是又拿了两本书给她,可能是中长篇小说。再还书时,他们正好在路上碰见,光人想买点儿梨请她客,但看了几个摊子，都不好又贵,最后才由她挑选了一处买了几个大梨。回来后，她削着梨，光人在一边看着，这时才真正看清了她，因为她已不再害羞，而是一心一意地削梨。光人发现她原来那么美，有一种青春纯洁的美，尤其是那双秀气、白嫩的细手，真像削下皮的梨肉一样，雪白、柔细。等她将削好的梨递给他时，他几乎忘情地想用手去握住这双手，但到底克制住了。依然和她谈读书，用读书来转移自己的注意力。这次是将鲁迅的新书给她看，嘱咐她，一定要仔细看，看懂才行。就这样，屠琪成了光人家里常去的客人。

三个月之后，茅盾提出辞职，周扬让光人接任左联书记。又强调说：他自己的主要工作在文委，在左联他只管内部的党团工作，光人管外部工作。这期间，光人和周扬的关系是很好的，因为他们都富有理论家的素养，尽管观点不尽相同，甚至对立，但在理论钻探的深邃性上有相通之处。于是光人忙起来，几乎整天在外面跑。

一天，屠琪来还书，光人不在，但门没锁。屠琪找不到纸笔，就从报纸上撕下一角，用火柴蘸着墨水在上面写了四个字："我来过了。"放下书就走了。这纸条被晚上来聊天的冯雪峰看见了，就问光人怎么回事。光人如实告诉了他，并表示自己很看重她。雪峰严肃地说："我见过她，还同她谈过话，是很单纯的一个女学生……你也该有个家了。但是，可千万不要陷在感情的纠纷里……"最后是一声叹息。光人完全明白雪峰的好意，从心里感激他。

光人私下也对韩起谈过与屠琪的事，韩起说："好呀！你不赶快，会被别人抢走的。"于是，虽然光人觉得让一个年轻幼稚的女孩陪自己过这种飘忽不定的日子，实在于心不忍，还是放不下她，加强攻势了。他约屠琪去公园见面，又请她吃饭，叫了当时很贵的炒蟹粉，但屠琪吃得很少，菜都被光人一扫而光了。她看着很吃惊，弄得他很不好意思，但仍不想与她分开，又带她到静安寺路的外国坟山，即驻沪外国人的墓地去散步。那里人很少，环境很幽静。光人有说不完的话，屠琪却说，不早了，匆匆走了。

有一次还书时，光人请屠琪陪着去看房子，说是，没有女眷，房主连门都不愿开，屠琪只好答应。看了几处，都在法租界和英租界之间，因为中山文化教育馆在这附近，同志们也多住在这一带。可是，公寓式的房子很少，有几处不是价高就是房不好。最后看上一处，是一个大亭子间，也没什么家具，但那个白俄女房主很会说话，答应再加沙发，甚至可换大床。她是用洋泾浜的英语说的，光人听得很高兴。那女房主还说，我一定使你太太满意，光人更高兴地向屠琪狡猾地笑笑。屠琪大概觉察到了什么，转身往外走。他来不及再说，抽出五元钱作为订金，就陪她走了。一路上他们没说什么，光人一直送她上了电车。

在路上，回想着一同找房子的情况，光人简直有点陶醉了，好像自己多年的梦想就在眼前了，再也不能放松，让别人抢去。回到家里，立即给她写了一封信，还特意找出一个粉红色的信封。话虽然很简单，但意思很殷切，希望她能来一趟。

屠琪如约来了。光人一开门见到她，几乎要扑过去拥抱她，她被吓得站在那里。他赶紧拉她坐下，自己半跪着蹲在她身边，向她坦露了心迹："我不能再隐瞒了，只有你才能给我一个归宿，只有你才能将我从混乱的感情中挽救出来。我要的是……"她惊呆了，但他已下决心，非做一次拼搏不可，要把一切告诉她。光人一个劲地叙说着，最后又将大哥给他的信拿出，里面提到父亲希望他早日结婚的话。他就这么蹲在沙发旁和她谈着，直到天快黑了，才放她走，一直送她到电车站，心里很轻松，以为放下了负担，该说的都说了。

第二天，光人收到屠琪的一封短信，说自己在上海找不到职业，已决定到外地去了……这一下可把光人急坏了，这等于是当头一棒，便顾不得危险，出去叫了一辆黄包车直奔南市屠琪家。屠琪的家在南市老西门一处很僻静的地方，是租的前楼面，房子很陈旧，室内家具也简单，看得出是刚从外地到上海不久。她本人不在家，家中只有两个妹妹和老母。看到光人慌慌张张地跑来，她们吓了一跳，以为出了什么事。而光人一看屠琪不在家，也就什么不说，慌慌张张地掉头走了。

屠琪写了信以后，感到一身轻松。她不愿现在就落入爱情圈里，自己还年轻，还想独立地干一番事业。可恨的是，找不到工作，哪怕一个小职员都找不到。她准备到外地去，甚至想写信向她在爪哇的老师求救，那是很有希望的。她拿了点车钱去找培明中学时的同学，她和屠琪一起参加左联，不久就被区委调去和她的上级——一个琼崖人结婚了。这次，她谈起自己现在由谷非领导，他们说：谷非可是大评论家呀，还说，报纸上刚发表了他的文章。这一切她可都不知道，她只觉得他借给她书看，很用心地帮助她分析作品的内容和人物的性格，而这都是她过去从来不管的。原来他是个大作家！她感到惊奇。回到家里，母亲和妹妹把有人找她的情况告诉了她。母亲只是吃惊和着急，妹妹可说了："这么一个又粗鲁又丑的男人，一进门可把我们吓坏了。尤其是他那么焦急地匆匆走了，更使我们莫名其妙！"屠琪想，看来是谷非亲自来了。莫非是出了什么事？他回去后，又会出什么事？……出于同志间的关心，她来不及说什么，就将已脱下的皮鞋再穿上，匆匆又跑了出去。

推开谷非的门，他从床上睡眼惺忪地爬了起来。一看是屠琪，跳下床一把拉住她的手说："你害得我好苦啊！我真不知道该怎么才好，你，你……"他拉她坐在那唯一的沙发上，自己伏在她身边，向她诉说着："我是下了决心向你求救的。你怎么这么狠心？我这个漂泊的人，只有你才能给我归宿。你不能这样狠心啊，你救救我吧。只有你才能挽救我，从困惑的感情中解放出来。我不是坏人，我要过一种圣洁的生活，只有你才能帮助我，挽救我……"

正是这一番话，上次把屠琪吓坏了。现在他又重复地说着这番话，她感到了他的诚实。他的确是一个正派人，是重视自己的。他凄苦地低下头，将头伏在她的腿上。这时，她才看到他那已开始谢顶的脑袋和满脸的胡茬，真是一副受苦人的面容，心里不由得产生了对他的怜悯和同情：他是一个好人，应该给他以帮助，不能丢开他不管。就这么简单地想着，她心软了，答应先和他交朋友……

一九三三年十二月二十四日，平安夜，他们共同度过，等待着圣诞节的到来，俩人靠得很近。光人再也克制不住了，拼命搂住屠琪亲吻。屠琪感到自己反抗不了，也不能反抗，只能接受他热烈的拥抱和爱抚，任他褪下自己的衣服。

从此，他和她都感到互相融化为一体了，永远不能分开。

"皇宫"里的家宴

他们以最简单的方式结合了。谁知由于糊了天蓝色的纸，新买了家具，就有人被捕后交代说谷非结婚的新房像皇宫似的。这是鲁迅先生看了日文的报道告诉谷非的，因此就有了"请皇安"的戏语。

俩人除了甜甜蜜蜜地生活之外，就是谈文学，屠琪写了文章，光人帮她修改。好几篇文章都被光人否定了，屠琪不灰心，终于写出一篇两三千字的小文，被光人通过了。文中记述一个女孩因为家贫只好在蚕桑学校过着半工半读的生活，从事养蚕。一次，因事故受了伤，手上的血滴在桑叶上，但没有人来怜惜她，她还得把带血的桑叶喂蚕。这小文取名为《受伤之夜》。光人夸说，有生活，有人物，介绍到《自由谈》发表，署名“梅志”，意为树立傲雪红梅那样的志向。从此，屠琪就叫梅志了。光人一九三四年十二月十一日写了堂皇的大文《林语堂论》，署名“胡风”，从此也就叫胡风了。之所以起这么一个笔名，主要因为他的母亲姓胡。

胡风和梅志真是天生的一对，过得很幸福。不久，梅志怀孕了，开始不想要孩子，想打掉，但胡风看到梅志像被宰的羔羊似的躺在白布单上，脸上没有一点血色，就坚决说“要留住孩子”。医生也觉得手术有困难，顺水推舟，不做了。既然已经怀了孩子，梅志只能把已经结婚的事告诉父母。父母起先大骂一通，然后坚持要通知亲友，请一次客。于是，胡风只得准备一笔钱，自己做一套灰色条呢西装，给妻子做一件绸旗袍，在弄堂里的小照相馆照了两张结婚照。虽然花钱不多，但那张照片中，胡风显得文雅、庄重，梅志异常秀美、温柔，朋友们无不夸奖，羡慕。

孩子终于生下来了，是儿子。三人的生活，更加温馨，也更加忙碌。为了更好地写作，孩子也可以平安地度夏，他们在福熙路静安寺路慈惠里找到一处大厢房，一大一小，有卫生间。胡风和梅志决定利用这宽敞的房子，在一九三五年九月二十四日，鲁迅生日前一天，请鲁迅一家来吃晚饭。一是因为一九三四年十二月十九日，鲁迅先生为了给他们新生的儿子过满月，曾经邀他们和几位朋友到梁园豫菜馆吃饭。由于邮寄的问题，他们竟然没有收到请柬。事后，他俩都非常遗憾和内疚，一直想弥补一下。二是胡风因穆木天被捕后诬他是“内奸”，周扬等人信以为真，加以谴责，胡风只好辞去了左联书记，由田汉接替。胡风向鲁迅汇报此事时，鲁迅平静地对他说：“只好不管他，做自己本分的事，多用用笔……”这以后，胡风与鲁迅的友情倒更加深厚了。

说到请客，在胡风他们可不是一件容易的事，尤其是请鲁迅先生一家来做客，他们更不知如何办才合适。梅志在家时，从来对烹调等家务事不感兴趣。和胡风同居后，第一餐饭是白肉煮大白菜，这顶容易做，熟了加上盐就可以吃。第二餐呢？只好大白菜加肉片了，吃了三天才想换样儿。好在胡风不挑嘴，

胡风和梅志真是天生的一对……

他本人是连洗菜、洗碗筷都干不来，有现成饭菜可吃，他就满意了，他只是高兴地大口大口地吃，一直到吃光为止。因此梅志也就无法提高技术，练出真本领来。但梅志的二妹喜欢搞家务，向母亲学了一点烧菜本领。这样梅志就决定请她来当“主将”，自己做她的助手，听她的吩咐，买了所需要的材料。当时她报的菜名有七八样之多。胡风在一旁一再说，弄简单点，弄得精致好吃点。但她们觉得应该有冷盘，有热炒，还应该有全鱼、炖肉等。结果弄了一桌菜。

下午三时许，他们从后厢房窗口，看到了鲁迅先生和许广平先生带着五岁的海婴一道来了。胡风赶快下楼去迎接。鲁迅先生在他们的卧室前厢房看了一下，就被请到作为胡风书房的后厢房里坐了。书房虽小，十来平方米的样儿，可是除了一张书桌，两张藤椅，两竹书架书之外，别无他物，倒也显得宽敞明亮。从前房端来两张圆凳子，四人坐坐倒也还算舒坦。

那天正是秋高气爽，阳光很好，暖热适中。他们选中的房子，后面有很宽的弄堂，面临着一家外国人住的公寓，所以不让小贩进来，很是安静。

鲁迅先生穿一身深灰色的长衫，还是带着他那帽檐下垂的礼帽，许先生穿得也很朴素，是淡灰色有浅花的旗袍。海婴穿一身浅色的童装，可能是日本服装店定做的，非常合体，显得十分活泼可爱。胡风、梅志觉得这一家来到他们的陋室，不能不用一句俗话说“蓬荜生辉”，感到这屋子一下子豁亮了，充满了和蔼欢欣的气氛。那天大家都心情舒畅，十分愉快，尤其是海婴特别听话，只是用两只明亮的小眼睛四处张望，看来他对任何事物都感到稀奇好玩。梅志为鲁迅一家准备了糖果和瓜子，海婴不怎么感兴趣，倒是对胡风、梅志还不到一周岁的孩子特别喜欢，老逗他玩，要妈妈抱他，孩子在拍手笑叫的时候，他也高兴得大笑，并且快乐得叫嚷：“爸爸，妈妈，你们看，好白相啦！”因此屋里很热闹，洋溢着欢快的笑声。

鲁迅先生为胡风、梅志的孩子带来了三件礼物，可以看出是经过先生用心挑选的。那是从日本人开的百货商店买来的。一盒日本制的果酱夹心饼干，是很松脆的一种，当时上海市面还未见到呢。就是像巧克力华富夹心饼干那样儿，到口即化，给孩子吃既富于营养又易于消化，用橘黄色有美丽图案的铁盒装着。一只赛璐珞的能摇摆的玩具鸭子，还有一个木制的小鸟，尾部有一哨子，可以吹响。

这三件礼物，不能说是高贵、精致的礼品，但适合一岁大的孩子玩，没有棱角不会伤到自己或别人，又不易藏污纳垢，容易揩抹清洗，它在胡风、梅志心中比任何高贵的礼品更宝贵！

刚满二十岁的梅志，从来没有做过这种主妇，招待这几位不寻常的客人，实在有点惴惴然。因为她对他们比对一般的长辈更尊重更敬爱，真不知怎样表达这份心情，结果反而显得非常笨拙和幼稚可笑，除了倒茶之外，连一句应酬话都说不出来。好在许先生非常慈爱，好像看出了她的怯生生的心情，就主动找话问她，并且和她谈起了带孩子的事情，梅志抱了孩子给她看，她就从梅志手里接了过去，逗孩子笑，逗他说话。那时孩子还不到一岁，不能走路，可是能发四五个字的音了，除了会叫爸爸妈妈，还会问几点钟了，会说起来吃饭、上街白相等话。加上海婴高兴的笑声，他们几个倒是很热闹，很融洽。鲁迅先生有时在听到他们的笑声时，投来亲切的一瞥。

快到五点时，梅志抱孩子下楼去，二妹就忙开了厨房的工作。她简直想拿出全副本领来显一显，把冷盘拼出了花样，又忙着炒菜。梅志在前屋摆好了桌子，正好他们仅有的六张椅子够用，就请他们入席了。怎么安排座位，怎样招待喝酒、吃菜，梅志是顾不来了，就由胡风去应付，喝的是黄酒，梅志也不知道酒好不好，热得有没有过火，反正是尽力而为。客人倒很高兴，无拘无束，尤其是海婴感到特别有兴趣，问这问那，简直像小喜鹊似的。

梅志把孩子放在他的有栏杆的小床上，由他自己在里面爬，或站起来扶着栏杆对着人们又笑又叫，梅志给了他一个梨核，他拿在手里津津有味地啃着。许先生说："抱他起来，吃点什么吧？"

梅志说："我们从来不抱他吃饭，等到钟点了，我另喂他粥喝。"

鲁迅先生点头表示赞同地说："这样好，这样好，习惯就要从小养好。"

许先生温和地向梅志笑了笑。

梅志的主要工作任务，是楼上楼下端菜，送了几次后，看看那不到一米见方的小桌上倒是摆满了，可就是没怎么动呢！梅志和做完菜上来见鲁迅先生一家的二妹都感到有点不安。

梅志将二妹向鲁迅先生和许先生做了介绍。二妹除了红着脸之外，也是说不出应酬话。经验丰富、通达人情的许先生为她们解了围。她拉着二妹的手说："快坐下，自己吃点吧？真辛苦你们了，弄这一桌菜。"

二妹低声说："不会做，不好吃。"

鲁迅先生似认真似玩笑地说："菜太多了，没法都吃完呀。"同时对二妹笑了笑。知道二妹还是一个正在读书的高中生，又随便问了几句。梅志和二妹感到这两位长者对她们亲切、平易，紧张心情一下子就放松了，心情愉快地吃着饭。

这最后两碗菜，看来是成功的，最受欢迎。一碗是用江西土产草菰做的豆腐汤，一碗是走油扣肉，霉干菜做底。肉没有吃几片，而干菜两位都爱吃，他们看到这情况，才如释重负，总算不虚一番努力。其实她们两个单纯、幼稚的女学生，要做出什么佳肴美馔来是办不到的。如果认真地做几碗家常菜还可以。偏偏贪多嚼不烂，弄得多而不精。四个冷盘，记得有油氽花生米，拌海蜇，由于许先生是广东人，就有一盘叉烧，想到鲁迅先生小说中写到过熏鱼，又买了一盘熏鱼，其实这算什么自己做的菜。还有炒菜，虽有四五样，中吃的实在不多。好在胡风他们不是为了请客，鲁迅先生一家来也不是赴宴，而只是一次家庭式的叙会罢了。

作为主人的胡风，可一点没有感到紧张，也不认为菜没有弄好，他一切照旧，大口喝酒，大口吃菜，自自然然地和鲁迅先生谈话。

在书房里时，他们更是谈笑风生，有时拿一本书翻翻看看说几句，或是从一本杂志的文章中指指点点说了开去。他们的谈话，有时还夹杂着日本话，可能是谈到日本哪个作家，梅志没有一个完整的印象，也不知道他们谈的是什么，只好像是昨天或前天谈话的继续，没有头，也没有尾，也没有沉思不悦哑场的时候。这是一次愉快的真正朋友的谈话。

他们先回到了小房里去休息喝茶。梅志匆匆吞了一碗饭，就抱着孩子去陪他们。许先生把孩子接了过去，夸他说："这么久没听他哭过，只是笑，真是乖孩子。"

鲁迅先生接着说:“他长得不错，顶健康的。”

海婴更是喜欢他，老爱抚摸他的小脸和小手。

后来鲁迅先生说:“我们该走了。”同时站起身来准备取帽子。

胡风说:“那我去叫汽车。”

鲁迅先生说:“不用，这静安寺一带我们很少来过，带他们马路上走走吧。”

于是都站起来准备走了，可是海婴这时提议道:“妈妈，把小弟弟抱走好吗？”

大家先是一惊，后来就哗然大笑了。

梅志说:“可以，送你吧。”

海婴用明亮的眼睛请求似的望着妈妈。

许先生只好安慰他说:“他还小呢，还要吃奶，我没有奶喂他呀！”

梅志看到海婴的失望样儿，赶快说:“等他大一点，会走了，我带他去陪你玩，好吗？”

这时，胡风从书桌的抽屉里拿出一张新近拍的、孩子在后门口站在藤车上的照片，给了海婴说:“把他送你吧，你看他正对你笑呢！”

海婴接过照片，很高兴地看着，表示满意，立即要妈妈放进手提包里。

胡风、梅志送鲁迅一家走出了后门，二妹抱着孩子跟着，陪他们走了一段路，鲁迅要他们不再送了，梅志想到该喂孩子粥了，就停下来和他们告别，小家伙也高兴地向他们摇着手。而由胡风陪伴着鲁迅一家，一直送到弄堂口。

梅志在后面望着他们慢慢地走着，只见鲁迅先生那特有的稳健的步伐，和许先生稍向前倾的身影，海婴由许先生拉着，连蹦带跳地走着，胡风就在鲁迅身旁伴送着……

鲁迅看到胡风所谓“皇宫”的家里四壁空空，回去后特地送给他几幅珂勒惠支版画的印本散张。鲁迅非常喜爱珂勒惠支的版画，认为深刻地反映了被压迫人民的苦难，而且比中国木刻家技法熟练、老成，特别是那幅题为《饥饿》的画:几个幼小的孩子捧着空碗，殷切地渴望得到食物，更是令人震撼，值得推广、学习。所以鲁迅自费从国外引进印制成画册与散张，几次把那幅《饥饿》印在画册封面上，极力推荐。但胡风觉得挂在家里有点儿太刺激了，鲁迅送的散张中，有一幅《母与子》，却给人一种幸福感，在珂勒惠支作品中是仅见的，装上玻璃框挂在了壁上。

《故事新编》

一九三五年十二月，其实是鲁迅生命最后时期最为繁忙也创作最丰的一个月。

因为生活书店不同意黄源任《译文》编辑，要撤换他，鲁迅愤而退出《文学》，这就需要另外出版新的刊物。

鲁迅告诉胡风，萧军和聂绀弩都写信给他，要出刊物。

他觉得这样会分散力量，办不好，不如以胡风为中心合出一个。胡告诉了萧和聂，他们都同意了。

拟刊名的时候，鲁迅提出了《闹钟》，胡风提出了《海燕》，鲁迅马上同意用《海燕》。下一次胡风去时，鲁迅把写好了的“海燕”两个字给了他。

由胡风约稿集稿，作总决定。第一期，鲁迅给了《“题未定”草（六至七）》和新写的《出关》，以及陈节（瞿秋白）译的高尔基的文学论文。鲁迅是全力支持这个工作的。

第一期印了两千册，出版当天就在上海本埠被抢买光了。鲁迅也很高兴，当即约有关的人们在馆子里吃了一次饭，愉快地决定了第二期的稿子。鲁迅又给了《“题未定”草（八至九）》，为日本读者写的重要文论《陀思妥夫斯基的事》，还有一篇一九三四年十二月二十一日给《漫画生活》写的，但被上海和南京中央两级审查机关禁登的《阿金》。另外还写了小杂感《难答的问题》和《登错的文章》。

这时巴金主办的上海文化生活出版社，拟编《文学丛刊》，向鲁迅约稿，鲁迅除《出关》外，又接连写了《理水》《采薇》《起死》，连同一九二二年写、曾收入《呐喊》的《不周山》，一九二六年写的《奔月》《眉间尺》和一九三四年八月作的《非攻》，一共八篇属于神话、传说及史实演义的作品集

《故事新编》，于一九三六年一月出版。其中，《不周山》更名为《补天》，《眉间尺》更名为《铸剑》。

这样算来，一九三五年十一月底至十二月的一个多月，鲁迅就写了《“题未定”草（六至九）》这一长篇杂文和《故事新编》中的四篇作品以及数篇小杂感。对于十个月后就逝世的病弱老人来说，数量和质量都达到了惊人的地步。

《故事新编》以神话、传说及史实演义为题材，故事有趣，想象丰富，是鲁迅作品中仅有的以远古为背景创作的小说。多数是在“博考文献”的基础上，“取一点因由，随意点染”而得。即作品中的重要人物和重要事件都有文献可考，但又不受文献束缚，在把握古人古事精神的基础上，进行大胆的艺术想象和虚构。

这是鲁迅最后的创新之作，里面八篇有五篇写于鲁迅生命的最后时期。面临死亡的威胁，处于内外交困、身心交瘁之中，整体风格却显示出前所未有的从容、余裕、幽默和洒脱。尽管骨子里依旧藏着鲁迅固有的悲凉，却出之以诙谐的“游戏笔墨”，即所谓的“油滑”。这表明鲁迅的思想与艺术都达到了一个新的境界，具有某种超前性。

其中，《补天》的画面，瑰丽壮美，结构恢宏。女娲的抟土造人和炼石补天虽于古籍有据，但在具体的描绘中，作家以浓墨重彩有力地渲染了浪漫主义的氛围，创造出了十分奇异动人的艺术画面。

《奔月》《铸剑》的故事轮廓同样于古籍可考，但这两篇小说依然以瑰丽神奇的想象，细致生动地将古代神话传说具体化为奇幻的艺术画面，富于神异的魅力。

《非攻》，歌颂了鲁迅一贯崇仰的墨子的实干精神，但结尾对这种实干的效果隐现出疑虑。

《理水》，同样颂扬了鲁迅一直推崇的大禹治水的苦干作风，但仍然在结尾对其自身成功后的变化显现出担心。

《采薇》，讽刺了伯夷、叔齐的迂腐，同样强调了鲁迅毕其一生坚持的第一是生存的思想。

《出关》，形象地揭示了中国知识分子企图逃出王权统治的空想。

而《起死》，则是最为深刻的，以《庄子》的寓言故事，说明了启蒙者与民众之间的两难处境，民众觉醒了，首先要衣穿，要饭吃，要房住，你怎么解决呢？故事本身的奇异性，蕴含着深邃的哲理。

总之,贯串鲁迅终生的思想,在《故事新编》中,得到了强化和突出——“我们目下的当务之急，是:一要生存，二要温饱，三要发展。苟有阻碍这前途者，无论是古是今,是人是鬼,是《三坟》《五典》,百宋千元,天球河图,金人玉佛,祖传丸散，秘制膏丹，全都踏倒他。”体现了鲁迅生命最后时期深刻得令人战栗的反思。

第九章　萧军与萧红

“两萧”传奇

水、水、水……

张迺莹在睡梦中总梦到水：故乡呼兰河的幽渺、翻着晶亮波澜的河水；祖父窗棂上挂着的滴里嘟噜的大黄瓜、小黄瓜、瘦黄瓜、胖黄瓜和最小的小黄瓜纽儿，带着的溜明湛亮的露水；后花园五月下雨时，茄子、玉蜀黍、大芸豆、冬瓜、西瓜、西红柿，倭瓜蔓上开的大黄花上的雨水；唯一的亲人祖父死后，自己离家流下的晶莹的泪水；一再受骗，挺着肚子被扔在哈尔滨东兴旅馆做“人质”，无可盼望时，咽进肚里的苦水；像远天一样、没有边际地飘漾着的松花江洪水和自己水灵灵的模样和文字……

水和迺莹有着不解之缘，既给她的童年带来欢乐，又给她的青年带来苦难；却又正是水，给她送来从旅馆逃脱的机缘，使她和营救她的三郎结合成文学的伉俪，但又不得不放弃从自己身上掉下的一块肉——女儿……

这会儿，迺莹正躺在青岛一间破屋的床上，沉浸在“水”的梦中，刚梦过一连串的水，又想起地球上最大的水——大海。她和三郎在哈尔滨待不住了，只得乘火车到大连，转乘“大连丸”到青岛。这时，她才第一次看见了大海——浩瀚无边的大海，懂得了曾经读过的普希金的诗，明白这位大诗人为什么向大海顶礼膜拜了：

你是我心灵的愿望之所在呀！
我时常沿着你的岸边，
一个人静悄悄地懵懂地徘徊，
还因为那个隐秘的愿望而苦恼着！

我多么爱你的回音，
爱你阴沉的声调，你悠远无尽的音响，
还有那黄昏时分的静寂，
和那反复无常的激情！

大海的波涛掀起巨浪，涛声轰轰，沉重有力，好似在悄悄地吟唱着世上最渺远的歌曲。噢，自己的笔名——“悄吟”，正与大海相通，虽然是个小女子的文字，却不能如小溪似的，叽叽喳喳，浅薄而咋呼，水深则静，要如大海那样静静悄悄地吟唱世上最美的浩歌……

她起身继续写即将完成的小说——《麦场》。

她的确有一种天生的灵异，对人世间的细节具有特殊的敏感与记忆，又能以水一样的幽美、飘渺的语言文字精彩、独特地表述出来：

……山羊嘴嚼榆树皮，粘沫从山羊的胡子流延着……榆树显然是生了疮疖，榆树带着偌大的疤痕，山羊却睡在荫中，白囊一样的肚皮起起落落……

……她的头发恰像田上成熟的玉米缨穗，红色并且蔫卷。

艾蒿的气味渐渐织入一些疲乏的梦魂去。……

她的面孔有点像王婆，腮骨很高，眼睛和琉璃一般深嵌在好像小洞似的眼眶里。

柳条枝上各色花样的葫芦好像一些被系住的蝴蝶，跟住赵三后面跑。

天黑了！月亮也不来为孩子做伴。

……树梢在青色的天边画出美调的和舒卷着的云一样的弧线。青的天幕在前面直垂下来，曲卷的树梢花边一股地嵌上天幕。……

……等我埋在坟里……也要把中国旗子插在坟顶，我是中国人！我要中国旗子。我不当亡国奴，生是中国人，死是中国鬼……不……不是亡……亡国奴……

……成群的麻雀在院心啄食，石阶生满绿色的苔藓……

……山岗和树林，渐去渐远。羊声在遥远处伴着老赵三茫然的嘶鸣。

一闭上眼，生活的画面，就像水彩动画一样浮现在乭莹的眼前；
一拿起笔，画面就显现在纸上，传入读者心中，好像看见和感到了她所看到和感到的水彩动画，色、音、味、嗅、触俱全，进入她所绘制的画境。

长篇小说终于全部完成了。她舒了一口气，白皙的圆脸庞上，闪动着一双黑亮的大眼睛，左眼皮下面，长着一颗黑痣，站起来显得很高佻，喜悦地给评论家张梅林读了一两段，梅林拿去看了全稿，交还时，乭莹问道："怎么样？

阿张。”

梅林说：“感觉还好。笔触清丽、纤细、大胆，只是结构缺乏有机的联系。”

迺莹说：“我也这样感觉的。但一时想不出其他办法，就任它这样吧。”

三郎，迺莹的爱人。中等偏高的身材，粗眉大眼，是个健壮、豪迈的东北汉子。原名刘鸿霖，辽宁省锦州市义县沈家台镇下碾盘沟村人，当时的笔名有三郎、田军等。他在《青岛晨报》任副刊编辑，这时从书架上抽出一册硬纸封面的手稿，拍着它，翻动页面，孩子似的傲然说：“哼！瞧我的吧。”

梅林说：“那么，也拿给我看看。”

三郎把手稿放回书架去了，说道：“不忙，还没誊清呢。”这就是他的《八月的乡村》。

小说都写完了，应该共同起个新的笔名：三郎叫萧军，迺莹叫萧红。有人认为，合起来含有“小小红军”的意思。其实不然，而是刘鸿霖在青岛第一次给鲁迅写信时就用了“刘军”这个名字，以后又表示了对“萧军”这个名字的偏爱。因为他很喜欢京剧《打渔杀家》中的萧恩，自己又是军人出身。于是在《生死场》出版时，迺莹就不用“悄吟”，而用了“萧红”这个新的笔名。这是从“萧军”衍生出的，“红”者“红颜”也，即“军”的妻子之意，意指萧军、萧红是夫妻，永远系联在一起，以表达自己对萧军这位救命恩人的感激。因而“两萧”也随着他俩在上海文坛的崛起而叫响了。

但这时他们心中并没有底，小说究竟怎么样呢？怎么出版呢？一次，青岛市荒岛书店老板孙乐文跟三郎说曾在上海内山书店看到过鲁迅先生。三郎问道：“如果把信寄到内山书店，鲁迅先生能否收到？”

孙乐文说：“可以试一试，估计能收到。”还建议他把通信地址落在荒岛书店。万一退回来，官方查问的话，他就说是读者随便写的，书店不知道。

于是三郎试着给鲁迅先生往上海内山书店寄去一封信，署名刘军，除汇报他们的写作经历外，还顺便打听他们认识的作家徐玉诺的情况。令“两萧”感到意外的是，鲁迅先生居然收到了信，并很快回复了：

萧军先生：

给我的信是收到的。徐玉诺的名字我很熟，但好像没有见过他，因为他是做诗的，我却不留心诗，所以未必会见面。现在久不见他的作品，不知道那里去了？

来信的两个问题的答复——

一、不必问现在要什么，只要问自己能做什么。现在需要的是斗争的文学，如果作者是一个斗争者，那么，无论他写什么，写出来的东西一定是斗争的。就是写咖啡馆跳舞场罢，少爷们和革命者的作品，也决不会一样。

二、我可以看一看的，但恐怕没有工夫和本领来批评。稿可寄“上海，北四川路底、内山书店转、周豫才收”，最好是挂号，以免遗失。

我的那一本《野草》，技术并不算坏，但心情太颓唐了，因为那是我碰了许多钉子之后写出来的。我希望你脱离这种颓唐心情的影响。

专此布复，即颂

时绥。

迅　上十月九夜。

收到鲁迅的来信，“两萧”高兴得跳起来了，拿给张梅林和孙乐文看，也让他们分享快乐。“两萧”立即把《麦场》的手稿和散文集《跋涉》一起挂号寄给了鲁迅先生。还附了一张他俩离开哈尔滨时拍的合影：萧军穿一件俄国高加索式绣花的亚麻布衬衫，腰间束了一条带有穗头的带子；萧红穿了一件半截袖子，斜条纹绒布的短旗袍，梳了两条短辫子，扎了两朵蝴蝶结。这张照片被朋友们称为“美丽照”。

但是，青岛又待不住了。一九三四年十一月一日，“两萧”与梅林一起买了三张四等舱的船票，搭乘五个多月前从大连来青岛时所乘的“大连丸”号，在船身最下层的货舱里，和咸鱼、粉条等杂货挤在一块儿，逃离了青岛……

来到上海

一九三四年十一月二日，他们到了上海。

张梅林寄住到法租界环龙路同学杨君家里，“两萧”先住进一个廉价的小客栈，翌日租住了拉都路北端“元生泰”小杂货店后面二楼一个南北朝向、长方形的大亭子间。好处是单独存在，和前楼没有关系，有一个侧门可以直接出入，不必经过那家店铺。不足是南面没有通光的窗口，光线很暗。

他们尚未安排好，就急切地给鲁迅先生写了一封信，盼望尽快见到先生。然后，从房东家借来一张木床、一张桌子、一张椅子，付了九元房租，买了一袋面粉、几捆木柴和炭，一只泥炉子和砂锅、碗筷、油盐醋之类，从青岛带来的四十元钱已经所剩无几了。只好给哈尔滨的朋友写信求援，但远水解不了近渴。到了上海，如到“异国”，言语不通，举目无亲，悬于孤境。“两萧”迫切想尽快见到鲁迅先生。哪怕见一面就离开，也心满意足。

十一月四日，他们又给鲁迅先生写了一封信。信中，问到鲁迅先生的身体情况，因为他们在东北的时候听说他得了脑膜炎。同时，又提出要见鲁迅。鲁迅立即回了信，告诉他们“来信当天收到。先前的信，书本，稿子，也都收到”。并说生脑膜炎之事，完全是上海所谓“文学家”造的谣言，并提醒他们“上海有一批文学家”阴险得很，非小心不可。关于见面的事，又婉言谢绝了：“你们如在上海日子多，我想我们是有看见的机会的。”“两萧”其实并不知道上海的形势多么复杂，鲁迅的处境多么艰难，他的谨慎是在许多次的教训后形成的。鲁迅从侧面对“两萧”做了一番了解，看他们有什么背景，是否可靠。

“两萧”一面等待和鲁迅见面，一面勤奋地写作。萧军的《八月的乡村》，在萧红的督促下修改了一遍。萧红又在阴冷的亭子间里，披着大衣，流着清鼻涕，时时搓着冷僵的手指，终于把《八月的乡村》复写完了。这令萧军永生感念！

他们又开始给鲁迅先生写信了，共同写的第一封信里，向鲁迅先生提出了天真的抗议：萧红说为什么称呼她做“夫人”或“女士”，萧军说先生年龄大于自己，为什么称呼自己是先生。还一口气问了鲁迅先生九个问题，除了上海左翼文艺界情况之外，还问到鲁迅当了那么多年教授，是否有教授的架子。他们这样做，是有意“捣乱”，以引起鲁迅的兴趣。

“捣乱”果然见效。鲁迅收到他们的来信后，十一月十二日就写来回信。对于他们的“抗议”，鲁迅幽默地回击道：“中国的许多话，要推敲起来，不能用的多得很，不过因为用滥了，意义变得含糊，所以也就这么敷衍过去，不错，先生二字，照字面讲，是生在较先的人，但如这么认真，则即使同年的人，叫起来也得先问生日，非常不便了，对于女性的称呼更没有适当的，悄女士在提出抗议，但叫我怎么写呢？悄婶子，悄姊姊，悄妹妹，悄侄女……都并不好，所以我想，还是夫人太太，或女士先生罢。现在也有不用称呼的，因为这是无政府主义者式，所以我不用。”鲁迅又提醒他们，“稚气的话，说说并不要紧，稚气能找到真朋友，但也能上人家的当，受害。上海实在不是好地方，固然不必把人们都看成虎狼，但也切不可一下子推心置腹。”在信的结尾，鲁迅写了“俪安”，并开玩笑道，“这两个字抗议不抗议？”

在上海这“异国”里，鲁迅先生的来信，是“两萧”唯一的精神支撑。每收到一封，他们除了在家里一遍一遍地诵读之外，出去散步的时候也必定珍重地藏在衣袋中，而且用手捂着，生怕丢失。如果信是上午到的，吃过午饭，用六枚小铜板买两小包花生米，每人一包，装在衣袋里，边吃边走边漫谈着……待到路上行人车马稀少了，就由装着信的人把信掏出来，悄声地读着，另一个人静静地倾听着。这成为他们最大的享受。信不是读一次为止，也不是一个人读过就算了……而是反复地读，这时，他们像两个孩子，有时大笑，有时叹息，有时流泪，有时跑着彼此追逐……

十一月十三日，他们又给鲁迅先生去了信，说要尽快把抄好的《八月的乡村》手稿交到先生手中。由于经济上已经山穷水尽，难以维持起码的生计，还不得不求先生找一点临时性的工作，并开口借二十元钱。此外，萧红听说鲁迅喜欢大蝎虎，竟也打听此事。

十一月十七日，鲁迅给他们写了回信，说明自己病了十多天，所以迟复，忠告他们“凡是知识分子，性质不好的多，尤其是所谓‘文学家’，左翼兴盛的时候，以为这是时髦，立刻左顾，待到压迫来了，他受不住，又即刻变化，甚而至于卖朋友”。又说工作难找，钱则预备着不成问题。大蝎虎在北平，只有他喜欢，现在恐怕早给他们赶走了。

收到这封信，“两萧”回信，又提了好多问题，“逼得”鲁迅觉得只能面谈，十一月二十日，给他们回信说：“许多事情，一言难尽，我想我们还是在月底谈一谈好”。并警告他们不要轻易接近白俄。

十一月二十七日，鲁迅先生给“两萧”寄出了约定见面的信：

刘
吟先生：

本月三十日（星期五）午后两点钟，你们两位可以到书店里来一趟吗？小说如已抄好，也就带来，我当在那里等候。

那书店，坐第一路电车可到。就是坐到终点（靶子场）下车，往回走，三四十步就到了。

此布，即请

俪安。

迅　上十一月二十七日

“两萧”盼望的日子终于到来了。十一月三十日星期五午后，是个没有太阳的阴暗日子。他们来到内山书店，鲁迅先生已经等在那里了，内山老板在旁边陪着。鲁迅先生见过照片，就走到萧军跟前问道：“你是刘先生吗？”萧军点头答应。鲁迅先生又走进内室，把桌上的信件、刊物等，很快地包进一个紫色地、白色花、日本式的包袱里，夹在腋下，走出来。“两萧”默默地跟着鲁迅瘦削而直直的背影，在后面走。他们注意到鲁迅先生走起路很利落、迅捷，没有戴帽子，也没有围围巾，只穿了一件黑色的瘦瘦的短长衫，窄裤管藏青色的西服裤子，一双黑色的橡胶底的网球鞋，瘦弱而憔悴，像是刚病好的。

跨过一条东西横贯的大马路，走向路南面的人行道，又向西走了一段，到了一处咖啡馆似的铺面前，鲁迅先生很熟悉地推门进去，一个秃头、胖胖的俄国老板和鲁迅打了招呼，看来很熟。“两萧”也跟进去，鲁迅拣了一处座位坐下来，他们跟着坐在对面。这时，他们看到鲁迅先生浓浓的森森直立的头发，两条浓而平直的眉毛，一双眼睑浮肿的眼睛，闪着黑亮的光。没有修剪的胡须，双颧突出，两颊深陷，脸色苍青而枯黄，更凸现出鼻孔的黑色。很像有些人说的“夜里的黑衣人”，但已显出衰弱和苍老。“两萧”心中不禁生出由衷的悲哀。

这处座位很僻静，座位椅子的靠背特别高耸，邻座之间谁也看不见谁，俨然一间小屋子。鲁迅先生对“两萧”说：“这咖啡馆主要是以后面的‘舞场’为生的，白天没有什么人到这里来——尤其是中国人”，所以他常常选取这地方和人接头。侍者送上三杯咖啡和一些点心就离去。

萧红问道：“怎么，许先生不来吗？”

鲁迅回答：“他们就来的。”

不一会儿，海婴抢在前面进来了，嘴里叽里咕噜说着上海话，朝着萧红跑来说：“依老漂亮咯！”

广平跟着来了，拉过海婴，坐在鲁迅旁边。

鲁迅先生指一下“两萧”，对广平说：“这是刘先生，张先生。”指指广平说：“这是密斯许。”

萧红看着朴实、正派的广平说：“以前听有些人说鲁迅的夫人是‘交际花’，一见才知根本不沾边。”

广平笑着说：“你看我像交际花吗？”

“两萧”都笑笑说：“那是谣言！你一点儿都不像。”

广平也细细端详了萧红：跟自己一般高，但自己在南方人中是高头大马；萧红在东北人里只是中等身材了。秀气、白皙的脸，相当健康的体格，具有满洲姑娘特殊的稍稍扁平的后脑，爱笑，无邪的天真。黑黑的头发，不过二十四五岁，但发间竟夹有过早的白发。不用说，这白发肯定含有许多曲折和辛酸。

萧军向鲁迅先生谈了九一八以后东北的政治情况和社会状态，谈了他们的出走和在青岛的生活以及这么快就到上海来的缘故；鲁迅先生讲了些上海左翼团体的状况和内部不团结的现象。

临分手，鲁迅先生把一个信封放在桌子上，指着说："这是你们所需要的……""两萧"知道是他们向先生借的二十元钱，禁不住心里酸楚，热泪盈眶。萧军把《八月的乡村》抄稿递过去，鲁迅郑重地收下了，交给广平放进包袱里。

萧军又坦诚地告诉鲁迅先生回程坐电车的钱没有了，先生从衣袋里掏出一些大银角子和铜板，交给萧军。

鲁迅先生一家送"两萧"上了电车，频频向他们招手，他们也从车窗朝外望着招手，看见小海婴也在招着小手，"两萧"忍不住眼含热泪……

鲁迅的宴请

一九三四年十二月十八日，"两萧"收到了鲁迅先生寄来的一封书简：

刘吟先生：

本月十九日（星期三）下午六时，我们请你们俩到梁园豫菜馆吃饭，另外还有几个朋友，都可以随便谈天的。梁园地址，是广西路三三二号。广西路是二马路与三马路之间的一条横街，若从二马路弯进去，比较的近。

专此布达，并请

俪安。

豫广同具十二月十七日

萧军把这封短短的书简由他的手转移到萧红的手，由她的手又转移到他的手，而后又每人用了自己的一只手把这信捧在了两个人共同的胸前看着、读着，两人的两只手全在不约而同地、不能够克制地轻轻抖动着！眼泪首先是浮上了萧红的眼睑，落下来了！接着萧军的眼睛也感到了一阵湿润。但眼泪却没能够痛快地流落出来！——因为在生理上他有缺陷，从来没记忆过自己的眼泪曾经能够流落到眼睛外边来！他们这两颗漂泊的、已经近于僵硬了的灵魂，此刻竟被这意外而来的伟大的温情，浸润得近乎难于自制地柔软下来了，几乎竟成了婴儿一般的灵魂！

他们经过了一阵梦一般的迷惘以后，才渐渐恢复了清醒。萧军清醒后的第一件事，是马上寻出了一份上海市的市街图来，首先从它的“索引”上寻找“二马路”和“三马路”的大体方向和位置;其次是寻找那条称为横街的“广西路”。如此，大方向、大概的地位初步确定了，他量了一下它的路程距离远近，以及要乘坐某条路线的公共电车和汽车才能够到达。俨然一个军人要进行战斗一般，精密地把一切——方向、地形、地物……全做了一番想象和仔细的研究，才松了一口气，静静地望向萧红，似乎要向她开始发表什么议论了。但她却睁着一双刚流过泪还有些湿漉漉的大眼睛，带有嘲笑意味地抢先说话了：“你要出兵打仗吗？”

萧军一时迷惑不解地望着萧红，不知道她说这话的真意所在，反问着她：“你这话是什么意思？”

“我和你说话，竟装作没听见的样子，一个劲儿地在那张破地图上看来看去，又用手指量来量去！简直像一个要出兵打仗的将军了！”

“我总得把方向、地点……确定下来呀！心里得有个谱，怎么能够临时瞎摸乱闯呢？——你要和我说什么呀？”

“我要和你说呀……”她伸过一只手，扯了扯萧军的罩衫袖管，接着说，“你脱了外套，就穿这件灰不灰、蓝不蓝的破罩衫去赴鲁迅先生的宴会吗？”

“那穿什么呀？——我没有第二件……”

“要新做一件——”

萧军摇了一下脑袋，说了一声“没必要”，断然地拒绝了萧红的主意，而且补充着说：“上一次会见鲁迅先生时，不也就是穿的这件罩衫吗？”

“这一回……有客人！”

“鲁迅先生信上不是说，只有几个朋友，而且都是可以随便谈天的么？鲁迅先生认为可以随便谈天的人，我想总不会有什么‘高人贵客’吧？只不过是一些左翼作家们，我以为他们不会笑话我的罩衫的吧……"

"你这个人！……真没办法！"

萧红似乎又有些发怒了，两只大眼睛闪亮起来了，把床上的大衣一手抓过去，随便地披到了肩上，一扭身子竟冲出了屋门，接着是一串急促的"笃笃笃"下楼梯的脚步声，竟半跑似的走了出去……

萧军莫名其妙地静静地看着萧红这一系列的动作，既没来得及问她为什么发怒，也没问她干什么去，当然也没拦阻她，更没追赶她。因为萧军是充分知道萧红这人的品性的，遇到类似这种情况出现时，她不会回答你的问题，也不会听从你的劝阻。如果她走了你追她，她就跑得更快些！因此萧军就只好"随她去吧"！待过了一定的时间，萧红就会像什么事情也没发生过一样，又像一个孩子一般地跳跳叫叫地回来了。

大约经过了两个小时以后，萧军听到楼梯上有萧红急促的脚步声——这是他所熟悉的——上来了。这时候，他似乎正在写着一些什么或读着一些什么，假装没听到她的脚步声，以至她推门走进来……忽然，一卷什么软绵绵的东西敲到萧军的头上来，同时听到她带着笑眯眯的声音责备着说："你没听到我回来了吗？"

"没听到——"萧军慢慢地转了一下头，嘴角歪动了一下说，"我什么也没听见！"

"坏东西！看，我给你买了一件衣料！"萧红把一片黑白纵横的方格绒布料，两手提拎着举向萧军的身边来，——萧军估计，原来打在他头上的那软绵绵的东西大概就是这布卷卷了。这时候，他本能地周身的神经感到森凉了一下，心里想："糟糕！大概她把仅有的一点钱全买布料了，也许连明天赴宴会的乘车费也花光了！……"萧军担惊，而心情有些沉重地问着她："买它干什么？"

"我一定要给你做一件'礼服'，好去赴鲁迅先生的宴会呀！……"

萧红把这布料抖动了一下，又反转地看了又看，问着萧军："好不好？你喜欢不喜欢？……"

"好！喜欢！"萧军怕她再发脾气，只好"顺水推舟""将计就计"，对于已成的“事实”作了让步。

“你猜猜，得多少钱？”

“猜不着。”

“七角五分钱，我是从一家‘大拍卖’的铺子里买到的这块绒布头。起来，让我比量比量，看够不够？……”

萧军机械地站了起来，一任萧红用这块布头儿在他的身前、身后量来量去……这时萧军的心情也轻快一些了，心里想：“谢谢上帝！她并没有把所余的几元钱全部花光，还足够几天生活费和车钱！……”萧红让萧军把身上的罩衫脱下来，又从皮箱里把萧军在哈尔滨夏天穿的一件俄国高加索式立领绣花的大衬衫找了出来，铺在床铺上，用那块方格的绒布比量了一番，而后竟自己拍起手来，还跳起了脚，高声地嚷叫着：“足够啦！足够啦！……”

“你知道，明天下午六点钟以前，我们必须到达那家豫菜馆！你让我像一个印度人似的披着这块布头儿去当‘礼服’穿吗？”萧军一本正经地述说着。

“傻家伙！我怎么能够让你当‘印度人’哪！你等着瞧吧，在明天下午五点钟以前，我必定让你穿上一件新‘礼服’去赴鲁迅先生的宴会！要显显我的‘神针’手艺！”

原来就没有阳光的亭子间里，此刻早就昏暗下来了，在一盏高悬的二十五度的昏黄的电灯下，萧红开始了剪裁的工作。

第二天一清早，天还没有完全明亮，萧红就起了床，开始缝纫起来。

萧军虽然很知道她缝纫的本领和速度，但在不足一天的几个钟头以内，一针一针地缝制起一件样式又较复杂的衬衫来，对她是没有充分“信心”，也不抱希望的。

萧红几乎是不吃、不喝、不停、不休……地在缝制着，只见她那美丽的、纤细的手指不停地在上下穿动着，她再也不和萧军讲话了。

果然，在下午五点钟以前，萧红竟把一件新“礼服”全部缝制完工。这是仿造萧军那件高加索式立领、套头、掩襟的大衬衣制成的，只是袖口是束缩起来的，再就是没有绣上花边儿。她命令着萧军：“过来！试试看。”

萧军顺从地穿上了他的新“礼服”，使他惊讶和佩服的不仅仅是萧红缝制的速度这般快，而且穿起来竟是完全合身和舒适。

“把小皮带扎起来！围上这块绸围巾！”

萧军一切照办了。

“走开，远一些，让我看一看！……”

萧军像一个听从“口令”的兵似的，走到屋角方向去，又像一个兵似的机械地转过身子来，也像一个兵似的用了严格的立正姿势，完全按照《步兵操典》规定，“两脚跟并拢，两脚尖向外离开约六十度。两手下垂。头宜正，颈宜直，两眼张开，向前平视……”地望向了萧红。她先是从正面，而后从侧面，再从后面把萧军观摩了一转，而后又回到她原来站过的地方，向萧军注视、观望着……忽然他们的四条视线相遇了，萧红竟像一只麻雀似的跳跃着扑向萧军的身前来，他们紧紧地企图要把对方消灭了似的……相互地拥抱得几乎是要融为一体了！……

他们那时的物质生活虽然是穷困的，但在爱情生活方面，却是充实而饱满的啊！……

于指定的日子——十二月十九日，下午六点钟左右，“两萧”终于寻到了鲁迅先生信中所说的那家梁园豫菜馆。

由于他们没有表，究竟于六点钟以前、以后……什么具体时间到的就没法知道了，也许已经过了六点的正时间。

这家豫菜馆大约坐落在这南北横街的中段，是一座坐东面西旧式的二层灰砖楼房。

他们上了楼，许广平先生正在那里张望，似乎正在等着他们。那是位于西南角临街的一个房间。他们到达的时候，可能是最末的“客人”，不独鲁迅先生和许广平先生以及海婴全在了，另外还有几位“两萧”所不认识的人，也早已先在了。

许广平先生对于萧红犹如多年不见的“故友”一般，表现了女性特有的热情和亲切，竟一臂把她拦抱过去，海婴也掺在了中间，她们竟走向另外一个房间去了……

过了十几分钟，许广平先生和萧红也全走进了他们所在的房间，接着菜馆的招待员走进来向许先生满面和气地询问着："侬们的客人全到齐啦？"这人明明是北方人，却用了不太纯正的上海话说着。

许广平先生看了一下自己腕子上的表，征询着鲁迅先生的意见，问着："现在快七点了，怎样？还要等他们吗？"

"不必了。大概他们没收到信，我们吃吧。"

鲁迅先生爽利地做了决定："给我们'开'吧。"

招待人员脸色愉快地一弯身退出去了。

"他们这里的生意好，是希望饭客们快吃、快走的，好腾空房间。"许先生微笑着似乎代菜馆"抱歉"似的解释着……

由鲁迅先生指定了座位，沿着这张特大的圆面桌，鲁迅先生和许广平先生并排地面向里面，坐在临门的座位上。鲁迅先生在左面，许广平先生在右面，她下首是海婴，其次是萧红和萧军。在萧军的下首两个座位被空留着。再向这空座位右转过去，是一位穿淡紫色西装的青年人，他直直地显得有些拘谨而端正地坐在那里。再过去，是一位约三十岁，方圆脸盘，脸色近于黑的女士，她穿了一件细花深绛色，类似软绸料子的窄袖半旧旗袍。她的右边，一位脸形瘦削、面色苍白的高个儿男人，具有一双总在讥讽什么似的在笑的小眼睛，短发蓬蓬，穿了一件深蓝色旧罩袍。个子虽近乎细长，但却显得有些驼背。再往右转，鲁迅先生左首第一位客人是一位身材不高的人：脸型瘦削，下巴略尖，略高的鼻梁有些突起，架了一副角边眼镜，鼻尖显得特殊敏感的样子。后披式的发型梳理得无可指摘的光亮和整齐，穿了一件湛蓝色半新的罩袍，袖口卷起着，可以露出一圈白色的衬衣袖头。由萧军看来，这是上海当时近乎典型的一种中式服装。

萧军数了一下，连他们在内一共九人。

吃酒的冷菜摆上来了，鲁迅先生提来了一只较大的黑色的玻璃瓶放在了桌子上，许广平先生拿起瓶子，在每人面前的玻璃杯里倒进了半杯近乎黑紫色的汁液，她解释着说："这是一位朋友由外国带来的葡萄汁，送给周先生的。太浓了，需要掺上一些冷开水。"接着她又把一只暖水瓶由另外一张桌子上提过来，每个杯子里注上了冷开水，说："这冷开水，也是从家里自己带来的，怕他们这里没有，有能喝白酒、老酒的，自己斟吧，不会喝酒的可以用这葡萄汁来代替。”

那位穿深蓝色长袍、瘦长个子、有些驼背的人，先伸出一条长胳膊把一只盛白酒的酒壶抓过去，在自己面前另一只杯子里注满了一杯白酒，接着就旁若无人地深深呷了一口。

这时许先生出去了一下，回来向鲁迅先生耳边轻轻说了一个“没”字，鲁迅先生才以主人的身份开始在介绍客人了。首先他指一指他自己身边左侧那位说上海话戴眼镜的人说：

“这是我们一道开店的老板。”鲁迅先生并没说出这位“老板”的姓名。但“两萧”估计可能是茅盾先生，是刚出版《子夜》不久的大作家。那“老板”微微欠了欠身子，轻轻嗯了一声，微笑了一下，就坐下来，呷了一口自己面前杯子里的葡萄汁，点了点头赞美地咂了咂嘴唇，另外几位客人和这老板似乎很熟识，全会心地笑了笑。

接着就介绍了那位喝白酒的长个子：“这位是聂先生！”这位聂先生连身子也没欠，只是哼了一声，因为他的嘴里已经在咀嚼着什么东西了。接着是介绍那位女士，鲁迅先生说她姓周，是聂夫人。那位穿西装的青年姓叶。最后介绍到“两萧”头上，鲁迅先生指一指萧军和萧红说：“这两位是刘先生、张女士，他们是新从东北来的。”

萧军、萧红身边的那两个座位始终是空留着，直到这时也还没人走进来，鲁迅先生似乎在解释着：

“今来本来是为胡风先生的儿子做满月的……大概他们没接到信，上海这地方，真麻烦……”他指了指那空座位。

萧军考量了一下，这些客人之间似乎全是认识的，只有他和萧红是外来的“闯入者”。对于这些客人茫然无知，既不方便询问鲁迅先生，也无从猜测，只有那位穿西装的姓叶的青年人，萧军以为可能是《小小十年》的作者，名叫“叶永蓁”的人。

这菜馆虽然主要是吃烤鸭，但其他的菜肴也很好，对“两萧”来说这顿饭可以说是吃得既饱又多，而且味美！……在席间，他们之间的谈话“两萧”

有些莫名其妙，在他们听起来似乎用的是些“隐语”或“术语”之类，因此只能是吃了又喝，喝了又吃。同时萧军也注意到了那位长身驼背的人总在不停地向他的那位“夫人”碗里搛这样、那样的菜，而那位“夫人”也并不客气，这倒使萧军感到怪有趣的，也就学他的样，开始向萧红的碗里搛取她不容易搛到的，或者不好意思把手臂伸得太长才能搛到的菜。这却使萧红有些不好意思了，暗暗用手在桌下制止着他……海婴叽哩哇啦……满口讲的上海话,这位“小上海”的话“两萧”几乎什么也听不懂！但海婴和萧红倒似乎“一见如故”，混得很熟了。

广平微笑地望着“两萧”和海婴，庆贺他们的再次相见。

为了“礼貌”或为了“不甘寂寞”，萧军先是指着自己上身穿着的方格子布缝就的直襟短衣，天真无邪地夸示道：“这是我太太亲手赶做出来的。”

大家看着他上衣的哥萨克式样，这在哈尔滨是见惯的，在上海却很少见。无论穿的和缝的都感到骄傲、满足而欢欣。大家看见，也感到他们应该骄傲、满足、欢欣。

然后，萧军也讲了一些“东北”的各种风俗、习惯以及各样事情，人们——特别是鲁迅先生——似乎全在专心注意地听取着。最后萧军提出要买几本俄文书，那位“老板”很诚恳地也很仔细地为他指点、介绍，应该到哪里去买，如何坐车，等等。萧军心里暗暗佩服着：“这位老板的文化知识还很丰富咧！”

萧军说完，萧红拿出两只核桃和一对小棒槌。广平看见两只核桃，醉红色的，光滑滑地闪动，不知经过多少年用手滚弄的了，好像两双眼睛在招呼着每一个人，用自己的色和光介绍了它出世的年代。

萧红说道：“这是我祖父留传下来的。”又拿起那对枣木旋成的小棒槌说，“这也是我带在身边的玩艺儿，是捣衣用的模型，一九三四年路经大连，一位名叫王福临的朋友送的……通通送给你。”她顺手交给宴席上的海婴。

海婴接过来，高兴极了。广平对海婴说：“这是萧红阿姨把自己患难中的随身伴侣和传家宝送给你了。可要好好保存！”

海婴点头答应，对萧红说道：“阿拉侠侠侬（我谢谢你）！”

“两萧”和在座的人都大笑起来。

大约快近九点钟，宴会结束了，那位穿西装的青年人走过来，把他的住址开给了萧军，萧军也开给了他，这时才知道他是湖南的青年作家叶紫。其余的人就没这样做。因为萧军知道在上海的白色恐怖下，是不应该随便问别人姓名或住址的。

在归家的路上，萧军和萧红彼此挽着胳臂，行走在大街和小巷，脚步轻快，飘飘然，此刻感到他们是这世界上最幸福的人了！路上萧红轻轻地告知萧军，许广平和她说了:那位老板就是茅盾先生，驼背高个子是聂绀弩，女士是周颖，穿西装的青年人是左翼作家叶紫，空位子是为胡风君和他的夫人梅志女士留的，这天也确是他们的第一个男孩子满月的日子……经过她的说明，才使萧军恍然明白了。同时她说在开始吃饭时许广平出去看了一圈，是看一看有没有可疑的人或特务之类在“盯”他们的“梢”。这些全是许广平在饭前、饭后悄悄地在外面向萧红说的。

“两萧”明白，鲁迅先生这次请客的真实目的和意义是很分明的：在名义上是为了庆祝胡风夫妻儿子的满月，实质上却是因为他们这对青年人，从遥远的东北故乡来到上海，人地生疏，会有孤独寂寞之感，特为他们介绍几位在上海的左翼作家朋友，使他们有所来往，对他们在各方面有所帮助；同时大概也担心萧军这个体性鲁莽的人，不明白当时上海的政治环境、社会环境的危险和恶劣，直冲蛮闯可能会招致出“祸事”来，所以特地指派叶紫做他们的“向导”和“监护人”。

叶紫，原名余鹤林，又名余昭明、汤宠，湖南益阳人。一九三三年六月，《无名文艺月刊》创刊号上，第一次以叶紫笔名发表短篇小说《丰收》，引起文坛注目，成为左翼作家和左联的骨干成员。由于这次宴会上鲁迅先生的介绍，“两萧”不但与叶紫渐渐地熟悉了起来，而且成了很要好的朋友，叶紫有时竟开玩笑地叫萧军为“阿木林”！即上海人所谓“傻瓜”之意。

至于聂绀弩，当时给萧军的印象就是那个样子了。后来“两萧”也和他建立起终生的友谊，同时听到一些关于聂绀弩的传闻——

他一九〇三年一月二十八日生于湖北省京山县城，原名聂国棪，笔名绀弩、耳耶、悍膂、臧其人、史青文、甘努、二鸦、澹台灭闇、箫今度、迈斯等。少年时代就开始写诗，在《大汉报》上发表诗作。一九二一年，考入上海高等英文学校。一九二二年，参加国民党，到福建泉州国民革命军“东路讨贼军”前敌总指挥部任文书；后出国到马来亚吉隆坡，在任运怀义学担任教员。一九二三年，到缅甸仰光任《觉民日报》《缅甸晨报》编辑。一九二四年，回国考入广州陆军军官学校，即黄埔军校第二期。一九二六年初，受国民党派遣入苏联莫斯科中山大学，次年“四一二政变”后，作为国民党员被遣送回国，在南京国民党中央党务学校任训育员。一九二八年，任国民党中央通讯社副主任，后兼任《新京日报》副刊《雨花》编辑，同年与周颖结婚。一九三一年弃职逃亡日本，与周颖团聚。一九三三年七月，和胡风一起被驱逐回国到上海，从此即参加上海“左联”的活动，为理论研究委员会主要成员。

聂绀弩虽然参加革命很早，他的很多黄埔同学都成了将军，他却始终潦倒，从未任过高职。因为他桀骜不驯，吊儿郎当，生活无律，用一句旧小说的套头来形容是：放浪形骸第一，自由散漫无双。他的屋里，到处堆放着书籍、报刊、稿件等，烟缸里积满了抽了半截的烟头，桌上叠着没来得及洗的碗筷盘碟之类，有时，还摆着一盘未下完的残棋。但他在杂文写作上，细纹恣肆、用笔酣畅、反复驳难、淋漓尽致，在雄辩中时时呈现出俏皮的风格。当时《申报》的《自由谈》上，有两个人的杂文与鲁迅神似，一是刻意学鲁的唐弢，一是随意为之的聂绀弩，他被认为是鲁迅之后的杂文第一人。有人称聂绀弩为“才子”，也有人说他是典型的“文人气质”，还有人以为他是“名士派作风”。在现代中国，鲁迅那种“乐则大笑，悲则大叫，愤则大骂”的境界，罕有企及者，聂绀弩庶几近之。在他的字典里，似乎完全没有“纪律”“权力”“等级”这类名词概念。对于所谓人情世故，也同样不屑一顾。一位多年的朋友，深情地说：“他那种潇洒不羁的风度里，总有魏晋贤达那种脱俗的竹林气息，可以说处处闪现着自唐诗宋词以来华夏民族的优秀文化传统的光泽：重于如德、如才、如‘道’的精神，而轻于如珠、如金、如玉的物质……实质上是对当时媚世的，也就是说以利禄为目的的所谓文化人的市侩世态的一种轻蔑的表现。”因而虽然落魄，却常招女人喜欢，据说他的夫人周颖就是他当训育员时女学生中拼命的追求者。

为了纪念这次宴会，纪念这件新“礼服”，“两萧”一九三五年春季间特意到法租界万氏照相馆照了一张照片。

在这张照片中，萧军当然是穿了那件黑白方格的新“礼服”，萧红却穿了一件深蓝色的“画服”。不知为什么，临拍照以前，她竟从照相馆的小道具箱里拣出了一只烟斗叼在了嘴巴上，装作吸烟的样子。其实，平时她是并不吸烟的，这是在“装蒜”。除开那件新“礼服”外，萧军在脖子上还装饰地系了一块米黄色的围巾，上面用暗绿色丝线绣了Индога几个字母。这是他们一九三四年由哈尔滨出走时，一位教他们俄文的俄国姑娘给绣作纪念的。

首访大陆新村九号

赴宴之后，“两萧”与鲁迅一家关系日益亲密。

一九三四年底，他们搬到拉都路四一一弄的福显坊二十二号。这是上海当年的郊区，比较偏僻，在屋子里能看到菜地。

他们写作更勤奋了，鲁迅先生已信赖他们，加紧向有关刊物推荐他们的作品。一九三五年三月一日，萧军的短篇小说《职业》在《文学》杂志发表；三月五日，萧红取材于青岛生活的《小六》也发表在陈望道主编的《太白》第一卷第十二期上。这标志着他们已经步入了上海文坛。

一九三五年三月五日，鲁迅约“两萧”和叶紫到桥香夜饭，正好黄源来访，曹聚仁也到内山书店送他所主编的《芒种》。他是浙江浦江兰溪人。时任复旦大学教授，鲁迅的朋友。于是同去，并携广平和海婴。

鲁迅这一次，多少有点儿受“胁迫”，是叶紫以他男性作家的敏感，发现鲁迅先生很喜欢萧红，即使过分些，先生也会当是女孩子的嬉闹，不会生气的，于是怂恿萧红单独给鲁迅写了一封信，说他们都馋了，想让先生请他们吃一顿，吃得差一点也行。萧军自然也想去解解馋，但他虽粗鲁、憨直却绝顶聪明，

她是并不吸烟的，这是在“装蒜”……

朝叶紫会心一笑，不肯署名。鲁迅二月九日给萧红复信说："请客大约尚无把握，因为要请，就要吃得好，否则，不如不请，这是我和悄吟太太主张不同的地方。但是，什么时候来请罢。"三月一日信中又告知："已约叶定一个日期，我们可以谈谈。他定出后，会来通知你们的。"这样，才有了三月五日的"往桥香夜饭"。

这家饭馆菜肴精致，但萧红出面张罗此事，却吃得很少。叶紫由于身体不好，吃得也不多。吃得最多的，倒是事前不肯署名的萧军。在饭桌上，三个年轻人提议成立一个"奴隶社"，自费出版"奴隶丛书"。因为叶紫的《丰收》无法通过当局审查，已经自费印刷，进入了排印程序；萧军的《八月的乡村》因题材敏感，估计更难通过审查；萧红的《生死场》，已经送审，但迟迟没有消息，因而他们想建立自己的小出版社，自主自费出版书籍。鲁迅表示赞同，说"奴隶"是受压迫者，与奴才不同，用来做丛书名，表现了奴隶的反抗，很好！

宴后，萧红邀请鲁迅一家来她的小家做客。三月十七日，鲁迅又单独复信"悄吟太太"：

悄吟太太：

来信并稿两篇，已收到。

前天，孩子的脚给沸水烫伤了，因为虽有人，而不去照管他。伤了半只脚，看来要有半个月才会好。等他能走路，我们再来看您罢。

专此布复，并请

双安。

豫 上三月十七日

一九三五年四月二日，"两萧"搬家到拉都路三五一号的三楼，马上给鲁迅写信通报。

四月中旬的一天，萧红在敦和里大门口北侧一家大饼店里买油条，无意中发现包装纸竟是鲁迅先生翻译班苔莱夫的中篇童话《表》的手稿，"两萧"

大吃一惊。萧军立即又到那家铺子去问，是否还有这类包装纸，老板回答没了。这使“两萧”很悲哀，鲁迅先生这样的中国独一无二的大作家，竟然得不到应有的尊重，手稿居然用去包油条！他们把手稿寄给鲁迅先生，并请他把手稿催讨回来。然而鲁迅自己却并不在意，于四月十二日写给萧军的信中说：“我的原稿的境遇，许知道了似乎有点悲哀；我是满足的，居然还可以包油条，可见还有一些用处。我自己是在擦桌子的，因为我用的是中国纸，比洋纸能吸水。”

原来鲁迅手稿流落到大饼店，是黄源的疏忽造成的。《表》是在一九三五年三月十六日《译文》月刊第二卷第一期发表的，校完清样以后，作为编辑的黄源就把原稿散失了，所以才“沦落”为油条的包装纸。黄源得知后，懊悔不已。他名启元，字河清，浙江海盐人。当时为《文学》杂志社编校，兼《译文》杂志及《译文丛书》编辑。

由此，鲁迅先生对“两萧”更是亲近了。

一九三五年七月十六日致“两萧”信中说：

> 贺贺你们的同居三年纪念。

同年九月一日致“两萧”的信中又说：

> 我们如略有暇，当于或一星期日去看你们。

九月十九日信又挂念道：

> 久未得悄吟太太消息，她久不写什么了吧？

十月二十日又念及道：

> 我们确也太久不见了，在最近期内，最好是本月内，我们当设法

谈谈。

真有一日不见如隔三秋的意味!

而“两萧”，尤其是萧红，写作更加勤谨了。她觉得只有多写出好作品，才对得起鲁迅先生的关怀。在拉都路绿植爬到窗前的房间里，她完成了描写哈尔滨饥寒交迫生活的系列散文《商市街》，语言明丽，细节逼真。

一九三五年六月，“两萧”离开拉都路，搬到萨坡赛路一九〇号，那里是“唐豪律师事务所”，律师唐豪是萧军的朋友。

在这里，最为遗憾的事情是：十月二十七日，鲁迅一家来到萨坡赛路访问“两萧”，竟然不遇。他们参加世界语五十周年纪念大会去了。事后得知，两人懊悔得直叹气。

鲁迅先生似乎更为遗憾，两天后，在十月二十九日致萧军信中说：

> 那一天，是我的豫料失败了，我以为一两点钟，你们大约总不会到公园那些地方去的，却想不到世界语会。……
>
> 我们一定要再见一见。我昨夜起，重伤风，等好一点，就发信约一个时间和地点，这时候总在下月初。

又是“太久不见”，又想“设法谈谈”，“两萧”感到鲁迅先生这位大文学家把自己这两个小青年视为知己和亲人了。莫不是他觉得自己太孤单?

在萨坡赛路居住期间，“两萧”请胡风夫妇到家里做客，同时还请了刚到上海的东北作家罗烽、白朗夫妇等朋友。大家围着一张长桌子包饺子，萧红擀皮儿，大伙儿一块包。梅志只会包上海的菜肉馄饨，不会包北方的饺子，急得手忙脚乱，还没有包好一个。

萧红一旁看着说：“得了，你不会包，在一旁歇着吧！”

梅志不服气，还执意要包，试着包了几个，都成了四不像的怪物，只好放下手。

胡风倒不逞能，一来就直言自己什么都做不来，坐在旁边椅子上抽烟，观察着大家。他见到这一对来自敌人占领的国土上而用笔参加了民族解放斗争的青年夫妇，感到很高兴。尤其是萧红，觉得她很坦率、真诚，还未离女学生气，头上扎着两条小辫，穿着朴素，脚上还穿着球鞋。没有上海滩姑娘们的那种装腔作势之态。所以，虽是初次见面，对他们就不讲客套，可以说是一见如故。

饺子包好煮熟了，大家围桌喝酒，与梅志干杯。梅志说："这酒我不吃，会醉人的，我要喝香槟。"

坐在她旁边的白朗说："香槟也会醉人的。"

到了梅志给孩子喂奶的时间了，胡风和她站起来告辞，"两萧"不好挽留，一起送他们到后门口。

这期间，叶紫的《丰收》印出来了。虽然是"非法"出版的"私书"，却像"合法"出版的样子，叶紫用了一个堂堂正正的书店名字——容光书局，地址——上海四马路。还印上了萧军想出、鲁迅认可的"奴隶社"社名，作为奴隶丛书之一出版。尤其抢眼的是鲁迅先生给作了序。

接着，萧军的《八月的乡村》，也作为奴隶丛书之二出版，鲁迅先生也作了序，立即引起反响。鲁迅寄给许多外国朋友，希望能翻译成其他语言，更广泛地宣传东北人民的抗日斗争。为了避免检查机关注意，署名将送检时署的萧军改为田军。

萧红的《麦场》却被《文学》退了回来。鲁迅先生交给胡风拿到《妇女生活》试试，也没有成功。到了十月份，他们仍然为《麦场》的出版煞费苦心。"两萧"争论"麦"字是否有草头，萧红说没有，萧军说有。手头没有字典，就给鲁迅先生写信询问。结果萧军败诉，鲁迅十月二十日回信说："'麦'字是没有草头的。"《麦场》在朋友中传阅，对于它的题目进行了争论，最后胡风根据书中的内容提炼为《生死场》，鲁迅表示赞同，说："《生死场》的名目很好"。于是萧红也准备自费出版，因为与黎明书店有来往的民光印刷所，印刷费和白报纸都可以赊账，等书卖出后再结。《丰收》和《八月的乡村》都是这样做的。《生死场》也这样做，并很快排出了校样。交给鲁迅、胡风各一份，鲁迅答应写序，胡风写读后记。

一九三五年十一月四日，鲁迅给“两萧”写了一封信，邀请他们到家里做客：

刘　　兄
悄吟太太：

我想在礼拜三（十一月六日）下午五点钟，在书店等候，您们俩先去逛公园之后，然后到店里来，同到我的寓里吃夜饭。

专此，即祝

俪祉。

豫　上十一月四日

收到信，“两萧”高兴极了！一九三五年十一月六日下午，如约来到内山书店，鲁迅先生已经在那里等候。“两萧”一到，就带他们前往。

鲁迅先生住的是大陆新村九号。

一进弄堂口，满地铺着大方块的水门汀，院子里不怎样嘈杂，这院子出入的有时候是外国人，也能够看到外国小孩在院子里零星地玩着。鲁迅先生隔壁挂着一块大的牌子，上面写着一个“茶”字。鲁迅先生的客厅里摆着长桌，长桌是黑色的，油漆不十分新鲜，但也并不破旧，桌上没有铺什么桌布，只在长桌的当心摆着一个绿豆青色的花瓶，花瓶里长着几株大叶子的万年青。围着长桌有七八张木椅子。尤其是在夜里，弄堂一点声音也听不到。

萧红注意到那个花瓶：好像画上所见的西洋女子用以取水的瓶子，灰蓝色，有点从瓷釉而自然堆起的纹痕，瓶口的两边，还有两个瓶耳，瓶里种的是几棵万年青。

萧红问道：“这叫什么名字？屋中既不生火炉，也不冻死？”

这时快近黄昏的时节，而且是个冬天，所以楼下室稍微有一点暗，鲁迅先生不停地吸着纸烟，当烟离开嘴边而停在口角的地方时，那烟纹的卷痕一直升腾到他有些白丝的发梢那么高。而且再升腾就看不见了。

“这花，叫‘万年青’，永久这样！”鲁迅在花瓶旁边的烟灰盒中，抖掉了纸烟上的灰烬，那红的烟火，就越红了，好像一朵小花似的，和他的袖口相距离着。

“这花不怕冻？”萧红又问。

许广平说：“不怕的，最耐久！”而且她还拿着瓶口给萧红摇着。

萧红看到了那花瓶的底边是一些圆石子，以后，因为熟识了的缘故，就自己动手看过一两次，又加上这花瓶是常常摆在客厅的黑色长桌上，自己又是来自寒带的北方，对于这在四季里都不凋零的植物，总带着一点惊奇。

那夜，“两萧”先和鲁迅先生、许先生一道坐在长桌旁边喝茶。当夜谈了许多关于伪满洲国的事情，从饭后谈起，一直谈到九点钟、十点钟而后到十一点钟。时时想退出来，让鲁迅先生好早点休息，因为萧红看出来鲁迅先生身体不大好，又加上听许先生说过，鲁迅先生伤风了一个多月，刚好了的。鲁迅先生并没有疲倦的样子。虽然客厅里也摆着一张可以卧倒的藤椅，“两萧”几次劝他坐在藤椅上休息一下，但是他没有去，仍旧坐在椅子上。只上楼一次，加穿了一件皮袍子。过了十一点，天就落雨了，雨点淅沥淅沥地打在玻璃窗上，窗子没有窗帘，所以偶一回头，就看到玻璃窗上有小水流往下流。夜已深了，并且落了雨，“两萧”心里十分着急，几次站起来想要走，但是鲁迅先生和许先生一再说再坐一下：“十二点以前终归有车子可搭的。”所以一直坐到将近十二点，才穿起雨衣来，打开客厅外边响着的铁门，鲁迅先生非要送到铁门外不可。“两萧”想为什么他一定要送呢？对于这样年轻的客人，这样的送是应该的吗？雨不会打湿了头发，受了寒，伤风不又要继续下去吗？站在铁门外边，鲁迅先生指着隔壁那家写着“茶”字的大牌子说：“下次来记住这个‘茶’字，就是这个‘茶’的隔壁。”而且伸出手去，几乎是触到了钉在锁门旁边的那个九号的‘九’字，“下次来记住茶的旁边九号。”“两萧”脚踏着方块的水门汀，走出弄堂，回过身去往院子里边看了一看，鲁迅先生那一排房子统统是黑洞洞的，若不是告诉得那样清楚，下次来恐怕要记不住的。

给《生死场》写序

一九三五年十一月十四日，夜里，鲁迅在灯下看完了《生死场》校样。周围像死一般寂静，听惯的邻人的谈话声没有了，食物的叫卖声也没有了，不过偶有远远的几声犬吠。在百静中，仿佛在听萧红给他诵读她的作品，柔细、含情的语调，使他从女性作者的细致的观察和越轨的笔致中，觉出明丽和新鲜，看到东北人民对于生的坚强和死的挣扎，感到一颗奴隶的心在不停地跳动，给人以坚强和挣扎的力气，很流畅地在绿格稿纸上把序写出了。

“异性，我是爱的。”而且“我可以爱！”这是鲁迅早就宣布过的。他从未像有些“正人君子”那样，看到美色，心怀色欲却假装严冷，仿佛自己是“六根清净”的和尚，但又在暗地里用心机、动手脚，想占为己有，而是坦然地露出自己的喜爱，毫不掩饰。有才气而又秀美的女性作家，本是天地、宇宙间酿造出的稀少灵物，哪个正常的男性，特别是本身就有才又爱才的男性作家会不爱呢？当然，这绝对不是出于情欲的占有式的“爱”，而是一种高贵的纯美的爱，是两个人气质与心性的相通。鲁迅看着明丽和新鲜的《生死场》，就想起萧红明媚、秀丽的脸庞和身影。这是一种具有共同的灵异与气场的天才文学家，在两性之间产生的一种特殊的感觉。这一切不是永远进不了文学之门的凡夫俗子们所能领悟到的……

第二天，手稿由广平拿去抄写，十五日广平连同校稿一起寄给萧军。《生死场》的原稿是用薄绵纸复写的，字迹又小又密，所以鲁迅看时非常吃力。广平后来见到“两萧”时说道：“你们的原稿使鲁迅先生吃了苦头！”鲁迅还提出要看小样，萧红将清样送去，自己满有把握，经过几次反复校对，不可能再有错字，结果经鲁迅校读，又用红笔改正了几个错字和格式。这使萧红很感动，立即写信感谢。十六日鲁迅回信说：“校出了几个错字，为什么这么吃惊？我曾经做过杂志的校对，经验也比较的多，能校是当然的，但因为看得太快，也许还有错字。”“那序文上，有一句‘叙事写景，胜于描写人物’，也并不是好话，也可以解作描写人物并不怎么好。因为做序文，也要顾及销路，所以只得说的弯曲一点。至于老王婆，我却不觉得怎么鬼气，这样的人物，南方的乡下也常有的。安特列夫的小说，还要写得怕人，我那《药》的末一段，就有些他的影响，比王婆鬼气。”因为是抄稿，没有鲁迅的亲自签名，而叶紫和萧军的书中序文都有，萧红要求鲁迅亲签，因而鲁迅又说：“我不大稀罕亲笔签名制版之类，觉得这有些孩子气，不过悄吟太太既然热心于此，就写了附上，写得太大，制版时可以缩小的。这位太太，到上海以后，好像体格高了一点，两条辫子也长了一点了，然而孩子气不改，真是无可奈何。”

胡风也在读后记中说：《生死场》的作者虽然没有读过肖洛霍夫的《被开垦的处女地》，“但她所写的农民们对于家禽（羊、马、牛）的爱，真实而又质朴，在我们已有的农民文学里面似乎还没有见过这样动人的诗篇”。“在这里，我们看到了女性的纤细的感觉，也看到了非女性的雄迈的胸境。”

一天上午，胡风、梅志去看萧红。萧红扎着花围裙正在收拾房间，擦地板。胡风问她：“怎么你一个人？三郎呢？”萧红一边请他们坐，一边说：“人家一早到法国公园看书用功去了，等回来你看吧，一定怪我不看书。”停了一会儿，似乎忍不住了，又说：“你看这地板，烟头，脏脚印，不擦行吗？脏死了，我看不惯。”不久，萧军回来了，胁下夹着几本书。他热情地和胡风夫妇打招呼，就开谈他看的书，说得那么兴高采烈而又自信，说着说着果然用一种夸耀又带谴责的口吻说萧红：“你就是不用功，不肯读书，你看我，一大早大半本书。”这下萧红可不干了，冷笑道：“嘛，人家一早去公园用功，我们可得擦地板，还好意思说呢！”萧军感到有点儿理亏，只能以笑抵挡。这时，胡风倒直截了当地说了公正话：“萧红在创作才能上可比你高，她写的都是生活，她的人物是从生活里提炼出来的，活的。不管是悲是喜都能使我们产生同鸣，好像我们都很熟习似的。而你可能写得比她的深刻，但常常是没有她的动人。你是以用功和刻苦，达到艺术的高度，而她可是凭个人的天才和感觉在创作……”胡风确实具有异常敏锐的艺术感，讲得头头是道，萧军只好默认。最后，大伙儿还是以哈哈大笑了之。

萧红自幼酷爱美术，她为自己的作品《生死场》设计了封面：用纸是紫红色的，她想用这纸的本色，做成半黑半红的样子，以之代表“生”与“死”。当她用墨笔双钩书名时，本打算把二分之一的封面完全涂成黑色，一旁的萧军认为这样太呆板了，建议只把书名周围涂黑就可以了，不用全涂，这样倒像“未完成”的样子。她听从萧军的建议，照做了。

一九三五年十二月，中篇小说《生死场》作为《奴隶丛书》之三印出了。前有鲁迅的序，后有胡风的读后记，文字明丽、新鲜，写法别致、越轨，给上海文坛以不小的新奇和惊动。从这本成名作起，作者正式使用笔名萧红。

《丰收》《八月的乡村》《生死场》这三本小书，奠定了这三位“小奴隶”在中国现代文学史上的地位。

“两萧”极其感激鲁迅先生，一九三六年春天，搬到北四川路底一条弄堂里。一是免得鲁迅先生分散精力，有些事情面谈一下就行了，不用费力写信；二是觉得自己年轻力壮，住得近些可以在生活、工作上，帮鲁迅先生一些忙。这样，他们就成了大陆新村鲁迅先生寓所的常客。

鲁迅的常客里边，萧军特别糙，说话也大声大气，也不太懂礼节。他上鲁迅家里说，老师，我毛病太多了，这个野性的东西得改一改。鲁迅说不要改，这样挺好。鲁迅就是这样一个人，他觉得中国人读书一读多就装了，就不像人样了。所以他写的学者教授，都有点儿被他亵渎的样子。他喜欢那些脚踏在泥土里，在大漠金沙里望着飞沙走石，用自己的身体来肉搏的伟岸战士。

而萧军觉得鲁迅是个赤子，是个没有把自己包裹起来的一个小孩子。心想他为什么不喜欢和胡适、和教授们在一块儿混？有人解释说他是自卑心理造成的等等，萧军觉得有点儿简单化了。他觉得鲁迅还的确是个有自卑感的人，甚至是自虐。他从一个少年变成一个乞食者的经历，加上他天性的敏感，使他那时候经历了某种羞愧。这种羞愧让他觉得自己不再是一个被爱的人，而是一个被嫌弃的人，一个多余的人。这个心理体验可能他一生都带着的。所以他会对那种多余的人，或者是底层的、受损害的、受侮辱的人，有一种感同身受的移情能力。他能设身处地感受对方的那种尴尬、痛苦和卑微，他始终站在卑微者一边。他觉得自己曾经那样，或者他依然是那样的一个人。他之所以了不起的原因也在这儿。他是一个特别好的作家，学养那么好，威信那么高，对自己和萧红这样地位卑微的年轻人却如此无私相助，毫无架子，如同慈父，就在于他的这种天才的心灵是经历过被侮辱、被损害的。卑微的灵魂是相通的，而且是共感的，能做到他是他们，不是说我理解你，而是说我就是你，他有这样的能力，对事物和人物的观察入木三分，具有放之古今都极强的洞察力。

至于说他很讨厌体面人，是因为体面的人其实是一些对他人痛苦非常隔膜的家伙。实际上他们可能有时候会做一些人道的举动，但在某种人格的敏感度和热度上是迟钝的。这种体面人包括学者、教授。所以当时混得好的、风风光光的那些人，都遭到鲁迅的奚落。后来的人会觉得鲁迅实在是没事儿找事，有点褊狭，用“尖酸刻薄”四个字形容他。说这种狠劲儿也只有绍兴人做得出来。实际上鲁迅的心灵是非常开敞的，他的心地是他伟大的一个源泉。他的那种灼热，那种心肠太了不起了。这种心肠，萧军一细想就会忍不住流泪，觉得这是鲁迅永远都会被爱的一个原因。

第十章 “横站”

弄堂“阿金”

上海的标志，除了外滩和万国建筑中高耸的海关钟楼外，就是网状地布满全市的弄堂了。作为休闲娱乐、儿童活动、各种交易的场所，热闹、嘈杂，充满种种人情世态：静静地躺在竹榻、睡椅上，睡眼蒙眬地摇着扇子的老人；打牌斗棋，或者与朋友们聊着一些有趣故事的中青年人；在草席上嗑着瓜子，一边做着针线，一边哄着孩子睡觉的妇女们；顽皮的小孩子，则在弄堂里奔逐嬉闹，寻找自己的乐趣……还有鲁迅在《弄堂生意古今谈》一文中说的："弄堂内外叫卖零食的声音，假使当时记录了下来，从早到夜，恐怕总可以有二三十样……而且那些口号也真漂亮，不知道他是从《昭明文选》或《晚明小品》里找过词汇的呢，还是怎么的，实在使我似的初到上海的乡下人，一听到就有馋涎欲滴之概。"总之，上海的弄堂形形色色，风情独具。没有弄堂，就没有上海，更没有上海人。

但是，鲁迅却不喜欢这种上海弄堂的杂闹。初到上海住的景云里，就是鱼龙混杂，各色人等都有的：有唱戏的，吵架的，声喧嘈闹，颇以为苦。加之隔邻住户，平时搓麻将的声音，每每于兴发时，把牌重重敲在红木桌面上。静夜深思，被这意外的惊堂木式的敲击声和高声狂笑所搅扰，辄使他掷笔长叹，无可奈何。每到这时，他就向往北平四合院里的静谧和独立，怀念静夜在“老虎尾巴”写作时万籁俱寂的氛围。倘若能在那里依靠北平图书馆丰富的藏书，写作他的《中国文学史》和《中国字体变迁史》，该多好啊！然而两次回去，都证明这是不可能实现的！真是无可奈何！

一九三三年四月十一日，终于搬到大陆新村了，使他心情大畅，七月十一日在给日本歌人山本初枝的信中说：

我这次的住处很好，前面有块空地，雨后蛙声大作，如在乡间，狗也在吠，现在已是午夜二时了。

山本初枝，日本歌女，中国文学爱好者，笔名“幽兰”。一九三一年随其夫日清气船公司船长山本正雄来华，寓于内山书店后侧，因常参加内山书店漫谈会而结识鲁迅，建立了深厚的友情。五年间通信一百二十余封，山本初枝写了称颂鲁迅的诗歌二十九首。鲁迅曾有诗《一·二八战后作》赠她：

战云暂敛残春在，重炮轻歌两寂然。
我亦无诗送归棹，但从心底祝平安。

在静夜里，望着窗外的空地，听着水沼的蛙鸣，在精美的信笺上潇洒地给柔美、细腻的日本歌女写信，确实很富有幽美的诗意。

但是好景不长，一年后，前面就又盖起了楼房。鲁迅一九三四年六月七日在给山本初枝的信中说：

上海已热起来，我家前面又造了新屋，吵得没办法，但我还没有考虑迁居。

不久，前面建好的新楼里，搬进几家外国人。鲁迅所居楼与前楼之间的一条弄堂形成了，就嘈杂得更厉害了。

最令鲁迅讨厌的是前楼外国人家的娘姨阿金。

她有许多女朋友，天一晚，就陆续到她窗下来，“阿金，阿金！”的大声地叫，一直到半夜。她又好像颇有几个姘头；她曾在后门口宣布她的主张：弗轧姘头，到上海来做啥呢？……

不过这和鲁迅不相干。不幸的是她的主人家的后门，斜对着鲁迅的前门，所以“阿金，阿金！”的叫起来，鲁迅总受些影响，有时是文章做不下去了，有时竟会在稿子上写一个“金”字。更不幸的是鲁迅的进出，必须从她家的晒台下走过，而她大约是不喜欢走楼梯的，竹竿，木板，还有别的什么，常常从晒台上直摔下来，使鲁迅走过的时候，必须十分小心，先看一看这位阿金可在晒台上面，倘在，就得绕远些。自然，这是大半因为鲁迅觉得自己胆子小，看自己的性命太值钱了；但也得想一想她的主子是外国人，被打得头破血出，固然不成问题，即使死了，开同乡会，打电报也都没有用的，——况且鲁迅想，自己也未必能够弄到开起同乡会。

半夜以后，是别一种世界，还剩着白天脾气是不行的。有一夜，已经三点半钟了，鲁迅在译一篇东西，还没有睡觉。忽然听得路上有人低声地在叫谁，虽然听不清楚，却并不是叫阿金，当然也不是叫自己。鲁迅想:这么迟了，还有谁来叫谁呢？同时也站起来，推开楼窗去看去了，却看见一个男人，望着阿金的绣阁的窗，站着。他没有看见鲁迅。鲁迅自悔自己的莽撞，正想关窗退回的时候，斜对面的小窗开处，已经现出阿金的上半身来，并且立刻看见了鲁迅，向那男人说了一句不知道什么话，用手向鲁迅一指，又一挥，那男人便开大步跑掉了。鲁迅很不舒服，好像是自己做了什么错事似的，书译不下去了，心里想：以后总要少管闲事，要炼到泰山崩于前而色不变，炸弹落于侧而身不移！……

但在阿金，却似乎毫不受什么影响，因为她仍然嘻嘻哈哈。不过这是翌日傍晚才得到的结论，所以鲁迅真是负疚了小半夜和一整天。这时鲁迅很感激阿金的大度，但同时又讨厌了她的大声会议，嘻嘻哈哈了。自有阿金以来，四围的空气也变得扰动了，她就有这么大的力量，能招来附近好几个娘姨。这种扰动，鲁迅的警告是毫无效验的，她们连看也不对他看一看。有一回，邻近的洋人说了几句洋话，她们也不理；但那洋人就奔出来了，用脚向各人乱踢，她们这才逃散，会议也收了场。这踢的效力，大约保存了五六夜。

此后是照常的嚷嚷，而且扰动又扩张了开去，阿金和马路对面一家烟饭店里的老女人开始奋斗了，还有男人相帮。她的声音原是响亮的，这回就更加响亮，鲁迅觉得一定可以使二十间门面以外的人们听见。不一会，就聚集了一大批人。论战的将近结束的时候当然要提到“偷汉”之类，那老女人的话鲁迅没有听清楚，阿金的答复是：“你这老 × 没有人要！我可有人要呀！”

这恐怕是实情，看客似乎大抵对她表同情，“没有人要”的老 × 战败了。这时踱来了一位洋巡捕，反背着两手，看了一会，就来把看客们赶开；阿金赶紧迎上去，对他讲了一连串的洋话。洋巡捕注意地听完之后，微笑地说道：“我看你也不弱呀！”

他并不去捉老 ×，又反背着手，慢慢地踱过去了。这一场巷战就算这样的结束。但是，人间世的纠纷又并不能解决得这么干脆，那老 × 大约是也有一点势力的。第二天早晨，那离阿金家不远的也是外国人家的西崽忽然向阿金家逃来。后面追着三个彪形大汉。西崽的小衫已被撕破，大约他被他们诱出外面，又给人堵住后门，退不回去，所以只好逃到他爱人这里来了。爱人的肘腋之下，原是可以安身立命的，易卜生戏剧里的彼尔·干德，就是失败之后，终于躲在爱人的裙边，听唱催眠歌的大人物。但鲁迅看阿金似乎比不上挪威女子，她无情，也没有魄力，独有感觉是灵的，那男人刚要跑到的时候，她已经赶紧把后门关上了。那男人于是进了绝路，只得站住。这好像也颇出于彪形大汉们的意料之外，显得有些踌躇；但终于一同举起拳头，两个是在他背脊和胸脯上一共给了三拳，仿佛也并不怎么重，一个在他脸上打了一拳，却使它立刻红起来。这一场巷战很神速，又在早晨，所以观战者也不多，胜败两军，各自走散，世界又从此暂时和平了。然而鲁迅仍然不放心，因为他曾经听人说过：所谓“和平”，不过是两次战争之间的时日。

但是，过了几天，阿金就不再看见了，鲁迅猜想是被她自己的主人所回复。补了她的缺的是一个胖胖的、脸上很有些福相和稚气的娘姨，已经二十多天，还很安静，只叫了卖唱的两个穷人唱过一回“奇葛隆冬强”的《十八摸》之类，那是她用“自食其力”的余闲，享点清福，谁也没有话说的。只可惜那时又召集了一群男男女女，连阿金的爱人也在内，保不定什么时候又会发生巷战。但鲁迅却也叨光听到了男嗓子的上低音的歌声，觉得很自然，比绞死猫儿似的《毛毛雨》要好得天差地远。

阿金的相貌是极其平凡的。所谓平凡，就是很普通，很难记住，不到一个月，鲁迅就说不出她究竟是怎么一副模样来了。但是还讨厌她，想到“阿金”这两个字就讨厌；在邻近闹嚷一下当然不会成这么深仇重怨，鲁迅的讨厌她是因为不消几日，她就摇动了自己三十年来的信念和主张。

鲁迅一向不相信昭君出塞会安汉，木兰从军就可以保隋；也不信妲己亡殷，西施沼吴，杨妃乱唐的那些古老话。他以为在男权社会里，女人是绝不会有这种大力量的，兴亡的责任，都应该男的负。但向来的男性的作者，大抵将败亡的大罪，推在女性身上，这真是一钱不值的没有出息的男人。殊不料现在阿金却以一个貌不出众、才不惊人的娘姨，不用一个月，就在鲁迅眼前搅乱了四分之一里，假使她是一个女王，或者是皇后、皇太后，那么，其影响也就可以推见了：足够闹出大大的乱子来。

昔者孔子“五十而知天命”，鲁迅觉得自己却为了区区一个阿金，连对于人事也重新疑惑起来了，虽然圣人和凡人不能相比，但也可见阿金的伟力，和自己的满不行。鲁迅不想将自己文章的“退步”，归罪于阿金的嚷嚷，而且以上的一通议论，也很近于迁怒，但是，近几时鲁迅最讨厌阿金，仿佛她塞住了自己的一条路，却是的确的。鲁迅愿阿金也不能算是中国女性的标本。

鲁迅将自己的这次所闻所感写成了《阿金》一文，给了《漫画生活》，然而不但不准登载，还送到南京中央宣传会里去了。这不过一篇漫谈，毫无深意，怎么惹出这样大问题来的呢，自己总是想不透。后来索回原稿，先看见第一页上有两颗紫色印，一大一小，文曰“抽去”，已无疑义了。再看下去，就又发现了许多红杠子，编进《且介亭杂文》时改为黑杠，仍留在本文的旁边。

直至一九三六年二月二十日，《阿金》才发表于胡风主持的《海燕》月刊第二期。

后来鲁迅从别人那里得知：检查机关以为此文是在讽刺宋美龄。真不知这些检查官是怎么想的。

鲁迅确无讽刺宋美龄的想头，这种事他是不会做的。不过“毫无深意”之说，却是一种虚幌，鲁迅曾经跟曹聚仁说过：他创造了阿金，就等于创造阿Q，阿金也和阿Q一般普遍地活着的。所以鲁迅“愿阿金也不能算是中国女性的标本”，中国人要改造国民性，“合理的做人”，绝对不能像阿金那样。

当局的监视

其实，阿金不过是明面的无聊胡闹罢了。当时，就在新建的楼上，正对着鲁迅窗户的房间里，军统组成的一个暗杀小组，正在暗中秘密监视着鲁迅。

军统，即国民政府军事委员会调查统计局的简称，为国民党特务的中心机关，由以戴笠为首的蓝衣社特务系统逐步发展而来。奉行意大利和德国的法西斯主义，素以暗杀为业。这时，深得蒋介石信任。这个暗杀小组，由仅有二十一岁，在军统局素以年纪小、资格老而著称的沈醉，担任少校行动组长。他曾经参加了暗杀中国民权保障同盟总干事杨杏佛的行动，又继续执行暗杀计划，名单上头一名是宋庆龄，鲁迅也在其中。行动组的成员日夜在此盯守，沈醉也去过几次，从三楼后面的晒台上可以清楚地看见鲁迅二楼书房兼卧室的情况，见鲁迅经常在桌前写作，腰板挺得很直，很小的海婴有时在房间玩耍，看不到什么特别的举动。监视室的枪早已瞄准好，只等上面的命令。

南京汉府街，从道旁全是林荫树的总统府西式正门进去，沿着回廊就可走进府邸，到达总统府的办公室。

办公室不大，只有三十多平方米。办公桌旁边靠墙有一对套着黄色锦缎的沙发，蒋介石正襟危坐在靠近办公桌的左边沙发上，他的党中央组织部部长、中统头目陈立夫坐在右边的沙发上。

陈立夫欠着身子，对蒋介石恭敬地小声说：“委座，全像戴笠那样一味杀人是不行的，据说他杀了杨杏佛、史量才后还列了一个暗杀名单，孙夫人首列其中，鲁迅也在里面。倘若真这样做，会大失民心，不可收拾。”

蒋介石静静地听着，不作声。其实，夫人宋美龄已经与他争吵过，诉说孙夫人的汽车曾被军统跟踪、监视，如果真出事，她绝对不干！

陈立夫接着说：“像杀瞿秋白，我当初就不赞成，派王杰夫小组去劝降。结果未劝成，杰夫承认这是他工作的失败。委座下格杀令，反倒长了共党志气，灭了吾党威风，让瞿显示了气概，知识界都很佩服他，同情他。我们倒失了民心。”

蒋介石摇摇头说：“瞿秋白不一样，该杀！是他首先挑起共党武装起义的。”

陈立夫坚持说：“那也不是非杀不可，像这样的大文化人，不管其态度如何，都可以把他弄到南京关起来译书，像对丁玲那样。”

蒋介石没有讲话。

陈立夫近前凑了一些，悄声说：“听说鲁迅也在暗杀名单里，对这种名望太大的文人就更加不可轻举妄动了。”

这时，蒋介石倒开腔了：“鲁迅太狂妄了，民国二十年底，我曾要召见他，他居然回绝了。”

陈立夫闻之说道：“嗨！那是文人的清高脾气，宰相肚里可撑船，委座这样的大人物完全不必计较。大学院特约著作员的职位，不是民国二十一年就免除了吗？”

蒋介石没有赞成，也没有明确反对，谈话就这样结束了。

过后，财政部长孔祥熙也来找蒋介石，说夫人宋蔼龄为军统密谋暗杀孙夫人事大闹不已。蒋介石也觉得不可再任戴笠妄为了。

不几天，沈醉的小组悄无声息地从鲁迅对面楼里撤走了。

内部的隔阂

其实，这种外部的压力，鲁迅是无所畏惧的，令他心寒的是内部的隔阂。

左联形式是群众组织，但是实际上是由中共中央文化工作委员会，简称文委，直接领导的。中央文委于一九二九年下半年成立，直属上海中央局宣传部，第一任书记是潘汉年，他同时是中宣部干事。在制止创造社、太阳社攻击鲁迅、联合起来成立中国左翼作家联盟、即左联的过程中，起到了重要作用。左联成立后，中国左翼社会科学家联盟、中国左翼戏剧家联盟、中国左翼美术家联盟等左翼文艺组织相继成立，为了统一领导就成立了中国左翼文化界总同盟，简称文总。无论是分支联盟，还是总同盟，都属文委领导，都设有党团。左联就是这样，内部有党团书记，掌握实权；对外设有秘书处，由行政书记、组织部长、宣传部长三人组成，负责外部的日常事务工作。鲁迅虽为公认的左联“盟主”“旗帜”，但并没有担任实际职务，不过左联的大事初期都是征求鲁迅意见的。

文委书记第一任是潘汉年，一九三〇年三月以后是朱镜我，一九三一年上半年是冯乃超，下半年是祝百英；一九三二年是冯雪峰，一九三三年是阳翰笙，成员有夏衍、周扬等;一九三五年二月以后，是周扬，参加的成员有杜国庠、冯雪峰、夏衍、田汉、钱杏邨等。

左联党团书记第一任是冯乃超，一九三一年二月柔石等牺牲后，冯乃超调武汉，由冯雪峰接任；下半年冯雪峰上调文委书记，左联由阳翰笙接任；一九三二年二月冯雪峰转任中央局宣传部干事，主管文委，阳翰笙接任文委书记，钱杏邨接任左联书记，不久由丁玲接任；丁玲被捕后，周扬兼任，一直到左联解散。

左联行政书记第一任是周全平，周因“卷逃”互济会资金被开除后，由茅盾于一九三一年接任，十月就因病辞职；一九三三年二月第二次担任书记，十月再次因病辞职；刚从日本回国并担任左联宣传部部长两三个月的胡风，经党团书记周扬指派接任；一九三四年十月，胡风辞职后，由任白戈接任；一九三五年二月任白戈到日本后，徐懋庸接任左联行政书记。

本来胡风当书记时，鲁迅每月捐二十元钱作左联刊物的印刷费，周扬们这样一来，他就不捐了。周扬等便在背后说鲁迅“吝啬”，这话后来传入鲁迅耳中，自然更添一分厌恶。

当时左联和文总的负责人主要是——

田汉，名寿昌，笔名田汉、陈瑜、伯鸿等。湖南省长沙县人。

他是位热情澎湃的诗性戏剧家，才华横溢，为人慷慨，但一生不懂政治，不通人事。有追求、有信仰，但胸无城府，口无遮拦，又少年得志，目空一切，有时败事。

夏衍，原名沈乃熙，字端先，浙江省仁和县人。一九二七年加入中国共产党，是公开的中共党员。一九二九年同鲁迅筹建中国左翼作家联盟，任执行委员，后发起组织中国左翼戏剧家联盟，在报告文学和戏剧等领域很有成就，考虑事情也较周稳。

阳翰笙，为左联筹备组成员之一。此后，他担任过左联党团书记、左联文化总同盟，即文总党团书记和中共上海中央局文化工作委员会，即文委书记等职，是位戏剧家。

周扬，原名周运宜，字起应，后来改名“周扬”。曾任左翼作家联盟党团书记。后来主要到文总工作。一九三三年五月后，兼任左联党团书记。

他们四人那时都很年轻，又担任左联党的领导工作，虽然革命热情很高，但是并不认识鲁迅在中国的价值，简单地以党的组织纪律原则硬性要求党外的鲁迅，有心想“收编”鲁迅，让鲁迅听他们指挥。

一九三四年十月，胡风辞职后的一天，凉爽的秋风从黄浦江阵阵掠过，清风拂面，给人难得的惬意。

在上海爱文义路的一个弄堂里，周扬敲开了夏衍住所的门。此前，因叛徒出卖，上海中央局经历了第二次大破坏。故而，夏衍、周扬等人均分头隐蔽，联系频率相对降低。当周扬突然出现在夏衍面前时，夏衍还真有些意外。

周扬此行，是要同夏衍商量一个计划。

此前，分别担任文委及文总党团书记的阳翰笙，向周扬建议，说：“自从冯雪峰走后，好久没有向鲁迅报告工作了，是否近期约个时间一同去向鲁迅报告一次工作。”

冯雪峰在上海时与鲁迅联系较多，当时左联的很多活动都是冯雪峰向鲁迅请示以及通报的。自从冯雪峰走后，这样的联系就中断了。而且时间已近一年。

周扬也认为很有必要与鲁迅作一次沟通，否则长时间不联系，除了不利工作外，还容易产生误会。周扬找夏衍，除了告知阳翰笙的建议外，还希望他先与鲁迅联系一下，约定时间。周扬特地强调了这次去见鲁迅的仅阳翰笙、周扬、夏衍三人。

夏衍知道要见鲁迅，唯一的地方是内山书店。次日，夏衍只身来到这里，希望通过书店老板内山完造约见鲁迅。没想到这天正巧鲁迅也来了。于是夏衍便在内山书店转达了周扬的意思。

鲁迅表示同意。时间约在下个星期一下午，仍在内山书店见面。

到了约定的这天，夏衍便在其住处附近的旧戈登路美琪电影院门口叫了一辆出租车，同时等待周扬和阳翰笙，出乎夏衍意料的是，来的不是两人，而是三人，除周扬、阳翰笙外，还多了一个田汉。

夏衍当时就有点儿为难，一是在这之前，已觉察到鲁迅对田汉有意见。二是田汉是个直性子人，口无遮拦，也许说出使鲁迅不高兴的话来。而且自己和鲁迅只说了周、阳二人向他报告工作，没有提到田汉。可是已经来了，又有什么办法叫他不去呢？

夏衍虽然顾虑，但碍于田汉在场不好多说，于是便一同上了出租车。

到了内山书店后，鲁迅已先于他们在里面了。当时书店内有几个日本人在看书，夏衍觉得人多谈话不便，便对鲁迅说：“这儿人多，对面有一个咖啡馆，我们到那边去坐坐吧？”

“事先没有约好的地方，我不去。”鲁迅口气有些冷淡。显然鲁迅对此计划中多来一人并不愉快。

夏衍心里不免嘀咕：事先没约好的地方不去，是否也意味着事先没约好的人不见呢？

好在内山先生适时地调解了气氛，他说：“就到后面会客室去坐吧，今天刚好还有一些刚从日本带来的点心。”

这是一间典型的日本式会客室，整个风格设计带有鲜明的日本民族特色。他们在会客室坐下，内山随即送来了一些茶点。

开始，阳翰笙汇报了一下文总这一段时期的工作情况，大意是说尽管白色恐怖严重，我们各方面的工作还是有了新的发展，他较详细地讲了戏剧、电影、音乐方面的情况，也谈了沪西、沪东工人通讯员运动的发展；接着周扬作了一些补充，如已有不少年轻作家参加了左联等等。鲁迅抽着烟，静静地听着，有时也点头微笑。

“胡风这个人靠不住，政治上有问题。”田汉很率直地、无所顾忌地脱口而出，“请先生不要太相信这种人。”

“政治上有问题？你是听谁说的？”鲁迅闻此很不高兴，脸色非常严肃。

“听穆木天说的。”田汉回答。

“穆木天是转向者，转向者的话你们相信，我不相信。”

鲁迅显然对田汉的话已很反感了。瞬间，空气仿佛有些凝固。田汉见此亦不再多言。

其实，田汉也非为个人恩怨而怀疑胡风。他只是出于地下工作的警惕性，为鲁迅担心。但是，田汉的话事实上是缺乏证据的，对胡风造成的伤害很大。幸好鲁迅并没有因此受到影响，他始终保持着对胡风的信任。

眼见田汉与鲁迅话不投机，一旁的阳翰笙赶紧将话题转开，空气始有缓和。接着他们又谈了一些别的事情。临别时，鲁迅从口袋里掏出一张一百元的支票交给周扬说：“前清时候花钱可以捐官、捐差使，现在我身体不好，什么事也帮不了忙，那么捐点钱，当个‘捐班作家’吧。”鲁迅的调侃令在场者不禁失笑。

原来起因是胡风从日本回国后不久即在中山文化教育馆供职。文化教育馆是个非官方的民间文化教育机构，由孙中山的长子孙科主办。他搜罗了一批懂外文的人才，翻译世界各国的政治经济资料，登载在自办的《时事类编》杂志上。当时左联盟员韩起的朋友杨幸之是《时事类编》负责人陈彬和的秘书。正是通过韩起、杨幸之，胡风进入中山文化教育馆从事编译工作。这样每月可有一百元的收入。胡风曾将此情况专门向左联党团书记周扬以及茅盾等人汇报过。他们均同意胡风兼那边工作。当时与胡风同在文化教育馆工作的同事中，有一些是中共党员和国民党“左倾”人士，如张仲实、潘蕙田、沈兹九、罗又玄等，胡风的这段经历本来并不保密，也没引起什么异议。但却因穆木天的缘故而使问题复杂化了。

穆木天，原名穆敬熙，吉林伊通县靠山镇人，中国现代诗人、翻译家。

象征派诗人的代表人物。为创造社成员，早年留学日本，一九三一年加入左联，之后与任钧、蒲风、杨骚等发起成立中国诗歌会，主张诗歌大众化。穆木天在早期左联中是一位十分活跃的左翼诗人。一九三四年夏，他突然被捕。在狱中，写了自首书，并与汪汉雯、刘智民一同在《申报》上发表了《左联三盟员脱离关系宣言》。不久获释。由于穆木天此前在左联与胡风有些成见，故出狱后散布了胡风是南京派来的内奸的言论。其所谓的根据是，在狱中主审官审问他时，什么人都问了，就是没提到胡风。于是，穆木天向左联党团汇报了这一情况。当时也无法查证，左联一些领导人对胡风产生了怀疑。

穆木天捕风捉影的言论传到了与胡风同在中山教育馆工作的韩侍桁那里。韩原为左联中人，后加入了“第三种人”，为鲁迅所鄙视。胡风疾恶如仇，亦曾笔墨相讥，两人很有些积怨。因此韩幸灾乐祸，在馆内四处传播，并当众对胡风说:“你老兄不错，又拿共产党的钱，又拿国民党的钱。”此言经传播后，有人干脆就称“胡风拿国民党的钱，为共产党办事”。

胡风左联身份暴露后，在中山文化教育馆难以为继，于是不得不辞去此职。

对穆木天的言论以及韩侍桁的讽刺，胡风非常气愤，他专门找到周扬，要求左联组织澄清。胡风当时任左联行政书记，这样的要求也是正当的，否则他无法工作。但周扬不作任何安抚性的表示，只告诉胡风，因为工作关系，他要搬家了，而且没有告知新的地址。这无疑意味着对胡风的不信任。周扬的态度刺伤了胡风的自尊心，他很快宣布辞去左联行政书记，将工作移交给了田汉。以后胡风专门跑到鲁迅家中报告了事情的经过。鲁迅沉默半晌后说：“只好不管它，做自己本分的事，多用用笔……”

但胡风此后得到了中共中央特科的信任，由左联作家转入特科工作的吴奚如特别委派胡风为中共与鲁迅之间联系的“机要交通员”。鲁迅原来对胡风遭遇即有不平，从此更加信任胡风。有一次，茅盾对鲁迅说胡风行踪可疑，与国民党有关系，而且告诉鲁迅这消息来自陈望道、郑振铎，是他们从南京方面的熟人听来的。鲁迅当时听了茅盾的话，脸色一变，就环顾左右而言他。从此以后，茅盾就无法与鲁迅深谈了。

咖啡馆那次周扬、夏衍、田汉、阳翰笙与鲁迅见面，虽说中间因田汉的插话而使气氛有些紧张外，基本上还比较正常，特别是最后的氛围还比较和谐。鲁迅甚至在严肃的左派理论家面前，以捐钱的方式表示了自身的风趣与幽默。可见，当时的气氛还是较为融洽的。

鲁迅与田汉交往最早，这也许是因为田汉是早期创造社成员的缘故。但鲁迅对田汉的印象却特别不好，甚至对田汉的为人方式、性格作风也是有微词的。

田汉性格浪漫多情、狂放粗疏，率性而为，才子气颇重。这与深沉、冷峻的思想家鲁迅反差极大。对田汉放达张扬的表现，鲁迅自然难以接受。田汉小鲁迅十七岁，算是晚辈。鲁迅对年轻人一向是较为宽容的，但田汉是左联成立时的七常委之一，又是左翼戏剧界的领导人，故而鲁迅对他不以普通年轻人视之。

一次，田汉请客。鲁迅看到田汉座位背后站着一条大汉，后来有人告诉他，那是田汉请的保镖。保镖，一般是为了防备绑票匪。田汉绝不是富翁，用得着防备绑票么？其次是，防备国民党和租界捕房逮捕。田汉是左翼作家，共产党人，如果要逮捕他，一个保镖能抵抗得住吗？对照田汉的生活态度，要么，是炫耀自己的重要身份；要么，是扮演一次罗曼蒂克滑稽戏的角色。这种做法，能够使鲁迅不觉得奇怪、可笑吗？

还有一次，内山完造在一家闽菜馆设宴欢迎日本左翼作家、日本无产者艺术联盟委员长藤森成吉，鲁迅、茅盾、田汉、夏衍等应邀作陪。酒过三巡，田汉酒酣耳热，便开始了高谈阔论。因为席间客人是日本朋友，便引出了他大谈日本唯美主义和恶魔主义作者谷崎的话题。田汉很带感情地讲起与谷崎的交游，以及对谷崎作品的分析，并且介绍自己刚刚译完的谷崎的小说《人与神之间》等。田汉有些情不自禁，手舞足蹈，口若悬河。藤森虽对谷崎并没有田汉那样的兴趣，但出于礼貌，只有频频点头。而一旁鲁迅的脸色却早已不好看了。夏衍察言观色，有些为田汉着急。但兴头上的田汉依然谈兴不减。

“看来又要唱戏了。”鲁迅低声对夏衍说。夏衍明显意识到了鲁迅对田汉的这种反感。

鲁迅说完此话即起身告辞。在座宾主的难堪可想而知。

因而，虽然胡风辞职时把工作交给了田汉，田汉也有意接管，但在夏衍的提醒下，周扬并没有让田汉当左联行政书记，而是请当时是宣传部长的任白戈当了。

作为人世间的一个人，鲁迅也有失误之处。杨邨人此公曾在左翼，后来进苏区去了，不久又逃出来，发表了攻击苏区的公开言论，还要揭起小资产阶级文学之旗,和左翼无产阶级文学对抗。这时候,他又在小刊物《无轨列车》上发表了致鲁迅的公开信，要求鲁迅把他当作革命同志。鲁迅写了《答杨邨人先生公开信的公开信》予以批驳，对杨邨人脱离共产党，并从左联变成“第三种人”非常鄙视，称之为“革命小贩”，可谓尖刻、辛辣。当时孙师毅办了一个叫作中外图书公司的小出版社，出了一个小刊物，向鲁迅要稿。鲁迅就把这封公开信交给胡风送给孙师毅发表了。刊出后在读者中间，尤其是左翼人们中间引起了很大的震动。当年暑间，周扬送家小回湖南去了，当时的文委负责人林伯修，即杜国庠，和胡风直接联系，对鲁迅发表这封信表示很大的不满，说：这样一来，他们对杨邨人的工作就不好做了。胡风认为：他对我这样说，等于斥责我让鲁迅发表这封信是犯了大错误。这样，还有什么办法取信于人，在文艺领域和群众中间做左联的思想工作呢？对杨邨人这种人还是应该采取团结的态度，不宜完全推到对立面。同时，杨进苏区后不久又逃出来，也并非无缘无故。杨邨人之逃离苏区是否与滥杀 AB 团的极左行动有关呢？鲁迅对苏区实际情况并不了解，就意气用事，一味攻击杨邨人，不能不说是某种“失误”。

如果个人的习性、作风，仅仅引起鲁迅对田汉的不满，而以后发生的《社会月报》同期刊登鲁迅和杨邨人文章事，则导致了鲁迅对田汉的愤怒。一九三四年八月号的《社会月报》开篇刊登了鲁迅给曹聚仁的信,内容为谈“大众语”问题。此信原为鲁迅给曹的私人信件,曹后来交给陈灵犀在其主编的《社会月报》上发表。同期还刊有被鲁迅称为“革命小贩”的杨邨人的《赤区归来记（续）》。杨邨人原为左翼作家，第一任剧联党团书记，一九三二年宣布脱离共产党。杨的《赤区归来记》提到一对革命夫妇，并将他们的名字如实写出。田汉认为这是公开告密，是造成这对夫妇以后被捕的直接原因。田汉为了打击杨邨人，阻止《社会月报》继续刊载杨文，想出了一条自鸣得意的“妙计”——使用“责备贤者”的激将法，以“绍伯”名义在《大晚报》的《火炬》副刊上发表了《调和——读〈社会月报〉八月号》一文，认为鲁迅之信与杨邨人之文同登一刊是一种“调和”，并挖苦地说：“鲁迅先生似乎还‘嘘’过杨邨人氏，然而他却可以替杨邨人氏打开场锣鼓，谁说鲁迅先生气量窄小呢？”

田汉此说可谓毫无道理。鲁迅的信被别人拿去发表，同杨邨人的文章放在同一期刊上，是编辑所为，怎么就成了鲁迅替杨邨人“打开场锣鼓”呢。田汉以一个十分牵强的理由称鲁迅与杨邨人“调和”，这就难怪鲁迅动怒了。

当时田汉正在编《戏》周刊，于是鲁迅便在给《戏》周刊的信中说：

> ……我并无此种权力，可以禁止别人将我的信件在刊物上发表，而且另外还有谁的文章，更无从预先知道，所以对于同一刊物上的任何作者，都没有表示调和与否的意思；但倘有同一营垒中人，化了装从背后给我一刀，则我的对于他的憎恶和鄙视，是在明显的敌人之上的。

鲁迅视田汉此举为同一营垒中人所给予的“背后一刀”，因此对他则更加“憎恶和鄙视”。

田汉没想到他的文章引出了这么个结果。按照他原来的设计，他有意“冤枉”一下鲁迅，鲁迅即会向《社会月报》主编陈灵犀或擅自发表此信的曹聚仁抗议，以达到打击杨邨人并停发其文的目的。田汉的这一初衷在其后写给鲁迅的信中表达得非常清楚。但事与愿违，虽然《社会月报》因此停刊了杨邨人文章，但鲁迅的态度使田汉心殊不安。迫于压力，田汉在《致〈戏〉周刊编者信》中解释“绍伯”是他的一个表弟，是一个“纯洁而憨直的青年”，其文章的用意“绝不在从暗地里杀谁一刀，他没有任何那样的必要，何况是对于鲁迅先生从来是很敬爱的”。又说：“‘文坛消息家们’却颇有拈起这个做挑拨离间的材料。这次是甚至也射到我的身上来，所以我不能不在这儿说几句话：‘凡是在同一阵营中的，我和任何人没有矛盾。’‘我们应该更分明地认清敌友。’”以后田汉又在写给鲁迅的信中说：“我与先生不但是多年文化上的战友，而且无论在什么意义上也没有丝毫矛盾的地方，我有什么中伤同志特别是中伤您的必要？既然无此必要，却会把友人当敌人，那除非发了疯。一九三五年我们的阵线需要更整齐而坚强，同志间任何意义的误会都于整个工作有害，为着说明那一文章的经过与意义，我写这封信给您，希望您也不要怀疑您的战友。无论什么时候，我是敬爱同志特别是先生的。”

应该说田汉此时的态度是真诚的。但以后鲁迅对田汉的误会和成见并未因此而释然。

鲁迅对左联党团书记周扬的不满并不在田汉之下。

一九三二年九月，瞿秋白翻译苏联诗人别德讷依嘲骂托洛茨基的诗《没功夫唾骂》，并在周扬主编的《文学月报》第一卷第三期上发表。以后浙江宁波人邱九如以“芸生”笔名仿秋白译诗创作了长诗《汉奸的供状》，在《文学月报》第四期上发表。诗的本意是讽刺“自由人”胡秋原和“第三种人”苏汶的，但诗的字里行间充满了“丢他妈”“当心，你的脑袋一下子就要变成剖开的西瓜”等辱骂和恐吓的词句。当时鲁迅、瞿秋白、冯雪峰看了，都觉得这种文风比较恶劣，应予纠正。因为当时《文学月报》是周扬主编的，自然鲁迅对周扬发表这样的作品不免有看法。于是，鲁迅便以致《文学月报》编辑周扬一封信的形式，阐明了自己的观点，这便是《辱骂和恐吓决不是战斗》。

鲁迅指出芸生的诗中“有辱骂，有恐吓，还有无聊的攻击，其实是大可以不必作的”，“现在有些作品，往往并非必要而编在对话里写上许多骂语去，好像以为非此便不是无产者作品，骂詈愈多，就愈是无产者作品似的。其实好的工农之中，并不随口骂人的多得很，作者不应该将上海流氓的行为，涂在他们的身上。”鲁迅特别提到“战斗的作者应该注重于‘论争’；倘在诗人，则因为情不可遏而愤怒，而笑骂，自然也无不可。但必须止于嘲笑，止于热骂，而且要‘嬉笑怒骂，皆成文章’，使敌人因此受伤或致死，而自己并无卑劣的行为，观者也不以为污秽，这才是战斗的作者的本领。”

这封信，周扬后来将其发表在《文学月刊》五、六期合刊上。

鲁迅直接给周扬写这封信，用意是很深的。其中虽然是批评芸生的诗，但很多话也是直接说给周扬听的。公允地说，刊物的主编并不能对所有文章负责，也就是说，作者的观点并不代表编者的观点。但作为左联刊物，周扬在选稿上还是有教训可汲取的。

但由于当时“左倾”思想的影响，祝秀侠等人竟化名首甲，与方萌、郭冰若、丘东平联名，在一九三三年二月《现代文化》第一卷第二期发表《对〈辱骂和恐吓决不是战斗〉有言》，指责鲁迅“带上了极浓厚的右倾机会主义色彩”。鲁迅后来指出：“同道中人，却用假名来杂着真名，印出公开信骂我……我提出质问，但结果是模模糊糊，不得要领。”

这都是鲁迅与左联周扬等人产生隔阂并日益加深的缘由。

胡风听到鲁迅发过一次感慨：郭沫若休息了十年，可以回来换换班了……

由此，鲁迅对周扬个人也产生了看法。

一是说“周扬，以后可以叫他周阿佛了”。创造社把一个德语词（Aufheben）音译为“阿弗赫变”。原词包含着两个对立的含意：扬和弃。扬好的同时弃不好的。把前两个音代表扬，后两个音代表弃。周扬改名“扬”，因而鲁迅称之为“周阿佛”。可以理解为，周扬是要求上进的，只要好的不要坏的。也可以理解为：冯雪峰用过“洛扬”的笔名。周扬和冯雪峰是有矛盾的，现在周扬拿冯雪峰用作笔名的字做自己的名字，说不定周扬实际上是羡慕和忌妒冯雪峰的。

二是认为“周扬是一定要做卢纳恰尔斯基的……”——卢纳恰尔斯基当时是苏联的人民教育委员，也就是文教、文艺上的领导人。周扬深居简出，自己主要做内部的党务工作，让徐懋庸等跑外，鲁迅感到他是要做“文坛皇帝”和“元帅”，当“奴隶主”。

三是曾对胡风说：“这个话不能说，一说就是雪峰派。你是雪峰派，我也是雪峰派。”因为周扬与冯雪峰的矛盾，引起了很大的组织性的误会，鲁迅才发出了这般无可奈何的感慨。

但鲁迅在态度和口气上，从未越过战友间的不协调或矛盾这个界限，只当作是内部的隔阂。出现误会或差错时，可能会发脾气，但过后误解消散了，也就重归于好。

“一·二八”战事的第二年，即一九三三年，上海出现了一种打破当时文坛沉寂空气的期刊《文学》，该刊是“文学研究会”的会员鲁迅、茅盾、郑振铎、傅东华、王统照等主脑人物主持的。当时的情况，鲁迅、茅盾都不好出面主持，只好推出一向不受注意的傅东华负责。傅东华，又名则黄，笔名伍实、郭定一等，金华人，翻译家。第一、二期自然都有鲁迅的文章，销路也很好。但到第二期傅东华用伍实笔名写了一篇欢迎美国黑人作家休士的文章，说不久以前欢迎萧伯纳的时候是那么热烈，现在欢迎休士的时候是这么冷淡，文中有“惟其名流招待名流才使鲁迅先生于千载一时之机会得同梅兰芳济众于一堂”语，言外之意有暗指鲁迅“势利”的意思。鲁迅看了自然大发脾气，写了一封信给文学社的编辑同人，说他不去招待休士是因为没有接到通知，纵使接到通知而不去参加也许因为别的原因的，不能就此下断语说他“势利”，他还愤愤地说：在这文坛少了一个“势利的老人”又有什么关系呢？何必一定要牵出他来插科打诨？这封信把傅东华吓了一跳，因为鲁迅的信曾指出那化名伍实的人也许是熟人，见面也许还要点头寒暄的，这已经暗指傅东华了，而且编辑同人都大大非难他的莽撞，所以他迫得也写了一封信给编辑同人承认伍实就是他的笔名，并解说他化名不是故意放冷箭，为的是文章拙劣，借以掩饰。他把“名流”“鲁迅”“梅兰芳”连在一起并不是有意奚落鲁迅，而是当时心情不安、词不达意地写成那样的，文学社的编辑同人于是写了一封认错的道歉信给鲁迅，并把傅东华的信附了上去。但鲁迅对傅东华的解释还觉得不充分的，所以《文学》第三期以后就不再给文章了。加上了青年作家对傅的不满，如周文的小说被删而惹起的风波等，《文学》的销路也受了影响。为了挽回同鲁迅的关系，“文学社”举行了一次宴请，好容易才把鲁迅请了来，但鲁迅却避免同傅东华谈话。傅东华想“请教”他的事情多得很，最主要的还是下一期能有鲁迅的文章。鲁迅坐在席间，同陈望道等谈着闲天，傅东华绕了一个圈子，绕到了陈望道的旁边坐下，正想乘机插嘴，鲁迅看见了于是把面转开，转过面同茅盾等闲谈，傅东华又绕了一个大圈子，好容易才有机会在茅盾的旁边坐下，正想乘机插嘴，鲁迅却又转移了阵地同郑振铎等谈起来了，如是者数次，鲁迅终于看出了傅东华的真正“诚意”才让他一个说话的机会，这才恢复了友情。但傅东华口头上和书信上的多次请求鲁迅给稿，鲁迅还是不肯给。终于有一次，傅东华在预告上登出下一次有鲁迅的稿子了，但"题未定"。鲁迅终于被傅东华的战术击破，软了心肠，就以"题未定草"为题写了几则杂文交卷，文中还写道那预告把他吓了一跳，因为他知道了下一期有他的文章了，是什么呢？叫"题未定"，情同绑票，不得不写，还把编者刺了一下，但傅东华依然登出。

虽然与傅东华个人有些不和，但鲁迅对他儿子的病却甚为关心。一九三五年初秋，天热得厉害，傅东华的儿子才进学校一个星期，就被送回家来。是病了，发烧已过四十度，昏迷时甚至谵语。请了几个医生看过都不见效，最后断定是伤寒，非送医院不可。当时有人提起北四川路底的福民医院，因为鲁迅与该院院长熟识，只能托鲁迅介绍。鲁迅闻知，当仁不让，立即在烈日灼晒下亲自步行到医院接洽，并又陪同医生到傅东华家来先行诊视。进院之后，又亲自到院中探视多次，时时给以医药上和看护上必要的指导。傅东华的儿子终于康愈了。这使傅东华极为感动，深切感到了鲁迅的大爱！

不过，周扬等人以领导自居，年少霸气，是不会像傅东华那样对鲁迅表示诚意的。他们之间的隔阂越发严重了。鲁迅在一九三四年十二月六日在给"两萧"的信中写道：

> 敌人是不足惧的，最可怕的是自己营垒里的蛀虫，许多事都败在他们手里。

一九三四年十二月十八日在致杨霁云的信中说：

> 叭儿之类，是不足惧的，最可怕的确是口是心非的所谓"战友"，因为防不胜防。例如绍伯之流，我至今还不明白他是什么意思。为了防后方，我就得横站，不能正对敌人，而且瞻前顾后，格外费力。

"横站"，正是鲁迅当时艰难处境和悲凉心境的写照。

第十一章　外国记者

山本实彦

一九三六年二月十一日，冬天，一个微寒的日子。上海宝山路底天潼庵火车站西首，一家日本人开的名为新月亭的日式餐厅里，三个人盘腿席地围着中间圆桌上的火锅，悬肘曲肱，轻松地吃着烧鹌鹑。

这是鲁迅应内山完造之邀，和日本改造社社长山本实彦聚会，闲谈。那天，鲁迅脸色很苍白，但情绪却分外愉快，好像从平日的忧郁中解放了出来。他威严的眼睛眯起来，这是愉快时刻不留痕迹的一种表情。

山本实彦问他："在日本，什么给你留下的印象最深刻？"

鲁迅微笑着，沉默了一两分钟，回答说："哦，是江户川河畔迷人的傍晚！"仿佛又回到了他青年时期留学日本的日子。

他在和山本实彦交谈的时候，似乎已经想到自己在人世的时间不多了。死亡的预感，好像已在不知不觉间偷偷挨近了他的身边。在那瞬息间的笑脸上笼罩着一丝阴云，然而他几次一饮倾杯，说肉的味道很好，不时把筷子伸到锅里。他一只手夹着香烟，一只手拿着筷子，没有一点倦怠的样子。

在山本实彦看来，鲁迅生活朴素，穿着粗布衣服。总是喷吐着廉价的香烟，在内山书店里见到鲁迅时，见他叉着腿烤火，这个样子会被错当成书店掌柜的。而实际上也真有几次被搞错了。但是，只要接触一次那锐利的眼光，马上就会知道那目光不凡，绝非常人。他的弟弟周作人有一副稳重的中国大人物的姿容，而他却有副卓越的革命家的颧骨。可以说有“被追捕的‘目付’”（日语造反之意）的坚强性，气势高大。鲁迅的日语不像周作人那么流利，但完全是运用自如的。周作人日语的声调多少有些不准确，而鲁迅的日语却没有。

鲁迅不参加实践运动，但他是生存于一贯的主张和情谊里的。他说正在为友人瞿秋白编校遗著《海上述林》，上卷已经快要校完，就要付印了，一定要印装得最为漂亮，以表示与瞿秋白极深的友谊。

鲁迅向山本实彦描述瞿秋白最后的壮烈：“有谁能够死得这般凛然？重兵把守，如临大敌，押送的只是秋白这样一位文弱书生。临刑前，给历史传下一副绝照——淡定中显现庄严。用俄语唱《国际歌》，又用汉语唱起《红军歌》，高呼口号。盘膝而坐，从容受刑。把秋白当作‘弃儿’打击、排挤的那些人，谁个能达到这般境界？”又说瞿秋白极富才华，他的死造成的损失是无法估量的。

鲁迅说近来已没有写小说的兴味，正努力翻译果戈理的《死魂灵》和介绍版画。听到鲁迅对版画感到浓厚的兴趣，也喜爱版画的山本实彦抱着极大的期待。

各种各样的谈话费去了几个小时，这中间根据鲁迅种种表情的变化，山本实彦得以知道他内心的历史。

作为他个人，在日本人中有很多交往至亲的人。内山先生对他来说是最亲密的朋友。可以说在某种程度上是他的后援者。内山经营的书店及其住宅，也都成了他的避难所。上海事件的时候，他在内山的精心保护下，在遭受枪弹洗礼的地方终于安然无恙。尽管他心中燃烧着炽烈的愤火，但又在大权在握的当局治下，一言一行都不能过分，这就使他陷于两难的苦恼中。山本实彦从和鲁迅谈话的过程中直接感受到，对方的深邃的心灵，对人类的爱和敬。鲁迅侃侃而谈，说他的一生都在与本国的军阀战斗，并且对帝国主义也没有妥协。他谈到自己时说：“唔，我的存在如果方便蒋介石政权的话，就不会被杀，但是如果不是这样的话，就会被假以共产党的口实给杀掉了！他们对于不利于自己的事，马上就会加上共产党的罪名啊！”他刊行《彷徨》的时候，受到了段祺瑞政府的盯梢。一九二六年三月，占领北平的奉系军阀终于发出了对他的通缉令，因此他只身逃往厦门。然而在厦门又为守旧派所逐，到了广东也没有使他心情舒畅的天道至理。一九三一年，五名青年作家被国民党政府逮捕，杀害，他又冒险逃跑了。国民党浙江省党部执行委员许绍棣呈请国民党中央通缉“堕落文人”鲁迅，至今已有四年，始终没有解除。有学生想找门路帮他解除，他却不以为然，说:“由他去吧！”保护鲁迅的人是很多的，每当危险时，消息会很快传给他。在那些黑暗的年月，理应潜入地下，然而他却没有那样做，还是在积极地活动。当前政权是疯狂的政权，他没有一天安心的日子。在这种情况下，他发表文章时必须经常变换笔名。

鲁迅又激愤地说:“我近些时候在中国的一个笔名不能用上三回，否则就会从文章的倾向和语调里被发现出来。前些日子，日本某学者在和我见面的时候对我说:‘最近没有拜读到你的作品呐’。说着我举出六十多个笔名，使那个学者很惊异。不仅如此，我的住所也须保密。”

山本实彦听着鲁迅的谈话，当说到必须提防不要让特务发现的时候，鲁迅愤慨起来，接着又陷入沉痛的思索中去。

山本实彦提议两国实行艺术上的互相提携，彼此先从交换创作做起，鲁迅说:“我不想当做商品出卖呢！”

山本实彦说:“请你担任推选工作吧！”鲁迅露着几乎看不出的微笑，左思右想，说:“有两三个新进的作家可以达到在贵刊《改造》刊登的水平，但是这以下的某些作家是很可怜的啊！稿费收入非常少。”一边说着，一边就达成了两国艺术合作的约定。

鲁迅说青年作家是钻在锋刃之下写作的，难免不能沉着冷静。他还说，这些作家哪怕每月有四五十元的收入，那就可以从事写作，用不着担心生活问题。他虽清穷，但不愿和当道往来，就是日本的公人也不乐多所交游。他说靠权力提携，或由权力的庇护而产生的艺术，是没有生命力的，活生生的艺术会丧失生命。被旧道德所支配的思想，是产生不出不朽的艺术的。他的作品颇为易读，那种尖刻的风格，在他的散文里也一样的，其巨大的骨骼在任何一篇小品文里都有。他一贯努力的核心，就是使中国民族从儒教的桎梏中解放出来。

鲁迅是厚重和深远的，他所喜的对象存于所谓“愚民”真实的情感中，是他们真实的姿貌。在这种哲学支配下，产生了他的小说和散文。《阿Q正传》及其他的作品，皆可作为证明。

鲁迅说他想要写的东西，还有很多。但是只想改写几篇。改造社决定出版他的随笔集《忽然想到》两册。

山本实彦在上海的时候，在内山完造的寓所中，在新月花坛，在新雅，都和鲁迅会过面，就艺术问题作了交谈。

山本实彦觉得鲁迅所著的书，虽然不十分多，也没有长篇小说，但能获得和罗曼·罗兰、高尔基、威尔斯匹敌的盛名，是因为当读鲁迅的每篇作品时，都觉得它不是制造的而是现实的真貌。他的学问的幅员极广博。关于政治的见识，也比一般世界文豪更深邃、锋利。他的生活是简素的。特别是对于有闲阶级的厌恶。由此之故，便被一方面的人认做褊狭了。鲁迅和山本实彦说：“日本真奇怪，布尔乔亚文士和勤劳作家会集在一堂谈论；这在中国是断不可能的。”

一次，鲁迅如平常一样下午到内山书店闲谈，恰好山本实彦也在。等了会儿，杭州的一位朋友也来了。谈到快吃晚饭的时候，兴致犹浓，鲁迅抽着烟卷，望望内山书店壁上时钟已指过正午，便说：“今天我做小东，就在近边找个馆子再拉一阵儿吧。你看，已是吃晚饭的时候了。”

大家感谢鲁迅的诚意，又觉能与这样一个有风趣的人物多谈一会儿，实在也极难得，不能谓为无缘。

在出内山书店穿向马路对面的时候，有一群贫苦孩子蹲在一辆新汽车背后，用指尖在沾上了一层薄灰的车窗上画圈圈，忽然车主人走了过来，拿起手杖在其中的一个苦孩子头上击了一下。孩子哭了，车子箭一般地去了，孩子还在哭，鲁迅走过去，向那个孩子头上望了望：

“啃啃！有肿块了，唉，这就是绅士的特权，我不知是谁赋予他们的。你们爱清爽，要人碰不着，最好停到‘会馆’（厝柩之处）里去。既爱停在马路边摆架子，摸了摸也不算罪过呀。”

鲁迅一边走，一边自言自语地说着。大家听到“要人碰不着，最好停到会馆里去”之处，不禁暗暗喝彩，心想真不愧为绍兴人的典型。“停到会馆里”，何等冷峻，又何等得体。

在酒楼上，靠窗坐下，鲁迅为每人要了一盅白干，一碟白鸡，开始从杭州谈到北平，从北平谈到绍兴，谈到李莼客，也谈到章太炎。鲁迅说：“莼客真是可人，撇开他的学问，仅就其性情来说，天真、幽默、热情、浪漫、怪僻……兼而有之。这个人，一身充满了文艺气氛。莼客的可爱处，全是穷与不遇所造成的。在他是不幸，在我们适沉浸其中，为之颠倒。他若出身富豪，得志宦海，少不了也是个沾头巾气息的俗物。”

又说：“现在有人对太炎先生不敬，这是不应该的，我们看人，不能仅从一个角度去下臧否，别的不谈，单就拿大勋章作扇坠，在总统会客室里如坐茶坊酒肆，旁若无人般的那回事来说，这是何等气概。袁世凯的气度，曹操未逮，曹操虽外示仁义，终容不得祢衡一顿臭骂，袁世凯的力量能杀一万个章太炎，可是当时偏不损章太炎一丝毫发。今天有人批评太炎先生只一个脑袋，有一百个也……所以连袁世凯也不可多得啊……”

鲁迅一杯在手，滔滔不绝，又讲：“在中国要成大事者，要有学者之良知和市侩的手段。只有学者的良知，没有市侩手段你干不成。但是只懂市侩而没有学术良知，就是恶棍。所以对恶人有恶的办法，对善人有善的手段。”

山本觉得有些人说鲁迅褊狭和黑暗，是没有考虑到“他对恶人有恶的办法”。恶的美学可能鲁迅从早期就有。他在日本时写过五篇文言文，《摩罗诗力说》是典型的“恶的美学”的一个宣言。摩罗就是魔鬼，当时世界性的文艺潮流是象征主义，这些现代派的潮流，其实全都是从人性最黑暗的部分出发的美学。鲁迅直接接纳了现代派的美学来开始写作。一方面是他接纳西方的文学艺术的源泉，另一方面是他自己的天性里有恶意的成分。他的性格里有绍兴人的那种刚烈，其实就是记仇，他对绍兴人的性格还挺自豪的，他复仇的情结也是他恶的美学的重要源泉。可能我们会觉得他挺狭隘的，有什么仇好记呢？但其实就是这样的性格，才能有鲁迅这样的文学。

之后，谈到绍兴人的骂人。他说绍兴人骂人，有很多名句。比如“化痰”——“偌个化痰”，这在外地人听来，很难明白个中滋味。其实，说人要“化痰”，系指死而无骨无血，仅留一口唾余。可谓刻毒之至矣。

饭后，话入本题，鲁迅居然答应杭州客人“腾其口说”。客人请他写“李莼客论”，且预约翌岁春间，共作湖上游，遂尔分手。

后来，鲁迅选了一篇萧军的《羊》，把翻译工作交给胡风，转给《改造》杂志刊出。

鲁迅对日本人民是非常友好的，但对日本政府的一些要求却不接受。

一是，中日民航机要通航了。日本方面希望鲁迅主持中国方面的通航典礼，委托一个驻中国的记者来邀请他。鲁迅马上拒绝了，说：“不能把太太小姐敲碎一个啤酒瓶子的事要我做。”日本记者说：“如果您不答应，我就非常困难了。”鲁迅说：“如果我答应您，我就非常为难了。”

二是，中日要无线电通话了。日本方面希望中国由鲁迅首次通话，日本方面则请著名讽刺作家长谷川如是闲和他通话。因为长谷川是一个革新的作家，鲁迅表示了同意。他们预定的通话内容是，他问长谷川：“您近来写得不多似地，什么缘故？”对方的话回答：“可写想写的东西并不少，但是难得写。”对方一定会问他，近来写得多不多，他也照对方的话回答：“可写想写的东西也不是少，但也难得写；彼此彼此。祝您不生病，再见吧！”大概双方的主事者料到他们的对话不会使统治者感兴趣，终于没有请鲁迅，当然同时也不请长谷川了。

这两件事都反映了鲁迅的原则立场。

山本实彦到中国来，是想见两个人：一是鲁迅，二是蒋介石。他向鲁迅说明了自己的意图，鲁迅回答说：蒋介石，我可不认识，但我可以给中央研究院院长蔡元培先生写封信，请他接待你。于是山本实彦去往南京之前，鲁迅为他写了一封郑重的介绍信。蔡元培先生对鲁迅十分尊敬，对于北大的旧同事，都非常厚情，盛情招待了山本实彦。但介绍见蒋介石的事情未果，因为蒋介石不见。

斯　诺

美国记者埃德加·斯诺跟鲁迅早就熟悉了。一九三三年二月二十一日晚上，他就在助手姚克陪同下，到拉摩斯公寓，为翻译鲁迅《阿Q正传》等作品事，拜访过鲁迅，以后也保持密切的联系。

姚克是东吴大学的毕业生，从来没有出过国，但他精通英语。此外，他也熟悉中国古典文学和现代文学，这在基督教学校出身的中国人当中是比较少见的。像那时候的所有中国作家一样，他创作报酬少得可怜，因此他基本上靠把外国书籍翻译成中文为生——甚至鲁迅，情况也是这样。斯诺计划在姚克协助下，把一些中国现代的白话小说翻译成英文，结集出版，对此，鲁迅给予热情支持。

斯诺会见鲁迅的时候，见鲁迅五十多岁，身材不高，皮肤带浅黑色，目光明亮而温煦，灼烁而感人。斯诺觉得一见到鲁迅，立刻抓住你的便是这双眼睛。这是一双机警、亲切、炯炯有神的眼睛，既富有感情又卓具睿智。这双眼睛似乎能洞察你的肺腑，所以，几乎在你提出问题，话音未落之前，鲁迅已经用从容不迫、很有韵味的声音回答了。他并不是就事论事，只回答问题中那些显而易见的方面，而是讲到它深奥的含意。

斯诺觉得：鲁迅谈到中国或世界时，正是他那双深陷在黑眉毛下的眼睛，使你感受到他情绪的敏捷变化——幽默的意趣、同情心、激情、哲理、对信仰的真诚，特别是对信仰的真诚，因为鲁迅现在是个有信仰的人了。直到快四十岁时，他才丢掉了怀疑主义和悲观主义。

他说，“我怀疑过自己，怀疑过中国和中国人，怀疑过人类为之而奋斗的一切事物的价值。”“我曾是个十足的悲观主义者，后来，我逐渐发现了自己，渐渐地对自己的怀疑产生了怀疑。”鲁迅解释道，他的那双因高兴而笑得眯起的眼睛显得更深沉了。“那是一种不能调和的矛盾状态。否定之否定是肯定，两负变作一正，于是，我获得了对人生更乐观的态度，学会以比较乐观的观点看待生活了。”

斯诺认为：鲁迅赋予“白话”一种引人入胜的技巧和富有活力的风格，在处理生活中最关键的主题时，把讥诮、讽刺和微妙的幽默结合起来。鲁迅在古典文学传统方面，是一个造诣精湛的学者，但是，他反戈一击，为大众的民主文化开发了新的潜力，是公认的白话大师。

《阿Q正传》对外国人具有特殊的价值。也许这是一个中国人研究自己同胞所谓“不可捉摸的”心理的首次尝试。这是活生生的中国人心理。读者如同透过巨大的透镜观察这一民族，可在阿Q身上看到中国这个农业国的精神。阿Q是个堂·吉诃德式的人物，他可怜，不识字，相信自己的命不好，却又无所畏惧，悲喜剧角色似的生活在幻想世界中，当死亡终于来到时，才如梦初醒。这样的形象是小说中罕有的，他是完全信得过的中国人形象之一。

斯诺和鲁迅越谈越有趣——

“民国以前，人民是奴隶。”鲁迅说，“民国以后，我们变成了前奴隶的奴隶了。”

“既然国民党已进行了第二次革命了。”斯诺向鲁迅问道，“难道你认为现在阿Q依然跟以前一样多吗？”

鲁迅大笑道：“更坏，他们现在管理着国家哩。”

“你认为俄国的政府形式更加适合中国吗？”

“我不了解苏联的情况，但我读过很多关于革命前俄国情况的东西，它同中国的情况有某些类似之点。没有疑问，我们可以向苏联学习。此外，我们也可以向美国学习。但是，对中国说来，只能够有一种革命——中国的革命，我们也要向我们的历史学习。”

一九三六年三月二日，鲁迅带着海婴到离大陆新村不远的狄思威路藏书室找书。这个藏书室是以内山书店店员镰田诚一名义租下的，门口还有镰田诚一的牌子。一九三三年三月二十一日，鲁迅决定迁居大陆新村的六天之后，即三月二十七日，便移书至狄思威路这间房子里了。

这是一间普通的房间，约有十几平方米，沿壁四周，都是木制书箱，本色无漆，内分两层，装满各种书刊，外有活门，并可加锁，由下而上，几乎叠到屋顶。这种书箱都用木板做成，关上活门，可以减少尘土，迁移搬运，书籍也不致散失混乱。

这天下午，海婴随父亲来到这幢楼下，从大门进去，一转弯走上木制楼梯，来到二楼，父亲用钥匙开门以后，他也随之而入。刚一进门，虽是白天，室内光线也很不够，看不清楚。父亲随手开灯，海婴环顾四周，粗粗一瞥，只见电灯吊在屋子中间，普通白色的灯泡，顶多不过二十五瓦，有个圆伞形灯罩。室内没有可供长时间阅读的桌椅，更没有烟缸、茶具和热水瓶之类的用品，灯罩也未见裹上纸筒。房内因为久不住人，感到有点潮湿阴冷，且因久不开窗，有一股发霉的气味。待不多久，即感到有点寒气袭人，沁人肌肤。鲁迅以极快的动作，从几个书箱中分别取出几册书籍，用随手带来的布包袱包好，锁上房门，即带海婴上街了。

而就是这一次取书，鲁迅中寒而大气喘，几乎卒倒。即请须藤医生来诊，发病迁延一周始渐愈。

这年四月，斯诺又来到上海。这时，已经不是他一个人，还带着他的夫人海伦·斯诺。他们正在选编《活的中国》一书，海伦还在撰写题为《现代中国文学运动》的长篇论文。文章还没有脱稿，其中有不少问题需要通过鲁迅来定夺。另外，海伦还有一个更宏伟的计划——编写一部《现代中国文学史》。所以，他们一起商议了一个问题单，准备向鲁迅求教。

四月二十六日，斯诺又在姚克陪同下访问鲁迅。不巧，那天鲁迅与许广平携海婴往卡尔登影戏院观杂片去了，没有遇上。一周后的五月三日，姚克出席了《译文》社举行的聚会，见到鲁迅，约定了谈话时间，斯诺和姚克再次前往。

这次，鲁迅出来迎接他们时，斯诺出乎意料地发现鲁迅的个儿真的很小，只有五英尺多一点。然而，自从一九三二年，即四年前第一次见到鲁迅时，斯诺一直觉得他是一个身材相当魁伟的人。斯诺明显感到鲁迅老多了，病后大瘦，义齿与齿龈不合，说话有些困难。但还是热情地回答了他们的问题，由于事先姚克把斯诺的问题单交给鲁迅看过，所以回答得很流畅。

在一旁做翻译的姚克，觉得鲁迅眼中射出的光芒似乎透过了他的灵魂的深处。鲁迅的眼睛是很特殊的，转动得很敏捷，但看人的时候却很定直而尖锐，又隐隐约约有一丝 Pathetic 的微芒，看人觉得这一双眸子不但“读书破万卷”，并且也曾阅尽了这“人间世”。他的正直的鼻子，很明显宽大的鼻孔，和坚韧的颚肌，紧阔的唇，暗示着他的正直坚强的性格和百折不挠的精神。若只就他身材而论，那他是渺小的，站在平地不过五尺四寸左右高，很瘦弱的样子，衣服也马虎，一件藏青哔叽袍子，袖口很宽大，露出了里面暗绿色的绒线衫，脚上是一双黑帆布的陈嘉庚橡皮底鞋。

这样一个人，假使你在大街的稠人中瞧见他，你绝不会注意——渺小平凡得很。但一旦和他对面坐着，你就绝对不会觉得他渺小和平凡，你只觉得他气宇的宏大和你自己的渺小和猥琐。

斯诺问道：“现在最优秀的左翼作家是哪些人？”

经姚克翻译后，鲁迅回答：“茅盾、叶紫、艾芜、沙汀、周文、柔石、郭沫若。田军、张天翼被认为有左翼倾向，但不是左翼。田军的妻子萧红，是当今中国最有前途的女作家，很可能成为丁玲的后继者，而且她接替丁玲的时间，要比丁玲接替冰心的时间早得多。”

鲁迅又说：“最优秀的作家，几乎毫无例外地都是左翼作家。在当今中国，唯有左翼作家才对知识界具有重要影响。就其本质而言，文艺复兴和提倡白话文的运动，从一开始就是具有左翼倾向的运动。资产阶级文学在中国从来就没发展起来，在今日中国，也没有欧美那样著名的资产阶级作家。”

在谈及“第三种人”时，鲁迅说：“在小说作家中，具有明显的法西斯思想的人是没有的。张资平、叶灵凤等是‘第三种人’，但不是法西斯分子。”

当问到哪些人是最优秀的杂文作家时，鲁迅首先举出了周作人，然后是林语堂、陈独秀、梁启超。

“兄弟失和”，但鲁迅并不失对文学的公正评价。鲁迅曾大病之后，在许广平陪同下寻购周作人的《谈龙集》等文章，看过之后，对冯雪峰等人说：周作人是中国第一流的文学家。

鲁迅的这种对文学的公正态度，还表现在《中国新文学大系·小说二集》的编选中，虽然高长虹、向培良对他恩将仇报，攻击得很厉害，他仍然坚持编选这两人的作品，遇到阻力时，在一九三五年二月二十八日致赵家璧的信中说:“向培良的《我离开十字街头》,是他那时的代表作,应该选入。”并在《小说二集序》中称赞其“向我们叙述着他的心灵所听到的时间的足音，有些是借了儿童时代的天真的爱和憎，有些是借着羁旅时候的寂寞的闻和见，然而他并不‘拙笨’，却也不矫揉造作，只如熟人相对，娓娓而谈，使我们在不甚操心的倾听中，感到一种生活的色相。但是，作者的内心是热烈的，倘不热烈，也就不能这么平静的娓娓而谈了，所以他虽然间或休息于过去的‘已经失去的童心’中，却终于爱了现在的‘在强有力的憎恶后面，发现更强有力的爱’的‘虚无的反抗者’,向我们绍介了强有力的《我离开十字街头》。”还称为《莽原》“奔走最力者为高长虹”。

史沫特莱

一九三六年五月三十一日，上午，一辆黑色的轿车向大陆新村驶去。车上坐着两个外国人，一女一男，女的是美国记者艾格尼丝·史沫特莱，男的是当时上海最好的治肺病专家美国邓医生。他们是来为鲁迅看病的。

鲁迅从五月十五日发病后不久，即卧床不起，每日低烧，一直请须藤五百三医生诊治，至二十三日还没有查出发热的原因。二十九日曾用强心剂一针。严重的病情，使朋友们极为担忧。史沫特莱和许广平、茅盾等商量，决定事先不征求鲁迅同意，请美国治肺病专家邓医生来诊察。

在车上，史沫特莱回忆起与鲁迅相识的日子——

一九三〇年九月十七日，一些青年作家要史沫特莱去租一个外国小饭店，可以在那里开一个下午的茶会，并且吃一顿晚餐，为鲁迅祝五十寿辰。因为鲁迅是一位伟大的作家，有些人称他为“中国高尔基”，依史沫特莱看来，他实在是中国的伏尔泰。

中国人要有这样一个集会，是危险的。史沫特莱是外国人，可以租了那地方来请客。所有的客人都口头邀请，并发誓保守秘密，同时，在领向餐室去的各马路交叉口将会布置“哨岗”。

那是一个炎热的下午，史沫特莱和两个朋友站立在法租界这家小型的荷兰餐室的花园门口，很清楚地看到这条长街的全景，客人们通过这条路来到餐室，陆续来到花园里，他们有单独来的，有成群来的。

鲁迅，带着他的妻子和幼小的儿子，很早就到了，于是史沫特莱便第一次地见到了鲁迅——一位在她以后年月的中国生活中最有力的人物。他是短小而纤弱的，穿着一件乳白色的长衫，软底的中国式的鞋子。他没有戴帽，剪得短短的头发，像一把刷子似的直立着，他的脸和普通中国人的脸并不两样，可是在史沫特莱的记忆中，却是一张她从未见过的能动人心弦的脸，一种富有生命的智慧和先知正从脸上流露出来。他不会说英文，可是，很能说德文，所以他们便用德文交谈，他的举止，他的语言，以及他的每一姿态，都放射出那种最完整的人格所独有的一种无法解释的和谐的魔力。史沫特莱忽然感觉到自己像一个呆子一样的局促不定和粗野笨拙了。

客人们几乎立刻便川流不息地到来，鲁迅这时就回到花园里，他的夫人许广平，抱着海婴，一起在一张桌子旁边坐着或是站着，招待着进园来向他们致敬的客人。那天鲁迅真是美丽——因为当他快乐的时候，或是对什么东西发生兴味的时候，他总是美丽的。他的脸老是那么动人，他的眼睛老是带着智慧和兴味闪耀着，但是在今天，他真正是美丽了。他那件长衫增加了他的美，增加了成为他一部分的那种尊严。鲁迅穿着这件乳白色的长衫，坐在藤椅上，两手交叉搭着藤椅扶手，照了一张相，显得非常潇洒、从容，堪比年轻人的“美丽照”。

史沫特莱在中国的时间不久，这种景象使她惊异了。在那个时代，就是少数人集合在一处地方，也是有危险的。周围都有侦探，有许多集会他们似乎都知道。可是那一天，来给鲁迅致敬的不下二百人，而且其中有许多，要是给警察知道的话，脑袋都要难保的。可是二百人来了，并没有一个侦探知道。

史沫特莱记得有一群从近代舞台来的贫苦演剧家,站在那里同鲁迅谈话。当时,有许多革命的团体正在组织之中,因为有许多小剧团也正在组织成一种全中国的组织。客人里,有许多左翼的或革命的作家,许多艺术家,少数新闻记者,许多教员,一些学生,连一个守旧的哲学教授也来参加鲁迅生辰的庆祝。

史沫特莱不断地转身去看鲁迅,为他不时摆动着的纤弱的手所吸引。

当客人们一个个走过时,史沫特莱的两个朋友便向她讲解,说:这些客人包括作家、大学教授、学生、演员、记者,研究工作者和两位上流人士。这两人所以光临,是出于对鲁迅的完整、勇气和学问的景仰。

这是一个复杂而令人兴奋的集会——一个知识分子革命的先锋队伍。第一个介绍的小组,各人穿得都很褴褛,显然还是在半饥饿状态中。他们代表着一种新式的现代美学派的剧团,正努力设法演出王尔德的《沙乐美》和《少奶奶的扇子》之类的剧本。另外一组样子比较丰盛,他们是复旦大学的学生,由洪深教授率领。他们曾演出了一些易卜生的剧本,和一两出他们教授所撰写的戏,洪深同时还是中国首创的一家电影公司的导演,他们演出了一些罗曼·罗兰、乌普登、高尔基和雷马克的剧本。后来他们又曾演出《卡门》,可是在演出了三场之后,竟受到了警察的突袭。夹在观众中的侦探们不喜欢那最后的一幕,唐·裘思把卡门刺死的一景:因为卡门把她的指环掷还给她已丢弃的爱人时,她所说的话,使他们想到国共分裂那件事上去了。

从史沫特莱站着的门口看去,看见有一些人正在走来。一个瘦长的青年人,急速奔跑着;同时还不断地朝背后张望,很明显他是一个学生,当他经过时,史沫特莱的朋友便说:他是《上海报》的编辑,那报纸是一张共产党出版的地下报纸,正在这城市中进行新闻界中的游击战。不久之后又来了一个人,他的西服已很旧,头发也很蓬乱。他刚从监狱中释放出来,已经被拘禁了好几个月了,他被怀疑为中国红军后援会的代表人物,这罪状倒是真实的。可是钱的能力更为强大,他家里花了一大笔钱贿赂监狱总管,方把这被捕者买了出来。

花园中已经挤满了人,不再有客人来了,不过史沫特莱和她的朋友仍站在外边守望着。当暮色开始下降时,一半客人已经走掉。另一些客人走来代替她们放哨，才和其他的客人一起走到餐室里面去。

晚餐过后，演说开始了，史沫特莱的一个朋友给她当译员。荷兰餐室的老板不懂中国话，所以他并不使大家感到麻烦，可是那些中国侍者却立在一旁全神贯注地倾听着。当那个头发蓬乱的人报告监狱的情况时，史沫特莱注意着那些仆役们的每一个动作。之后发言的便是《上海报》的编辑，从他的报告中，史沫特莱第一次听到了红军如何生长和农民们“秋收暴动”等事实的真相，这些农民们先和地主们展开战斗，然后小溪汇入巨川似的大批大批地参加红军。

接着，一位身材矮短而强壮，头发剪得很短的女子站起来，向大家指出发展普罗文学的需要，当演说结束时，她向鲁迅呼吁，希望他做左翼作家联盟及左翼艺术家联盟的保护者和盟主。发起这些团体的小组，后来结成了中国左翼作家联盟。

从头至尾，鲁迅一直小心地倾听着，每当有一新的演说者发言，注意力便立刻转向于他。在所有这些时光中，鲁迅的食指一直抚弄着茶杯的边沿。别人的发言都结束后，鲁迅便站起来冷静地说话了。他告诉大家他半世纪以来思想上的骚动——一个中国故事发掘出来了。

史沫特莱第一次听到鲁迅演说。她的耳朵一面侧向外面的街道，提防警察捕人车的隆隆声到来，一面仍倾听着翻译译出来的话。不久，她就忘记了捕人车快要来到的事了。因为鲁迅先生正在那里讲他生平的故事。他站着，一个平静而威严的形象，从容而平静地说着话，说得所有的侍者都静听着他的每一个字，有时竟至忘记侍候客人了。

鲁迅讲到他在前清朝时的青年生活，他在一个半封建的小乡村里的青年生活，他讲到他起先怎样在日本学医，后来怎样认明了今日的医学只是替富人服务。只有富人能够给得起医生的诊费，而中国的问题，他以为，并不是替富人医肚痛可以解决的。因此，鲁迅转移到了社会的文学，用它来作唤醒青年的工具。他倾向于俄国的革命作家，并且向他们学习。

最后，鲁迅讲到了世界各国的普罗列塔利亚文学。他是一个学问渊博的人，而且史沫特莱以为世界文学的知识在朋友们面前展示出来了。但是，鲁迅说，他自己并不是一个普罗列塔利亚的作家。他的根柢，他的创作生活，开始在一个半封建的乡村里，他除了那个乡村知识阶级之外，对于其他任何的知识集团知道得很少。可是，他一径是和学生及其他知识者思想中的封建主义斗争的，而这件事，他仍旧还在做，而且能够继续做下去。关于普罗列塔利亚文学，他正在把许多苏联作家的重要作品译为中文，还有许多许多他也预备要译。这些作品，他说，应该用作中国青年作家的指导。同样，在艺术上，他要把西方近代刻绘艺术家的第一流作品收集起来，在中国刊布，使中国青年的艺术家可以向他们去学习。用着这样的方法，他就可以教导中国的青年了。

一九三〇年底，史沫特莱去菲律宾休息了几个星期。在上船的前夕，鲁迅和三个青年作家拜访她，共同消磨了一个黄昏。其中有一个以前曾当过教员，名叫柔石，原名赵平复，化名少雄，浙江宁海人。恐怕是鲁迅的朋友和学生中最能干、最受他爱护的了。当史沫特莱一九三一年三月回到上海的时候，她的秘书冯达，一见到她，便告诉一个消息：二十四个青年作家、演员和艺术家已经被捕，且已被杀。在二月七日的晚上，他们在监狱中被提出来，被迫为自己挖掘好坟墓，然后被枪毙了。有几个是被活埋在土里的。其中一人，便是柔石。

史沫特莱立刻赶到鲁迅家中去，发现他正在书房中，面色灰暗，满腮胡髭，头发很是散乱，两颊深陷，一双眼睛中发着高热的光，声音里充满了可怖的仇恨。

“这便是我在那晚上写的一篇文章，”他说，并递给史沫特莱一篇文稿，上面写满了他雕刻般的草体字。“题为《黑暗中国的文艺界的现状》，请你把它译成英文设法在国外刊出罢。”

史沫特莱知道这篇文章的内容后，便警告鲁迅说：“如若刊印出来，你的生命一定会有危险。”

“这有什么关系？”鲁迅激愤地说，“必须有人出来说话啊！”

在史沫特莱离开鲁迅家之前，他们一同起草了一份宣言，向西洋各国的知识分子控诉在中国发生的对作家和艺术家的屠杀。史沫特莱把那宣言拿到茅盾那边。他用心修改了一下，然后帮助把它译成英文。由于这一篇宣言而从国外传来了第一声抗议。五十多个美国作家，一致抗议对中国作家的屠杀。国民党当局很是吃惊，西洋各国也在指责他们了。

鲁迅的那篇文章《黑暗中国的文艺界的现状》，原拟在美国共产党办的《新群众》上刊出，但最终未能刊登出来，后来收入鲁迅的《二心集》。史沫特莱手头仍保留着那篇文章。在她在中国看到的所有作品中，这一篇印象最深刻。它是一种激动的呼喊，是在中国历史上最黑暗的夜晚中写成的。

以后，史沫特莱与鲁迅、茅盾结下深厚友谊。一九三三年五月十日，她前往欧洲治病和休息，晚间鲁迅在家里设宴饯行，茅盾等作陪。

一九三五年八月五日上午，史沫特莱回上海后，又特地访问鲁迅，赠花一束，湖绉一合，还赠海婴玩具汽车一辆。

史沫特莱和邓医生的汽车到大陆新村弄堂口就停下了，因为弄堂太窄，进不去车，许广平正在弄堂口等他们。

他们下车，同许广平来到九号。上楼，鲁迅正在躺椅上休息。见史沫特莱进来，连忙起来迎接。

问好后，史沫特莱指着邓医生说："这位是目前上海最好的治肺病专家邓医生，特来为您看病的。"

鲁迅见医生已经来了，只好握手同意。

经过邓医生的打诊、听诊以后，断定病情"甚危"，认为鲁迅是最能抵抗疾病的典型的中国人，如果是欧洲人，则早在五年前就已死掉了。大家为之一惊。

七月初，拍摄X光胸部照片，证明邓医生的诊断极准确，而须藤五百三医生却一直诊断为胃病。大家建议改由邓医生诊治，但鲁迅仍然坚持请须藤五百三医生治疗。

第十二章　雪峰回沪

冯雪峰

一九三六年四月二十六日黄昏，鲁迅和许广平携海婴往卡尔登影院观杂片回来，听见二楼有人说话。

这时，许妈从楼梯上走下来说："大先生，几年前的冯先生来了。"

说着，冯雪峰迎到楼梯口，见到鲁迅，激动万分。

鲁迅也快步走上楼梯，冯雪峰兴奋地迎上去同鲁迅握手，鲁迅一面不习惯地同他握手，一面悄然说："这两年我给他们摆布得可以！"

多年重逢，冯雪峰有满腔的肺腑之言要对鲁迅倾吐，兴高采烈的情绪统驭着他，鲁迅这句"悄然"的带有忧郁和愤激的话，并没有引起他的注意，他只是忙于告诉鲁迅他是奉党中央特派从延安到上海来的，二十五日到达，住在一家小客栈里，今天到内山书店打听到先生的地址，就到这里来了，以及在上海要做些什么工作之类。

开晚饭了，鲁迅让广平特地添了菜，准备了酒，冯雪峰更高兴了，边吃喝边高谈，总是处在兴奋中，从红区到长征，从政治形势到党中央的新政策，他恨不能一口气全都告诉鲁迅。鲁迅也津津有味地听着，微笑地注视着冯雪峰，听着他讲述的一切，一点儿疲倦厌烦都没有。吃完饭，冯雪峰停止说话，和鲁迅一起上楼，坐在藤椅上，鲁迅仰卧在躺椅上抽烟，又用嘲讽的口吻、半牢骚半认真地吐露那“悄然”的话，头脑单纯、质朴的冯雪峰一时还不全懂。

夜已深，鲁迅把冯雪峰留住在二楼客房里。一打开房门，不禁凄然地说：“这是秋白住过的。”指指床边的写字台说，“那也是他临走留下的，还有床边的那双皮面拖鞋也是他买来，用过的。你一路劳苦，赶快洗洗休息吧！”

说完，鲁迅怆然地回过身，进到自己的卧室兼工作室去了。

雪峰深感鲁迅睹物思情，又为秋白的牺牲难过了，也不便多说，进到屋里。许妈端来一盆洗脚水，雪峰匆匆洗完，穿起旧拖鞋，把洗脚水端起倒在盥洗室水池里。回来躺在床上，往事渐渐浮现在眼前——

他一九〇三年六月二日生于浙江义乌县南乡神坛村一个农民家里，原名福春。义乌县地处浙东，是古越的属地，以“报仇雪耻之乡”闻名于世。越王勾践“卧薪尝胆”的故事，在这里妇孺皆知，深入人心。人多有浙东人的老脾气，严格而执拗，朴素而偏激，身体坚硬，皮色焦黑，石一般的心的痴呆，恰恰和这里的土地相合，民气强顽，一腔正气。祖父继承了这种淳厚的乡风，一生不做昧心的事，不苟取不义之财。“单纯得善良，也单纯得勇敢”。具有典型的中国农民的倔强性格。父亲虽然身强体壮，犁耙耕耖样样精通，是个种田的好手，但生性好赌且态度专横，对老婆动辄攫住头发暴打，虽然儿子很小就下田学会农活，但父亲对他也处处寻觅岔子，无端惩罚。母子俩人，就这样在无尽的痛苦中生活。

一九一二年，福春九岁了，才扔下牛鞭和锄头，到离神坛村五里地的赤岸一所私塾去“开蒙”。这是敬仰文化的祖父做出的决定，祖父自己没有上过学，却认为经书有驱邪的神力，踩踏字纸是要遭雷劈的。因此对长孙的学习寄予厚望。福春也不负重望，刻苦学习，成绩优异。于是，第二年的秋天，祖父就将福春转到离家七八里路的田心村县立第三高等小学。义乌县当时还没有中学，这样的县立高小就算是“最高学府”了。

福春自小生性耿直，关心别人。那时，学校普遍存在着高年级学生欺侮新生的恶习，使新生吃饭时不敢落座，只在饭桌旁吃，好菜也不敢去搛。福春容不得这种不平等，吃饭时总是先去照料新生，把他们照顾好才去吃。有一个比他低一年级的同学，家境不好，寒冬腊月没有棉被盖，受人讥笑，只得准备退学。福春得知后，请他与自己同睡，合盖一床棉被，劝他珍惜读书的机会，打消了退学的念头。一九一五年，福春只有十二岁，就参加了反对日本“二十一条”、抵制日货的宣传活动，政治上显得早熟。

一九一八年，福春十四岁，正在积极上进、小学快毕业时，家里按照乡俗，由祖母出面，从祖母娘家杨家村领回一个十四岁的女孩，做他的童养媳。这使福春非常痛苦，每次从学校回家，就只是无头绪地痛哭。到了十六七岁，正要受命成亲前不久，这个女孩与邻居一个青年勾搭成奸。事情败露后，冯家鸡犬不宁，只得把女孩遣回娘家了结。这对于福春来说，本是好事，因为他是一贯厌恶这女孩和这桩婚事的，但这时又觉得女孩太可怜了：负着一身耻辱回去，将来的命运注定好不了。福春自小就心疼别人，不为自己着想。

一九一九年春天，福春小学毕业了，他背着家庭偷偷跑到离家八十多里的金华，先代一个同学以第一名的成绩，考上浙江省立第七中学，所得报酬是赴金华的路费和食宿费。然后又以第二名的成绩，为自己考上了浙江省立第七师范学校，因为这所师范有官费津贴，膳宿不用家里花钱，还有少许零用。所以，祖父虽然开始反对，后来还是宽恕了他。他自己也感到离家到金华学习是一件幸事。

进第七师范学校不久，北京就爆发了震撼中外的五四运动，席卷全国的新文化运动，也波及了金华这穷乡僻壤。福春如饥似渴地阅读《新青年》《新潮》等新文化刊物，特别爱读新诗，自己也试写了一些，并成为驱逐学监行动的带头人。但所得的苦果是开除学籍。

倔强的福春，不求也求不到家庭的庇护，更不屑于求学校的宽恕，也不希冀别人的怜悯，决计另寻生路。他携带着同学为他凑来的十七元钱，独自一人到杭州报考浙江省立第一师范学校。为了纪念这次斗争，傲然峙立于旧势力面前，他改名为“雪峰”。

浙江省立第一师范学校虽然只是一所中等学校，但“五四”时期，却是与北京大学同享盛名的“南方最革命的学校”。校长经亨颐提出了“与时俱进”

的口号，延聘被誉为五四运动“四大金刚”的陈望道、刘大白、夏丏尊、李次久和新文学运动前辈作家朱自清、叶圣陶等执教。学校里风气清新，思想活跃。冯雪峰以优异成绩被录取了。

一进校，雪峰的文学禀赋就得到发挥。一九二一年十月十日，学校出现了第一个文学社团晨光社，他成为主要成员。其他著名骨干，还有魏金枝、赵平福（柔石）和潘漠华、汪静之等。

加入晨光社后，雪峰接连在全国性报刊上发表了《雪晚》《小诗》《桃树下》等新诗。一九二二年五月，与应修人、潘漠华、汪静之结成“四诗友”，出版了合集《湖畔》，成为闻名遐迩的“湖畔诗人”。

他们犹如古代的名士，“逛心爱的湖山，定要带着心爱的诗集”。欢聚在一起，在西湖泛舟，西堤散步，唱和于栖霞岭、紫云洞、风篁岭、六和塔……美好的山水映照着他们的友情，诱发了他们的诗情。这些诗出自涉世未深的青年之手，充满了炽热的童心，赤诚地歌咏爱情、母爱和大自然，善于发现自我、表现自我，虽然显得有些稚嫩，但唯其稚嫩，才更充满了勃勃生机。受到朱自清等大作家的高度评价和广大青年的热烈欢迎。雪峰的《落花》等诗，还被谱成曲子，广为传唱。有人称他是“二十年代初报春的、纯真的人民诗人”。毛泽东还托人带话给他，说他的诗写得非常好，希望他能到南方去，一起参加大革命。

《湖畔》的成功，使四诗友受到极大鼓舞，进一步切磋诗艺，出版了更为成熟的《湖畔》诗第二集《春的歌集》，真挚、朴素，充满了乡土气息。例如冯雪峰的《卖花少女》，写一位蓬散着头发的山村姑娘，一朵兰花夹在耳边，裤脚儿高卷着：

> 一边挽着花篮儿，轻轻的，
> 一边唱着小歌儿，冷冷的；
> 市巷街头从此有春了，
> 你那红脚底儿踏过去。

人间将从此有春了，
你不用在那儿久留；
完了花儿即便回来呀！
山上的哥哥要想望呀！

这表现的是牧歌式农家纯朴的爱情，有一种梦幻般的画面美，散发着泥土的芬芳。

五四时期，蔡元培、李大钊、陈独秀等在北京发起“勤工助学团”，允许社会青年到北京大学旁听。一九二五年春天，柔石和冯雪峰先后奔赴北京，旁听鲁迅等先生的课。雪峰在听课之余，还自修日文。为了谋生，又不得不放弃一些课业，充当文字校对、家庭教师、故宫博物院临时雇员等。因为租不起床铺，常常睡在同学暂时空出的铺位上，以南方人厌食的烧饼充饥，尤其是北京冬天的寒冷，更使这位浙江人难耐。他在苍凉、荒寒的《原火》诗中，写在“悲萧的异乡的冬野”，看到“小孩子们生起堆堆的野火”，在冷热的强烈对比中，发出了身世的感叹：

荒凉可怕的冬野，因野火
更显得她的荒凉、可怕；
偶记忆无知的儿时，
我的冷酷的现在的可怕！

这时的雪峰，已经没有了《湖畔》时代的恣意吟唱，而从心底感到了冷！

他的周围聚集了一群来自浙江的朋友，除了旧友潘漠华、柔石之外，还新结识了张天翼、王鲁彦、姚蓬子等。他们虽然穷迫，却经常在一起交流思想，论文谈诗。晚秋时节的一个星期天，他和潘漠华、江天蔚三人到城南公园游玩，路过一茶座，潘漠华摆出主人的神气，倡议坐下来品茶。但到起身离开的时候，才发觉三人袋里分文没有，弄得交不了账，只得将自己“抵押”在茶座，另外请人弄钱“赎”回来。一时传为笑谈。

一九二六年，雪峰自学日文达到可以自由阅读原文的程度，便试着翻译。他将日本森鸥外的短篇小说《花子》译了出来，托李霁野交给主编《莽原》的鲁迅先生，经过先生亲自校改发表了。听李霁野转告：鲁迅对他的“译文还满意”，这给他很大的鼓舞，继续译些日本的短篇小说和散文，不久把精力专注于苏俄文学以及马克思主义文艺理论的译介方面去了。译作大都发表在鲁迅主编的《莽原》半月刊上。并结识了鲁迅周围的许多作家，如韦素园、李霁野、台静农等。

一九二七年四月十二日，国民党蒋介石发动了“清党”，大批杀戮共产党人和革命青年。同月二十八日，冯雪峰最为崇拜的中国共产党创始人之一的李大钊和其他十八位革命者，就在他身处的北京，被奉系军阀张作霖残酷地绞杀了。白色恐怖吓跑了许多本来倾向共产党的人，冯雪峰反倒在李大钊殉难不足两个月后，毅然加入了中国共产党。

一九二七年十一月，中国共产党在北京的组织遭到严重破坏，冯雪峰不得不避居于鲁迅和他的朋友开办的未名社。一九二八年二、三月间，逃出北京，南下上海。

一九二八年初的上海，白色恐怖下的革命幸存者们过着苦难的亡命生活，他们看到从北方匆匆南下的新人中，一个人有一张饱历风霜的苍黑的脸，清晰的棱角透露出倔强的性格，和善的眼睛射出聪明的锐光。他伸出粗硬的握过牛绳和镰刀的大手，和大家紧紧地相握。这个人就是冯雪峰。

开始雪峰住在旅馆里，不久由“雨巷诗人”戴望舒引到了他在市郊的家中，和戴望舒、杜衡（苏汶）同住了较长的时间，一起翻译和创作了许多作品。以后，回到家乡义乌县初级中学教书，与一个叫何爱玉的姑娘热恋。何爱玉当时十八岁，高挑个儿，鹅蛋脸，眉清目秀。她缺乏女性的温柔，却有男性的豁达、大度，与冯雪峰同样的坚韧倔强的性格。一九二八年十一月下旬，冯雪峰到了上海，何爱玉也很快来了。俩人匆匆结了婚，没有宴请宾朋，连床也没有，他们席地而卧，开始了贫困而又颠沛流离的生活。

雪峰开始和鲁迅先生来往，是一九二九年初。那时先生到上海已经一年多了。

柔石，是一九二二年前后他在浙江第一师范学校时的同学，也同为那时的杭州晨光社的社员，比他高三级，但好像是同时离校，因为雪峰在一年级时就停学了。以后就各自分散，彼此很少知道消息。直到一九二八年末，雪峰从任教的家乡义乌县初级中学被省政府明令赶出，跑到上海不久，柔石找到他，平静地告诉雪峰，他和几个朋友正在鲁迅先生指导和扶助之下弄一个朝花社，想出丛书和画册，介绍欧洲的文学和版画，他们就住在鲁迅先生的隔壁。

雪峰觉得从柔石话中得到的关于鲁迅先生的印象，与自己在北京时得到的有些不同。

在北京时，雪峰旁听鲁迅先生的讲课，觉得鲁迅非常热情，然而又似乎有些所谓冷得可怕。譬如说，他号召青年反抗一切旧的势力和一切权威，并且先为青年斩除荆棘，虽然受了一切明枪暗箭的创伤，甚至明暗的枪箭中就有来自青年的，也仍不灰心或叫痛；然而又似乎蔑视一切，对一切人都怀有疑虑和敌意，仿佛青年也是他的敌人，就是他自己也是他的敌人似的。那时雪峰觉得：在鲁迅燃烧起人们的心的诗与力的背后，使人们景仰和向往的他的磁石一般的教言的背后，似乎存在着一种不可捉摸的虚无和无限的冷酷。好像鲁迅用来燃烧青年们的爱和火，是从一个无底的暗黑的冷窖里发出的，而他还将这冷窖也显示给人，雪峰觉得这是一个大矛盾，这不是他所能理解的，心里不以他为然。

当然，雪峰和人们同样地尊敬鲁迅，但还没有足够的力量认识他和爱他。

雪峰和未名社的韦素园、台静农、李霁野等都是朋友，也常听他们谈到鲁迅先生。他们是直接在先生的领导和支持下工作的，不但可以从他们的谈论中懂得他们对鲁迅先生的真诚的敬爱，而且可以知道他们和他关系非常亲切。但雪峰仍以为鲁迅先生显示于他们的，怕只是热情恳爱的一面，而仍保留着他另外的一面。

现在，从柔石的朴实，琐细，毫无遮掩而十分温暖的，像谈自己家中事情一样的关于鲁迅先生的谈论中，雪峰第一个感觉是柔石好像完全浸在慈父给予的爱里了。而在这一个被爱者的心中所反映出来的鲁迅先生，也竟像是一个近于老年的万分恳切慈爱的父亲似的，这先使他纠正了一些以前的印象和感觉。

柔石告诉雪峰，鲁迅先生也曾谈到过他，因为他译过苏联的《文艺政策》，那时先生也正在译它，在《奔流》上连载，就从这事而谈到的。说鲁迅谈到过雪峰在此前翻译的日本升暑梦著的两种小册子，论述苏联的文学、演剧、跳舞等。这使雪峰非常高兴和感激，又使他激动和惭愧不安。隔了两天，柔石第二次过来谈天的时候，他拿来了一本德波林著的关于辩证法的日译的小册子，说这是鲁迅先生送雪峰的，因为鲁迅买重了一本，特地去退还内山书店也麻烦："你带去送你那个同学去吧，省得他再买了。"柔石还随口复述了鲁迅先生对他谈的话。雪峰很感动，觉得和先生已很接近。但柔石接着告诉他，说他头一次忘记了对雪峰说，鲁迅先生看了雪峰半年以前在《无轨列车》上发表的一篇题名《革命与知识阶级》的文章，起初很有些反感，说道："这个人，大约也是创造社的一派！"柔石马上说，他自己的看法并不如此，认为"这总还是比较公平的"，而且说他已经对先生解释过，以为雪峰文章的主旨在批评那时创造社的小集团主义，先生后来也没有说什么了。但雪峰自己深刻地感到，鲁迅先生对自己那篇文章的反感并非出于他的私心，而恰恰触到了自己的浮躁，这是雪峰那时已经觉得的。因为那篇文章，自己虽然批评了当时创造社在论战中所表现的宗派主义，然而对于鲁迅先生的战斗和工作之革命的巨大价值，并没有真实的认识，口气还带有"像煞有介事"的虚浮和轻薄的气味。文章发表后不久，雪峰自己就觉得：写这篇文章时很受了苏联《文艺政策》那本书的影响，当时苏联就在批评宗派主义，所以雪峰敢于指摘那时创造社的类似宗派主义的东西，但他也机械地把鲁迅先生派定为所谓"同路人"了，这仍是受了苏联后来被清算的几个宗派主义者和机会主义者的理论的影响，很像这些人最初对高尔基的那种错误而轻浮的认识。雪峰在故乡中学教书时，选了鲁迅先生在北京时所写的文章做教材，就更为细心地重读了《呐喊》《热风》《华盖集》《坟》等，开始明白自己过去的理解过于皮毛，现在柔石提到，他感到羞愧，想到了《革命与知识阶级》那篇文章里的轻薄气味。

但如果说得上更为深入的理解，还是以后的事。这时雪峰感到了鲁迅先生的热力，先是从自己的感情上出发的，就使他能够抱着一种虔诚的心去接近鲁迅先生了。而柔石朴厚纯真的性格，也在这种时候显得特别的明白——他显然早已不经考虑地把雪峰看作和他同样态度的人了，即不把鲁迅先生当作伟大的人来崇拜和信仰，而是像同家里的塾师或父亲一样，与之接近和相处当然是极自然而平常的。这也是柔石的本色。后来，雪峰更清楚，柔石的确非常自然而平常地、非意识地把鲁迅先生当作了父亲，正如对自己的父亲那样的自然和平常，这使得鲁迅先生也一样不自觉地像对亲子一般对他，而且一样的自然与平常。现在，雪峰想，那时柔石对鲁迅先生谈起了他，而且约他去看鲁迅先生，也正像在自己父母面前谈起了他的同窗或约同窗到他家里去玩一样的。这是此后雪峰很快就能受到鲁迅先生的教育和友谊的一个重要的原因。

于是，第二天晚上，雪峰就和柔石同去见鲁迅先生了，并且带有自学的目的。那时他正在从日译本阅读几个德国的马克思主义者所写的关于知识分子问题的论文，有好几处实在艰深难懂，他就想请鲁迅指示，同时准备从藏原惟人的日译本重译蒲力汗诺夫的《艺术与社会》，也有几处想请教鲁迅。当天晚上带了书去，问了几个地方。雪峰想，大约因为他所请教和提出的都是关于历史唯物论观点的文艺批评上的问题，先生当初的谈话大都是关于这方面的，似乎很感兴趣，话也一次多于一次。鲁迅的习惯，对于初见面的人，话是极少的。雪峰记得，柔石把他带去以后，自己有事先走了，鲁迅除了回答他的问题之外，简直不说什么话，雪峰觉得很局促，也很快就告辞了。第二次去见鲁迅，话仍然不多。但见了几次之后，话就一次比一次多了。雪峰觉得先生对他的这种接见和闲谈，不仅是在指导和帮助他，而且也有一种向大众随意谈谈这些问题的要求。后来他更明白了：这个时候，就正是鲁迅对一切都开始着新的战斗的时期。那时鲁迅的谈话，一方面是他对当时中国所急迫需要的工作——介绍马克思主义的社会科学和文艺理论——的意见与态度的漫谈，一方面也是他的思想和感情的自由的抒发。雪峰当初不曾理解那时先生的更深一层的精神状态，但也明白鲁迅所以能够很勇敢、很自由地与他接近，就因为他对柔石，对雪峰，以及别的朋友和青年的接近、培养，及随意的闲谈，对于他似乎就是一种日常而深刻的需要，他深切感到缺乏战斗和工作的人手，同时这也体现为一种感情上的要求。因为那时虽说都是没有预定目的的谈话和完全私人的接近，却都产生了和社会运动有关系的实际的计划和工作，例如不久开始实现的《科学的艺术论丛书》和《萌芽月刊》，就是从闲谈中产生的，比这稍前一点的朝花社，也是和柔石等在随便谈话中谈出来的。鲁迅先生诱发青年的要求，尤其看重青年的要求。这种教育和指导，给予青年一种前进的力量，而先生自己也似乎从中得到愉快和力量。鲁迅先生是一个批判社会非常猛烈酷烈，对于一切进步的敌人的打击在任何情势下都不稍示宽恕的人，然而他也有种种的牢骚和郁闷，并非完全不回顾自己的不幸和创痛的人。他对自己的分析、解剖，也非常严酷，甚至加倍地严酷。同时也有某种的彷徨，某种的“悲观气氛”，以及种种的顾虑。先生是在一种非常深刻的矛盾中发展着的。这种矛盾，从一方面说，固然可以解释为一切深刻的思想家所常有的一般的性格，比如说，当社会的客观运动的要求化成为思想家的内心的思想运动，或当思想家的思想要求着向社会实行冲击的时候，一切思想家都是在深刻的矛盾和苦闷中前进的。然而因此，这就更为反映出时代的历史的意义，那矛盾的实质是联结在当时的社会运动的一切具体事象和关系上面的。

第二天，雪峰一大早就起来了。但他悄悄洗漱完毕，静静地在客房里看书，没有主动去见鲁迅。因为他知道鲁迅习惯夜里写作，一般上午睡觉，不要去打扰先生。谁知，刚过八点，就有人敲门，开门一看，竟是鲁迅先生。

雪峰几乎惊叫起来：“怎么？先生这么早就不睡了？”

鲁迅说：“你来了，急于听你讲说，睡不着了。”

于是草草吃过早饭以后，又到鲁迅卧室兼工作室，喝着茶，抽着烟，鲁迅舒服地坐在躺椅上，静听雪峰讲述：

“一九三三年底，我到瑞金中央苏区去之后，常有机会见到毛泽东。他那时受排斥，不担任党中央的领导职务，时间比较多。有时他约我到他那里，有时他自己踱到我的住处来。后来秋白来了，我与毛泽东、瞿秋白三个人在草屋里常常一起谈先生（鲁迅）的事情。一次，毛泽东进来就说：‘今晚我们约法三章：一不谈红米南瓜，二不谈地主恶霸，三不谈别的事情，只谈鲁迅好不好？’毛泽东早就知道先生，他遗憾地跟我讲过：‘五四时期在北京，弄新文学的人我见过李大钊、陈独秀、胡适、周作人，就是没见过鲁迅。’”

鲁迅也遗憾地说：“我也不大了解毛泽东。你离上海之前，一次和茅盾一块儿谈起毛泽东，我惊讶地说过：‘过去只听说毛泽东是搞农民运动的，想不到还是个学者……’”

雪峰喜悦地说：“我当时曾告诉他，有一个日本人说，全中国只有两个半人懂得中国：一个是蒋介石，一个是鲁迅，‘半个是毛泽东’。毛泽东听了哈哈大笑，然后沉思着说：‘这个日本人还不简单，他认为鲁迅懂得中国，这是对的。’”

鲁迅听了，也不禁笑起来。

冯雪峰接着说：“一九三三年末，我担任中央苏区党校教务主任，党校校长是张闻天同志。有一次他和几位中央领导闲谈，谈到一些干部的人选，当时我也在场。他们谈到有人反映苏区教育部门的工作有点事务主义，张闻天想让瞿秋白来主持教育工作，问我他能不能来。我说他是党员，让他来一定会来的。后来由我起草了电报拍到上海，秋白就服从党的决定到苏区来了。议论中，博古认为也可以让鲁迅来担任这个职务，说鲁迅搞教育行政很有经验。后来我向毛泽东讲起，毛泽东是反对这种意见的，他说：‘鲁迅当然是在外面作用大。’看来还是毛泽东理解先生。我记得先生曾经批评创造社一些人‘对于中国社会，未曾加以细密的分析，便将在苏维埃政权之下才能运用的方法，来机械的地运用了。’毛泽东同样是主张将苏维埃的理论与中国实际相结合的。

“我还曾告诉过毛泽东，你读到过他的诗词，认为诗词中有‘山大王’的气概，也许是指像《水浒传》里占山为王的寨主吧。毛泽东听了，开怀大笑。

“笑过之后，毛泽东又说到你的《阿Q正传》，说你表现农民看重黑暗面、封建主义的一面，忽略其英勇斗争、反抗地主，即民主主义的一面，有对群众力量有估计不足的地方，这是因为你未曾经验过农民斗争之故。但你看到了农民的要求，满腔热情地将阿Q的革命要求写了出来。”

听到这里，鲁迅颔首微笑了一下，没有说话。

原来雪峰当时给鲁迅看的是毛泽东的《西江月·井冈山》。那里面有“山下旌旗在望，山头鼓角相闻”一类的句子。鲁迅感到颇有占山为王的气概。

坐在一旁织毛衣的许广平，插嘴道：“小D是阿Q的缩影，阿Q似的后一代。但是他胜过阿Q，他的战斗功绩，虽然没有写出来，可是已经对阿Q露一些端绪了。先生特意留下这一伏线，几次说：‘《阿Q正传》还可以续写，就是从小D身上发展，但是他不像阿Q。’如果写起来作为被压迫者抬头典型的小D，一定比阿Q具有斗争性，可惜一直没有动手写……”

鲁迅打断了广平的话说：“民国十一年我二次回平时，就对李霁野、台静农说过：‘理论把人拘束住了吧！起先没有理论，还可以随随便便地做下去，有了理论了，反倒不能写了，这是人之常情，虽然压迫也是一种原因，这个原因却占大多数。’”又补充道：“这话我跟来请我讲演的师大学生也讲过。创作必须植根于生活，我现在只能躲在家里读书、写作，没有机会到外边考察，很难有新的资料和体验，所以想写也写不出。原来有过写红军的设想，但终于因为缺乏实际体验，不得不放弃了。再说写小D参加农民斗争，怎样表现呢？我想象不出来，也只得放弃。”

冯雪峰说：“先生对革命的真诚，大家是深知的。我对毛泽东讲过，鲁迅在组织上不是一个共产党员，且不谈他对革命的贡献大小，单说革命者对他的信任就往往超出一般的党员。”

这时，广平也进来参加议论了。她说：“先生一次从外面回来，非常高兴，我问他‘为什么这样高兴？’他说‘今天见了一个人，是成仿吾。铁一样的，里里外外都变了，外面肤色焦黑，内心像铁了。他与组织失去了联系，托我帮他找上了。’”

冯雪峰点头称是，说道：“那是一九三三年下半年，成仿吾从武汉到上海就是通过鲁迅接上组织关系的。他先找到郑伯奇，郑伯奇和他一起找到鲁迅，鲁迅找到我，我马上就给他联系上了。后来是送我去中央苏区的交通员回来接成仿吾的，他只比我晚来半个月。是去中央苏区，去瑞金。”

许广平望着冯雪峰，不禁想起几年前的情形——

一九二九年二月，柔石替冯雪峰在鲁迅家附近找到了房子，这就是景云里茅盾家的三楼。那时，茅盾到日本去了，三楼空了出来，茅盾夫人孔德沚见冯雪峰很穷，不收房租让他住。这里紧贴鲁迅的家，于是到鲁迅先生那里的次数也多起来，谈的话更多，常常谈一两个钟头以至三四个钟头，大都在晚上。每天夜饭后，他从晒台一看，先生没有客人，就过来谈天。雪峰为人硬气，主见很深，很活动，也很用功，研究社会科学，时向先生质疑问难，甚为相得。他们的第一次合作，是编辑《科学的艺术论丛书》。其中一种鲁迅译的《文艺与批评》，一九二九年十月由上海水沫书店出版，鲁迅在译后记中说："首先要感谢雪峰君，他于校勘时，先就给我改正了不少的脱误。"

许广平感到雪峰这青年有过多的热血，有勇猛的锐气，几乎样样事都想来一下，行不通了，立刻改变，重新再做，没见他灰心过。有时候听听他们的谈话，觉得真有趣。雪峰说："先生，你可以这样这样的做。"先生说："不行，这样我办不到。"雪峰又说："先生，你可以那样。"先生说："似乎也不大好。"雪峰说："先生，你就试试看吧。"先生说："姑且试试也可以。"于是韧的比赛，雪峰的目的达到了。

雪峰后来跟朋友说："你看，我当时这样做党的地下工作，对鲁迅先生是不是有点儿'强迫命令'的样子？"

鲁迅对这种"强迫命令"，自己是感觉到了的，但并无反感，而且还不无赞许地说："有什么法子呢？人手又少，无可推诿。至于他，人很质直，是浙东人的老脾气，没有法子。他对我的态度，站在政治立场上，他是对的。"

一九三〇年二月，在上海的中国共产党中央组织中国自由运动大同盟，准备请鲁迅做主要发起人之一，并在宣言上签名。派人让冯雪峰征求鲁迅的意见。雪峰去和鲁迅谈了，鲁迅表示不大同意这种方式，认为一成立就会马上被解散。可是他依然答应参加并做发起人之一。以后由雪峰介绍，潘汉年又和鲁迅直接谈过几次。该盟发起人共五十一名，多为文学家。但正如鲁迅所料，不久即被遭到当局压迫，禁止大同盟的人演讲，秘密逮捕委员，国民党浙江省党部则“呈请通缉堕落文人鲁迅等五十一人”。整个组织处于自行解散状态。鲁迅也不得不从三月十九日至四月十九日避居北四川路底施高塔路内山书店的假三层楼上。这是鲁迅在上海的第一次避难。这一期间，雪峰前往看望鲁迅十三次，平均两天一次。大同盟的活动，虽然产生了一定影响，但终至使鲁迅落得一个在租界做“寓公”的境遇，这不能不使雪峰深思鲁迅事先预见的结果。

这年三月二日，经过党组织和冯雪峰多方做工作，中国左翼作家联盟在北四川路窦乐安路二三三号中华艺术大学召开成立大会。鲁迅被选为主席团成员，并讲了话。冯雪峰做了笔录，又根据鲁迅会上没有讲但平时所谈的话，整理成《对于左翼作家联盟的意见》，经鲁迅过目并修订，发表在左联机关刊物《萌芽月刊》第一卷第四期上。雪峰记得，当时会上有些青年作家对鲁迅的讲话不满意，说怎么尽讲些“左翼”变“右翼”的话，不鼓励大家前进些。还有些人问冯雪峰，是鲁迅说的话吗？雪峰答说：当然是啊！像“峨冠博带”一词，除了鲁迅，别人是说不来的。他就绝说不来。鲁迅回来后，也觉得左联开始就基础不很好，用绍兴方言说来的人多“茄花色”，即显得轻浮、浅薄，不怎么样。雪峰心里明白：鲁迅是喜欢朴素、坚实、诚笃、强顽、有正义感的浙东人，讨厌那种油滑、乖巧、浮华无物的洋场中人。而上海滩上的所谓“作家”，又多是后一种人。左联刚成立，只能包容这种人，又有什么办法呢？

鲁迅一参加“左联”，就显现出了高于旁人的水平与智力。总能用一个词甚至一个字提炼出论敌的灵魂，锻炼出极精锐的一击，致其重伤。显出智力的超拔，眼光的尖锐。当时，冯乃超正和梁实秋论战，写了很长的文章却打不中要害，纠结不清。鲁迅说：“乃超太忠厚了，我来帮他。”于是写了《“丧家的”“资本家的乏走狗”》，以巧妙的逻辑推理推出梁实秋是“丧家的”“资本家的乏走狗”，最后又归结为一个“乏”字。又写了《张资平氏的“小说学”》，最后风趣地言道：“呜呼，听讲的门徒是有福了，从此会知道如何三角，如何恋爱，你想女人吗，不料女人的性欲冲动比你还要强，自己跑来了。朋友，等着罢。但最可怜的是不在上海，只好遥遥‘崇拜’，难以身列门墙的青年，竟不能恭听这伟大的‘小说学’。现在我将《张资平全集》和‘小说学’的精华，提炼在下面，遥献这些崇拜家，算是‘望梅止渴’云。那就是——△”

看到鲁迅文章的人，不论持什么观点，站在哪个方面，无不叹道：“鲁迅真厉害！能以寸铁杀人！”提炼出一个“乏”和一个“△”,就把梁、张击退了。冯雪峰等左联的同志更是为有了鲁迅这样的盟主和战士，感到无比的欣慰。

当时，李立三路线占上风，认为中国革命高潮很快就要到来。只要“中心城市、产业区域”暴动，得到“夺取一省与几省政权的胜利”，就会“全国胜利”，并会“引起整个世界革命的兴起”。所以热衷于搞游行示威、“飞行集会”等。李立三要求约见鲁迅，由冯雪峰牵线，五月七日晚上，在爵禄饭店开好房间找鲁迅谈话。鲁迅开门进去，一个高高大大的人接待了他。那人自我介绍是李立三，说党要在上海搞一次大规模示威游行，搞武装斗争。还说：“你是有名的人，请你带队，所以发给你一支枪。”鲁迅回答：“我没有打过枪，要我打枪打不倒敌人，肯定会打了自己人。”李立三又请鲁迅发个宣言，公开声明支持他们的斗争，鲁迅也拒绝了。鲁迅反对赤膊上阵，主张“韧战”“壕堑战”。他比当时的革命领导人更了解中国和中国的革命。雪峰后来回想鲁迅这一席话，感到意义是十分深刻的。

李立三虽然受到鲁迅的拒绝，但他又非常看重鲁迅的作用。一九二九年六月中共六届二中全会后，他成为政治局常委、宣传部长，实际上是中共中央的核心人物，在他的主持下，成立中央文委，并在常委会取得共识，决定停止创造社、太阳社对鲁迅的攻击。随后通过中宣部、江苏省委宣传部贯彻中央精神，亲自找鲁迅，找创造社、太阳社骨干谈话，提出终止论争，建立作家联合组织——“左联”。

无论对鲁迅还是对雪峰，打击最为沉重的是一九三一年二月七日深夜，柔石等五位左翼作家和其他革命者二十四人，被上海警备司令部秘密杀害于龙华。雪峰感觉出来，鲁迅扶持的青年作家几乎数不胜数，但感情最为亲近、最为信赖的就是柔石。柔石视鲁迅为慈父，鲁迅也把柔石当作亲子。亲子在龙华深夜中十弹身亡，可想而知对老人的打击有多么沉重！而柔石又是自己的同乡、同学和挚友，是自己与鲁迅先生的介绍人，他的死对于自己真如五雷轰顶，绝不是一般朋友可比的！尽管他们当时并不全知柔石等被捕、被杀的内幕，但终归是自己“失掉了很好的朋友，中国失掉了很好的青年”。眼前总浮现出柔石那带着方孝孺式的台州硬气又颇有点迂的脸庞……

柔石被捕后，鲁迅一家避居花园庄旅馆，雪峰多次前去探望。看到鲁迅脸色相当阴暗，沉默的时候居多。柔石等五烈士牺牲后，冯雪峰再去看鲁迅，见他脸色依然阴暗，但沉重的心情透出坚定的意志，说道：“若我存在一日，终当为文艺尽力，试看新的文艺和压制者保护之下的狗屁文艺，谁先成为尘埃”。同时，他还向冯雪峰反复说：“中国民族过去流的血是实在太大的，但大部分血流的结果只是使中国增加了沙漠，很少带来改革的效果；我们现在是要使他们的血为了民族的新生而流。”“一个民族，人民的血流多了，到人们都不以流血为意了的时候，那是很可怕的；但要减少流血，不要希望于临末的反动阶级；革命者不是避免流血，而是要不怕流血牺牲又要看重自己的血的价值”。

“左联”的首任党团书记冯乃超调往武汉，由冯雪峰接任。他接任后的第一件事，就是揭露当局杀害左翼青年作家的罪行。组稿、写稿、搜罗烈士照片的编辑工作，鲁迅、茅盾和他完全可以做，但印刷很困难，没有哪一家印刷厂敢于承印。后来由一个冯姓本家介绍，在横滨桥附近找到一家小印刷所。老板的条件异常苛刻，不但要几倍的排印费，而且不准印上报头和照片，以防印刷过程中万一引起外人的注目，发生危险；同时从排印到印成必须在一个晚上完成；排校完毕之后，印刷过程中要有左联的人留下，以便中途发生情况有人出面应付；天没亮印好后，就把成品立刻搬走，不许在印刷所停留。这些条件，冯雪峰一一答应了。烈士的照片是在冯雪峰家里印的，报头“前哨”两字由鲁迅手书后，将两字分开，分别找两处木刻工刻制，然后秘密运往冯雪峰等左联同志家中，一一敲印报头，粘贴照片，与正文装订成册。

《前哨》刊头上大书“中国左翼作家联盟机关杂志”。作为“纪念战死者专号”，主要内容有《中国左翼作家联盟为国民党屠杀大批革命作家宣言》和鲁迅署名L.S的文章，冯雪峰所加题目是《中国无产阶级革命文学和前驱的血》，还有五烈士等的小传、照片和部分遗作等。

这期《前哨》在国内外产生了巨大的影响，一下就行销三千份，史沫特莱等译成外文传到国外，得到了国际革命作家联盟以及德国、美国、奥国、日本等国革命作家的声援，大大加强了左联的国际声势和威力。为了纪念这次成功的合作，鲁迅携家属特邀冯雪峰一家同往阳春馆照了一张具有永恒意义的合影。鲁迅抱着海婴和雪峰一起坐在前排，何爱玉抱着长女与许广平坐在后面，都显得很精神。鲁迅在照片右下方，亲笔题词：“一九三一年四月二十日，上海所照”。

就在这时，冯雪峰在茅盾家里结识了瞿秋白。秋白看到《前哨》专号上鲁迅的文章《中国无产阶级革命文学和前驱的血》后，高兴地说道：“写得好，究竟是鲁迅！”不久，经冯雪峰搭桥，鲁迅与秋白结识了，成为终生不渝的战友。

提到瞿秋白，冯雪峰想起鲁迅跟他一见面，就告诉他正在编校秋白遗著《海上述林》的事情，说上卷已经校好、打出纸型，托内山完造先生寄到日本印装去了。四月十七日夜开始编下卷，看到桌上堆满了秋白的文稿，就知道编校的辛苦。

雪峰跟鲁迅谈起在红区和秋白的亲密相处。相互之间谈话极为坦率：“我向他谈起了先生对他的评价”，雪峰说道，“说先生对他的译文评价很高，认为在外文和中文方面的造诣是无与伦比的，但对他的杂文却是有分析的。认为尖锐、明白，真有才华，但深刻性不够，少含蓄，第二遍读起来，就有‘一览无余’的感觉。所有这一切，我都告诉了秋白，秋白都认可了。”

鲁迅一听见说瞿秋白，神情就很关注，但又很悲痛。一会儿，倾身坐在躺椅边上，两眼盯紧，仔细听着，不愿放过每一个字；一会儿，又木然地半躺在藤躺椅上，一言不发，悲痛得头也抬不起来，两眼满含着泪水。

雪峰明白先生是为秋白的牺牲悲痛至极。停了会儿，又说：“长征前，秋

鲁迅携家属特邀冯雪峰一家合影……

白一心要跟大部队走。但当时的领导宣布瞿秋白留下来工作。秋白心情很激动，却没有说话。国民经济部副部长吴亮平请他到家里吃饭，喝了不少酒。秋白激奋地说：‘你们走了，祝你们一路顺利。我们留下来的人，一定要为革命奋斗到底。同志们可以相信，我虽然历史上犯过错误，但为党为革命之心，始终不渝。’两天后，吴亮平就瞿秋白留下一事，去问毛泽东，认为瞿秋白这样的同志，怎么可以不带走，让他听候命运摆布？毛泽东说，他也说了几次，但是他的话不顶事嘛。吴亮平也问过张闻天，张回答：‘这是中央局大伙决定的，他一个人说没有用。’秋白只得服从，留下来了。听说战友们临走时，秋白邀请李富春、蔡畅几个人聚餐，他举起酒杯说：‘这酒杯是之华在上海给我的纪念品，让我们一起为革命胜利干杯！’徐特立临行时去看望他，他把自己的好马换给年长的徐特立。我去向他告别时，秋白握着我的手亲切地说：‘不要为我的安全过分担忧，你们突围北上肯定比我更艰巨，道路更艰险，让我们共同来承受严峻的考验吧！’将分手时，秋白忽然脱下自己身上的长衫，披在我的肩上，深情地说：‘雪峰，这件长衫伴着我战斗了七八年，留下与鲁迅先生共同战斗过的痕迹，现在给你做个纪念，伴着你出征吧！’后来秋白牺牲的事，还是长征路上，毛泽东告诉我的。那样从容，那样英勇！毛泽东沉痛地对我说：‘不仅仅是你失去了一个好朋友，我也失去了一个好朋友。’”

说到这里，雪峰满眼含泪，说不出话来。

鲁迅低着头，热泪滚滚。好一会儿，才说：“一九三三年底，他到我这儿告别时，我就觉得依他的病体，到苏区是不合适的，应该到苏联去疗养。”

雪峰难过地说：“是的。我不应该附和那种提议，可是党下了指示，他作为党员，怎能不服从呢？”

鲁迅叹了一声长气，说：“去年八、九月间，《社会新闻》第十二卷第六、七、八期上，刊出了秋白狱中写的《多余的话》第二节《历史的误会》、第六节《文人》和第八节《告别》等三节。在编者按中用奇毒的语言写道：‘瞿之狡猾恶毒，真可谓至死不变，进既无悔祸之决心，退亦包藏颠倒黑白之蓄意。’这还不够，最后又加上一句：‘所以瞿之处死，实属无疑义’。”

鲁迅狠狠吸了一口烟，感慨地说：“连《社会新闻》这种狗屁报纸，都说瞿秋白‘至死不变’‘处死，实属无疑义’。而秋白就义又是那么从容，大义。他的《多余的话》，是临死前对自己灵魂的严格剖白，谁个对自己能有这样严酷的解剖？但一些号称‘革命’的人，却说秋白是什么‘革命的叛徒’。这岂不是连狗屁都不如了！我一次在内山书店，就向一位有疑问的读者为秋白作过辩护。”

鲁迅气愤得大口喘着气，使劲吸着烟。

谈话只能到此为止……

第二天上午，冯雪峰见到鲁迅，发现他的脸色很不好，像是夜里写作，凌晨又没睡好觉。

雪峰关心地问鲁迅身体怎样，鲁迅苦笑一下说：“你们到上海时，首先就要杀我吧！或者，像秋白一样，由敌人去杀？”

憨实的雪峰愣住了，憨态可掬地说：“那弗会！那弗会！”

正在尴尬之中，楼下响起清脆的女声：“周先生！”

鲁迅闻听立即高兴起来，快步走到楼梯口迎去，原来是萧红来了，广平跟在她身后。

萧红不让鲁迅下来，自己跑了上去，见鲁迅身后站着一个很瘦、很高的穿着中国小背心的人，鲁迅先生介绍说：“这是位同乡，是商人。”又对那商人说道：“这位女士就是写《生死场》的著名女作家萧红。”

冯雪峰虽说还没有来得及看《生死场》，不过已经听不少朋友说过了，连说：“久仰，久仰。”

于是连同许广平一同进到二楼鲁迅的工作室里坐下。萧红又朝商人望了一眼，初看似乎对的，穿着中国裤子，头发剃得很短。四人畅谈起来，许广平见鲁迅很有兴致，就很愉快，从不打断。快到吃饭时间了，广平叫萧红不要走，就在这里吃晚饭，又问道：“萧军呢？叫他一块儿来吃吧，省得你们做饭了。”

一提萧军，萧红脸色阴沉了一下，很快又恢复了，轻声说道：“人家又到外面忙去啦，所以我才一个人来的。”

不一会儿就开饭了，就在二楼鲁迅工作室摆桌。四人和海婴围桌而坐。

商人看来跟鲁迅一家很熟，主动让酒，还给萧红倒了一盅，态度很活泼，不大像个商人；等吃完了饭，又谈到《伪自由书》及《二心集》。这个商人，开明得很，在中国不常见。没有见过的，萧红就总不大放心。下一次是在楼下客厅后的方桌上吃晚饭，那天很晴，一阵阵的刮着热风，虽然黄昏了，客厅后还不昏黑。鲁迅先生是新剪的头发，还能记得桌上有一盘黄花鱼，大概是顺着鲁迅先生的口味，用油煎的。鲁迅先生前面摆着一碗酒，酒碗是扁扁的，好像用做吃饭的饭碗。那位商人先生也能喝酒，酒瓶就站在他的旁边。他说蒙古人什么样，苗人什么样，从西藏经过时，那西藏女人见了男人追她，她就如何如何。这商人可真怪，怎么专门走地方，而不做买卖？并且鲁迅先生的书他也全读过，一开口这个，一开口那个。并且海婴叫他冯先生，萧红一听那冯字就有点儿明白他是谁了。冯先生常常回来得很迟，从鲁迅先生家里出来，在弄堂里遇到了几次。有一天晚上冯先生从三楼下来，手里提着小箱子，身上穿着长袍子，站在鲁迅先生的面前，他说他要搬了。他告了辞，许先生送他下楼去了。这时候鲁迅先生在地板上绕了两个圈子，问萧红："你看他到底是商人吗？""是的。"萧红说。鲁迅先生很有意思地在地板上走几步，而后向萧红说："他是贩卖私货的商人，是贩卖精神上的……"萧红"噢"了一声，原来这位商人就是走过二万五千里长征，刚从陕北来的冯雪峰先生。

棘手的工作

冯雪峰待工作走上轨道后，才与已经分居两年半且生死未卜、音信全无的妻小联系上，从义乌接到上海来，搬到周建人协助租来的房子里。

雪峰一九三三年底离开上海到苏区时，妻子何爱玉已临近产期，经不起旅途的颠簸，不能送回浙江义乌老家，托亲人照料，只好暂时安顿在鲁迅家中。何爱玉母女受到鲁迅一家精心照顾，鲁迅视雪峰的长女如同自己的孩子，从治病到智力开发、情操培育都给予和海婴同样的关注。不久，何爱玉生了一个男孩，鲁迅更是解囊相助，直到翌年四月间他们一家三人返回义乌老家，在经济上还受过鲁迅的资助，所以对鲁迅倍加感激。回上海后，亲如一家，经常往来。

党中央派冯雪峰来上海前，红军长征的胜利和东征抗日的成功，鼓舞了白区人民，党中央收到了许多抗日团体的贺信，也收到了鲁迅、茅盾来信。信中说：

> 英勇的红军将领和士兵们！你们的勇敢的斗争，你们的伟大胜利，是中华民族解放史上最光荣的一页！全国民众期待你们的更大胜利，全国民众正在努力奋斗，为你们的后盾，为你们的声援！你们的每一步前进将遇到热烈的拥护和欢迎！

这信不一定是鲁迅、茅盾亲自拟稿的，但至少证明文化旗手鲁迅和文学巨擘茅盾仍然岿然存在，坚持在革命的文化战线。所以，党中央派冯雪峰去上海时，再三嘱咐到上海后，务必先找鲁迅、茅盾等，了解一些情况，再找党员和地下组织。强调派冯雪峰去上海，就因为他同鲁迅等熟识。

周恩来、张闻天在瓦窑堡交给他四项任务:一、在上海设法建立一个电台，把所得到的情报尽快报告中央；二、与上海各界救亡运动领袖沈钧儒等取得联系，向他们传达党中央抗日民族统一战线政策；三、了解和寻觅上海地下党组织，取得联系，替中央另派到上海去做党组织工作的同志作一些准备；四、对文艺界工作也附带管一管。约定用“李允生”这名字，给了两千元经费。临行，毛泽东还找他彻夜长谈，张闻天请他到家里吃饭。

冯雪峰接受任务后，于一九三六年四月十七日从瓦窑堡到延安，二十日之前抵洛川，周恩来亲自派人将他护送到苏区与张学良部交界处，同张部接上关系，受到张学良所派特使的迎接，在西安受到张学良接见，住在一位烟商委员家中，由“党内”事先安排好的“交通”董健吾护送到上海，所以出奇的顺利、快速。他首先找到鲁迅，又看望了茅盾和“秘密党员”胡愈之等，了解到周扬、夏衍等是可靠的。

于是，冯雪峰到上海二十来天就派当时的地下党员王学文与周扬联系见面。但是，周扬却拒绝了。据王学文说，周扬不相信冯雪峰是从陕北来的，要他拿出中央的介绍信给他看。而周扬拒绝的真实原因，是对冯雪峰根据中央指示，“先找党外，后找党内”的工作方式接受不了。

冯雪峰又找夏衍，在一个叫作“燕子窝”的小旅馆里见了面。雪峰很热情地和夏衍握手，非常高兴。他谈别后情况，谈中央苏区，谈长征，也谈回到上海后看到的文艺作品，称赞张天翼、沙汀的小说，但是夏衍始终没有听到冯雪峰谈瓦窑堡十二月会议精神和对文艺界论争的看法，实在按捺不住了，就打断了他的谈话。这样，话就谈不下去了，一起走出旅馆，冯雪峰给夏衍叫了一辆出租汽车，并掏出钱付车费，夏衍拒绝了。

这时，冯雪峰感到他在上海工作的困难：自己是作为党中央的特派员到上海来寻觅、恢复、领导地下党组织的，中央交给的四项任务中前三项都顺利完成了，而“对文艺界工作也附带管一管”这最末一项，却阻力重重，上海文艺界的那几个党员不接受他的领导，甚至连面也不肯见。自从他离开上海，一九三四年下半年胡风又被迫辞去左联行政书记后，左联实际上已经终止了与鲁迅的亲密关系，产生了隔阂。周扬、夏衍等人也并不尊重鲁迅，用得着这块招牌时就招呼一下，用不着了就晾在一边。鲁迅一对他们的做法有意见，他们就讥讽道:“这老头子又发脾气了！”而且由于书店老板要把《译文》负责人黄源换掉，鲁迅不同意，闹得茅盾、郑振铎、邹韬奋、胡愈之等全与他疏远了。鲁迅确实处于非常孤立的苦境。雪峰渐渐体会出了鲁迅初见面时，说的:“这两年我给他们摆布得可以！”这句“悄然”的带有忧郁和愤激的话的意味，和后来为什么说“你们到上海时，首先就要杀我吧！或者，像秋白一样，由敌人去杀？”话里包含了多少凄苦和愤懑，多少难言的滋味？！雪峰也感觉到鲁迅对党的抗日民族统一战线政策一时从感情上转不过弯来。不过，这是出于好意，主要是怕共产党又“上国民党的当”。因而他更加体谅鲁迅、敬重鲁迅、热爱鲁迅了，尽一切力量减轻鲁迅的痛苦，珍惜鲁迅的健康！容不得丝毫对鲁迅的贬抑。甚至对与他非常友好的国际友人史沫特莱也是这样。一次史沫特莱说:“鲁迅的脾气确实不够好。”冯雪峰就对她进行了严厉的批评，郑重指出:“鲁迅的存在，是一个伟大的力量！”使得史沫特莱马上滚出泪来，低泣了一两分钟，表示她对鲁迅的看法错了。然后，冯雪峰又满腔热情地跟史沫特莱讲述红军长征的故事，他不热衷讲长征的艰苦，却经常富有诗意地描述：在秋天的星空底下，紧盯着前面同志的背影，一面向前走，一面在脑子里翻腾着出发时想过的事情。周围幽暗，任何东西都影影绰绰的，只有萤火虫在丘陵山峦间闪闪发光。……史沫特莱沉浸在这诗情画意的讲述中，一连好几天，回来后就写成文章，她的报道成为传到西方去的有关中国红军长征的第一篇通讯。冯雪峰还积极支持史沫特莱给鲁迅找肺病专家看病。五月三十一日那次邓医生来，就是冯雪峰劝鲁迅接受医治，并坦率告诉鲁迅医生诊察的结果：倘是欧洲人，早在五年前就已死掉了！督促鲁迅抓紧治病。

随后，他就抓紧办理到上海两星期后鲁迅交给他的方志敏信稿。

据胡风告知：一九三五年四、五月份，鲁迅从内山书店接到一封信，打开一看是几张白纸，鲁迅弄不清是哪里寄来的，把白纸给胡风看，胡风也不认识，就去找吴奚如，吴说可以拿碘酒擦一下试试看。胡风用碘酒擦后果然显出字来，其中有一封方志敏给党中央的信，还有一封给鲁迅的信。信上的内容是：请鲁迅、宋庆龄、蔡元培等以民权保障同盟的名义向社会发动一个营救他的运动。胡风把给党中央的信给吴奚如，给鲁迅的信自然留给鲁迅。鲁迅觉得依蒋介石的性格，越发起运动，越营救不了，不如抓紧时间写出文稿留给后世。这样，一九三五年秋，方志敏已经牺牲了，几经转折，他在狱中写的文稿《可爱的中国》与《清贫》终于送到鲁迅先生手里，鲁迅先生郑重地交给了冯雪峰。冯雪峰请示中央后，将文稿存在曾经保护过瞿秋白的义士谢澹如家里。

冯雪峰还经过近一个月的奔波，在董健吾家找到了毛泽东的两个儿子毛岸英和毛岸青，通过与共产国际中国同志有联系的地下党员杨承芳，把两个孩子送到了莫斯科。

不过，冯雪峰浙东人的强硬脾气也越来越凸现，简直有些简单粗暴。一九三六年夏天，丁玲终于能和党联系逃出南京，托曹靖华报告给鲁迅，鲁迅通知了刚从陕北抵达上海的冯雪峰，雪峰派张天翼帮助丁玲逃到上海。雪峰来看她，第一句话就是："这几年怎么过的？"丁玲想把什么话都跟他谈，然后痛痛快快地哭一场。丁玲刚一哭，雪峰马上把脸板起来说道："你为什么老想着自己呢？世界上不是只你一个人孤独地在那里，还有很多人跟你一样的。”雪峰的这些话，把丁玲所有的眼泪都“堵”回去了。丁玲是一肚子痛苦与委屈，雪峰却想不到，他尽想着整体的事业了。他明白文艺界的事情很“棘手”，中央也只是让他“附带管一管”，他抽身不管，也不会受到责怪，但从党的事业考虑，他又不能不花主要精力去对付，尤其是忧心鲁迅先生的健康和周扬等同志对他的态度。

“民族革命战争的大众文学”

冯雪峰坚定地认为鲁迅是中国左翼文艺运动的旗手，也是左翼文艺运动内部团结的核心，他所肩负的宣传党的抗日民族统一战线的任务，在文艺界，只能通过鲁迅，才能得以落实和完成。

五月八日，雪峰和胡风在鲁迅家楼下客厅谈天。

胡风谈了不少当时文艺界的情况，谈到周扬等的更多。他当时同周扬对立得很厉害。谈到“国防文学”口号时，说很多人不赞成，鲁迅也反对。

雪峰说：“鲁迅反对，我也知道，这个口号没有阶级立场，可以再提一个有明白立场的左翼文学的口号。”

胡风说：“‘一·二八’时，瞿秋白和你都写过文章，提过民族革命战争文学，是否就提‘民族革命战争文学’？”

雪峰沉思片刻说道：“无须从‘一·二八’时找根据，那时写的文章都有错误。现在应该根据党中央提出的抗日民族统一战线政策来提。”接着，雪峰又说：“‘民族革命战争’这名词已经有阶级立场，如果再加‘大众文学’，则立场更加鲜明；这可以作为左翼作家的创作口号提出。”

胡风点头同意，却又说：“不过，字句太长一点。”

俩人立即到二楼同鲁迅商量，鲁迅认为新提出一个左翼作家的口号是应该的，并说“大众”两字很必要。作为口号也不算太长，长一点也没有什么。

这时，茅盾也来看望鲁迅，说自己开始赞同“国防文学”的口号，但是后来觉得觉得作为统一战线的组织口号尚可，倘若当作创作口号，要求作家非得写“国防文学”的作品不可，就限制作家的创作自由了。鲁迅也觉得“国防文学”口号注入的意思不够准确，有补充说明的必要。

胡风回去以后，和不少人说了自己的观点，五月九日夜里就写了《人民大众向文学要求什么？》，六月一日，在《文学丛报》第三期上发表，公开提出了“民族革命战争的大众文学”的口号。此文不长，两千字，分三小段，没有提新口号的提出者，也没有提当时已经盛行的“国防文学”口号。只强调:“‘民族革命战争的大众文学’应该说明劳苦大众底利益和民族利益的一致，说明在民族革命战争中谁是组织者，谁是克敌的主要力量，谁是自觉或不自觉的民族奸细。”末尾注“一九三六,五月九日晨五时”。

胡风文章一发表，立即在文艺界掀起了轩然大波。赞成“国防文学”的人认为:“国防文学”口号提出最早，理论正确，在群众中已有广泛影响，应该成为统一战线的口号；之外再提什么口号，是不妥当、不正确的，是自外于抗日民族统一战线。还说，即便“民族革命战争的大众文学”口号可以成立，也不能作为统一战线的口号，不能对所有的人都这么要求，只能是左翼作家的口号。

茅盾看到胡风的文章也大吃一惊，因为胡风这种做法，使稍有缓和的局面再告紧张，就跑去找鲁迅。

鲁迅正生病躺在床上,茅盾问他看到了胡风的文章没有,他说昨天刚看到。茅盾说怎么让胡风来写这篇文章，而且没有按照我们商量的意思来写呢?

鲁迅说:胡风自告奋勇要写，我就说，你可以试试看，可是他写好以后不给我看就这样登出来了。这篇文章写得并不好,对那个口号的解释也不完全，不过文章既已发表，我看也就算了吧。

茅盾说:问题并不那样简单，我们原来并无否定“国防文学”口号的意思，现在胡风这篇文章一字不提“国防文学”，却另外提出一个新口号，这样赞成“国防文学”的人是不会善罢甘休的。

鲁迅笑笑道:那可能这样，我们看看罢。

茅盾又去找冯雪峰。冯雪峰也有点着急了，埋怨道:胡风这人也太英雄，太逞能了，我要批评他。

冯雪峰是否批评了胡风，无从得知，但是一场激烈的“两个口号”论争掀起了。几乎一面倒，赞成新口号的文章不多。一些小报幸灾乐祸，大肆渲染鲁迅是赞成“托派”观点的。

宋庆龄的信

六月五日，宋庆龄获知鲁迅病重，非常着急，立即向秘书口述了一封信，由秘书写好，很快派人转交给鲁迅，吁请鲁迅入院治疗：

周同志：

方才得到消息，你病得很厉害，我十分担心你的病状！我恨不得立刻来看你，但我割治盲肠的伤口至今尚未复原，仍旧不能起床行走，迫不得已才给你写这封信。

我恳求你立即进医院去医治！因为你迟延一天，你的生命便增加一天的危险！你的生命并不是你个人的，而是属于中国和中国革命的！！为着中国和中国革命的前途，你有保存、珍重你身体的必要，因为中国需要您，革命需要您！

一个病人，往往是自己不知道自己的病状，当我得盲肠炎的时候，因为厌恶进医院，拖延了数月之久，直到不能不割治的时候，才被迫进了医院，然而这已是很危险的时期了，因此多在医院住了六个星期，假如我早进医院，两个星期便可痊愈了。我万分盼望你接受为你担忧、为你感觉极度不安的朋友们的恳求，马上进医院去医治。假如你怕在医院听不到消息，周太太可以住院陪你，不断的供给你外面的消息等等……

我希望你不会漠视爱你的朋友们的忧虑而拒绝我们的恳求！！

祝你

早日痊愈！

宋庆龄

六月五日

鲁迅看到信，非常感动。但他身体愈加虚弱了。六月六日，不得不中断日记的写作。这是自一九一二年五月五日起，二十多年来的第一次，而且也没有合适的医院可住，只得躺在家里休息。鲁迅在有些事情上往往很固执，旁人很难使他转变。这种态度，还表现在他对医生的态度上。他病得这样重，但一直是请熟识的日本须藤医生医治。这医生一直把他那么重的肺病发热当作感冒治。到经过美国肺病专家邓医生诊断出来后，他还是不换医生。一次，胡风去的时候遇见了这位医生。走了以后鲁迅告诉胡风，他要鲁迅不抽烟，少谈话，但他自己每次来的时候，烟一支接一支地抽，滔滔不断地谈到一两小时才走。谈着，好像这个医生是天真可爱的人似的。

代笔拟稿

六月七日，听说鲁迅先生病又犯了，雪峰跑去看望。只见鲁迅躺在床上，雪峰一到，他立即从枕头底下抽出几本刊物和一封信来，一面递给雪峰，一面气愤地说："你看，真的来了！可恶不可恶！"又说，"我连密斯许也没有给她看过，怕她跟着生气。"雪峰看罢信，知晓原来是一个化名陈仲山的"托派"人士给鲁迅的信，刊物也是宣传"托派"观点的。他误以为鲁迅是同意他们的，想趁机拉拢鲁迅。

胡风的文章发表后，"国防文学"派集全力进攻。冯雪峰有些着慌，想把攻势压一压，觉得这正是个回击的机会，就说："他们自己碰上来，就给他们一个迎头痛击吧！"

但是，当时鲁迅正在重病中，无力起坐，说话费力，连拿起一张纸的力气都没有。鲁迅过去即使在病中，仍然每天写日记不辍。唯独六月份只有头五天的日记，空缺二十五天，那是他病体沉重了。他自己后来在六月五日日记后面特别注明："自此以后，日渐委顿，终至艰于起坐，遂不复记"，只得由冯雪峰代笔拟稿。

六月九日和十日，雪峰拟好了稿，十日晚上约胡风一道拿着拟稿去看鲁迅，把拟信念给他听。这就是《答托洛斯基派的信》，痛斥了“托派”的论调，公开声明拥护共产党、毛泽东制定的抗日民族统一战线政策。鲁迅闭着眼睛，听了没有说什么，只简单地点了点头，表示了同意。

文末注明是鲁迅口述，O.V. 笔录。O.V. 隐喻胡风的名字，免得被人猜到是雪峰。雪峰是党的领导人，胡风觉得掩护他是自己应尽的责任。

冯雪峰回去后，觉得对口号问题本身也得提出点理论根据来。于是又拟了《论现在我们的文学运动》，又约胡风一道去念给鲁迅听。鲁迅显得比昨晚更衰弱一些，更没有力气说什么，只是点了点头，表示同意，但略略现出了一点不耐烦的神色。一道出来后，雪峰马上对胡风说：鲁迅还是不行，不如高尔基，高尔基那些政论，都是党派给他的秘书写的，他只是签一个名。

冯雪峰的话惊住了胡风，觉得有点意外。并不是苏联这种做法使胡风意外，而是在这种情况下说这种话，而且是用着那样的腔调，使胡风不能不惊异。鲁迅病得这样沉重，应该尽一切可能抢救他，尽最大的努力避免刺激他、打扰他。至于口号的理论问题，当然也应该从理论上解决，但这不是马上就能解决的，不必也不该马上求得解决，更不应该用鲁迅的名义匆忙地作出断语。因为，即使分析得完全正确，对方也不会接受，分析得不充分只有加重矛盾而已。其次，鲁迅在思想问题上是非常严格的，要他对没有经过深思熟虑的思想观点担负责任，一定要引起他的不安，对病情产生不利的影响。但冯雪峰对鲁迅的不耐烦的神色，反而用了那样冷淡的口气表示对鲁迅的不满，不能不使胡风感到惊诧。

鲁迅病情好转，恢复了常态生活和工作的时候，胡风提了一句：“雪峰模仿周先生的语气倒很像……”鲁迅淡淡地笑了一笑，说：“我看一点也不像。”

在口号论争中，出现了一个新杂志《现实文学》。这是原左联盟员尹庚、白曙署名，由胡风几个人编的。其中有聂绀弩、张天翼。“现实文学”四个字就是张天翼写的。

这个杂志共出了两期，一期是“口号问题特辑”，当然是阐扬“民族革命战争的大众文学”这个口号的，有张天翼、聂绀弩、路丁、周文等的文章，但并没有批评“国防文学”。

重要的是发表了鲁迅的《答托洛斯基派的信》和《论现在我们的文学运动》。两文都注明了是鲁迅口述，O.V.笔录。

鲁迅却没有像过去那样，把这两篇文章剪下来收存起来，放到他的积稿堆中。看来鲁迅并没有把这两篇东西当成自己的文章。

陈仲山，即陈其昌，本名陈清晨，河南洛阳人。一九二二年进入北京大学学习，在校期间加入中国共产党，是王实味加入中共的介绍人。在北大期间，就对鲁迅十分崇拜。一九二八年加入托派组织并成为活跃分子。当时是中国托派临时中央委员会委员，神州国光社的一个小编辑，在上海主编托派机关刊物《斗争》。据说他写信和寄刊物给鲁迅先生，并不是托派中央的决策，而纯粹是他个人的行为。之所以这样做，完全出于对鲁迅道德文章的崇敬，想征得鲁迅对他们托派观点的理解和支持。“两个口号”论争发生后，陈其昌一直密切关注着。在他看来，鲁迅在“两个口号”论争中，反对解散“左联”，支持“民族革命战争的大众文学”，坚持在统一战线中的独立立场，在基本精神上与托派在政治上反对统一战线、坚持阶级斗争的观点是一致的。但是，鲁迅答复的信发表后，他同派的人也说他不好。当时还关在国民党监狱里的托派领袖陈独秀，知道后大发脾气，问陈其昌等为什么会对鲁迅发生幻想。他认为，“鲁迅之于共产党，无异吴稚晖之于国民党，受捧之余，感恩图报，决不能再有不计利害的是非心了。”

《答托洛斯基派的信》以“鲁迅”的名义发表后，陈其昌在失望和悲愤之余，于七月四日给鲁迅回了两封言辞激烈的信。第一封信，对曾是自己老师的鲁迅态度还比较崇敬和谦卑，但第二封信里，失望和愤怒几乎是到了不能自控的程度，说道：“你躲躲藏藏地造谣，说日本人拿钱叫我们办报等等，真亏你会诬蔑得这样周到！布列派的《斗争》与《火花》是同志们节衣缩食并闷在亭子间阁楼上挥汗劳动的产品，正因财力不给，《斗争》已从周刊变为半月刊，听说又快要降为月刊了。假如布列派能从日本人拿钱办报，那它一定要像你们那样，公开的一本本一种种的出书出杂志，并公开摆在四马路出卖，即不然，也仍可以交给日本人书店在玻璃窗内张广告出卖，而决不须这样自印自散了。……你拿辱骂与污蔑代替了政治问题的讨论，而这恰是史太林（斯大林）党官僚们的一脉相传的法宝。你的回信的态度是对‘中国现代文豪’之思想与行为的最最无情的讽刺！”

陈其昌后来的遭遇，更以血的事实洗刷了《答托洛斯基派的信》里所强加给他的“为日本侵略者所欢迎”的罪名和“日圆说”。一九四一年十二月八日珍珠港事变后，日本军队进入上海租界。从事秘密抗日活动的陈其昌再没有藏身之地，于一九四二年初被日军捕杀。

仲夏夜的晚风

七月的上海，是炎热的。但仲夏夜吹来的晚风，还使人觉得凉爽。

鲁迅身体好多了,可以继续工作,并参加一些活动。在文委工作的吴奚如，决定去西安工作，向鲁迅先生写了一封告别信，由胡风转达。随即胡风告诉吴奚如，说鲁迅先生约他和聂绀弩到梁园饭店吃饭，说是特为和吴奚如和老聂饯行的，因老聂被派往陕北苏区工作了。

吴奚如和聂绀弩按时到达梁园饭店，鲁迅先生和胡风早已在座。

那次宴会中彼此的谈话很多，而准确无误留在吴奚如记忆里的有两组原话。

其一是，胡风说:“我遵照周先生和雪峰的决定，关于两个口号的论战，在写了《人民大众向文学要求什么？》之后,一直保持沉默,虽然有许多意见。”语气是有点儿愤慨的。

其二是，鲁迅先生的话:“如果只是口号争论，倘没有坚实的作品产生，那就没有意义！”鲁迅先生说话时的情绪是颇为感慨的！

在谈话中，鲁迅先生有一句严肃而深沉的意见:

“他们为了和各色人等联合，自愿放弃领导权。我真担心他们，以统一战线开始，以滑进蒋介石的统一江山告终！因为他们自愿放弃无产阶级领导权嘛！”

胡风还听到鲁迅发过一次感慨。这是在口号问题闹得不可开交了的时候。鲁迅很平静地说:郭沫若休息了十年，可以回来换换班了……

鲁迅早已从雪峰和他的谈话中，得悉党中央已和张学良将军缔结了共同抗日的统战关系，因而在为吴奚如、聂绀弩饯别时，乐观的情感占了上风，不时爽然大笑，频频举杯，像一个天真的“大孩子”！那时，先生不过五十六岁，正在历史上伟大人物们的事业获取最高成就的年华，虽然先生第一次大病刚复原，但精神焕发，病容一时消退了。

胡风与鲁迅的关系，比雪峰更亲近些。雪峰是党的领导，不时对鲁迅“越俎代庖”，甚至“强迫命令”，胡风却一直是气质相投的晚辈和学生。尤其是《人民大众向文学要求什么？》一文没有请鲁迅看就发表了，引起群起攻之。鲁迅却不仅没有责怪他，反而代其受过，承担所有责任，更使胡风感激不尽。其实，当初他是想请鲁迅过目的，但又怕干扰病中的鲁迅，就自己发出去了。现在看到鲁迅身体和心情都好起来，胡风非常高兴，不禁想起许多与鲁迅相处的往事——

一次，胡风看到鲁迅用来削水果、裁纸的不锈钢小刀子，说了一句赞赏的话。走的时候，鲁迅就用纸包着递给了他。

胡风忙不迭地说：“再不好对周先生的东西说好话了。”

鲁迅说：“我不愿送的东西，你再说好话我也不送的。”

一九三五年下半年，李长之写了《鲁迅批判》，在天津《大公报》文艺副刊上连载。每登一节就寄一份给鲁迅，鲁迅看过后转给胡风。见面时，鲁迅正在拆邮件，拆出了这文艺副刊，就看也不看递给了胡风。只记得，李长之把鲁迅翻译的作品都当作鲁迅自己的思想加以“批判”。提到这，鲁迅很平静地说：“这样批下去，恐怕连我是用什么外国纸印书都会批判……”

李长之称鲁迅为诗人，倒获得了赞同。

胡风说：“这可让他抢先说出来了。……”

鲁迅很平静地说：“倒还没有人称我为诗人……”

什么是诗人？是由衷地抒写出他喜怒爱憎来的，而且顶好是不失其赤子之心的喜怒爱憎来的人。鲁迅呢？他被正人君子和新式才子称为绍兴师爷，即善于构人罪状的刀笔吏，最轻的也要称他为“世故老人”，即遇事都以个人的利害出发，决不体惜别人的老奸巨猾，最好的也称他“冷静，冷静，第三个还是冷静”，更不用说像杜荃那样称他是主张屠杀青年的棒喝团了。这几种人和诗人，是完全相反的。

仅仅就这一点说，不能不说李长之是独具只眼的了。

鲁迅无微不至地关心青年，青年们却不大关心他，有的甚至反目成仇，以怨报德。

例如韩侍珩。二十年代末在东京就和鲁迅通信投稿，鲁迅尽力帮助他，甚至把日译的《唯物史观》从上海倒寄给他，促进他学习，在思想上进步。后来回上海，还是依靠鲁迅。但他在生活上糜烂不堪，竟至要鲁迅替他买壮阳药。说，他自己不好去买，那给人知道了名誉不好。鲁迅有一次忍不住提到这件事，气愤地说：他怕名誉不好，难道我就不怕名誉不好么？

这当然是最坏的例子，但可以肯定不是唯一的例子。

虽然不会像韩侍珩似的让鲁迅替他买壮阳药，但受到了他恳切的帮助，却以为那是理应如此，竟至毫不体谅他的困难，只是一味获取自己满足者，就更多了。

譬如叶紫。他在文学上有追求，写了一篇题名《电网外》的小说，是以苏区的斗争为题材的。当然完全是空想的，但那一种追求革命的感情也是难得的。鲁迅帮他找地方发表了，后来，又帮他出了一个小说集《丰收》。他患有严重的肺病，生活困难，鲁迅帮助了他，甚至去看他时，途中买了烧饼，拿给他时，还冒着热气。但他太天真，竟至向人夸耀，说他的生活是靠“老头子”维持的。

鲁迅听到了很不舒服。一次谈话中提到了，怏怏地说：“只有我母亲的生活才是靠我维持的……”

所以在给叶紫最后的信里说：“我现在特地声明：我的病确不是装出来的，所以不但叫我出外，令我算账，不能照办，就是无关紧要的回信，也不写了。

此一节请谅察为幸。”无法都回信但不能得到原谅，鲁迅自己真觉得有点苦痛。这声明就表明了，他不能不同情叶紫的穷困，但叶紫的这种“天真”的态度，把他推到了困难的处境，他又不能不“忍心”地点破他。这种无法解决的困难，能不使他“觉得有点苦痛”么?

叶紫大概没有再要求帮助，也暂时抑制着没有写信。但有人说后来叶紫夫人还从鲁迅那里拿去过五十元。他只是太穷困、太天真了。

胡风自己，为了不引起误会，对他以及任何人都避免提到生活困难。因为知道有些人，尤其是和鲁迅接近的人随便向他求助，胡风就更当心。但有一次，到鲁迅那一带去，从书店走过，看到本期《普罗文学》到了，当即买了。后来发现回去的电车钱不够了，和鲁迅谈过话后，就请鲁迅给自己一块钱。鲁迅听了有点诧异，迟疑着但还是抽开屉子拿了一张票子给胡风。胡风感到鲁迅是奇怪为什么只要一块钱，马上补了一句：刚才买了这本杂志，发现回去的电车钱不够，并不是家里缺钱。鲁迅这才放心地释然了。

胡风还看出另一种情况：萧军和萧红到上海来，不但在工作上得到了鲁迅的帮助，还在生活上得到了鲁迅的救济，这才写成了书，印了出来，散布了出去，受到了读者的欢迎。到了这时候，在左联当权了的徐懋庸却用左联的权威地位约他谈话，拉他加入左联，虽然左联这时快要解散了。为什么?对资本家说，萧军已是一个强劳力，对所谓文艺领导者说，驯服了他就可以借此加强自己的威信，提高自己的地位。鲁迅和萧军的关系，徐懋庸当然清楚得很，他毫无顾忌地要鲁迅支持他办刊物，向鲁迅要文章，要鲁迅帮他找人校对他的译文，向鲁迅亮出他的左联书记身份，向鲁迅要钱；但他拉萧军加入左联时，却反而避开鲁迅。他拉萧军是为了用组织力量驯服萧军，而驯服萧军正是为了进一步驯服鲁迅，那当然非避开鲁迅直接向萧军显示组织权威不可了。

萧军不能不多少察觉到这种矛盾情况，想到鲁迅不便直接向他说出的意见，因而要胡风转问。胡风也只好在信里问，鲁迅回信让他们多考虑一下，“现在不必进去”，以免“酱在无聊的纠纷中”。如果萧军他们到上海来不是找鲁迅而是找左联的其他领导人，他肯筹钱给“两萧”印非法的《八月的乡村》和《生死场》吗？萧军他们能够取得作家地位吗？取得了读者信任的作家地位的他们，“现在不必进去”。为什么？一进去，非以徐懋庸们的是非标准为思想标准不可。这就叫作“酱在无聊的纠纷中”，非弄到“手足无措”“无声无息”不止。

鲁迅答应了为郑振铎编的《世界文库》译《死魂灵》。是通过德译本和日译本对照着转译，德译本是黄源找来的。一着手就如他自己所说：“极平常的预想，也往往会给实验打破。我向来总以为翻译比创作容易，因为至少是无须构想。但到真的一译，就会遇着难关，譬如一个名词或动词，写不出，创作时候可以回避，翻译上却不成，也还得想，一直弄到头昏眼花，好像在脑子里面摸一个急于要开箱子的钥匙，却没有。严又陵说，‘一名之立，旬月踌躕’，是他的经验之谈，的的确确的。”

看着鲁迅这种辛苦相，胡风觉得就《世界文库》出版的情况和人事关系看，他应该拒绝这个工作。就他自己的病情看，他更不应该承受这项过于沉重的劳动负荷。然而，他慷慨地接受了。介绍果戈理，是他几十年来的心愿。译文也确实独具他个人的风格。但他只看这项工作本身的意义，也只看郑振铎曾和他一同做过有益的工作，例如，合作重印《北京笺谱》和《十竹斋笺谱》这一面，却没有考虑自己的身体状况。在病情严重的最后的日子里，他为这项工作付出大量的时间，大大地消耗了仅有的精力。他在不少的信里叙述了在这项劳动中的艰苦情况，但毫不含糊，对原作负责，为读者着想，一个字一个字地呕心沥血地尽到最大的努力为止，作为精神劳动者对劳动的质量一丝不苟的劳动道德，是超过了同时代的任何人的。但他有了太多的受骗的经验，在这项工作中胡风觉得鲁迅也不能不悟到他是受了愚弄。但就是到了这一步，他依然相信：愚弄者还是愚弄自己。是的，这有点像“阿Q精神”。但我们应该怎样当作“阿Q精神”来理解呢？这样的道德情操常常是在艰苦卓绝、自我牺牲的处境中出现，而不是在顺顺遂遂的幸运中的人所能了解的。

胡风还想起他与鲁迅的一些问答——

胡风问："《孤独者》里面的魏连殳，是不是有范爱农的影子？"

鲁迅不假思索地说："其实，那是写我自己的……"

停了一下又说："当然，也有范爱农的影子……"

鲁迅在教育部待了二十多年，只有依靠那维持物质生活和对老母亲的供养，才能够积蓄力量，进行他的艰苦的战斗。原来，在鲁迅自己的内心里，却是把那种生活当作向有权势者出卖自己的可恨的经历看待的！魏连殳在穷困的时候，连房东的孩子们都欺侮他。到他做了军阀的顾问，"走运"了，禁不住用物质上的小恩小惠使孩子们现出了卑屈的丑相。不难想见，鲁迅自己用多年的积蓄买了一个院子，希望兄弟们和老母亲一道安居，对兄弟的孩子们倾注了父爱。但周作人那个自私的日本老婆，竟至想把他和老母亲都赶出去。不知道向周作人造了他的什么谣言，使得周作人和孩子们都不理他，迫使他和老母亲搬了出来，周作人一家就达到了独占房子的目的。魏连殳房东老太婆的势利眼，孩子们对他穷苦时的侮辱和后来的谄媚，正是他自己的痛苦经验的一种变形的反映，反映了旧社会是怎样地毁灭了天真无邪的孩子！这也是他最初喊出"救救孩子"的呼声的一个活生生的例证。

原来，像他那样处境的知识分子，不走魏连殳的道路，就很可能非走穷困而死的范爱农的道路不止。

没有对旧社会的切肤之痛的仇恨就很难有对新社会理想的倾心的追求和求其实现的顽强的战斗。

《孤独者》是又一篇对旧社会的沉痛的控诉书。这是鲁迅和那些真的向权势者卖身投靠但却自视不可一世的正人君子绝对不同之处。

胡风问："周先生加入过同盟会没有？"

鲁迅答："没有，我加入的是光复会。这不能说出去，他们知道了要更恨我的。"

这"他们"是指国民党。光复会是章太炎领导在东京成立的，大概和孙中山领导的同盟会的政治纲领有差别。鲁迅从章太炎学小学，师事章太炎，加入了光复会。后来，光复会不存在了，大概有一部分人加入了同盟会。鲁迅没有加入，当然被同盟会不满。鲁迅后来慨叹，同一团体的人竟至这样落到彼此敌视的地步，最初的经历就是指光复会的。章太炎后来在政治思想上走向保守，但鲁迅对于革命时期的章太炎和作为国学大师的章太炎，到晚年都是尊重的，称他先生。犹如他对《新青年》编辑同人、五四文学革命领导者之一的陈独秀，始终表示敬重的态度，并不因陈独秀后来政治上的变化而否认他的革命功绩，提到他名字时总称为独秀先生或独秀。这表示了他的有功论功、有过论过、不能彼此互掩的战斗道德。

胡风还问过鲁迅对内山完造的看法——

因为当时各个方面的敌对势力，都把内山当作日本特务，以此作为口实攻击鲁迅是“亲日”的，用心非常恶毒。甚至左翼内部有地位的领导人也这样看内山，要求冯雪峰和胡风提醒鲁迅注意。有一次胡风提到这事，鲁迅平静地说：“那不会。不过，他是日本人，日本政府问到他，他不能不照实说他所知道的，但决不会告密出卖人。何况，我们和他的交往也没有秘密可告。”胡风也觉得，如果那位左翼领导人确知内山是特务，他为什么这多年不负责提出问题，作出重大的决定，帮助鲁迅解决困难反而让“日本特务”控制着鲁迅而不管呢？他如此看待内山，只能是为包括他自己在内的左翼内部反对鲁迅的人壮胆而已。

其实，内山也是有相当文化水平的。他开书店多年，读书很多。他敬仰鲁迅，与鲁迅结交八年左右，受鲁迅的影响很深。在鲁迅的启发下，他也写起关于中国人民和中国生活实际的、感想性的散文，发表在日本报刊上，获得了读者。鲁迅替他的第一本集子《活中国的姿态》写了序，还指出了他偏于说中国的好处而不肯指出落后和缺点。内山对中国人民是有友好感情的。

一次，胡风走进鲁迅房里的时候，他正包扎好了几本预备付邮的书，鲁迅告诉胡风，这是《啼笑因缘》，寄给母亲看的。又补了一句：“她的程度刚好能读这种书”，接着笑了笑：“我的版税就是这样用掉的……”

第一次见面时，他就提到鸳鸯蝴蝶派影响还严重，应该做工作消解它。原来他自己有这种切身的感受。为什么他不但不劝止母亲看这种书，还遵命买了寄给她呢？不难想见，老太太寂寞地过着，没有人陪她出门看看戏看看电影，即使有人陪，她也不会看懂。只有看看旧小说得到一点消遣。他做儿子的能够忍心不满足老人的这一点与人无关的小要求么？他不能不以做儿子的心原谅孩子似的没有鉴别力的老人，同时也就使他更感到了这种影响的严重性。

鲁迅谈到，批评工作的第一苦处是，为了找出值得评介的、非读许多作品不可。其中有的是读了要使人生理上感到忍受不了的。

他表示了非常同感。谈起他教小说史时得读许多旧小说，其中绝大多数是忍受着生理上的难堪读下去的。他一面说，“每读完一部”，一面做着用双手把书拿到一起去的姿势，“哎，损阳寿一年……”胡风不能不记起了，早在二十年代初他就提出了少读甚至不读中国旧书那个严重问题的思想动力。

鲁迅最后一年，常在病中度过，他喜欢看看电影，当作最方便的娱乐，也当作补充的精神食粮。在谈话中，也在通信中，常常提到。他憎恶尤其是在美国影片中的极其庸俗的、资本主义的堕落的东西，如“获美”“得宝”以及在“野蛮”人中猎奇之类，“怪诞”“色欲”之类。但更喜欢谈的尤其是在苏联影片中的好的东西。

看了苏联英雄传记片《夏伯阳》，他兴奋地谈到过；后来看了根据普希金小说改编的《复仇艳遇》，也很愉快，谈到过不止一次。这使胡风想了一想，说：“这两部片子有一个共同点，《夏伯阳》结尾是复仇的几炮，《复仇艳遇》是复仇的一枪。”鲁迅马上高兴地说：“是呀，当初不懂为什么这样高兴，后来想，那结尾的一枪大有关系，没有那一枪，怕要不舒服的。可见‘善有善报，恶有恶报’的写法也是有它的道理的。”于是天真地笑了起来。

其次是谈到看苏联五一节和十月革命节红场上检阅大会的纪录片，说有的青年看时激动得流了泪。至于鲁迅自己，只感慨地提了一句：“斯大林也老了哦！……”

沉默了一会，马上换到别的话题上去了。

胡风亲眼看到了鲁迅对瞿秋白的深情，这是由译《死魂灵》而提起的，鲁迅感慨地说：“秋白若不死，译这种书是极相宜的，即此一端，即足判杀人者为罪大恶极！”

一确知瞿秋白牺牲的消息，鲁迅马上开始收集瞿秋白关于文艺的译稿和已经卖给书店的稿子。正如他所说的，“一个人如果还有友情，那么，收存亡友的遗文真如捏着一团火”。

从这时起到鲁迅逝世止的一年零三个月的短促时间内，他负起了《海上述林》的全部工作担子，收集稿子、筹经费、编辑和抄写、付排校对、托送东京印刷、分配等等。单就校对说，上卷七百多页，四十多万字，下卷大约差不多。他亲自校，夏天的炎热使他生了一身痱子，仍然半躺在床上校，实在坚持不了了，就由许广平校。为了印得好，排成后还由他托内山书店把纸型寄到东京去印。这是他病中以至吐血中耗去了大量精力的工作之一。

胡风深切地感到：鲁迅对瞿秋白的悼念感情，总是亲切地吸引着自己，感动着自己。在总的思想立场和感情一致的前提下，鲁迅对战友总是付与了由衷的关心和尽可能的助力。怀疑甚至故意侮蔑这一点，那只能是整个地抛弃了鲁迅精神。

七月的晚风，送来一个喜讯：鲁迅的小说引起捷克汉学家普实克的浓厚兴趣，准备翻译、出版一本《鲁迅短篇小说集》，需要附一篇论述鲁迅在文学上地位的论文。鲁迅虽然对冯雪峰的“越俎代庖”“强迫命令”有所不满，但觉得这可能是浙东人的犟脾气和在党多年养成的组织纪律性所造成的，反倒对雪峰这个人很喜欢，认为他在整体理论认识上，对自己作品的理解比别人更为全面、准确，就请雪峰写这篇文章。雪峰愉快地接受了这个任务，很快就写出了《关于鲁迅在文学上的地位——一九三六年七月给捷克译者写的几句话》，跑来交给鲁迅。

鲁迅看过一遍，改了几个错字，涂了一两句，就叫许广平誊抄了一遍寄出去了。

鲁迅涂去的是讲到他受俄国文学者影响的地方，将雪峰原稿上的托尔斯泰和高尔基两个名字涂去了，对雪峰说："他们对我的影响是很小的，倒是安得烈夫有些影响。"又一处，是关于讲到他的艺术天才的地方，说他在中国文学史上和屈原、杜甫等连成一个精神上的系统，鲁迅笑着说："未免过誉了，——对外国人这样说说不要紧，此为外国人根本不知道屈原、杜甫是谁，但如果我们的文豪们一听到，我又要挨骂几年了。"

雪峰觉得：谁能够否认鲁迅比屈原、杜甫更伟大！而先生自己也没有将这一点涂去。至于在谈话间，提到现在中国文学在批评上和工作上亦应求得和中国文学史的联系，鲁迅也是很同意的。同时鲁迅也同意对于他的杂感散文在思想意义之外又是很高的而且独创的艺术作品的评价，慨叹说："作这种评价的还只有何凝一个人！同时，看出我攻击章士钊和陈源一类人，是将他们作为社会上的一种典型的一点来的，也还只有何凝一个人！我实在不大佩服一些所谓前进的批评家，他们是眼睛不看社会的，以为终是鲁迅爱骂人，我在战场上和人斗，他们就在背后冷笑……"

于是，将鲁迅的杂感散文，看成鲁迅的独创，即在西欧文学上亦少见，并且它和中国的散文有着很深刻的渊源，鲁迅亦认为是对的。

这篇论文当时在国内没有发表，后来许广平发现原稿夹在鲁迅先生一本遗书中，就寄还给冯雪峰。雪峰展开来一看，在蓝墨水写的原稿上的鲁迅修改的几个墨笔的字迹，还鲜明的在着！令他由心跳而至颓然了，于是誊抄一遍，一字不改，以武定河为笔名，发表在一九三七年三月二十五日上海《工作与学习丛刊》之二：《原野》上。并在附记中说明了此文当时写作的背景，算作一个纪念。该文最为精彩的论述是：

……鲁迅最初对文学的认识，他从事文学工作的当时的社会环境，他利用文学做他的战斗的工具的态度，就决定了他在文学上的地位：彻底的为人生、为社会的艺术派，一个伟大的革命写实主义者。

在中国，鲁迅作为一个艺术家是伟大的存在，在现在，中国还没有一个作家能在艺术的地位上及得他的。但作为一个思想家及社会批评家的地位，在中国，在鲁迅自己，都比艺术家的地位伟大得多。这是鲁迅的特点，也说明了现代中国社会的特点。现代中国社会，是这样的社会！鲁迅的巨大的艺术天才，显然担得起世界上最著名最伟大的那些创作长篇巨制的作者的荣誉；但社会和时代使他的艺术天才取另一种形态发展，所以他除了五本创作（小说，散文诗）以外，没有更多的创作，而是以十余本的杂感评论和散文代替了十余卷的长篇巨制。但他的十余本杂感集，对于中国社会与文化，比十余卷的长篇巨制也许更有价值，实际上是更为大众所重视。这就是在现代中国，鲁迅作为一个伟大的写实主义作家的特点。他的杂感，将不仅在中国文学史和文苑里为独特的奇花，也为世界文学中少有的宝贵的奇花。

总之，鲁迅成为文学上的这样一个写实主义者的社会根源，是中国社会和现在的时代。在文学思想上，他受欧洲，特别是俄国的近代写实主义的影响，如果戈里、契诃夫、科罗连珂、安得烈夫诸人的作品。但中国旧有的好的文学传统及丰富的中国历史演变的教训，也深刻地影响着鲁迅的文学与思想。他的文学事业，有着明显的深刻的中国特色，特别是他的散文的形式与气质。其次，在文学者的人格与人事关系的一点上，鲁迅是和中国文学史上的壮烈不朽的屈原、陶潜、杜甫等，连成一个精神上的系统。这些大诗人，都是有着伟大的人格和深刻的社会热情的人，鲁迅在思想上当然是新的，不同的，但作为一个中国文学者，在对于社会的热情，及其不屈不挠的精神，显示了中国民族与文化的可尊敬的一方面，鲁迅是继承了他们的一脉的。

这些精彩的论述确实拓展了人们对鲁迅文学地位的认识，特别是对鲁迅杂感产生的社会时代根源及其独特价值与特色的分析，鲁迅与中国文学史上屈原、杜甫等伟大作家的精神联系，更是前人未曾说过的。不过，鲁迅在一九三六年七月二十三日致普实克的信中说："我的《在中国文学上的位置》一篇，这是一个朋友写的，和我自己的意思并不相同；您可自由取用，删去或改正。"

这时，鲁迅的杂文集已经由北新书局等出版社陆续出版了《华盖集》《华盖集续编》《而已集》《三闲集》《二心集》《南腔北调集》《伪自由书》《准风月谈》《花边文学》《集外集》等十余本，封面一律是白皮，鲁迅题写书名和自己的名字。

当局对鲁迅的杂文又恨又怕又无奈，《二心集》出版时曾经闹过被"解送捕房"的笑话——

一九三四年二月三日，北平《东方快报》刊出一条消息："《二心集》被禁"，奇文可供欣赏——

新文坛健将鲁迅，素有思想权威作家之名，其所撰书籍，笔锋锐利，一般青年学子欢迎其文者，殊不乏人。故鲁所著杂感一类书籍尤多，因杂感文字，能抒写其个性之发展，在思想文笔上，更能起锋利之设词。然因此而引起当局之注意，视为有煽惑性质，而其中尤以合众书局所发行之《二心集》，措辞更多激烈。上海市公安局认为此书性近煽惑，有碍治安，乃于前日下午，请得高二分院之第一〇六七号搜查票，前往公共租界捕房，派警同至福州路太和坊合众书局内，详细搜查。该书局事前并无所闻，迨警探入门，该局中职员顾客，均为之大惊失色，以谓未知犯何罪戾。迨警探说明系搜查《二心集》一书，各职员始略安定，当被抄出《二心集》一千三百余本之多，乃即解送捕房，由捕房转送高二分院，请求没收。

并探得鲁迅所著之《华盖集》、"华盖续集"、《三闲集》、《而已集》、《热风》及其新出之《伪自由书》，均须检视内容，加以禁止。

把书籍“解送捕房”，也算滑天下之大稽。由此也可从反面看出鲁迅杂文的精神威力了，《二心集》“解送捕房”一事，可视为二十世纪一奇诡之精神文化现象，聊供一笑。

第十三章　萧红的苦闷

“两萧”的矛盾

“两萧”就像大水之后漂浮在长河激流中的树枝和小草，风雨越急，浪涛越大，树枝对小草抓得越紧，护卫越严；小草也越是朝树枝依偎，藏在枝杈间，要变成树枝的一片叶子。而当风平浪静、水势开阔的时候，树枝却撒了手，任小草自己漂流，它则被流水落花吸引得不知所措了，恨不能全抓在怀里，亲吻搂抱个够。就像亲密的旁观者胡风所观察的那样：“两萧”在上海崛起文坛之后，“卖稿不成问题，还有人拉拢捧场。这时生活好了，不用发愁了，同时也滋生了高傲的情绪。尤其是在他们夫妇之间……反而没有患难与共时那么融洽，那么相爱了”。

萧军虽然算不上高大魁梧，但却性格豪爽，身体强壮，善武术，好京戏，能写诗，多才多艺，对女性有一种特殊的男性魅力。而他又与生俱来有一股对漂亮女性强烈的追逐欲望，他从不考虑可不可以追，只想到要不要追，奉行“爱便爱，不爱便丢开”的“爱的哲学”。因此，和萧红邂逅在东兴顺旅馆的小阁楼上，度过狂欢的日子，在哈尔滨商市街二十五号有了一个小窝之后，萧军就开始追逐其他女性。

当年哈尔滨有位名媛 Marlie，本名李玛丽，是位才貌双全的富家女，有许多男子倾倒在其石榴裙下，就在“两萧”热恋之刻，萧军也加入了倾慕者的行列。Marlie的倩影，隐隐约约闪烁其心间，敏感的萧红很快发现了这一隐情，以“你”代萧军，以“我”代自己，写了一首诗透露心中的隐忧——

昨夜梦里：
听说你对那个名叫Marlie的女子，
也正有意。

是在一个妩媚的郊野里，
你一个人坐在草地上写诗，
猛一抬头，你看到了丛林那边，
女人的影子。

我不相信你是有意看她，
因为你的心，不是已经给了我吗？
…………

我的名字常常是写在你的诗册里。
我在你诗册里翻转；
诗册在草地上翻转；
但你的心！
却在那个女子的柳眉樱唇间翻转。

…………

听说这位Marlie姑娘生得很美，
又能歌舞——
能歌舞的女子谁能说不爱呢？

你心的深处那样被她打动！

…………

树条摇摇；
我心跳跳；
树条儿是因风而摇的，
我的心儿你却为什么而狂跳。
…………
我的眼泪流到嘴了！
又听你慢慢的说一声：
将来一定与她有相识的机会。

…………

这首诗写于一九三二年七月三十日，是“两萧”热恋不足二十天之后，后来以《幻觉》为题刊登在一九三四年五月二十七日哈尔滨《国际协报》副刊《国际公园》上，署名悄吟。可见在“两萧”初恋时，就由于萧军“爱的哲学”埋下了移情别恋的隐患。

对 Marlie 的情，到底因为俩人地位的悬殊终止了。但很快又来了一个叫陈涓的“南方的姑娘”。在收入《商市街》的散文《一个南方的姑娘》里，萧红把她写成“程女士”，把萧军写成“郎华”，这样写道：她“很漂亮，很素净，脸上不涂粉，头发没有卷起来，只是扎了一条红绸带，这更显得特别风味，又美又干净”，“渐渐对郎华比对我更熟，她给郎华写信，虽然常见，但是要写信的”。萧军不在家时，为了等到与萧军见上一面，“这美人似的人”就干脆在萧红这里吃晚饭。萧军一回来，见有女客，就兴致高涨，嚷嚷着要唱京戏。正在这里的房东家三小姐汪林，连忙回屋拿来胡琴、口琴给他伴奏，屋子里热闹起来。萧红却不高兴，觉得热闹是他们的，自己有无处不在的落寞。她甚至发觉陈涓似乎总避着她，与萧军谈些什么，这让她有股说不出的滋味儿。陈涓在汪林提醒下也觉出了，很尴尬。为了消除“误会”，当天下午，又带着自己的“恋人”一同来到萧红家，萧军不在，她是企图向萧红证明她那“恋情是恋情，友情是友情”的理念，说自己就要同“恋人”一起离开哈尔滨了，是来告别的。晚上，“两萧”为陈涓置酒饯行，但由于各存心思，气氛并不和谐。陈涓回家后，郁闷地在一帮为她宴别的友人中间自斟自饮，萧军找了进来，不与任何人打招呼，也不说话，只是默默地望着陈涓。姑娘借口上街买酒，萧军跟到街上，快到家门口，突然在她脸上亲吻了一口，迅速溜走了。陈涓更是忧郁，当晚大醉一场，第二天“就离去了这可怀念的松花江”。

但是，这段感情纠葛并未完结，萧军获知陈涓的地址后，以“两萧”的名义给她去信，建立了通信联系。一九三六年梅雨时节，已经与“恋人”终成眷属的陈涓，带着孩子回上海省亲，又与“两萧”相遇了。

陈涓的上门拜访，使萧红本能地充满了防御的敌意，会面当然不会愉快。临走时，陈涓要萧军送她回家，萧军碍于萧红在场，很勉强地答应了。一路上，俩人很少说话。

此后，萧军便一个人常到陈家去，还邀请陈涓一起出去吃饭。一段时间后，陈涓感觉到萧军的异样，以致见到他就“很害怕”。萧军那固执的性格、强烈的情感令陈涓开始烦恼，觉得他太把自己沉溺于幻想中了，倾向太可怕了。想躲开，又躲不开。

“两萧”搬到北四川路后，离陈家远了，但萧军还是不辞劳苦地来见陈涓，而且每次去都撒谎说到书店去。一见到陈涓，又马上转述自己的谎言，讨好地向陈涓示意：“我这不是来找你来了吗？”成名后的萧军应酬多起来，得便就利用在外吃饭的机会躲过萧红去看陈涓。一天晚上，萧军酒后来到陈家，见到后，兴冲冲劈头第一句话就是：“我在四川路桥新亚吃饭”，然后就没有话了，其含意是告诉陈涓：“我不怕路远又来找你了。”这使正在客厅里的陈涓很窘，好不容易等到萧军起身要走，送到门口，萧军回身在她额角吻了一下。陈涓为之很难堪。

不久，在丈夫的催促下，陈涓决定五月一日北上。临行前，萧军送来帮助筹措的二十元旅费，令陈涓很是感激。离沪当天晚上，有位男同事带了许多礼物前来看望，陈涓很想跟他好好说说话。正要说，萧军来了，进屋后不跟任何人打招呼，不问情由就要陈涓马上一起去吃饭，一点商量余地都没有。实在拗不过，陈涓就让男同事在融光戏院门口等候，她则跟着萧军来到靶子路一家咖啡店。萧军强人所难令陈涓很不愉快，俩人相对无言地坐了半天。尔后，萧军要了一瓶伏特加，陈涓要了杯咖啡，沉默中，陈涓尴尬已极，因为担心男同事会在戏院门口久等而焦虑。人家老远跑来为自己送行，还送了那么多东西，不致谢，也不谈话就打发走了，实在太有悖情理。然而，萧军却一杯一口地给自己灌酒，丝毫不为对方着想，喝了一瓶又要一瓶。最后终于忍不住了，陈涓按住酒瓶央求萧军不要再喝了。萧军最后答应说："从明天起我就不再喝酒了，为了你的缘故。这一杯，你让我痛痛快快地喝了吧！"喝完最后一杯酒，俩人走在大街上已经晚上十一点了，陈涓不肯让萧军送自己回家，撒谎说要到别的地方去，支走萧军独自来到融光戏院门口找到已经等了很久的同事，又一同走向靶子路。这时，萧军突然从电线杆后面走出来，对陈涓惨厉地狞笑几声，扬扬手走了，面对萧军的作态，陈涓有说不出的痛苦与难过。

萧军本来就是从不掩饰内心的人，萧红也极敏感，她越来越深切地感到萧军是在背叛自己，发现萧军以他们俩名义跟陈涓通信时，就非常不满，听说陈涓要到上海来见萧军，就更是恼怒，常与萧军争吵。陈涓登门拜访前，就大闹了一场，所以陈涓要萧军相送，萧军才那么为难。

正在这时，曾经使萧军仰慕的富家女 Marlie 也来到了上海。萧军又因暗恋于她而痛苦不已，东北作家友人舒群不忍看其痛苦之状，主动替他上门向玛丽挑明，玛丽竟颔首微笑道："你们都是我的朋友。"打消了萧军的念头。

萧军虽然在外边喜欢拈花惹草，但极少有实质性的交往。他绝对不会做违背女方意愿的强迫的事情，也不会去烟花巷里寻花问柳。其实，他是极讲情义、极重情爱的。这样，他旺盛的性欲在其他地方得不到宣泄，只能对自己的妻子萧红"施暴"。萧军始终把自己看作萧红的拯救者和指导者，连创作上文坛认为萧红优于他的说法也不服气。无论在身体上还是在才能上，萧红对他只能是绝对服输。而萧红是具有独立个性与人格的天才作家，随着作品的成功，自主性日益强健，她不甘于做萧军的附属品：每天像家庭主妇一样操劳，还要给萧军整理和抄写文稿，换来的却是萧军和他的朋友们享用现成酒饭之余对自己创作的鄙薄；白天针尖对麦芒似地争吵，黑夜又做丈夫泄欲的工具。在性生活上，萧红作为妻子不能反抗，也反抗不了。对方是那么强壮，一起性就像只凶猛的雄狮，谁也抵挡不住；自己又是这么孱弱，只好任其为所欲为，由他摆布，甚至每个月来事那几天也不放过，使萧红患上了妇女病，经血不调。而她既无法躲避，又难以对人启齿，只是跟许广平私下说悄悄话时，讲过自己的病。广平和鲁迅说了，鲁迅很同情，买了白凤丸，让广平送给萧红。

萧红烟云中的鲁迅

萧红抽烟了。这可不是那次和萧军合影时的“装蒜”，而是真抽，一支接一支地不停地抽，在眼前喷吐出团团烟雾。在烟雾中回想往事，浮现出从小时到此时的种种人与事。小时出现的多是祖父和他的后花园，此时凸现的总是鲁迅先生。所以她时不时往鲁迅家跑，有时甚至一天去好几次，一坐就是半天。可是，鲁迅正在病中，许广平害怕妨碍鲁迅休息，只能在楼下陪她说话。这样就照顾不好鲁迅，一次还因为在楼下陪萧红，忘记关二楼的窗户，使鲁迅受风着凉了，闹得两下为难。萧红也感觉出来了，然而不去这里，又上哪儿呢？于是坐在大陆新村九号鲁迅寓所门口小凳上抽烟，在苦涩的烟云中回想鲁迅先生。即使见不到，离得近些也好。

眼前每一浮现鲁迅的身影，萧红心中就充溢起童年时代对祖父的那种感情。她的好友李洁吾说：“鲁迅先生待你们，真像慈父一般哪！”她马上就反驳道：“不对！应该说像祖父一样，没有那么好的父亲！”

是的。祖父是萧红短促的一生中，最重要的感情支撑。如她自己所说的：“我若死掉祖父，就死掉我一生最重要的一个人，好像他死了就把人间的一切‘爱’和‘温暖’带得空空虚虚。”而在她步入文坛的青年时代，精神的和文学的祖父——鲁迅先生出现了。萧红将鲁迅视为祖父的再生。苦闷时，就一遍又一遍地回忆鲁迅的一言一笑一举一动，像刀刻一般铭记在心——

鲁迅先生的笑声是明朗的，是从心里的欢喜。若有人说了什么可笑的话，鲁迅先生笑得连烟卷都拿不住了，常常是笑的咳嗽起来。鲁迅先生走路很轻捷，尤其使人记得清楚的，是他刚抓起帽子来往头上一扣，同时左腿就伸出去了，仿佛不顾一切地走去。

鲁迅评品她服饰的对话，也牢牢刻印在萧红脑海里——

鲁迅先生不大注意人的衣裳，他说："谁穿什么衣裳我看不见得……"

鲁迅先生生的病，刚好了一点，窗子开着，他坐在躺椅上，抽着烟，那天我穿着新奇的大红的上衣，很宽的袖子。

鲁迅先生说："这天气闷热起来，这就是梅雨天。"他把他装在象牙烟嘴上的香烟，又用手装得紧一点，往下又说了别的。

许先生忙着家务，跑来跑去，也没有对我的衣裳加以鉴赏。

于是我说："周先生，我的衣裳漂亮不漂亮？"

鲁迅先生从上往下看了一眼："不大漂亮。"

过了一会又接着说："你的裙子配的颜色不对，并不是红上衣不好看，各种颜色都是好看的，红上衣要配红裙子，不然就是黑裙子，咖啡色的就不行了；这两种颜色放在一起很浑浊……你没看到外国人在街上走的吗？绝没有下边穿一件绿裙子，上边穿一件紫上衣，也没有穿一件红裙子而后穿一件白上衣的……"

鲁迅先生就在躺椅上看着我："你这裙子是咖啡色的，还带格子，颜色浑浊得很，所以把红色衣裳也弄得不漂亮了。"

"……人瘦不要穿黑衣裳，人胖不要穿白衣裳；脚长的女人一定要穿黑鞋子，脚短就一定要穿白鞋子；方格子的衣裳胖人不能穿，但比横格子的还好；横格子的胖人穿上，就把胖子更往两边裂着，更横宽了，胖子要穿竖条子的，竖的把人显得长，横的把人显得宽……"

那天鲁迅先生很有兴致，把我一双短筒靴子也略略批评一下，说我的短靴是军人穿的，因为靴子的前后都有一条线织的拉手，这拉手据鲁迅先生说是放在裤子下边的……

我说："周先生，为什么那靴子我穿了多久了而不告诉我，怎么现在才想起来呢？现在我不是不穿了吗？我穿的这不是另外的鞋吗？"

"你不穿我才说的，你穿的时候，我一说你该不穿了。"

那天下午要赴一个筵会去，我要许先生给我找一点布条或绸条束一束头发。许先生拿了来米色的绿色的还有桃红色的。经我和许先生共同选定的是米色的。为着取美，把那桃红色的，许先生举起来放在我的头发上，并且许先生很开心地说着：

"好看吧！多漂亮！"

我也非常得意，很规矩又顽皮地在等着鲁迅先生往这边看我们。

鲁迅先生这一看，脸是严肃的，他的眼皮往下一放向着我们这边看着：

"不要那样装饰她……"

许先生有点窘了。

我也安静下来。

鲁迅先生在北平教书时，从不发脾气，但常常好用这种眼光看人，许先生常跟我讲。

她在女师大读书时，周先生在课堂上，一生气就用眼睛往下一掠，看着他们，这种眼光是鲁迅先生在记范爱农先生的文字里曾自己述说过，而谁曾接触过这种眼光的人就会感到一个旷代的全智者的催逼。

我开始问："周先生怎么也晓得女人穿衣裳的这些事情呢？"

"看过书的，关于美学的。"

"什么时候看的……"

"大概是在日本读书的时候……"

"买的书吗？"

"不一定是买的，也许是从什么地方抓到就看的……"

> “看了有趣味吗？！”
>
> “随便看看……”
>
> “周先生看这书做什么？”
>
> “……”没有回答，好像很难以答。
>
> 许先生在旁说：“周先生什么书都看的。”

噢！鲁迅先生并非迂呆的“老夫子”，他其实很爱生活，很爱异性，很懂得女人的生理和心理。不然，许先生怎么能够不顾一切地爱上他，为他付出巨大的牺牲？！萧红不仅和鲁迅和许先生亲近，还把海婴当作自己的玩伴——

> 海婴一看到我非拉我到院子里和他一道玩不可，拉我的头发或拉我的衣裳。
>
> 为什么他不拉别人呢？据周先生说：“他看你梳着辫子，和他差不多，别人在他眼里都是大人，就看你小。”
>
> 许先生问着海婴：“你为什么喜欢她呢？不喜欢别人？”
>
> “她有小辫子。”说着就来拉我的头发。

在鲁迅心中，萧红性格上的天真和文学上的本真，给他晚年的阴郁心境照射进一线暖光。他喜欢她，盼着她的到来。一天下午，鲁迅正在校对着瞿秋白的《海上述林》，萧红一走进卧室去，鲁迅从那圆转椅上转过来了，向着萧红，还微微站起了一点。“好久不见，好久不见。”一边说着一边向萧红点头。萧红说：“刚刚我不是来过了吗？怎么会好久不见？就是上午我来的那次周先生忘记了，可是我也每天来呀……怎么都忘记了吗？”鲁迅转身坐在躺椅上，自己笑起来，他是在开着玩笑。

梅雨季，很少有晴天，一天的上午刚一放晴，萧红高兴极了，就到鲁迅家去了，跑得上楼还喘着。

鲁迅说：“来啦！”

萧红说：“来啦！”萧红喘着连茶也喝不下。鲁迅先生问萧红：“有什么事吗？”萧红说：“天晴啦，太阳出来啦。”许先生和鲁迅先生都笑着，一种对于冲破忧郁心境的崭然的会心的笑。像在说：多么天真的萧红啊！

萧红就是这样一位天真而重情的女性。在上海法租界住时，每到深夜就寝时，便会听到窗外传来卖唱的胡琴声，她发现这是一个衣衫褴褛的女孩子和一个卖唱的盲人老者，由于被琴声感动，她将铜板包好扔到楼下。自此，小女孩和盲人老者每天晚上都在同一时间为萧红拉上一曲，而萧红则会把准备好的铜板扔给他们。但有一天晚上，萧红外出忘记关灯，回到家时已经很晚，没能实现与他们的约定，琴声从此再未响起。萧红深感内疚，常常想：那天晚上，当他们一无所获地离开时，该是多么的失落和悲伤啊……心中久久抹不去这琴声不再响起的遗憾。

鲁迅心中也对萧红升起一种异样的感觉。这种感觉，在第一次看到萧红《生死场》手稿时产生过：“力透纸背”“女性作者的细致的观察和越轨的笔致”“明丽和新鲜”，似乎有些像读到柔石用“工妙的技术”写成的《二月》手稿时的那种滋味，但又不全是。柔石是“工妙”，萧红是鲜丽加女性的细腻和柔润，再加“越轨”。仿佛看到和感到了一种特殊的文学的灵异和气场，把他们爷孙俩紧紧连通在一起……

旁人也看出鲁迅喜欢萧红。资助萧红出版《生死场》的“一文阁”文具店老板胡恒瑞，给萧红起了个绰号“胖蝈蝈”，称鲁迅为“老绍兴”，在他的日记中这样写道：

> “胖蝈蝈”得意地拿着她的《生死场》送我。这个小妹妹很有意思，怪不得“老绍兴”喜欢她。
>
> 《生死场》很长，共十七大节。“老绍兴”写得好：“北方人民的对于生的坚强，对于死的挣扎”；她的“叙事和写景，胜于人物的描写”；她能“细致的观察”，更能有“越轨的笔致”。即使作品中不同画面之间有时省略了逻辑关系，有的语句也不事修葺，倒也不影响大局。这本书的出版是相当困难的，“胖蝈蝈”早在三四年九月九日就写成了，

但是遇到了官方的审查，虽然是描写东北老百姓自发抗日的情景，但是麻烦一个接一个，要不是“老绍兴”和胡风大力支持，这本书就不一定能出得来。到了去年十一月十四日，这么长的作品，都由“老绍兴”一个字一个字校正过，并挑出了许多毛病。最后出版时还得自费。可把这一对东北夫妇难坏了。在大上海，他俩举目无亲，经过不少折腾才凑齐钱自费出书，算是大同乡，我借给他们五十元，但愿得以出版就好了，也是很值得惊奇的。

日记结尾还写了一首诗，末两句是:“万里风云生死场，弟妹心事我已知。”

鲁迅对萧红的喜欢，是一种文学灵异与气场相通的精神联系，是祖孙之间的情感，这是摆在明面上的，从不遮遮掩掩，所以连文具店老板也看在眼里，明在心里，只是赞扬，没有丝毫亵渎之意。

鲁迅也认可萧红“胖蝈蝈”的绰号，萧红在一封信里半开玩笑地请求鲁迅用教鞭鞭她，鲁迅却风趣地复信说:“我不想用鞭子去打吟太太，文章是打不出来的，从前的塾师，学生背不出书就打手心，但越打越背不出，我以为还是不要催好。如果胖得像蝈蝈了，那就会有蝈蝈样的文章。”鲁迅还在另一封信中安慰、开导“两萧”说:“一个人离开故土，到一处生地方，还不发生关系，就是还没有在土里下根，很容易有这一样情境。……我看你们的现在这种焦躁的心情，不可使它发展起来，最好是常到外面去走走。看看社会的情形，以及各种人们的脸。”鲁迅告诉他们，写不出来不要硬写，不要焦躁，希望他们多多接触社会，接触各式各样的人物，把自己的思想和现实生活结合起来，才会写出作品来。

鲁迅对萧红的关怀，是在精神上和文学上的。

鲁迅确实是极重情感的人。他对瞿秋白那种世上少见的友情，萧红看得清清楚楚——

瞿秋白的《海上述林》校样，一九三五年冬，一九三六年的春天，鲁迅先生不断地校着，几十万字的校样，要看三遍，而印刷所送校样来总是十页八页的，并不是统统一道地送来，所以鲁迅先生不断地被这校样催索着，萧红和朋友们来了，鲁迅先生说："坐吧，一边陪着你们谈话，一边看校样，眼睛可以看，耳朵可以听……"有时，一边说着笑话，鲁迅先生一边放下了笔。有时也说："几个字了……请坐一坐……"

萧红渐渐融入鲁迅一家了，常和这家人一起包饺子吃。

有一天与萧红约好去包饺子吃，那时萧红、萧军还是住在法租界，所以带了外国酸菜和用绞肉机绞成的牛肉，就和许先生站在客厅后边的方桌边包起来。海婴公子围着闹得起劲，一会按成圆饼的面拿去了，他说做了一只船来，送在他们眼前，他们不看他，转身海婴又做了一只小鸡。许先生和萧红都不去看他，对他竭力避免加以赞美，若一赞美起来，怕他更做得起劲。客厅后边没到黄昏就先黑了，背上感到些微微的寒凉，知道衣裳不够了，但为着忙，没有加衣裳去。等把饺子包完了看看那数目并不多，这才知道许先生和他们谈话谈得太多，误了工作。许先生怎样离开家的，怎样到天津读书的，在女师大读书时怎样做了家庭教师。她去考家庭教师的那一段描写，非常有趣，只取一名，可是考了好几十名，她之能够当选算是难的了。指望对于学费有点补助，冬天来了，北平又冷，那家离学校又远，每月除了车子钱之外，若伤风感冒还得自己拿出买阿司匹林的钱来，每月薪金十元要从西城跑到东城……饺子煮好，一上楼梯，就听到楼上明朗的鲁迅先生的笑声冲下楼梯来，原来有几个朋友在楼上也正谈得热闹。那一天吃得是很好的。以后萧红又做过韭菜合子，还做过荷叶饼，萧红一提议，鲁迅先生必然赞成，而萧红觉得自己做得不好，可是鲁迅还是在桌上举着筷子问许先生："我再吃几个吗？"因为鲁迅先生胃不大好，每饭后必吃"脾自美"药丸一二粒。

病中，鲁迅先生不看报，不看书，只是安静地躺着。但有一张小画是鲁迅先生放在床边上不断看着的。那张画，鲁迅先生未生病时，和许多画一道拿给大家看过的，小得和纸烟包里抽出来的那画片差不多。那上边画着一个穿大长裙子飞散着头发的女人在大风里边跑，在她旁边的地面上还有小小的红玫瑰的花朵。记得是一张苏联某画家着色的木刻。鲁迅先生有很多画，为什么只选了这张放在枕边。许先生告诉萧红，她也不知道鲁迅先生为什么常常看这小画。

鲁迅先生的病加重了，萧红注意到许广平对鲁迅的精心照顾，和焦虑的境况——

她脸色是红的，眼睛显得大了，讲话的声音是平静的，态度并没有比平日慌张。从楼下一走进客厅来，许先生就告诉说："周先生病了，气喘……喘得厉害，在楼上靠在躺椅上。"又说："周先生的身体是不如从前了，吃过了饭总要闭一闭眼睛稍微休息一下，从前一向没有这习惯。"

许先生从鲁迅先生病起，更过度地忙了。按着时间给鲁迅先生吃药，按着时间给鲁迅先生试温度表，试过了之后还要把一张医生发给的表格填好，那表格是一张硬纸，上面画了无数根线，许先生就在这张纸上拿着米度尺画着度数，那表画得和尖尖的小山丘似的，又像尖尖的水晶石，高的低的一排连地站着。许先生虽每天画，但那像是一条接连不断的线，不过从低处到高处，从高处到低处，这高峰越高越不好，也就是鲁迅先生的热度越高了。来看鲁迅先生的人，多半都不到楼上来了，为的请鲁迅先生好好地静养，所以把客人这些事也推到许先生身上来了。还有书、报、信，都要许先生看过，必要的就告诉鲁迅先生，不十分必要的，就先把它搁在一处放一放，等鲁迅先生好些了再取出来交给他。然而这家庭里边还有许多琐事，比方年老的娘姨病了，要请两天假；海婴的牙齿脱掉一个要到牙医那里去看过，但是带他去的人没有，又得许先生。海婴在幼稚园里读书，又是买铅笔，买皮球，还有临时出些个花头，跑上楼来了，说要吃什么花生糖，什么牛奶糖，他上楼来是一边跑着一边喊着，许先生连忙拉住了他，拉他下了楼才跟他讲："爸爸病啦，"而后拿出钱来，嘱咐好了娘姨，只买几块糖而不准让他格外地多买。收电灯费的来了，在楼下一打门，许先生就得赶快往楼下跑，怕的是再多打几下，就要惊醒了鲁迅先生。海婴最喜欢听讲故事，这也是无限的麻烦，许先生除了陪海婴讲故事之外，还要在长桌上偷一点工夫来看鲁迅先生为有病耽搁下来尚未校完的校样。在这期间，许先生比鲁迅先生更要担当一切了。鲁迅先生吃饭，是在楼上单开一桌，那仅仅是一个方木桌，许先生每餐亲手端到楼上去，每样都用小吃碟盛着，那小吃碟直径不过二寸，一碟豌豆苗或菠菜或苋菜，把黄花鱼或者鸡之类也放在小碟里端上楼去。若是鸡，那鸡也是全鸡身上最好的一块地方拣下来的肉；若是鱼，也是鱼身上最好的一部分，许先生才把它拣下放在小碟里。许先生用筷子来回地翻着楼下的饭桌上菜碗里的东西，菜拣嫩的，不要茎，只要叶，鱼肉之类，拣烧得软的，没有骨头没有刺的。心里存着无限的期望，无限的要求，用了比祈祷更虔诚的目光，许先生看着她自己手里选得精精致致的菜盘子，而后脚板触了楼梯上了楼。希望鲁迅先生多吃一口，多动一动筷，多喝一口鸡汤。鸡汤和牛奶是医生所嘱的，一定要多吃一些的。把饭送上去，有时许先生陪在旁边，有时走下楼来又做些别的事，半个钟头之后，到楼上去取这盘子。这盘子装得满满的，有时竟照原样一动也没有动又端下来了，这时候许先生的眉头微微地皱了一点。旁边若有什么朋友，许先生就说："周先生的热度高，什么也吃不落，连茶也不愿意吃，人很苦，人很吃力。"有一天许先生用波浪式的专门切面包的刀切着面包，是在客厅后边方桌上切的，许先生一边切着一边对萧红说："劝周先生多吃东西，周先生说，人好了再保养，现在勉强吃也是没有用的。"许先生接着似乎问着萧红："这也是对的？"而后把牛奶面包送上楼去了。一碗烧好的鸡汤，从方盘里许先生把它端出来了，就摆在客厅后的方桌上。许先生上楼去了，那碗热的鸡汤在方桌上悠然地冒着热气。许先生由楼上回来还说呢："周先生平常就不喜欢吃汤之类，在病里，更勉强不下了。"许先生似乎安慰着自己似的。"周先生人强，喜欢吃硬的，油炸的，就是吃饭也喜欢吃硬饭……"许先生楼上楼下地跑，呼吸有些不平静，坐在她旁边，萧红似乎可以听到她心脏的跳动。鲁迅先生开始独桌吃饭以后，客人多半不上楼来了，经许先生婉言把鲁迅先生健康的经过报告了之后就走了。鲁迅先生在楼上一天一天地睡下去，睡了许多日子，都寂寞了，有时大概热度低了点就问许先生："什么人来过吗？"看鲁迅先生好些，就一一地报告过。有时也问到有什么刊物来吗？

鲁迅先生肺部透视的照片取来的那天，许先生在楼下给大家看了，右肺的上尖是黑的，中部也黑了一块，左肺的下半部都不大好，而沿着左肺的边边黑了一大圈。

楼下又来客人，来的人总要问："周先生好一点吗？"许先生照常说："还是那样子。”但这天说时，眼泪流了满脸。一边拿起杯子来给客人倒茶，一边用左手拿着手帕按着鼻子。客人问：“周先生又不大好吗？”许先生说：“没有的，是我心窄。”过了一会鲁迅先生要找什么东西，喊许先生上楼去，许先生连忙擦着眼睛，想说她不上楼的，但左右看了一看，没有人能代替了她，于是带着她那团还没有缠完的毛线球上楼去了。楼上坐着须藤医生，还有两位探望鲁迅先生的客人。许先生一看了他们就自己低了头不好意思地笑了，她不敢到鲁迅先生的面前去，背转着身问鲁迅先生要什么呢，而后又是慌忙地把线绕挂在手上缠了起来。一直到送须藤医生下楼，许先生都是背向着鲁迅先生的。每次医生走，许先生都是替医生提着皮提包送到前门外的。许先生愉快地、沉静地带着笑容打开铁门闩，很恭敬地把皮包交给医生，眼看着医生走了才进来关了门。这医生出入在鲁迅先生的家里，连老娘姨对他都是尊敬的，医生从楼上下来时，娘姨若在楼梯的半道，赶快下来躲开，站到楼梯的旁边。有一天老娘姨端着一个杯子上楼，楼上医生和许先生一道下来了，那老娘姨躲闪不灵，急得把杯里的茶都颠出来了。等医生走过去，已经走出了前门，老娘姨还在那里呆呆地望着。“周先生好了点吧？”有一天许先生不在家，萧红问老娘姨周先生的病看得怎样。

她说：“谁晓得，医生天天看过了不声不响地就走了。”老娘姨对医生是每天怀着期望，后来又是失望。许先生很镇静，没有紊乱的神色，虽然说那天当着人哭过一次，但该做什么，仍是做什么，毛线该洗的已经洗了，晒的已经晒起，晒干了的随手就把它团起团子。“海婴的毛线衣，每年拆一次，洗过之后再重打起，人一年一年地长，衣裳一年穿过，一年就小了。”在楼下陪着熟的客人，一边谈着，一边开始手里动着竹针。这种事情许先生是偷空就做的，夏天就开始预备着冬天的，冬天就做夏天的。许先生自己常常说：“我是无事忙。”这话很客气，但忙是真的，每一餐饭，都好像没有安静地吃过。海婴一会要这个，要那个；若一有客人，上街临时买菜，下厨房煎炒还不说，就是摆到桌子上来，还要从菜碗里为着客人选好的夹过去。饭后又是吃水果，若吃苹果还要把皮削掉，若吃荸荠看客人削得慢而不好，也要削了送给客人吃，那时鲁迅先生还没有生病。许先生除了打毛线衣之外，还用机器缝衣裳，剪裁了许多件海婴的内衫裤在窗下缝。因此许先生对自己忽略了，每天上下楼跑着，所穿的衣裳都是旧的，次数洗得太多，纽扣都洗脱了，也磨破了，都是几年前的旧衣裳，春天时许先生穿了一个紫红宁绸袍子，那料子是海婴在婴孩时候别人送给海婴做被子的礼物。做被子，许先生说很可惜，就拣起来做一件袍子。正说着，海婴来了，许先生使眼神，且不要提到，若提到，海婴又要麻烦起来了，一说是他的，他就要要。许先生冬天穿一双大棉鞋，是她自己做的。一直到二三月早晚冷时还穿着。有一次，萧红和许先生在小花园里拍一张照片，许先生说她的纽扣掉了，还拉着萧红站在她前边遮着她。许先生买东西也总是到便宜的店铺去买，再不然，到减价的地方去买。处处俭省，把俭省下来的钱，都印了书和印了画。现在许先生在窗下缝着衣裳，机器声格嗒格嗒的，震着玻璃门有些颤抖。窗外的黄昏，窗内许先生低着的头，楼上鲁迅先生的咳嗽声，都搅混在一起了，重续着、埋藏着力量。在痛苦中，在悲哀中，一种对于生的强烈的愿望，有如强烈的火焰那样坚定。许先生的手指把捉了在缝的那张布片，头有时随着机器的力量低沉了一两下。许先生的面容是宁静的、庄严的、没有恐惧的，她坦荡地在使用着机器。

有朋友来了，许先生一边招呼着他，不叫他喊，一边下楼来了。“周先生好了些？”见了许先生大家都是这样问的。“还是那样子，”许先生说，随手抓起一个海婴的药瓶来：“这不是么，这许多瓶子，每天打针，药瓶也积了一大堆。”许先生一拿起那药瓶，海婴上来就要过去，很宝贵地赶快把那小瓶摆到纸盒里。在长桌上摆着许先生自己亲手做的蒙着茶壶的棉罩子，从那蓝缎子的花罩下拿着茶壶倒着茶。

萧红特别想上楼看望鲁迅先生，但许先生害怕妨碍鲁迅养病，总在楼下和她说话，或者让她和海婴一起玩。

一次，胡风和梅志到鲁迅家去。胡风担心打扰鲁迅养病，每次都不让梅志上楼。许广平引梅志到大厅里，低声说：“萧红在那里，我要海婴陪她玩，你们就一起谈谈吧。”说完就忙自己的事去了。梅志看到萧红，打了个招呼，就不说话了。梅志见萧红形容憔悴，脸都像拉长了，颜色也苍白得发青。萧红沉浸在自己的苦闷里，心不在焉的样子。海婴很活跃，搬出了他的玩具和书本，要萧红和他一起搭积木，梅志也参加进去。海婴年纪小，不知萧红的愁苦，嘴里不停地问这问那，萧红的情绪也渐渐好起来，这才和梅志拉家常，问孩子长得怎么样。海婴用上海话说："依格小弟弟好白相勒！"大家都笑起来，气氛变得愉快了。又有一次，许广平在楼梯上迎着梅志，向她诉苦："萧红又在前厅……她天天来一坐就是半天，我哪有时间陪她，只好叫海婴去陪她。我知道，她苦恼得很……她痛苦，她寂寞，没有地方去就跑到这儿来，我能向她表示不高兴，不欢迎吗？唉！真没有办法。"

敏感的萧红，感到了许先生的难处。她由自己想到许广平，又由许广平想到自己，不觉之间生出一种想法：生为女人就是痛苦的开始。自己这么孱弱，却遇上那么一个如狼似虎的萧军；许先生高大壮实，却爱上了一位矮小瘦弱、病时几乎处于无欲望状态的老师。肯定难有什么男欢女爱。有，也是在过去，鲁迅没生病的时候，还不一定做得好。她俩互换一下位置，是否会更好呢？……这念头儿刚一冒出，萧红立即打回去了。怎么可能呢？怎么这般胡思乱想？自己怎么能与祖父有那种事呢？自己只是爱与先生聊闲天，谈文学，像许先生那样为先生打理一切，照料衣食住行，护理疾病，怎能胜任？眼前的事实摆在那里：许先生和鲁迅先生情深如海，不可分离。从中，使萧红对许先生更加佩服和亲近：她真是为了鲁迅先生，为了珍爱中国文学的天才人物和保护人类的文化财富，付出了自己最大的力量。这是一般女人绝对做不到的。多么可敬可爱啊！

自从萧军另有所爱以后，萧红的生活完全散乱了。从不在家里做饭，常常一个人郁闷、落寞地到俄国大菜馆吃两角钱一客的便宜饭对付。消解苦闷的方法，除了抽烟之外，就是写诗。文学是苦闷的象征嘛！她在竖行的稿纸上，用纤细的笔迹写了《苦杯》——

一

带着颜色的情诗，

一只一只是写给她的，

三年前他写给我的一样。
也许人人都是一样！
也许情诗再过三年他又写给另外一个姑娘！

二

昨夜他又写了一只诗，
我也写了一只诗，
他是写给他新的情人的，
我是写给我悲哀的心。

三

爱情的账目，
要到失恋的时候才算的，
算也总是不够本的。

四

已经不爱我了吧！
尚与我日日争吵，
我的心潮破碎了，
他分明知道，
他又在我浸着毒一般痛苦的心上，
时时踢打。

五

往日的爱人，
为我遮蔽暴风雨，
而今他变成暴风雨了，
让我怎样来抵抗？

敌人的攻击，
爱人的伤悼。

六

他又去公园了，
我说：
“我也去吧！”
“你去做什么？”他自己走了。

他给他新的情人的诗说：
“有谁不爱个鸟儿似的姑娘！”
“有谁忍拒绝少女红唇的苦！”
我不是少女，
我没有红唇，
我穿的是从厨房带来油污的衣裳。
为生活而流浪，
我更没有少女美的心肠。

他独自走了，
他独自去享受黄昏时公园里美丽的时光，
我在家里等待着，
等待明朝再去煮米熬汤。

七

我幼时有个暴虐的父亲，
他和我的父亲一样了！
父亲是我的敌人，
而他不是，

我又怎样来对待他呢?
他说他是我同一战线上的伙伴。

八

我没有家,
我连家乡都没有,
更失去朋友,
只有一个他,
而今他又对我取着这般态度。

九

泪到眼边流回去,
流着回去浸食我的心吧!
哭又有什么用!
他的心中既不放着我,
哭也是无足轻重。

十

近来时时想要哭了,
但没有一个适当的地方:
坐在床上哭,怕是他看到;
跑到厨房去哭,
怕是邻居看到;
在街头哭,
那些陌生的人更会哗笑。
人间对我都是无情了。

十一

说什么爱情！
说什么受难者共同走尽患难的路程！
都成了昨夜的梦，
昨夜的明灯。

萧红东渡

怎么办呢？

“两萧”之间还是感情很深的。他们平静下来商量，都同意暂时分开一段，各自做一下调整。然后再回上海重聚，也许会平复伤痕，和好如初。

萧军打算去青岛，那里有他的一位密友，可以安排食宿。萧红呢？黄源听说后，建议她去日本，因为上海距日本不太远，乘海轮即可到达，生活费用比上海也贵不了多少。那里的环境很安静，既可休养，又可专心读书、写作。同时，也可学习日语。日本的出版事业很发达，日文通了，就可阅读许多世界文学名著。而且黄源的夫人，笔名雨田的许粤华女士，正在日本学日文，不到一年就能翻译些短文了，她可以照顾萧红。萧红也很想去日本看望正在留日的弟弟张秀珂，姐弟俩已经好几年没见面了。最后决定萧红去日本。恰好这时《八月的乡村》和《生死场》寄放在书店代卖，结算了一笔书账，约有三百元。“两萧”就各自带了些，萧红出国多带些，萧军少带些。

一九三六年七月十五日下午，萧红向鲁迅先生辞行。鲁迅病也好些了，可以下床行动，待客。

一个月没有上楼去，忽然上楼还有些心不安，萧红一进卧室的门，觉得站也没地方站，坐也不知坐在哪里。许先生让她吃茶，她就倚着桌子边站着。好像没有看见那茶杯似的。鲁迅先生大概看出萧红的不安来了，便说:“人瘦了，这样瘦是不成的，要多吃点。”鲁迅先生又在说玩笑话了。萧红觉得先生的神态、语调很像多年前去世的生病的祖父，眼睛发涩，心里发酸，禁不住想哭，但努力忍住了，答道："多吃就胖了，那么周先生为什么不多吃点？"鲁迅先生听了这话就笑了，笑声是明朗的。萧红说了自己要到日本去的计划，鲁迅和许广平都表示赞成。于是就像母亲给远行的女儿送别一样，许广平亲自下厨为萧红做了几样菜饯行。鲁迅先生热度还很高，但坚持着一起吃饭，还喝了些酒。

广平看着萧红的脸，想起前一个月鲁迅病重、朋友不能上楼时，萧红勉强谈着话而强烈的哀愁，时时侵袭上来，像用纸包着水，总设法不叫它渗出来，却像加热在水壶上，壶外反而满是水点，怎么也遮不住。现在萧红的脸还隐现着哀愁，但比那时要好多了。许广平对萧红又是怜惜，又是疼爱，不知怎么才好，只是不住地往她碗里搛菜，希望她喜欢吃自己亲手烹调出的佳肴。

饭后，一同来到二楼先生的工作室兼卧室里，鲁迅坐在躺椅上，望着即将孤身远行的萧红，关切地叮嘱说："每到码头，就有验病的上来，不要怕……茶房就会说：验病的来啦！来啦！"

萧红凝神听着，一刹那间，她甚至有点不忍离开正在病中的亲人鲁迅。但又觉得自己需要到日本去学习，"充电"，写出更好的作品以报答先生。先生不是在自己身上寄托了很大的期望，期待看到自己的更成熟的新作品吗？

鲁迅又说："山本初枝，过去的日本歌女，现在的船长夫人，前年邀请我到日本疗养。我因脱不开身，谢辞了。今后如有机会，也想旧地重游，静养一段。"

萧红听了，很高兴，心想：说不定会在日本同先生一家相聚。

不早了，为了不耽搁先生休息，萧红依依不舍地告别，鲁迅送她到楼梯口，许广平一直送她到大门口。快出巷口了，萧红回头一望，见许先生还在朝她招手，热泪不禁滚滚流下来……鲁迅在当天日记里写道："晚广平治馔为悄吟饯行"。

第二天，七月十六日，萧红、萧军、黄源一起在饭馆痛痛快快吃了一顿。饭后，三人到附近照相馆拍了一张合影：黄源居左，戴着眼镜，穿着西服，沉静而文雅；萧军居中，敞怀露出衬衣，英武挺拔；萧红居右，脸上显出已经久不出现的微笑，穿着格子布的旗袍，卷发蓬松，比过去洋气。

七月十七日，萧军、黄源等友人送萧红登上海轮，萧红站在甲板上向他们招手，直到船驶远了，岸上的人们看不见了。

几天后，萧军从照相馆取出三人合影。在一张相片背后，用钢笔写上：

悄于一九三六年七月十七日赴日，此像摄于十六日宴罢归家时

去青岛前，萧军向鲁迅先生辞行，把这张合影送给先生留念。

第十四章　答徐懋庸信

徐懋庸

一九三六年八月二日下午，鲁迅盘着腿坐在床上拆阅信件，恰好胡风去看他，坐在旁边，见鲁迅看了一封信后脸色很阴沉，冷淡但低声地好像自己对自己说："哼，打上门来啦……"

胡风感到鲁迅身体和精神都很不好，办完事就知趣地告辞了。

不一会儿，冯雪峰来看望鲁迅。刚一进门，鲁迅就一边递过一封信给雪峰，一边气愤地说："真的打上门来了！他们明明知道我有病！这是挑战。过一两天我来答复！"

雪峰接过信一看，见是徐懋庸写给鲁迅的。看过以后，也觉得徐懋庸实在太莽撞了，鲁迅病成这样，为什么在这个时候，用这种口气，写来这样的信？为了照顾鲁迅的健康，雪峰主动请求代鲁迅写一篇答复信。鲁迅同意了。

雪峰拟成草稿给胡风看了，并约胡风一道去请鲁迅审阅。胡风这才想到那天鲁迅拆看的是徐懋庸打上门来的那封信。

鲁迅看完拟稿以后很平静地说："就用这个做一个架子也可以，我来修改、添加吧。"又说："前面那部分都可用。后面部分，有些事情你不清楚，我来重新写过吧。"

他重写过了，这就是《答徐懋庸并关于抗日统一战线问题》。雪峰又找胡风去一同看了。拟稿留下的只占成稿的三分之一，而且是大加修改了的。例如，加了旁圈的，关于两个口号的解释，就是雪峰的原文。对这类不得不暂用折中主义来应付的具体理论问题，他只好丢开不管，而集中精力找出了主要的斗争主题。

“这吓成的战线，作不得战”。——他所说的“前车”，应该是大斗争，但到底是指什么？“至死不悟”的“覆车之鬼”，又指的是谁呢？当时雪峰和胡风也不明白，觉得以后有进行研究的必要。

胡风对鲁迅所新写的有关“奴隶总管”的话倒非常敏感，特别细琢磨了一番，似乎有所感悟——

这篇答信最引人注意的，是对“新奴隶主”做了入木三分的刻画。比以前刻画的“叭儿狗”“乏走狗”“癞皮狗”“凶兽样的羊,羊样的凶兽”以及“二丑”、“阿金”等类型形象还要深刻得多！

这种“新奴隶主”，鲁迅称之为“文坛皇帝”“元帅”等，鲁迅举出了这样的特征，如：

“抓到一面旗帜，就自以为出人头地，摆出奴隶总管的架子，以鸣鞭为唯一的业绩”。

比“白衣秀士王伦”还要狭小的气魄。

“表面上扮着‘革命’的面孔，而轻易诬陷别人为‘内奸’，为‘反革命’，为‘托派’，以至为‘汉奸’”。

“拉大旗作为虎皮，包着自己，去吓呼别人；小不如意，就倚势（！）定人罪名，而且重得可怕的横暴者。”

两面派：这一点，鲁迅一九三五年九月十二日给胡风的信中刻画得更为活灵活现：“以我自己而论，总觉得缚了一条铁索，有一个工头在背后用鞭子打我，无论我怎样起劲的做，也是打，而我回头去问自己的错处时，他却拱手客气地说，我做得好极了，他和我感情好极了，今天天气哈哈哈……”

“将败落家族的妇姑勃谿，叔嫂斗法的手段，移到文坛上。嘁嘁嚓嚓，招是生非，搬弄口舌，决不在大处着眼。”

鲁迅在信中还有一语足以概括“新奴隶主”的本质——“借革命以营私”。打着“革命”“共产”等各种各样冠冕堂皇的旗号，去“经营”自己的私利，置大众的利益于不顾，凡不利于他们“营私”的力量一律格杀，有利于“营私”者，则不分青红皂白、三教九流一概择取。对待下属和群众的态度是“奴化”与“驯化”，一律要做奴隶和“驯服工具”。容不得半点儿异样与个性发展，稍有不同，必定戳除。

胡风还不能完全理解鲁迅话中的意思，但已感到鲁迅的感悟深刻之极！

至于对胡风个人的几句评语，胡风明白是把雪峰为了安抚对方而提得太符合实际的原话加了一点修改的。但就是没有修改，胡风也绝不会提出反对。胡风觉得：在这样的具体事件中，只要证明自己没有反对统一战线政策，没有反党，其余都可以由历史做证了。他没有发表任何意见。

这封答信，在八月十五日出版的《作家》月刊第一卷第五期上发表了。

浙江上虞下管方山村，在群山环抱中的一片平地上，有两条溪流像铁钳似的把它钳住：一条从南面的山区流来，经过管镇的西边，叫作管溪；另一条从东面的山区流来，到镇子东边的半腰折面向北，到镇子背后的方山脚下又折而向西，与管溪汇合向北流去，这一条叫作鹿花溪，相传是徐氏的始祖曾在这条溪上看见一只梅花鹿涉水而名。

在这青山绿水间，一片村落的一间破旧的房子里，徐懋庸正在苦苦温习法文，准备翻译新书。这时，邮差来了，送上一包上海寄来的书刊。他像饿急了的狼，兴冲冲地扑上去，急匆匆地打开纸包，看到左翼出版的杂志《作家》新的一期，就急忙拿过翻阅，但刚一看目录，他就慌了。上面分明写着《答徐懋庸并关于抗日统一战线问题》，署名鲁迅。呀！他立即热血冲头，不知所措。当他读过鲁迅这篇文章之后，痛哭了一场。尽管如此，徐懋庸“还存着希望，且有信心”，他认为“有朝一日，有些问题是会对鲁迅先生说清楚，得到他的谅解的”。他对鲁迅的崇敬之情依然不变。

他在痛苦和悔恨中，回想起自己与鲁迅从敬仰到结识、共事的始末——

说起来很奇怪，把鲁迅介绍给徐懋庸的，倒是一个悲观厌世的颓废文人——他在小学时期的老师徐叔侃。徐老师一九二二年下半年教学生读古书时，就同时介绍鲁迅的《阿Q正传》给徐懋庸看。一九二三年至一九二六年的几年中，鲁迅著译的每一本书出版——从《呐喊》到《彷徨》、从《热风》到《华盖集续编》、从《工人绥惠略夫》到《现代小说译丛》和《日本现代小说集》、从《苦闷的象征》到《思想·山水·人物》，他都介绍给徐懋庸，还叫徐懋庸订了一份《语丝》。在当时的国内两个主要文艺团体——文学研究会和创造社中，他不喜欢创造社而赞成文学研究会的方向，并特别崇拜鲁迅和周作人。徐懋庸完全接受了徐老师的影响，主要地崇拜鲁迅。

说起来又很奇怪，在那时候，鲁迅的书里面，对徐懋庸影响最大的，倒是他翻译的日本作家厨川白村的两本东西:《苦闷的象征》和《出了象牙之塔》。这影响有两个方面，一方面是译文的风格。在徐叔侃的指点下，徐懋庸觉得《苦闷的象征》的译文，非常新鲜，非常生动有力。后来自己搞翻译时，也模仿鲁迅的直译法。《出了象牙之塔》，则主要是从思想上影响了徐懋庸。厨川批判那种投机取巧的“聪明人”，提倡那种不计个人利害、不妥协、不敷衍的“呆子”的议论,使徐懋庸对鲁迅精神有了一些理解,自己也决心做个“呆子”。又因厨川氏提倡写Essay（杂文），鲁迅自己也写了很多杂文，后来徐懋庸也写起杂文来，而且模仿鲁迅的笔法。

一九二七年以后，徐懋庸看到鲁迅的拥共反蒋、亲苏抗日的政治立场是鲜明而一贯的，开始把鲁迅同中国共产党领导的无产阶级革命联系起来认识，因此对他有进一步的崇拜。一九二八年开始的创造社和太阳社与鲁迅的争论，徐懋庸是站在鲁迅方面的。从鲁迅的《而已集》《三闲集》和《二心集》，徐懋庸体会到鲁迅既同社会上的资产阶级右派斗又同党内的错误思想斗的英勇精神。

徐懋庸第一次同鲁迅通信，是一九三三年的十一月间。那一年初，他从黄岩到上海，开始从事翻译工作，夏季开始写杂文投寄给黎烈文编辑、鲁迅支持的《申报》副刊《自由谈》，受到黎烈文的欢迎。此后即成为《自由谈》的撰稿人之一。十一月间，他翻译的法国作家罗曼·罗兰的《托尔斯泰传》出版，寄了一本给鲁迅，并提出其中两个用拉丁字拼音的日本人名的汉字写法。

鲁迅于十五日收到他的信和书，当夜就作复，并对他没有问到的人名，也给了指示，可见鲁迅是把书即时浏览一过的。鲁迅这种精神使徐懋庸非常感动。十七日和十九日，鲁迅又给他两封信，更正了十五日答复的一个错误，并指出徐懋庸的一句译文的错误。在此以前，徐懋庸虽早已知道鲁迅对于青年非常热情，办事很认真，但这回自己亲身感受到，就特别觉得亲切了。

同年十二月间，关于一个文艺理论的问题，徐懋庸同韩侍珩发生了争论。他于十八日写信给鲁迅，希望得到鲁迅的指示，并请示关于文艺理论有什么日文书可读。鲁迅于二十日复信。关于第一个问题，鲁迅说：据他看来，先生的主张是对的。而比较详细地谈了自己的观点。关于第二个问题，鲁迅介绍了六种书，首先是关于世界史的，他说："首先是改看历史，日文的《世界史教程》，我看了一点，才知道所谓英国美国，犹如中国之王孝籁而带兵的国度，比年青时明白了。""其次是看唯物论"，然后是文学史，最后是文艺理论。从这个书目的次序，可以看出鲁迅的马克思主义的观点，首先是历史，然后才是理论。此信最后说：

> 中国的书，乱骂唯物论之类的固然看不得，自己不懂而乱赞的也看不得，所以我以为最好先看一点基本书，庶不致为不负责任的论客所误。

一九三四年新年，一月六日，黎烈文邀请《自由谈》的十来个撰稿者吃饭。这是徐懋庸第一次同鲁迅见面，就发生了林语堂误以为"徐懋庸"是鲁迅新笔名的笑谈。

徐懋庸觉得虽然他的文章风格，有点和鲁迅相似，其实唐弢刻意模仿鲁迅，比他更形似，不过在泼辣一点上，唐弢不及自己而已。到了后来，他更有意减少文言句的使用，避免过于隐晦，这是根据左联同人的建议的。

一九三四年春徐懋庸加入左联后，同鲁迅的关系进入一个新阶段，即左联的组织关系，因为鲁迅是左联的"盟主"。虽然鲁迅同周扬的关系已经很不好，但对于左联，他还是没有脱离的。

这年的五月十日，鲁迅由林语堂邀夜饭，徐懋庸也在被邀之列。这是他同鲁迅的第二次见面。

徐懋庸那时是左联理论研究会的一个组员。这时候《自由谈》受当局所迫停刊，左联想办一个半月刊，代替《自由谈》这个阵地。恰好有一个惯于投机而不负责任的光华书局，愿意出版这个刊物，且想利用《自由谈》在群众中的影响，力主定名为《自由谈半月刊》，左联就叫徐懋庸担任编辑。

后来刊物名称改为《新语林》。徐懋庸仍想请鲁迅支持，要求面谈。在北四川路底一个希腊人开的咖啡馆，与鲁迅晤谈了。以后多次与鲁迅在这家咖啡馆里面谈，都是在下午，徐懋庸先到内山书店找着鲁迅，然后一同去。一面谈话，一面饮咖啡，吃点心，钱都是由鲁迅付的。

鲁迅认为徐懋庸是一个努力上进的青年，可以培养的，对他期望颇殷，爱护甚深。曾对徐懋庸说过，有不少左翼作家，只“左”而很少“作”，是“空头文学家”，而对于他每年至少译一本书，文章写得也不少，颇致赞许。一次谈话完毕，从咖啡馆出来，鲁迅忽然问徐懋庸：“你有几个孩子？”徐说有两个。鲁迅就帮他到北四川路一家商店，买了两斤高级糖果，说：“带回去给孩子们尝尝吧。”又知道徐懋庸消化不良，到药房买了一瓶蓖麻子油，说：“服这个泻一泻就好了。这是起物理作用的药品，没有副作用的。”

但在同时，他也已看出了徐懋庸的危机：在文坛上有点“名气”了，又当过编辑，捧的人多了起来，但学问的根底是浅薄的，所以他认为徐懋庸还须多学习，为此就须减少交际，避免无谓的口舌。这意思，鲁迅在一九三五年三月给徐懋庸的《打杂集》所作的序里，也曾暗示过：中国对于稍稍显得特出的人物，采取两种办法来加以毁灭，一种是“拿了长刀来削平它”，另一种是捧了起来，“但这捧了起来，却不过为了接着摔得粉碎”。

但这种深意，徐懋庸当时是未有所悟的。那时看了序文，只重视鲁迅对他的杂文的几句好评，如“和现在切贴，而且生动，泼剌，有益，而且也能移人情”，从而沾沾自喜，而会被捧起摔得粉碎的那个警告，却以为不是对自己的。

一九三四年秋，徐懋庸卸去《新语林》编辑之后不久，被选入左联常委会，担任宣传部部长。次年春，田汉、阳翰笙等被捕，原来担任左联书记的任白戈由于身份暴露，避到日本，由徐懋庸接任书记。主要原因是，当时周扬所主持的左联常委会，已经没有一个人可以同鲁迅谈得拢，而徐懋庸，经过《新语林》的一段工作，同鲁迅的关系很好。周扬觉得需要有个人去同鲁迅联系，以便搞好团结。

这样，直到左联解散的问题发生为止，徐懋庸同鲁迅的关系是比较密切的，鲁迅关心他，支持他，教导他；徐懋庸对鲁迅也是由衷地敬爱。徐懋庸当时的妻子刘蕴文，有一次同他发生口角，就威胁说："我要写信到鲁迅那里告你一状。"由此可见，她也相信鲁迅是真理所在，而且也知道徐懋庸是敬服鲁迅的。

然而，左联解散的问题发生了。

左联是国际革命作家联盟的支部。为适应反法西斯战争的形势，国际组织解散了，建议各国组织也自己决定解散或改组，以灵活的新的形式进行工作。这个决定，是国际组织的中国代表萧三从莫斯科寄给鲁迅的信里传达的。左联和鲁迅断绝了联系，这封信无法交出，只好交给了胡风，由胡风交给左联党员王尧山，由他转给了文委。

萧三信的大意是，现在形势不同了，根据共产国际七次大会和我党中央《八一宣言》的精神，文艺战线上需要组织统一战线的团体，因此建议把左联解散。周扬给徐懋庸看了这信，表示完全同意萧三的意见，主张常委会开会讨论一下。但他又说，鲁迅交去这信时，并没有表示自己的态度，所以让徐懋庸先找鲁迅谈一谈，问问他的意见。徐懋庸就非常忙碌起来了。有一次徐懋庸找鲁迅谈这事，鲁迅的答复是：组织统一战线团体，我是赞成的，但以为左联不宜解散。我们的左翼作家，虽说是无产阶级，实际上幼稚得很，同资产阶级作家去讲统一战线，弄得不好，不但不能把他们统过来，反而会被他们统去，这是很危险的。如果左联解散了，自己的人们没有一个可以商量事情的组织，那就很危险。不如左联还是秘密存在。

徐懋庸当时是同意这意见的，但并没有领会鲁迅的深意。

左联开常委会了。这回代表文总来出席指导的不是周扬，而是胡乔木。徐懋庸在会上传达了鲁迅的意见，并表示了自己同意鲁迅的态度。于是胡乔木作了长篇发言，主要的意思是：统一战线是群众团体，左联也是群众团体。

在一个群众团体里面秘密存在另一个群众团体，就会造成宗派主义，这不好，而且会使左联具有第二党的性质，更不好。

徐懋庸当时还不是共产党员，听了胡乔木的“第二党”的说法，觉得倒也是个问题，但关于宗派主义，他认为左联不存在，编辑同人组织中还是可以产生宗派的，左联本身之周扬派和胡风派，即是一例。讨论结果，大家一致同意把左联解散。胡乔木看到徐懋庸对鲁迅的意见还是有点留恋，会后又同他长谈，打通他的思想。目的是打通了徐懋庸，就要徐懋庸去打通鲁迅。

于是，徐懋庸第二次去见鲁迅，把会议的决议和胡乔木的一套道理向他汇报。他听了以后表示：“既然大家主张解散，我也没意见了。但是，我主张在解散时发表一个宣言，声明左联的解散是在新的形势下组织抗日统一战线文艺团体而使无产阶级领导的革命文艺运动更扩大更深入。倘若不发表这样一个宣言，而无声无息的解散，则会被社会上认为我们禁不起国民党的压迫，自行溃散了，这是很不好的。”

徐懋庸把这意见带回给周扬，他起初说，这意见很好，等文总讨论一下再说。但是过了几天，又对徐懋庸说：文总讨论过了，认为文总所属左翼文化组织很多，都要解散，如果都发表宣言，太轰动了，不好，因此决定左联和其他各联都不单独发表宣言，只由文总发表一个总的宣言就行了。

于是徐懋庸第三次为这件事去见鲁迅，这次鲁迅的答复很简单：“那也好。”

然而，又过几天，周扬说，文总也不发表宣言了，理由是，此时正在筹备组织文化界救国会，不久将成立。如果文总发表宣言解散，而救国会成立，就会被国民党把救国会看作文总的替身，这对救国会不利。

于是徐懋庸第四次去见鲁迅，说明此事，鲁迅听了，脸色一沉，一言不发。徐懋庸觉得很窘，别的话也无从谈起了，就告辞而回。

这是徐懋庸同鲁迅的最后一次见面，时间是一九三六年二月二十八日。

一九三六年五月二日，鲁迅给徐懋庸写了最后一封信，信中说：“集团要解散，我是听到了的，此后即无下文，亦无通知，似乎守着秘密。这也有必要。但这是同人所决定，还是别人参加了意见呢，倘是前者，是解散，若是后者，那是溃散。这并不很小的关系，我确是一无所闻。”信的末了，鲁迅说：“我希望这已是我最后的一封信，旧公事全都从此结束了。”

徐懋庸认为，鲁迅先生对于左联的“解散”和“溃散”的界限是分得极严格的。但说对左联解散“不知下落”，则非事实。他前前后后多次报告了鲁迅，怎么是“不知下落”呢？“解散”得对不对，是另一问题，但说“无下文”却不确实。鲁迅的意思，第一，解散而不发表宣言，就是“无下文”，第二，解散而不发表宣言，是由于“别人参加了意见”，就是“溃散”，也就是投降。

事实上这也是鲁迅给他的最后一信——除了八月后那篇《答徐懋庸并关于抗日统一战线问题》文章不算——鲁迅从此同他绝交了。

徐懋庸素知鲁迅的脾气，当他认为一个人可以交的时候，他的关心爱护是无微不至的，而当他憎恶一个人的时候，就拒之于千里之外，决不留情。徐懋庸知道鲁迅对他已经失去信任，认为他是周扬的人，交谊至少暂时是不能恢复了。他自然非常沉痛，但又感到很委屈。

鲁迅的革命性，他的文章、道德，徐懋庸丝毫也没有怀疑，也无怨怼之心。他只有一个想法，关于路线政策问题，总是共产党员比较明白，鲁迅不是党员，而周扬却是的。因此，他要跟党走，总得基本上相信周扬他们所说的。所以，在这个严重的关头，他经过反复考虑，决定站在周扬这面，虽然他对周扬的作风，有些方面也是不满意的。觉得周扬太霸道，独断，尽指使别人做这做那，自己却不出头。他给鲁迅信中的意见，其实是周扬等人多次向他灌输的。

但徐懋庸始终没有认识到自己的致命弱点：虽然天资聪颖却不能全身心地专注于学问和写作，过于注意身边的人和事，并计较过多过重。当鲁迅对自己疏远，而亲近胡风、黄源等人时，心中就激起一种难以名状的嫉恨之火，斥骂这些人，施展写作杂文的才能，加给对方一个很坏的恶名，以泄己愤。同时，不通人情世故，遇事不与别人商量、通气，往往感情用事，头脑发热，自作主张，独断专行，爱走极端，明知鲁迅病重，偏要写这样的信进行刺激。

周　扬

此时，上海一座两层楼的楼上房间里，周扬正为鲁迅的《答徐懋庸并关于抗日统一战线问题》恼火不已。因为是在刊物出版的本地，他比徐懋庸早看到这篇文章，其震惊比徐懋庸还要厉害。他认为徐懋庸给他们惹了大祸，鲁迅笔下是可以“寸铁杀人”的，他的“四条汉子”一语，可能成为永远压在他和夏衍、阳翰笙、田汉四人背上的“黑锅”。而实际情况，又与鲁迅所写不同。那天明明是在内山书店见的面，哪里是“驶来了一辆汽车，从中跳出四条汉子：田汉，周起应，还有另两个，一律洋服，态度轩昂”呢？鲁迅可能是以杂文家的笔法进行了一番漫画式的夸张描绘，但对于不了解情况的人，特别是后人将会造成怎样恶劣的印象呢？尤其是鲁迅“甚至怀疑过他们是否系敌人所派遣”，更使他气闷而委屈。一九三五年阳翰笙被捕后，他被任命为中共上海中央局文委书记，兼任文化总同盟书记。从一九三三年至一九三六年底，一直负责领导上海左翼文化运动。在组织遭到破坏，与中央失去联系的艰难环境中，坚持下来，真是极其不易的。而且那时生活也非常拮据，几乎天天为生活作难。周扬却很乐观，有句口头禅：“不要紧，总有办法的。”

后来政治形势发生了变化，党的斗争策略也随之转变，根据中共中央在长征途中发表的《八一宣言》精神，周扬等主张建立文艺界的抗日民族统一战线，解散“左联”，提倡“国防文学”，号召一切站在民族战线上的作家，不问他们所属的社会阶层、思想流派如何，都来创作抗敌救国的艺术作品，把文学上反帝反封建的运动集中到抗敌反汉奸的主流上。“国防文学”口号的提出，得到全国各地文艺团体及知名人士的赞同，“国防文学”运动迅速遍及全国。

周扬回忆起“国防文学”口号提出的缘由——

“国防文学”口号最初是周扬以“企”为笔名，在一篇题为《“国防文学”》的短文中提出的，刊登于一九三四年十月二日上海《大晚报》“火炬”专栏。他这时介绍的“国防文学”，是以苏联倡导的防卫文学为理论依据，以《对马》《战争》等战争文学作品为样板，提倡一种跟国民党当局倡导的“民族主义文学”截然不同的文学。创作这种作品的目的是暴露帝国主义的侵略，歌颂英勇的民族革命战争，使中国成为真正的独立国家。由于周扬的文章仅仅针对文学创作领域，因而没有产生广泛的社会影响。

继一九三一年的九一八事变之后，一九三五年又发生了丧失察哈尔、河北两省大部分主权的华北事变，日本侵略者的气焰更为嚣张。这时担任文委书记的周扬跟中央失去了联系，茫然地在白色恐怖的暗夜中摸索。一九三五年秋，他在上海租界一家名叫“Zietgeist”（“时代精神”）的德国书店中买到了一本“共产国际”机关刊物英文版的《国际通讯》，上面刊有“共产国际第七次代表大会”的文件，其中有共产国际负责人季米特洛夫的总报告，也有中共驻共产国际代表团团长王明的发言。不久，他又在巴黎出版的中文版《救国时报》上看到了党中央的《八一宣言》。这就成为他在上海文艺界倡导“国防文学”口号的权威性的政治依据。

周立波是周扬的湖南益阳同乡，并有远房叔侄亲戚关系，于是周扬指示他，写了《关于“国防文学”》一文，刊登在一九三五年十二月二十一日《时事新报·每周文学》上。文章开头一句就是：“一年多以前，曾经有人在《火炬》上谈到了‘国防文学’，它所遭到的反应是一直到现在沉默。”这时重提“国防文学”口号，意义已超出了单纯的文学创作范畴，也超出了单一的文学界，而是要在文艺界结成最广泛的抗日民族统一战线，将抗日救亡运动推向新的高潮。于是产生了很大影响，以至于长期以来，人们一直以为“国防文学”口号是周立波在《关于“国防文学”》一文中率先提出的。

最令周扬恼火的是，冯雪峰以中央特派员身份到上海来以后，不先找他，反而“先党外，后党内”，第一个找鲁迅，见胡风等人。待有先入之见后，才派人与他联系。他和坚守上海的夏衍等人，盼星星、盼月亮地盼望中央来人与他们接头，却盼来这么个结果，当然不高兴，不愿见了。冯雪峰来了不久，又和胡风等搞出了个“民族革命战争的大众文学”的新口号，与已经普及的“国防文学”对抗，就已经够搅局了；现在又出了个“答徐懋庸信”，把他和他的战友一同打入另册，就无法让人容忍了。

徐懋庸在鲁迅的信发表以后，立即回到上海。刚一到，周扬就召开了一个会批评他，除了周扬以及原左联常委会的几个人以外，还有夏衍等。他们批评徐懋庸"个人行动""无组织无纪律","破坏了"他们"同鲁迅的团结"。

徐懋庸不服气,驳斥道:"信虽然是我自己想起写的,可以说是'个人行动',但其基本内容,不是你们经常向我灌了又灌的那一套么,不过我把它捅了出去而已。左联的解散,我本是赞成鲁迅的反对意见的,你们硬要解散,而且不发宣言,既已解散了,还有什么'组织',什么'纪律'。你们与鲁迅的'团结',这几年不是由我去做的么?鲁迅的文章里所揭露的事情,绝大部分是你们所干而我不知道的,难道你们本来同鲁迅很团结,而由我这信才破坏的么?"

——这样,徐懋庸在与周扬等人的争论中,强调自己其实是代表周扬方面的,并说还要写文章,答复鲁迅。

和夏衍一起在电影界工作的左联成员、作家陈荒煤,立即起身制止道:"你要照顾大局,不能再写了。你不同大家商量,写这封信给鲁迅,已经使得争论更加复杂化,不利于团结,造成了很不好的影响。"

周扬和沙汀等人也都再三劝阻,但是徐懋庸还是坚持要公开发表他的意见。

会后,夏衍又找徐懋庸在一家咖啡馆谈了两个小时,夏衍批评徐懋庸不顾大局,个人行动,使刚要成立的中国文艺家协会陷于被动,还以强硬的口气不准他再写答复鲁迅的文章;但是徐懋庸不仅不听,反而反唇相讥,说八月一日给鲁迅的信是他个人写的,但讲的内容却是"左联同人"的意见。夏衍不能说服他,俩人争得面红耳赤,不欢而散,但在临别时为了争付茶钱而破颜一笑,使夏衍对徐懋庸浙东人特有的犟脾气,耿直,不讲假话,心生好感。

陈荒煤和沙汀、艾芜、魏金枝、叶紫、舒群等十来个搞创作的人,在一家饭店吃饭,借此机会,商议是否由这些写小说的左联同志共同写封信给鲁迅,表明我们不赞成徐懋庸信上所说的那些观点,也说明这封信只是徐懋庸的个人行动,以安慰鲁迅,表示他们对鲁迅先生的尊重与敬爱。但听叶紫讲,鲁迅又病重了,现在写信,万一引起他的急躁,对他的健康不利。大家听到鲁迅病重,心情都十分忧虑不安,也感到这时候不宜写信,才没有写。

结果,徐懋庸还是写了一封公开信,题为《还答鲁迅先生》,发表在一九三六年九月二十日《今代文艺》月刊第一卷第三期上，主要说了三点意思：

一、说他的信只是私人通信，鲁迅先生把它公开，不合适。对事业无益。

二、说鲁迅文章中所披露的事实，绝大部分与他无干，而且为他所不知道，把这些事情同他拉在一起，没有道理。

三、问鲁迅先生说他们是"敌人所派遣"的话有何根据。

那时候，徐懋庸还存着希望，且有信心，有朝一日，有些问题是会对鲁迅先生说清楚，得到他谅解的。所以当他翻译的《小鬼》单行本出版以后，徐懋庸想到他译《小鬼》是与鲁迅有关的，《小鬼》译文在《世界文库》中陆续发表的时候，鲁迅在一九三五年十二月三日给他的信中说："我看《小鬼》译的很好，可以流利的看下去。"就寄给鲁迅一本，表示一种态度，但没有附信，鲁迅收到后，还在一九三六年十月二日日记中记了一笔："下午徐懋庸寄赠《小鬼》一本。"

鲁迅答徐懋庸信发表以后，周扬的威信受到大挫，他外出减少了，更多的时间在家里埋头著译，稿费收入倒较前增多，生活宽裕了一些。他最主要的工作是从英文转译列夫·托尔斯泰的名著《安娜·卡列尼娜》。他深知要在文坛站住脚，就必须拿出厚重的著作。他确实如鲁迅所看出的那样，想做中国的卢那卡尔斯基，以系统、有深度的理论著作统驭文坛。因而比上海滩那些浮浪文人要深沉、坚实得多，比冯雪峰、胡风那样的要保持自己独立性的文坛领袖也头脑冷静、明哲得多，懂得听从、领会上级领导的精神和意图，有组织纪律性，不自搞一套。他提出的"国防文学"口号，就是从共产国际和当时中央的文件、文章中揣摩、体会出来的，并非自己独出心裁。

这时，年轻的爱人苏灵扬抱着刚满周岁的孩子进来了。周扬停下笔，转过身逗孩子笑。心情郁闷时，唯一能给他安慰的就是爱人和孩子了。但跟灵扬和孩子亲热的时候，内心深处又隐隐觉得歉疚，思念着刚送回湖南益阳的家小。

周扬家祖辈是远近闻名的大富户。周扬两岁时，家境尚好，每年能收七百多担租子，家里还有五个佣人。父亲死后，他家就日渐败落了，但还有不少土地。

周扬是家里最小的孩子，前面有一个哥哥一个姐姐。周扬从小体弱多病，到了十岁左右，他的身体仍很弱，母亲整天把他关在屋里，什么事都不让他做，甚至读书用不用功也由着他。

由于母亲偏爱多病的幼子，娇生惯养，百般呵护，少年周扬在家里非常任性，时常当众责备哥哥、欺负姐姐。因为有母亲撑腰，大家对他都无可奈何。大概在十二三岁时，他对闭门读书的生活感到厌烦，想去外面的世界看看。母亲听说他要离开家就哭得很厉害，可是他决不妥协，对妈妈赌气说："不让我离开家，我就去赌钱，去嫖娼。"母亲也无可奈何，只好听他的。

周扬先到益阳县城进初中，后来由舅舅陪着到长沙补习数学、英语，吃住都在旅馆。几个月后进了一所中学，住学生宿舍，吃大锅饭。他上了两天课就自动退学了，因为过不惯集体生活。

一九二三年二月，十五岁的周扬与官宦人家的千金吴淑媛成亲了。吴比他大几个月，这年刚满十六岁，乳名娇娇，人称娇小姐，见过她的人都说她长得很漂亮。原来周扬在益阳读书时在城里租房居住，房东姚仁涛是位私塾先生，吴小姐就是他的女弟子。他见周、吴二人郎才女貌，天生一对，便向双方的家长撮合。吴公馆与姚家相距不远，周扬到吴公馆相亲。当时吴淑媛正在绣花，周扬一看很满意，笑嘻嘻地回来了。没过多久就办喜事。婚后小两口子感情极好，形影不离，连喝水都要共用一个杯子一把壶。娇小姐回娘家，即使刮风下雨，二少爷也要亲自接送。

不久，周扬由新娘子陪同到长沙读书，还带着一个男佣人和一个名叫瑞云的丫鬟。四个人都住在旅馆里，开销可不小。此时周扬已与哥哥分家，他分得周家大屋的一半，四十担田产和一些财物。给母亲过四十岁生日把钱花得差不多了，他开始卖田，不用多久，名下的四十担田也全卖完了，幸好太太的娘家有的是钱，才免受贫穷之苦。原来吴家祖上是当官的，据说吴小姐的父亲是打太平军起家的，因军功赫赫三次见过皇帝，在江苏某地当过水军提督，官居一品，人称吴军门。吴家不仅田地多，金银珠宝多，在益阳城里还有大公馆。岳母大人非常喜爱年轻的东床快婿，她让女儿到长沙陪读，提供了大量的经济援助。此后周扬到上海读书，赴日本留学，岳母时常给女儿一包包金首饰或者银元，供他们开销。

婚后不久，周扬太太就怀孕了，一九二四年生了一个女儿。周扬十六岁做了爸爸，这女孩长得又聪明又漂亮，可惜在四岁上夭折了。一九二七年大儿子艾若出生，一九三一年又有了老二周迈。到一九三四年老三周岳（又名约瑟）出生以前，周扬夫妇关系一直很好，尤其是吴淑媛对丈夫爱得很痴心，不惜牺牲自己的一切。

一九三〇年，周扬从日本回到上海从事共产党的地下工作，吴淑媛带了三岁的艾若来上海同他住在一起。周扬后来曾对二儿子周迈说："我那时在上海的生活全靠你妈，靠你外婆给的金首饰，一大包就放在抽屉里，也不锁，没钱用了便取一件去换钱。当年家里人来人往，来往的人中有许多地下党和左联的朋友。这么多人都靠你妈的首饰维持。"吴淑媛知道丈夫做地下工作，全家都危险，但还是不顾一切地支持他的革命事业。周扬和党内同志在楼上开会，她就和朋友在楼下打麻将作掩护。有一年，益阳的两位女共产党员因逃避特务追捕，到上海寻求周扬保护与帮助。周扬与她们扮成夫妻和兄妹，另租房子住在一起二十多天。这件事，事先征求淑媛的意见，她不假思索地欣然同意，并且热心为她们解决生活上的困难。难怪周扬后来不仅夸她"世上少有的善良"，而且赞叹她"无私，少有的单纯"。

一九三三年，年仅二十五岁的周扬当上了中国左翼作家联盟的党团书记，时常到各大学的左联小组去做形势报告，讲解马列主义，指导工作。一九三四年春天，一次他到复旦大学，认识了一位叫苏灵扬的女大学生，她对旧社会不满，思想进步，不久就被调到左联任宣传干事。

一九三四年秋，苏灵扬与周扬结婚。而他的原配夫人身上正怀着第三个孩子，对外面的事一无所知。她原先见过苏灵扬，也曾在丈夫的衣服口袋里发现过灵扬的来信，还在丈夫的屋墙上，看见过一件挂着的女式红色大衣，但她没有看信，原封不动地交给了丈夫，也没有问过大衣的由来，因为她绝对信任结婚已经十一年、同自己相亲相爱的人，相信他不会发生什么枝节。

深秋，吴淑媛快临产了，周扬带着她和两个儿子回益阳，到家没几天就急着回上海，说是有工作，临走前给妻子留下一本浅绿色的美术信笺，希望经常通信，又郑重表示第二年一定来接她和孩子。没想到母子等了一年又一年，亲人一去不复返了。因为周扬曾经来信说暑假回来接他们去上海，家里的人心存一线希望。

周扬对婚变严守秘密，滴水不漏。但此时已有风言风语传到老家，使周扬的母亲十分担心，便写信质问：是不是老婆孩子都不要了？是不是把家里的人都忘了？周扬似乎有点紧张，很快回信告诉母亲，大意是我不会做对不起家人的事。此时，淑媛的弟弟因开厂经营不善，蚀了大本，卖了田地房产抵债，吴家几乎一贫如洗了，淑媛的生活也越来越艰难，但她含辛茹苦抚养三个孩子，还尽心侍奉婆婆和妈妈。尽管外间传言周扬在远方做了大官已经如何如何，但淑媛就是不信，还嘱咐儿子“不要听别人瞎说，你爹爹不是那种人”。她知道丈夫最爱吃自己亲手做的甘草梅子，从一九三五年起，每年做一坛，留着等他回来……

因此，周扬虽然与苏灵扬情投意合，心里却总是内疚，觉得对不起原配妻子和三个孩子。

茅　盾

这时感到两头为难、举足无措的，还有茅盾。他原名沈德鸿，笔名茅盾、郎损、玄珠、方璧、止敬、蒲牢、微明、沈仲方、沈明甫等，字雁冰。一八九六年七月四日，生于浙江省桐乡县乌镇。一九一三年，考入北京大学预科第一类。预科毕业后，入商务印书馆编译所工作。一九二〇年初，主持《小说月报》“小说新潮栏”编务工作。同年十一月，正式接编《小说月报》。一九二一年一月，参与发起组织“文学研究会”，接编并改革《小说月报》。七月，中国共产党成立，由上海共产主义小组成员转为正式党员。一九二三年，辞去《小说月报》主编职务，转商务印书馆国文部工作。一九二五年，被选为广州国民党第二次全国代表大会代表。一九二六年，留广州工作，任国民党中央宣传部秘书。三月，返沪。一九二七年，一月赴武汉，任中央军事政治学校武汉分校教官。约四月，任汉口《民国日报》主编。七月间，从武汉至南昌不顺，阻于牯岭。八月，南昌起义失败，试图与党组织取得联系而不得，从此与党组织失去联系。九月，于上海以茅盾为笔名发表小说《幻灭》。一九二八年，一月至六月，接着完成《动摇》《追求》——三部曲《蚀》的创作。七月，东渡日本，期间写有长篇小说《虹》（未完）和长篇散文《从牯岭到东京》等。一九二九年，论文《读〈倪焕之〉》发表。一九三〇年四月，回上海。不久加入中国左翼作家联盟。一九三一年，开始创作《子夜》。一九三二年七月，发表《林家铺子》。十一月，发表《春蚕》。一九三三年，《子夜》正式出版发行。四至七月创作《秋收》《残冬》并发表。一九三五年，编选《中国新文学大系·小说一集》并撰导言问世。

这时的茅盾，是为旁人所仰慕和惊羡的：第一位拿出有分量长篇小说的左翼作家，在左联占有重要一席，声望紧跟鲁迅，正当盛年，创作势头健旺，前途无量。但是茅盾自己内心，却有着解不开的情结。一、本是中国共产党成立时的第一批早期党员，但一九二七年失去联系后反倒成为党外人士了；其实，自己心里一直是跟党走的，即便在文学创作中，也极力表现党的思想。《子夜》的主题就是想证明资本主义道路在中国是行不通的。二、自己本心热衷于文学创作，心中酝酿着大规模描写中国社会的宏大计划，却不得不参加许多自己本不擅长、不喜欢的社会活动和行政工作。一九三〇年下半年，在冯雪峰恳请下，当了一个月左联执行书记；一九三三年又在左联党团书记周扬授命下，当了约半年行政书记，就坚决辞职不干了。有人认为他是不愿意费时间做公务，只一心埋头创作，他也不管这些议论，只是一心一意酝酿大书，文字在他手中越来越运用自如，构思也越来越宏伟，越来越轻松驾驭，他胸中“焖焐”着好几部长篇的写作计划，深信会比《子夜》更为成熟。但是，外界干扰总不断袭来，使他难得有一个安静的环境和心境。

周扬提出“国防文学”口号时，他表示过拥护，写过题为《需要一个中心点》的文章，一九三六年五月一日在《文学》第六卷第五号上发表，强调“凡此种种的题材都必须有一个中心思想，即提高民众对于‘国防’（使民众了解最高意义的国防）的认识，促进民众的抗战的决心”。但不久在创作实践中，就感到这个口号的局限性：是否作家作品必须以“国防”为主题呢？自己在《子夜》之后构思的几部长篇都是以江南平民生活为题材的，硬以“国防”为主题自己做不到，是否就要被排除在民族自救的国防运动之外呢？见到鲁迅时，他把这个意思向鲁迅说了，鲁迅也觉得“国防文学”的阐释有些含混，强加于作家的做法也不妥。然而胡风在自己的文章中提出“民族革命战争的大众文学”这一新口号之后，茅盾又觉得与“国防文学”对立是欠当的，找过鲁迅后，就写了《关于引起纠纷的两个口号》一文，交周扬实际主持的《文学界》发表。文章主要意思是“两个口号”是不对立的，“民族革命战争的大众文学”应是现在左翼作家创作的口号；“国防文学”是全国一切作家关系间的标帜。希望全国任何作家都在抗日的共同目标之下联合起来，但在创作上需要有更大的自由。文章于一九三六年八月十日在《文学界》第一卷第三号刊登出来了。不过，同期一起刊出的还有周扬的批驳文章《与茅盾先生论国防文学的口号》，不同意茅盾所说的“国防文学”只是作家间的标帜、不能作为创作口号的观点，认为：“一个文学的口号如果和艺术的创造活动不生关系，那它就要成为毫无意义的东西。”创作自由是有限度的，不宜过于张扬艺术的自由。“民族革命战争的大众文学”不能成为现阶段文学上统一战线的口号，“左”的宗派主义者的大言壮语也应该可以迹敛了。我们不必在“国防文学”的口号之外另提别的口号，自外于文学上的统一战线的运动。

这样，茅盾就处于在鲁迅与周扬之间两面尴尬的境遇，怎么都不得好。

周扬人多势众，又以党的名义出现，态度强横，对茅盾开始同意“国防文学”口号，后来又同意鲁迅的意见，很是不满，就恨茅盾。有传言：鲁迅《答徐懋庸》信发表后的一天，周扬和苏灵扬、周立波、沙汀等四人正拿了棍子，要到茅盾家去把茅盾打一顿以泄气，恰好夏衍去，被夏衍阻止了。茅盾觉得这事恐怕也只能当作传言听听，周扬虽然对自己不满，又年轻气盛，说了些气话是可能的，但不至于做出如此小孩子似的举动。

鲁迅一面呢？由于《译文》的争执，也使茅盾与之疏远了。

由鲁迅起意，邀茅盾、黎烈文合出一个专门介绍外国文学的翻译刊物《译文》。书店怕赔本，不肯接受。他提议试出两期，不拿稿费和编辑费，如读者接受，再订合同出下去。出版后，销得很好。这就引起了两种结果。

一是，书店的后台、文坛重要人物郑振铎非常重视，马上在同一书店出版了《世界文库》，翻译连载了几种外国大作家的作品，并连载几种中国长篇旧小说。这在气势上把《译文》压倒了。旧小说不用付稿费，在生意经上又取得了书店的欢心。

二是，试出成功后，得订合同正式出下去。这试出的两期是鲁迅亲自编的，茅盾介绍《文学》的助编黄源取稿送交书店并任校对等事务工作。现在要正式出下去，鲁迅便提出要黄源正式担任编辑，但书店不同意。原来黄源当《文学》助编时，傅东华把向作家约稿和回信等事都推到他身上，因而，许多人都把黄源当作《文学》负责人，已经引起了郑振铎很大的不满。现在又要黄源任《译文》编辑，这既维持了《译文》的存在，又提高了黄源的地位，有违书店的利益。于是，坚决不同意，要撤换黄源。几经交涉，还是非撤换黄源不可。

这使鲁迅非常气愤了。《译文》和书店雇人当编辑的商业杂志不同，是鲁迅几个人合议出的同人刊物。书店要换人，这是资本家对待雇工的态度，他当然不能忍受。只好以劳动力出卖者的身份自处，愤而退出《文学》，再一次不为它写稿了。

虽然事情闹得这样僵，但《译文》还是出到一年以后一九三五年九月的第十三期才停刊。这一年间，也许是书店和文坛重镇留时间给鲁迅悔悟，自动地同意撤换黄源，自动地再向《文学》卖稿吧。

《译文》停了一年以后，又在另一书店复刊了。资本家和文坛重镇虽然心雄志大，但还是逃不掉商品要以质量取胜这个普遍规律。

不过，还是造成鲁迅与郑振铎之间一定的隔阂，茅盾两面都不愿得罪，只得疏远。

其实，茅盾对鲁迅一直是非常友好的。他最早就认识到阿Q的典型性，一九二二年一月二日，《阿Q正传》刚登到第四章时，一位名叫谭国棠的读者，给《小说月报》编者写信说：“《晨报》上连登了四期的《阿Q正传》，作者一支笔真正锋芒得很，但是又似是太锋芒了，稍伤真实。讽刺过分，易流入矫揉造作，令人起不真实之感，则是《阿Q正传》也算不得完善了。”

当时主编《小说月报》并兼记者的沈雁冰，即后来的茅盾，却以大评论家的慧眼，洞察到刚问世四章的《阿Q正传》的伟大价值，明确指出：

> 至于《晨报副刊》所登巴人先生的《阿Q正传》虽只登到第四章，但以我看来，实是一部杰作。你先生以为是一部讽刺小说，实未为至论。阿Q这人，要在现代社会中去实指出来，是办不到的；但是我读这篇小说的时候，总觉得阿Q这人很是面熟，是呵，他是中国人品性的结晶呀！我读了这四章。忍不住想起俄国龚伽洛夫的Oblomov（奥勃洛莫夫）了！

人们对事物的最初直感，往往会比以后由于种种压抑而被扭曲的认识包含更多的真实成分，茅盾这段对《阿Q正传》的最早评语，实质上已经包含了后来近百年间《阿Q正传》研究的主要方面，切中肯綮地道出了《阿Q正传》的真义！所谓阿Q是“中国人品性的结晶”的提法，其实与后来的阿Q是“一个集合体”“‘国民劣根性’的体现者”的观点是一脉相承的。而对俄国作家冈察洛夫笔下人物奥勃洛莫夫的联想，则启悟研究者发现阿Q与世界文学中的奥勃洛莫夫等著名人物属于同一性质的艺术典型。“总觉得阿Q这人很是面熟”一语，正反映了这类艺术典型的普遍性特征。

一九二七年十一月十日，茅盾又以方璧为笔名在《小说月报》十八卷十一期上发表了长篇论文《鲁迅论》，认为鲁迅是在“老实不客气地剥脱”他人、“也老实不客气地剥脱自己”。以一个“老孩子”的身份不懂世故地剜剔老中国的毒疮，而又从不以“青年导师”自居，但是他又确实指引着青年们“怎样生活着，怎样动作着的大方针”：要以生存、温饱、发展为根基，要警惕“挂着金字招牌的导师”，要有“韧性”，不要再请愿！并更为深刻地指出了鲁迅小说中所描写的“老中国的儿女”的“灵魂上，负着几千年的传统的重担子，他们的面目是可憎的，他们的生活是可以咒诅的，然而你不能不承认他们的存在，并且不能不懔懔地反省自己的灵魂究竟已否完全脱卸了几千年传统的重担。”由此开出反省的道路。

作为一个文学天赋很高而又谨小慎微的作家茅盾，在两面夹击的苦境中，颇感做人之难。

巴　金

此时，已经出版了《家》等名著、颇有名气的巴金，正坐在上海文化生活出版社办公室里，埋头做他的编辑工作，间隙还不停地构思他准备写的书和文章。但是，一想起文坛发生的种种伤脑筋的事情，心里还是难免厌烦——

一九三六年四月下旬，左翼作家联盟在无声无息中解散。当时以周扬为首的文委打算成立一个新的团体——作家协会，作为文艺界统一战线的组织。让徐懋庸、何家槐、傅东华等人出面发起成立作家协会，后接受陈望道的意见改名为文艺家协会，以包含作家之外的文学艺术家。为了使这个新团体顺利成立，周扬通过沙汀约见茅盾，希望茅盾动员鲁迅加入。茅盾知难而退，明确表示他实在做不了调解工作:“不是我不愿调解，而是我没法调解。”于是，筹委会只好推出原左联常委、还在复旦大学读书的何家槐给鲁迅写信，再次进行动员，并附了一份《作家协会缘起》。在“缘起”上签名作为发起人的有叶圣陶、茅盾、王任叔、徐懋庸、荒煤、傅东华、何家槐、沙汀、艾芜、夏丏尊、赵家璧、郑振铎等。“缘起”强调成立这一组织的目的是“为了保卫文学和民族的生存,为了负起为时代先驱的任务”。何家槐这封信写于同年四月二十日，鲁迅二十一日收到，二十四日作复。鲁迅在信中斩钉截铁地回答:“前日收到来信并缘起，意见都非常之好。我曾经加入过集团，虽然现在竟不知这集团是否还在，也不能看见最末的《文学生活》。但自觉于公事并无益处，这回范围更大，事业也更大，实在更非我的能力所及。签名并不难，但挂名却无聊之至，所以我决定不加入。”信中所说的“集团”系指左翼作家联盟。鲁迅对解散左联一事耿耿于怀，深感自己的意见未被尊重，仅处于一个挂名和被摆布的位置,故不愿重蹈覆辙。信中提到的《文学生活》是左联出版的内部刊物。鲁迅没看到该刊终刊号，认为是有意对他保密，是不尊重他的又一表现，这是一种误会。真实原因是一九三五年二月十九日地下党组织遭到破坏，左联工作停顿了一两个月，在此期间工作可能出现疏漏。这期刊物刊登的是左联一九三四年的工作总结，着重对工作中的宗派主义进行自我批评，实无对鲁迅“保密”的必要。

鲁迅对文艺家协会的态度当然影响了一批他周围的作家。比如黎烈文表示,鲁迅加入了他才加入。加之胡风又传出消息,说要组织另外一个文学团体,更使一些作家采取观望的态度。尽管如此，文艺家协会于六月七日下午如期成立。入会人数一百一十八人，莅会人数约七八十人。公推年龄最大、已经谢顶的夏丏尊先生为主席，茅盾、夏丏尊、欧阳予倩、洪深、傅东华为主席团成员。经过四个小时的讨论、选举，推选出茅盾、夏丏尊、傅东华、洪深、叶圣陶、郑振铎、徐懋庸、王统照、沈起予等九人为理事，郑伯奇、何家槐、欧阳予倩、沙汀、白薇等五人为候补理事。与会者每人交了一元茶资，一元会费。该会的宗旨是“联络友谊,商讨学术,争取生活保障,推进新文艺运动,致力中国民族解放”。宣言更强调指出“中国文艺家协会特别要提议：在全民族一致救国的大目标下，文艺上主张不同的作家可以是一条战线上的战友。文艺上主张的不同，并不妨碍我们为了民族利益而团结一致，并不拘束了我们各自的文艺主张向广大民众声诉而听取最后的判词”。这几句话言简意赅，树立了抗日救亡的大目标，强调了一致性，而又没有排斥独立性，应该说符合抗日民族统一战线的精神。这个团体的成立为原左联负责人所策动，也体现了共产党的领导作用。会员中有鲁迅关怀扶植过的文学青年唐弢、孔若君、白薇、沙汀、魏猛克、叶紫、艾芜、舒群，也有跟鲁迅发生过笔墨之争的郭沫若、傅东华、赵景深、谢六逸、邱运铎、张春桥，以及鲁迅厌恶的邵洵美、崔万秋……中国文艺家协会虽然成立了理事会,又分设总务、出版、调查、研究、联谊等下层机构，但由于发生了“两个口号”的激烈论争，这个团体实际上没有开展什么活动，只出版了一份会刊叫《文学界》。

傅东华也曾托黄源给巴金捎来一张作家协会内定的发起人名单，上面有徐懋庸等二十人的姓名，而且把巴金派定为五个最初的发起人之一。巴金从来没有加入过任何团体，并且不知道组织该团体的用意，就婉谢了。黄源觉得自己年轻，不会应付复杂的文坛纠纷，怕妨害该团体的筹备，同样拒绝了。不过，巴金跟鲁迅、黄源等人对于建立文艺界抗日民族统一战线是竭诚拥护的，强烈要求表达救亡图存、争取民族自由的愿望，于是决定在中国文艺家协会正式成立之后，于六月中旬另外发表一份《中国文艺工作者宣言》。为郑重起见，宣言本来应该请鲁迅起草；但鲁迅有病，不能多劳累，便由巴金与黎烈文分头写了两份草稿，由鲁迅修改合并，领衔签名。鲁迅修订的《宣言》中保留了不少巴金的原文，如："在现在当民族危机达到了最后关头，一只残酷的魔手扼住我们的咽喉，一个窒闷的暗夜压在我们的头上，一种伟大悲壮的抗战摆在我们的面前的现在，我们绝不屈服，绝不畏惧，更绝不彷徨、犹豫。"跟《中国文艺家协会宣言》相对比，《中国文艺工作者宣言》内容和提法上并没有什么原则区分。所不同的是，中国文艺家协会发表宣言是想成立一个新团体，但没有成功；而《中国文艺工作者宣言》只不过是借宣言发表意见，"并无组织或团体，宣言登出，事情就完，以后是各人自己的实践"。这篇宣言于一九三六年七月一日，发表在巴金、靳以编辑的《文季月刊》上，后又刊登于《译文》新一卷第四期，《作家》第一卷第三期，《现实文学》第一期，《文学丛报》第四期，鲁迅领衔，签名者七十七人，其中固然有跟周扬十分对立的胡风，跟鲁迅亲近的萧军、萧红、黄源等，也有同时加入中国文艺家协会的荒煤、丽尼、马子华等，鲁迅还特地让人请"礼拜六派"的周瘦鹃签了名。

"两个口号"论争期间，巴金虽然没有写过一篇理论文章，也没有对口号问题正面表达过任何意见，但他仍然被"拖"进了这场论争。由于他没有加入文艺家协会，结果被"国防文学"口号的拥护者扣上了"破坏联合战线"的帽子。他从鲁迅《答徐懋庸》信中，看到鲁迅为他仗义执言、肯定他"是一个有热情的有进步思想的作家，是屈指可数的好作家之列的作家"，心中充满了感激。

巴金对鲁迅的景仰是众所周知的。他虽然只跟鲁迅见过十多次面，但鲁迅在青年面前那张表示衷心愉快的笑脸，以及发出的爽朗笑声却铭记在他的心头。他准确地把握了鲁迅爱憎分明的性格。他的脑海里清晰地浮动着一个善良、平易、容易接近的“鲁迅形象”。

早在五四前夕，十五岁的巴金就对阅读新书刊产生了浓烈的兴趣。一九二二年，他在学习世界语的过程中阅读了鲁迅等人翻译的《爱罗先珂童话集》。八年后，巴金为上海世界语学会编辑第二本爱罗先珂童话集《幸福的船》，由开明书店出版，书中收录了鲁迅的四篇译文。鲁迅将译文的版税全部捐赠给了该学会，表示对巴金推广世界语运动的支持。一九二五年八月，巴金短期来到北京报考北京大学，在苦闷寂寞的公寓生活中，始终陪伴他的就是鲁迅的《呐喊》。这本小说集不仅使他思想上受到震撼，同时使他第一次相信了艺术的力量。他感到鲁迅不只是一个太阳，有时还是一株大树。这株独立支撑的大树，不仅为他也为无数的青年挡住了飞沙走石。

巴金跟鲁迅第一次见面，是在一九三三年四月六日郑振铎在上海会宾楼举行的晚宴上，鲁迅、巴金等共十五人都曾赴宴。正是在这次聚会上，决定于同年七月一日创办《文季月刊》。

一九三四年十一月二十二日，巴金赴日本，先后在横滨和东京居留，一九三五年八月回到上海。在此前后，鲁迅、巴金曾跟文友一起聚餐。巴金一直把鲁迅视为“指路者”，他当时只有一个非常朴素的想法：“听鲁迅的话。鲁迅赞成什么，自己就赞成什么。”

巴金从日本回国后，即跟吴朗西、丽尼、柳静等创办文化生活出版社。尽管巴金受到一些人的攻击，说他是“安那其主义”，即无政府主义者，指责他的作品“都是封建少爷小姐的消遣品”，造谣说巴金到苏州去喝茶，以证明他是有闲阶级。鲁迅还是将他的短篇历史小说集《故事新编》、杂文集《夜记》、翻印的《〈死魂灵〉百图》交文化生活出版社出版，并垫付印费，以此表示对巴金的支持。

巴金后来说过：他不愿意被拖进“三十年代口号论争”里面。一个“拖”

字，形象地表现出他对外力的拒斥心态。写了两篇不得不写的答辩文章后，巴金就全力以赴、脚踏实地专心于文化实绩的创造工作，不管是谩骂还是赞扬，一律不理，只是埋头实作。

他决定为《文季月刊》撰写长篇小说《家》的续篇——《春》，每月写一万多字，在《文季月刊》第一卷第一至第六期、第二卷第一期上连续发表。并在《家》出版第五版之际，进行了精心修改。逐篇修订了《巴金短篇小说集》，连出两集；校阅了开明书店改版重排本《灭亡》的校样；还准备把赫尔岑的回忆录《往事与深思》全本翻译成中文，并向鲁迅谈了自己的写作计划，说明目的是学习作者怎样把感情化为文字。之外，还写了大量散文，做了无数文化生活出版社的编辑、出版等极为烦琐的事务工作。

他觉得只有作品才是作家的安身立命之所，是对鲁迅先生爱护和鼓励的最好报答。

第十五章　写于深夜里

“第一个师父”与“暗暗的死”

鲁迅爱夜，爱在夜里吟夜颂，写夜记。

当他准备动笔写比较长的文章时，会很委婉地劝广平先睡，好静心一意地写作。因为几十年的孤灯独对，潜心工作的习惯，忽然有个人在旁走动，多少是觉得打扰的。等到更深人静，然后才觉得一心一意不被外物纷扰，于深夜百静中沉浸在诗的境界，才能够进入写作的佳境。写文章的人大约多有这种体验罢，如果文人也算一种职业，这职业实也不下于夜班生活的工友。

一九三六年四月一日，意欲与左联的旧公事全都结束、完全沉在写作中，鲁迅感到只有创作《野草》《彷徨》《朝花夕拾》时才有过的惬意，儿时的往事一幕幕浮现在眼前，他在静夜里掭掭“金不换”毛笔，在稿纸上悠缓地写下一篇文章的题目：我的第一个师父——

> 不记得是那一部旧书上看来的了，大意说是有一位道学先生，自然是名人，一生拼命辟佛，却名自己的小儿子为“和尚”。有一天，有人拿这件事来质问他。他回答道：“这正是表示轻贱呀！”那人无话可说而退云。

起笔从容舒卷、沉郁悠婉。说“不记得……”正是随意的表现，不像论文那样引经据典，句句有出处，而是从容潇洒，随口一说。后面的“自然是名人”，是定语的倒置。鲁迅常用这种倒置的手法，舒缓笔调的语气。鲁迅极其讲究语气的缓急和音节的顿挫，而此文似乎比以前文章的语气更为缓松、深沉，顿挫更为厚重、沉稳，这是因为更趋老熟了罢！试与《朝花夕拾》中的记人散文相比，再与《且介亭杂文》中的《忆韦素园君》和《忆刘半农君》对照，又会发现晚年鲁迅的文章是更上一层楼了，“庾信文章老更成”，苍老、浑厚，越来越成熟，越来越幽深了？

而结尾更是突兀——

> 后来，三师兄也有了老婆，出身是小姐，是尼姑，还是“小家碧玉”呢，我不明白，他也严守秘密，道行远不及他的父亲了。这时我也长大起来，不知道从那里，听到了和尚应守清规之类的古老话，还用这话来嘲笑他，本意是在要他受窘。不料他竟一点不窘，立刻用“金刚怒目”式，向我大喝一声道：
>
> “和尚没有老婆，小菩萨那里来！？”
>
> 这真是所谓“狮吼”，使我明白了真理，哑口无言，我的确早看见寺里有丈余的大佛，有数尺或数寸的小菩萨，却从未想到他们为什么有大小。经此一喝，我才彻底的省悟了和尚有老婆的必要，以及一切小菩萨的来源，不再发生疑问。但要找寻三师兄，从此却艰难了一点，因为这位出家人，这时就有了三个家了：一是寺院，二是他的父母的家，三是他自己和女人的家。

鲁迅晚年更显现写人的功力，几笔就把人物的性格、脾气凸现出来了。

这篇《我的第一个师父》，发表于一九三六年四月《作家》月刊第一卷第一期。《作家》月刊，一九三六年四月十五日创刊于上海，孟十还编辑，作家社出版发行，上海杂志公司总经销。以创作为主，兼载评论和译文。初创时得到鲁迅的支持。

鲁迅收到一位爱好木刻的青年曹白化名人凡的一篇文章《坐牢略记》和一封信。文章记述了他因为爱好木刻而被当局认作共产党抓去审问、坐牢的经过，四月七日，鲁迅根据此文写作了《写于深夜里》，极其痛烈又极其沉痛地暴露了当局是怎样压迫进步青年和文化活动，怎样残酷地屠杀革命者以及善良人民的，是一篇震撼人心的控诉书。

文中最引人注意的是提出了——

暗暗的死，在一个人是极其惨苦的事。

令人想到在深深的黑夜里暗暗地死去的极其惨苦的情景，不禁不寒而栗……

文章发表于一九三六年五月上海《夜莺》月刊第一卷第三期。此文是为上海出版的英文期刊《中国呼声》（*The Voice of China*）而作，英译稿发表于同年六月一日该刊第一卷第六期。

《夜莺》是胡风、聂绀弩、萧军合办的《海燕》夭亡后，由左翼盟员方之中弄了一点钱编印的。一九三六年三月五日创刊，六月十五日出至第一卷第四期停刊。

《“这也是生活”……》

六月，鲁迅大病，连多年的日记也中断了。八月稍好，二十三日提笔写病中的感觉：

有一些事，健康者或病人是不觉得的，也许遇不到，也许太微细。到得大病初愈，就会经验到；在我，则疲劳之可怕和休息之舒适，就是两个好例子。我先前往往自负，从来不知道所谓疲劳。书桌面前有一把圆椅，坐着写字或用心的看书，是工作；旁边有一把藤躺椅，靠着谈天或随意的看报，便是休息；觉得两者并无很大的不同，而且往往以此自负。现在才知道是不对的，所以并无大不同者，乃是因为并未疲劳，也就是并未出力工作的缘故。

我有一个亲戚的孩子，高中毕了业，却只好到袜厂里去做学徒，心情已经很不快活的了，而工作又很繁重，几乎一年到头，并无休息。他是好高的，不肯偷懒，支持了一年多。有一天，忽然坐倒了，对他的哥哥道："我一点力气也没有了。"

他从此就站不起来，送回家里，躺着，不想饮食，不想动弹，不想言语，请了耶稣教堂的医生来看，说是全体什么病也没有，然而全体都疲乏了。也没有什么法子治。自然，连接而来的是静静的死。我也曾经有过两天这样的情形，但原因不同，他是做乏，我是病乏的。我的确什么欲望也没有，似乎一切都和我不相干，所有举动都是多事，我没有想到死，但也没有觉得生；这就是所谓"无欲望状态"，是死亡的第一步。曾有爱我者因此暗中下泪；然而我有转机了，我要喝一点汤水，我有时也看看四近的东西，如墙壁，苍蝇之类，此后才能觉得疲劳，才需要休息。

象心纵意的躺倒，四肢一伸，大声打一个呵欠，又将全体放在适宜的位置上，然后弛懈了一切用力之点，这真是一种大享乐。在我是从来未曾享受过的。我想，强壮的，或者有福的人，恐怕也未曾享受过。

"暗中下泪"的"爱我者"，当然是他的爱人许广平。越是病重时，越感到真正忧虑、悲痛的是她！

有了转机之后四五天的夜里，鲁迅醒来了，喊醒了广平。

"给我喝一点水。并且去开开电灯，给我看来看去的看一下。"

"为什么？……"她的声音有些惊慌，大约是以为鲁迅在讲昏话。

"因为我要过活。你懂得么？这也是生活呀。我要看来看去的看一下。"

“哦……”她走起来，给鲁迅喝了几口茶，徘徊了一下，又轻轻地躺下了，不去开电灯。

鲁迅知道她没有懂得他的话。

街灯的光穿窗而入，屋子里显出微明，鲁迅大略一看，熟识的墙壁，壁端的棱线，熟识的书堆，堆边的未订的画集，外面的进行着的夜，无穷的远方，无数的人们，都和他有关。他存在着，他在生活，他将生活下去，他开始觉得自己更切实了，他有动作的欲望——但不久又坠入了睡眠。

第二天早晨在日光中一看，果然，熟识的墙壁，熟识的书堆……这些，在平时，他也时常看它们的，其实是算作一种休息。但人们一向轻视这等事，纵使也是生活中的一片，却排在喝茶搔痒之下，或者简直不算一回事。他们所注意的是特别的精华，毫不在枝叶。所见的人或事，就如盲人摸象，摸着了腿，即以为象的样子像柱子。于是，鲁迅发了一番富有哲理的漫议——

中国古人，常欲得其“全”，就是制妇女用的“乌鸡白凤丸”，也将全鸡连毛血都收在丸药里，方法固然可笑，主意却是不错的。

删夷枝叶的人，决定得不到花果。

为了不给我开电灯，我对于广平很不满，见人即加以攻击；到得自己能走动了，就去一翻她所看的刊物，果然，在我卧病期中，全是精华的刊物已经出得不少了，有些东西，后面虽然仍旧是“美容妙法”“古木发光”，或者“尼姑之秘密”，但第一面却总有一点激昂慷慨的文章。作文已经有了“最中心之主题”：连义和拳时代和德国统帅瓦德西睡了一些时候的赛金花，也早已封为九天护国娘娘了。

尤可惊服的是先前用《御香缥缈录》，把清朝的宫廷讲得津津有味的《申报》上的《春秋》，也已经时而大有不同，有一天竟在卷端的《点滴》里，教人当吃西瓜时，也该想到我们土地的被割碎，像这西瓜一样。自然，这是无时无地无事而不爱国，无可訾议的。但倘使我一面这样想，一面吃西瓜，我恐怕一定咽不下去，即使用劲咽下，也难免不能消化，在肚子里咕咚的响它好半天。这也未必是因为我病后神经衰弱的缘故。我想，倘若用西瓜作比，讲过国耻讲义，却立刻又会高高兴兴的把这西瓜吃下，成为血肉的营养的人，这人恐怕是有些麻木。对他无论讲什么讲义，都是毫无功效的。

我没有当过义勇军，说不确切。但自己问：战士如吃西瓜，是否大抵有一面吃，一面想的仪式的呢？我想：未必有的。他大概只觉得口渴，要吃，味道好，却并不想到此外任何好听的大道理。吃过西瓜，精神一振，战斗起来就和喉干舌敝时候不同，所以吃西瓜和抗敌的确有关系，但和应该怎样想的上海设定的战略，却是不相干。这样整天哭丧着脸去吃喝，不多久，胃口就倒了，还抗什么敌。

然而人往往喜欢说得稀奇古怪，连一个西瓜也不肯主张平平常常的吃下去。其实，战士的日常生活，是并不全部可歌可泣的，然而又无不和可歌可泣之部相关联，这才是实际上的战士。

这篇《“这也是生活”……》，发表在一九三六年九月五日上海《中流》半月刊第一卷第一期头条。

即使在重病中，鲁迅也亲切地感到“无穷的远方，无数的人们，都和我有关”。想到“删夷枝叶的人，决定得不到花果”。从思想方法上教导人们看事物不要片面，不要走极端。“给名人作传的人，也大抵一味铺张其特点，李白怎样作诗，怎样要颠，拿破仑怎样打仗，怎样不睡觉，却不说他们怎样不要颠，要睡觉。其实，一生中专门要颠或不睡觉，是一定活不下去的，人之有时能要颠和不睡觉，就因为倒是有时不要颠和也睡觉的缘故。然而人们以为这些平凡的都是生活的渣滓，一看也不看。”于是看不到事物的全貌，由此批评了那种简单、片面的方法：“教人连吃西瓜时，也该想到我们土地的被割碎，像这西瓜一样”。因为“战士的日常生活，是并不全部可歌可泣的，然而又无不和可歌可泣之部相关联，这才是实际上的战士”。

《“这也是生活”……》是病中生活的散记，写得散淡、恬静、随意，似乎连文章也进入了“无欲望状态”。然而又于平淡中突发令人警醒之语，闪烁出只有鲁迅才有的智慧和理性。是的，即使在大病之中，鲁迅也和“无穷的远方，无数的人们”休戚相关。

《死》

病后休养，躺在藤躺椅上，鲁迅每不免想到体力恢复后应该动手的事情：做什么文章，翻译或印行什么书籍。想定之后，就结束道：就是这样罢——但要赶快做。这“要赶快做”的想头，是为先前所没有的，就因为在不知不觉中，记得了自己的年龄。却从来没有直接的想到“死”。

但在经过美国肺病专家邓医生的诊断，誉他为最能抵抗疾病的典型的中国人，倘是欧洲人，则在五年前已经死掉时，他才确信，自己可能不久会死，九月五日写好一张遗嘱：

一，不得因为丧事，收受任何人的一文钱。

二，赶快收敛，埋掉，拉倒。

三，不要做任何关于纪念的事情。

四，忘记我，管自己生活。——倘不，那就真是胡涂虫。

五，孩子长大，倘无才能，可寻点小事情过活，万不可去做文学家或美术家。

六，别人应许给你的事物，不可当真。

七，损着别人的牙眼，却反对报复，主张宽容的人，万勿和他接近。

此外自然还有，现在忘记了。只还记得在发热时，又曾想到欧洲人临死时，往往有一种仪式，是请别人宽恕，自己也宽恕了别人。我的怨敌可谓多矣，倘有新式的人问起我来，怎么回答呢？我想了一想，决定的是：让他们怨恨去，我也一个都不宽恕。

遗嘱显然是写给爱人许广平的。

冯雪峰来时，鲁迅拿给他看，精神很好地微笑着说：“我倘要真写遗嘱，也就都在这里了。这些倒也都是真话……说牙眼勿报的人，是不可相信的。”

雪峰看过后，建议在“不得因为丧事，收受任何人的一文钱”后面加一句：“但老朋友的，不在此例。”在“文学家或美术家”前面加“空头”二字。

鲁迅觉得很满意，在原稿上添上了，躺回躺椅上去，笑着说：“‘空头’添得好。只两个字，就将这些人刻画得活灵活现了。这就是住在上海的好处，看多了这类空头人物，才能想到这两个字。”

本篇以《死》为题发表于一九三六年九月二十日《中流》半月刊第一卷第二期。

《死》是鲁迅大病之后写的关于死的杂感，类似遗嘱，又不算遗嘱。通篇沉郁、阴冷，令人有读但丁《神曲》、游历地狱的感觉，堪称世界文学史上谈论死亡主题的经典之作。文后写给亲属的七条遗嘱，已成为最后的传世遗教，而对怨敌“一个都不宽恕”的决定，又令今天的读者难于理解。其实不必非要寻找各种思路去理解不可，鲁迅就是鲁迅，是按照他独特的个性和方式遗世独立的！如果符合人们的理解思路和思维框架，也就不是鲁迅了！

鲁迅终生以改造国民性为己任，对国民性中的种种缺陷、弱点，无论是他人的，还是自身的，都应该“一个都不宽恕”。

《女吊》

想到了死，就联想到人死后所变的鬼魂。鲁迅是不相信鬼神的，但他这时却很喜欢绍兴家乡传说的女吊。因为这女鬼表现了一种复仇精神——

> 大概是明末的王思任说的罢：“会稽乃报仇雪耻之乡，非藏垢纳污之地！”这对于我们绍兴人很有光彩，我也很喜欢听到，或引用这两句话。但其实，是并不的确的；这地方，无论为那一样都可以用。
>
> 不过一般的绍兴人，并不像上海的“前进作家”那样憎恶报复，却也是事实。单就文艺而言，他们就在戏剧上创造了一个带复仇性的，比别的一切鬼魂更美，更强的鬼魂。这就是“女吊”。我以为绍兴有

两种特色的鬼，一种是表现对于死的无可奈何，而且随随便便的“无常”，我已经在《朝华夕拾》里得了绍介给全国读者的光荣了，这回就轮到别一种。

“女吊”也许是方言，翻成普通的白话，只好说是“女性的吊死鬼”。其实，在平时，说起“吊死鬼”，就已经含有“女性的”的意思的，因为投缳而死者，向来以妇人女子为最多。有一种蜘蛛，用一枝丝挂下自己的身体，悬在空中，《尔雅》上已谓之“蚬，缢女”，可见在周朝或汉朝，自经的已经大抵是女性了，所以那时不称它为男性的“缢夫”或中性的“缢者”。不过一到做“大戏”或“目连戏”的时候，我们便能在看客的嘴里听到“女吊”的称呼。也叫作“吊神”。横死的鬼魂而得到“神”的尊号的，我还没有发见过第二位，则其受民众之爱戴也可想。但为什么这时独要称她“女吊”呢？……

…………

……“起殇”者，绍兴人现已大抵误解为“起丧”，以为就是召鬼，其实是专限于横死者的。《九歌》中的《国殇》云：“身既死兮神以灵，魂魄毅兮为鬼雄”，当然连战死者在内。明社垂绝，越人起义而死者不少，至清被称为叛贼，我们就这样的一同招待他们的英灵。在薄暮中，十几匹马，站在台下了；戏子扮好一个鬼王，蓝面鳞纹，手执钢叉，还得有十几名鬼卒，则普通的孩子都可以应募。我在十余岁时候，就曾经充过这样的义勇鬼，爬上台去，说明志愿，他们就给在脸上涂上几笔彩色，交付一柄钢叉。待到有十多人了，即一拥上马，疾驰到野外的许多无主孤坟之处，环绕三匝，下马大叫，将钢叉用力的连连刺在坟墓上，然后拔叉驰回，上了前台，一同大叫一声，将钢叉一掷，钉在台板上。我们的责任，这就算完结，洗脸下台，可以回家了，但倘被父母所知，往往不免挨一顿竹篠（这是绍兴打孩子的最普通的东西），一以罚其带着鬼气，二以贺其没有跌死，但我却幸而从来没有被觉察，也许是因为得了恶鬼保佑的缘故罢。

…………

她将披着的头发向后一抖，人这才看清了脸孔：石灰一样白的圆脸，漆黑的浓眉，乌黑的眼眶，猩红的嘴唇。听说浙东的有几府的戏文里，吊神又拖着几寸长的假舌头，但在绍兴没有。不是我袒护故乡，我以为还是没有好；那么，比起现在将眼眶染成淡灰色的时式打扮来，可以说是更彻底，更可爱。不过下嘴角应该略略向上，使嘴巴成为三角形：这也不是丑模样。假使半夜之后，在薄暗中，远处隐约着一位这样的粉面朱唇，就是现在的我，也许会跑过去看看的，但自然，却未必就被诱惑得上吊。她两肩微耸，四顾，倾听，似惊，似喜，似怒，终于发出悲哀的声音，慢慢地唱道：

“奴奴本是杨家女，

呵呀，苦呀，天哪！……”

鲁迅写好《女吊》后，大约是九月二十一日的晚间，雪峰到他那里去，他从抽屉里拿出原稿来说：“我写好了一篇。就是我所说的绍兴的‘女吊’，似乎比前两篇强一点了。”

雪峰从头看下去，鲁迅先生却似乎特别满意其中关于女吊的描写，忽然伸手过来寻出“跳女吊”开场的那一段来指着道：“这以前不必看，从这里看起罢。”

雪峰首先感到高兴的却是从文章中看出先生的体力逐渐恢复了。鲁迅说：“这一篇比较的强一点，还有一个理由，是病后写得比较顺手了。病中实在懒散了。”

而其实所谓“懒散”，正是一种散淡和从容，是散文的一种极高的境界。

这篇《女吊》写于九月十九日至二十日，发表于一九三六年十月五日《中流》半月刊第一卷第三期。

《女吊》是记述绍兴乡俗的杂感味很浓的散文，透发出一股鬼气，然而这鬼，是一位美丽的女鬼，不令人恐怖，反引人怜爱，如鲁迅所说，是“一个带复仇性的，比别的一切鬼魂更美，更强的鬼魂”。鲁迅临终前以浓重的笔墨描绘这位美神一样的女鬼，是含有深意的，尽可细细去琢磨、品味。体悟会是形形色色的，但有一点恐怕能够形成共识，这就是：贯穿鲁迅一生的会稽报仇雪耻的复仇精神，在生命的最后时刻得到了最彻底的贯彻，像火山一样喷出血红的火焰。整篇文章看似阴冷，其实比过去的所有文字都炽热得多!

另外，鲁迅还写了一束议论性的杂感《半夏小集》，“半夏”不是指季节，所谓“半夏”是一种带毒的小草,也是很普通的中草药。鲁迅用在这里是“小毒”的意思。九段短论，各呈一番风采和理趣，一、五、六是对话体，二、三是箴言体，四、七、八、九是随感体。文体腾挪多姿，富于变化；风格冷峻洒脱，蕴藉深厚;立论警策机智，尖刻诙谐。试将一节剥 A 大衫的对话与《华盖集》中的《牺牲谟》进行一下比较，就会发现鲁迅晚年的杂文艺术的确更为清峻、简劲了，这里的几句话比那时的一大篇还要痛快淋漓！再拿四、七节的随感与《而已集》中的《小杂感》作一番对比，又会感到鲁迅晚年的杂文不仅更为峻拔，而且愈加丰厚、委婉、跌宕，不只限于哲理的凝聚，还展现“伟美的壮观”，增添了画面感和语言的顿挫、曲折之美。而文中所充溢的是更为炽烈的爱国热情，“情愿喂狮虎鹰隼，却一点也不给癞皮狗们吃”的不甘做任何人奴隶的凛然正气，“令人看了神旺，消去鄙吝的心”。尤其是“最高的轻蔑是无言，而且连眼珠也不转过去”一语，正表现了鲁迅特有的对庸人俗物不屑一顾的高傲风度。

《半夏小集》刚写完第二天下午，冯雪峰去看望，鲁迅从抽屉里拿出这手稿给雪峰看，雪峰坐在鲁迅写字时坐的椅子上，鲁迅自己躺在书桌旁的藤躺椅上抽烟，雪峰一句一句读下去，鲁迅听到觉得改动一下更好的地方，就叫雪峰拿笔照他说的改一改，例如把“优待”改为“提拔”，“想头”改为“结论”，都是照鲁迅自己说的改的。只有雪峰读到“但养胖一群癞皮狗，在世界上有什么用？”这句时，曾说过自己当时的感觉，以为后半句最好也如上文那样改得更抒情一些。鲁迅想了想，说:“改为这样吧:‘只会乱钻，乱叫，多么讨厌！’”雪峰就照他说的改了。前面几处墨迹淡，也是用的毛笔，不是铅笔。

这篇《半夏小集》发表于一九三六年十月《作家》月刊第二卷第一期。

鲁迅曾把夏季大病之后写的《半夏小集》《“这也是生活”……》《死》《女

吊》四篇，另外放在一处，预备做《夜记》的材料。这四篇和四月一日、即大病前写的《我的第一个师父》共五篇，确实别有味道，应属鲁迅文章中最为老熟的佳作，是他生前最后一次向更高境界的攀升。

未完成的著作

刚好，鲁迅大病初愈，兴致甚好，留雪峰吃晚饭，还喝了些酒。饭后，回到二楼工作室兼卧室，鲁迅仰坐在躺椅上抽烟，雪峰还坐在他桌前的圆椅上，鲁迅讲起他想写的文章和书，雪峰倾听着，牢记在心里——

病后写的《"这也是生活"……》《死》《女吊》，都是一类文体的诗的散文，他说预备写它十来篇，成一本书，以偿某书店的文债。这计划倘能完成，世间无疑将多一本和《朝花夕拾》同类的杰作。

《女吊》之后，已有腹稿的还有两篇：一篇是关于"母爱"，一篇则关于"穷"。

鲁迅接下去说："这以后我将写母爱了，我以为母爱的伟大真可怕，差不多盲目的……"在谈话中讲起母性和母爱，实在不止一次，并且不止好几次，差不多常常提到。雪峰曾这样想：鲁迅先生对于女性的尊视，其中之一的理由是因为母性的爱的伟大罢，这从他常常攻击摩登妇女有乳不给儿子吃的事也可知道。有时也常常从德国社会主义的女画家珂勒惠支而谈到母爱，有时则从中国农村的淳厚的老妇人而谈及。他要写一篇关于伟大的母爱的文章也不止说过一次。

其次关于穷，鲁迅也说过好几次，他以为"穷并不是好，要改变一向以为穷是好的观念，因为穷就是弱。又如原始社会的共产主义，是因为穷，那样的共产主义，我们不要"。雪峰记得鲁迅说过这样的话："个人的富固然不好，但个人穷也没有什么好。归根结蒂，以社会为前提，社会就穷不得。"……这些仿佛就是鲁迅先生要写的关于"穷"的文章的题意。

但是，最重要的，雪峰以为鲁迅先生的死给予中国文学史和学术史的两个巨大的损失。其一，是先生在六月间大病后计划过一个长篇小说。其二，是他十五六年来，不但只有计划，而且准备，收搜材料，常常想动手的中国文学史。

鲁迅先生没有写过长篇小说，也似乎不很有意思写长篇小说。雪峰觉得他不很有意思去计划写长篇，主要的是他埋在现实社会的短兵相接的斗争里，从他的岗位来说，对于现在中国社会，他以为社会批评的工作比长篇巨制更急需。记得他曾说："我一个人不能样样都做到，在文化的意义上，长篇巨制自然重要的，但还有别人在，我是斩除荆棘的人，我还要杂感杂感下去……"鲁迅先生特别看重社会的、政治的也是文化的那更首要的迫切的任务，是不消说的。但其实，基本的任务还是一个，这是选择武器的问题，同时是新的形式的创造的问题，如果我们将长篇小说的形式从旧的比较笨重的、不直接的、不能迅速反映现实和迅速发生实际效果的意义去看，则鲁迅先生首先采取灵活、迅速、锋利的杂感短评的形式去完成他的任务，是当然的了。还记得鲁迅曾说："就是我的小说，也是论文，不过采用了短篇小说的体裁罢了。"同时他又常常痛惜他的小说和他的文章中的曲笔常被一般读者误解，而且这是很明白的事实；所以，在艺术服从于社会的目的的原则下，雪峰以为这是一个鲁迅先生更倾向于直剖明示的尖利的批判武器的创造的原因。并且，觉得倘若先生从事长篇的制作，也一定要创造新的适合于他的形式。

鲁迅先生又重提一九三六年六月间大病前后，曾屡次谈起的中国的知识分子问题，有时也谈起高尔基的巨著《萨姆金的一生》，也谈到长篇小说的严格形式的解放。

鲁迅先生深知四代的知识分子，一代是章太炎先生他们；其次是鲁迅先生自己的一代；第三是相当于例如瞿秋白等人的一代；最后就是现在如雪峰似的这类年龄的青年……他说，"倘要写，关于知识分子我是可以写的……而且我不写，关于前两代恐怕将来也没有人能写了。"

接下去，他们又谈到长篇小说，鲁迅先生不大喜欢辛克莱式的东西，但以为长篇小说可以带叙带议论，自由说话。——这有这样的意思：就是长篇小说也可以由作者变成为社会批评的直剖明示的尖利的武器的。

于是，鲁迅先生极自然地归结到他写长篇小说的问题，那时他说："这倒可以想想看，如果还能够再活十年。——慢慢写，一年写一本是可以的。或者，想写的文学史再搁一搁也可以，——即同时写也可以。”大约过了一星期，一晚雪峰去访问的时候，鲁迅先生说道：“多次谈起的写四代知识分子的长篇，曾想了一下，我想从一个读书人的大家庭的衰落写起……”又加说：“一直写到现在为止，分量可不少。——不过一些事情总得结束一下，也要迁移一个地方才好。”

雪峰看出鲁迅先生已经开始在计划了。然而这将反映中国近六十年来的社会变迁，中国知识阶层的真实历史，并将会创造新形式的巨制的计划，终于难以完成。

鲁迅先生以前也曾计划过一部长篇历史小说的制作，是想描写唐朝的文明。这个他后来似乎不想实现的计划，大概很多人知道，因为鲁迅先生似乎对很多人说过。雪峰也听他在闲谈中说过好几次，有几点还记得清楚的是，第一，他说唐朝的文化很发达，受了外国文化的影响；第二，他以为“七月七日长生殿”唐明皇和杨贵妃的盟誓，是他们之间已经感到了没有爱情了的缘故；第三，他想从唐明皇的被暗杀，唐明皇在刀儿落到自己的颈上的一刹那间，这才在那刀光里闪过了他的一生，这样地倒叙唐明皇的一生事迹。——记得先生自己还说，“这样写法，倒是颇特别的。”但他又说曾为了要写这小说，特别到长安去跑了一趟，去看遗迹，可是现存的遗迹全不是古书上所见的那么一回事，——黄土，枯蓬……他想写它的兴趣反而因此索然了。写这历史小说的计划，应该在一九二四年以前，而终未实现，他似乎不想实现。

关于中国文学史，鲁迅先生恐怕从写《中国小说史略》的时候已经开始准备，收集材料了罢。雪峰只知道一九二七年在广州中山大学曾有过一个大纲，不过似乎是为讲授用的，断片的研究也曾发表过一篇，而想写文学史及想如何写法，到上海以后，却时常谈起，但有些材料鲁迅先生都集中到北平去，最后两年则在上海又购买了为查考用的许多书籍。在一九二九年至一九三一年之间，翻译马克思主义艺术理论的时候，他常常谈起的多是文学史的方法问题。鲁迅先生一向已注意到文艺与时代及社会环境的密切的关系，到这时似乎更觉得非先弄清楚历代的经济、政治和社会生活不可。记得他说过这样的话："中国更需要有一部社会史，不过这当然更难。"这时他对于俄国社会史的有价值的著作及西欧的艺术史，如霍善斯坦因等人的著作，都极有兴趣的细阅，雪峰觉得这和他自己准备写文学史不是没有关系的。有时鲁迅先生还批评着他在这之前介绍的日本坂坦鹰穗著的《近代美术史潮论》的观点，也曾谈起他不满意当时出版的中国文学史，如刘大白的著作等。这时他很有即开手写的趋向，因为他曾说："或者先写 Sketch，像《魏晋风度及文章与药及酒之关系》那样，一断片一断片地写起来再说……"但终因为别的在他看来更紧迫的工作所牵制，并没有实现他的宿愿。

别外，鲁迅先生是时刻不忘为中国新文艺发达的基础的"泥土"工作的，例如翻译、印书、阅稿等。这在时间上也很被限制了。

鲁迅先生计划而未完成的著作，并不止这些。他计划而未完成的工作，实在就够他十年做，他自己就满以为至少还能再活十年呢，他说——"总不至于即刻'翘辫子'了……我在一九二七年住景云里的时候，生过一次现在似的大病，真的昏迷，几乎'翘辫子'了，但一愈就十年。我不大相信西洋医生的话，今年的病，也和那次差不多，大概总还有十年罢。"

鲁迅先生曾经这样说着，说后哈哈地哄笑了起来。

鲁迅这一番话，跟胡风也讲过。胡风很不愿意鲁迅在晚年重病中，耗费那样的精力翻译《死魂灵》，他以为如把这种翻译的气力用于写作四代知识分子的长篇小说，可能给中国文学乃至整个人类的思想文化留下更为珍贵的遗产。因为翻译别人还可以做，这部长篇小说却是其他任何人都无法写的。

《三十年集》

一九三六年，从一九〇七年在日本发表论文算起，写作生涯已经有三十年了。鲁迅在一九三六年二月十日致曹靖华的信中说：

> 回忆《坟》的第一篇，是一九〇七年作，到今年足足三十年了，除翻译不算外，写作共有二百万字，颇想集成一部（约十本），印它

几百部，以作记念，且于欲得原版的人，也有便当之处。

鲁迅为集印三十年来的著述先后草拟过两种编目。其中一种，更能反映他的意愿和风格：

第一部分：人海杂言。包括——

1.《坟》《野草》《呐喊》

2.《彷徨》《故事新编》《朝华夕拾》《热风》

3.《华盖集》《华盖集续编》《而已集》

第二部分：荆天丛笔。包括——

4.《三闲集》《二心集》《南腔北调集》

5.《伪自由书》《准风月谈》《集外集》

6.《花边文学》《且介亭杂文》二集

第三部分：说林偶得。包括——

7.《中国小说史略》《古小说钩沉》上

8.《古小说钩沉》下

9.《唐宋传奇集》《小说旧闻钞》

10.《两地书》

“人海杂言”形象地映现出鲁迅的性格与风度：鲁迅三十年来就是在人的海洋中发着惊世骇俗的杂论，写着彪炳史册的杂文。他的小说其实也是变相的杂文。恰如他自己所说：“我还要杂感杂感下去……”

“荆天丛笔”精准地道出了鲁迅的精神本质，他是斩除荆棘的人，三十年来就是在荆天棘地的刀丛中挥巨笔，“觅小诗”……

“说林偶得”说明三十年来鲁迅所从事的学术研究不是学院式、书蠹似的刻板说教，而是在诸种学说的密林中，说出自己在埋头耕耘中偶然获得的新见，发前人所未发，写前人所未写，如他在《两地书》中向许广平自诩的那样：“如果使我研究一种中国文学的事，大概也可以说出一点别人没有见到的话来。”

第十六章　探视者

增田涉

一九三六年七月五日，鲁迅的日本学生增田涉，听说自己的恩师病了，专程从日本来上海探视。

在海船甲板上，他手扶着船舷，迎风瞭望着蔚蓝色、波浪起伏的大海，回想起拜师鲁迅的经过——

他开始知道鲁迅的名字，是在哪年哪月，现在已经记不清了，大概是在旧制的高等学校当学生的时候，同班有一个在台湾生长的洪君，在阅读中国的杂志、小说，增田涉和他相当亲近，大约是从他那儿听见过的。或者是，因为当时京都大学的人们所办的《支那学》杂志上，刊登了青木正儿所写的《围绕着胡适的新文学运动》的文章，他读了文章才开始知道的。当时的事情已经不清楚了。那时是大正末年，即一九二五年。

直接读鲁迅的小说，是上了大学之后。一九二六年，同班的辛岛骁君，利用暑假到中国旅行，在北京会见了鲁迅，得到鲁迅和同人编辑出版的《语丝》。他回到东京，和同班同学商量，筹划成立现代中国文学研究会一类的团体。第一次会是评论鲁迅的文学。这实际上是只有四五个人的集会，增田涉也在会上发表了意见。记得是读了《故乡》，断定那是牧歌的抒情性的东西。那研究会也只开了这一次会就停止了。

鲁迅的名字渗透进增田涉的头脑里，难以忘怀，倒是由于鲁迅的《中国小说史略》。他在大学听过盐谷温先生的中国小说史课程，那时，关于中国小说史，盐谷先生在《中国文学概论》中说得最详细，被认为在小说史方面是最高的成就。正在那时候，出现了鲁迅的《中国小说史略》，材料的丰富和体系的完整使人惊异。受了鲁迅的启发和刺激，盐谷先生完成了明代小说三言二拍的研究，弄明白了《今古奇观》的成立系统。增田涉和长泽规矩也、辛岛骁同去上野图书馆查考《醒世恒言》，查考三言的编者冯梦龙，都是以《中国小说史略》做引导的。从这样的工作中，使他深感到《中国小说史略》是中国小说史研究的划时代名著。这正是刚入大学的时候，就对《中国小说史略》的作者充满了景仰，觉得鲁迅的确是惊人的学者。对鲁迅这样尊敬的，不止增田涉一个，当时的同学，都是这样的。

增田涉出了学校不久，就做日本著名汉学家佐藤春夫先生的助手，从事中国小说的翻译工作，很想到中国去看看。当一千页左右的长篇翻译告一段落的时候，便决心去上海。这是昭和五年，即一九三〇年岁暮的事情，于是翌年三月就到了上海，拿着佐藤春夫先生给内山完造先生的介绍信，去访问内山书店，恰好听说鲁迅正在上海，而且每天都到内山书店来的。

增田涉想，这是了不起的人！他从上海发行的文学杂志上知道，鲁迅不仅是由于《中国小说史略》值得人们尊敬，作为作家，他也是中国第一人。于是改变了原来只旅游一个月的计划，决心抓住这个机会向鲁迅学习。

增田涉计算着鲁迅出现的时间，每天到内山书店去。一天，终于见到了鲁迅。鲁迅给增田涉的印象，不是以前所想象的，是教训说教的、可怕的人，而是和蔼可亲、完全可以信赖的人，能够坦白地说话，毫不令人感到重压。作为朋友，年龄相差颇大，要说是老师，又不觉得那么敬畏。从文章看来，鲁迅好像有些可怕的样子，威严、矜持，但是，实际上日常接触的鲁迅，却是个好叔叔，连那漆黑的髭须，也增加他那幽默的可爱。清澈澄明的眼睛毫无纤尘，走路的姿态甚至带有飘飘然的“仙骨”。

鲁迅夏天穿白色的中国服。但是在增田涉眼里，印象最深的是他在室内的常见形象：穿着狭小的学生装的裤子，束着皮带，穿着手织的紫色毛衣，头发和胡须蓬乱，手里经常拿着烟管，嘴闭作一字形，微微笑着。香烟不离手，因为是便宜的香烟吧，手指头给烟脂熏得变成赤茶色。头发有时剪了，大概由于剪发的事极少，所以一剪了就显出样子很不同地好看起来，人们便开玩笑说“漂亮”。

增田涉向鲁迅请教学习中国文学，应该阅读什么书籍才好，鲁迅便把回忆幼年时代的《朝花夕拾》给他，他把书带回住所去读，不明白的字句或内容，第二天到内山书店去向鲁迅请教——这样继续了一段时间。《朝花夕拾》是鲁迅回忆幼年时代以及留学时期生活的，特别回顾了中国的生活风习和生长于其间的人的幼年的梦。从外国来学习中国事物的人，首先必须知道中国的生活风习。这大约是鲁迅首先介绍这本书的用意。那是一本不到两百页的书，一个星期就读完了。其次，鲁迅给了增田涉散文诗集《野草》。增田涉感到虽说是散文诗，却不是抒情的，多数寄托着激烈的具有政治意味的愤怒情绪。他为什么写作这样的东西呢？对当时具体情况缺乏详细了解的增田涉，是不好理解的。只是由此知道，眼前显得消瘦而苍白的鲁迅，是内心沸腾着强烈愤怒情感的人。

跟着开始了《中国小说史略》的学习，内山完造劝增田涉翻译此书，所以几乎是逐字逐句地听鲁迅讲解。那时候，已经不是在内山书店的店头，而是直接去鲁迅居住的拉摩斯公寓了。在内山的“漫谈”一结束，就和鲁迅一道去。他一年前换了满口假牙，义齿与齿龈不合，大约因为发声不方便吧，口沫有时溅及增田涉，时而又咯吱咯吱地搔着两股周围，增田涉一面心里暗笑，一面在听他的教导。通过日常生活反映出来的鲁迅，只是普通的人，有时杂谈接触到性爱问题，也看到作为赤裸裸的人的一面。一星期有两次跟他一家人吃饭，饭前总要喝点酒。他说喝酒就要悲伤，所以不多喝。又说，如果喝得太多就会发起狂来。还听说，他年轻时曾因为喝酒而挥动起菜刀来。这样的鲁迅，在增田涉心里，只是市井的普通人。

可是，另一面又觉得鲁迅是伟大的人。那就在于他一生贯串着对权力不妥协的强韧，站在被压迫者方面，对权力的压迫勇敢地战斗，毫不妥协。那时候，他住在某大厦的三楼，正因为政府的通缉令而隐居着，为了不让人知道他的住地，他不在朝向街道的唯一窗口露面。上海的夏天是炎热的，增田涉在休息的时间，就拿着椅子走向窗口那边乘凉，向下看着街上人们往来的情景，但鲁迅总是在离开窗口两三尺的地方坐下，绝不靠近窗边，生怕人们从下面的街上看到自己的面影。增田涉想,这是多么不自由的生活！可是他，一直忍受着，继续匿名做文章，来讽刺、攻击那依仗权力的政治。他的顽强的坚忍性实在是了不起的。因为在日本，好像并不怎样知道中国活着这样的人，也不知道这样的人在中国的境遇。当时的行政院院长暗地派人与他联络，说希望跟他会面，但是他拒绝了。以一个民间的文人、而且是正在被下令通缉的身份，竟然拒绝行政院院长的会面要求，是一般人难以做到的。要是跟行政院院长联络合作，那么，他身边的束缚就会马上消失，受到特殊优待，使人想到他那不屈服于权力的强悍，总之，增田涉感到鲁迅为人的伟大。

两人并坐在书桌边，增田涉把小说史的原文逐字译成日文念出来，念不好的地方，鲁迅给以指教，关于字句、内容不明白的地方，增田涉就打破砂锅问（纹）到底，鲁迅所作的答复，在字句方面的解释，是简单的，在内容方面，却详细说明，所以很费时间，大约从午后的两点或三点开始，继续到傍晚的五时或六时。有时也转入杂谈，或参加进鲁迅对每天发生的时事的意见或批评，大概有三个月的时间耗费在《中国小说史略》的讲读上。所用的书，是一九三一年七月，上海北新书局初版的《中国小说史略》订正本，扉页有鲁迅的印章。书内有鲁迅用铅笔加的批字，或订正错漏字，或简单批注。譬如讲《儒林外史》时，“马二先生”的“生”字错排成“在”，鲁迅用铅笔做了更正。讲《红楼梦》时，鲁迅在“雪芹霑”后，补加了“号芹溪”。那时，因为鲁迅跟外界很少联系，所以大致上没有客人。在那宽大的书房兼客厅里，广平夫人在稍远的地方，干着她自己的工作，读书、抄写、织毛线。他们的儿子海婴，大都由保姆带了出去，不常在屋里，没有什么人打扰，增田涉得以充分地接受教导。到民国二十年，即一九三一年十月，全部讲解完毕。当这事完毕时，增田涉松了一口气，他想鲁迅先生也松了一口气吧。后来，又讲解《呐喊》和《彷徨》，这两本小说用的也是北新书局版本，也有很多批注。增田涉加得最多，鲁迅则用很漂亮的毛笔加了一些注。令人注目的是在《彷徨》的《伤逝》篇中，页边加了一个英文的“lover”。讲解完毕，是在那年的岁暮。所以增田涉在那一年里，春、夏、秋、冬，每天都进鲁迅的书房，而且一天约三小时在接受鲁迅的个人教授。每天受到广平夫人给以点心或茶水的招待。每星期大约有两次在他家吃饭。增田涉简直像一个投进母亲怀里撒娇的孩子，而能给他温暖怀抱的就是鲁迅先生。无论多么幼稚、无聊的问题，也绝不敷衍，认真诚恳地为他做详细的解释，从来没有厌倦过，而是手把着手谆谆教诲。鲁迅先生的态度使增田涉敬佩无比，却说不出感谢的话，但是心中永远铭记先生的恩情。

增田涉对鲁迅说想写一部《鲁迅传》，并把腹稿告诉给鲁迅。鲁迅立刻就写了郑板桥的对联给他——

搔痒不着赞何益，入木三分骂亦精。

又解释道：“被批评而觉悟，比听赞语而自负好很多！所以要留心批评。即使是‘骂’，但如入木三分，也要认真听取，不管它有无益处。”

增田涉一九三一年八月在上海就写出了《鲁迅传》初稿，曾经鲁迅过目。回日本后又加修改，给日本汉学家佐藤春夫看过。一九三一年八月二十七日，佐藤春夫给增田涉的信中说：《鲁迅传》已读了几十页，感到鲁迅先生的伟大，与改造社谈，开一条血路。于是发表在一九三二年四月号《改造》上。后来由梁成译为中文，在《台湾文艺》上刊出，但作者名误署为佐藤春夫。郭沫若看见，认为传中所写法国大文豪罗曼·罗兰看了《阿Q正传》后，写了赞扬信给鲁迅，结果中转时落入创造社手里给“毁弃”了，与事实不符，写了《〈鲁迅传〉中误谬》，刊载于一九三五年二月一日《台湾文艺》月刊第二卷第二号，鲁迅可能是知道的。

增田涉亲眼目睹鲁迅是把写作和发表文章当作他生活的全部，执笔著作就是他本身的生活。鲁迅有时对他说，要无顾忌地写，如果有错误，随着年龄的增长给以修正就行了，不要一开始就想写出完整的东西。这说明了鲁迅的执笔方式和生活态度。

增田涉除开日常功课之外，有时候也同鲁迅去看电影，看绘画展览，或者同进啤酒店；也在自己的寓所接待过鲁迅，开牛肉罐头，喝啤酒。后来，离开上海，还每月两次给鲁迅写信，每次都得到回答。主要是关于《中国小说史略》的询问、解答，另外还添上一二页互相报告家庭状况的。鲁迅儿子海婴的照片，也常给寄来，有三张。增田涉的大儿子出生时，鲁迅还特地寄来了礼物。所以增田涉一谈到鲁迅，总是首先浮现出他日常生活的面影。眼所见、耳所听的他的姿态和声音，总是比文章里的他先复活。

增田涉天天和鲁迅接触，从言论、行动所感受到的，鲁迅首先是一个爱国者。所谓爱国者，不是狭隘的国家主义者的意思，而是人类的，或民族的人道主义，这就是他文章的发源地，他的眼睛什么时候都贯注于中国和中国人的将来，考虑着要怎样做才能使现实的中国和中国人走向更加合理的、幸福的将来。那样冷彻刻薄的笔锋，只是一个旁观的人，当然是使用不来的。鲁迅那和蔼可亲的、常被泪水湿润的莹亮的眼珠的光辉，绝不是显示他为人的冷酷，经常像被什么怪物所"凭"那样燃烧着爱国的热情，有时候甚至于带着"鬼气"。他曾经说过：为什么写起小说来的，我仍然抱着十几年来的"启蒙主义"，认为文学必须"为人生"，并且必须改良人生。那不是抽象的一般的人生，是总处在现实的中国社会和中国人的界限内。

鲁迅的人生是极其具体的，直接在他生活之中国，或者说是他生活范围的客观的中国社会和中国人，在这儿存在着他一切关心的中心。他就是这样地爱中国和中国人的。

虽然鲁迅很说了些中国政治方面的坏话，但当有人问他：那么你讨厌出生在中国吗？他回答说，不，我认为比起任何国家来，还是生在中国好。那时增田涉看见鲁迅的眼里湿润着。他说中国的坏话，正好像父母在别人面前说自己的儿子：这家伙很蠢，没有办法。原是爱极了的憎恶，别人是没有觉察的。中国的政治家只知道做坏事，使国民受苦，尽管这样，他也不愿意接受别国的统治，他是多么爱着中国和中国人。

一九三一年十二月，增田涉要回国，鲁迅亲笔书写了一首诗送他：

送增田涉君归国

扶桑正是秋光好，枫叶如丹照嫩寒。
却折垂杨送归客，心随东棹忆华年。

一九三五年顷，增田涉翻译的《中国小说史略》，由东京赛棱（号笛）社出版了题为《支那小说史》的日译本。应增田涉之邀，鲁迅亲自为之作“序”。他不无欣喜地说：“听到了拙著《中国小说史略》的日本译《支那小说史》已经到了出版的机运，非常之高兴。”收到成书后，鲁迅在致增田涉的信中说：“《中国小说史》豪华的装帧，是我有生以来，著作第一次穿上漂亮服装。”《支那小说史》出版于昭和十年，即一九三五年七月，书品端庄凝重，确乎装帧得非常“漂亮”，可以毫不夸张地冠以“豪华”二字。布面精装，书顶烫金，重磅道林纸印制，俨然皇皇一巨册，可谓“金碧辉煌”。书脊上一行“支那小说史 鲁迅著 增田涉译”的金字，在墨绿色麻布底纹的衬照下熠熠发光。书的开本也很大，宽十五厘米，高二十二点五厘米。装帧与题签均为赛棱社主一三上放芜吉，可见该社对这部力作的重视。

《支那小说史》的出版，在日本也引起极大的反响。一九三五年八月二十日，盐谷温在致增田涉的信中说：“收到《中国小说史略》日译本，这无疑是学界盛事，鲁迅先生也会感到满足。”鲁迅被诬抄袭了盐谷温《中国文学概论》的小说部分，倘若果真如此，盐谷温还能这样欢迎《中国小说史略》日译本的出版吗？事实胜于雄辩。铁的事实击碎了鲁迅抄袭说的谎言。

增田涉七月六日到达上海后，和鲁迅相会，隔了五年重见时，鲁迅已经是躺在病床上的人，风貌变得非常险峻，神气是激烈的，尽管是非常战斗的，却显得很可怜，像“受伤的狼”的样子了。增田涉认为这是由于疾病的侵犯和环境的困难增加所致。

这时的书房里，排列着崭新的《海涅全集》原文本。

增田涉说："是《海涅全集》啊！"并问他用意所在。

鲁迅说，想重读一下海涅。从前读过日文译本，也读过单行本，全集还没有读过。那崭新的全集一大排并列着，好像就要坐下来读它的样子。增田涉从鲁迅的口气里，觉察到他是多少兴致勃勃的。由此想来，他这时候不是已经从尼采到海涅地变化了么？不是他的爱好，而是他的为人，或者是作为文学家的应有态度，不是尼采的而是海涅的了。如果抽象地说，怕是从观念的孤高下来，更深入接近现实社会吧？鲁迅五年前面对面讲授时，就说过他少年时爱李贺，晚年喜欢杜甫，这不是和从李贺向杜甫的变化属于同种类的变化么？尽管这样，还不能说，李贺、尼采的影响就已经消失了；而在初期，他也不是没有杜甫的或海涅的东西。只能说，是向着"更为杜甫的""更为海涅的"方向变化了。这样来研究他的变化和发展，研究他的为人或作为文学家的变化和发展的时候，不是更具体而容易明白么？

增田涉感觉到，鲁迅年轻时喜欢李贺，喜欢尼采，是和他性情密切联系着的。跟他谈安特列夫，模仿果戈理，受夏目漱石的影响不一样，不是在学习他们的文学表现方法，而是更为根本地与他的为人直接相通的关系。他的性情、气质所要求的，必然是趋向李贺、尼采。到了晚年，由于环境、经验的关系，在他那儿出现了色彩更浓的杜甫的、海涅的东西；但是，还没有完全摆脱李贺和尼采。还是那样地扎根于他本来的性情、气质上。

七月九日，鲁迅送别增田涉，请他吃午饭，鲁迅只吃了一点点东西，便说："我已经疲乏了，上楼去休息，你慢慢吃罢。"说完，他一面靠着扶梯，一面由广平夫人扶着，脚步沉重地向上走去。增田涉看着鲁迅的后影，一面喝着玫瑰酒，感伤地目送着他。同时心里想：先生已经没有希望了。

增田涉记得鲁迅第一次看到自己的胸片时睁大了眼睛，像一个孩子一样充满了好奇，其实那时候他肺病已很严重了。日本人关注的是鲁迅这一面，这个时候鲁迅更是一个诗人和文学家。他逝世后，纵使多少铜像、多少纪念馆都无法安慰他惨淡奋斗的平生。他有一种固结的悲凉凝冻在胸中，倘若鲁迅的形象被歪曲，不是他青年时代看到的那个鲁迅的样子，就得让他受不了。所有的铜像和纪念馆都无法安慰那样一个灵魂。鲁迅心里充满了强烈的慈悲情感，虽然可能有一些急躁或者某种狭隘，但这是一个真正的仁者。

但鲁迅的诚实、温和的心情，还是同过去一样。两三天之后，增田涉第二天就要回国，去向鲁迅辞行，鲁迅已经准备好许多土产礼物，本来由广平夫人给包装了的，他说夫人的包法不好，自己抢过去给重新包了。增田涉感到一种说不出的感谢、温暖，默默地从侧面看着鲁迅那并不特别灵巧的双手的动作。

他想起读鲁迅的著作，和在他的日常谈话里，常常出现“奴隶”这个词。这里包藏着中国本身从异民族的专制封建社会求解放在内的诅咒，同时又包藏着从半殖民地的强大外国势力压迫下求解放在内的、二重三重的诅咒。所谓主人与“奴隶”，不是对立的两个概念，这一现实是经常在他的生存中，经常在鼓动他的热情，缠住他的一切思考。这一点，必须切实知道，从而知道他对自己和自己民族的奴隶地位的自觉，就是跟他的“人”自觉相联结的，同时也应知道正在这儿就有着决定他的生涯的根据。

许钦文

一九三六年九月，与鲁迅感情最近的学生和同乡许钦文来看他了。

许钦文觉得鲁迅的面孔，虽然瘦小了点，却比往常清爽。大概因为老在深夜看书写字，以前所见，他总是面孔有点浮肿，眼泡也有点浮肿的。使许钦文吃惊的，是鲁迅的两条小腿，已经瘦得像丝瓜，而且干燥得很。但鲁迅仍然有说有笑，显得很高兴。“在病重的几天，一经闭拢眼睛，总就看到许许多多的花样;什么事情都不想做，一点兴致也没有，一点欲望也不发生，只是呆呆地躺着。死，就是这样一回事罢;这样下去，就是死掉了罢！”接着，又拿出刚写好的《女吊》给许钦文看,跟他讨论绍剧里的女吊是怎样表演的。

鲁迅始终爱看绍剧，其实没怎么看梅兰芳的京剧。许钦文觉得，鲁迅批判梅兰芳的京剧，没有站在京剧的艺术层面上，而是在反士大夫文化层面进行的。男人演女人是不简单的，那是艺术。鲁迅就说中国最伟大的艺术就是男人扮女人，这个讽刺太厉害了。从心理的角度看，鲁迅的话是他游戏之语，不要把它当真。其实鲁迅对中国戏曲，有自己的一些看法，但他不是专家，他是在抨击中国文化伪的东西，是杂文的感叹，不是学术的话语。杂文是为了讽刺当下的东西，拿出一个形象来奚落一下，不要当真，那是鲁迅的一种性格和艺术。

谈话间，许钦文想起八年前随鲁迅、许广平游杭州的事情。他至今不明白为什么鲁迅先生一定要订三张床的房间，硬让他睡在他们俩的中间。这使自己多么尴尬，许广平也多么不悦。但既是先生的意思，学生也只好照办。但他记得：那天去虎跑寺游玩，大家兴趣都很高，是鲁迅先生最愉悦的时候。过了一夜，先生犹有余兴。第二天，盥洗以后，突然问许钦文："钦文！你知道女人是什么？"许钦文一时莫明其妙，轮眼看了一下，室内除广平以外并没有别的女人，不知道怎样回答才好，颇有点窘。

"是寒暑表！"鲁迅先生故意表示严肃地重声说，"一晒太阳，有时只是照着了阳光，就热呀热呀地嚷个不停。一到泥塑的老虎脚边，那个虎跑岩最阴凉的地方，就冷啊冷啊地喊起来。回到旅馆里，就又热呀热呀地嚷个不停。这不是寒暑表么！"

许钦文的窘态顿时转到广平那里去了。她向鲁迅先生狠狠地盯了一眼，又向许钦文瞥了一下。鲁迅先生哈哈地笑起来了，许钦文也被引得笑出声来。可是尽力忍住……

憨厚的许钦文始终不理解先生为什么这样说……

许钦文的四妹许羡苏一九三〇年到河北大名府教书，离京前曾把鲁迅先生的一百多封信和账本捆成一包，留给了朱安。趁回浙江老家的机会，去上海看望了鲁迅先生，自此再没有回过家。作为哥哥，许钦文知道四妹和鲁迅先生只是师生和同乡关系，通信全是为找书、家用等事务，并无其他。所以也就不必避讳。

从《两地书》看，鲁迅先生和许广平的确是有深情的。《两地书》终究是情书，是说理谈情，这是《两地书》的特色了。鲁迅先生终究是热情的，无论怎样看重理智，终究抑不住热烈的情感。在《两地书》第二集鲁迅先生从厦门发的第一封信上，因为“月亮”也是刚由上海去广州的，其中有着这样的一段：“我在船上时，看见后面有一只轮船，总是不远不近的走着，我疑心就是广大。不知你在船中，可看见前面有一只船否？倘看见，那我所悬拟的便不错了。”

所悬拟的广大，不知道是真情，还是幻觉，或者竟由于虚构，无论如何，总是非常关心的表现。字面虽然平淡，情意却很浓厚。

鲁迅先生不仅对爱人许广平有情，对朋友也情感深厚，他最看重的青年艺术家陶元庆，常年辛苦工作，身体十分虚弱，一九三一年偶感风寒，服药无效，很快病危，送到医院已经来不及了，就死在了许钦文的怀里。鲁迅先生知道后非常悲痛，独出坟园地价四百元。许钦文伤心至极，因为陶元庆生前喜欢西湖，就在保俶山后买地，公葬元庆于西子湖畔玉泉旁，并请丰子恺写墓碑，建了“元庆纪念室”，旁边又造两间小屋，自己就住在里面。同时，许钦文还承担起照顾陶元庆妹妹陶思瑾的责任。

陶元庆遗作集在纪念室保存后，鲁迅先生曾一再计划到法国或者德国去印成画册。打听以后知道只是出口税就无法负担，退一步计划，就在国内用珂罗版印成画集。

因为思念哥哥，陶思瑾常常来小屋居住。她的同性恋同窗刘梦莹也常来小屋同住。许钦文为了避讳就独居纪念室，让两位小姐住在小屋里。但陶思瑾与刘梦莹却由感情日笃，渐起龃龉、妒恨，发生了陶砍死刘的惊天惨案。许钦文因为是房主，又是单身汉的缘故，也身陷囹圄。鲁迅写信托蔡元培营救，一年后，才正式宣判“被告无罪”释放。许钦文对鲁迅倍加感激。

许钦文很懂事，很体谅别人，见先生身体那样衰弱，许广平操劳家务那样繁忙，坐了一会儿，没有留下吃饭，就告辞了。出门走到街上，眼前浮现出鲁迅先生瘦得像丝瓜似的两条小腿，禁不住落下泪来。

徐诗荃

一九三六年九月的一天，鲁迅病卧在床，海婴正在客厅玩耍，听得后面有人敲门，佣人应声出去开门。来的是个青年，说是要见先生。佣人告诉他先生身体不适，不能见客。他二话不说，转身就走。过一会儿又响起敲门声，佣人刚刚打开后门，只见来者仍是他，手中捧了束鲜花，招呼也不打，直往楼上冲去。这时许广平正在二楼先生身边，立即迎了下来，企图挡住他不让他去影响先生的休息。但他仍然径自到先生床边，什么话也没说，只向先生身边放上鲜花，转身下楼而去。当时先生也只看看他，一言未发。

原来这位执拗的青年，就是徐诗荃，原名徐琥，笔名冯珧、梵澄等。湖南长沙人。上海复旦大学毕业后于一九二九年留学德国。他与鲁迅本来就熟。当年鲁迅倡导新木刻艺术，他正在德国留学，很多国外木刻图册就是通过他代为购买的。他出国时，鲁迅曾交给他一些中国宣纸，希望他趁便赠给德国画界朋友，以作中国造纸文化的宣传。不想年轻的徐诗荃书生气十足，并未领会鲁迅的意图，回国时将宣纸原封带了回来，使得鲁迅颇为不悦。也许当他闯进来献花时，鲁迅余气未消，才未予理睬的吧。但此一行动也颇见徐诗荃赤诚的性格。

其实，连徐诗荃自己都记不起去看过鲁迅先生多少次，谈过多少话。印象甚深的，是留德前一次沉默的告别。

一九二九年八月的一天，大约午后三点钟。鲁迅住在景云里。敲开门进去之后，见鲁迅正坐在后堂写稿，那书桌正面靠着分隔前后堂之板壁，光线从后面门窗透进。以前去拜访，总是在前堂中谈话，没有进到这里。鲁迅叫他在书案左边一张藤椅上坐了。他便说他明天动身，正午十二时开船。

鲁迅寂然，静静吸着一支烟，徐诗荃便停止了说话。过了一会儿，鲁迅开始说："在中国没有二十四小时了！"

徐诗荃说："是。"

这么又过了一会儿，彼此无言。

“哦！你还有点稿费在这里！”鲁迅忽然惊起似地说。随即从抽屉里取出一叠钞票给徐诗荃。徐诗荃说过感谢，便接下放在衣袋里。

当时徐诗荃颇写些杂文和短篇小说，不时寄给鲁迅，刊登后便去领些稿费。或多或少，总是每千字五元。这次回来一数，实在优待了一点，几乎是八元一千字，一共三十余元。

这么又默然了一些时，徐诗荃便起身告辞了。鲁迅一直送到大门口，徐诗荃鞠躬下去，刚一伸身，鲁迅突然目光辉射，执着徐的右手猛然一握，徐感到那手力极强。这是以前未曾遇到过的，吃了一惊，便分别了。

那一握，是教示，是勉励，使人精神振起，要努力，要争气，要在外国好好读书……从此鲁迅先生的一切其他平日的教言，凡学生之萎靡事，如“不进学校”“关起门来炖牛肉”之类的事，如先生嘲笑过的，徐诗荃皆没有做过。后来极穷，也未尝自己煮饭，真是“竖起脊梁”，好好地读书。——其时徐诗荃正二十岁。

时间得稍溯回一年多，徐诗荃初次往谒是在一九二八年五月末。鲁迅有一封复他的信，也许是同年六月十三日写的。徐诗荃记得这是第二封，宣纸花笺，满满两页细字，与第一封不同。第一封是薄“洋纸”淡墨便条，没有留下什么深刻印象。但这第二封中有这样的话：

> 贫贱而肆志，福贵则骄人，中国现在嚷口号的人，大致皆有此病。……

徐诗荃当时读过这话颇为诧异，因为他还是在大学里念书，“贫贱”“福贵”，二者皆说不上——“肆志”出《嵇中散集》，是先生校刊过的。“贵得肆志，纵心无悔。”——以为先生随笔写来而已，这还是“减等”之说。

这时，已是鲁迅经过厦门和广州的讲学时代后，沉默过一长时期。曾看到“杀戮青年的，似乎倒大概是青年，而且对于别个的不能再造的生命和青春，更无顾惜。……”这话说在一九二七年。后来在谈话中，多次讲到当时有些革命人士,成了反革命者,怎样“用他人的血来洗自己的手”。这是说“肆志”“骄人”，已算“减等”之说了，但也道着了那一时代许多人的病症。

徐诗荃感到这可说是鲁迅对自己的第一次教言，印象非常明晰。不久后另一信，中间有这些话：

……在中国做人不容易，因为国度老了，花样多，有时做人也只得用点手段。但要明知是手段，这样，吃亏的人比较少。……

做人当然是应该诚诚实实的，这是“常”“经”，但有时为了做好一事，不得不用点手段，这是用“变”，是从“权”。——徐诗荃不知道鲁迅早年怎样，如他所知道的这晚期，占全生世的七分之一，没有发现鲁迅用过什么手段。诲人不倦,待人始终是诚恳而且厚道。至若在文字上攻击敌人,嬉笑怒骂,不能说是用手段。因为过于厚道，倒吃了许多亏，也是众所周知的。

这以后，便是徐诗荃在国外所收到的信札的记忆了。这段期间的义务，是替鲁迅先生收版画，多是木刻原印而有木刻者签名的，买些艺术书，寄些杂志、报纸，有时代查一二寻常德文字典上没有的名词。信札多是关于银钱汇出，书、画收到之事。

鲁迅先生想到德国来游历……于是徐诗荃回信说明了这里情形，结论说：“先生来游，大致每月六百马克也就够了。”——以后来信，说明难以实现此北国之行缘由：

我感谢你替我计划了很好的田园。这些梦，我少年时也曾作过，还请了一位族人刻了一颗图章，取《诗品》句曰:“绿杉野屋”……

徐诗荃当时去信的意思是：上海总是洋场，没有什么文化环境，先生何不在任何山水佳处，找一所房子定居，较接近大自然。花之朝，月之夕，剥一黄橙，暖半壶酒，则有山灵相访，古哲会神……总比租界好。先生答复，这也是曾经梦想过的，下面讲了一些不可能的道理。

大致说上海虽是如此，也仍有些方便。——及今想来，那时代以中国之大，任何比较安全的地方也没有，政局实是太黑暗了。及至徐梵澄回国以后，那情形方体会到一点。而鲁迅先生虽居租界，此后仍得一次又一次逃难。其间有《阻达夫移家杭州》一诗，可见先生对当时的局势是看得透彻的。另外某篇文章中还引了章太炎庐山志题词里几句话：“人之情，求仕不获毋足悲，求隐而不得其地以自窜者，毋乃天下之至哀欤！”那悲愤，在先生的先生也是大的。

先生之买书画从此亦止。主要是因为柔石牺牲了，没有人为他跑银行买汇票，“我现在连跑银行的‘人才’也没有了。”——来信说。

> ……捐生喋血，固亦大地之块，足使沉滞的人间，活跃一下，但使旁观者于悒，却大是缺点。……
>
> 此外，作和尚也不行。……
>
> 我常劝青年稍自足于其春华，盖为此也。……

徐诗荃感到这是在人生旅途的歧路处对自己的一重要指点。他当时的意思，是“入世”则当革命，虽摩顶放踵，捐生喋血，利天下则为之，否则，不如“出家”，当和尚去。这正是普通湖南人的脾气，好走极端，激烈。——先生不谓然。以为革命当然是好，但要顾定目标，从容中道。譬如战场上金鼓震耳，烟尘蔽天，眼精手快的战士，却从容不迫，端起枪来打他一个正着，此之谓“中道”。气不当妄使，力不当妄用，倘失败了，又应积蓄气力，重新振作。如或一蹶，又走另一极端，行出世道，亦不可。人生在世界上，是“出”不到哪里去的。后下谈话中，屡次告诉徐诗荃做和尚怎样会使神经不正常，使人乖异。先生是学过医学的，这些道理必有根据，徐诗荃却无从说起。

青年时代，徐诗荃于人情世故懂得很少，好问，纠缠不清，以致先生慨叹起来了，要自足于青春。这末了一句，他记不起前面还有两字没有，或者是“呜呼！……盖为此也”。

……兄诗甚佳，比前有进，想是学汉、魏，于渊明却不像。不佞所好，则卑卑在李唐。……必再阅历四十年，慢慢喝下酒去而不吃辣椒，庶几于渊明有些像了。……

称谓“兄”，是对一般青年的客气语。信的末了，总只是两字，曰“迅上”，简单而通脱。自称则常不一定，“我”，“不佞”，“区区”……皆是。徐诗荃的去信，则是称“鲁迅先生”，但信封上却写“周豫才先生”，稍避显露，因为知道这名字的较少。谈话中，徐梵澄只称“先生”，或说“周先生”。对师母只称“师母”，说海婴只称“小弟弟”。

似乎鲁迅对湖南人颇有好感，总说湖南人爱吃辣椒，脾气躁。又甚夸“浙东学派”，说浙东多山，民性有山岳气，与湖南山岳地带之民气相同。或者在革命运动中，湖南人的贡献也不算太小，因此外省人对之皆颇有好感。如今四海一家，地域性是不必谈了，但有些地方的人民有某些特殊性格，是自古已然的，稍治历史的人便知道，要在各个发挥其优胜性格，在大同中不妨仍存其小异。

鲁迅的文集中，谈到有所谓“花生政策”者，确有其事。青年朋友来访，时常请吃点心。我国此一风俗，大概自从唐代已有，随饮茶一直保存下来。而青少年者，往往不顾点心之粗细，简单明了，全部吃完。据先生说来访者多，时时得添买，不甚方便。于是变通之法起了，代点心以花生米。花生米是价廉而物美，于主于客，两皆合宜。但那只是在北京时代的事，在上海时代，自始至终，徐诗荃却没有吃到花生米。

徐诗荃记得他之往访，总在周日下午三点到四点之间，谈了一会，该吃点什么了。先拨出一部分给海婴，他一拨，先生总说“够了，够了”。记得吃过榧子，是浙江产品；羊桃，是广东产品，皆他家乡所没有，未尝吃过的。有一次吃的是秀水所产的小菱，话便谈到朱彝尊、王仲瞿，皆秀水人。有一次吃凉面，便谈到唐人的槐叶冷淘。……有一次在内山书店，坐在那冬夏皆不移动的圆火缸之旁。内山先生很客气，捧出一盘糖，斜方微圆，棕色透明。

徐诗荃很高兴初次吃到日本点心，便取一个纳到嘴里，哪知只是糖而已。便吐出塞进缸灰里。先生却看见了，取着夹钳将其轻轻夹出，抛开了。是的，缸灰里不应塞进杂物，以免生火时烧着出烟。徐诗荃随即抱歉说他牙齿不好，不宜吃糖。先生说："得看看医生哪！"——牙齿不好也是真情，割龈，拔齿，在德国进过好几次医院。那里牙科医生设备多么好，手术多么精，他曾写信告诉过先生的。但那次是遁词，是嫌其糖之甜。

徐诗荃去访问总是有点小事，或送稿，或领稿费，但总是有些什么疑义，去问难。谈话时，先生吸着纸烟，一支接续一支，不断地烧，却很少吸。有一趟谈话稍久，回公寓摘下领带时，觉到衬衫上一股浓厚的烟气，便写信去说，此之所谓"熏陶"了，先生也只好纵容这玩笑，无法可想。

但徐诗荃自己也吸烟，然从来未敢在先生面前吸过一支烟。因为出身于旧式家庭，那规矩是对长辈要恭敬。若是坐车在路上遇到，要立刻停车，下来在路旁立着，问候一番，并且虚伪地自责，说真不应坐车云云，而且，更奇怪的，戴了眼镜若遇到长辈了，不论自己是近视也好，远视也好，便应当摘下。似乎戴眼镜只是老年人的特权，何况吸烟！如几趟在内山书店遇着了，坐了一会，随先生到寓所去，见先生总是手持新买的纸烟一长条，似乎是英国或荷兰出品，然不知是什么名牌。

此外，先生也是讲究喝茶的。有一时期徐诗荃往访较勤，便备有别一茶碗，搁在书房里那小架上，不弄错茶碗，比较卫生。有时不觉谈话过久了，师母便走来在先生耳旁说几句什么话，先生便微笑和徐诗荃说："在我们这里吃夜饭去好不好？"——那是按规矩只得遵命的。总是有点什么特殊的菜，饭前稍稍喝一点绍兴酒。这时先生更加谈笑风生。

这么，时常"赏饭"，徐诗荃觉得不安了，劳扰太多，会成了食客。便早往早退。总是领了稿费，归途中在餐馆中吃了一瓶酸牛奶，加糖，加肉桂末。回寓所总是在四点钟左右。

这些小事，回想起来，多么富于人生情趣，在平凡生活中是近于艺术化了。那时在上海徐诗荃没有什么朋友，只有一位老同学是医生，没有病便用不着他。可问教，可谈话者，唯有先生。先生始终也未尝给他介绍什么朋友。

其实和先生谈话，要异常知道分寸。

有一次孙伏园——著名的《晨报》副刊的编辑——和先生谈话，得意忘形，说："他们不料这一下踏在炸弹上了！"——这一句话便使先生大为不悦，以为自己替人写文字，费尽心力，结果当作了人家的炸弹，而至于粉骨碎身！——徐诗荃始终对先生是尊敬的，知道面对的是一伟大的人格，他人对先生的诽谤和颂扬皆不管。举凡论文、论史、论人、论事、论书、论画……皆听到过很多精辟的见解，度过许多无比的辰光。有时说及人情物理之微，真觉惊心动魄。最寻常是论文，品评他人的文字。

论文，通常小报和杂志的文字是不谈的，对造谣和攻击之类加以反驳，也不在话下。有一次遇到蔡元培先生的一篇文章，是关于工艺的题词，第一句是"中国乃一善用手指之民族……"先生指着笑说："这第一句就不可解！"徐诗荃也失笑了。看下去，下文也平平常常。蔡先生是前清名翰林，毕生从事革命，铸造了一时代的人物，甚为当世所尊仰。后来偶然碰到他在某处发表的一首旧诗，中有一句云："不管乘轩缘好鹤"，徐诗荃方在迟疑，说："这'好鹤'一句……？"——先生立刻说："'卫懿公好鹤，鹤有乘轩者'，……你？……？"——"哦！是的，我读过的。"——徐诗荃惊讶先生对旧书之熟记。这话出自《左传》。蔡先生的意思，是说提倡新思想，不管付出什么代价。那仍是一种革命精神，但所取之义也恰止于此，与卫懿公战败无关。而这也表现了蔡先生气魄之博大。

谈话一涉及国学，便牵连到章太炎。先生说及听过章氏讲小学，时在东京。所作的文章，初稿给学生看，大家是懂得的，及至二稿、三稿，许多字便不认识了。原来章先生每日摩挲一部朱骏声的《说文通训定声》，将里面的通假字取来换过了，所以大家不识。

但是和先生谈国学是颇不容易的，有时如同遭到考学位的口试。某次徐诗荃说及王湘绮，——清末湖南一大学者，章氏师徒最留心的人，——说其文章上追《史记》，高于明代之文。先生听了，将蜜蜡烟嘴轻轻扣着灰盘，去了纸烟的灰，从容问："是喽！究竟你看王湘绮的文章，与太史公的又有些什么不同呢？”——这真是偌大的考试题。徐诗荃便胡天胡地大发一通议论，先生听了大笑，甚以为然。

以先生于国学研究湛深，徐诗荃去时时请教，有时触到了一题目是有兴趣的，先生便滔滔不绝讲去，也忘掉了时间。于晚清的一些名家的事，似乎从来未曾在先生笔下提到过。如说俞曲园怎样玩世不恭。——以先生文学研究之深，而在当时北京大学仅居一讲师之位，在教育部则为佥事，虽“佥事也不算怎样区区”。现在追想，这未尝是公正的。但先生对这些地位从来没有什么不满，这是因为志趣早定，要改革社会，要拯救这民族的沉沦，非志在个人之高位。又早知其事业要从广大民众之教育入手。其提倡白话，不肯开出青年必读书的目录，及创作小说、散文，又专门于小说研究，更溯回到抛弃能救个人涉之医学，皆指向这一旨趣。若有所不满，则是恨不能更深入群众，了解及提高群众，给群众开辟新天地。某年，在上海夏天晚上乘凉，还和弄堂左右普通居民讲文学，便充分表露这意思。然则可揣知纵使是更高的位置，也不以为意了。晚年颇自恨未能创作一部宏大的长篇小说，由于环境的种种限制，则眼光更注到后代，为了将来。

说来当时上海文坛上的一般出头人物，学问实皆未免浅薄。徐诗荃当年是在求学时代，看到许多他们所发表的言论，心里时常不以为然。某次在报纸上看到某教授讲中国文学史，讲骈文，教人看参考书，只有一部《四六法海》，便往告诉先生，弄得先生大笑了。徐诗荃颇攻击林语堂之流提倡小品文。先生曾说“党同伐异”，其时是公正的，不怎样偏袒，于此事颇以徐诗荃为然。早几年徐在海外谈文，又将袁中郎、何心隐以及徐文长诸人的集子细看了一遍，仍是见不出应加以提倡的道理。古文其实也不难读，不必上窥两汉，即在唐文，犹可窥见这民族的一点沉雄博大的气魄，文字并不艰深。一欣赏小品从而模拟，便落入小家数了，使人的精神也卑小下去。

一般而论，先生实不主张青年人读旧书。但是不主张旧书皆应毁弃，并且说过大学的文科课程还要读《易经》。人们对古物皆知道保存，难道于古之文字、文学不知道要研究？但是不要将其普遍化，只能限于少数人。而此少数人也不应当自异于社会，成了旧日的“士大夫”阶级。可是，处理古籍要有眼光。有时标点古书也盛行过一时，乱加标点又加之以校对不精，闹出过一些笑话，有些也是经过先生指摘过的。这里徐诗荃还记起一事。

有一部旧书，名曰《草堂之灵》，是徐在湖南收到的，带到上海给先生看。先生看了颇为欣赏，说其中讲诗、文、书、画有很多正常又是很好的见解，甚为高明。徐以为然。但其中又有一些非常可怪之论，谈及神通鬼怪之事，是徐所反对的，便说如将其翻印，便将那些皆芟掉。先生以为不可。说还是保存其原样好，因为那会将其书的特色抹煞了。这书终于没有翻印。即今想来，此即所谓同情的了解，作客观的主观，设身处地，以自己当作他人设想，这态度在文学创作的人物描写是常见的。由此一端，可见先生的眼光比他人的见识深透得多了。

其中的一个重要原因是先生的旧学功夫很深。胡适说过：鲁迅的文章里是有德文和日文的成分，还有六朝的东西。他的确狠狠下一番暗功夫，碑帖砖刻、汉唐造像、魏晋文学特别是《嵇康集》等无不有深湛的造诣。他有一套自己的话语逻辑，这套话语逻辑和他所处的时代是格格不入的。鲁迅自己是单个的人，应该以单个人的状态去接受他、理解他。集团性的理解往往会是曲解。

在文如此，在诗亦然。先生早年写文言文不论，晚年也仍偶然写骈体文。旧体诗也成了一小集。但从来未尝叫年轻人写旧体诗，徐梵澄却爱写些旧体诗，每有感兴之作，便写去呈教。但他好开玩笑，有一首写呈的，记得第一、二句是：

几度沧江话劫灰，酸梨残命有余哀。

话“几度”是不错的，因为每次过上海，必往谒。其时已经过“一·二八”之役了，闸北一带成了瓦砾之场。所以可说“劫灰”，是古人假托东方朔的汉武故事中出现的。“酸梨”则是明代一故事，有禅师教弟子说：“上苑已无苹婆果，且留残命吃酸梨。”禅师因此下狱，那比喻也是贴切的。当年留学回来，风云得路，大吃苹婆果的人物多少！徐梵澄只能在上海依先生而得些稿费，吃些酸梨而已。这还算正经话。那诗末两句是：

女娲未补唐天处，觅取芝兰次第培。

过了些时，徐诗荃去问鲁迅："上次我的诗里说的'唐天'，先生以为是什么意思？"

"你的意思是'空天'？"

"不是。先生明明告诉我，曾经游了一会西安，说看到西安之天，不像'唐朝之天'，便是那'唐天'！"

先生听了大笑道：这便不像正经话了。

另一次徐诗荃又在一张花笺上题了几句歪诗，后面落款说："豫公观察大人，雅怔。""观察"是清代的官名，但这是另指"观看"和"考察"，通常是写"雅正"，义为"改正"，"是正"。然这里是要使先生看了发怔。——一律原谅，先生容许这弟子开天真的玩笑。

先生所说"不佞所好，则卑卑在李唐"，是一谦逊之词，其实唐诗何尝是卑！先生于唐诗的研究是很深广的。某次撰文，随着笔便写出"我有一匹好东绢……已令拂拭光凌乱，请君放笔为直干。"正是杜甫的诗。然所最好的是李长吉。某次徐诗荃无意模仿了李长吉，写一首短诗寄去，下一次会见了，第一句话问徐："你在读李昌谷呀！"徐说："是。"——李长吉呢，遭了时代的愚蠢的打击，毕生不得意，所作千载下往往犹得到人心的共鸣。徐在德国时，先生某次来信说："'心事如波涛，中夜时时惊'，我真不知道李长吉'惊'的什么？"这是说受压迫时的心境，时在龙华五烈士殉难以后。

通常先生笔下攻击对方，当然是异常尖刻，但谈话中论人，却非常平恕。论人当然是论其事业成就，通常口语中有三字曰"是好的"，或者说"不坏"。"不坏"即汉代人所谓"无害"，似乎比"是好的"还要沉着一点。如提出某人，先生总是先下这么一句总评，然后再加分析其如何不坏。有时其人有多方面，使两者并用。说及杨仁山的佛学，先生说"是好的"。如说陈师曾的画，"是好的"，其刻图章也"不坏"，沈尹默的诗词"是好的"，其字也"不坏”。……诸如此类。

但说及某些特殊人物，则不同。说他们厉害，或说是非常厉害的。如讲某某是一阴谋家，听到良弼要组宗社党了，便立刻遣出一个刺客去炸掉了他。这刺客便是彭家珍，清史稿上有传，但未尝说是谁的主使。如讲袁世凯杀害了许多革命党人，非常厉害，还讲了这么一个离奇的故事：

“袁世凯要做皇帝了，先使爪牙在政府各部门关说，豫先示意，那时正值某某当教育部长，有人在暗暗通知他，叫他上一呈文，在自己的名字上写一‘臣’字，便是表示服从了。那部长听了大惊，立刻照办。但用什么为题呢？……哦！有了，振兴大学教育。于是赶紧作了一呈大总统文，请提倡小学教育。名字上写了这一字。这呈文抄出在报纸上发表了，有人读了很高兴，和我来说：‘现在要振兴小学教育了！’……我心里想……”

先生吸着纸烟，讲到这里，停下来，缓缓说：“这就是所谓黑暗了！”

有许多人情世故上的事，先生讲给徐诗荃听，是使他当时惊心动魄的。曾说世家子弟有三变，一变而为蠹鱼，再变则为蛀木虫，三变则为大虫。——此一说，似乎是出自某笔记。

所谓世家子弟，是自己没有什么技能，多是靠父祖的余荫过活的人。俗话说，“创业难，守成不易”，若是民生休宁，社会经济情况少变化，一个承袭了先人的遗产的子弟，自己不胡作非为，还可生活下去而支持一两代。但那是极“不易”的事。因为社会变化太快，无进取只有退守，必至于“坐吃山空”。从清末到民初，湖南是南北战争的冲要，受战祸甚惨。无战争之时，则成了军阀割据之地，许多人便立地化为赤贫。在这种种情况之下，一个世家子弟如没有技能养活自己，必至于堕落。大致也不止湖南如此。先生在小说中写的这种情况也很多了。

第一变为蠹鱼，即是出卖先人所收藏的字画以及图书，借以维持生活。第二变为蛀木虫，则是图书字画等卖光了，只得出卖家中的木器甚至房屋。第三变为大虫，则是“吃人”，卖去他的奴婢。徐梵澄说应当是变为大虫在先，减少家庭的粮食消耗，先生曰不然，穷大少爷还是要人伺候的。最后方出卖奴婢。婢女在湖南曾有，但奴子似乎到民国已经没有，皆很少听说有出卖的。那时代不只是各个旧家庭，是整个旧社会如冰川崩溃下来，任何力量也挽救不住。

三变之中，以第一变最惨。尤其是藏书，是凡读书人皆喜好的。一旦其人去世了，旧书商贩便来欺人家孤儿寡妇，高价值的书往往以低价钱换去了，这不必说，时常是从一大部书如某丛书或某全集中暗地抽去几本，使它残缺。过了些时另有人即同伙的人来买这大部书，因其不全，那价值便大量减少了，出售者也难争高价。这一落到书贩子手里，自然又配全了，他以之卖出大价钱。

字画的命运相同。往往真品借去，赝品还来，低价收入的，高价卖出去。其间种种欺诈不必说了。而且三变之后，世家子弟自己也变成了流氓骗子，又去欺骗他人。此之谓财穷之后，继以人穷，财穷犹可挣回，人穷则整个堕落了，无可救治。

这是些旧社会的人情世故，徐诗荃听了是毛骨悚然的。

有一次谈到了山水，又牵涉到女性问题。

徐诗荃年轻时有点像广东话所谓“大乡里”，是一个只知道而且好夸说自己的乡里的伧人，不知天下之大。说湖南的山水，如潇湘八景之类，真是好哪！是自古有名。而绍兴……没有什么吧！

“唉！你莫说，到底是‘山阴道上，应接不暇’，也有些好风景！”先生说。

徐诗荃便默然。

于是徐诗荃又说自己怎样好游山。出长沙城渡过湘江是岳麓山。山中的风景很美。高处是云麓宫。云麓宫里一副对联，是“西南云气来衡岳，日夜江声下洞庭”，草书，异常生动。从这里到禹王碑，即宋人假造的岣嵝碑，有两条路，一条甚陡峻，然较近，一条较迂远，然颇平。有一日他游到了云麓宫，凭栏下望江水及长沙全城，又徘徊了一番，看到随着有一队小女学生，也是游山，到了这里。他便到禹王碑去。不管道路怎样，当前直上，心里想：“你们这班女孩，还是走那远一点的路吧，这条路是危险的。”谁知他攀到半路，回头一看，一个个皆跟着爬上来了，因此他感觉我们中国的女性生命力，实是伟大！……

“是呀！”——先生说：“这种女性的生命力，稍一抬头，便被男子压下，历史上总是这样！”

诚然，女子有女儿性，有母性，无妻性，是先生讲过的。在谈话中说师母，总是“密斯许”。师母是从北京女师大南下已有志于革命，中间辅助先生的事业，又时常看顾先生的病，抚着多病的孩子，不时也一同逃难，那生活之劬苦，是可想象的，晚年曾一度受难，竟是同抱着伟大的理想奋斗了一生。那宏大的毅力，很值得人们尊敬了。而在先生左右，以平等而论，也做到了真实平等的地步。

如徐诗荃所知，先生于山水、人物，以及艺术作品的审美意识是高的。有一日他陪先生参观了一西洋油画展览会，是当时欧洲几个二三流艺术家的作品。遇到一幅背面正坐的女子裸体像，只画出了头发和背部，大概是五十多厘米宽，八十多厘米高，上下左右画面没有留什么空白，先生看了一眼，便回过头去。徐梵澄颇觉得这是习惯的拘谨。

本来在西洋参观博物院、画廊等，是要讲规矩的。艺术品固然随人细看，然若久站在一人物或神像的绘画或雕刻前，是不礼貌的。裸体表神性下至肉感，普通也只宜略一观看而已。在专家只须一眼，如同一刹那的拍照，其艺术价值之高下，便已收摄无遗。先生的审美意识甚高，超凡出俗，不待言，然于美色初无所庸心，已习惯如此。

徐诗荃还想起了鲁迅于佛学的见解。

先生屡次对他说过，中国文化受到佛教的影响，实在太深了。当时不过碰到就提起，没有什么系统的讨论。先生之主张革新，大量从西域吸收，对这民族是有裨益的，正如一健康的人，是食物便可吃，没有什么忌讳；然而衰弱的人，便这也怕吃，那也怕吃了。

所谓文化交流，颇是一复杂之事。有时两地相隔一山一水，而语言、宗教、民情、风俗迥乎不同，彼此不流通。有时遥隔重山叠嶂、广川沙漠，学者却裹粮、负笈、担簦、履跷，来来往往，总之不辞跋涉苦辛，佛法终于传到中国了。起初与道家相合，其次相离，各自成为宗教，便势不两立。义理是彼此皆具，亦皆湛深，其在民间起信，由于见神见鬼，即古之巫术，两教没有什么不同。徐诗荃起初说他看《大乘起信论》，先生说不如看《百法明门论》，因为《大乘起信论》究竟是一部伪书。其次研究诸教之斗争，先生说当先看《弘明集》和《广弘明集》。可说他于佛学的一知半解，最初是由先生启蒙的。

当年在上海买佛书是很方便的。有金陵刻经处印行的，由有正书局代售。因为书大抵由信士捐资刻印，木版大字，书局取利不高，价廉，花几元钱就买回一大捆。有一次徐诗荃买到了一部《百喻经》，是先生早年捐钱刻的，便带去给先生看。恰好师母旁边，先生便翻出末页，指着说："这便是那给……刻的。"师母见了也很高兴。

先生在日本留学时，已研究佛学，揣想其佛学造诣，徐诗荃至今不敢望尘。但先生能入乎佛学，亦能出乎佛学。记得和他讲起几个禅宗的故事，当时只觉得有趣罢了。徐诗荃至今尚未曾听过一次参禅。后来看些语录之类，于身心了不相干。但在先生似乎不然。是得力于那一长时期看佛经和抄古碑的修养呢，抑或是得力于道家的修养——因为先生深通老、庄——，胸襟达到了一极大的沉静境界，仿佛是无边的空虚寂寞，几乎要与人间绝缘。如诗所说"心事浩茫连广宇"，外表则冷静得可怕，在晚年尤其如此。往往他去拜访，值先生午睡方起，那时神寒气静，诚有如庄子所说"老聃新沐，方将被发而乾，慹然似非人"。他便闹事似地讲话，过了些时，喜笑方恢复了。

这冷静境界，在思想上成就了精辟的见解，看事物异常深透，所谓"静则生明"。在另一方面，于健康也有了大帮助。晚年方查出久患肺病。医生说在西人则五年前已经去世了。又查出曾患肋膜炎而不治自愈，竟不知不觉渡过了多个险关。大致平生遇身体有病痛则就医生诊治而已，不甚求药，无动于衷。方寸间没有营营扰扰如庸人怕病畏死而求治之不遑，则身体听其自在，是有其抵抗力的。稍加调治，便易恢复正常。可说能外其生，有时竟如视自己已死，真也到了庄子所谓"尸居而龙见，雷声而渊默"的地步。常时静处如尸，使神气完足，体力增强，一动则行气如龙，如所谓"龙见"了。

上面那句诗下面的一句，是"于无声处听惊雷"。这句可解释为革命爆发于不觉之处的期待。意思未必直取自“雷声而渊默”这语，然恰可相通，或倒过说“渊默而雷声”，更切合先生个人的境界。鲁迅毕生写过多少字？那数量必然颇可观了。在性质上又是什么样的文字！如说文字是声音的记录，又是多么宏大之声！岂止“惊雷”可以为喻？其成就，表出沉雄博大的魄力，这魄力不是无所从来。——其冷静，“渊默”，不能纯粹是对辛亥革命后的许多事情的失望造成的，必亦是由于长期的修养，即内中的省察存养而致。换言之，在自己下过绝大的功夫。显然，这必是受了佛经或老、庄的影响。这只偶尔在文字中透露一点。最初对徐诗荃的教言，已是不可“肆志”了。如说自己冷静，也以此冷静驱遣了旁人，或说解剖他人，先解剖了自己之类。经过在广州过多社会活动后，便说“装死”，这中间也透出了一点消息。当然，“雷声”可闻，“渊默”便无可闻。没有人能窥透那渊深无底的心灵，一旦凸现出来就化为一时代的热烈的伟大革命者。

于佛学先生另有高论，曰“居士起而佛法亡”。这却是颇可异议的。如说“杨仁山是好的”，则杨仁山正是居士。“不知道现在高僧大德还有没有……一般皆是行同白衣，心如俗子……”——这是某次信中的话。实际当年，“是好的”比丘或居士，寥若晨星。随着旧社会的崩溃，佛门亦复颓败了。

徐诗荃受教鲁迅最多的，当属尼采。

《苏鲁支语录》，是尼采的一部名著，另译是《察拉斯屈拉图如是说》，先生说“苏鲁支”是唐时的译名，徐未尝十分注意。某日问徐：“你为什么不翻译苏鲁支呢？”徐说郭沫若已有译本，先生说不全，要全部译出。徐问可在哪里出版呢？先生说可介绍给郑振铎出版。那么，只好遵命了。——其时先生正动手译《死魂灵》。

译尼采作品不难，徐诗荃有一部《尼采全集》，抽出来照译就是。某次谈到劳工，先生说：我们是专用脑筋的工作者。工厂中工人，下了班心思便不在机器上了，然我们放下写作之后，脑筋依然在工作上转，竟不能限时间。徐说先生治小说史，看来是比较有兴味的工作了，先生却叹息说：“一札一札的旧小说，看起来也够受了。”那种小说徐是见过的，是巾箱本或袖珍本，一本大约不过七八厘米宽，十一二厘米长，一部章回小说便是若干本，所以说“一札一札”。总之用脑力的劳工，其消耗体力，绝不下于专用体力的劳动。在翻译《苏鲁支语录》时，——切身感到翻译不比创作容易，甚至更难——徐诗荃也着实费了一番心力。

如是，一卷一卷的《苏鲁支语录》译稿交给了郑振铎，随后在世界书局出版，收在《世界文库》内。当时的反应是在《晨报》上出现了“东方朔如是说”，皆嘲笑之辞，提出一滑稽人物旁敲侧击来取笑，因为没有力量在思想上正面攻击，只得由他去了。接着又翻出了尼采的《朝霞》和《快乐的知识》两书，却皆在商务印书馆出版。那时因为在上海讲西洋哲学的人，多是由取外国的教科书，概论，或哲学史之类，敷衍其说，大抵缺少实质，虽不必定有错误。绍介某一家，便应当至少有几种原著翻译给人看，借以挽救那空疏浅薄之失。徐诗荃的态度，是严肃的。

为什么在西洋许多名家中，先生甚推许尼采？想来是在工作的性质上，有些方面相同。尼采是诗人，思想家，热烈的改革者。文章朴茂，虽多是写短章而大气磅礴，富于阳刚之美，诗虽好而视为余事。然深邃的哲学，出之以诗的语言，是欧洲近古所罕有的。稍可比美的，只有以前的一契克迦德，然仍较逊。其余的皆专重思想之质，表以自有的一系统哲学语言，往往难于普及。这些方面，皆与先生不异。譬之黄金则皆是精金，只有量之不同而已。

无可否认，先生受尼采的影响颇大。这可远推至以文言文写《文化偏至论》的时期，在一九〇七年。——即如《野草》，其中如《过客》《影的告别》两篇，便甚与《苏鲁支语录》的作风相似。这很难说是偶然的巧合，或故意模仿，竟不妨假定是于尼采的作品，或原文或日文的译本，时加玩味，欣赏，而自己的思绪触发，提笔一写，便成了那形式了。《野草》可说是一部散文的诗，先生的得意之作。这只合用文学上的术语说，是受了尼采的“灵感”。

就思想的大体观之，两家皆以自然科学为基础，不异。又有一共通的特色，即两者皆具有一种推翻旧者建立新者的革命精神。在尼采是攻击基督教的文化不遗余力，自诩为“自由思想者”，——这名词纯对宗教而言，——大声疾呼“上帝是死掉了！”这话虽在现代若在西洋社会里说，犹多么骇人！

其前一世纪的康德，抱有同样的宗教意见，然一受到威廉二世的恫吓，便不敢发表了。而且尼采要推翻旧道德的标榜，将一切价值重新估定。要哲学家创造新价值，又要求其为行动的人，不能专从事静观默想。推崇艺术，肯定“生之意志”……凡此诸说，皆倡之以知识的勇猛，笔下喑呜叱咤，突荡无前。为人却不失其为哲学家的纯和温谨。也曾作自我批评，所说著不免热狂，而热狂主义损伤性格，口味，和健康。奋斗一生，终于为一孤独者。

以态度论，鲁迅当然冷静得多，为人亦是多么温和，而笔下一样是喑呜叱咤，突荡无前，有时冷嘲，似乎更深锐一点。然所处正是一大变乱时代，我们没有基督教的传统，然旧礼教的社会，颓废腐朽，黑暗之气“如磐”，重重压在人民身上，加以帝国主义进来了，因之以经济侵略，文化侵略，等等，眼见这民族快要沦亡了，于是乎大声疾呼，从事革命。那么，也要将旧道德的标榜打破，将那些伪君子——尼采所斥的菲利士人——的假面具揭开，重新估定新的价值。也寄希望于行动性的革命者。当说“我在寻求大将”。而且，很早就立了简明的三句义曰：我们要生存，要温饱，要发展。这正是积极的对人生的肯定。而且奴隶有奴隶的道德，主子有主子的道德，中华民族应早脱出奴隶地位，雄强起来，自为主宰，不是在作品中屡见不鲜么？凡此诸说有很多同、似之处，难于说是因袭了革命思潮，则不能圈禁于某一区域，而且，循历史的轨辙，只可说是易地同然。“铜山西崩，洛神东应”。世界上既爆发了革命思潮，只有显、隐、起、伏，而无休止，必至其达到了目标，丹凤眼，卧蚕眉，面如重枣，声如巨钟。本身起了变化，方算终了。

论鲁迅与尼采的思想关系，只合终止于此。其历史上的重要性，是不可忽略的。鲁迅究竟是文学家，未曾建立一系文化哲学，如尼采之所为。将来未可知，中国或产生伟大的哲学家，组出缜密的系统。但讲哲学史的，关于这时代必不会缺少讲鲁迅的重要的一页。至若为什么先生后期犹未抛弃尼采，想必是以为其仍有可取之处吧，那一系哲学原是多方面的。

徐诗荃最后对鲁迅的探视，虽献花即走，未及言谈，但鲁迅的思想影响却终生铭记于心……

第十七章　临终前的活动

《海上述林》上卷成书

一九三六年十月二日，《海上述林》上卷终于托岩波书店在日本印装好运回上海了，内山完造先生亲自给鲁迅送来了样书。

鲁迅看着摆在桌上的两种样书，喜不胜收。

此书装帧设计无比的考究。以“诸夏怀霜社”名义出版，用重磅道林纸印成，配有玻璃版插图。仅印制了五百部，其中一百部为亚麻布封面，以皮革镶书脊，书名烫金，书口刷金，美轮美奂；另外四百部为蓝色天鹅绒封面，书口刷靛蓝，书名烫金。作者的署名用了三个英文字母“STR”，这是瞿秋白笔名“史铁儿”英文拼音的字头。

鲁迅在病榻上看着编辑精良、装帧优美的《海上述林》，宽慰地对许广平说：“这一本书，中国没有这样讲究的出过，虽然是纪念‘何苦’，其实也是纪念我。”

“谢谢老版了！谢谢！谢谢！”鲁迅连声向内山完造道谢。移到书桌前，用大号毛笔写了一份广告，请内山完造带回，贴在内山书店门旁。又写了一份赠书名单，让许广平把书分赠给为出版《海上述林》出过力的朋友。他首先写上“内地绒三”，“内地”是指中国共产党，“绒三”是指绒面的三本。

冯雪峰来探望了，鲁迅特意拿了两本对他说：“皮脊的送 M（毛泽东），蓝绒面的送给周恩来。”又以落地有声的语气说道，“我把他的作品出版，是一个纪念，也是一个抗议，一个示威！……人给杀掉了，作品是不能给杀掉的，也是杀不掉的！”

重要的受赠者，鲁迅要亲手包装，亲笔写地址。许广平帮他包，他嫌包得不好，自己又重新包过。

十月七日，黄源来探望，鲁迅把一本精装的《海上述林》送给他，微笑着说：“总算出版了，这书不能多送，有熟人托你买，可打个八折”，又说能否在《译文》上登广告。

黄源说：“当然可以。”分手时，鲁迅告诉黄源，书的下卷也已校好，年内可出版。

十月九日，鲁迅写了一份书面广告托黄源在《译文》上刊登。文字如下：

> 绍介《海上述林》上卷　本卷所收都是文艺论文，作者系大作家，译者又是名手，信而达，并世无双。其中《写实主义文学论》与《高尔基论文艺》两种，尤为煌煌巨制。此外论说，亦无一不佳，足以益人，足以传世。全书六百七十余页。玻璃版插图九幅。仅印五百部，佳纸精装，内一百部精装，金顶，每本实价两元五角，函购加邮费两角三分。好书易尽，欲购从速。下卷亦已付印，将于本年内出版，上海北四川路底内山书店代售。

是啊！看着这耗尽最后心血的书终于完美地印出来了，鲁迅怎能不由衷地喜悦呢？下决心编书之后，他的肺病一点没有好转，经常咳嗽和发低烧，体重只有三十几公斤，但他仍然撑着病体编辑校对，就连封面设计、选择插图，用什么纸张印刷一类的事情都亲自负责。冯雪峰劝他去国外或什么地方疗养，鲁迅却说：“我这样想，与其不工作而多活几年，倒不如赶快工作少活几年的好，因为结果都一样，多几年也是白白的。”于是他不停地工作，整夜校对《海上述林》上卷，病得实在支持不住了，才去看医生。有时喘的透不过气来，还

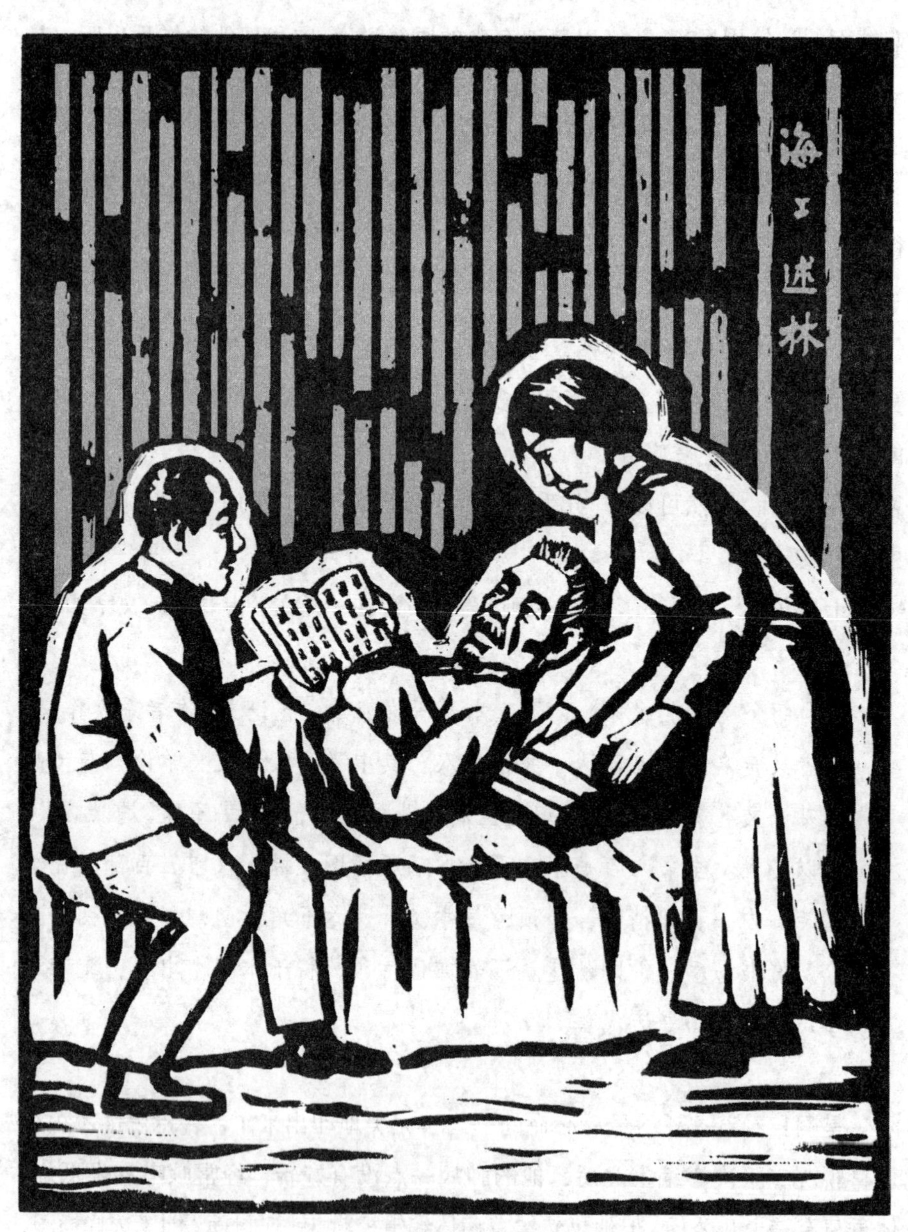

“人给杀掉了，作品是不能给杀掉的……”

要打强心针。

一九三六年四月底，鲁迅写完了《海上述林》下卷的序言。当他得知开明书店的美成印刷厂已将《海上述林》上卷的纸型打好，就亲自将纸型送到内山书店，托内山先生转寄日本岩波书店在东京印刷、装帧。

六月以后，鲁迅的病日趋严重，为了催促开明书店抓紧时间排版《海上述林》下卷，他写信给书店经理章锡琛，焦急地催问："翻译的人老早就死了，著作家高尔基也于最近去世了，编者的我，如今也要死了。虽然如此，但书还没有校完，原来你们是在等候着读者的死亡吗？"病情稍有好转，又继续校对《海上述林》下卷，直到九月底才完成。又托内山完造先生交日本印装。现在看到上卷成书这样精美地摆在眼前，岂不感到极大的慰藉！鲁迅悄悄地对广平说："如果秋白还活着，看见这书，该多高兴呀！"广平默默地点头。

"究竟怎样的是中国人？"

鲁迅一生把出版书籍和发表文章当作自己最大的事情。

一九三六年十月五日，新出的《中流》半月刊第一卷第三期来了，头条刊出了杂文《女吊》，还在补白发表了鲁迅署名晓角的《"立此存照"（三）》。文中说的是发生在上海的"辱华影片"事件，有人主张对美国导演予以舆论谴责，鲁迅则告诫中国同胞：

> 我们应该有"自知"之明，也该有知人之明：我们要知道他并不把中国的"舆论的谴责"放在心里，我们要知道中国的舆论究有多大的权威。

关键是要自强自励，提高我们中国人自己的认知水平和国家实力，并以肥胖与浮肿为例，形象地说明了既无自知之明又无知人之明的蒙昧的人，是怎样"安于'自欺'，由此并想'欺人'"的：

> 譬如病人，患着浮肿，而讳疾忌医，但愿别人胡涂，误认他为肥胖。妄想既久，时而自己也觉得好像肥胖，并非浮肿；即使还是浮肿，也是一种特别的好浮肿，与众不同。如果有人，当面指明：这非肥胖，而是浮肿，且并不“好”，病而已矣。那么，他就失望，含羞，于是成怒，骂指明者，以为昏妄。然而还想吓他，骗他，又希望他畏惧主人的愤怒和骂詈，惴惴的再看一遍，细寻佳处，改口说这的确是肥胖。于是他得到安慰，高高兴兴，放心的浮肿着了。

这种在“妄想”中求得精神胜利的“放心的浮肿”者，与忌讳头上癞疮疤的阿Q属于同种精神类型，永远“自我感觉”良好，永远在自欺欺人，永远不能认识自己的真实面目。为了疗救这种普遍的精神痼疾，鲁迅劝告这些“闭了眼睛浮肿着”的人，要好好“反省”，并且希望：

> 有人翻出斯密斯的《支那人气质》来。看了这些，而自省，分析，明白那几点说的对，变革，挣扎，自做工夫，却不求别人的原谅和称赞，来证明究竟怎样的是中国人。

这实质是教导中国人要学会“以别人的眼光来审查自我”，以别人的批评为“镜子”照出自己的真实面目，“而自省，分析”，“变革，挣扎”，自强自励，自立于世界民族之林，“不求别人的原谅和称赞”。无所求于外界的内心，永远是稳定和丰富的。有了这样的心，这种正确地认识自己、认识世界的自觉的精神境界，在世事面前便可以荣辱不惊、乐观洒脱，永远立于不败之地。鲁迅是真正地深深挚爱着中华民族的，直到生命的最后一刻，他都惦念着自己的同胞，正如他在《“这也是生活”……》中所说：“无穷的远方，无数的人们，都和我有关。”病成这样了，想到底层人的痛苦时还是那么焦虑，说无尽的远方和无穷的人们和我都有关，只有释迦牟尼、基督这样的人才会有这样的情怀。所以鲁迅同时代人都和他不在一个档次上，他这一辈子没遇到对手。他自始至终毕生坚持青年时代立下的“救中国！”的志向。他对于本民族的尖锐批评，敦促同胞听取外国意见的教诲，正是出于对中华民族的热爱，比那些廉价的赞扬和奉承要珍贵得多！我们切切不可辜负本民族伟大思想家的苦心！

木刻展览会

十月八日，鲁迅感到身体好多了，可以外出了，就跟广平说了一声，径自走出门去。

十月的天气真好！阳光明媚，不冷不热，因为生病，好久没有出门上街享受这美好的日光了，更觉得阳光普照的人间是多么可爱。

十月八日，是全国木刻流动展览会在上海八仙桥青年会展出的最后一天了，不能不去看看。鲁迅散步似的朝会场走去。

回想起来，鲁迅与木刻的情缘已有很久了。

鲁迅早在一九二九年就竭力提倡版画，与柔石等以"朝花社"的名义出版《艺苑朝华》丛刊四辑，即《近代木刻选集》(一)、《露谷虹儿画选》、《近代木刻选集》(二)、《比亚兹莱画选》；一九三〇年二月又编印《新俄画选》作为《艺苑朝华》第五辑出版，内容为苏联木刻十二幅。其中《近代木刻选集》一、二两集，是中国最早出现的英、法、美、日艺术家创作的木刻画册，也是鲁迅向木刻青年介绍创作木刻的开始，又是向木刻青年提出创作要求的先声，他在《新俄画选》小引中说："当革命时，版画之用最广，虽极匆忙，顷刻能办。"

一九三〇年鲁迅以"三闲书屋"名义自费出版了《士敏土之图》。这十幅木刻，是德国青年木刻家凯尔·梅斐而德为小说《士敏土》所作的插图，鲁迅把原拓版画以珂罗版精印于夹层宣纸上，版面"大至尺余"，强烈的黑白，犀利的刀法，塑造出生动的人物，这对中国初期新兴木刻产生过明显的影响。

鲁迅还对德国女版画家凯绥·珂勒惠支的画作推崇备至，因为感到珂勒惠支的作品集中表现了被压迫人民的苦难，有一种力量和渗透力，笔触与线条都能够启发人和打动人，中国需要这样的作品来唤起民众麻木的神经。珂勒惠支有非常高超的艺术手段，艺术上成功独创、有新意，独具一格，有现代派的新意，又不脱离现实。她是女性，作品中却表现出超乎女性甚至超乎男性的力度。鲁迅的整个气质和精神与珂勒惠支很相像，在对底层民众的社会主义关怀和对民众灵魂的表现，以及安特莱夫式的阴冷和摩罗之美上，艺术精神惊人一致，体现了现代社会的魂魄，与大众血脉相通。

一九三一年二月七日，柔石、李伟森、胡也频、殷夫、冯铿等左联五烈士被国民党当局秘密杀害于上海龙华。鲁迅在悲痛之中，偶然看到德国书店的目录上有珂勒惠支的《牺牲》，画面是一个裸身的母亲双手托起一个婴儿，望着孩子的双眼冒着怒火。想到了柔石的母亲以及柔石所创作过的小说《为奴隶的母亲》，便将这幅版画寄给《北斗》，以表对柔石的纪念。这是珂勒惠支的版画第一次出现在中国。而珂勒惠支也是在全世界进步文艺家联合抗议国民党当局屠杀左联五个青年作家的抗议书上签名的一位。

由于鲁迅的倡导，进步的艺术青年拿起了木刻刀，组织起木刻团体，一九三一年初春被国立杭州艺术专科学校开除和退学的“一八艺社”社员陈铁耕等联合上海的江丰等人在上海成立一八艺社研究所。六月，在虹口每日新闻社楼上举行一八艺社习作展览会，展品一百八十幅，其中有油画、雕塑、图案及木刻。这是新兴木刻版画首次在展览会上展出，并出版了画册，鲁迅为之作序。

新兴木刻兴起了，鲁迅很高兴，但又深感木刻青年缺乏最基本的训练。这一年的暑假，内山完造最小的弟弟内山嘉吉，到上海来玩。他当时在东京成城学园担任工艺科教员，对木刻略知一二，从日本带了些木刻刀具放在内山书店里寄售。

一天，鲁迅先生拿起一把把木刻刀，问内山嘉吉这些刀子的用法。又捡起一个马楝注视了一番问它是怎么用的。他每样都问，一边点头示意，一边安静地倾听着嘉吉给他提出的问题所作的答复。嘉吉还用马楝在未刻完的板子上使用，给鲁迅看。

鲁迅先生凝神谛听，一边把版画、印成的画以及火柴棒的画稿反复作了比较，然后几乎大声喊道："嘉吉先生。"他的那双明净而深陷、然而又显得十分恳切的目光正注视着嘉吉那张凑迎上去的脸，提出："你给上海学美术的学生们讲些课，好吗？"

嘉吉一时无言答对，呆了半晌才说："给学美术的学生上课，我怎么能行呢？我又不是专业版画家，既无知识，更无技法，至多勉强给小学生教些版画入门之类。"极力地婉言推辞。

鲁迅先生却说："只需讲点入门就够了。从学画的学生新近试作的版画来看，的确不大会刻的，恐怕连版画的基本技法也没有掌握，他们也是在探索中干的，只要教孩子们的那种版画 ABC，就恰到好处了。"

"嘉吉君，接受吧！""你就按鲁迅先生所讲的去做好了"。内山完造和妻子也在一旁鼓动着嘉吉。尽管嘉吉再三推诿，但在鲁迅先生的真挚陈言和其兄嫂的竭力怂恿下，不得不勉强应允了下来。

于是，八月十七日早晨，木刻讲习班就在是内山书店附近的狄思威路一家供销社楼上开始了。嘉吉吃完早饭，怀着不安的心情，准备好木刻刀、马楝和木板之类，在书店里通常坐的位子上坐下来等待。耀眼的阳光从早晨就照射在大街上，路面强烈的反光把店堂里的顶棚反射得通亮。

片刻间，店门口闪了一道光亮，鲁迅先生穿一身雪白的长衫走了进来。嘉吉不知该怎样描写当时的情景，鲁迅先生的服装和外面的阳光交相辉映着。他那件长衫简直像是用水晶织成的一般灿烂夺目。平时总见鲁迅先生穿的那件是褪了色的似赭非赭、似黑非黑色的长衫，今天简直使嘉吉大为吃惊。

后来知晓那件长衫料是史沫特莱赠送给鲁迅先生为纪念的。鲁迅先生神采奕奕地出现在内山书店的门口的形象，就像一道银白的雪光，映照着嘉吉的心灵。鲁迅先生对这个讲习班所寄予的热情，深深地感动了嘉吉，他只有尽力地去做好，先前的顾虑完全消失了。

用作讲习班课堂的这间屋子不算大，总共凑齐了二十张小学生用的课桌椅子，黑板当然是有的，过去办过日语学校。

穿着耀眼的白夏布长衫的鲁迅先生，陪同嘉吉一起走到会场。正是初夏，嘉吉穿的也是白夏布的普通西服，手上还拎着一个小小的包裹，里面装着三套木刻刀和一只马楝，还有前天特地去买到的一些日本纸。

鲁迅迈进了里门，右手的半扇门开着，这时走出来一个青年，上来迎接嘉吉。

这时，已经有十来个青年缩着身子挤在那些小学生用的课桌椅旁了。他们齐身起立，向鲁迅先生行了个礼，一个个都怀着对鲁迅的尊敬和佩服的心情，每个人的目光，由于洋溢着那种向往革命的热情，都显得炯炯有神。

出来迎接的那位青年和鲁迅先生谈话时，嘉吉扫视了一下房间，看了看这些青年，见青年们穿的多半是白粗布衬衫和低质量的西裤。没有看见一个系领带的，也没有穿西服的。

总共是十三个人。那时嘉吉不过三十岁，与他同辈的人说不定有一两个，总括来看，二十岁左右的要占多一半。六天当中，这十三个人没有一位缺过席，但也不再增加。这在上海肯定是绝无仅有的一次。在上海，那时有各种各样的训练班，开始时都纷纷报名，后来逐日地减少，最后只剩寥寥无几，这已成了一种惯例。可是这个讲习班是不能和一般的训练班同日而语的。第一，是鲁迅先生号召的。参加学习的青年可能都是鲁迅从平素接近的青年中选定的。第二，往常鲁迅总是穿一件褪了色的长衫，这回他一反常态，六天来，一直穿着那件崭新的白亚麻布长衫，来充当嘉吉的翻译。鲁迅先生的此情此态，不能不使青年们深受感动。内山完造认为这个讲习班之所以非同寻常，其意义就在于讲习班第四天的午后，鲁迅先生来到，给嘉吉送来非常珍贵的礼物——德国著名版画家凯绥·珂勒惠支的作品：一幅铜版画和七幅一套的石版画《织匠》。每一幅画上都有珂勒惠支的铅笔签名，这是难能可贵的。这几幅画鲁迅先生都亲手用衬纸把它衬上，另外再用纸书写上画题，并在上面签上鲁迅的名字和嘉吉的姓名。这一定是鲁迅先生非常珍爱的收藏品！据说，当时在日本也没有这两件作品，嘉吉那时激动之余，也深感惶恐。

讲习班结业时合影留念，鲁迅当时喜形于色，简直像小孩子出外郊游或者过斋节那样兴意盎然。

以后，一九三三年至一九三六年间，在鲁迅大加倡导下，上海良友图书公司出版了四本比利时木刻家麦绥莱勒的木刻集，其中《一个人的受难》是一部最富革命性的木刻连环图画，鲁迅为这本木刻集写了感人的序言，还为这部没有文字的画册的每一幅画写了简要的说明，其中几幅最有代表性的画幅曾被作为进步书籍报刊的标记印行，影响深远。鲁迅又与郑振铎合资刊印《北平笺谱》《十竹斋笺谱》，为白危编译的《木刻创作法》校阅作序。还将以宣纸与苏联木刻家交换得来的版画作品五十九幅，编辑成《引玉集》出版。这些画集的出版和木刻团体的成长，对新兴的创作木刻以很大影响。各地木刻青年不时以新作寄给鲁迅。面对这一丰硕的成果，鲁迅特别高兴，一再将木刻作品推荐给文学刊物，介绍到外国进步艺坛，并准备印一本木刻集。至一九三四年六月选用八名作者的二十四幅作品编成《木刻纪程》。

一九三六年一月，中苏文化协会与中国美术会在南京联合举办“苏联版画展览会”。二月二十一日移至上海八仙桥青年会九楼继续展出。闭幕后赵家璧请鲁迅去“良友”选画，从“苏联版画展览会”的二百多幅展品中选出一百五十九件一百八十四幅编成《苏联版画集》，由上海良友图书公司出版。鲁迅为之作序，序文写道：“我们的绘画，从宋以来盛行‘写意’，两点是眼，不知是长是圆，一画是鸟，不知是鹰是燕，竞尚高简，变成空虚，这弊病还常见于现在的青年木刻家的作品里。”又说苏联版画：“不像法国作品的多为纤美，也不像德国作品的多为豪放;然而它真挚、却非固执，美丽、却非淫艳，愉快、却非狂欢，有力、却非粗暴；但又不是静止的，它令人觉得一种震动——这震动，恰如用坚实的步法，一步一步，踏着坚实的广大的黑土进向建设的路的大队友军的足音。”

一九三五年，鲁迅在肺病越来越严重的情况下，又着手编印《凯绥·珂勒惠支版画选集》，共收入石版画七幅、铜版画十四幅、黑白木刻三幅。其中包括珂勒惠支送给中国的自画像和《织工的反抗》《农民战争》两套组画及其他。画集的《序言》是鲁迅请史沫特莱写的，茅盾译成中文。他亲自为画集写了《序目》，详细介绍了珂勒惠支的生平和作品的社会影响，并对二十一幅作品逐幅做了详细说明。画集图版由北京的故宫博物院印刷厂制版，宣纸珂罗版精印，四开大本，线装，共印一百零三册，鲁迅亲笔编号，交内山书店发售的仅三十三册。为防止出错，一九三六年八月，鲁迅冒着酷暑，把画页搬运回家，发动全家将画页一叠一叠地摊在地板上，一张一张编排次序，每张夹上衬纸，归合为一本一本，然后送作坊装订成册。鲁迅就是这样不顾严重的肺病缠身蹲在地板上，吃力地为着扶持新兴的版画事业而忘我地劳动着。

鲁迅还主持举办了多次木刻展览会，这次的“中华全国木刻第二回流动展览会”比以前的规模大，是最后一天，他无论如何也要来看看。

下午约莫两点钟，鲁迅先生来到会场了。他穿着一件惯常穿的黑色料子长衫，料子虽然是哔叽，但已经褪色，看上去只剩了四成新，或者也许因为少洗的缘故罢，衫襟和袖口都染上了些污渍。脚上穿的是珠帆布造的陈嘉庚式胶底布鞋。一顶咖啡色呢帽，至少也用过十年以上，却还戴在头上，而且戴得那么低，仿佛怕遇见了贵人。唇上留着像个篆书“一”字般的黑胡子，十分显眼。青年木刻家们见是鲁迅先生来了，一拥而上，七嘴八舌地向他问好。见他远道而来，身子又很瘦弱，头上微微沁汗，都劝他稍事休息，可他坚持说:“不、不，我先看看。”于是便在青年们簇拥之下，沿展场走去。

鲁迅先生的情绪很好，兴致很高。他的头发稍长，面容是比过去消瘦了一些，但精神很好，没有显露出病容，特别是那眼睛，很有神采。他和青年们边走边谈，讲话很是幽默风趣，不时爆发出爽朗的笑声，声音异常响亮。

青年包围住了鲁迅先生，在一片杂乱的笑声中，问候他近来还好不。

“不好，不好。”鲁迅先生摇摇头，话说得很干脆。“今年九个月中，足足大病了六个月。”

“近来好了吗？”林夫问。

“稍为好一点，不过也还时常发热，不能随便做事。”

“现在也还继续服药吗？”陈烟桥问。

“服的……害肺病都没办法，要是我年轻倒还有法子想……”说到这里，一阵干咳把他的话音卷了进去。

“先生可打空气针？”白危问。

“那没有，那没有，打的都是药针，一共打了六七针，现在好一些。”

他的呼吸急促起来，脸色显得有点可怕。

“先生应该休养了。”大家异口同声地说。

“呵，我是不能休养的！”他把帽子除下，好像这话根本和他没有关系。“我怎么能够休养呢？像我这种人是无法休养的。”

他伸手到衣袋里掏了一阵，很久才掏出一个恰如盛瓜子的小纸袋，这引起了人们好奇的视线，集中在他那痉挛着的两手上，仿佛要看看从那里变出什么戏法来。有人以为他带来的是药片，所以问他要不要开水。但终于看到他不过是从那纸袋里掏出一支香烟，到后来竟连香烟灰也弹在里面。

他抽了两口香烟，默默地注视着展览的作品。这时不知怎么一扯却扯到他的孩子身上去。

“已经进学校了，”他说。“听说那个学校的先生要打掌心的。”

停了不到三秒钟，又仿佛发现了什么新奇的东西，他的眼光显出疑难的神色。

“现在也还要打掌心的吗？”他蹙着眉头说。

“是的。”林夫答。

“为什么要打掌心呢？”他望了青年们一眼，显出深恶痛绝的样子。“孩子是最怕这种刑罚的。”

在这简短的语气中，鲁迅对于现行教育制度的弊病表示极端不满，特别是有关儿童教育问题。

话匣子一经打开，恰如播音机，非到适可而止的时候，便不能住口。先生虽然大病了六个月，气色变得苍白、消瘦，但那有力的谈话，矍铄的精神却丝毫没有减弱，而且说得那么多，那么快，似乎令你连喘息的时间都没有。只有当他说了一大串之后，这才露出久病后的残痕，呼吸迫促，下颚和太阳穴不自然地痉挛着。

谈到翻印画册，他就现出稀有的快乐，笑得两眼变成一条缝，下巴也颤抖得更厉害。

“我总是吃亏的，”他非常兴奋，说时两颊的筋肉都牵动起来，两额显得更突出。“几乎每印一次画集，我都赔本。例如《引玉集》《珂勒惠支版画集》

《士敏土之图》……这些，现在通通都送光了。”

一支香烟刚刚抽完，第二支又接上去。

“先生可知道珂勒惠支现在住在哪里？”白危问。

“她现在已经回德国。希特勒自然要抓她的，不过，大约已经订有条件，不准教书，不准出版画集，要她安分守己地做一个贤妻良母。”

“还有那位刻《士敏土》插图的梅斐尔德呢？”

“呵，那恐怕早已死在希特勒的‘仁政’之下了。”他表示很惋惜。接着又说，“我所以要翻印珂勒惠支的版画，就因为世界上的女作家中她是很值得我们介绍的。现在那画集都送完了，可惜没有钱来再版。”

提起苏联的木刻，他说，家里虽然还收藏了不少，但苦无时间和钱来翻印。问他能否拿出来展览，他摇了摇头，说道：“这恐怕很困难，譬如在这里，国民党一定要和我捣蛋的。”说到这里，嗓子提得特别高，神气也更严肃起来。“借用日本人青年会么？日本领事馆要来看，不成。那一次苏联和法国书籍插图展览会，之所以把苏联和法国的作品拉在一起，就是为了使他们看了莫名其妙。”

他大笑起来，笑声淹没了一切。

因为他说得太真实太恳切，或者说太露骨罢，所以在他谈话的时候，每每引起听的人的各式各样的哄笑。

谈话稍一间断，他总是出神地盯住墙壁上的木刻，俨如天文学家在观察星球的转动。

“先生以为这回的作品怎样？”陈烟桥问。

“自然比以前进步了，但也有许多缺点。这是因为作者阅历不深，观察力不够的缘故。这毛病应该由作者自己克服，否则，就绝不会有长进。譬如描绘一个人，虽至最小的部分，简单的动作，也要仔细观察，然后才能描得像，才能成为一件艺术作品。”

抽完了第三支香烟，他站起来，扭了扭呢帽，随手把它戴在头上。

“看下去罢。”他跨开了稳健的步伐，走近墙壁面前去了。

这时来了两位洋记者，为首一位蓄着一撮扫帚须，他和鲁迅先生打过招呼之后，主要的任务就是介绍他的太太给大家。

“My wife.”洋记者说。

“唔……”鲁迅先生若无其事地唔了一声，走开了。

已经看完了作品的二分之一，到了批评的地方了，鲁迅坐下来，拿了批评簿，翻着看。当他看到那些随着“艺术之光”“力的艺术”之类的高洁的批评时，就低缓地说：

“这是‘扁’。”——害得大家都笑了。

他自己却不笑。

他看到那些写着这展览会最好开到贫民窟，或灾处，或穷乡僻壤，或东北去的义正词严的批评的时候，就说：

“这些都是不会做事的呆鸟！”——引得大家都笑了。

他自己却不笑，说：

“先前我开了一个版画展览会，不知费去了几多的周折，才开得成功的。但结果还是把珂勒惠支的《农民战争》挂开，瞒住那些官老爷的狗眼。”——这又引得大家都笑了。

而他自己却一点也不笑。

青年们知道，他是病着的，但他说起话来，却比健康的人还起劲，还爽利。他脱下那只大而灰扑的铜盆似的礼帽，额上已经冒着细微的汗气了。

这个展览会，布置是很简陋的，达三百幅展品，因限于经济条件没有经过理想的艺术处理，只是从木板上拓印下来，略加装裱，用几根绳子挂起来便是了，看起来是颇为费力的。幸而是在九楼，展场原是一个小礼堂，光线还较明亮。

鲁迅先生带领着这一群青年人，沿着墙壁缓缓而行，边看边品评。他看到有些木刻反映的是战争题材，但刻得不好，便说：“这大炮画得不像。”指着画，回过头来对大家说：

“刻木刻最要紧的素描基础，万不要忘记它是艺术。若环境不允许作细微素描时，就要多速写。单是题材好，是没有用的，还是要讲求技术。作者必须每天练习素描才会有进步，而且观察要准确，构图要紧凑。”

有些木刻刻的是工农劳苦大众的形象，但却刻得头小而手大，过分夸张。鲁迅先生看后指出：“这些人物刻得不好，不要把劳动人民刻成是无头脑，无知识的。刻劳动者头小而臂粗，看后有‘畸形’之感。劳动者是有头脑的，手是有力量的。

“刻人物要刻的像中国人，不要过于夸张。艺术是需要夸张的，但夸张过了，反变成空虚……

“刻木刻最要紧的素描的基础，作者必须每天练习素描才有进步，而且观察要准确，构图要和谐，农民是淳厚的，不必把他们涂得满脸血污，矫揉造作。”

在墙壁跟前，缓缓停下来了，并且认真地盯住墙上的木刻，当看到李桦的八十八连续画《黎明》，感叹地说：“真是洋洋大观！”他环顾四周，看着越来越多地拥到他面前的人群，继续说：“我认为连续画无须乎这么多的，有二三十幅就够了，只要集中表现几件事，能突出主题便好。多产未必都是杰作，短小精悍往往比鸿篇巨制更有力。作者应该注意到读者，并非多产就是杰作，多产的结果往往倒是滥产，徒然耗费精力。作家应该珍惜自己的精力和时间。”

说完，他又眯着眼睛，仔细端详一会儿，幽默地说：“真奇怪，怎么他刻的人物，额门统统都这么低的？难道广东人的额门都是特别低的么？”他知道李桦是广东人，所以这样问，并且转过身来，望望身后的陈烟桥，又看了看黄新波。鲁迅先生知道他们两个都是广东人，便大笑着说：“你们两个都是广东人，可额门都没有这样低呀！”他们听了，也跟着大笑起来。他朗笑了一会，接着说：

“为什么整套连续画，表现的同是一个主人公，但张张样子却不相同？这就是说明技巧不够，想画好也无办法，那是力不从心。”鲁迅看了看大家，认真地说：“所以我们一定要打好基础，画好素描，对形象要小心观察，多做写实功夫。有时可以刻一下风景，作为练习技巧的方法。”他殷殷嘱咐，像是一位严格的老师在细心开导每位受他启蒙的小学生。

看了一会儿，鲁迅在一幅木刻画跟前停住了。那一幅画，画的是一头牛泡在水里，但这头牛是一头黄牛，而黄牛是不下水泡的，他立即指出作者的疏忽。他要求大家对生活、事物做到观察入微；看了，要牢牢记在脑子里。他说："只有如此才能描得像，才能成为一件较完整的艺术品。"他并且指出："要借鉴外国人的作品，但借鉴、学习之后要消化。现在有些人学习外国的东西，没有保持自己的特点，结果刻人物刻得像个外国人，这是受外国的影响，却没有消化，与写实有关系。还要注意不要过分夸张，夸张过分，我们变成空虚……"

鲁迅先生在群众簇拥之下，逐幅看着，分析着，评论着，看完三百幅展品，已相当疲乏了，大家要求他歇会儿，于是便到会场一角坐下来，那儿摆着几张藤椅，一张小茶几。围坐一起的有：陈烟桥、白危、曹白和黄新波。有一会儿新波因事要去办交涉，离去了，林夫便填补了空缺。"我们歇一歇吧。"他说。

于是青年木刻家们就到会场中央，围着一张方桌，在藤圈椅上坐下来休息。一共五个人，鲁迅和林夫、陈烟桥、白危还有曹白。

青年们问鲁迅："看后总的印象怎样？"

他连声答："还不错，还不错。"看神气是相当高兴的。

青年们问："周先生的身体近来怎么样？"

他用绍兴口音的普通话答："没什么要紧的，只是咳嗽，痰多。"

"您的面色不太好，消瘦了……"

鲁迅先生哈哈一笑："我这个病，闹的日子不浅了，现在还可以，相信至少可以再支持十年。要是换上你们呢？我看支持两三年就不行。"他忽然又哈哈大笑了一会，接着道：

"我这个病，几年前医生就宣布我不行，早就该死掉了，可是我还是活了下来，大家觉得很惊奇。这可能是中国人的体格特殊些，这个与我们的生活环境有关系，是磨炼出来的。看来中国人的生命力特别强的。"

"还在注射吗？"

"还在注射的。曾经抽过肺部积水，一抽就是半瓶子。"他一再谈起中国人生命力特别强，他还可以再活十年的话，每回说完都非常开心地哈哈大笑，笑得连手指夹着的烟卷也抖动起来。青年们发觉，他今天笑得特别多，也特别开心。

青年们向他问起德国女版画家凯绥·珂勒惠支的情况。鲁迅先生对这位举世闻名的德国女版画家的评价是很高的。

鲁迅先生说："希特勒一举手，就将德国的文化毁灭了。"说着，他模仿那个动作，举起右手，自己先自笑了一会，然后辛辣地说："在我们这里，和德国也是差不多！"接着，他又愤然地说："珂勒惠支回到德国，大概是不准她再公开活动了，她不能作画，只准她沉默！大概只准许她做个贤妻良母。现在也不知道她住在什么地方。"

话题转到当前的斗争，谈到徐懋庸给鲁迅先生的那封信，大家对他"雄赳赳地打上门"去的行为很愤慨。当时曹白问："两个口号论争的情况怎么样？那个徐……"

鲁迅先生脸上微露不悦的神色，说："咳，别提那个了，他是明知我有病，不能写什么，故意打上门来的。……但我不给他气死，我就斜躺着身体，用一只手搭在茶几上写。对这样的人，我是不赦的。我看问题总归是要弄清楚的。"

青年们理解鲁迅先生的意思。

不知道是谁谈起诺贝尔奖金的事，青年们都知道，鲁迅先生是拒绝领取这笔奖金的，他对这类玩意儿，很不以为然，他说："外国人要发给我奖金，不过是因为中国人是黄脸皮的缘故。我们并不是为了获得外国的什么奖金而工作。我们要拿出真实的成绩来。我们所干的一切都是我们认为是应该干的有意义的事业。"

鲁迅先生在跟青年木刻家们促膝谈心，无拘束地侃侃而谈，一言一语，一举一动，都像磁石般深深地吸引着他们。这几个青年，有时也在当中插话并互相交换意见。每在这种时候，鲁迅先生总是手捏烟卷，凝神静听着。因为他今天的情绪很兴奋，看画，谈话的时间很长，青年们很担心他的健康，多次问及并请他歇一歇。可他总是操着绍兴口音的普通话，快活而慈祥地说："没关系，没关系，倘若我身体不好，今天就不来了。"

这一天，他的精神一直很亢奋，长时间谈话并无倦容，从下午三时多直到下午五时多，没有停止过。当他听说青年们准备开全国第三回木刻展览会的打算后，非常高兴地表示赞同。

鲁迅先生在跟青年木刻家们促膝谈心。

陈烟桥和白危有一件事情要请求鲁迅先生。是为什么事情呢，曹白等当时没有听清楚，仿佛是为了一个人要他做一篇“序”。但他却摇着头说：“他吗？他在段祺瑞手里就压迫我的。——我不会做！我不会做！叫他请别人去。”他郑重地说着，又总结地说了不少的意见，指出：我们应该在这次大会上选出二百幅左右的作品，出版一本木刻集，我愿意替你们找书店承印。接着又说：今后木刻的方向，应把全国的木刻作家组织与团结起来，并与国际先进艺术团体及作家取得联系……

曹白格外地和他熟识了，贪婪地和他交谈。

“那次苏联版画展览会，许先生是和你一起来的，这次许先生没有和你一起来？”

“没有。”

“前天，你和许先生、鹿地先生、池田先生，一起去看《冰天雪地》的吗？”

“去的。那片子真好！他们到底是和别人不同的！”

“我也去看过了。全戏院就只有三个人。那时，外边还在搬家哩。哈哈！”

“嘻。”

“你为什么不搬呢？”曹白忽然觉得这已经问过他了，就立刻改口道：“你还是到外国去静养吧？”

“我的父亲没有留下遗产给我啊。病也没有法子想。不写文章就不得过。嘻哈。”

“但你毛病没全好，得歇歇呢？”

“歇得太多，也就很无聊。”

“但你的《死》也写得太悲哀了！”

“没有什么法子想的，我就只能这样写。”

他太兴奋了，摸出烟来抽。

“那本你告诉我的代替《引玉集》的《拈花集》，什么时候出版呢？”

“啊，恐怕一时还不能吧。钱都差不多印光了，印珂勒惠支的选集，印《海上述林》。”

“《海上述林》太好了。不过很难读。”

“自然，单是译这类文章，能像史铁儿译得这样简明的，中国就没有第二个，这一点就已经足够印证他的死得很可惜！珂勒惠支的选集觉得印得怎么样？”

“好的！”

“这都是我亲自衬纸，亲自校阅，——多的抽出，少的补上去的。”

“自己有病还……”

“嗯。别人做的不如意呢。而且我拿一本寄给了作者。”

“珂勒惠支能收得到么？”

“不是直接寄给她的，我叫人转去。”

“谁？”

“武者小路实笃的哥哥。他是日本驻德的公使。不知会不会收到？”

“叫官转去，我想总不会有什么毛病的！”曹白笑着说。

“我也这样想。嘻嘻！”

他又燃着一支纸烟了。曹白也吸起来。他忽而对曹白问道：

“你就在新亚教书？”

“是的。”

“那学校——我的侄女儿在那边上过学，要打手心。现在还打吗？”

“还打的。”

“嘻……”但他连忙地摇着头。

“嗯……”曹白感到很深的内疚，低下了头去。但终于又问他：

“你的儿子在哪个学校呢？”

“就在自己的弄堂里。”

“还好吗？”

“好不来！前几天房东来收租，缴不起，连课都弄得几乎不能上，哈嘻！”

“嘻嘻。”

这时一位青年摄影家沙飞，正悄悄地在旁边掏出摄影机来，拍下这值得纪念的场景。

“你最近拍了些好照片吗？”鲁迅问沙飞。

“在十六铺码头拍了几张工人生活，最近我喜欢学木刻了。”

“那么应该特别注意学素描哩。”鲁迅关切地说：“基础打好才能产生好作品啊！”

沙飞不住地点头。直到沙飞临死之前，鲁迅先生的这些话还在耳畔响着，他永远忘不了鲁迅先生。

“我们再来看一看吧。”鲁迅立起来说，脸上似乎发亮了。曹白的身腿也跟着轻起来，只觉得浑身浸在亲切的空气里，太高兴了。

青年们又跟随着鲁迅看了许多的木刻，听着他的对于木刻的细致的批评。他指着画面说，这人的脚骨断了，手太长了，一说这是解剖学的错误，他说这不像中国人，饥民，不说这是轮廓和明暗的错误，他看见刻的是群像，就说，面孔都是一样的，他看见战争，就说，战云不大对，去看看克拉夫兼珂的吧。……

他是这么具体而微细地批评着的。

看完了，于是乎再坐下来谈。

“觉得怎样？这次的展……”

“自然是进步得不少了。但人物总还不会刻。”

“大家的素描功夫都很差。”

“这所以也怪不得的。譬如珂勒惠支……”

“珂勒惠支的那种基本功夫，实在太深了。尤其对于光线的凝散，布置得非常地有力。”

“是啊！柔石等死了，我写信去请她画一幅被害的图画，作为我们的纪念。但她来信说不能，因为她没有看过真实的情形，而且对于中国的文物，又生疏，没有答应。那种作画的认真的精神，我们应该学学她。”

“是的，她把同样的一幅画，一画上两三遍，我在她的《新集》里面见过的。”

“所以环境不允许细微的素描时，就要多速写。参考书也要多看。”他严正地说。

“但真真可作参考的，却很少。”

“这就是我常常赔钱贴工夫，印画册的缘故啊！”

“……”

“画册要印得好，方才对于学习的人有用。但成本就要贵。有钱的不要买，没有钱的又买不起——就只好送。哈哈！”

“由他去吧。哈嘻。”

曹白觉得自己完全把鲁迅当作一个“促膝谈心”的朋友看待了。他不是一个平常的人，然而他又是一个平常的人，他不像导师，然而他又是一位青年们的最好的导师，是领着青年们走路的热诚的真正的先导者。

天色渐渐暗下来了，一抹残阳，从窗棂外懒洋洋地投进来，会场罩上一层橙红色。一九三六年十月八日，鲁迅先生和青年们一起度过了一个难忘的、珍贵的下午。他准备回去了，他也应该回去了，因为战斗的岗位，在召唤着他。

他缓缓地站起来，他要走了……

青年们都要送他，大家一起朝电梯走去。

鲁迅先生戴好帽子，轻捷地回过头来，说“都不要送，都不要送，我自己会走。”

“许先生没有来，今天你一个人……不方便……”

“没有关系，没有关系，方便，方便的，你们回去吧。”他慈祥地笑着，自个儿踏上了电梯。青年们默默地注视着他，头上依然戴着那顶旧呢帽，宽大的袍子越发显出身躯的瘦削，清瘦、苍白的脸上，一绺浓黑的胡子，显出凛然不可侵犯的威严，眼角的皱纹比过去更深，呢帽下露出的鬓角有些斑白……但是，他的步子是稳健、轻快、有力的。青年们意识到，在他们面前的，不是一位年逾半百的老人，而是一位威武健壮，率领他们冲锋陷阵的战士！

他走了。青年们看着他乘电梯下楼去了。他要急着回到他奋笔疾书的战斗岗位上。他是永远不会停步、永远不会后退的。

怀念章太炎

一九三六年六月十九日，鲁迅的业师章太炎逝世了。

当时，鲁迅病得很重，几乎拿不起报纸，连日记也中断了，但躺在病床上，脑海中浮现出太炎先生的诸多往事——

自一九〇五年起，章太炎在《国粹学报》上发表学术文字，并在东京开设国学讲习班，声称："宏奖光复，不废讲学"。

一九〇八年，鲁迅曾到神田的大成中学讲堂里听讲，觉得大班太杂沓，希望太炎先生另开小班。同学龚未生跟章太炎说了，先生应允，于是每周日上午在民报社开了小班。周氏兄弟、许寿裳、钱玄同等一并八人听讲。民报社在小石川区新小川町，一间八席的房子，当中放了一张矮桌子，先生坐在一面，学生围着三面听，用的书是《说文解字》，一个字一个字地讲下去，有的沿用旧说，有的发挥新义，鲁迅曾借龚未生的笔记抄录，第一卷的抄本尚存。章太炎对于阔人要发发脾气，可是对学生却极好，随便谈笑，同家人朋友一样，夏天盘膝坐在席上，光着膀子，只穿一件长背心，留着一点泥鳅须，笑嘻嘻地讲书，庄谐杂出，看去好像一尊庙里的哈喇菩萨。中国文字中本来有些素朴的说法，章太炎也便笑嘻嘻地加以申明，特别是卷八尸部中的尼字，据说原意训近，即后世的昵字，而许叔重的话很有点怪里怪气，这里也不能说得更好，而且又拉上孔夫子的尼丘来说，所以更是不大雅驯了。

周氏兄弟去听章太炎讲课，是"醉翁之意不在酒"，并不是为了从《说文解字》中学习训诂，而是"欲从先师了解故训，以期用字妥帖"。他们那时正准备出版定名为《新生》的杂志，以改变中国人的精神，已在收集稿件，自己也全神写作文章，听课的目的与钱玄同等专攻文字学的人是不一样的。所以中途退出，开始写作生涯，后来也不以治经、史、子为业。章太炎因而也并不把他们当作自己的得意门生。

年轻的鲁迅也并不甚注意章太炎对《说文解字》的讲解，对他的革命业绩却极感兴趣。

一九〇三年，发表《驳康有为论革命书》，针锋相对地指出：公理未明，即以革命明之！旧俗俱在，即以革命去之。

又为邹容《革命军》作序，主张推翻清朝政府，遂发生震惊中外的“苏报案”，乃与清廷两曹对质，入狱三年。

在狱中，章太炎为了鼓励邹容，写了一首慷慨激昂的《狱中赠送邹容》：

邹容吾小弟，被发下瀛洲。
快剪刀除辫，干牛肉作糇。
英雄一入狱，天地亦悲秋。
临命须掺手，乾坤只两头。

邹容读后，热泪盈眶，立即写了一首《狱中答西狩》给章太炎。

我见章枚叔，忧国心如焚。
并世无知己，吾生苦不文。
一朝沦地狱，何时扫妖氛？
昨日梦和尔，同兴革命军。

青年鲁迅觉得章太炎先生的这些业绩实在比讲解《说文解字》壮烈得多！

业师后来的行动更加富有革命英雄气概。

一九一四年六月，针对孔教会提议设孔教为国教，发表《驳建立孔教议》，反对定孔教为国教。袁世凯镇压二次革命之后，又觉察袁世凯包藏祸心，伺机称帝。袁世凯想做皇帝，生怕章太炎先生反对，先期将之诱至北京。先生忧愤之余，欲与袁世凯说理。袁世凯避而不见，章太炎乃以大勋章作扇坠，至新华门大骂，袁世凯害怕，遂将章太炎囚禁，关押在龙泉寺。但先生之行止反倒传为美谈，令革命者无不佩服！

业师还有些生活趣事，也使鲁迅难忘——

太炎先生被袁世凯幽禁在北京龙泉寺，仅弟子钱玄同可以随时进见。袁世凯每月提供给他生活费五百元，雇厨子一人、听差两人以供侍奉。他毫不客气，晓谕听差和厨子必须每日向他请安三次，清晨九时一次、下午三时一次、晚上九时一次，请安方式为打躬，不得违误，若有差池重责不贷。听差厨子唯唯不敢稍忘。有时已下午三时，章犹自午睡不醒，听差必联袂入房，就枕畔低语："大人醒来，打更时间到了！"

按例章太炎可每日享受两个大洋的菜肴，极尽丰盛，他便要求只做一块钱的，剩下的一块钱公然饱入私囊。即便是这一个大洋的菜肴，光他一人享用也过于丰盛，他从来只吃摆在面前的两个菜，对摆在远处的则懒得举箸。久而久之伺候他的两个听差便只把一些清淡的素菜放在他的近处，而把鲜腴的菜肴放在远处，等他吃完后，听差们便自己享用。后来钱玄同晓得了，便和官方取得联系，将两个听差革职。

一九一五年太炎先生被袁世凯软禁期间，被迫写"劝进书"，书云："某忆元年四月八日之誓词，言犹在耳。公今忽萌野心，妄僭天位，非惟民国之叛逆，亦且清室之罪人。某困处京师，生不如死！但冀公见我书，予以极刑，较当日死于满清恶官僚之手，尤有荣耀！"据说，袁世凯气得冒烟，又自嘲说："彼一疯子，我何必与之认真也！"于是"章疯子"的绰号便传开了，但当时倾向革命的人士都称章太炎为"民国之祢衡"。

太炎先生不光政治行事惊世骇俗，个人生活中也非同寻常。也是最早刊登征婚启事的名人之一，有人问他择偶的条件，他启事中说："人之娶妻当饭吃，我之娶妻当药用。两湖人甚佳，安徽人次之，最不适合者为北方女子，广东女子言语不通，如外国人，那是最不敢当的。"后经过蔡元培介绍，与汤国梨女十结为夫妇，婚礼当天，皮鞋左右颠倒，一时大窘。

太炎先生嗜烟，给学生讲课时，一手拿粉笔，另一只手必拿烟卷，有时讲到精彩处，拿着烟卷便往黑板上板书，常引得学生哄堂大笑。

更绝的是，太炎先生有次在北京讲学，当时北京各大学的主任教授如吴承仕等，侍奉在太炎先生的左右作陪，有专门板书的，有倒茶水的，太炎先生国语不太好，弟子刘半农便担任翻译，其情其景给后世留下了尊师重教的佳话。

更有意思的是太炎先生上课的开场白:“你们来听我上课是你们的幸运，当然也是我的幸运。”大有“平生不识章太炎，访尽名流亦枉然”之架势，却丝毫不影响他备受众人的敬仰。可能是因为太炎先生虽狂，但却确有“狂”的资本。

十月八日，鲁迅参观木刻展览会，受到青年木刻家们的欢迎，精神上很亢奋，愉快，九日后半夜，于百静中习惯地铺开稿纸，掭掭“金不换”写文章，从容自如地写下一竖行题目——

关于太炎先生二三事

他为恢复了在稿纸上悠然散步的愉悦状态而兴奋不已，写得分外顺畅，天边发白时，文稿写就，自己也感到畅快的几段是——

……所向披靡，令人神旺。前去听讲也在这时候，但又并非因为他是学者，却为了他是有学问的革命家，所以直到现在，先生的音容笑貌，还在目前，而所讲的《说文解字》，却一句也不记得了。

战斗的文章，乃是先生一生中最大，最久的业绩，假使未备，我以为是应该一一辑录，校印，使先生和后生相印，活在战斗者的心中的。

鲁迅一生中“革命”情结甚重，临终前不仅没有丝毫减弱，反而更加增强了。

十七日，鲁迅意犹未尽，又写了《因太炎先生而想起的二三事》。民国的一大好事，是可以剪掉辫子，这在鲁迅心中是始终难忘的。他在文中再次提到剪辫一事，提到太炎先生去发时所作的《解辫发》。此文见于木刻初版和排印再版的《訄书》中，后经更定，改名《检论》时，被删掉了。鲁迅深为遗憾！然后几笔勾画出辛亥革命功臣黄兴，即黄克强的形象——

黄克强在东京作师范学生时，就始终没有断发，也未尝大叫革命，

> 所略显其楚人的反抗的蛮性者，惟因日本学监，诫学生不可赤膊，他却偏光着上身，手挟洋磁脸盆，从浴室经过大院子，摇摇摆摆的走入自修室去而已。

文章写到这里，没有完结，鲁迅就去休息，下午外出了。而最后的一笔，豁然显露出鲁迅写人的功力，不露声色，一笔勾勒，人物便活脱脱跃然于纸上了。可以预想，如果他有时间写下那构想很久的关于四代知识分子的长篇小说，该会是多么精彩？！

访问鹿地亘

一九三六年十月十七日，鲁迅休息了一上午，午饭后到内山书店去。约好在那里与胡风碰头，到日本友人鹿地亘住处去。

鹿地亘，一九〇三年生，日本进步作家，本名濑口贡，东京帝国大学毕业，与中国作家冯乃超同期。他积极参加日本无产阶级文艺运动，是日本无产阶级艺术联盟的骨干人物。一九三三年被选为无产阶级作家联盟成员，后来成为日本无产阶级作家联盟负责人之一。九一八事变后，他发表了许多反战言论，因而受到日本军国主义的迫害，一九三五年流亡到中国上海，从事反对日本侵华的活动，和比他早些时漂流到上海，也因参加日共被捕过的池田幸子同居。鹿地结识了内山完造，通过内山要求和鲁迅见面，鲁迅约胡风一道在内山家里会见了他。他向鲁迅坦白地交代他是被捕后声明了再不参加共产主义活动才被释放出来的，要求大家原谅，帮助他做一点对中日人民的友谊有益的工作。本来，翻译中国小说是由内山介绍的日本记者日高清琢磨担任的，但日高不但中文不够，连日文也是勉强的。鲁迅经过考虑，就把翻译工作交给了鹿地。鹿地不懂中文，由胡风讲解，他了解以后写成日文。胡风选了柏山写苏区生活的《岩边》，艾芜的《山峡中》，欧阳山的《明镜》，沙汀的《老人》和周文的《父子之间》。茅盾特别卖力，新写了一篇，共六篇。胡风为每个人写了小传，加在作品正文前面。果如鲁迅所担心的，这些作品并没有受到日本读者的欢迎。登了六篇，改造社就停止了这项工作。但提出了另一个计划，出鲁迅的杂文选集。鲁迅同意了，也由胡风选，帮助鹿地亘翻译。

十七日这天，是神祭的日子。

在扬子江上游充满着的高气压，起了混乱。从早晨刮起的北风，卷着密云向上海的天空南面吹去。

气温急遽地降到华氏六十九度，天空很阴暗。

日本牙科医生兼塑像家奥田杏花站在傍晚的北四川路的电车的终点，眺望着火光消失了似的戒严令下的街头。突然，一位五六十岁的孱弱的中国人，在尖利的北风中走来。尘风翻起他的长袍的大襟，飘飘然像风也似的进了内山书店。呀，这不是鲁迅先生吗？鲁迅先生自春天以来，就为病魔所缠，时好时坏，直至今天，那种痛苦的情形，还记在他心中。

不论是谁，穿着中装或和服从后面受到强烈的秋风时的姿态，都会有些衰颓之感；可是，今天的鲁迅又怎样了呢？走着的鲁迅是不会想到这些的。当一阵更猛烈的风刮过时，瘦牛的背脊般的帽子的边缘，就像船帆似的被卷了起来。

奥田杏花已经有三个星期不曾和鲁迅会面了。在这期间，中日关系愈显紧张。人们在戒严令下，揣疑着今天、明天地度着日子。

在杭州，蒋介石聚集了华北将领，正开着杭州会议，在南京，中日代表正在重作非正式的会谈。最近，日本报章开始散布出乐观的论调，然而，奥田杏花总觉得未许乐观，有时与鲁迅谈起，他也同样地露出中日时局悲观的口吻。

但是像今天还在作外交交涉的时候，鲁迅又将有着怎样的观察，谈些什么从报章上看到的新闻呢？奥田杏花最近异常空闲，于是就立刻跟随在鲁迅先生的后面，走进了内山书店。鲁迅先生走进内山书店当然不仅仅为了买书，他与内山书店主人内山完造先生是最亲密的朋友，不能分离的知己。在内山书店中，每日从朝到晚，来宾与客人都有着座谈的癖好。中日的文艺家，实业家，画家，各派军人，新闻记者，评论家，旅行者，见面之后就捉住一切话题加以谈论，然而大概总是讲一些中日问题，经济界的大势，世界上发生的事件。鲁迅先生在写倦了之后就是常常来参加的一人。

这天傍晚，内山主人出外去了，由担任管理的镰田氏款以日本茶，奥田杏花在鲁迅先生后面以手轻扣他的肩头，他回过头来："呵！久违了"，他的目光闪耀着，声音较平时精神一倍，鲁迅很健康，这着实使奥田杏花安心了。

奥田杏花还不及等待他坐下，就将以下的话相问了："鲁迅君，中日关系你觉得将会有怎样的结局呢？"

鲁迅无论在什么时候，总不愿人家以"先生"称他，所以奥田杏花见面时总以鲁迅"君"相称。他将最爱好的烟卷用手移开，沙哑的声音就从牙齿间穿过粗黑的胡髭发出来："这是困难的问题，究竟会逐渐变糟或者变好，是很难说的。第一，不知道日本在想些什么，和说些什么，也不知道中国在想些什么，不了解内心的人们中间的商谈，是最为危险的。"

鲁迅这样说着，又燃着了烟卷。在奥田杏花看来，觉得与其说鲁迅是中国的文豪，倒不如说他是世界哲学者，才能触到他的真正的面目。要是与鲁迅有一言之交，就会觉得他无论在金钱，在虚荣上，都毫无世俗的欲望。按照佛法说来，他已是遁入了"般若"之境的人了。然而，他热诚努力着，思考着，看怎样才能拯救中国的四万万民众。他是伟大的哲人。奥田杏花觉得，必须细心倾听这使人感动的毫不客气的谈话。他的说话又与烟一起吐了出来："我认为中日亲善和调和，要在中国军备达到了日本军备的水准时，才会有结果，但这不能担保要经过几年才成。譬如，一个懦弱的孩子和一个强横的孩子二人在一起，一定会吵起来，然而要是懦弱的孩子也长大强壮起来，就会不再吵闹，反能友好地玩着。"

鲁迅先生说到这里，翘起八字式胡须成了一字式而笑了。他这天很早就离座。在走出店门时，与平常一样对店里的人轻声地道声"再见"。奥田杏花在分别的时候对他说："鲁迅君，今天的天气对你很不宜，请留心着别受了风邪。"

鲁迅离开，是因为看见胡风接他来了。俩人碰头后，一起往鹿地亘住处走去。

鹿地亘正为鲁迅杂感集的翻译忙碌着。鲁迅微笑着走进房里来了，大个子的胡风跟在后面。向北的房子里，凉风不留情地吹进来，冷气从脚边升上来。池田幸子连忙把窗子统统关上了，只希望先生的病体不受妨害！他们请鲁迅坐唯一的帆布的长椅子。

“这似乎是不稳当的——”鲁迅亲自拉近了方形的坚固的椅子。幸子赶快放上了小小的红垫子，说有一次胡风一屁股坐下去，折断了椅心，四人都大笑起来。

鹿地亘个儿不算高，一米七的身材显得有点儿瘦弱，高鼻梁上架着一幅深度近视眼镜，一副学者气派。他的屋子里有很多书，多是日文书，也有中文书，如《战国策》《墨子》等，好像他对中国哲学和诸子百家很有兴趣。

池田幸子是个瘦长个儿，比鹿地亘略高一点，她长得眉清目秀，一对黑白分明的大眼睛，衣着朴素，总爱穿中国云纱布拉吉。她与鹿地亘沉静的性格完全不同，生性活泼，爱动爱说爱活动。

“请把这个送给日本的朋友。”鲁迅对胡风说，把幸子早已想要的《中流》和英文的 *Voice of China*（《中国的声音》）以及缩版的《凯绥·珂勒惠支版画选集》二册一同放在桌上，又说道：

“这一次写了《女吊》，”他把脸孔全部挤成皱纹而笑了。

幸子说道：“先生，你前个月写了《死》，这一次又写了吊死鬼，下一次还写什么呢？真可厌呀……”

在今春大病的时候，胡风和幸子说过，先生的肺原来是五年前已经溃坏了的，而枯瘦的先生竟还坦然描写死，或关于死的事情，幸子觉得寒心可怕，是可厌的。

鲁迅笑而不答，突然问道：“日本也有无头的鬼吗？”

鹿地亘回答道：“无头鬼没有听到过——脚倒是没有的。”

“中国的鬼也没有脚，似乎无论哪一国的鬼都是没有脚的。”

以后在鲁迅和鹿地亘之间，古今东西的文学中所记的鬼成了话题。《聊斋志异》《红楼梦》《雨月物语》，还有别的听不惯的书中的事情。胡风和幸子因为没有听见过人们这样有趣可笑地谈论鬼这种东西，时时发出惊奇声，笑个不停。

“我回国后在本乡绍兴的学校里服务，从学校回家的路是这样弯曲的，”鲁迅以细细的手指沿桌角画了一条半月形的弧线，又说道：

“学校和家里各在一端，夜里黑暗而静寂。有一条斜走的近路，是经过坟墓之间的。某天晚上，在学校里弄得时候迟了。回家时心里想：走哪一条路呢？我选定了近路，两边草很高，我依正中的小路走去，忽然看见从正对面有白东西不做声地走近来了。他渐渐变为矮小，向我这边走近，终于成为石头那样不动了。唉呀……我当然不相信鬼类的东西，但也觉得害怕，这里——”他拉着干薄的胸部说：“——跳动起来了。我想：还是回头去呢？或者怎么办呢？但我不管心跳，仍旧向前去了……白东西不动……走近去一看，原来是一个人蹲在那里。我怒喝道：‘在干什么呀！’踢了他一脚，他就向草中逃走了。到了家里以后，还尽是心跳，那似乎是个小偷。”

“最可怕的是日本的鬼。在日本戏里有的，是叫做什么呀？是的，那叫做牡丹灯笼……还有御岩。我在仙台时常花费八分钱去立着看戏。可是御岩很脏，是讨厌的。

“中国的鬼，有更奇特之点……女子常常出来。常有与鬼亲昵的男人的故事。这是很真切地表现了当时小资产阶级的心理的东西。因为是鬼，只在夜里出来；在不必要时就隐灭了，别人不会知道，而且无须给养。我以前想：若有那样的鬼倒是好的。”

他这样说过，便哈哈大笑起来。

在他们热心谈天的时候，风大起来了。鲁迅时时轻声咳嗽着，似乎有痰塞上来。幸子想用空烟盒来代痰罐，但为免得鲁迅心烦，好多次中止了。

“鬼的时节在日本是夏天，所以在那时候演戏。现在已经是秋天了，鬼要渐渐隐退了罢……”鹿地亘这样说。

鬼魂是隐退了，却由自杀接替它而成为话题。鲁迅对幸子是常混入青年女人的语调而说话的。

“现在谈谈吊死罢，这也是女人常做的。在中国，吊死在男子是很少的。据传说，因为死了的鬼魂来把活人哄去顶替，所以有这种自杀。古时王灵官这个人把男吊打死了，所以只剩有很少的了，而女的却没有被打死，所以常常出来带女人去。因此说起吊死鬼，照例是指女子而说的。

“女人自杀，近来往往吞金子等东西。因为金子是重的，停在肠里，引起肠炎。这种自杀，因为不是直接的，而是由炎症而来的死，很费时间，所以有的人弄得不愿意死了。医生用使金和排泄物一同拉出的方法救治。女人等到痛苦停了之后最先查问的事是：‘先生，我的戒指呢？……”

四人又大笑了。鲁迅先生把现今的一群女人说成一种典型。

由先生说起来，无论是鬼或自杀，说时都没有忘记破坏偶像的意思，启蒙和尖锐的讽刺。他的杂谈用笔写出来，就无不成为激烈的杂感。

“我静默三分钟，”先生从衣袋里拿出体温计而说道：“每天四点钟左右要测一次体温，”他把体温计插进口里了。他们在那时候也没有停止谈话。

“热倒没有。”

“时间太短咧。”

“这是因为必须给先生看的，这样就可以了。”鲁迅这样说，立刻把体温计装进袋里去了。

话题改换为木刻展览会的批评等等了。

从十月六日至八日在八仙桥的青年会馆举行了“第二次全国木刻流动展览会”。

把德国、苏联的优秀的木版画介绍于中国，把这个艺术移植于青年美术家之中、培养了它的萌芽的人，和在别的文化领域中同样，也就是鲁迅。

青年美术家们付托全心于一枝凿和一块木板，默默地雕刻。这里无须口号的论争，无须政治家的策略。全国的美术家只专心雕刻，而把作品汇集于一堂，并且举行移动展览会，使在全国的都市——甚至贵州、云南——都盛开艺术之花。

在中国，学习文字而到能够自由使用是须费长久年月，有许多困难的，以文学而被开拓的民众在现在还很有限。新出的木刻在启蒙上发挥了巨大的功效，在短时日之间迅速发展，技术日渐提高，出了许多优秀的作家，力群的精确的素描；陈烟桥的舒畅广大；新波的稀有的纤细美；野夫的积极的主旨的把握，李桦的热和力量——幸子看了这些及其他作品，心里想：“这种艺术及其艺术运动不是在中国的一切艺术中最为的进步吗？便问道：

“先生，听说你去看过木刻展览会了罢。成绩那样好，实在觉得惊异。除了苏联以外的国家，木刻艺术这样进步的地方还有吗！”

“喔，很有进步，没有期待能是那样的。”

鲁迅好像快乐地观看自己的孩子们长大的父亲似的眯起了眼睛。

“不过人的脸孔都像外国人，中国人是有中国人的脸孔的……可是青年们很肯努力。”

其后有了关于两三个作家的作品的批评。鲁迅心里印象较深的东西，似乎是素描精确的，用新写实主义描写的作品。他对于旁的艺术，如同对于文学一样！不是用理论给人讲解，而是以伟大的艺术家的感觉寻出它，并且给人看的。

他们的谈话似乎没有穷尽地继续下去。

懂得语言是多么便利呀！幸子希望和这个国家的其他朋友也能这样自由地谈天，或以文章而被启导，自然把学中国话的困难向先生诉说了。

“我也用日本话写过文章，没有麻烦。但不能不一一细想某行某段等事情。那样的东西，究竟也可以算是日本文吗？”

“怎么不能算，好得很呢。而且有含有以前日本话里没有过的妙味的话，来得很适切……”

“哈哈，连外国话都会创作——实在不敢当……”

先生绽开满脸胡子的多疙瘩的脸儿，大笑起来，说道：

“我学外国话的时候，当初乱读了很多。若是碰到疑问而只看那个地方，那么无论多久都不会懂的。所以就跳过去，再向前进，于是连以前的地方都明白了。只要多读多译就好，没有别的秘诀的。”

“那么请你们再做工作罢。我回去了……不要送。”

鲁迅喝了快冷了的红茶，阻止胡风去送他而立起来了。他们也立在门口，只有说：“请好好保养！”鹿地亘和胡风要赶紧做翻译工作，立即回到楼上。幸子走到门外再向先生说一声：“再会！好好保养！”已经开步走的鲁迅不再回顾了。

“谢谢！”

只有温和的声音传来。幸子心想：不送他也可以吗？风这么大——为了成都事件、水兵射杀事件等，上海增加了日本陆战队的步哨，望着鲁迅走出自己家的弄堂，最先看到的就是巨大的陆战队本部。左右有执枪穿铁马甲的卫兵森严地守着。野蛮的杀伐的气味会激动鲁迅的生病的心胸吧？

鲁迅的心会痛吧！但这种悲痛，总是成为不屈不挠的斗志，对于任何东西都不畏怯地奋斗。狂风要把他的深紫色的长衫的衣裾吹去，而他毅然头也不回地跨步而去，沉静的步调没有纷乱。幸子为不曾送先生去安慰而自己：先生是倔强的,身体也不久就会复原吧。在《为了忘却的记念》里不是这样说吗：“一个被杀害了的青年作家柔石和先生一同走路时，他总担心先生或许被汽车轧死，先生也为他担心，看到他疲劳，先生自己也就疲劳！”

幸子稍抬起脸儿，目送先生一直走出了弄堂的铁门而弯过去了。

第十八章　鲁迅之死

病情恶化

一九三六年十月十七日，鲁迅访问鹿地亘后回到家里，天已不早了，傍晚建人先生来，兄弟俩随便谈谈，精神甚好，谈至十一时，建人先生要回寓时，鲁迅又讲起要搬家的事，并且非常坚决急迫地说："房子只要你替我看定好了，不必再来问我。一订下来，我就立刻搬，电灯没有也不要紧，"下面画了一个方形，一面说："你就替我代订，就用这个印子。裕斋这号我本来曾用过的。"一面套上笔套，又说："裕字媚俗者好像应该有两点；刻字店里横竖要写过的，随它去了。遂没有改。"建人先生接过走了。

到十二时，广平急急整理卧具。催促他，警告他，时候不早了。他靠在躺椅上，说："我再抽一支烟，你先睡吧。"

等他到床上来，看看钟，已经一时了。二时他曾起来小解，人还好好的。再睡下，三时半，见他坐起来，广平也坐起来。细察他呼吸有些异常，似气喘初发的样子，后来继以咳呛，咳嗽困难，兼之气喘更加厉害。他告诉广平："两点起来就觉睡眠不好，做噩梦。"那时正在深夜，请医生是不方便的，而且这回气喘是第二次了，也不觉得比前次厉害。为了减轻痛苦，广平把自己购置在家里的"忽苏尔"气喘药拿出来看：说明书上讲明病肺的也可以服，心脏性气喘也可以服。并且说明急病隔一二时连服三次，所以三点四十分，给他服药一包。至五点四十分，服第三次药，但病状并不见减轻。

三时半病势急变，他就不能安寝，斜靠休息也不可能。终夜屈曲着身子，双手抱腿而坐，那种苦状，广平看了难过极了。在精神上虽然广平能够分担他的痛苦，但在肉体上，只能是他独自担受一切的磨难。他的心脏跳动得很快，咚咚的声响，广平在旁也听得十分清晰。天放亮了，见他拿左手按右手的脉门。脉跳得太快了，他是晓得的。

他叫广平早上七点钟去托内山先生打电话请医生。广平等到六点钟就匆匆盥洗起来，六点半左右就预备去。他坐到写字桌前，要了纸笔，带起眼镜预备写便条。广平见他气喘太苦了，要他不要写了，由广平亲口托请内山先生好了，他不答应。无论什么事他都不肯马虎的。就是在这最困苦的关头，他也支撑起来，仍旧执笔，但是写不成字，勉强写起来，每个字改正又改正。写至中途，广平又要求不要写了，其余的由她口说好了。他听了很不高兴，放下笔，叹一口气，又拿起笔来续写，许久才凑成了用日文写的致内山完造便条。这是最后执笔的可珍贵的遗墨，中文译文如下——

老版几下：

没有到半夜又气喘起来。因此，十点钟的约会去不成了，很抱歉。托你给须藤先生挂个电话，请他速来看一下。草草顿首

L　拜十月十八日

清晨书店还没有开门，广平走到内山先生的寓所前，先生已走出来了，匆匆地托了他打电话，就急急地回家了。

广平看着在病苦中煎熬的鲁迅，不胜悲伤，想起一九三六年整个夏天，先生都被病缠绕得透不过气来，许多爱护他的人都极为着急，在亲友悉心关护下，病状好转了。在那个时候，他说做了一个梦：他走出去，看见两旁埋伏着两个人，打算向他攻击，他想：你们要趁我生病的时候攻击我吗？不要紧！

我身边还有匕首呢，投出去掷在敌人身上。

梦后不久，病减轻了。一切恶症候都逐渐消失，可以稍稍散步，写些文章，还可以看看电影，生活生活。他战胜了“死神”，在讴歌，在欢愉。生的欣喜布在每一个友朋的心坎中，惠临在每一个爱护他的人的颜面上。

十月十七日子夜，他写了《因太炎先生而想起的二三事》一文的中段，凌晨将原稿压在桌子上，预备稍事休息再继续执笔。午后，他想出去散步，广平因事在楼下，见他穿好了袍子下扶梯。那时外面正有些风，但他已决心外出，衣服穿好之后，是很难劝止的。不过广平还是姑且留住他，说：“衣裳穿够了吗？”他探手摸摸，里面穿了绒线背心，答道：“够了。”广平又说：“车钱带了没有？”他理也不理就自己走去了。

广平心知他的犯病，就是这天出去遭受风寒造成的，当时应该拦挡他，不让他出去。但是他就这犟脾气，谁拦得了呢？禁不住叹了口气。

换到躺椅上坐，广平怕他再受凉，在躺椅上加了条薄棉垫。八点多钟，十八日的日报到了。他问广平：“报上有什么事体？”广平说：“没有什么，只有《译文》的广告。”广平知道他要晓得更多些，又说：“你翻译的《死魂灵》登出来了，头一篇上。《作家》和《中流》的广告还没有。”

广平为什么提起《作家》和《中流》呢？这也是他的脾气。在往常，晚间撕日历时，如果有什么和他有关系的书出版时——敌人骂他的文章，他倒不急于要看，——他就爱提起：“明天什么书的广告要出来了。”就像自己的一本好书出版一样的欢快，熬至第二天早晨，报纸到手，就急急披览。如果报纸到得迟些，或者报纸上没有照预定登出广告，那么，他就很失望。虚拟出种种变故，直至广告出来或刊物到手才放心。

广平告诉他《译文》广告出来了，《死魂灵》也登出了，别的也连带说了，以为可以使他安心了。然而不！他说：“报纸给我，眼镜拿来。”广平把那有广告的一张报给他，他一面喘息一面细看《译文》广告，看了好久才放下。原来他是在关心着《海上述林》上卷的介绍，即使在这样的病苦中，他还记挂着秋白。这是他最后一次和文字接触，也是他最后一次和大众接触……

在躺椅上仍旧不能靠下来，广平拿一张小桌子垫起枕头给他伏着，还是在那里喘息。

六点钟左右看护妇来了，给他注射和吸入酸素，氧气。

七点半钟广平送牛奶给他，他说："不要吃。"过了些时，他又问："是不是牛奶来了？"广平说："来了。"他说："给我吃一些。"饮了小半杯就不要了。其实是吃不下去，不过他恐怕太衰弱了支持不住，所以才勉强吃的。到此刻为止，广平推测他还是希望好起来。他并不希望轻易放下他的事业。

内山完造一看许广平拿来的便条，就感到一种难言的悸动。

平常总是写得齐齐整整的信，今天，笔却凌乱起来了。内山马上打电话给须藤医生，请他就来。随后跟妻子一起跑到先生家里去。那时候，先生坐在台子旁边的躺椅上，右手拿着香烟，脸色非常坏，呼吸好像很困难。内山告诉他，须藤医生马上就会来，他点点头。

先生的呼吸异常困难，内山静静地按摩他的背部。广平也同样地按摩，但一点也不能够平静下来。内山家里藏有治哮喘的药，鸡蛋油；有一次他曾问过先生吃不吃，先生却说不必，所以也就没有吃。可是，今天，内山觉得或许要吃也未可知，所以，不管妻说"不行，先生决不会吃的"，还是把装在胶袋里面的药拿出六管来。作为须藤医生来到之前的治疗，问先生吃不吃？先生说："唔，吃吧。"于是，内山马上揭开胶袋的盖子，拿到先生嘴边去，先生一口气吃了三个。内山很高兴，心中祈求能够奏效。

内山要先生睡下，他躺下了，进入梦中，仿佛看见秋白站在云端唤他。秋白还是戴着眼镜，穿着西服，显得十分潇洒，他赶快应声而上。脚下很轻，好像能腾云驾雾。他上了秋白所在的云端，要和秋白握手，秋白也要和他握手。可怎么也握不住，似乎隔着什么，不能自主。

他们只好都在云端站着，互相凝视，微笑。

鲁迅问秋白："别后可好？"

秋白答道："很好！写完《多余的话》，就感到已经把要说的话留给了后世，自己总算解脱了，不再在苦海中煎熬了。"

鲁迅应道："那很好！我也快解脱了，不再横站，腹背受击了。那一把把冷箭也无处射了。倒让那些小人无聊得可以！对这些群小，我还是一个都不宽恕！"

秋白冷笑道："那些小人本是不值一理的！先生有的是更重要的事做，何必为他们耽误宝贵时光？"

鲁迅点头同意，说道："但为知己耗费些心血，倒是值得的。"说着，捧出了刚印好的皮面精装本《海上述林》上卷。

秋白大喜道："谢谢先生！真是'人生得一知己足矣，斯世当以同怀视之。'"伸手接过《海上述林》。这时，倒接住了，但瞬间飞天而去……

只听得上天传来宏厚、低沉的声音："像鲁迅、秋白这般的友情，恐怕是自有人类以来，极少见的了！"

鲁迅霍然梦醒，忽觉躺下来就很不自在；因此，还是坐在圆椅上，有时摇摇身体，并将上半身伸直。内山和广平要他停止吸烟，他终于把吸剩的丢了。

须藤医生是在内山和广平在给先生按摩背部时来的，一踏入房门就跑过来，好像要把先生看个透彻。内山用家乡话说着"怎么搅起的？"但从医生脸上，明明白白看到了忧色，就不得不一个人在心中祝祷着。

须藤医生没有回话，只是让先生躺到床上，准备给他注射，那时他双足冰冷，医生命给他热水袋暖脚，再包裹起来。两手指甲发紫色，大约是血压变态的缘故。广平见医生很注意看他的手指，心想这回是很不平常而更严重了。

先生困难地呼吸着，用断断续续的话语，说："从今天四点钟起，哮喘又发作起来了，请快替我注射。"那时候，医生已经把注射的手续准备好了，马上就在右腕上打了一针。

可是，先生的呼吸好像还是很困难。过了一两分钟，先生说："怎么搅起的，总是没有效果。"

医生一边说再过一两分钟看看，一边做第二回的注射准备，说道："如果一针不见效，就再打一针。"已经过了五分钟，先生的呼吸没有变化，依然很困难；于是，医生又在右腕上面做了第二次注射。过了一二分钟，先生说好

秋白接过《海上述林》，飞天而去……

像稍为好点了。呼吸，也好像比较舒服些了。内山和广平都不知不觉地松了一口气，几乎同时开始按摩先生的背部，但先生要他们停止，他们这才一同停止了。先生的苦闷稍为和缓了一点，跟须藤医生开始讲起话来了。这时候，恰好是八时前五分。内山八点钟在店里有个约会，就拜托了须藤医生，和妻子一起回到店里来了。什么通知也没有，内山以为已经不妨事了，就安心地跟来客谈话。可是，这时，须藤医生来了，说哮喘总没有好，好像已经变成心脏性哮喘，想要请松井博士诊察一回，于是马上把汽车驶到福民医院去接松井博士；偏巧赶上礼拜天，博士不在，回到他的住处去了，须藤医生就亲往住处接他，仍没接到，只得一人回鲁迅那里。这时候，石井医生偶然到内山书店来，内山把先生今天发病的情况告诉了他，他说马上去问候一下。

过了一会儿，须藤和石井两医生回书店来了，说病很重，很危险，今天须得十分注意。但内山不能够对许广平说这些话。他把看护妇叫到书店，吩咐她按照医生的治疗方法，每隔两个钟头注射一次，呼吸困难的时候，就作酸素吸入。看护妇应声回去，内山马上准备好酸素发生器送去，先行用酸素发生器施行吸入，又叫药店准备酸素管。那时候，先生已经睡在床上，酸素的吸入，似乎多少使呼吸舒服了些，于是说起话来：

“我的病究竟怎么样了！”

内山对他说，最好是静静地休养，医生也说是要让先生静静地休养。所以，请你还是不要想各种事情，好好地休养一下。这当儿，酸素管已经拿来了，就再行准备酸素管的吸入。看起来，酸素管的吸入效果很不错，先生好像能够安睡了。在这以前，内山为防止万一，委婉地对广平说，病势很重，有注意之必要。须藤医生又来诊视，说了声大概不妨事，明天再来，就回家去了。但内山总觉得不放心，叫一个店员住在先生家里。

内山也先行回到家来，但总觉得不放心，于是再把石井医学博士请来诊察。结果，说是病势很重，还是叫先生的弟弟来好。内山急赶回先生家，对广平说：“希望建人先生来。”广平说：“日里我问过他，要不要见见建人先生，他说不要。所以没有来。”内山先生说：“还是请他来好。”马上叫人打电话请建人先生来。一会儿，建人先生来了，内山把医生的话告诉他，请他注意。当他跟着内山在楼下的客堂间谈话的时候，广平惦念着内山，劝他回去休息。但他仍然不放心，却又没有把话直说出来的勇气；只得绕着弯儿，说是打算跟建人先生谈到天亮。广平非常操心地说："先生很安静的，还是请你回去吧。"又请建人先生在楼上休息。内山遂于晚间十二时半动身回家了。

冯雪峰十八日下午也来了。他见到鲁迅才知道他的病已转为剧烈，直坐在藤椅上，只是气喘，见雪峰来，曾想向他说话，雪峰连忙摆手，因为鲁迅那时说话十分困难。雪峰看鲁迅自己也很焦急。雪峰坐了有二十多分钟，见鲁迅只是气喘，偶尔看他一下，那表现出疲乏、痛苦的眼睛，好像是在说："想不到，突然就这样严重了。"这时候，广平和别的人，都只能依照鲁迅自己的意思，依赖长期给他看病的日本须藤医生的诊治，只希望先把气喘止住，然后再想其他的办法。雪峰只好先走了。

到晚上八九点钟，雪峰又来了，见鲁迅已经静卧在床上，因为打了强心针和室内装了氧气机，气喘减轻了。须藤医生在那里，没有离开。雪峰请人转问医生，究竟怎样，医生回答说："只要能够过得了这个晚上，就可以有转机。于是雪峰出去找上海党的领导人潘汉年商量，想请宋庆龄聘请更好的医生来诊治，但他们都相信这个晚上能够过得了的，准备第二天再去和宋庆龄联系。十一点前雪峰再去，广平再问医生，回答还是要看今天晚上。雪峰十二点离开时，广平送他下楼，暗暗地流着眼泪轻声说："我很怕……"冯雪峰以坚信的态度对她说："度过这个晚上，明天再请别的医生试试看。"但广平告诉雪峰，当晚十一二点时鲁迅先生两脚的温度已经很低了，所以她当时有可怕的预感。雪峰看见广平忧愁很深，对她说道："你在周先生面前要竭力表现得坚强；你是知道他的性情的，即使万一……他看见你强，也就安心一些了。"的确，广平是坚强的，她不曾在先生面前流过一滴眼泪。

内心独白

一九三六年十月十九日子夜，鲁迅一边痛苦地喘息，一边做着噩梦，心中像倒翻了五味瓶，各种滋味齐涌上来，"尘海苍茫沉百感"，一生的种种经历化成了喃喃自白——

绍兴古街 东昌坊口 周家台门 男孩的啼哭声 周家兴房的长孙 遍尝酸苦辣咸甜五种滋味 尝够人生况味 第一个师父 百家衣 银筛 太极图 剪刀 鬼怕斩钉截铁 万花筒 猫是老虎的师父 白蛇娘娘 法海 雷峰塔 老鼠成亲 山海经 长妈妈 没有头而以乳为目以脐为口还要执干戚而舞的刑天 百草园 碧绿的菜畦 紫红的桑椹 肥胖的黄蜂 轻捷的叫天子 低唱的油蛉 弹琴的蟋蟀 后窍喷出一阵烟雾的斑蝥 何首乌 木莲藤 三味书屋 老寿先生 祖父犯事入狱 异样的眼光 乞食者 父亲的病 当铺 药店 小康 困顿 世人的真面目 琴表妹 一定要报这恶狗的仇 冬雨 娱园 春雪 斩监候 秋决 杀头 父亲的死 高大英武的黑瘦汉子 好看的美女子 高高的坟上开满了火红火红的映山红 流言 救中国 穷出山 走异路 逃异地 天演论 周树人 东瀛 缺乏诚和爱 诈伪猜疑相贼的毛病 口号只管很好听 标语和宣言只管很好看 书本上只管说得冠冕堂皇 天花乱坠 但按其实际 却完全不是这回事 学医 藤野先生 杀中国人 看客 弃医从文 根柢在人 立人 反对伧俗和质化 精神界之战士 改变人的精神 失败 看见自己 大寂寞 抄古碑 叩问嵇康 狂人 救救孩子 鲁迅 阿Q 兄弟失和 颓败线的颤动 她于是举两手尽量向天 颓败的身躯的全面都颤动了 野草 尼采 察拉图斯忒拉的序 秋夜 默默地铁似的直刺着奇怪而高的天空的枣树 许广平 墨翟见歧路恸哭而返 阮籍遇穷途大哭而回 母亲给的礼物 大苦闷 我是一个可怜的中国人 爱情我不知道你是什么 这是血的蒸气醒过来的人的真声音 没有奴隶也没有奴隶主的第三样时代 连蝌蚪小兔小狗鸽子这样的小生命都发自心底地疼爱何况人呢 幸福的度日合理的做人 小刺猬 孤独者 我就是说这孩子将来是要死的人于是得到一顿大家合力的痛打 睁了眼看 正视人生打破瞒和骗 猫头鹰 夜游的恶鸟 你战胜了 同行者 伤逝 捣毁铁屋子的傻子 腊叶 始终微笑着的刘和珍被打死了 血债必须用同物偿还拖欠得愈久就要付更大的利息 再见了北京再见了鸽子 又眼见了许多青年的血那瘦小精干的湖南青年毕磊竟被同是青年的人装进麻袋扔进珠江惨死了 对于别个的不能再造的生命和青春更无顾惜如果对于动物也要算暴殄天物 至今为止的统治阶级的革命不过

是争夺一把旧椅子　奴才做了主人是决不肯废去老爷的称呼的他的摆架子恐怕比他的主人还十足还可笑这正如上海的工人赚了几文钱开起小小的工厂来对付工人反而凶到绝顶一样　当作亲子看待的柔石在龙华深夜中十弹身亡　又为斯民哭健儿　不悟自己之为奴　大明一朝以剥皮始以剥皮终可谓始终不变　悬想哲学的意蕴　横站　最可怕的是营垒内部的蛀虫　阿Q现在管理着国家哩　向往无阶级社会　怎样才能实现　知己秋白的死　何苦　何其苦也　海上述林　新奴隶主　暗暗的死在一个人是极其惨苦的事　无穷的远方无数的人们都和我有关　让他们怨恨去我也一个都不宽恕　最高的轻蔑是无言而且连眼珠也不转过去　胸中焖焐的著作终于难以完成了　文人的遭殃不在生前的被攻击和被冷落一瞑之后言行两亡于是无聊之徒谬托知己是非蜂起既以自衒又以卖钱连死尸也成了他们的沽名获利之具这倒是值得悲哀的　文坛　左翼文坛　诈伪猜疑相贼不减反盛　变革挣扎自做工夫却不求别人的原谅和称赞来证明究竟怎样的是中国人救中国　救救人类的灵魂……

稍有缓解，他又看那张小画：一个穿大长裙子飞散着头发的女人在大风里边跑，在她旁边的地面上还有小小的红玫瑰的花朵。朦胧中，眼前又浮现出三十六年前离开绍兴去南京时的情景：上船以后，又掀开舱窗帘往外看着，恍然间，似乎看见岸上绿柳丛中有一个绿色的倩影向船奔来，怦然心动，恨不能向那倩影迎去，正要招呼，船启动了……

啊！琴姑——乖姑——小乖姑。琴姑已去，乖姑母子还在，我去了，她们母子如何生活？让乖姑忘记我，管自己生活。那她可能吗？还有北平年已八旬的老母，该会怎样？……啊，我的乖姑，我最亲爱的人，真有愧于你了。他眼窝里流出一大滴泪，急切地要紧握广平的手……

紧握广平的手离世

喘息一直使他苦恼，连说话也不方便。看护妇和广平在旁照料，给他揩汗。

腿以上不时地出汗，腿以下是冰冷的。用两个热水袋温他。每隔两小时注一次强心针，另外吸入氧气。

十二点那一次注射后，广平怕看护妇熬一夜受不住，叫她困一下，到两点钟注射时叫醒她。这时由广平看护他，给他揩汗。不过汗有些黏冷，不像平常。揩他手，他紧握广平的手，而且好几次如此。陪在旁边，他就说："时候不早了，你也可以睡了。"广平说："我不瞌睡。"为了使他满意，就在对面斜靠在床脚上。好几次，他抬起身来看广平，广平也照样看他，有时还陪笑地告诉他病似乎轻松些了。但他不说什么又躺下了。也许这时他有什么预感吗？他没有说。广平也没有问。后来揩手汗时，他紧握广平的手，广平已没有勇气回握他了。广平怕刺激他难过，装作不知道，轻轻地放松他的手，给他盖好棉被。

广平斜靠在床脚上，面对着先生，回想起一九二五年十月，先生在"老虎尾巴"第一次紧握她的手，第一次紧紧地拥抱她，第一次热烈地亲吻……她所写的《风子是我的爱》《同行者》……从此相濡以沫，难分难舍，偶一分开，就不断来信，有时甚至一天来两三封，亲昵地称她"乖姑""小刺猬""小莲蓬"……是的，他们的相处，实有深意，绝非世俗所想的那样简单、庸俗！广平思忖：自己的付出值得吗？值得！为先生这样的人付出自己的一切都是值得的！又想到最亲爱的先生可能要离她而去，禁不住心如刀绞，泪流满面。她不知道是否应该回握先生的手，从死神手里把自己最敬爱的人夺回来……

从十二时至四时，中间饮过三次茶，起来解一次小手。人似乎有些烦躁，有好多次推开棉被，广平怕他受冷，连忙盖好。他一刻又推开，看护妇没法子，告诉他心脏十分贫弱，不可乱动，他往后就不大推开了。

五时，喘息看来似乎减轻，然而看护妇不等到六时就又给他注射，心想情形必不太好。她叫广平托人请医生，那时内山先生的店员终夜在客室守候。内山先生和他的店员，这回是全体动员，营救鲁迅先生的急病的。广平匆匆嘱托书店店员去请，建人先生也来到二楼。看见鲁迅头稍朝内，呼吸轻微了。连打了几针也不见好转。

他们要广平呼唤他，广平千呼万唤也不见他应一声，就又紧握先生的手，他紧紧地紧紧地回握了一下，渐渐松开，凉了。天是那么黑暗，黎明之前的乌黑呵，把他卷走了。黑暗是那么大的力量，连战斗了几十年的他也抵抗不住。医生说:过了这一夜，再过了明天，没有危险了。他就来不及等待到明天，来不及看到那光明的白昼。而黑夜,那可诅咒的黑夜,广平天天睁着眼睛瞪它，将诅咒它直至自己的生命终止……

晚饭后，为他的病从早上忙至夜里、一刻没有停止的内山先生回到家里，把先生的情况告诉那还没有睡、还在等着他的妻；一面祝祷不要有什么急变，一面就寝了。但他的神经非常兴奋，无论如何也不能入睡。翻来覆去地苦闷着,只是祝祷先生能够平平安安地直到明天。午前五时的钟声敲过了。一会儿，他听到了老板老板的喊声,吃了一惊，跳了起来，把窗子打开。“请你马上来！并且请你马上请医生来！”于是，内山当即叫用人去请石井医生和须藤医生马上来诊视。然后急跑到先生家里去，那时是午前五时五十一分。可惜——

先生的额还温暖，手也还温暖，但呼吸已绝，脉搏也停止了！内山用一只手握着先生的手，一只手按在先生的额上，温味渐渐地消失下去了。许夫人靠着台子悲泣着，内山说不出什么安慰的话语，只是跟她一同悲泣。石井医生来了，但已经“没有法子”。接着，须藤医生也来了，但也“没有法子”。不管怎样夸耀医术的高明，也还是没有办法。那就是生命。

内山马上通知鹿地亘夫妇及其他的人们:“呜呼哀哉！鲁迅先生长逝矣！时为一九三六年十月十九日午前五时廿五分。”

内山感到“我的病究竟怎样了！”这一句话，将永远不会从他的耳朵里消失！“人生如朝露”,“人生如梦”，实在不是虚语啊！

哭　别

这时，小海婴还在三楼睡觉。一九三六年的大半年，他的日子也是在忧喜交错之中度过的。父亲的健康状况起伏很大，体力消耗得很多。因此，家里的气氛，总与父亲的健康息息相关。

每天清晨，海婴穿好衣服去上学。按照过去的惯例，父亲因为深夜写作，睡得很晚。今年以来，更因为他不断生病，母亲就叮嘱海婴，进出要小声，切勿闹出声响，以免影响父亲的休息。

遵照母亲的嘱咐，海婴每天从三楼下来，总是蹑手蹑脚，不敢大声说话。父亲的房门一般不关，他悄悄钻进卧室，侧耳倾听他的鼻息声。父亲睡在眠床外侧，床头凳子上有一个瓷杯，水中浸着他的假牙。瓷杯旁边，放着香烟、火柴和烟缸，还有象牙烟嘴。海婴自知对父亲的健康帮不了什么，但总想尽点微力，让他一展容颜，也算是一点安慰。于是轻轻地从烟盒里抽出一支香烟，细心地插进被熏得又黑又黄的烟嘴里面，放到父亲醒来以后伸手就能拿到的地方，然后悄悄离去。这些动作十分轻捷，没有一点声响。也不敢大声叫嚷，像过去那样：每一出门，总要说："爸爸再见。"中午吃饭的时候，总盼望父亲对自己安装香烟的"功劳"夸奖一句。不料，父亲往往是故意不说，海婴忍不住，便迂回曲折地询问一句："今朝烟嘴里有啥末事？"父亲听后，微微一笑。便说："小乖姑，香烟是你装的吧。"听到这句比什么奖赏都贵重的语言，海婴心里感到乐滋滋的，饭也吃得更香；父亲和母亲相视一笑。借此使全家人暂离愁城。

海婴记得，父亲的印章，现存四十九枚。有名章、号章及笔名章，还存有判别古籍真伪的"完""伪""善""翻"的单字章和"莽原社"等的社团章。以石质居多，还有水晶、牙质和玉质者。外形或圆或方经过磨制者，也兼有不加磨制保持自然形态者。有一枚，上刻"只有梅花是知己"，石质，没有边款。有一枚白色木质图章。式样极其普通，呈长方形，刻有阳文"生病"二字，字体正方，刀力平平，质地一般，并非精选，刻工无名，也非名家。这块"生病"图章，海婴那时倒是常常使用的。当年上海虹口大陆新村一楼客室的里间，有一张他们一家平时吃饭的"八仙"桌，桌上有四只小抽屉，这只图章，就放在朝南方向，大门方位的那只抽屉中，和它放在一起的，还有一小圆匣印泥。海婴经常拿这只图章在纸上盖着玩，弄得手指油腻腻地尽是猩红色，这只图章也被他弄得遍身印泥，满是朱砂。三十年代的上海，邮递员送信往往爱投后门，因为弄堂房子的结构，厨房紧接在后门旁边，这样，信件送到时，住户经常有人接应，可省等候时间，而前门却往往难以叫应。当时，邮递员骑自行车，技术都很高超，在弄堂里，不用下车，车速稍一减慢，扬手一掷，信件就能投入窗户以内。然后飞车就走，毫不延误。如果是挂号邮件，就得停车取章。那时挂号信件又分单挂和双挂两种。单挂号盖章后，就算收件人向邮局负责；双挂号则还有一纸回执，需要回递寄件人。这一枚“生病”图章，是父亲在逝世之前的那一年请人刻制的。当时，他已病得很重，不能像过去那样，有信必复、有稿必看了。接到信件，不愿拖延时日，以免寄信人和寄稿人牵挂，所以想出此法，在回执条上盖上“生病”二字的图章，使寄件人见此回执，就能明白情况，不致再着急催促。这也是父亲对识与不识的朋友一种认真负责的态度。那时，海婴已经六岁多了，有时在楼下玩耍，遇到来信要盖此章时，往往不许旁人插手，不论邮件缓急，抢着完成自以为非常荣耀的任务。后来，很多熟人知道父亲病重，除了问候以外，一般都不愿以事务相烦，但有些人不很了解情况，所以有时偶然也见有送稿件前来请教的，碰到这种情况，母亲估计短期不及阅读，便婉言谢绝，如有持介绍信件送稿者，便在来信后面盖以“生病”二字的图章，取得对方谅解，由送信人带回。

说来也奇怪。前两三天，海婴下午放学回家。突然耳朵里听到遥远空中有人对他说：“你爸爸要死啦！”这句话非常清晰。他非常惊讶，环顾四周，附近并没有什么人，而这句话却非常明确地送入他的耳鼓。他快步回家，走上三楼，把这件事告诉许妈。许妈斥他：“瞎三话四，哪里会有这件事。”

但是不幸终于来临了。一九三六年十月十九日清晨，海婴从沉睡中醒来，觉得天色不早，阳光比往常上学的时候亮得多了。他十分诧异，许妈为什么忘了叫他起床？连忙穿好衣服。楼梯轻轻响了，许妈来到三楼，低声说：“弟弟，今朝侬勿要上学去了！”海婴急促地询问：“弄为撒个能（这是为什么）？”只见许妈眼睛发红，却强抑泪水，迟缓地对他说：“爸爸呒没了，侬现在勿要下楼去。”多少治疗，多少祝愿，多少人力和物力，都阻挡不住死神的降临。海婴意识到，这么不幸的一天，终于降临了。他没有时间思索，不顾许妈的劝阻，急促地奔向父亲的房间。父亲仍如过去清晨入睡一般，那么平静，那么安详。

好像经过彻夜的写作以后，正在作一次深长的休憩。但房间的空气十分低沉，压得人喘不过气来。母亲流着眼泪，赶过来拉着他的手，紧紧地贴住他，生怕再失去什么。他只觉得悲哀从心头涌起，挨着母亲无言的流泪。父亲的床边有一些亲友，也在静静地等待，似乎在等待父亲的醒来，时间似乎凝滞了，秒针一秒一秒地前进，时光一分一分地流逝，但却带不走整个房间里面的愁苦和悲痛。不一会，来了一个日本女护士，她走到床前，很有经验地伏下身去，听听父亲的胸口，心脏是否跳动，等到确认心跳已经停止，她便伸开手隔着棉被，用力振动父亲瘠瘦的胸膛，左右摇动，上下振动，想用振动方法，使他的心脏重新跳动。这一切，她做得那么专心，充满着必胜的信念，没有一丝一毫的犹疑。人们也屏息等待，等待奇迹的出现。希望他只是暂时的昏迷，暂时的假死，忽然一下苏醒，睁开大家都在期待着的眼睛。然而父亲终于没有苏醒，终于离开他们而去，再也不能慈爱地叫他“小乖姑”，不能用胡须来刺他的双颊了……止不住的泪水，不由地从眼眶涌出，顺着脸面倾泻而下，滴得地板叮咚作响。他再没有爸爸了，在这茫茫无边的黑暗世界之中，就只剩下了他和母亲两个人了。悲痛和苦难，将要一起向他们母子扑来……

十月十八日下午胡风再去看鲁迅先生时，许广平告诉他，先生昨晚发了病，不能起床了。并叫他暂不要定房子。他走进房门口几步望见先生闭着眼静静地躺着，因为假牙取下了，两颊陷了下去。他毫无办法，晓得医生在注射，只好退了出来。

当天夜里，得到冯雪峰电话，要他第二天上午赶到先生那里去。

一九三六年十月十九日黑早，胡风被捶门声惊醒了，是许广平打发内山书店一个店员来通知他：“周先生死脱啦！”胡风震动了一下，马上穿起衣服来，告诉梅志一声，就坐着那个店员坐来的汽车赶去了。坐在汽车上感到茫茫然，希望马上开到，看个究竟，同时也想到一定是事实，希望汽车一直开下去，甚至开到大海里去。

急步走过客堂，上了楼，轻轻走进卧房。见鲁迅先生静静地躺在床上，虽然面型和昨天并没有大改变，但闪电一样地感到，那双智慧的眼是永远地闭上了。

离床头靠窗就是一张半新的旧书桌，上面杂乱地堆着些书籍、原稿，两支“金不换”毛笔挺立在笔插里，旁边是一只有盖的瓷茶盅。这就是先生不知呕去多少心血的地方，现在显得很纷乱。桌子横头是他最近一篇文章里提到的藤躺椅，上面多了条薄棉垫。靠边一张方桌，满满地堆着书；床头床脚各有一架小小的书柜。壁上挂着些木刻和油画，有一张好像是凯绥·珂勒惠支女士的版画，另一张则是油绘的婴孩的画像，上面题着“海婴生后十六日肖像”字样。海婴这先生唯一的爱儿，还不到七岁，这天真的孩子似乎还不懂得人生的忧患……

房里寂静无声，只见鹿地夫妇和鹿地前妻、现在上海当记者的河野坐在卧床对面。胡风不知道鹿地他们已经来过，这时候闪过了一个念头：这是神圣的地方，这是一个最悲痛即最庄严的时间，他们竟然闯了进来坐着……另有两个青年在画着速写并着手塑下最后的面容。他们自己向胡风介绍，是曹白和他的朋友力群。曹白是先生最后倾注着好感，和他通信，在精神上支持了他的青年革命美术家，也就是《写于深夜里》的那个“人凡”。他们的出现冲淡了胡风对鹿地亘们的反感。他们是配得上代表年轻一代的纯洁的心灵来为伟大的先驱者的遗容留下最后形象的。

十月十九日清晨，黄源一家还在睡梦中，突然被几下轻轻的敲门声惊醒了过来。黄源睁开惺忪的眼睛，一看房间里的光色，知道时候还很早，再看看床前的小钟，也还不到七点。昨夜他们两点后才睡，今天这样早就有人来敲门，莫非发生了什么特别的事故？黄源有些惊异，于是立刻跳下了床，向门边奔去，一边问道：

“谁？”

“是我。”门外应了一声，是听惯了的女佣的声音。接着又轻轻地扭了几下门上的把手。

黄源旋开了门锁，半开着门，问：

“什么事？”

“楼下有人要见先生，说是有要紧事。”

这时黄源的妻子许粤华——笔名雨田，爱称“雨”，也惊醒了。下了床，走到门边来问道：

“是个怎么样的人？”

“没有见过的。”

黄源有些犹豫，猜不着来的是谁，有什么事。

雨随手把晨衣交给了他，说：

“你下去看看吧。”

黄源披了衣服，匆匆地跑下楼去。跑到二楼的转弯处，就见楼梯下站着一个穿藏青色学生装的青年。他这时听见了楼梯上的急促的脚步声，转过身迎着黄源，但因楼梯下光线暗淡，黄源看不清他的面目。

黄源一跑到楼下，就把他引进客堂。他的脸孔，好像在什么地方常见的，但一时想不起哪个地方来。那时黄源也无暇思索，便靠近他身旁，直接地问道：

“有什么事？”

他低着头，哽咽着悲切地说：“鲁迅先生死了！”

一听到这句意外的霹雳似的答语，黄源好像触到了电，全身一震，眼前昏黑，一时失去了一切的感觉，木然站着。

“什么？”过了一下，黄源才定了一定神，吐出了这两个字。青年的话黄源是听清楚了的，而且好像是一把锐利的尖刀，深深地直刺到他的心中。但是他不相信。

“鲁迅先生死了！”青年依然低着头，哽咽着悲切地说。

“什么时候死的？”

“今朝五点多钟。”

黄源见他手里拿一张纸，上面有他的名字和地址，忽然转到另外一个念头，问道：

“你是从哪里来的？”

“内山书店。”接着青年催促黄源说：“汽车在外面等，请你赶快，我们一道走吧。”

“不，你先走，我换了衣服马上就来。”另一个念头抓住了黄源，犹豫地这样说。

“好的，我先走，你马上到他家里。”

青年说着走了，黄源直奔上楼，雨在房门口等着他，见他神色异样，急忙问道：

“什么事？”

“周先生死了！”

雨听到这消息惊跳起来，连声说着：“那怎么行呢？那怎么行呢？”颊上是簌簌的热泪，好像一个突然给母亲偷偷地撒下了的孩子似的，急得缠住黄源问，跟他进了房间。黄源竭力抑住从胸底溢涌上来的泪水和哭声，告诉她：

“我们赶快换衣服走吧，车子打萧军那里转一转，我去叫他。”

不到几分钟，车到了萧军住所门口，雨留在车里，黄源独自下去，问了一声佣人，知道还在睡觉，便飞奔上楼去，房门没有下锁，黄源一推便冲了进去，见萧军睡在一个大床上，便半俯着身，说：

“赶快起来，周先生死了！”

又一个霹雳打击了另一个青年。

“什么？”萧军圆睁的眼睛注视着黄源，那乱蓬蓬的头，立刻离开了枕头撑起身来。

“刚才有人来通知我，说周先生死了！”

“你诓我。”

“我怎么能用这话来诓你，赶快穿衣服，车子在外面等着。”黄源有些焦急了。

两三分钟以后，他们三个人都已坐在车上。车在早晨清寂的马路上疾驶着，萧军几次要呕吐。黄源只能安慰他，说：“我不相信，他不会死的。”心里也那么想着，他病了几月虽然曾遭过几次险境，可是最近显然在往痊愈的途上走，绝不会病死的。他们十五号去看他，他的精神不是已经显得好得多了吗？昨天他们去北四川路，因为同着别的朋友，没有到他家里。在内山书店一转，老板内山先生和他们招呼了一下，并没有提到鲁迅先生的病势激变。怎么今天突然会死呢？但也许有什么意外罢，焦急与愤恨的情感在黄源胸中翻腾着，车好像走得非常的慢。

车在弄口停了下来，他们朝先生的门口走去。这弄堂在这二年来，不知走了多少次，每次进这弄堂，想到立刻可以看见先生，哪怕是心境最恶劣的时候，也会突然变好，安静起来。但这时候却有一个可怕的命运在等着他们。萧军迈开大步在前面走，黄源载着一颗过重的心好像被他拖着似的跟在后面。走进了后门，看见广平站在楼梯下，她不等他们开口，就简单地说了一句：

"在楼上。"

他们往二楼奔去，跑进房门，一眼看见许多人面对着床站着，回头朝床一看，他们便扑在床前，痛哭起来。

海婴紧紧偎在母亲怀里哭泣，过了一会儿，广平放开海婴，到楼下迎人。来了一些人。有录制电影的，有拍摄遗照的。……室内开始有点杂乱，不像刚才那样寂静了。日本牙科医生兼塑像家奥田杏花，赶来为先生塑像。他先在先生面部搽上薄薄的一层凡士林油膏，仔细抹平，然后用现调的湿石膏复在脸的四周，轻轻抚平，贴上纱布，待石膏凝固，轻轻地揭下模子。当他翻过面模检查质量的时候，海婴也过去望了一眼，看到石膏面模拔下父亲许多根胡子，当时感到很不舒服，仿佛从自己身上拔下许多毛发一样难受。

七八点钟以后，前来吊唁的人也慢慢增加了，但大家仍动作很轻，只是默默地哀悼。忽然，海婴听到楼梯咚咚，一阵猛响，只见一个大汉，直奔父亲床前。没有犹疑，没有停歇，没有俗套和应酬，扑到床前，跪倒在地，像一头狮子一样，石破天惊地号啕大哭。他扑向父亲胸前的时候，一头扎下去，好久没有抬起，头上的帽子，沿着父亲的身体急速滚动，一直滚到床边，这些，他都顾不上，只是从肺腑深处，旁若无人地发出了悲痛的呼号，倾诉了他对慈父般的鲁迅先生的爱戴之情。海婴从充满泪水的眼帘之中望去，看出是萧军，后边跟着的是黄源。这位重于友谊的关东大汉，不几天前，还和父亲一起谈笑盘桓，替他们分担忧愁呢！而今也只有用这种方式来表达他对父亲的感情了。海婴不记得这情景持续了多久，也不记得是谁扶萧军起来，劝住了他的哭泣。只是这最后诀别的一幕，在自己脑海中凝结，形成了一幅难忘的画面。时光虽然像流水一般逝去，但始终洗不掉这一幕难忘的悲痛场面。

胡风坐在书桌前，听许广平念给他听致送讣告的亲友名单，默默地记录下来。他这时脑子一片空白，毫无主见，叫做什么就做什么。他背对着房门口，不知道有谁进来或出去。冯雪峰来了，在鲁迅先生额上亲了一个吻，马上把他叫到楼下客厅。这才发现孙夫人宋庆龄坐在长桌一边，她当是胡风背对房门口的时候上到房里向遗容吊唁的。胡风坐在和孙夫人相对的长桌一端，雪峰坐在他旁边，要他起草一个讣告。胡风激动得不能运思，只是跟着感觉写了起来。当写到由于肉体的无情的压迫，不管他放心还是不能放心，终于不得不放下他对各种敌人刺击了一生的笔，把它交给了年轻的战斗者们的时候，胡风禁不住全身抖动，好像这才全身心地感到了这颗伟大的心灵的停止跳动，对中国人民，对进步人类会成为怎样一种不可估量的损失。一面听到好像从遥远的地方传来雪峰的声音，“不要难过，写罢……”热泪烧得胡风看不清自己写下的字迹了……

黄源在一旁默默地流泪，默默地回想着——

我们的鲁迅先生已闭上眼，安谧地躺在床上了！身上盖了一条粉红色棉质夹被，脸上蒙着一张洁白的纱巾。黄源把白纱巾揭去了，眼睛就红起来，先生的口眼都紧闭着，一头夹着几根银丝的黑发，浓浓的眉和须，面容虽然瘦一点，却很安详。大家屏息沉默着，心里感到沉重的压迫。

但这还不能叫我们相信！

黄源抓住他的手，还是暖生生而柔软的，先生的眼睛闭着，和熟睡着一般。他该还听到我们的哭声，为何不醒来呢！他自从五月十五日起病直到十月十五日我们最后一次见面，其间他的病虽时重时轻，但他始终不相信自己会死，我们也不相信他会死，尤其是最近，虽则还有热度，但他的精神显见得很旺盛。他甚至去看过几次电影。双十节他去上海大戏院看了改名为《复仇艳遇》的普式庚原作的《杜勃洛夫斯基》，当晚写信给自己：“今日往上海大戏院观普式庚之《复仇艳遇》，觉得很好，快去看一看罢。”那几天黄源忙着《译文》付印，接着萧军又从青岛回来了，没有去看。萧军和先生别了两月，回来后急于要去看他，便约黄源十五号同去。

那天带着一个小小的高尔基木雕像，是一个新从日本回来的朋友托转交的。先生拿起雕像，看了一下，回头愉快地说：

“雕得不坏，很像。……”

他的爱儿海婴这时拿了一个剖开了的、萧军刚送去的石榴走进房来，广平女士跟着照顾，他走到书桌的另一端，看到那雕像，就从椅子上爬到书桌上，问道：

“这是爸爸……”

“我哪里配……”说着先生便把小像放在靠近身边的桌子上。

“你猜是谁？你知道，高……”广平女士站在桌子旁边，抚着海婴说。

“高尔基……高尔基。”海婴伶俐地带着微笑接着说。

先生直坐在藤椅上，仰着头直望着海婴，听见他说对了，便回头笑着说：

“高尔基已被他认识了。”

先生在病中常常讲起《海上述林》，黄源也常常看见有《海上述林》的校样在他的书桌上。他对广平女士说，“这书纪念一个朋友，同时也纪念我自己。”十月八号黄源去，他把一本皮面精装的《海上述林》送给黄源，他们翻着一同看，先生看到底页上有一个皱褶，要广平女士另换一本交给黄源，微笑着说：“总算出版了。下卷也已校好。年内可出版。这书不能多送，有熟人托你买，可打八折。《译文》上能揩油登个广告么？”十七日他知道《译文》上的广告已登出来，那天《海上述林》在内山书店卖去二十册，非常高兴。

听广平女士说，先生在十七日夜里三点钟病势突变，到十八日早晨已无力说话，但到八九点钟还问报有没有来，有没有广告，广平女士告诉先生《译文》的广告已登出，有他的《死魂灵》，登在第一条，此外还有些什么文章，等等，他听了还不满足，说：“你把报纸同眼镜拿来！”先生最关心的是《译文》广告上关于《海上述林》上卷的介绍。这是先生最后看的文字。

但先生却在十九日的清晨五时二十五分，悄悄地与我们不别而逝了！

闻讯而来的记者云集在楼下，等候发丧的消息，当务之急是组织治丧委员会。

冯雪峰与宋庆龄、沈钧儒等上海文化界救国会负责人和许广平等亲属商定治丧委员会名单，起草讣告。当天《大晚报》第二版就刊登出来了：

鲁迅先生讣告

鲁迅（周树人）先生，于一九三六年十月十九日上午五时二十五分，病卒于上海寓所，享年五十六岁。即日移置万国殡仪馆，由二十日上午十时至下午五时，为各界瞻仰遗容的时间。依先生的遗言，“不得因为丧事收受任何人的一文钱”，除祭奠和表示哀悼的挽词花圈以外，谢绝一切金钱上的赠送。谨此讣闻。

鲁迅先生治丧委员会

蔡元培、内山完造、宋庆龄、A.史沫特莱、沈钧儒、萧参、曹靖华、许季茀、茅盾、胡愈之、胡风、周作人、周建人

治丧委员会还有一份冯雪峰手拟的九人名单：蔡元培、马相伯、宋庆龄、毛泽东、内山完造、史沫特莱、沈钧儒、茅盾、萧参。但刊出时，除日本人办的《上海日日新闻》外，所有的中国报纸都没有刊登毛泽东的名字。

冯雪峰因为中共特派员身份不能出面，不仅没有在治丧委员会列名，整个活动也退居幕后，代表组织尽他应尽和能尽的力量。

第十九章　葬　礼

鲁迅逝世后的巨大反响

鲁迅出世，曾在中国精神文化界响起惊雷；鲁迅逝世，也如惊雷般震撼了中国，震撼了世界。

当日，即十月十九日下午，上海《大沪晚报》就刊出重要消息：

中国文坛巨星陨落
鲁迅先生今晨逝世
昨日起突发恶性气喘症医治罔效
今晨五时长逝遗体送万国殡仪馆
中外各界一致表示哀悼

除消息外，还刊有鲁迅先生木刻头像一幅和略传及患病经过。

上海《华美晚报》刊出的消息是：

中国文坛失巨星
鲁迅今晨在沪逝世

今晨五时二十分长溘于沪上寓所

上海《大美晚报》刊出的消息是：

文坛巨星陨落
鲁迅今晨逝世
五时二五分病逝沪寓
宋庆龄等已组治丧会

报道中说道："……名惊世界之中国唯一学术家，今竟因病魔之缠继高尔基氏之后而逝世，实为中国学术界之一大损失也。"

第二天，即十月二十日，上海的《申报》《立报》、北平的《中报》《北平新报》等全国各地报纸也都以重要位置报道了鲁迅逝世的消息。

北平《世界日报》刊出的消息是：

划 仅享五十六岁
时 "鲁迅"昨在沪逝世
代 遗夫人，爱人，公子各一
的
作 蔡元培宋庆龄等组治丧会
家 周作人含泪谈鲁迅身世

该报除记载周作人关于鲁迅先生的谈话外，并刊载了北平教育界及文艺家蒋梦麟、沈兼士、梁实秋、杨振声、沈从文、黎锦熙等人，关于鲁迅先生逝世的感想谈话。

北平《北平新报》刊出的消息是：

鲁迅昨晨在沪病逝

患肺结核不治今日大殓

曹靖华丁非等闻耗悲痛失声

该报除载鲁迅照片、遗墨各一幅及编者致词“哀曲前奏”外，还刊载了曹靖华、丁非、晦明、阿D诸君的哀悼文章及印象记等。

香港《珠江日报》刊出的消息是：

中国新文化运动领导者

鲁迅先生在沪逝世

香港《港报》刊出的消息是：

世界前进文学家

鲁迅先生逝世！

高尔基逝世后又一震惊世界的噩耗

中国民族解放运动突失一英勇战士

本报电沪发起文化界一致追悼办法

该报还刊载鲁迅照片和遗墨各一幅。并在文章中说道：“中国文化界革命领袖世界新文化运动战士著作家鲁迅，突于昨日（十月十九日）上午五时半，遗留其维护世界和平与文化及中国民族解放运动之重任而逝于上海寓所。此为继苏联文化界高尔基逝世后震惊世界不幸之消息，而引起全世界文化界之哀悼……”

国外的反响也非常强烈，日本东京、大阪的晚报在当天就作为重要新闻发布了这一噩耗，第二天好几家报纸都刊载了哀悼鲁迅的文章。苏联的《国际文学》《文学报》《真理报》《劳动报》连续发布了消息，刊载了纪念文章。法国巴黎出版的中文报纸刊登了好几期纪念文字。

由此可见，鲁迅在当时精神文化界的影响确实是非同一般的。他已被主要媒体公认为“中国文坛巨星”“中国新文化运动领导者”“世界前进文学家”“中国文化界革命领袖世界新文化运动战士著作家”“中国民族解放运动英勇战士”“世界之中国唯一学术家”……

鲁迅逝世后，当时处于困难时期的中国共产党很快就发出了三则唁电，表示深切的哀悼。《为追悼鲁迅先生告全国同胞和全世界人士书》，称：“鲁迅先生在无论如何艰苦的环境中，永远与人民大众一起与人民的敌人作战，他永远站在前进的一边，永远站在革命的一边。他唤起了无数的人们走上革命的大道，他扶助着青年们使他们成为像他一样的革命战士，他在中国革命运动中，立下了超人一等的功绩。”《致许广平女士的唁电》，说：“为我中华民族失去最伟大的文学家，热忱追求光明的导师，献身于抗日救国的非凡的领袖，共产主义苏维埃运动之亲爱的战友，而同声哀悼。谨以至诚电唁，深信全国人民及优秀之文学家必能赓续鲁迅先生之事业，与一切侵略者，压迫势力作殊死的斗争，以达到中国民族及其被压迫的阶级之民族和社会的彻底解放。”《为追悼与纪念鲁迅先生致中国国民党委员会与南京国民党政府电》，“要求：（一）鲁迅先生遗体举行国葬，并付国史馆立传；（二）改浙江省绍兴县为鲁迅县；（三）改北平大学为鲁迅大学；（四）设立鲁迅文学奖金，奖励革命文学；（五）设立鲁迅研究院，收集鲁迅遗著，出版鲁迅全集；（六）在上海、北平、南京、广州、杭州建立鲁迅铜像；（七）鲁迅家属与先烈家属同样待遇；（八）废止鲁迅先生生前贵党贵政府所颁布的一切禁止言论、出版自由之法令。”

万国殡仪馆

万国殡仪馆，是美国人开办的上海第一家正规殡仪馆。

一九二五年，总部设在美国纽约的中华凯斯柯特公司瞄准商机，向一位旅沪德国侨民租下了位于今胶州路二〇七的一幢三层楼花园洋房，开办万国殡仪馆。自此“殡仪馆”三字才为国人所接受，一九三四年时任经理的美国人施高德将万国殡仪馆改组为独资企业，自任老板，同时承办“高等”华人丧事，除提供汽车接尸，防腐整容，着衣成殓，寄存棺柩，代办土葬、火葬等常规服务外，还自制棺材及骨灰盒出售，并在馆内专设壁龛，供寄存骨灰之用。当年馆内备有两辆美国造的“克雷斯莱”牌轿车，其中大轿车车身较长，专门用于接送遗体;那辆小轿车由施高德专用，他常常开着小车亲临丧家，一探虚实。遇有殷商大户，这位美国老板便大献殷勤，极力推荐各类高档丧葬用品，抬高殡殓规格，为的是掏尽丧家腰包。

万国殡仪馆的底层礼厅原来全为西式装饰，内置钢琴一架。外侨丧礼由神父或牧师主持，唱诗班在钢琴伴奏下齐唱赞美诗《天堂再相会》，以示送魂入天堂。自施高德独掌该馆后,遇华人丧事亦允许在西式礼厅内吹打中国民乐,大做水陆道场。在当年的“万国”洋房花园中，常常可见袅袅香烟伴随着悠悠丝竹调和喃喃诵经声飘向远方……而这些超度的亡灵给施高德带来的却是不尽的财源。

一九三三年六月十八日杨杏佛被刺，葬仪在万国殡仪馆举行；一九三五年三月十一日，这里曾经吊唁过自杀的一代影星阮玲玉。

鲁迅先生逝世后，经冯雪峰、宋庆龄与许广平、周建人等商量，决定鲁迅先生的出殡事宜由上海万国殡仪馆承办。并告知这是一代文化伟人，只是群众吊唁，瞻仰遗容，不要西式仪式。

一九三六年十月十九日，鲁迅逝世当天下午三点，上海万国殡仪馆的“克雷斯莱”黑色柩车开进了大陆新村，平时住户都从后门出入，前门不常开启。这天，前门打开了，殡仪馆的工作人员将鲁迅的遗体用白布裹着舁下楼，郑重地放进柩车里的西式铜棺。许广平和海婴母子从屋门口、楼梯上一直到前门口，悲痛地送别先生和爸爸。

鲁迅先生告别了自己的书房和病榻，告别了从不释手的书籍和画册，告别了他的“金不换”，告别了相濡以沫的妻子和爱子，以及手足之亲的三弟，告别了生活了三年多的大陆新村九号和温暖的家，走向另一个世界……

内山完造等内山书店职工送的花圈，从家里移到黑色柩车顶上，萧军、黄源等跟车前往殡仪馆。

鲁迅遗体移到了万国殡仪馆，经过馆方施了防腐剂，化妆小殓，六时暂厝于该馆二楼二号房间，接受亲友的吊唁。

房间里寂静得好像空气已经凝固。鲁迅身上穿着他生前所爱穿的咖啡色旧绸袍，上面覆盖着褐色棉被，上及胸际。在灯柱旁看到他的遗容，两颊瘦削，双目紧闭，浓浓的短须耸在唇上，脸上依旧透出他不屈的性格和永不休战的英气。灵床四周，摆放着景仰者致送的花圈、花篮。鲜花，泛着沁人心脾的浓郁花香。

是夜，萧军、黄源、胡风、雨田、周文五位青年作家守灵。萧军一直跪在先生的灵前，直到夜深人静时也不肯起来。他后来在十月二十六日的日记中写道：

> 是的，我们在过去和现在，全是吃着你的血和乳在生长着！
>
> 你也甘心作这样一头牛！……
>
> 先生！我们在这里痛哭，不是在哭你！是在哭我们自己！我们还没有长成，而喂养我们的源泉却涸竭了！我们真的要作个营养不良的孩子在这世界上生长么？……
>
> 先生：你底“死”是一把刀——一把饥饿的刀！
>
> 深深地插进了我们的胸槽；
>
> 我们要用自己和敌人的血，将它喂饱。

有情有义的萧军，以他个人的方式表达他对鲁迅先生的感谢，全身心投入到治丧中。

翌日清晨，胡风原是被安排回大陆新村看家的，却又被叫到殡仪馆来。冯雪峰告诉他，要黎烈文担任治丧处长，他是中间人士，对付环境便利些。但胡风见到黎烈文时，向他提出此事，被黎烈文“一口拒绝了”。胡风只好当了实际上的负责人，料理事务，决定丧事程序，如群众瞻仰遗体的时间、灵前守夜人名单等。萧军做了活动的总指挥，黄源和雨田、周文、孟十还等人做“灵前司事”，却都没有任何名义。

一九三六年十月二十日清晨，上海胶州路万国殡仪馆前，拱门上方挂着“鲁迅先生丧仪”的白色横幅，右墙上贴着悼词和哀悼者的名字。进门的院子路口放了两张桌子，设有签名处，由接待员负责来宾签到。签名后，即有立在桌角的女子为每个人在左手臂上套上黑纱，以示哀敬。

许多手臂上套有黑纱的人们，在入口处排列成队，等候着一批一批地进去；虽然人很多，但没有一点声响，心里都为巨星的突然陨落感到心情沉重。

鲁迅先生的遗体原来停在二楼二号房间，布置得不错，楼梯上铺着地毯，人们的脚步也很轻。八时多，某女校来了一二百人，排着队上楼仍多有不便。为了便于大众瞻仰，鲁迅先生的遗体在十时许移到楼下的礼堂里。

由甬道折入礼堂的进门处，贴有“肃静”两个大字，礼堂内前半间四壁没有什么繁缛的装饰，挂满黑字白布的各式挽联、挽词，上面写着沉痛的语句。门框上挂有十六位青年作家合献的中间有五角星的轭形鲜花拱门。列有一个名单，他们是:草明、张天翼、榉公、姚克、屠琪、周文、萧红、路丁、华沙、胡风、契萌、欧阳山、萧军、奚如、周颖、聂绀弩。灵堂设在厅之西端。门首缀以鲜花和布额，以世界语文字及拉丁字书就的两幅巨大布额悬挂在两侧；法电工人读书班所献的松柏牌坊，上书“失我良师”四个大字。灵堂里的窗户都垂着绒帘。灯光幽暗，气氛肃穆。

灵堂正面是鲁迅遗像，四周堆满花篮，中间安放着蔡元培、何香凝等各界人士献的花圈。灵桌上另置一张小照片，这是鲁迅在木刻展上与青年木刻家交谈抽烟的照片，为沙飞所摄。遗像两旁供着两瓶鲜花，上面插着两张纸条，写着“鲁迅老师千古，十二个青年敬献”。也许是十二个青年木刻家。下面放着一张由木刻家力群所作的木刻《鲁迅像》，这是鲁迅生前满意的作品，曾介绍刊出。灵桌上放着鲁迅生前用的一本稿纸、一个笔架、一瓶墨水和一支钢笔等文具用品。

灵桌前横置着鲁迅的遗体，与灵桌稍有距离，瞻仰遗容者，可以绕遗体而过。鲁迅身着咖啡色绸袍，覆盖深色锦被，上及胸际。他两颊瘦削，朴素庄严之至。望过去就像他正在酣睡着，仍在呼吸着的样子。他的四周“光荣的侍卫者”站在那里，向先生致以他们最后的敬礼。许广平母子始终哀痛地坐在侧面暗处的椅子上。

蔡元培所撰的挽联，悬于遗体左右之壁间，联词是：

著述最谨严非徒中国小说史

遗言太沉痛莫作空头文学家

许广平手书挽词《鲁迅夫子》放在灵床前：

鲁迅夫子

悲哀的氛围笼罩了一切，

我们对你的死，有什么话说！

你曾对我说：

“我好像一只牛。

吃的是草，

挤出的是牛奶，血。”

你不晓得，什么是休息，

什么是娱乐。

工作，工作！

死的前一日还在执笔。

如今……

希望我们大众

锲而不舍，跟着你的足迹。

许广平敬献

停放鲁迅遗体的殡仪馆大堂，壁角周围闪着几十支阴沉的电炬，苏联的、欧美的、日本的一些爱着真理的人们，满面惆怅，心情沉痛，默默地献上花圈，垂了头站着，热泪从他们的眼眶滚了出来……

中国的同胞们，各界的人，团体或个人，男的、女的、老年的、中年的、少年的、穿得漂亮和穿得破旧的，成千上万，不经邀约，不凭通知，一个接一个地排成一长串，悲痛地从灵堂的侧门进去，献上花圈和对联，在鲁迅的遗容前站着，垂下头，眼眶滚出了热泪……还有许多一对对、或个别的人从街上、从大门外就一直哭进灵堂来，红肿着眼眶，热泪横流满面，在先生的遗容前沉默地站着，垂下头来，放声地痛哭，肩头不断地抽搐……有的人还留下他的悼词："我死了母亲还不曾怎样悲痛过，可在你的灵魂前我忍不住痛哭了！"

这天，秋日的天空是这样高朗，然而，万国殡仪馆里，每一个人的脸上都罩上了一层阴影。人越来越多，院子里无法容纳前往瞻仰的群众，只得将殡仪馆的大门关起来，一批人出来了，再放一批人进去。静待的民众列着队，很有秩序地分十人一组进入院子，又从礼堂西端入口处一个侧门挪进灵堂，瞻仰鲁迅先生的遗容。没有一丝混乱。

无论男女老幼，瞻仰者都对鲁迅先生充满了无限的景仰，对他的逝世怀着无限的悲痛——

一位老得连走路都需要搀扶的老太太，现场哭了，伤心地看着鲁迅先生的遗容，对旁边同来的亲友说："这种好人也会死么？"

一群小学生来吊唁，其中一个衣衫褴褛、腿下微跛的孩子，放下腋下的书册，深深鞠下躬去，一连鞠了七个躬，才红涨着脸，也红涨着眼睛走出灵堂。

人们环绕鲁迅先生遗体踱着沉重的步子，脚跟像坠了铅球，踱到中间，冥冥中似有什么使他们肃然地屈下去。然后，噙着一泡湿湿的眼泪，用手巾堵着嘴，仓促地奔了出来……

黑纱需用量太大，几个女子赶制黑纱圈，仍然供不应求，后来赶来吊唁的人只好仅留下签字了。

十月十九日，徐懋庸忽然得到一个电话，说鲁迅先生逝世了。这对于他真是一个晴天霹雳。他的悲痛，是异于一般人，是无法表达的。写了一副挽联：

敌乎友乎，余惟自问；

知我罪我，公已无言！

徐懋庸感到，是鲁迅误会了他，在他心目中，鲁迅始终是革命的朋友。他是以为有朝一日，鲁迅先生会谅解他，他是始终崇敬他老人家的。但是，完了，晚了，人死不能复生了！上联的问题，是没法说清的了。如果还是“自问”，那么他觉得自己对鲁迅确非敌人，然而现在的人们的看法可难说了。至于下联的那种遗憾，他始终是深深地感觉到的。徐懋庸流的眼泪不比其他人少，他的心情是十分复杂的。

去殡仪馆瞻仰鲁迅先生遗体凭吊的人很多，他也很想去，但有人劝告他不要去，去了恐会受到群众的冲击，至少是怒视的。他只好托楼下曹聚仁的夫人王春翠把他的挽联带去。

当王春翠把徐懋庸的挽联送到治丧委员会时，大家连忙展读，每个人显示出不同的脸色，惊叹、迷惑或鄙夷……

后来，徐懋庸考虑：去，固然有可能受到冲击；不去，也会被人们认为真正是对鲁迅绝情了。怎么办呢？于是也还是“自问”，到底要不要去追悼，结果还是去了，他在先生的遗体前站了一分钟，各种难受的目光是受到了，冲击却没有。

正担任着国民政府财政部部长、中央银行总裁、中国银行总裁等职的国民党实力派人物孔祥熙，也给鲁迅送了挽联：

一代高文树新帜　千秋孤痛托遗言

上联右侧还题有“鲁迅先生千古”六个字，下联左侧题有“孔祥熙拜挽”五个字。

中共中央和中华苏维埃中央政府提出要求国民政府为鲁迅先生举行国葬，遭到国民政府的拒绝。蒋介石只是让上海市长吴铁城到灵堂致哀，并以他个人名义敬献了花圈。

当时，茅盾正在家乡浙江桐乡乌镇，他接到鲁迅逝世的电报后，立即出发前往上海，但无奈痔疮发作，疼痛难忍，无法行走，只得请夫人孔德沚代表他参加。

身在日本的郭沫若，虽不能亲身吊唁，但却送来了挽联：

方悬四月，叠坠双星，东亚西欧同殒泪；
钦送两心，憾无一面，南天北地遍招魂。

时在福州的郁达夫，十月十九日得知鲁迅逝世的消息后，连夜致电许广平表示哀悼。第二天即从南台赶坐赴沪的轮船，在船上作《对于鲁迅死的感想》，说："鲁迅虽死，精神当与中华民族永在。"二十二日瞻仰先生遗容，参加了葬仪，两天后又写下了著名的《怀鲁迅》：

怀鲁迅

真是晴天的霹雳，在南台的宴会席上，突而听到了鲁迅的死！

发出了几通电报，荟萃了一夜行李，第二天我就匆匆跳上了开往上海的轮船。

二十二日上午十时船靠了岸，到家洗了一个澡，吞了两口饭，跑到胶州路万国殡仪馆去，遇见的只是真诚的脸，热烈的脸，悲愤的脸，和千千万万将要破裂似的青年男女的心肺与紧捏的拳头。

这不是寻常的丧葬，这也不是沉郁的悲哀，这正像是大地震要来，或黎明将到时充塞在天地之间的一瞬间的寂静。

生死，肉体，灵魂，眼泪，悲叹，这些问题于感觉，在此地似乎太渺小了，在鲁迅的死的彼岸，还照耀着一道更伟大，更猛烈的寂光。

没有伟大的人物出现的民族，是世界上最可怜的生物之群；有了伟大人物，而不知拥护，爱戴，崇仰的国家，是没有希望的奴隶之邦。

因鲁迅的一死，使人们自觉出了民族的尚可以有为；也因鲁迅之一死，使人家看出了中国还是奴隶性很浓厚的半绝望的国家。

鲁迅的灵柩，在夜阴里被埋入浅土去了；西天角却出现了一片微红的新月。

不久，郁达夫又发表了一篇《鲁迅的伟大》，可与《怀鲁迅》并称姊妹篇。

鲁迅的伟大

如问中国自有新文学运动以来，谁最伟大？谁最能代表这个时代？我将毫不踌躇地回答：是鲁迅。鲁迅的小说，比之中国几千年来所有这方面的杰作，更高一步。至于他的随笔杂感，更提供了前不见古人，而后人又绝不能追随的风格，首先其特色为观察之深刻，谈锋之犀利，比喻之巧妙，文笔之简洁，又因其飘溢几分幽默的气氛，就难怪读者会感到一种即使喝毒酒也不怕死似的凄厉的风味。当我们见到局部时，他见到的却是全面。当我们热衷去掌握现实时，他已把握了古今与未来。要了解中国全面的民族精神，除了读《鲁迅全集》以外，别无捷径。

一九三六年十月二十三日，郁达夫还在上海《立报》上刊出一句题词：

鲁迅虽死，精神当与中华民族永存。

十月中旬的一天，《中国呼声》的主编格莱尼契突然告诉夏衍，鲁迅病情严重。格莱尼契是美国进步新闻记者，他办事细致，讲话不多……他介绍到鲁迅病情的时候，嗓音嘶哑，几乎流了眼泪，他是一位真正热爱中国的国际友人。他两眼凝视着夏衍，要夏衍把这不祥的消息告诉所有的中国革命作家。他把“所有的”这几个字重复了两遍。他的心情，夏衍当然是能够理解而又感到惭憾的。当天夏衍就去找周扬，但只有苏灵扬一人在家；接着就去找了沙汀，他也不在；因为当时夏衍想只有沙汀也许可能去探望鲁迅。前两天叶以群去探望，就遭到许广平的拒绝。回家路上碰到沈西苓，夏衍告诉他鲁迅病重，他还不相信，说不久前他在八仙桥青年会见到过先生，觉得他精神很好。

不幸的事终于到来了。两天之后，夏衍正在吃早饭，章汉夫急匆匆地打电话给他，说鲁迅先生在这天清晨去世了，要他立即到周扬家里去。“文委”的几个人商量了一下，恰恰这时茅盾回乌镇老家去了。鲁迅寓所在北四川路“越界筑路”地段，周扬和夏衍都不能去，所以只能推沙汀、艾芜代表他们去向遗体致哀。当天晚上，夏衍和章汉夫又去找了沙千里，知道丧事已由宋庆龄和沈钧儒在主持，并说冯雪峰已向党中央发了电报。治丧委员会的名单也已由雪峰和许广平商定，还决定停灵在万国殡仪馆，定于十月二十三日出殡。沙千里还告诉他们，从鲁迅去世的消息传出之后，国民党市党部就派了一些特务去监视鲁迅的丧事。所以，他要夏衍、周扬特别保持警惕。……

二十日上午，沙汀到了殡仪馆。胡风一见到他，顿时忘记前嫌，拉住沙汀的手便哭起来。沙汀通过胡风的手传来的一阵颤抖，深深感到了胡风痛失恩师鲁迅后的悲伤心境。殡仪馆内外，自发来瞻仰鲁迅遗容的成千上万人，都怀着同样沉痛的心情。在那个时刻，似乎所有的人都消解隔阂融合在一起了。

鲁迅先生的逝世，给上海监狱的难友们也带来了极大的震惊！

一位牢狱医务所的青年看护兵，偷偷从门洞塞给青年作家楼适夷一片上海报纸的剪报时，楼适夷一下子茫然失色，难道这又是敌人的造谣么，然而又不像，不禁想起鲁迅先生对自己慈父般的关怀与帮助：入狱之后，还把自己很稚嫩的两篇小说，介绍给美国友人伊罗生，翻译成英文，编入题为《草鞋脚》中国短篇小说选集里。为此，还写信给弟弟楼炜春询问他的生平。通过炜春与鲁迅先生取得联系后，鲁迅先生又应他的请求往监狱送来许多文艺理论书籍的中日译本，特别是送来一部先生亲手编校醵资印行的青丝绒面精装的《海上述林》。他在狱中坚持自学外语，搞些翻译，译稿经过同情革命的狱官传到外面，鲁迅先生看见了，主动提出，停止自己的翻译，请《中学生》杂志刊登他的译稿。而受到鲁迅先生帮助的青年，何止他一人，先生时时为被捕的青年捐助营救的费用，给被难家属接济生活，给狱中输送书刊。也有刚从狱中出来的青年，无亲无友，流浪街头，生活无着，首先找到先生并得到无私的援手。身受其惠而终生念念不忘的，就不胜枚举……

当他从悲痛中苏醒过来的时候，第一个感觉，是必须立刻采取行动。他用牢房里唯一允许使用的小学生用的黑石板，写了“鲁迅先生逝世”六个粉笔大字，从铁窗中举了出去，这是难友间平时通信的一种方法。一会儿，大家都用同样的方法，互相传达了这个震动心魄的消息，很快地就传遍了整个监牢。第二天，照例每天在院子里放风的时候，互相见面，各人臂上都已佩好一块从破衣服上撕下的黑布，当作哀悼的丧纱，这是他们唯一能做到的对先生表示哀思的仪式，同时，也成为他们对敌的示威。每个人脸色阴沉，低着头，默默地走着，有的人还在低低地哭泣与流泪;有的人，避开看守的耳目，互相交换着低语。大家都把先生看作一面飘扬在遥远地平线上的旗子，一座闪烁在茫茫夜海的灯塔。好几位同志对楼适夷说：“你应该代表我们写一篇悼文。”后来青年看护兵偷偷给他送来纸笔，他就在牢房的床板上，按照大家的嘱咐，急不择言地写了《深渊的哭声》，寄给在上海的黄源，发表在《鲁迅先生逝世纪念集》上。

这时，史沫特莱正在西安，卧病在床。人们拿了几本杂志给她看，上面印着鲁迅葬仪的摄影。她连话都说不出来。一个伟大的精神，一个以笔为刀而不知恐惧的人物，与世长辞了。她曾经以做他的朋友为荣。所以，也同在上海和在远近的数千万人一样，史沫特莱掩着面哭了。一时间每个人都谈起这事来。史沫特莱的同伴们是一个荒僻小市镇里的最最守旧的人物，而甚至于他们也在谈鲁迅的死。一个伟大的人，一个伟大的中国人是死了。

史沫特莱在鲁迅死后写下这段话：鲁迅之死不仅给我个人带来悲痛，也是民族的悲剧。他并非无目的而活，也从不猎取财物、权力和地位。在中国所有的知识分子中，他是一位教养最深的人，对受过教育的青年人影响最大。

墓地、棺材和寿衣的选择，最后都由许广平决定。沈钧儒帮助联系了墓地，他考虑的是墓地四周须要留有空地，以便千秋后代来悼念。他对公墓负责人讲，逝者是位了不起的伟人，不讲迷信求风水。墓地定在宋氏墓区的东首。宋庆龄、茅盾的夫人孔德沚、周建人的夫人王蕴如陪许广平去挑选棺木，走了几家都不中意，最后大家同意许广平买一口相当昂贵的西洋式棺木，价格九百元，据说是宋庆龄所赠；万国公墓的墓穴价格是五百八十元。

在殡仪馆瞻仰遗容本来预定是一天，因为来瞻仰的人，多得大出预料之外，据统计，第二天，即二十一日，前来吊唁的人，总数不下五六千，团体增加到八十多个，尤以女学生为最，都穿一色的制服，排列整齐，态度从容，面色静穆，所以又延长了两天。

二十一日下午三时至四时举行小殓，把鲁迅的遗体安入灵柩里。此后人们只能从那棺罩的玻璃外面瞻仰半身的遗容，参加者有许广平、海婴、周建人、周建人的夫人、子女，治丧委员会宋庆龄、胡愈之、内山完造，治丧办事处同人以及生前好友郑振铎、池田幸子等三十余人。

入殓仪式很简单，参加仪式人员分成前后四行，前排是周氏家属，第二排是治丧委员，第三排是办事人员，末排是周氏友朋，由姚克任司仪，向鲁迅遗像行三鞠躬，敬礼方毕，许广平抱着海婴突然倒在地上，泣不成声，其他亲友也痛哭流涕。在整个丧事中一直坐在大厅一角的宋庆龄，一边走向棺材，一面不断揩着涌出的泪水；穿着整齐西装的内山完造也不断流着泪。灵堂里笼罩着无限悲痛的气氛。

殡仪馆职员为鲁迅更衣，白纺绸衬衫裤，咖啡色薄棉袍，白袜、白底黑鞋，外裹咖啡色棉衾。上覆绯色面子湖色夹里之彩绣锦缎被。

殓毕，由许广平暨子海婴抚首，周建人暨其女儿扶足，将鲁迅遗体安置在棺内。棺为深红色，质系楠木，制作为西式，四周有铜环，上加内盖，半系玻璃，露出上半部，任人瞻仰。

棺木四周放满了花圈，正中有红绸的一个花圈是苏联大使鲍格莫夫所送。

参加入殓仪式的人们依次向灵棺行礼，并绕棺一圈退出，礼成。

随后，静候在灵堂外面的瞻仰者，仍鱼贯而入，鞠躬，告别。

第三天，二十二日，是鲁迅安葬的日子。大家意识到鲁迅今天要安葬在墓穴中，永远和人世离别，更加珍惜这最后的时光。从上午八时起到下午一时止，来的人更多。这时，规定吊客可以从万国殡仪馆的正门进入灵堂，作最后的告别。

万国殡仪馆的门要涨破了。人像决了口子的洪水，只顾往里冲。进来的就不再出去，草地上挤满了人，甬道上挤满了人，门外马路上更是人山人海。人们排好队一边等候送殡，一边练习着冼星海、麦新等作的挽歌，恨不能一步跳到鲁迅先生灵前。只有三个印度巡捕，骑着高头骏马，悠闲地梭巡着："得、得、得、得……

下午一时五十分，行启灵奠礼，吊唁的民众都退了出来，礼堂的门紧闭起来。家属、亲友和治丧委员会成员等三十多人分列数行，仍由姚克任司仪，全体肃立静默，向灵柩行三鞠躬礼。在最后的行礼瞻吊后，由殡仪馆司事将外层棺盖合封严，棺盖上覆着沈钧儒书写的锦旗"民族魂"，就此人们和鲁迅先生的面容永远隔绝，而鲁迅的精神却永远融入中华民族的灵魂。亲友们在这最后一瞥中再也忍不住，哭出声来。礼毕，全体绕灵柩一圈而退。

启灵祭后，将灵柩抬出礼堂，移至柩车上。抬棺是庄严而神圣的事，不要殡仪馆的人抬，由鲁迅生前接近的青年作家抬。这些抬棺人是：

第一排：巴金　鹿地亘

第二排：胡风　曹白

第三排：黄源　张天翼

第四排：靳以　姚克

第五排：吴朗西　周文

第六排：萧军　黎烈文

下台阶时，沙汀、聂绀弩等也赶上前去帮着扶稳灵柩。

每个抬棺人都自感责任重大，虽然棺木不大，鲁迅先生的遗体也很轻，还有殡仪馆专家的辅助，他们却觉得异常沉重，心情也极为沉重，极其小心地迈着步子，为了使鲁迅先生不再受一点人间的颠簸，也为了自己不会万一失足滑倒。尤其是下台阶的时候，他们最慢、更稳，甚至于不想使先生的头向下或是向上，保持他的平躺的姿势，走在前面的，慢慢地把手抬高起来。

万国公墓

万国公墓，初名薤露园，清宣统元年，即一九〇九年十月，浙江上虞人经润山在上海西乡，即虹桥路购地二十余亩筹建，至民国三年，即一九一四年建成。不久，经润山病故，该园渐被沪杭甬铁路占用。民国六年，经润山之妻汪国贞在虹桥路南、张虹桥购地五十五余亩，将园西移至此，更名为“薤露园万国公墓”。万国公墓，指不受国籍、种族、姓氏等限制，中西人士皆可安葬的公共墓地。民国二十三年九月，由上海市政府卫生局接办，改为公营。翌年，公墓面积扩大到一百二十二余亩。

公墓四周小河环绕，正大门前架有小桥，桥上设铁门，上面镌刻“薤露园万国公墓”字样。墓地内芳草萋萋，鲜花似锦。大路、小道旁树木参天，绿荫覆盖，气氛庄严肃穆。

殡仪馆到万国公墓十多里路，步行送葬需两个多小时。当时，有两种意见：一种是游行示威，走很多路；一种是反对走远路，认为主要是开成墓前大会，只要开成墓前大会就是胜利。冯雪峰考虑：“如果走太多的路，送殡的人又那么多，即使帝国主义的马队不来冲散，也将到深夜才能到达墓地。”冯雪峰主张后一种办法，宋庆龄、沈钧儒都同意。于是清晨与租界当局接洽，商定了出殡行列和程序。

下午二时半出殡，队伍出发了。走在最前面的是作家蒋牧良、欧阳山高举的张天翼书写的“鲁迅先生殡仪”横幅，接着是十多位作家送的轭形花圈、“民族魂”的大旗，之后是奏乐队、挽联队、花圈队。因为送葬的群众实在太多了，前面已走了多时，鲁迅先生的黑色灵柩车才缓缓地在哀歌声中，从殡仪馆中开出，灵车之前是一幅巨大的鲁迅画像。系布底墨画，为画家司徒乔的手笔。由周建人的两个女儿左右护侍。

萧军是行列的总指挥，手执着两块硬纸板做成的话筒，在人丛中穿来穿去，蓬乱的头发被汗水吸在额上，神情极为亢奋。经过几十分钟的整队，秩序终于井然。霎时间竖起无数面挽旗，它犹如白云在凌空上上下下飞动，六七千名送葬群众，队伍长达里许，在哀乐和挽歌声中，向万国公墓挺进。在广漠的苍穹中，显得凄凉而悲壮。

送葬队伍中，没有传统的僧侣，也没有西方的牧师，更没有撒纸钱的陋俗，大家自愿地拿挽联、捧花圈，除了主治医生一人之外，也没有一辆自备汽车。许广平和儿子海婴、周建人夫妇等家属分乘四辆汽车相随。蔡元培、沈钧儒和宋庆龄等，步行了相当一段路，在再三相邀下才上了汽车。章乃器、李公朴、胡愈之、王造时、王统照、沈慈九等，都默默地跟在行列的最后走着。临时组织的自行车队、纠察队、救护队在前面奔驰联络、照料。

在这长长的行列中，包含着童子军、学生、工人、文学家、艺术家、职员等等，很多人都低着头，脸上凝结着悲哀，跨着沉重的步伐，夹着哀叹的声息，伴送着一个为他们熟悉、亲近的而又未曾会过面的人去作永远的安息。队伍中有一个青年，手上拿着一方白布，写了很长的一篇哀辞：“我因无钱买花圈，所以用白布一方，表示敬意……”

教师和学生们离开了他们的教室，店员离开了他们的商店，工人离开了他们的工厂，穷苦的作家、画家和演员走出他们的藏身之地来为他送葬。

人们手执一面白旗，唱着歌曲走在队伍中间。走过日本人办的国文书院门口时，许多日本学生穿了黑色的学生制服，戴了眼镜，看到这么长而整齐的队伍，大为惊奇，都啧啧称赞说：“中国出了这么伟大的作家，了不起！”

谁也没有下过命令，没有做过邀请，也没有预先约好，送葬的行列，却有六千人光景的大众，而且差不多全是青年男女和少年。

上海市区西北部几条绵延相连的马路上，送葬的队伍所经之处，无数的市民伫立街头，悄然默哀。不断有人加入到队伍中来，形成了一条近万人的送殡队伍。一个个自动组合的队伍，擎起写着标语的旗子或者横幅，用黑纱、挽联和口号来表达对鲁迅的哀思，高唱起以《打回老家去》曲调谱写的挽歌和流行的抗日歌曲，从上海的四面八方会集到墓地。这样的事，上海从未有过，全中国从未有过，万人“挽歌游行”的壮举载入了现代史册。

在鲁迅丧仪中，孔祥熙也亲自送殡，一直把鲁迅送到上海西郊的万国公墓。作为权重一时的国民党政府要员，孔祥熙虔诚地表达了对鲁迅的哀悼和敬重，真是难得一片诚心，也显示出其作为政治人物应有的胸襟和气度。孔氏的悼挽还从另一个角度证明：即使是身处敌对营垒中的人，对鲁迅的伟绩和品格也不得不表示由衷的钦佩和敬仰。

进入万国公墓，葬仪在纪念堂前露天举行，鲁迅先生的灵柩安置在广道上，主席团治丧委员们等站在堂前的石阶上，后面正中央挂着司徒乔所作的大幅鲁迅遗像，两旁插满挽联，群众的队伍分开两边站立在堂前大道上。电影公司的摄影机和新闻记者的照相机不停地运作。几分钟之后，主席宣布开会，群众立刻寂静无声，每个人的眼睛都朝着礼堂前的阶石。

奏哀乐后，治丧委员会主席蔡元培致辞，他庄严地号召大家：

> 我们要使鲁迅先生的精神永远不死，必须担负起继续发扬他精神的责任来。我们要踏着前驱的血迹，建设历史的塔尖。

接着是沈钧儒代表救国会报告鲁迅事略。然后，在暴风雨般的掌声中，宋庆龄和民众见面。她很少在公众面前讲话，那天她词略而简，用带着浦东口音的上海话激动地说：

> 鲁迅先生虽死，其精神实仍不死，吾人纪念鲁迅先生，在集合真正革命之同志，以从事于反帝之运动，为被压迫民众而奋斗。

之后，章乃器演说：

> 鲁迅先生之所以伟大，是在于他的笔肯为全世界被压迫大众讲话，肯为特别被压迫的厉害的中国民众讲话。纪念鲁迅先生，我们必须发起一种鲁迅先生的运动。

治丧处也有人以为应该有鲁迅最后的“亲密战友”的代表讲话。提议请胡风来讲，替鲁迅最后一二年来受的攻击做一番表达。但也有人以为这很不好，劝阻了，因而发生了一点争执。后来还是推选萧军讲话。

萧军手里拿着硬纸做的喇叭筒，代表“鲁迅治丧办事处”全体同仁暨《作家》《译文》《中流》《文季》四大刊物，嘶哑着嗓子做了激昂的演讲：

> 我代表《译文》《作家》《中流》《文季》四个刊物和治丧办事处全体同仁，向诸位说几句话。就是鲁迅先生他不应该死，他自己也不想死。他不想用死来逃避自己的责任。他要活，他要用活着的最后一点血，为中国整个民族，为世界上被压迫的大众，争解放，争平等……可是他的敌人们却要他死，不准他活，接连不断的压迫了他三十年！现在他死了，装在棺材里了……这是他的敌人胜利了吗？（群众喊：没有胜利）不错，他们并没有胜利，鲁迅先生的死，正是为他们点起了最后送葬的火把……鲁迅先生的死是一把复仇的刀，插在我们每个人的心窝上，我们要承继他这把刀，我们也要承继他的敌人！

内山完造先生也做了演说：

> 鲁迅先生是个伟大的文学家，他给予日本人的印象是不可磨灭

的……他如旷野中的一盏灯……为我们开辟一条大路……

他的演说带有手势，说得很有力量。

胡愈之代表主席团读哀辞。许广平也发表了哀辞。宋庆龄始终站在她的身旁，默默地用心安慰着她。

之后，向灵柩行最后的敬礼，作静默致哀。由王造时、沈钧儒、章乃器、李公朴四人献旗。旗为白底黑字，上缀由沈钧儒手书的“民族魂”三字，覆盖在棺木上。

这时，暮色已经笼罩了大地，灵柩由扶柩人抬到墓地的东首墓穴。由礼堂把灵柩抬到墓穴大约有几十米远的一段路，也有一些民众跑出来一起抬着灵柩，已经是傍晚了，一个大架缚着两根宽带子，边上有活轮。在工作人员指导下，大家把覆盖着“民族魂”锦旗的灵柩放在带子上面。这回抬棺倒有些重，刚致完哀辞的萧军，迅速从人丛中跑来，把他的手掌放在灵柩下面。押柩车来的西洋人跑来用英语问道：“我可以帮忙吗？”巴金点了点头，他默默地把手伸到灵柩下面去。

落棺了，墓穴周围素不相识的人们手拉手半蹲着成一个圈子，等到棺木完全在深处的水泥椁上定位时，再把水泥椁的墓盖盖上。许广平把第一捧土撒上去的时候，万国公墓上空响起了无数人的痛哭声和断断续续的《安息歌》：

愿你安息安息，
愿你安息安息，
在土地里愿你安息，
愿你安息，愿你安息，
安息在土地里。

在一阵阵“安息歌”哀悼的歌声里，淡淡的月光下，梧桐树下的民众，随着歌声渐渐地散去……

覆盖“民族魂”锦旗的灵柩落棺……

当几乎是人影难辨的时候，在低微的啜泣声中，人们也纷纷移动着脚步散开了。仍有一群人不曾走，他们要回去，可是路途很远，都显得十分疲劳，十分饥饿，茫然失措不知朝哪个方向走。这群青年男女有二十几个，是书局的工人，因为敬仰鲁迅先生，不顾管理人阻拦，偷偷地跑来，他们中有排版部、印刷部、装订部……每个部都有两个代表，从杨树浦走到胶州路，又从胶州路走到墓地。他们低声地唱着哀歌，对旁人说：鲁迅先生是不死的，他的精神留在我们心上。

徐懋庸也参加了送葬的行列。行前他和同伴们吐露，他是冒着可能遇到冲击而去的。终于，平平安安回来了，同伴们真为他捏了一把汗。

北平的悲痛

一九三六年十月十九日凌晨五时，鲁迅在上海去世，当天上午八时许，身在北平的周作人就收到了三弟周建人打来的电报。电报中告诉大哥逝世噩耗外，嘱老母年事已高，最好不使之闻悉。周作人接到电报后，即去找任北京图书馆会计的同乡宋紫佩商议，认为凶信终难隐瞒，遂和宋紫佩一同去西三条。去了，见到老母鲁瑞后，觉得不好说，默默过了好些工夫，才把要说的话说了出来，看老母没有什么大惊，两个人才放了心。老母却说道：“我早有点料到了，你们两个人同来，不像是寻常的事情，而且是那样延迟尽管说些不要紧的话，愈加叫我猜着是为老大的事来的了。”

得到消息，朱安悲痛异常，鲁迅与她虽然没有感情，但毕竟夫妻三十多年，自已名分上就是大先生明媒正娶的太太。她满怀悲痛地在家里布置了灵堂：年近花甲的她全身戴孝，白鞋白袜、白绳挽髻、全身素妆，客厅的墙上挂着鲁迅的肖像画，桌子上摆着文房用具、香烟清茶，还亲手做了几味丈夫平时爱吃的小菜供在一边。特具一肴，用白薯蓣切片，鸡蛋和面粉涂之加油炸熟，鲁迅生前很爱吃。

不大的屋里点燃香火。致哀的客人和记者来了，她逐个接待，亲友散去，她默默地守在灵前。

二十日，北平的《世界日报》刊出题为《周夫人述悲怀》的报道中说：“其寓所为一小四合房，记者投刺后，即承朱女士延入当年鲁迅之书斋接见，室中环列书箱书橱甚多，东壁是鲁迅速写像一帧，陈设朴素。朱女士年已届五十八岁，老态龙钟，发髻已结白绳，眼泪盈眶，哀痛之情，流露无遗。记者略事寒暄后，朱女士即操绍兴语谈前两周接鲁迅由沪来信，索取书籍，并谓近来身体渐趋痊复，热度亦退，已停止注射，前四日又来信谓体气益好。不料吾人正欣慰间，今晨突接噩耗，万分悲痛。本人本拟即日南下奔丧，但因阿姑年逾八旬，残年风烛，聆此消息，当更伤心，扶持之役，责无旁贷，事实上又难成行，真使人莫知所措也。”

由于要照顾沉浸在失子之痛中的婆母鲁瑞，朱安没有南下奔丧，事实上她也不便到上海治丧，她一辈子任劳任怨、通情达理、逆来顺受，忍让迁就，做到了一个女人能够承受的极致，此时此刻只有躲在一个被遗忘的角落默默咀嚼心中的痛苦，鲁迅的去世让朱安更觉无依无靠，晚年陷入凄凉贫困的境地。

对鲁迅著作版权和遗产问题，朱安明确表示由许广平全权处理，从未提出过异议。她在托人写给许广平的信中说：“闻先夫鲁迅遗集全部归商务书馆出版，姊甚赞成，所有一切进行以及订约等事宜，即请女士就近与该书馆直接全权办理为要。”

这时，一向帮助太师母做事的俞芳，已经从女师大毕业到浙江教书，不在北京。只有三妹俞藻照应。三妹从旁看到，大先生逝世，对于太师母，真是晴天霹雳，噩耗传来，老人家伤心到了极点。大先生一九二六年离开北京，一九二九年、一九三二年两次回北平看望太师母，都留给她老人家以健康的印象，太师母万万没有想到一九三二年十一月二十八日和大先生一别，竟成母子永诀！可是太师母虽在极度悲伤的处境中，仍能注意克制自己的感情，尽量不在别人面前哭泣，只是在大先生逝世的头七那一天，老人家实在忍不住了，大哭了一场。老人家说：一个女人，最伤心的是死了丈夫或孩子。接着说：端姑死得早，太先生卧病三年，他的逝世总有些想得到的。老四椿寿死了几十年，至今还常常想到他，老大是我最心爱的儿子，他竟死在我的前头，怎么能不伤心呢？又说：论年龄，他今年已经五十六岁了，也不算短寿了。只怪自己寿限太长！如果我早死几年，死在他的前头，现在就什么事情都不知道了。

老年丧子，心情的沉痛是可想而知的。而此时此刻，老人最惦记、最想念的还是在上海的广平和海婴，他们会怎样呢？挺得住吗？想让他们到北平来一起过日子，但恐怕又多有不便。最遗憾的是至今没有见过孙子海婴，从照片上看，真是聪明、可爱的孩子，奶奶最心疼他了。前不久托人写的信里还叮嘱老大不许再叫海婴“狗屁”了。想起这些，真如刀子扎心一般难受。但老人家很坚强，她正视现实，顽强地战胜一个个无情的、灾难性的精神打击。俞藻觉得太师母确是一位很不平凡的老人。

孙伏园正在外地，二十一日赶回北平，二十二日就去西三条向太师母和大师母慰问。他看见鲁迅先生的客厅里原来挂着的陶元庆所作木炭画像，似乎略移到居中一点；画像前供了一张书案，上有清茶、烟卷、文具等。他和三弟孙福熙在灵前行礼后，由大师母陪着到上房见太师母，老太太不免悲戚，伤心地感叹：“论寿，五十六岁也不算短了；只是我的寿太长了些；譬如我去年死了，今年不是甚么也不知道了么？”大师母在一旁听了，默默地落泪，她凄楚的神情，深深地感动了客人们。

许寿裳、寿洙邻、沈兼士、马幼渔、曹靖华、朱自清等也都以各种方式吊唁，或特意登门慰问两位老人。

许寿裳是十九日上午接到挚友鲁迅逝世的噩耗的，他时任北平大学女子文理学院院长，由于公务繁忙，不能赴上海奔鲁迅之丧，却禁不住失声恸哭。他后来说：“这是我生平为朋友的第一副眼泪。”在给许广平的唁电中说：“豫才兄逝世，青年失其导师，民族丧其斗士，万分哀痛，岂仅为私……”许寿裳老泪纵横，往日与挚友相处的情景一幕幕浮现在眼前——

许寿裳的女儿世玚患病到上海求医，鲁迅为之奔走医院，亲自当翻译，至于互赠孩子玩具之类更是常事。许寿裳在北京，鲁迅的老母也在北京，许寿裳常去嘘寒问暖。

鲁迅一生相交的朋友中，许寿裳与他的关系最为密切，可谓“同声相应，同气相求”。许寿裳是鲁迅的同乡、同学和同事，比鲁迅小两岁的许寿裳与五十五岁的鲁迅相识相交长达三十五年。是许寿裳介绍鲁迅先后到浙江两级师范学校、教育部工作。鲁迅与许寿裳的关系，不仅是乡情、同窗之谊，而是有着兄弟之情。

他们两人在东京弘文学院成为好友。一九〇三年四月，鲁迅把自己剪发的小照赠给了同学许寿裳，后来又补题旧诗一首：“灵台无计逃神矢，风雨如磐暗故园。寄意寒星荃不察，我以我血荐轩辕。”在此之前，许寿裳也因不喜欢辫子，索性剪掉，图个清清爽爽。

留学日本的时候，鲁迅跟许寿裳一起吃面包，许寿裳有些绅士派，爱把面包皮撕掉。鲁迅则平民化，舍不得，就把许寿裳撕掉的面包皮捡起来塞进嘴里吃掉，并托词说：“我喜欢吃的。”许寿裳信以为真，此后，凡是在一起吃面包的时候，总是先把皮撕给鲁迅吃。许寿裳就是这般憨实、诚笃。

一九二七年十月，蔡元培创办大学院并任院长，许寿裳应聘出任秘书长。蔡元培的日常事务工作多由许寿裳具体操办。这时，鲁迅离开广州来到上海定居，没有正式工作。经许寿裳的推荐，蔡元培聘请鲁迅担任大学院特约著作员，月薪三百大洋。这笔收入从一九二七年十二月一直发到一九三一年十二月，达四十九个月之久，其间并未拖欠，这成为鲁迅到上海后的一笔最为可靠和固定的收入。实际上，鲁迅也没有为大学院写出什么著作，但是每个月能领到大学院三百大洋的补助费，使他的生活得到保障，能够“专事著译”，全身心地投入到创作、翻译中去。

鲁迅与许寿裳亲如兄弟，同仇敌忾，无患得患失之心，许广平叹为“求之古人，亦不多遇”。鲁迅先生无论多忙，看到许先生来，也必放下，好像把话匣子打开，滔滔不绝，间以开怀大笑，旁观者亦觉其恰意无穷的了。在谈话之间，许先生方面，因所处的环境比较平稳，没什么起伏，往往几句话就说完了。而鲁迅先生却是倾吐的，像水闸，打开了，一时收不住；又像汽水，塞去了，无法止得住；更像是久居山林了，忽然遇到可以谈话的人，就不由自己似的。在许先生的同情、慰藉、正义的共鸣之下，鲁迅先生不管是受多大的创伤，得到许先生的谈话之后，像波涛汹涌的海洋的心境，忽然平静宁帖起来了。

一九三〇年秋，许寿裳的长子许世瑛考入清华大学化学系，因为眼太近视，改入中国文学系读书。向鲁迅请教应该从哪些方面入手，看些什么书，鲁迅为了挚友的儿子能够成才，特地为世瑛开了一纸书单——

计有功　宋人　《唐诗纪事》四部丛刊本　又有单行本

辛文房　元人　《唐才子传》　今有木活字单行本

严可均　《全上古……隋文》　今有石印本，其中零碎不全之文甚多，可不看。

丁福保《全上古……隋诗》　排印本

吴荣光　《历代名人年谱》可知名人一生中之社会大事，因其书为表格之式也。可惜的是作者所认为历史上的大事者，未必真是"大事"，最好是参考日本三省堂出版之《模范最新世界年表》。

胡应麟　明人　《少室山房笔丛》广雅书局本　亦有石印本

《四库全书简明目录》其实是现有的较好的书籍之批评，但须注意其批评是"钦定"的。

《世说新语》　刘义庆　晋人清谈之状

《唐摭言》　五代王定保　《雅雨堂丛书》中有　唐文人取科名之状态

《抱朴子外篇》　葛洪　有单行本　内论及晋末社会状态

《论衡》　王充　内可见汉末之风俗迷信等

《今世说》　王晫　明末清初之名士习气

这是鲁迅先生写给一个极熟的子侄辈后生的，原稿写得较随便，殆无标点，书名有的也没写全，甚至有误，但确实能使初学者掌握必要的历史知识、时代背景、人物及其著作，打下坚实的基础，进而了解各家作品及产生这些作品的时代背景和社会关系，以及文人生活习惯在形成他们各自不同的作品风格之间的因缘。言简意赅，切中要害，真正起到"提要钩玄、指导治学"的作用。

一九三五年七月，许寿裳长女许世瑄在上海结婚。鲁迅携许广平、海婴前往贺喜。许寿裳见鲁迅神态憔悴，还来出席自己女儿的婚礼，极为感动，专程去鲁宅回谢。见鲁迅“神色极惫，不愿动弹，两胫瘦得像败落的丝瓜”，不禁怆然。也许意识到鲁迅来日无多，便备了一张宣纸，请鲁迅不拘文言或白话，给他写上一纸。十二月五日，鲁迅身体稍好，就提笔在纸上书写了残秋构想好的一首诗。一九三六年七月一日，许寿裳乘暑期回浙江省亲，刚从北京到上海，就去探望鲁迅。鲁迅说去年的纸已经写就，时正病卧在床，便让广平捡出给他，许寿裳展开一看，见是：

曾惊秋肃临天下，敢遣春温上笔端。
尘海苍茫沉百感，金风萧瑟走千官。
老归大泽菰蒲尽，梦坠空云齿发寒。
竦听荒鸡偏阒寂，起看星斗正阑干。

亥年残秋偶作录应
季市吾兄教正　　　　　　　　鲁迅

“尘海苍茫沉百感”一句，尤其使许寿裳顿生百感，而那数十年抄写古碑、古籍，写作诗文，所练就的古朴、拙讷而深邃、宏阔的气宇，平易而蕴藉的风度，更使人品鉴到鲁迅最后书法条幅的深湛造诣……许寿裳则从中仿佛看到鲁迅哀民生之憔悴，状心事之浩茫，感慨百端，俯视一切，栖身无地，苦斗益坚，于悲凉孤寂中，寓熹微之希望焉。禁不住泫然。

两人相对无言，似乎都想起三十余年前在日本弘文学院学习日文时，见面每每谈中国民族性的缺点。又常常谈着三个相连的问题：一、怎样才是理想的人性？二、中国民族中最缺乏的是什么？三、它的病根何在？对于一的疑问，因为古今中外哲人所孜孜追求的，其说浩瀚，他们尽善而从，没有多谈。对于二的探索，当时他们觉得我们民族最缺乏的东西是诚和爱——换句话说：

便是深中了诈伪和猜疑相贼的毛病。口号只管很好听，标语和宣言只管很好看，书本上只管说得冠冕堂皇，天花乱坠，但按其实际，却完全不是这回事。至于三的症结，当然要在历史上探究，因缘虽多，而两次奴于异族，认为是最大最深的病根。做奴隶的人还有什么地方可以说诚说爱呢？唯一的救济方法是革命。两人聚谈每每忘了时刻。许寿裳从此就佩服周树人的理想之高超，着眼点之远大。

然而，苦斗三十载，中国的国民性又如何呢？

两人欲说又止，许寿裳从鲁迅悲凉的眼神中，似乎看到了一线绝望，又不甘心地闪现一点希望。隐约中，听到他沉重地叹息一声，好像在说：别说民族了，就是这文坛，左翼文坛，还不是依然诈伪成风，猜疑相贼。然后重重地一声“嗨！”像一块重石落在他和许寿裳心上，两人不禁泪流满面，又沉默不语……

昔日《浙江潮·发刊词》中那悲怆的豪言像涛声一般在耳边轰鸣——

忍将冷眼，睹亡国于生前，剩有雄魂，发大声于海上。

二十七日从嘉兴回北京，途经上海，许寿裳再去探视，鲁迅又将亲手装订的《凯绥·珂勒惠支版画选集》送给他。这是鲁迅赠给许寿裳的最后一首诗和最后一本书。

正在北平的李霁野、台静农得知鲁迅先生逝世的噩耗后，深为震惊。他们想起先生当年对未名社的关怀和爱护，一九二九年、一九三二年先生的两次回京，特别是一九三二年十二月，台静农被捕，李霁野到上海向先生求救，先生义无反顾、全力营救的情景，不禁落下泪来。他们立即分别给许广平致唁信，以表悼念。还各自给正在上海操持鲁迅葬仪的作家孔令境，即若君写信致意。

李霁野的信是——

若君兄：

见报知鲁迅先生病逝，哀痛不已。相处逾十年，深知此公热情满腔，是一难得的真诚人，一旦失去，颇感生之空幻。作为“作家”看，他自然不会死，但此种不朽不过只能慰哀伤于万一，实体之死亡所留给的哀感是要很久存在心里的。沪上无他友，所以特请兄代为备一花篮致献灵前，略表微意；所用若干，请告便中当即寄奉也。祝好！

雾野上

十月二十日

台静农的信是——

若君兄：

周先生逝世，哀悼之至，今夏与兄往访，此其最后一面也！承惠小说史料，极佳，此种工作，大有价值。弟与开明之信，烦兄便中与之接洽。《地之子》存书据云甚多，因原印甚劣，颇希望再版。《关于鲁迅及其著作》所以停印者，拟请各方友人将关于先生之文全行搜入，将来交一可靠之书店印行，版权即交周师母。盼将弟意告雁冰先生，对此若何？若上海尚有整个计划，弟即请兄转告愿将此书版权交出。（弟另有函告周师母）“山大”及“青市文化界”有两追悼，均于今晨九时同时举行。死后文坛情形如何？

专此即请日安

弟　静农上

十一月一日

此时，在宁夏中卫中学教书的尚钺，也获悉了鲁迅先生逝世的噩耗，止不住流下滚滚热泪，既悲痛又内疚。

他一九二六年冬，在李大钊的激励下，未及毕业，就脱下学生装，回到家乡罗山组织农民自卫军，准备迎接北伐军的到来。但北伐军暂时停留武汉，便遵循李大钊的指导，南下上海、武汉参加革命，经郭沫若介绍在北伐军政治部编审科任上尉科员。

一九二七年四月事变之后，尚钺毅然加入了中国共产党，主办省委机关刊物《猛进》。十月受组织派遣到豫南，任中共豫南特委宣传鼓动部部长、工农革命军第四大队第六支队党代表兼当地苏维埃主席。十二月受命赴罗山、光山一带发动农民武装起义，公开身份是信阳市狮滨中学英语教员。一九二八年，被杂牌土匪军逮捕入狱，经多方营救获释。其间，中共豫南特委遭敌破坏，经武汉赴上海寻找党组织时再次被捕，被押解至杭州陆军监狱关押受审。在狱中，受尽酷刑，但始终严守党的机密。后经党组织营救，被保释出狱。

一九二九年春，尚钺经楚图南介绍，被派往吉林省毓文中学任教。在学校秘密组织读书会，与楚图南共同创办了《灿星》周刊。在课堂上，向学生讲授列宁英文版《帝国主义是资本主义的最高阶段》，宣传革命思想，发动师生与学校的反动分子作斗争。

这期间，他的学生包括后来成为东北抗日战争的骨干，也包括成为朝鲜革命领导人的金日成。金日成说尚钺是他“马列主义的启蒙老师”。后来，因教育当局无故开除学生，尚钺为之鸣不平，据理力争，被校方解聘。随后，来到哈尔滨第五中学任教。不久，又因发起组织“反帝同盟”，被当局撤职，勒令离境。

一九三〇年，赴上海寻找党组织，先在全国总工会宣传部、组织部工作，后调党中央机关报《红旗日报》任采访部主任。期间，中共中央组织部对尚钺以往的经历进行了政审，恢复了其党组织关系。就在这一年，他的妻子陈幼清带着三个孩子随红军到鄂豫皖苏区，一九三二年被张国焘当作反革命杀掉，第三子尚海伦失踪，这是尚钺第一次丧妻失子。

一九三二年四月，尚钺被中共中央任命为满洲省委秘书长。当时，中共满洲省委要搞飞行集会、示威游行，尚钺认为在日本占领东北的情况下，首先应武装人民进行抗日斗争，由于与省委意见不一致，被开除党籍。后到苏联找共产国际为自己申诉，没有结果，于一九三四年回国，与中共北平市委取得联系，继续办《北方红旗》刊物。不久，北平市委遭敌破坏，党的关系完全中断，便以尚健庵之名，颠沛流离，于一九三六年来到宁夏中卫县中学教书，任国文兼英语教员。

在学校里，尚钺一面继续写小说，一面在学生中秘密组织团体，让学生接触《大众生活》《全民抗战》《中国的西北角》等进步书刊，还以学生读书会名义，自己垫款从平、津、沪一带设法邮购了《呐喊》《彷徨》《野草》《大地》《母亲》等书籍供学生阅读，启发学生的思想觉悟。经过一段时间的教育、培养，介绍学生到陕北抗日军政大学学习。

经过实际斗争的锻炼和年龄的增长，尚钺更加怀念当年鲁迅先生对自己的谆谆教诲，悔恨自己随着《狂飙》同人对先生的伤害。先生对青年是那样诚挚，那样爱护，那样精细，那样期望和负责，但青年的要求是随着他前进的欲望而无止境的，加之有人有意地曲解事实，和挑拨离间，使他与先生发生某种程度的默哑的抵触，将编配好的《斧背》小说集，从先生所编的《乌合丛书》中抽出来，给予上海泰东书局出版了。

这虽然是一件小事，但给予先生的损伤是很大的，他感受到他被用热爱和希望培养出来的健全的青年的刺伤了。后来尚钺虽然曾给先生一封恳切说明的长信，表示自己对他的误解，但这一直是他心中的一个苦痛伤痕。

一九二六年二月，尚钺在与先生抵触中，因内心的苦痛，曾赶到上海去把一篇误解先生的文章，从一个已经代印尚未出版的杂志中抽出来，夹在上述的长信中寄去，他心里才稍觉安静。但也自此，他与先生便断了音讯，同时也失去了对自己最热诚、最负责的导师。

一九三〇年在上海，一日尚钺因紧急的事件，化装成一个工人，穿一身蓝布短衫裤急忙要赶到江湾去，路过狄思威路时，忽然看见鲁迅先生左手夹着一个书包，缓缓向北四川路行进。尚钺故意绕到他的面前，让先生看看他曾经用血和生命培养过的学生，今日仍然未如某诗人及某某报纸编辑的心愿而死去，并且健在。先生看见他，似乎还有点认识，可是当鲁迅先生向他注意时，他却因时间的促迫和秘密工作的需要，只笑了一下，急急地走了，未曾问一声先生生活和身体的平安。谁知道这就是和先生最后一次的会见啊！

假使当时命运之神告诉他，这是会见先生的最后一次，他当时应该不顾一切跑到先生面前去，告诉他："先生，过去的许多年月，我已顽强地生存着和工作过来了，今日还在顽强地生存着，工作着，并且你的学生还要在未来无限的年月中顽强的生存下去，工作下去，永不负你的教育。"使先生携着这饱满的安慰誓词，在几年后永远安眠于地下，以慰他毕生为国家和人类的自由而顽强善战的英灵。

但尚钺到底没有勇气走上前去，他悔恨自己永远失去了再见鲁迅先生的机会……

周作人在鲁迅逝世当天，即十月十九日下午，接受了《世界日报》记者的采访，神情戚然。五天后，给《宇宙风》杂志写了《关于鲁迅》一文；十一月又写了《关于鲁迅之二》。这两篇文章对鲁迅的学问源流做了精当的评析：

> ……陈淏子的《花镜》恐怕是买来的第一部书，是用了二百文钱从一个同窗的本家那里得来的。家中原有几箱藏书，却多是经史及举业的正经书，也有些小说如《聊斋志异》、《辍耕录》、《池北偶谈》、《六朝事迹类编》、《二酉堂丛书》、《金石存》、《徐霞客游记》等。新年出城拜岁，来回总要一整天，船中枯坐无聊，只好看书消遣，那时放在"帽盒"中带了去的大抵是《游记》或《金石存》，——后者自然是石印本，前者乃是图书集成局的扁体字的。《唐代丛书》买不起，托人去转借来看过一遍，我很佩服那里的一篇《黑心符》，钞了《平泉草木记》，豫才则抄了三卷《茶经》和《五木经》。好容易凑了块把钱，买来一部小丛书，共二十四册，现在头本已缺无可查考，但据每册上特请一位族叔祖的字，或者名为"艺苑捃华"吧，当时很是珍重耽读，说来也很可怜。这原来乃是书估从《尤威秘书》中随意抽取，杂凑而成的一碗"拼拢坳羹"而已。这些事情很琐屑，可是影响却颇不小，它就"奠定"了半生学问事业的倾向，在趣味上到了晚年也还留下好些明了的痕迹。

他做事全不为名誉，只是由于自己的爱好。这是求学问弄艺术的最高的态度，认得鲁迅的人平常所不大能够知道的。

……唯夏目漱石作俳谐小说《我是猫》有名，豫才俟其印本出即陆续买读，又热心读其每日在《朝日新闻》上所载的《虞美人草》，至于岛崎藤村等的作品则始终未曾过问……其嘲讽中轻妙的笔致实颇受漱石的影响，而其深刻而沉重处乃自果戈理与显克微支来也。

这些话多少年后再读，倍感切中肯綮。

萧红在日本的哭声

日本东京。蒙蒙的雨雾。萧红失神地撑着雨伞，跌跌撞撞地在雨天中走……

这些日子东京连天阴雨，二十日早晨，萧红到一家饭馆吃早餐时，不经意间看见一张日文报纸上有“鲁迅的偲”的标题，且文中不时出现“逝世”等字眼。日文的“偲”字，萧红虽然并不知道是什么意思，但她不禁联想到是有什么人逝世了。

难道是鲁迅先生么?

一闪出这个念头，萧红立刻制止、责备自己，怎么会是呢?胡思乱想，怎么会是最敬爱的先生呢！前两天报纸上还有消息说先生要来东京访问、演讲呢！自己临离开中国时，和萧军商量好，为免去鲁迅先生复信之劳，在日本期间不给他写信。回国后再去看先生，给他一个惊喜。前几天还买了一本画册准备回去送给先生，怎么能把先生与“死”联系在一起呢！

但她还是朦胧地预感到什么不祥的兆头，一时间失魂落魄，不知所以，脑子里总变幻着在小饭馆所见到的画面：女侍抹得过红的嘴唇一张开，就露出闪亮的金牙；各种各样人们的面孔，嬉笑的，苦恼的，贪婪的，阴暗的，似乎一切都与鲁迅之死相关。

迷迷蒙蒙地回到住处，拉开房东家的格子门往里走，怎么也进不去。正在瓦斯炉旁切萝卜的房东大笑起来，冲她喊："伞……伞……"萧红才发现忘了收伞，卡在门外了。她连忙收了伞，进到房间，找出日汉词典查阅"偲"字的意思，词典里没有这个字，周围可以请教的熟人一个也没有。

二十一日早晨，萧红又来到那爿小饭馆，用餐时在一份报纸的文艺版看见一篇文章里密集出现"逝世"的字样，往下还看到"损失""陨星"之类的词语，心里真正不安起来。她急于找人确证信息，但该问谁呢？

茫然中，萧红想到曾经和黄源夫人雨田住在一起的一位中国女士，就跑去找她。那位女士查了日文字典，说"偲"是"印象""面影"的意思，可能是日本人到上海访问鲁迅之后写的"鲁迅印象"之类的文章。

萧红想：但愿如此！可是又放不下心来。

二十三日晚，事实不容萧红再抱任何幻想了：她在中文报纸上看见了鲁迅先生仰卧在床上形销骨立的遗容，立时她再也忍不住了，独自痛哭一夜。次日上午，提笔给萧军写信——

军：

关于周先生的死，二十一日的报上，我就渺渺茫茫知道一点，但我不相信自己是对的，我跑去问了那唯一的熟人，她说："你是不懂日文的，你看错了。"我很希望我是看错，所以很安心的回来了，虽然去的时候是流着眼泪。

昨夜，我是不能不哭了。我看到一张中国报上清清楚楚登着他的照片，而且是那么痛苦的一刻。可惜我的哭声不能和你们的哭声混在一道。

现在他已经离开我们五天了，不知现在他睡到哪里去了？虽然在三个月前向他告别的时候，他是坐在藤椅上，而且说："每到码头，就有验病的上来，不要怕，中国人就专会吓唬中国人，茶房就会说：验病的来啦！来啦！……"

我等着你的信来。

可怕的是许女士的悲痛，想个法子，好好安慰着她，最好是使她不要静下来，多多的和她来往。过了一个最难忍的痛苦的初期，以后总是比开头容易平伏下来。还有那孩子，我真不能够想象了。我想一步踏了回来，这想象的时间，在一个完全孤独的人是多么可怕！

最后你替我去送一个花圈或是什么。

告诉许女士：看在孩子的面上，不要太多哭。

红

十月二十四日

这封信，后来以《海外的悲悼》为题，发表在《中流》半月刊“纪念鲁迅先生专号”上。读到的人们，禁不住想到萧红当时在日本的哭声会是怎样的悲凄、惨痛，犹如孙女哭她的祖父，海棠花在秋风秋雨中嘶鸣……

尾声

鲁迅葬礼的第二天，冯雪峰一个人又去看了鲁迅的坟墓。这时，只是一座小小的土堆，在苍茫的天色笼罩下，显得无限孤寂。雪峰在土堆前默哀，沉思……

第三天，他就因事被派到扬子江上游的某地去，大约过了十天，办完事，坐着民生公司轮船所谓大菜间的舱位回上海，在那里喝茶，见桌子上有一本新出的画报，里面登有鲁迅先生的遗容和出殡盛况的照片，一个国民党小军官在看着。他突然抬起头来对着雪峰，好像非要人相信不可似的说："鲁迅是一个危险分子，他不是共产党，你枪毙我！"然后把那画报推向雪峰。听他的口音，像是湖北人。雪峰没有怎样去理他，他也没有非要别人回答的意思；但雪峰禁不住微笑起来了。雪峰觉得，眼前这个军官是不足道的，而他会使人想得更远一些：鲁迅先生不仅生前使敌人害怕，就是死后也还使敌人害怕，所以雪峰微笑了。

鲁迅先生的音容笑貌，尤其是走路时的姿势和背影又浮现在雪峰眼前——不管热天寒天，穿的都是橡皮胶底的黑帆布鞋，走路略带八字步，一步一步非常稳固，好像每一步都先做稳了中国武术上所说的马步那样；同时，他是目不旁观的，更是从不回头顾盼的。的确，他走路的这种坚实的姿势，也是非常性格化的。在他生前，雪峰不很注意，在他死后，就常在眼前浮现出来，葬礼后第二天从鲁迅坟墓回来的路上，雪峰就仿佛看见这个身材不高大的人这样地在前面走着;这次坐在轮船上也这么看见。从此，只要想到鲁迅，雪峰就感到前面有这么一个背影。雪峰相信，只要热爱鲁迅的人，都会看见的，因为这个人总是在我们前面走着，从不回头，每一步都好像先做稳了马步，准备随时和人殴斗似的走着。

是的，凡是死后仍活在人民心上的人，都是人民在前进的路上抬头就能看见他的背影的人。

一九三七年一月，时任北平大学女子文理学院院长的许寿裳利用寒假南归之机，在许广平、海婴陪同下，到上海万国公墓鲁迅墓地悼念鲁迅。这时，坟堆前竖立了一块梯形水泥墓碑，上面镶有瓷制的鲁迅先生像，下面刻着横写的字体幼稚而工整的“鲁迅先生之墓”七个字，它出自年仅七岁的海婴之手。墓的左侧是许广平亲手种植的一株松柏。

归途中，许寿裳吟成了一首感情至深的悼诗：

身后万民同雪涕，生前孤剑独冲锋。
丹心浩气终黄土，长夜凭谁叩晓钟。

许寿裳对身旁的许广平说:“我和鲁迅生平有三十五年的交谊，‘同声相应，同气相求’……互相关怀，不异于骨肉。他在我的印象中，最初的而且至今还历历如在目前的，乃是三十余年前，他剪掉辫子后的喜悦的表情；最后的而且永远引起我的悲痛的，乃是他去世两个月前，依依惜别之情。三十五年之间，有二十年是晨夕相见的。每次相见，他总是名言百出，机智疾流，使我得到一种愉快的经验，恍如坐在春风之中。这种愉快的经验，追忆起来，实在是举不胜举。”

一九三七年一月中旬，万国公墓鲁迅墓前，来了四个拜墓的人。他们的

鲁迅墓前来了四个拜墓的人……

脸上，像上海的冬天一样，庄重而晦暗……

这四个人是广平和海婴，萧军和萧红。

萧红从日本一回来，就急匆匆地要去看望鲁迅先生。她踩着枯败的落叶和衰草，走进万国公墓鲁迅墓前，远远便看见墓碑上镶嵌的先生的瓷半身像，就宛如又见到先生昔日那熟悉的面容。游子归来，亲人已逝。萧红一时难以接受这个冷酷的事实——像祖父一样疼爱自己的人，睡在这冰冷的墓地已逾百日，永远离自己而去。上海早已不是去年离开之前的上海，那时有鲁迅；现在没有鲁迅了，没有鲁迅的上海，还是过去的上海吗？无限往事像放电影一样，在眼前一幕幕闪现，萧红热泪夺眶而出。泪眼朦胧中，看见先生还是那么温和地看着自己，评品着她的衣着服饰，耳畔回响起离开上海前夕，先生设家宴为她饯行时的叮咛："每到码头，就有验病的上来，不要怕……"她真想在先生坟前痛痛快快大哭一场。

萧红在坟前默默地绕步，看见草地上放着一只花瓶，插着祭拜者的鲜花，有些已经枯萎了。她一眼就认出，这只花瓶曾经放在先生家客厅黑色长桌上，插着四季都不凋零的万年青。她第一次看见它时，好奇地问先生花瓶里是什么植物，先生抽着烟答道："万年青。"她不解地问："屋里不生火炉，也不冻死？"先生在升腾的烟雾中回答："这花，就是'万年青'，永远这样。"说着，把烟灰弹在花瓶旁的烟灰盒里，烟头像一朵小红花在指间开放、闪烁……

那花瓶呢？站在墓地的青草上面去了，而且瓶底已经丢失，既然丢失了也就让它空空地站在墓边。萧红似乎看到的是从春天一直站在秋天；它一直站到邻旁墓头的石榴树开了花而后结成了火红的石榴。

抗战以后，只有许广平绕道去过一次，别人就没有去过。那墓草长得很高了，而且荒了，还说什么花瓶，恐怕鲁迅先生的瓷半身像也要被荒草埋没到他的胸口。

谁去剪齐墓上的荒草？我们是越走越远，那荒草是总要记在心上的。

一九三七年四月二十三日，上海《大公报》副刊《文艺》上，刊登出一首诗，署名“萧红”。

拜　墓

跟着别人的脚迹，
我走进了墓地，
又跟着别人的脚迹，
来到了你的墓边。

那天是个半阴的天气，
你死后我第一次来拜访你。

我就在你的墓边竖了一株小小的花草，
但，并不是用以招吊你的亡魂，
只说一声：久违。

我们踏着墓畔的小草，
听着附近的石匠钻着墓石的声音，
那一刻，
胸中的肺叶跳跃了起来，
我哭着你，
不是哭你，
而是哭着正义。

你的死，
总觉得是带走了正义，
虽然正义并不能被人带走。

我们走出了墓门，
那送着我们的仍是铁钻击打着石头的声音，
我不敢去问那石匠，
将来他为着你将刻成怎样的碑文？

全书完

二〇〇三年三月《中国鲁迅学通史》完毕后正式构思

二〇一五年七月八日凌晨五时五十五分

于香山“孤静斋”写完最后一字

二〇一五年十月四日至十日又修订、润色

二〇一六年春节至六月再修订

参考书目

1. 鲁迅著:《鲁迅全集》(十八卷),人民文学出版社 2005 年版。

2. 止庵、王世家编:《鲁迅著译编年全集》20 卷,人民出版社 2009 年 7 月版。

3. 萧振鸣主编:《鲁迅著作手稿全集》,福建教育出版社 1999 年 12 月版。

4. 舒汉编:《鲁迅生平自述辑要》,山东人民出版社 1979 年 5 月版。

5. 北京鲁迅博物馆鲁迅研究室编:《鲁迅年谱》第四卷,人民文学出版社 1983 年 4 月版。

6. 曹聚仁著:《鲁迅年谱》,生活·读书·新知三联书店 2011 年 1 月版。

7. 中国社会科学院文学研究所鲁迅研究室编:《1913—1983 鲁迅研究学术论著资料汇编》五卷一分册,中国文联出版公司 1985—1991 年版。

8. 北京鲁迅博物馆鲁迅研究室编:《鲁迅回忆录》六册,北京出版社 1999 年 1 月版。

9. 薛绥之主编:《鲁迅生平史料汇编》第四、五辑,天津人民出版社 1981 年 7 月版。

10. 张能耿、张款著:《鲁迅家世》,党建读物出版社 2000 年 6 月版。

11. 北京鲁迅博物馆编:《鲁迅大影集》,中原出版传媒集团、河南文艺出版社 2008 年 4 月版。

12. 周建人口述、周晔整理:《鲁迅故家的败落》,福建教育出版社 2001 年 8 月版。

13. 周作人著,止庵编:《关于鲁迅》《鲁迅的故家》《鲁迅小说里的人物》《鲁迅的青年时代》，新疆人民出版社 1997 年 3 月版。

14. 倪墨炎、陈九英编:《鲁迅的写作和生活——许广平忆鲁迅精编》，上海文化出版社 2007 年 7 月出版。

15. 许广平著，周海婴主编:《鲁迅回忆录》，长江文艺出版社 2010 年 3 月版。

16. 俞芳著:《我记忆中的鲁迅先生》，浙江人民出版社 1981 年 10 月版。

17. 孙伏园、孙福熙著:《孙氏兄弟谈鲁迅》，新星出版社 2006 年 1 月版。

18. 倪墨炎、陈九英编:《在“老虎尾巴”的鲁迅先生——许钦文忆鲁迅全编》，上海文化出版社 2007 年 1 月版。

19. 倪墨炎、陈九英编:《亡友鲁迅印象记——许寿裳回忆鲁迅全编》，上海文化出版社 2007 年 7 月版。

20. 倪墨炎、陈九英编:《回忆鲁迅——郁达夫谈鲁迅全编》，上海文化出版社 2007 年 7 月版。

21. 周作人著:《苦茶——知堂回想录》，敦煌文艺出版社 1995 年 3 月版。

22. 周作人著:《周作人日记》(上)，大象出版社 1996 年 12 月版。

23. 周作人著，刘应争编选:《知堂小品》，陕西人民出版社 1991 年 11 月版。

24. 张菊香、张铁荣编著:《周作人年谱》，天津人民出版社 2000 年 4 月版。

25. 钱理群著:《周作人传》，北京十月文艺出版社 1990 年 9 月版。

26. 止庵著:《周作人传》，山东画报社 2009 年 1 月版。

27. 刘绪源著:《解读周作人》，上海书店出版社 2008 年 6 月版。

28. 止庵著:《苦雨斋识小》，东方出版社 2002 年 3 月版。

29. 孙郁著:《周作人和他的苦雨斋》，人民文学出版社 2003 年 7 月版。

30. 鲁迅、许广平著:《两地书真迹——鲁迅许广平原信》，上海古籍出版社 1996 年 1 月版。

31. 王得后著:《〈两地书〉研究》，天津人民出版社 1982 年 9 月版。

32. 陈漱渝著:《许广平传》，天津人民出版社 1981 年 5 月版。

33. 李允经著:《鲁迅的婚姻与家庭》，北京十月文艺出版社 1990 年 2 月版。

34. 李浩著:《许广平画传》，上海社会科学院出版社 2008 年 7 月版。

35. 张恩和著:《鲁迅、许广平》，中国青年出版社 1995 年 1 月版。

36. 倪墨炎、陈九英著:《鲁迅与许广平》，上海书店出版社 2001 年 1 月版。
37. 张恩和著:《鲁迅与许广平》，湖北人民出版社 2008 年 1 月版。
38. 龙吕黄、刘世洋编:《以沫相濡亦可哀——鲁迅与许广平的情爱世界》，东方出版社 2008 年 4 月版。
39. 乔丽华著:《我也是鲁迅的遗物——朱安传》，上海社会科学院出版社 2009 年 12 月版。
40. 周海婴著:《鲁迅与我七十年》，文汇出版社 2006 年 7 月版。
41. 钟小安著:《许寿裳评传》，中国社会科学出版社 2011 年 5 月版。
42. 瞿秋白著:《瞿秋白散文名篇》，现代文艺出版社 2010 年 1 月版。
43. 瞿秋白著:《多余的话》，江西教育出版社 2009 年 11 月版。
44. 王保林编著:《怀霜诗钞》，天津人民出版社 1991 年 2 月版。
45. 王铁仙主编:《瞿秋白传》，人民出版社，2011 年 6 月版。
46. 王观泉著:《一个人和一个时代——瞿秋白传》，天津人民出版社 1989 年 4 月版。
47. 《忆秋白》编辑小组编:《忆秋白》，人民文学出版社 1981 年 8 月版。
48. 张秋实著:《解密档案中的瞿秋白》，东方出版社 2011 年 7 月版。
49. 唐宝林、陈铁健著:《陈独秀与瞿秋白》，团结出版社 2008 年 10 月版。
50. 朱钧侃等主编:《总想为大家辟一条光明的路——瞿秋白大事记述》，南京大学出版社 1999 年 1 月版。
51. 张琳璋著:《瞿秋白》，中央文献出版社 2009 年 1 月版。
52. 陈福康、丁言模著:《杨之华评传》，上海社会科学院出版社 2005 年 5 月版。
53. 梁衡著:《梁衡散文选·人杰鬼雄》，东方出版社 1998 年 5 月版。
54. 曹靖华著:《曹靖华散文选集》，百花文艺出版社 2009 年 6 月版。
55. 胡风著:《胡风全集》，湖北人民出版社 1999 年 1 月版。
56. 梅志著:《胡风传》，北京十月文艺出版社 1998 年 1 月版。
57. 戴光中著:《胡风传》，宁夏人民出版社 1994 年 12 月版。
58. 晓风主编:《我与胡风——胡风事件三十七人回忆》，宁夏人民出版社 1993 年 1 月版。

59. 王丽丽著:《在文艺与意识形态之间——胡风研究》,中国人民大学出版社 2003 年 11 月版。
60. 支克坚著:《胡风论》,广西教育出版社 2000 年 6 月版。
61. 范际燕、钱文亮著:《胡风论——对胡风的文化与文学阐释》,湖北人民出版社 1999 年 5 月版。
62. 冯雪峰著:《冯雪峰论文集》,人民文学出版社 1981 年 6 月版。
63. 陈早春、万家骥著:《冯雪峰评传》,人民文学出版社 2003 年 6 月版。
64. 包子衍、王锡荣等编:《冯雪峰纪念集》,人民文学出版社 2003 年 6 月版。
65. 倪墨炎、陈九英编:《冯雪峰回忆鲁迅全编》,上海文化出版社 2009 年 4 月版。
66. 支克坚著:《冯雪峰论》,陕西人民出版社 1992 年 3 月版。
67. 支克坚著:《周扬论》,河南大学出版社 2004 年 9 月版。
68. 徐庆全著:《周扬与冯雪峰》,湖北人民出版社 2005 年 1 月版。
69. 徐庆全著:《知情者眼中的周扬》,经济日报出版社 2003 年 3 月版。
70. 顾骧著:《晚年周扬》,文汇出版社 2003 年 6 月版。
71. 萧红著,章海宁主编:《萧红全集》,北京燕山出版社 2014 年 4 月版。
72. 萧红著:《中国现代小说精品· 萧红卷》,陕西人民出版社 1995 年 4 月版。
73. 萧军编注:《为了爱的缘故——萧红书简辑存注释录(手稿本)》,金城出版社 2011 年 8 月版。
74. 萧军编注:《萧红书简》,牛津大学出版社 2015 年版。
75. 肖凤著:《萧红传》,百花文艺出版社 1980 年 12 月版。
76. 季红真著:《萧红传》,北京十月文艺出版社 2000 年 9 月版。
77. 林贤治著:《漂泊者萧红》,人民文学出版社 2009 年 1 月版。
78. 叶君著:《从异乡到异乡——萧红传》,中国社会科学出版社 2009 年 3 月版。
79. 葛浩文著:《萧红传》,复旦大学出版社 2011 年 1 月版。
80. 袁权著:《萧红全传——从呼兰河到浅水湾》,中国青年出版社 2011 年 6 月版。
81. 叶君著:《萧红与生命上的他们》,中国社会科学出版社 2015 年 4 月版。
82. 朱云乔著:《黄金时代——萧红与萧军的乱世情缘》,石油工业出版社 2014 年 5 月版。

83. 石评梅著:《墓畔哀歌》,江苏文艺出版社 2009 年 10 月版。
84. 柯兴著:《石评梅传》,华艺出版社 1986 年 7 月版。
85. 徐懋庸著:《徐懋庸回忆录》,人民出版社 1982 年 7 月版。
86. 徐懋庸著:《徐懋庸杂文集》,生活·读书·新知三联书店 1983 年 2 月版。
87. 夏衍著:《懒寻旧梦录》,生活·读书·新知三联书店 1985 年 7 月版。
88. 聂绀弩著:《聂绀弩杂文集》,生活·读书·新知三联书店 1981 年 3 月版。
89. 秦海琦著:《唐弢画传》,上海社会科学院出版社 2013 年 10 月版。
90. 叶紫著:《丰收》,华夏出版社 2011 年 1 月版。
91. 夏衍著:《上海屋檐下》,华夏出版社 2011 年 6 月版。
92. 萧军著:《八月的乡村》,华夏出版社 2011 年 1 月版。
93. 中国社会科学院文学研究所现代文学研究室编:《"两个口号"论争资料选》,人民文学出版社 1982 年 3 月版。
94. 吴中杰著:《鲁迅的抬棺人——鲁迅后传》,复旦大学出版社 2011 年 6 月版。
95. 孔海珠著:《鲁迅——最后的告别》,人民文学出版社 2011 年 5 月版。
96. 缪君奇著:《旧影寻踪——鲁迅在上海》,上海文化出版社 2010 年 9 月版。
97. 陈丹燕著:《外滩影像与传奇》,作家出版社 2008 年 1 月版。
98. 聂永有、钱海梅著:《上海的六种表情》,上海大学出版社 2010 年 6 月版。
99. 龚静著:《上海细节》,上海辞书出版社 2010 年 8 月版。
100. 李大伟著:《上海腔调》,上海辞书出版社 2010 年 8 月版。
101. 苏智良著:《上海黑帮》,上海辞书出版社 2010 年 8 月版。
102. 田刚著:《鲁迅与中国士人传统》,中国社会科学出版社 2005 年 1 月版。
103. 阿袁著:《鲁迅诗编年笺证》,人民出版社 2011 年 1 月版。
104. 茅盾著:《子夜》,人民文学出版社 1960 年版。
105. 茅盾著:《霜叶红似二月花》,四川人民出版社 1980 年 7 月版。
106. 王锡荣著:《"左联"研究的六个陷阱》,2016 年 3 月 7 日《文汇读书周报》。
107. 孙郁、李静关于鲁迅的对话:《历史不给鲁迅"走对"的机会》,见搜狐文化频道。

《苦魂》的哲学与诗学（代后记）

哲　学

《苦魂》的哲学，就是人的哲学，是关于怎样认识人和运用怎样的思维方式评价历史人物的哲学。

欧文·霍姆斯说过："关于人的科学研究是所有学问中最艰深的一门学科。"而鲁迅不愧是中国近代最复杂的文化人物，对他的认识与评价，也是最为复杂、艰深的一门学问，直接反映和牵连着对其他历史人物的认识与评价，呈现出整个民族关于人的研究的科学水平与思维境界。

反观整个中国鲁迅学史，就会发现在对鲁迅的整体认识上存在三种误区："神化""鬼化""俗化"。

先说"神化"。

所谓"神化"，就是把鲁迅尊为十全十美、不容置疑的偶像。有人至今不承认，历史上存在过对鲁迅的"神化"。其实，这是无视历史事实的表现，并不能掩盖很长一段时期在中国大陆确实存在的极为不合情理的历史现象——把鲁迅尊为十全十美、不食烟火的偶像，不容把他作为一个人进行科学的研究，不准谈其人间生活，把他一时激愤的话当作真理和不容置疑的法律，以此置不同意见者于死地。譬如鲁迅的原配妻子朱安，在一九八一年以前的所有鲁迅传和鲁迅研究论著中都只字未见。只是到林非、刘再复合著的《鲁迅传》出版时,才第一次提到了这位可怜的女子。连鲁迅自己都说过“两个口号”论争是革命营垒内部的争论，“两个口号”可以并存，但“文化大革命”中的“四人帮”却把周扬、田汉、夏衍、阳翰笙所谓“四条汉子”当作敌人投入监狱，长期迫害，国歌作者田汉被迫害致死。受他们牵连而遭难者不计其数。我想：如果鲁迅活着，肯定不会同意这种做法！这些人受难，也不应该归罪于鲁迅。迫害他们的人，哪里是尊重鲁迅，完全是拿鲁迅作棍子痛打妨碍自己窃取权位的对立面罢了。应该予以深刻批判的是那些“拉大旗作为虎皮，包着自己，去吓唬别人”的“文革”当权者。可叹的是：至今对制造这些悲剧的“文革”，仅是在三十多年前的历史决议中予以否定，并没有从思想理论上，尤其是哲学上加以深掘，以至于如今有些人头脑深处仍然运转着那些权利者的思维方式,仍然蜷缩在陈腐的思维窠臼中思考一切。这正是“文革”思想总是不断露头、死火复燃的内在根源。以对鲁迅的研究与评价为突破口，对这种错谬的思维方式予以深入的分析、批判，当是鲁迅研究学者的迫切任务。

再说“鬼化”。

所谓“鬼化”，即“妖魔化”，就是跳到另一极端、否定鲁迅的一切。对鲁迅的“鬼化”与谩骂，几乎是在鲁迅出现于文坛时就开始了。对旧势力的宣战者，当然不会受到统治者的欢迎，这是不足为怪的。鲁迅逝世后，这种谩骂不但没有湮没，反而越演越盛，在民众的悼念活动刚结束时，苏雪林等人就对鲁迅展开了攻击。

苏雪林对蔡元培先生主持鲁迅葬仪表示不满，其理由一曰鲁迅病态心理，将于青年心灵发生不良影响。二曰鲁迅矛盾之人格，不足为国人法。三曰左派利用鲁迅为偶像，恣意宣传，将为党国之大患。

一九三六年十一月十八日，苏雪林意犹未尽，又给胡适写了一封信，连同胡适的复信一起，以《关于当前文化动态的讨论（通信）》为题，刊登在一九三七年三月一日汉口《奔涛》一期上。

苏雪林致胡适信的内容有四点，主要的第四点“是关于取缔鲁迅宗教宣传的问题”。认为：“鲁迅这个人在世的时候，便将自己造成一种偶像，死后他的羽党和左派文人更极力替他装金，恨不能教全国人民都香花供养。鲁迅本是个虚无主义者，他的‘左倾’，并非出于诚意，无非借此沽名钓利罢了。但左派却偏恭维他是什么‘民族战士’、‘革命导师’，将他一生事迹，吹得天花乱坠，读了真使人胸中格格作恶。‘左派’之企图将鲁迅造成教主，将鲁迅印象打入全国青年脑筋，无非借此宣传共产主义，酝酿将来反动势力。”面对“‘鲁迅宗教’的宣传，政府方面是似乎不能坐视”。最后，表示自己要“不怕干犯鲁党之怒以及整个文坛的攻击，很想做个堂·吉诃德先生，首加鲁迅偶像以一矛”。

一九四九年以后，苏雪林又在台湾出版了数种攻击鲁迅的小册子，内容更加无物，腔调更加恶劣。

而近些年来，随着鲁迅走下神坛，海内外出现了一股“鬼化”鲁迅的逆流。有些人甚至于把鲁迅称为“中国五千年文化炼出的‘恶鬼’”，在香港出版四十万字的所谓新鲁迅传，声言要“推倒一尊谎言垒砌的巨像，剖析一个阴暗褊狭的灵魂”。鲁迅与鲁迅研究，都面临着严峻的挑战。

三说“俗化”。

所谓“俗化”，就是把鲁迅这位伟大的思想天才与文学天才等同于一般凡夫庸子，并用世俗的凡庸标准苛求鲁迅。这是二十世纪八十年代，鲁迅走下“神坛”后逐渐漫延的。说鲁迅后期“左倾”，是为了满足领袖欲和虚荣心，甚至是为了博得许广平的欢心与爱慕。真是以已之心度人之腹，把自己的庸夫之心与俗人之见强加于伟大思想家和文学家鲁迅。

这“三化”，使用的言语有很大不同，甚至相反，但效果是相同的，就是违背了鲁迅本人的真相，与鲁迅的实际面貌不相符合；使用的手段也相同，都是出于某种动因，把鲁迅当作可以任意捏塑的软泥，使其成为达到自己目的的工具，而不是努力探究历史的真实，对鲁迅及其著作作出符合实际的阐释；在思维方式上，更是一致，就是不从客观实际出发，努力揭示鲁迅的真实意义，而是抓住一点，推向极端，把主观的臆想强加于鲁迅。

倒是胡适说的对待鲁迅的态度比较持平。

胡适一九三六年十二月十四日的复信中批评苏雪林说：

余如何上蔡公书中所举“腰缠久已累累”，“病则谒旧医，疗养则欲赴镰仓”……皆不值得我辈提及。至于书中所云“诚玷辱士林之衣冠败类，二十四史儒林传所无之奸恶小人”——下半句尤不成话——一类字句，未免太动火气，此是旧文字的恶腔调，我们应该深戒。

那么，应该采取什么样的态度呢？胡适说道：

我们尽可以撇开一切小节不谈，专讨论他的思想究竟有些什么，究竟经过几度变迁，究竟他信仰的是什么，否定的是些什么，有些什么是有价值的，有些什么是无价值的。如此批评，一定可以发生效果。

具体到对于鲁迅的评价，胡适这样认为：

凡论一人，总须持平。爱而知其恶，恶而知其美，方是持平。鲁迅自有他的长处。如他的早年文学作品，如他的小说史研究，皆是上等工作。通伯先生当日误信一个小人□□□之言，说鲁迅之小说史是抄袭盐谷温的，就使鲁迅终身不忘此仇恨！

现今盐谷温的文学史已由孙俍工译出了，其书是未见我和鲁迅之小说研究以前的作品，其考据部分浅陋可笑。说鲁迅抄盐谷温，真是万分的冤枉。盐谷温一案，我们应该为鲁迅洗刷明白，最好由通伯先生写一篇短文，此是“绅士的臭架子”，值得摆的。如此立论，然后能使敌党俯首心服。

真正的学术必须以科学的求实精神为本。无论你多么反对或者多么崇敬的人，都必须以科学的态度对待，以求实的精神进行准确的分析。这就是胡适所说的“凡论一人，总须持平。爱而知其恶，恶而知其美，方是持平”。胡适正是以这种极为可贵的学理精神对待鲁迅的，虽然在政治上是对立的，然而却“尽可以撇开一切小节不谈，专讨论他的思想究竟有些什么，究竟经过几度变迁，究竟他信仰的是什么，否定的是些什么，有些什么是有价值的，有些什么是无价值的”。确实，“如此批评，一定可以发生效果”。而且，只有如此批评，才可能发生效果。像苏雪林那样，污蔑鲁迅“腰缠久已累累”，“病则谒旧医，疗养则欲赴镰仓”等等，则不仅与事实不符，而且皆是不值得提及的“小节”。至于书中所云“诚玷辱士林之衣冠败类，二十四史儒林传所无之奸恶小人”等等，则更是如胡适所说的“旧文字的恶腔调”，具有学理精神的学者都“应该深戒”。可以说，当时批驳苏雪林最为有力者，不是左翼人士，而是胡适。把这种“旧文字的恶腔调”的外皮剥去，苏雪林对鲁迅的异议也就没有什么实质性内容了。

曾经写出《〈阿Q正传〉及鲁迅创作的艺术》和《论鲁迅的杂感文》这样高水平的鲁迅研究论文的苏雪林，为什么竟转而诋毁鲁迅呢？其原因到底在哪里？从她的信中可以清楚地看出，是由对待当时政府的态度所引起的，是政治上的严重偏见所造成的。正是这种政治立场的极端化和激烈化，导致了她对鲁迅的“恶腔调”，失去了写作《〈阿Q正传〉及鲁迅创作的艺术》时的学理精神和艺术感受力，变成了一个失去理智的骂人机器。

我们不必一听到对鲁迅的贬损之语，就跳起来以保卫者的姿态进行反击。其实，鲁迅是“骂”不倒的，有他一生六百万字的译著在；给鲁迅造成的种种“迷障”，也是站不住脚的，有鲁迅经得起历史“审视”的业绩在。问题是应该怎样更深入地解读鲁迅作品和了解鲁迅生平。鲁迅的书，是一种深刻的厚重文化，浅读或快读是理解不了的。必须“深读”，结合当时的时代背景去读，从而让更多的读者懂得鲁迅作品的真正价值；对鲁迅的生平史实，也必须努力“返真”，以严格、周详的科学考证，拨开“神化”、“鬼化”和“俗化”鲁迅的“迷障”，还给人民一个“近于真相”的鲁迅——这才是当今鲁迅研究学者的迫切任务。

我构思数十年、历时十三载撰写的一百余万字的《鲁迅全传·苦魂三部曲》，就是旨在履行这一历史使命。

二十世纪，我提出过“‘还原’鲁迅”的口号，但在二十一世纪写作《中国鲁迅学通史》时，就发现“还原”这个提法是不够科学的。古希腊哲学家、辩证法奠基人赫拉克利特说过:“人不能两次踏入同一条河流。”因为万物皆变，此河流已经不是彼河流了。不错,一切都在变化,很多事情根本无法回到过去。所以,对于历史上的人和事,只能努力寻找“近于真相”的史实,不可能完全“还原”，因而改提“返真”。

追求史事之本真是历史研究的终极目的之一。人们与历史的距离总是渐行渐远,正所谓“秋水时至,百川灌河,泾流之大,两涘渚崖之间,不辨牛马”(《庄子·秋水》)。要追寻其真实面貌，尤为繁难，但仍需要有意愿为此孜孜以求者。

只有追求史事之本真，努力写出“近于真相”的鲁迅和他所处的历史时代，才可能促使人民逐步提高对鲁迅的科学认识，从中汲取营养，获得经验，无论是正面还是负面的，都有益于民族思维境界的升华。

胡适说:“凡论一人，总须持平。爱而知其恶，恶而知其美，方是持平。”这正是论人的哲学，而要坚持这种哲学，就须不受政治和功利的牵制和干扰，努力保持中道与公正。

从中道与公正的立场看人，就会发现现实生活中，没有十全十美的绝对的好人，也没有十恶不赦的绝对的坏人。主流好者，也难免其作为一个人的缺点与失误；主流坏者，也自有其人性的一面。

作为一个稀有天才，又作为一个真实的人存在的鲁迅：有和常人一样的七情六欲、喜怒哀乐，有时也会出现一些失误，存在一些超乎常人的怪脾气和怪性格，但却具备着常人所没有的极其难得的思想天才与文学天才；作为一位文学家，他又常出现平庸之人没有的激烈和偏至，而他说出的许多发人深省的至理名言，却往往包含在这种“深刻的片面”中。这样的鲁迅形象，可能比那种“偶像化”或“妖魔化”、“俗人化”的鲁迅符合实际，也有益于人民对鲁迅的理解与接受，以纠正各种偏离和扭曲，使鲁迅及其作品长久渗透进人们的心中。

再如段祺瑞，他因为二十世纪发生的三一八惨案，而被捆绑在历史的耻辱柱上。其实，段祺瑞虽为武将出身，是个军阀，却是个有文化的军阀。这与他的出身有很大的关系，段祺瑞的祖父是淮军的将领，等到段祺瑞出生的时候，家境已经没落。十八岁那年，父亲在看望从军的段祺瑞的路上，被人杀害，不久，母亲也因悲痛去世。留下段祺瑞和三个弟妹，兄妹几个人的生活一直很窘迫。即使当上了总理，段祺瑞个人生活也相当简朴，总是一件长衫、一顶瓜皮帽了事。

段祺瑞在知道政府卫队打死徒手请愿的学生之后，随即赶到现场，面对死者长跪不起，说："从此终生食素，以示忏悔。"顿足长叹："一世清名，毁于一旦！"一九二七年四月被冯玉祥驱逐下台，退居天津日租界当寓公，潜心佛学，自号"正道居士"。

那么，这样一个人，为什么做下三一八惨案这种屠杀请愿学生的惨无人道的事呢？

这就须从论人的哲学进入人与历史这一更深层面的历史哲学问题中去了。

究竟什么是历史哲学？我曾经长久地思考这个问题。为此，读了黑格尔、康德等关于历史哲学的西方哲学著作，可能他们的表述过于西方化，也可能我未深入堂奥，始终不得要领。茫然中，从何兆武先生的《历史理性批判论集》"笔谈四则：三、历史哲学与历史学哲学"中看到这样一段精辟的论说：

> 历史哲学无论在中国还是在西方，都是渊源已久，因为人们不但想要知道历史都是些什么事或都有些什么事，而且还想要理解这些历史事件的所以然，或者说要懂得这些事情是何以会发生的。仅仅知道了历史事实，并不等于就理解了历史。史实仅仅是历史研究的对象。有关历史事实的资料无论积累得多么丰富，其本身都不能自行成为历史学。历史学乃是史家对史料进行理论加工所炮制出来的成果。这项理论化的思维工作就是通常所谓的历史哲学。这一点和自然科学的情况是一样的。气象台积累了丰富的资料：温度、气压、湿度、风力、雨量，等等，无论这些资料有多么丰富——当然，积累丰富的资料对任何学科来说都是极为重要的、不可或缺的——但其本身并不就是气象学，气象学乃是气象学家对于这些资料进行研究而理论上做出的总结，这种理论总结应该提供可以说明或解释这些现象之所以然的道理。

> 历史学家的工作归根到底就是要解释历史现象的所以然。否则，那工作就是一个档案保管员的工作，而不是应该历史学家的工作了。这种从理论加以理解的工作是以我们的世界观、人生观为其哲学前提的，这就成其为历史哲学。

读了这段话,如醍醐灌顶,茅塞顿开。何兆武先生的概括完全是中国化的，简明扼要，通俗易懂。在他这段论述的基础上，我又做了这样的提炼：历史学讲的是“历史如此然”，也就是历史是如此的，而不是如彼的；历史哲学则探究的是“历史之所以然”，也就是说明历史为什么是如此的，不是如彼的。

要从历史哲学的视角探究“历史之所以然”的问题，就先须从人与历史的关系这一切口破题。自有人类以来的社会史，究其实质，就是人的历史。任何人都是在一定的历史境遇中出生、成长、发展以至死亡的，一个人的命运，除了个人的素质之外，主要是由历史所造成的。就拿鲁迅来说，如果他不生在清末科举制度废除、开始到外国留学的时期，他也只可能仍然照走科举的道路，可能成为士大夫层中的革新者，却不可能成为现在的鲁迅；如果不在一九一九年前后爆发五四文学革命，他也不可能写出《狂人日记》而一发不可收。郑学稼的《鲁迅正传》谴责鲁迅为什么在教育部任职的数年中始终沉默，其实是没有认识到历史条件不到、任何人也不可能做出超出历史的言行这一历史哲学的基本原理。段祺瑞人本身不坏，但却被绑在三一八惨案的历史耻辱柱上，也是由于历史潮流的裹挟，一个并不坏或不太坏的人被推上了当时的权位，又无力控制局面，结果造成了恶果。即便他如何长跪，如何吃素，也洗不清他的罪名。而正因为他是个并不坏的人，所以惨案发生后，他才良心发现、深为痛悔；倘若是本性很坏的人，不但不会忏悔，还可能认为杀得不够多，或者把责任推给别人。

同样，是一九一九前后的五四文学革命历史条件造就了鲁迅，但若没有鲁迅那样超凡的思想天才和文学天才，以及祖父下狱、父亲病死、在从小康人家而坠入困顿的途路中看见世人的真面目，还有与琴表妹的初恋受挫、被迫喝下朱安这杯婚姻苦酒的话，即便有再好的历史条件和个人天赋也成不了鲁迅。当然，如果没有个人的刻苦努力，具有再高的天赋，也不可能有所大成。例如，鲁迅的堂兄周寿恒（阿泰）比少年鲁迅（樟寿）还聪明，同样的书，樟寿读几遍能背出四十行，他却能背出八十行。但没把聪明用在正处，结果一事无成，变成了痴迷要牌“游大湖”的嬉客大少爷。

所以，历史与人之间是互动互促的。鲁迅之所以为鲁迅，是由于历史与个人的两面因素互动互促所造就的。他人亦然。应该承认天才的存在，特别是文学艺术和原创性科学技术领域，那些创造了突破性成果的大家，必定具有超于常人的天才条件。不承认天才的存在，强说人人都是一样的，把高出的人一律削平，让所有的人都归于平庸，变成没有思想、没有才能的奴性十足的“普通劳动者”和“驯服工具”，正是封建专制者的惯用伎俩。如鲁迅青年时代就指出的:“性解（天才）一出，必全力死之。”只能使整个社会趋于平庸，停滞不前，这样下去，只能造成人类文化的停滞甚至倒退。

我们不仅要承认天才的存在，而且须看到这种天才人物是极其珍贵的，要很多年才能出现一个。而其出现，既有必然性，更有偶然性。

回观中国文学史，窃以为出现过七大文学天才:屈原、庄子、司马迁、李白、苏东坡、曹雪芹、鲁迅。

当然，这七大文学天才之外，还出现过很多具有文学才能的人。例如唐代就有与李白齐名的杜甫。他的史诗，是李白写不出的，中国文学没有了杜诗，不知会减少了多少分量。但杜甫还不是李白那样的从天而降的大天才，他以卓越的写实才能磨出了惊天地、泣鬼神之作，却是在天赋基础上经过后天刻苦努力铸成，不像李白那样几乎是人工所不可能达到的，完全是从天而来的黄河之水，天工妙成的诗的瀑布。写出《金瓶梅》的兰陵笑笑生，开创了中国描写家庭生活的第一部长篇小说，可以说没有《金瓶梅》就不会有《红楼梦》。然而，曹雪芹称得上是七大文学天才之一，兰陵笑笑生却算不上，原因之一是他还缺乏从天而来的奇思妙想。中国现代文学史上的郭沫若也是天分甚高的才子、诗人，他的《女神》称得上是天斧神工，但他终归只有这开篇之作，就没有继续下去。《屈原》等历史剧，不愧为杰作，但可惜渗入了较多的外来成分，难为天然神品了。曹禺是一位天降的鬼才，但气象不够浩大，后来又被扭曲，才尽了。张爱玲、萧红是天生灵异，但其影响与气概距七大文学天才尚有较大距离。周氏兄弟之一的周作人，其散文的老熟、数量的巨大，都是不可小觑的，但缺少的是他大哥鲁迅那样冲天之气，骨子过软了。这也是他后来堕落的一个原因。

中国近代文学，自曹雪芹之后二百余年来，出现的文学天才只有鲁迅一人！

鲁迅的《狂人日记》，是中国现代文学的第一篇白话小说。积二十余年的“焖焐”与思考，发出控诉“吃人”的呐喊，震撼整个旧中国，非发自天籁不可得也！一篇《孔乙己》，从容三千字写尽人间的冷酷，有如神品。信笔挥成《阿Q正传》，以一个阿Q，凝聚几千年中国人的品性，折射出人类的普遍弱点，不是大天才何能为之？就是小小杂文《论雷峰塔的倒掉》，悠然为之。前无古人，后无来者。至今无人超越。三一八惨案后，当时文人几乎都写了悼念文章，而唯有《记念刘和珍君》直冲云霄，在群山中独树一峰。后期的《“题未定”草（六至九）》显现思维的天才；《隔膜》《买〈小学大全〉记》直捣士人的奴性，《病后杂谈》《病后杂谈之余》点中封建统治者的穴位；《我的第一个师父》，幽深峭拔，思绪缭绕；《半夏小集》，嘲讽尖刻而笔致轻妙；《答徐懋庸并关于抗日统一战线问题》对新奴隶主的预感，何其精准！后来此物不就是“拉大旗作为虎皮，包着自己，去吓唬别人”吗？最后未完的绝笔《因太炎先生而想起的二三事》，末尾写黄兴“日本学监，诫学生不可赤膊，他偏光着上身，手挟洋磁脸盆，从浴室经过大院子，摇摇摆摆的走入自修室去而已”。何其传神？黄兴性格跃然纸上，鲁迅也给人间留下天才一笔。

鲁讯不仅是历史上稀见的文学天才，而且是少有的思想天才。

他是深刻反思中国人精神的伟大思想家，他反思的结晶《阿Q正传》等不朽作品，至今依然是我们反思自身弱点的镜子。

作为一个稀有天才，又作为一个真实的人存在的鲁迅，和中国历史上的屈原、庄子、司马迁、李白、苏东坡、曹雪芹一样，是几百年才出一个的思想天才与文学天才。而且历史上只可能有一次，不可复制，也不可超越。他们就是黑格尔所说的“这一个”，不可能是“那一个”。以后多少年后，可能出现别一个新时代的思想天才与文学天才，但绝对不会是和鲁迅和屈原等一个样的。他可能汲取了从屈原到鲁迅等前人的资源，但绝不会重复前人，也并不是什么超越，而是新时代熔炉重新铸造出来的新型人物。这一代代的思想天才与文学天才都是独立的存在，不可能也不必要互比高低。

这些思想天才与文学天才，往往都有一颗无比痛苦的灵魂，是他们所处时代的“苦魂”。

从存在论哲学观点看：无论是一个人，还是一个政党，一个民族，都存在一个根本问题——认识自己，认识世界，认识自己在世界中的位置，以作出生存与发展的正确方略。

这个根本问题，当代文学思想家刘再复先生归结为“自己如何可能”六个字，也就是“自我确立、自我实现如何可能”，即康德所说的“认识如何可能”“人类如何可能”的根柢性问题。

其实，人类从诞生、即有了精神之日起，就已经开始了这种追问和反思。先祖们曾在古希腊神庙上镌刻着一句对后人的提醒：“认识你自己！”法国大思想家蒙田也说过：“世界上最重要的事情就是认识自我。”德国哲学家恩斯特·卡西尔名著《人论》的第一段话就是：“认识自我乃是哲学探究的最高目标——这看来是众所公认的。在各种不同哲学流派之间的一切争论中，这个目标始终未被改变和动摇过：它已被证明是阿基米德点，是一切思潮的牢固而不可动摇的中心。”一个民族的思想家最主要的使命就是促使本民族正确地认识自己。中国近代以降，从梁启超、严复到鲁迅、胡适、周作人，历代思想家都在敦促中国人研究自己，反思国民性的弱点。梁漱溟甚至认为：“孔子毕生所研究的，的确不是旁的而明明就是他自己；不得已而为之名，或可叫做‘自己学’。”而就整个人类来说，认识自己，认识自己在宇宙中的位置，正是始终不变的科学探求的终极目标。从托勒密的地球中心说，到哥白尼的太阳中心说，一直到爱因斯坦、霍金等物理学家的现代宇宙观，实质上都是在探索着人类究竟是怎么回事，宇宙究竟是怎么回事，以及人类在宇宙中究竟处于怎样的位置，德国哲学家舍勒一篇名著的题目就是《人在宇宙中的位置》。对这一终极问题的回答，关系到人类的世界观、人生观等许多根本性的哲学理论体系的建构。

像鲁迅这样伟大的思想天才与文学天才，终生思考、日夜揪心的不是他们自己的生活问题，而是整个人类向何处去、应该有怎样的灵魂这些根柢性的大问题。我在《中国鲁迅学通史》中作了这样的定位：鲁迅是对中国人的精神做了空前深刻的反思的伟大思想家。正是在这个意义上，他无愧于中华民族的“民族魂”。

鲁迅自小充满仁爱之心。八岁时，刚刚十个月的妹妹端姑生天花去世了。他在屋隅暗泣，母亲问他为什么哭，他答：“为妹妹啦！”后来在小说《兔和猫》中对两只小白兔性命的丧失，“觉得凄凉”。于是记起住在绍兴会馆时，鸽子“膏于鹰吻”了，“大槐树下一片散乱的鸽子毛”；“路过西四牌楼，看见一匹小狗被马车轧得快死”，使他为生命的断送感到悲恸。他的挚友许寿裳在《我所认识的鲁迅》中引用了这些描述，认为鲁迅的创作是“以其仁爱为核心的人格的表现”。孔乙己、祥林嫂、阿Q等，不就是鲁迅付以大爱的被侮辱被损害的弱势群众吗？因为仁爱，所以“重正义”，主张“除恶务尽”，以使此后的青年少花费“气力和生命”。鲁迅之所以一步步倾向“左翼”，也正是因为当权者“对于别个的不能再造的生命和青春，更无顾惜。”从三一八惨案刘和珍等学生的惨死，到四一二大屠杀中毕磊等青年的遇难，再到柔石等“左联”五烈士的牺牲、杨杏佛的被暗杀，直到知己瞿秋白的就义，怎能不使他感到被“层层淤积起来”的“青年的血”“埋得不能呼吸”？怎能不对杀人者充满憎恨？对被杀者满怀同情？又岂能不为这种杀与被杀的残酷现象深感痛苦？

他企盼既没有奴隶也没有奴隶主的“第三样时代”到来，后期“确切的相信无阶级社会一定要出现”。但是他在实现目标的道路上也遇到了悖论：当他朝着终极目标真诚地奋斗着的时候，不仅遭遇敌方的残酷镇压和现实的重重阻力，显现出自己的追求有着不切实际的乌托邦性质，还受到自己营垒内部“借革命以营私”的人从阴沟里射来的“冷枪”与“暗箭”。这该是何种的“苦境”？！鲁迅一九三五年四月二十三日在致萧军、萧红信中说：“敌人不足惧，最令人寒心而且灰心的，是友军中的从背后来的暗箭；受伤之后，同一营垒中的快意的笑脸。”把这种“苦境”入木三分地刻画出来了。

鲁迅的知己——瞿秋白同样处于更为惨痛的苦境。

现代存在论哲学家海德格尔有一句名言：“未知死，焉知生。”只有在死神面前，人的存在才能充分敞开。瞿秋白正是在坦然面对死亡的时刻，对自己究竟是什么人、中国究竟应该走什么路的根柢性问题进行了深刻的反省和思考。他不仅在反省自己，更重要的是反思共产国际和王明路线的错误，提醒自己的同志寻觅适应中国国情的正确之路，这正是传达给自己深爱的民族和人类的最为重要也最为珍贵的诤言，所以才在死前“不怕人家责备，归罪”，“倒怕人家钦佩”，“心上有不能自已的冲动和需要，说一说内心的话，彻底暴露内心的真相”，“趁这余剩的生命还没有结束的时候，写一点最后的最坦白的话”。

这是何等的无私！何等的大爱！何等的智慧！却被一些头脑简单、僵化、永远不知自省、反思甚至别有所图、一意孤行的人，诬为“叛徒”，也可见了这个世界的污秽、邪恶的另一面！

那么，会有人疑问瞿秋白参加革命加入共产党，是不是出于升官发财的私心呢？我认为不是，同许多参加革命的仁人志士一样，是出自“憎恶贪污、卑鄙……以至一切恶浊的社会现象”，和对被压迫、被剥削的下层劳苦大众的一片仁爱之心。

读到的两段文字是有力的佐证。

一段是秋白的同乡、挚友羊牧之在《我所知道的瞿秋白》中谈他少年同情穷苦人的话：

> 秋白少年时上街，每每碰到乞丐喊着“少爷”，伸手要钱，他总是和蔼地看着对方年龄大的说：“老人家！你不要喊我‘少爷’，我不是‘少爷’”，随即把金太夫人给他的零用钱，铜元一枚，放在他的手里。有一次，他随母亲到北门外贤庄去，秋白出去玩了后，母亲见他身上穿的褂子没有了，几经追问，他才说：“看到村上一个小朋友光着背在风里发抖，脱下给他了。”母亲听后无丝毫其他的想法，淡淡一笑说：

“这种事好是好，就是我们也不多啊！”秋白听了把头一扭说：“不多、不多，我们总比他们多些。”此事十年后，我们在上海与杨之华闲谈时，提起此事，秋白犹遗憾地说：“我一生就只那一次回过母亲的嘴。”可见他少年时，对穷苦人是十分同情的。

另一段是秋白就义时一位亲临现场的记者，写的报道《毕命前之一刹那》：

民国二十四年六月十八日晨，闻瞿之末日已临，笔者随往狱中视之，及至其卧室，见瞿正在挥毫，书写绝句：“一九三五年六月十七日晚，梦行小径中，夕阳明灭，寒流呜咽，如置身仙境，翌日读唐人诗，忽见‘夕阳明灭乱山中’句，因集句得《偶成》一首：

夕阳明灭乱山中（韦应物），落叶寒泉听不穷（郎士元）。

已忍伶俜十年事（杜甫），心持半偈万缘空（郎士元）。”

书毕而毕命之令已下，遂解至中山公园。瞿信步行至亭前，见珍馔一席，美酒一瓮，列于亭之中央，乃独坐其上，自斟自饮，谈笑自若，神色无异，酒半乃言曰：“人公馀稍憩，为小快乐；夜间安睡，为大快乐；辞世长逝，为真快乐。”继而高唱国际歌，酒毕徐步赴刑场，前后军士押送，空间极为严肃。经过街衢之口，见一瞎眼乞丐，犹回顾视，似有所感。既至刑场，自请仰卧受刑，态度仍极从容，枪声一鸣，瞿遂长辞人世。忆其在狱时，常以文墨自遣，所作“眼底烟云过尽时，正我逍遥处”。此非词谶，乃狱中言志耳。

这两段文字给我印象最为深刻的，不是别处，而是秋白少年在家乡常州施舍乞丐和就义前在长汀回视瞎眼乞丐。这两处关于乞丐的细节分明表现了秋白的大爱。正是这种大爱，促使他觅渡，觅渡，寻觅着求索着，“为大家辟一条光明的路”，终于对“社会主义或共产主义的终极理想”“有兴趣”。以为这就是“无阶级、无政府、无国家的最自由的社会”，走上了为此奋斗之路。

瞿秋白研究专家陈铁健先生在《求实明理话瞿研》（2015 年 9 月 21 日《文汇读书周报》“书人茶话”）一文中，通过对虞友谦《对〈多余的话〉认知差异的追问》（《瞿秋白研究文丛》第八辑）一文的再阐释，更为透辟地揭示了许多人至今对瞿秋白临难之际对个人心灵和行为的沉重思考——《多余的话》隔膜不解甚至厌恶否定的深层原因：主要是认知的差异，瞿秋白担心的“不知我者”，“与瞿秋白的观念有巨大落差”。虞文认为：“在瞿的革命生涯中，绝非没有错误，有不少是史有定论的错误，无需为贤者讳。但他的最后却没有错，他的《多余的话》正是大胆面对自己曾经的错误，真诚反思并勇敢认错。这是他高尚人格的体现，这有什么错呢？”由此追问到《多余的话》所涉及的观念因素。主要是“对涅恰耶夫式的‘革命’意识的疏离”。涅恰耶夫是十九世纪后期俄国民粹主义理论家和恐怖主义行动实践者，他在《革命者教义问答》中给“革命”下了这样的教条：“革命者没有个人利益、私事、情感、恋情、财产，甚至姓名”；“革命者与一切秩序、法律、道德断绝联系”；“革命只懂得一门科学——破坏的科学”；“革命者要摒弃一切浪漫情怀、多愁善感及热情，要冷酷对待自己，更要冷酷对待别人”等。比涅恰耶夫更早的车尔尼雪夫斯基，也有类似的思想，如说只要目标高尚，手段可以忽略不计，以恶易恶，以暴易暴，革命者言行无需道德底线；劳动者处境越坏，越有利于驱动其加入革命行列，世道越乱越好，趁机夺权；用暴力、流血把“愚民”引向“幸福”之途。虞文指出，共产国际的政治实践，与涅恰耶夫思想观念明显地有联系。瞿秋白后来终于发现“左”倾暴力运动中“涅恰耶夫意识的传袭基因”；“不满由苏联、共产国际操纵的党内派系的斗争与倾轧，也倦于戴着面具的灵魂扭曲的生存状态”。迷茫与困惑之后，“他与这种意识形态逐渐疏离了”。

陈铁健先生一再强调曾经说过的观点：瞿秋白研究者要深入解读瞿秋白及其同时代人所宗奉的列宁主义，以及他们自身的思想演变，恐怕要从解读涅恰耶夫、车尔尼雪夫斯基的思想开始。只有深入了解苏俄历史，包括其人物、思想与事件，才能开阔瞿秋白研究的视野。不把历史深处的隐秘揭示出来，只是固守已有研究领域与思维定势，走不出历史迷津，瞿秋白研究就难有大的进展。虞文有所突破，恰恰是因为对历史作了深入的追本溯源，从而看到对《多余的话》的负面评价乃至“叛徒”之诬，主要源于“革命意识形态”与“专制主义片面伦理观”；而对之持正面评价、同情理解者，大多以“人性论价值观”为出发点。“可以说，在观念上，我们还落后于瞿秋白。”

这才道出了对《多余的话》持不同态度的深层原因。

秋白的知己——鲁迅，不也是这样的吗？他们恰恰是在相同的苦境中相知相惜。

秋白和鲁迅的身世、境遇真是太相似了！难怪成为知己！但他们的性格与表达方式又有所不同，秋白是沉浸在压抑而哀婉的诗情中，对自己和自己所处的国际共产主义运动及中国革命道路进行了深刻的反思与内省；鲁迅则是“一个都不宽恕”式的决绝！从存在论视角去看，都是在“人类如何可能”“自己如何可能”的根柢性问题上产生了困惑与反省。

只有升华到人类精神的最高境界，“意识到自己又敢于成为自己”的灵性之人，才可能感到灵魂痛苦这一层次。他们“最后还是不能实现自己”，因而感到最深的灵魂苦痛，鲁迅、瞿秋白是二十世纪中国两大“苦魂”。

从文化角度看，这样的人奉行的是苦感文化：在为大众的艰苦奋斗中感受文化的真谛；而周作人、梁实秋等享受的却是乐感文化，唯以自己的安适、愉悦为上。其实前者往往在智力和才能上是高于后者的，如将自己才华注于个人的生活，恐怕三个周作人、十个梁实秋也抵不过一个瞿秋白、半个鲁迅。而前者偏不去追求个人生活的安乐，却宁愿为探索人类的前途牺牲个人的一切。这在所谓聪明人看来，确实有些“傻”！

纵然国际共产主义运动遭遇了重大挫折，应该进行深刻的反思和调适，但是并非共产党人的我却对那些无限忠诚于信仰并无私献身的仁人志士仍然充满了景仰，而对“借革命以营私”的小人、奸徒永远憎恶！

不应以成败论英雄，也不要以成败说奸恶。人是复杂的。鲁迅等文化伟人更其复杂。所以我们评价这些历史人物的哲学也应该复杂一些，不可简单化、片面化，在两个极端上翻转跳跃，而须“返真”到当时具体的历史语境中进行多方面、多层次的深入、细致的复杂分析。这样，才有可能获得“近于真相”的认知。

对历史人物的解读历来有两种：一种是谀墓性解读，另一种是鞭尸性解读。谀墓，就是对死去人的一种不加分析的纯粹的歌颂；鞭尸，则是不加分析的一律颠覆。我认为这两种态度，都是不科学的。

历史上对鲁迅一直存在一种鞭尸性解读。鲁迅逝世后，苏雪林对鲁迅的诋毁、谩骂和最近香港出版的所谓新鲁迅传，就是对鲁迅的鞭尸；而对鲁迅的种种“神化”性的传记，则属于谀墓。

鲁迅赠给增田涉的郑板桥那两句诗：“搔痒不着赞何益，入木三分骂亦精。”其实就是鲁迅对后人提出的告诫，告诫人们在写作他的传记时一定不要采取盲目赞颂的谀墓的态度，而要作入木三分的深刻、精辟的科学批评。实际上，真正有识见的文化伟人对后人都做过类似的要求，美国大诗人惠特曼就对准备为他作传记的人说过：“有一天你会替我作传记，你要说老实话。无论你怎样写，都不要替我打扮，我的胡言乱语都要放进去。……我恨许多的传记，因为它们不真实。我国许多的伟人，都被他们写坏了。上帝造人，但是传记家偏要替上帝修改，这里添一点，那里补一点，再添再补，一直等到大家不知道他是什么人了。”这不禁令人想起纪晓岚在《阅微草堂笔记》卷十三《槐西杂志》（三）所讲的一个人死后见到自己的墓碑过谀因而躲避的故事：“墓前忽见一巨碑，缡额篆文，是我官阶姓字，碑文所述，则我皆不知，其中略有影像者，又都过实。我一生朴拙，意已不安；加以游人过读，时有讥评；鬼物聚观，更多姗笑。我不耐其聒，因居于此。……”某公正色曰：“是非之公，人心俱在；人即可诳，自问已惭。况公论俱存，诳亦何荣？荣亲当在显扬，何必以虚词招谤乎？不谓后起胜流所，见皆如是也。”这个故事正表现了有识之士对谀墓之风的憎恶。鲁迅也倾吐过这种担心：“一瞑之后，言行两亡，于是无聊之徒，谬托知己，是非蜂起，既以自炫，又以卖钱，连死尸也成了他们的沽名获利之具”，陷入文人的“真正的悲哀”。因此，为鲁迅这样的伟人作传，最根本的一条就是反对谀墓，坚持求真。

其实，西方早在18世纪就已完成了从谀墓到写人的现代转变。英国维多利亚时代的传统传记作家笔下的人物，就总是头戴大礼帽，身着燕尾服，仪表举止笨拙滑稽，并且无不被描绘得尽善尽美。他们作传的目的就是为了颂扬，所以必然为尊者、贤者、亲者讳，把传主塑造成理想的完人。这种谀墓之风，被鲍斯威尔扭转了。他所开创的近代传记重在表现特定时代环境里的人生，完全用写实的方法，如实地暴露传主的缺点，还传主的真面目。对此，麦考莱做出了高度的评价，说道："如果荷马是第一名诗人，莎士比亚是第一名戏剧家，德莫西尼士是第一名演说家，那么，鲍斯威尔便毫无问题是第一名传记家了。"因为这种传记学的现代性转变是与现代思想运动、与人的解放紧密联系在一起的。没有这种转变,传记学就不能算是走上了现代的科学轨道。

而要实现传记学的现代转变，首先必须从哲学上、思维方式上进行变革。《苦魂》所致力的就是这种变革。

诗　学

《苦魂》的哲学,日益明朗地确定下来了。如何在创作中贯彻这样的哲学，也就是应该运用怎样的诗学手法去写作《苦魂》呢?

我认为所有真正的文学艺术作品，本质上都是诗。所谓诗学，就是将生活中可以成为诗的原料提炼、融合、升华到诗的境界，使之陶冶、熔铸、打磨为文学艺术作品的学问和手段。

既然写作这部大书的目的，不是为了哗众取宠、增加自己的声誉，也不是为了赚取高额的稿酬，改善自己的生活，而纯粹是为了"返真"，尽最大可能返还鲁迅及其历史时代的本来真相，使更为广大的读者看到"近于真相"的鲁迅，于是就自定了以下诗学原则:

不是一味追求情节离奇、制造悬念的炫技之文，更不是媚俗从众、以感官愉悦、吸引读者的游戏之作，而是蕴含深邃哲理的诗化小说。

主干严格以经过缜密考证的史实为基础,绝对不能胡编乱造,更不能戏说。但大事不虚，小事不拘。在本质真实的前提下，允许天马行空的艺术想象和虚构。

不是每事必录、包罗万象的流水账簿，而是以典型事件、典型细节，运用充满诗美的语言，营造诗的情境、美的意象、情韵，反映本质的真实，做到真、善、美的统一。

不是依靠概念化、理念化的逻辑推理表述哲学思想，而是凭借生动的形象引发读者的感触与想象，让读者在惨淡经营的意象与空白中获得哲学的启示；简而言之，不是冯雪峰《回忆鲁迅》式的思辨性、推理型的论说，而是萧红《回忆鲁迅先生》式的原生态的艺术再现，但又必须加上一些必要的作品和史实说明；总之，是活生生的，而不是死板板的。

在现实主义严密写实和浪漫主义想象的基石上，敢于打破线性时间顺序，大胆使用时空转换、蒙太奇、个人独白、他人述说等意识流现代主义文学手法，进行多角度、多侧面、多手法的艺术表现。

下面再具体谈谈写作过程和艺术处理问题：

（一）写作缘起

我进文学研究所之前，主要偏重于创作，最有兴趣的是诗、散文、长篇小说和大型话剧。在有"文学家摇篮"之称的北京二中，亲聆散文大家韩少华老师手把手的教诲，受到得天独厚的情思熏陶与辞章锤炼。二十世纪七十年代又在著名导演和表演艺术家田成仁先生指导下，由我执笔，与一位同学合作，创作了大型话剧《县委书记》。写的是县委书记肖纯与他的女儿肖春雪的凄情故事。虽然由于时代原因，最终没有成功，但经历了一场异常严格又极端紧张的"魔鬼训练"，打下了从生活中提炼冲突、设置场景、锤炼对话、塑造人物的基本功。从《鲁迅全传·苦魂三部曲》之一《会稽耻》写绍兴古街上周四七与阿如的冲突、对话和周四七到酒店讨酒喝、最后"神仙睏"而死的描写中，即可窥见一斑。一九七九年在林非等先生的艰苦努力下调入文学研究所鲁迅研究室，受到非常正规、系统的鲁迅研究学术训练。可惜的是没有时间继续创作了，但仍"野心不死"，总想把学术研究与文学创作结合起来，写一些东西。早在二十世纪八十年代初就萌生了创作文学版长篇小说体鲁迅传的想法，起初有心写作以鲁迅与许广平爱情、女师大学潮、三一八惨案为题材的断年体长篇小说，题为《无花的蔷薇》。当时北京出版社出了一厚本《三一八惨案资料汇编》，书店里买不到。我特地跑到当时还在崇文门外的北京出版社旧址去买。结果责编滕振才先生赠给我一本，还题了大名，又一直送我到大门外。此书至今珍存在我手边，纵然《无花的蔷薇》未能如愿着笔，但在写《苦魂》之二《野草梦》时派上了大用场。我这人虽愚呆憨傻，在资料工作上却是有心人，使得写作《苦魂》时，资料已经齐备，不用费力现找了。这样，慢慢地积累素材，默默冥想，一边做中国鲁迅学史的枯燥工作，一边构思关于鲁迅的长篇小说，鲁迅著作及其生平的所有史料不断在心中“涵养”“焖焐”“发酵”。一九九二年十一月下旬，在陕西师范大学招待所完成二十七万字的《阿Q新论——阿Q与世界文学中的精神典型问题》，交给出版社后，我突然感到失去重心一样空虚、浮飘，赶快草拟了一个写鲁迅、胡风的长篇小说提纲，一共六部，《曼陀罗之梦》等三部写鲁迅;《巴士底之狱》等三部写胡风，从二十世纪二三十年代写到八十年代胡风平反。有这六部大书压在肩头，立时有了重心和定力，即使没有着笔，心里总在酝酿着了。这就是所谓的“心写”。我曾经在河北农村中学教书多年，不能在办公桌上铺开稿纸写自己的东西，只能私下构思，打腹稿，无论是开会、劳动，还是办理生活琐事，脑子里其实都在想文章。可谓是“用大脑思索文章，用小脑应付俗务”。等到文章在心中“焖焐”成熟，周末本地老师回家、只剩我一人的时候，才摊出稿纸，一笔一画，直接复写。当时和我在一个县任教的挚友、著名作家汤吉夫先生说过:“梦阳是恨不能连标点符号都在心里‘写’好了，才在纸上动笔呢。”这个被“逼”出的“心写”习惯，后来成了一生的习性，到文学研究所以后，可以冠冕堂皇地铺开稿纸当众写作了，还总是在心里“写”，直到文章在胸中“闷焐”成熟后才写在纸上。写文章，直至写百万字的大书，例如《苦魂三部曲》，从来不打草稿。辞章自然需要反复修改、打磨，但整体思路、架构不用大动，因为早在心中“过”了不知多少遍，已经“焖焐”得非常成熟了。我这个人很笨，现实生活中常办蠢事、傻事，吃亏上当，愚不可及。但是如论沉思、冥想、默记、心写的功夫，有望打破吉尼斯纪录（笑谈）。然而，写一般性文章心脏尚可承担，构思《苦魂三部曲》这样百万字的大书，脑子还装得下，心脏却承受不起了。特别是长年养成了抽烟、喝酒的嗜好，常常一边独酌独抽，一边酝酿大书。长久如此，本来异常强健的身体终于经受不住了。二〇〇三年《中国鲁迅学通史》完成后，正式开始了《苦魂三部曲》这项锥心沥血、惨淡经营的生命写作，并于这年十二月应姚春树、汪文顶、郑家建教授之邀，到福建师范大学文学院讲学，题目就是“《苦魂三部曲》的创作构想”。有照片为证，讲台后面挂着的红色条幅上就写着这个题目。四年后，即二〇〇七年十二月底的一天，经过多年的“焖焐”，百万字的《苦魂三部曲》突然从我脑海中喷发出来，有点儿像火山爆发的势头，三部曲中的各种场景、氛围、细节，鲁迅和他周围人物的音容笑貌、行动举止，宛如电影一样在我眼前浮动。自己好像走进了东昌坊口当年的古街、酒店、新台门的大院，和少年鲁迅以及他的父母、兄弟、亲戚、友人，生活在一起。我激动不已，恨不能一下子就把三部曲全都打入电脑。夜深躺在床上，仍然辗转反侧，难以入眠，颇有点儿“君子好逑”“寤寐求之”的劲儿，但求的不是“窈窕淑女”，而是好书好文章。就在这天子夜时分，长期超负荷的心脏终于受不住了，突发瓣膜病，胸口憋闷，出现窒息，险些辞世。挚友刘纳女士在《谈唐弢老师，并谈开去》（《随笔》二〇一〇年第一期）一文中，提到了这件事，说道：

> 现在，文学所一位退休研究员又在写《鲁迅传》。写至深夜心脏病发作，自己跑到阜外医院急救，拒绝做瓣膜置换手术。他说：“我怕麻醉以后把《鲁迅传》的构思忘了。”鲁迅啊鲁迅，多少人“为伊消得人憔悴”！

听刘纳兄说：《随笔》的麦婵主编看到这处时，流泪了。

是的！刘纳说的绝对是真实的。《苦魂》就是我的命！病危时，心爱的女儿、外孙女都放得下，因为她们已经在美国定居，生活安定了。就是放不下《苦魂》！《苦魂》没有写出，死不瞑目！

经过疗养，身体有所好转，又与生命赛跑了三年，终于写出了近三十万字的《苦魂三部曲》之一《会稽耻》，描述了少年鲁迅从祖父科场案、故家败落到父亲去世、离开绍兴、到南京求学直至赴日留学的生命历程与精神轨迹，由中国出版集团华文出版社于二〇一二年一月试水出版。虽然只是第一部，但已经显现全书的规模与格局，并获得了鲁研界和读者的好评。

（二）宏观架构

二〇〇三年三月《中国鲁迅学通史》成功出版，我到澳洲昆士兰大学与张钊贻博士合作研究时，就开始了《苦魂三部曲》的正式构思。从澳洲回来，八月份到瞿秋白故乡常州开会时，在火车上苦思冥想《苦魂》的宏观架构。对鲁迅的一生，我最初设想了八个点：1.《会稽耻》：写少年鲁迅从绍兴到南京的经历；2. 东瀛渡：写青年鲁迅在日本的经历；3. 辛亥游：写鲁迅从日本回国后到杭州和绍兴任教、沐浴辛亥革命风雨的经历；4. 呐喊声：写鲁迅到北京在教育部任职、五四前夕写出《狂人日记》、一发而不可收、呐喊声响彻中国文坛的经历；5.《野草梦》：写中年鲁迅在北京写作《彷徨》《野草》、与许广平恋爱、亲临女师大学潮、三一八惨案的经历；6. 南国行：写鲁迅离开北京到厦门大学任教、到广州与许广平重逢的经历；7. 大上海：写鲁迅和许广平到上海定居、从受创造社、太阳社围攻到被拥为左联盟主的经历；8. 民族魂：写鲁迅的死与葬礼。

鲁迅的一生波澜壮阔，著译浩繁，思想深邃，史料浩如烟海，举不胜举。如果要详细记述他毕生的事迹，解析他全部的著译，评说他周围的人物，恐怕一千万字也难容纳。然而无论什么样的著作，都是有限度的。太长了，作者写不动，读者也难以接受。只能抓住最主要的东西，以点带面，提纲挈领，有详有略，详略得当，有重彩，有淡墨，有厚密，有空旷，才能易于驾控，得心应手。归纳出这八个点后，我立即觉得太多了，自己难以胜任，读者也难以阅读。同时，除了考虑鲁迅一生的重点之外，还须顾及自己的条件。例如日本无疑是鲁迅一生的重要阶段，可以说：没有日本留学的经历，就没有鲁迅。二〇〇五年，我应邀到日本爱知大学现代中国学部给后期博士班讲鲁迅，又到东京大学、西北大学、东北大学等校讲学，并参观了仙台鲁迅遗迹。还在东北大学华人教师马晓地先生陪同下到松岛游览，收获甚大。同时，我也不得不承认：鲁迅在日本的经历，我是无力写成小说的。因为即便抓紧一切时间学习，但终归是浮光掠影，不可能深入到日本人生活中去蓄养、酿造写小说的“佐料”。所以我只能从八个点中选择鲁迅一生的早、中、晚三个点，分为三部曲：

《会稽耻》，以绍兴鲁迅青少年时代从小康到没落的坎坷经历为主线，展现晚清中国社会的腐朽、没落与樟寿的精神成长；

《野草梦》，以北京鲁迅中年写作《野草》《彷徨》时期与女师大学潮、三一八惨案、许广平爱情的纠葛为主线，展现二十世纪二十年代的中国社会与文人心态。

《怀霜夜》，以上海鲁迅晚年与瞿秋白的友情为主线，展现二十世纪三十年代的社会历史画面和各色人物的社会众生相，以及当时革命者复杂的内心世界。

以当时的主体故事为中心展开广阔的社会画面与人的心灵世界，之前的事情用插叙、倒叙、回叙、自叙等手法嵌入。

注意文学色彩和地方风味，《会稽耻》突出绍味，《野草梦》突出京味，《怀霜夜》突出海味。努力以精致的散文笔法写不同地方、季节的雨、雪、风、景和婚俗、丧俗、年俗等等。

全书追求的美学风格是深沉、醇厚、凄美。

每部三十至四十余万字，三部曲一百余万字。三部之间既互相联系，又各自独立成书。

（三）艺术结构

从八个点凝聚成三部曲，整体是简要了。但是在各部仍然存在着如何统摄浩瀚资料的严峻问题。尤其是这三部书，一部比一部事情多，难度大，结构问题越来越突出，应该如何解决呢？

第一部《会稽耻》容易一些，从鲁迅祖父科场案发开篇，以前的事，用第三章乌篷船中的“忆童年”一长节即基本解决了。第二部就难多了，写作《野草》以前的事情非常多，年代也很长，所以只好用五节“忆往昔”和周围人物的回顾进行交代了。第三部人物最多、事情最复杂，大伤脑筋，我绞尽脑汁，苦思冥想，决定采用群柱投影聚焦式球形立体结构。

这就是以鲁迅周围的人物——瞿秋白、冯雪峰、胡风、梅志、萧军、萧红、周扬、徐懋庸、夏衍和许广平、内山完造、周作人、周建人、母亲、朱安等多个人物为群柱，从上下左右、四面八方投影聚焦处于核心位置的鲁迅的各个方面，从而塑造出一个多侧面、多棱角的悖论性人格的鲁迅形象。互相呼应、衬托，形成球形的烘云托月式的立体结构。

这也可以说是我的一个创新。至于效果如何，只有请评论家和读者们评判了。

（四）写实与虚构

诗学原则第二条是：主干严格以经过缜密考证的史实为基础，绝对不能胡编乱造，更不能戏说。大事不虚，小事不拘。在本质真实的前提下，允许天马行空的艺术想象和虚构。

这是非常重要的一条。

为了做到写实，我确实费尽了辛苦。首先重读二〇〇五年版的《鲁迅全集》和止庵、王世家编《鲁迅著译编年全集》，搜集所有能够找到的鲁迅回忆录。重读我自己编的《1913—1983 鲁迅研究学术论著资料汇编》前四卷、北京鲁迅博物馆编的六卷本《鲁迅回忆录》和其他散见的鲁迅史实资料，在有关的页目间夹上说明该页内容的标签。然后又重读第三遍，从中挑选出重要的篇章、段落，一字一句打入电脑，分类放在不同的文件夹中。这是一项极为艰苦的工作，累得我老眼昏花，疲惫不堪。捋清头绪后，严格考核、正误。例如鲁迅葬礼中抬棺人，有的当事人回忆为十二人，有的则说是十四人，甚至十六人。吴福辉的《沙汀传》说：“巴金、靳以突然向人群里的沙汀招手，喊他”，因而沙汀也加入了。夏征农则认为这是不可能的，但一张照片上确实有年轻时沙汀的镜头。看来是抬棺下台阶与走平地时的抬棺人有所变化，所以回忆也不一样了。就像鲁迅最后一次在木刻展览会上与青年木刻家围坐谈话的照片，有的有黄新波，有的没有，他那个位置上坐的是林夫。原因是有一会儿黄新波因事离去了，林夫便填补了空缺。又如鲁迅与许广平确定爱情关系的确切时间，说法也很多，有人认为是一九二五年八月，许广平在西三条南屋避难的时候，陈漱渝先生认为是一九二五年十月许广平写《同行者》和《风子是我的爱……》的时候。我采纳陈说，因为八月在南屋同住的还有许羡苏，鲁迅和许广平怎么能过分亲昵呢？而且这时候有这种行为的话，岂不是乘人之危吗？事实上，在男女事情上，鲁迅一直是被动的。写小说也须尊重事实，绝不可任意胡编。

对极小的细节，也应持严肃、认真的态度，如“老虎尾巴”东壁上挂的素描《五个警察和一个〇》，是一九二六年六月六日，鲁迅到中央公园参观司徒乔绘画展览会。会上展出七十多件作品，鲁迅看中了两件，一件是这张，画的是一位贫苦的孕妇，在粥厂为孩子讨得一碗粥，还想给自己讨得一碗，结果遭五个警察毒打，是司徒乔亲眼看见，后来凭记忆画出的；另一幅是水彩画《馒头店门前》，画着一个半裸瘦削的老人，在初冬的早晨，走过馒头店门前，刚出笼的馒头热气腾腾，面香扑鼻，但饥饿的老人没钱买，只好背过脸朝着深深的胡同走去。这两幅画标价十八元，鲁迅拿出两张十元钞票购买。司徒乔中午吃饭去了，替司徒乔看摊的小孩一时找不出钱，抱歉地说：“画家吃饭去了，没钱找。”鲁迅和蔼地说：“不用找了，这两幅画根本不止值这些钱。”回家之后，鲁迅把《五个警察和一个〇》挂在“老虎尾巴”东壁上，时时观看。但有的书写的却是在一九二四年的“老虎尾巴”东壁上就挂出了这张画，岂不是细节上的硬伤吗？当然，事隔近百年，这样的失误有时是难免的。笔者如临悬崖、如履薄冰地小心谨慎，对所写的每一个细节都反复考证，也恐怕有意想不到的失误。欢迎读者看出后指正。

不管结果如何，态度总须严谨。而有些研究者并不是这样的，譬如一位小说家朋友，在破门而出的研究著作《鲁迅：为爱情作证——破解〈野草〉的世纪之谜》中，根据鲁迅在一九二五年四月二十三日日记中一句“下午有一学生送梨一筐”，就断定：这梨是许广平送的，这天许广平单独一个人又来拜访鲁迅的“秘密窝”，并定情、确定恋爱关系了。

小说家朋友连《鲁迅日记》都没看仔细，四天后即二十七日的鲁迅日记明明写着“上午得李遇安信，知前日之梨，其所赠也，在定县名黄香果云。”从哪里来的许广平所送，单独一个人拜访鲁迅的“秘密窝”，并定情、确定恋爱关系呢？这真是小说家的天方夜谭！

小说家朋友推崇的是加拿大籍学人李天明的《难以直说的苦衷——鲁迅〈野草〉探秘》（人民文学出版社二〇〇〇年十二月版），并照此延伸自己的《野草》研究。但他依照的书恰恰是很不严肃，充满臆测的。我在《中国鲁迅学通史》下卷《〈野草〉学史》中就已指出：

> 该书以多层次的阐释方法，从社会历史批判、人生哲学思考、情感与道德责任的两难选择等三个层面，对《野草》作了全方位、多视角的解读，作者下了很多功夫，掌握了大量资料，执意从学术前沿出发进行新的探索，在前两个层面的探讨中确有启人深思之处，但是在作者自认最新、也是题旨真正所在的第三个层面的读解中，却多臆测和假说，从方法到具体阐释都有很多谬误处。例如第一二一页把《影的告别》解释为表现了“诗人潜意识里希图离异妻子的意愿”，就很荒谬。因为鲁迅与朱安的关系本就毫无情爱可谈，鲁迅只是把朱安当作母亲所给的“一件礼物”和母亲的侍女罢了，从来未曾有过恩爱，所以绝不能以影与形的关系相比，也不能以“朋友”相称，怎么能解释为“鲁迅潜意识里对妻子告别”呢？第一二三页把《我的失恋》解释为“鲁迅不和谐夫妻关系的真实写照”，则更谬。因为鲁迅与朱安压根无爱可言，哪里谈得上向爱人赠礼而得不到理解呢？第一三一页，把《复仇》中的男女对峙的场面，解释为鲁迅与朱安的婚姻僵局，是越走越远了。因为这二人本就无男女之情可言，处于既无爱又无仇的冷漠状态，是不能以对峙相比的。第一四〇页，把《复仇（其二）》中耶稣的被钉十字架，说成是“鲁迅身心经受的个人情感痛苦和性苦闷的淋漓尽致的形象化表达”，更是穿凿附会！无爱无性的生活固然不幸福，但绝不能与钉十字架那种丧失生命、痛入骨髓的最残酷的死刑相比的。第一四六页，对《过客》的解读是作者立论的根基，解释最多，也最谬误。作者认为过客与老翁关于“像兀鹰看见死尸”的一段对话中，“兀鹰”是鲁迅的自我象征，“死尸”是暗指朱安，小女孩

是鲁迅情爱心理的象征，由单数“她”转为复数“她们”，是由于包括了鲁迅的母亲和朱安两人。中心是表达了鲁迅在两个女人之间的两难困境。因为《过客》写于许广平与鲁迅通信之前，作者实在不便于把朱安对立面的另一个女人说成是许广平，只得“设想，在许广平以前便有某种事件或某个人叩击过鲁迅冻结多年的感情的心扉，如果不是许广平；也许会有另外一个人进入鲁迅的生活”。把自己立论的根据建立在“设想”的基础上，这样的论证岂不是空中楼阁，悬而又悬吗？鲁迅说过《过客》“在他脑筋中酝酿了将近十年”，这说明鲁迅是把《过客》当作自己的人生哲学来长期思考，长期构思的，绝不是因为生活中出现了所爱而产生的即兴之作。李天明的这个“设想”纯属子虚乌有，这样他所苦心营造的楼阁不就顷刻倒塌了吗？《野草》学史上始终存在着一种从只言片语中寻找微言大义的“索引派”错误倾向，由于孙玉石、吴小美等主流学者的一贯的坚决抵制和批评，这种倾向在中国大陆很少有抬头的机会。但是却在海外冒了出来，并发展到了极致，这是不能不引起警惕的。倘若任凭这种现象蔓延下去，不仅不可能研究出任何有价值的结果，而且会大大缩小《野草》的思想哲学意义和艺术审美品位，把《野草》研究引入死局。

今天我更加强调这一观点！鲁迅说过：他的哲学都包括在他的《野草》里面。《苦魂三部曲》之二《野草梦》始终以《野草》为中心，就旨在写出鲁迅的哲学，坚决反对各种胡乱臆测！

倘若按照小说家朋友的臆测法写作《苦魂》，编织鲁迅与许广平恋爱中的种种故事，可能很容易就写得情节离奇，引人入胜。但这却违背了写出“近于真相”的鲁迅的根本宗旨。绝对是不可行的。

当然，臆测是轻松的，求实却是艰苦的。为了得到扎实的史料，我反复苦读了几千万字的资料，亲手打入电脑二百万字；又细读了绍兴朋友协助找到的绍兴风俗书籍，为了获得实地的体验，十次下绍兴，买了茴香豆和各种绍酒品尝，以体会鲁迅笔下人物阿 Q、孔乙己等当年喝酒吃豆的滋味；在咸亨酒店一坐就是半天，观察绍兴人是怎样喝黄酒的；乘乌篷船逛东湖，游小河，去安桥头，望会稽山，回味鲁迅故乡的风俗世情；甚至半夜从鲁迅故居徒步走到府山，在黑暗中登山，想象少年鲁迅在父亲死后登府山的悲凉心境。为了写周作人陪侍狱中祖父一章，两下杭州，寻找当年的杭州狱府。终于在清波门内街道旁的高压线箱上看到喷漆的三个字——“狱府路”，才知这就是当年关押周福清的地方，虽然早已楼房林立，面目全非，也从中想象、体会到当年的些微风味；又在街边宣传栏旁伫立三四个小时，用手机把河坊街的说明文字一一录下；再到河坊街、胡庆余堂老药铺和城隍阁一游，用手机录下清人的名联。真是只算文学艺术账，不计经济成本，《会稽耻》出版后的稿费还不抵考察费用的一半。但如不实地考察，就感到无从写起，只好不惜工本，宁愿荡产，也绝不空谈胡编。

功夫不负有心人。《会稽耻》出版后，绍兴市作家协会、文联、社联、绍兴鲁迅纪念馆、绍兴文理学院人文学院，于二〇一二年四月十三日联合召开了“长篇小说《会稽耻》座谈会”，特地邀请我与会。会上，绍兴作家协会主席马炜先生站起来说：绍兴作家多少年来也没有像张梦阳先生那样写出绍兴的民俗风味。这是马炜先生的谦虚，绍兴作家肯定比我了解绍兴。但我作为外地学者能够得到绍兴作家协会主席这样的称赞，还是感动得几乎落泪，感到自己多年的苦功终于没有白下。

不过，既是小说，就不能全部写实，也须有一定的虚构。这就是大事不虚，小事不拘。在史实主干严格求实的前提下，为了渲染气氛，在细节处也做一定的虚构。

譬如《会稽耻》第十九章走异路，逃异地中“穷出山”一节，写“那高大英武的黑瘦汉子”和给他上坟的“好看的美女子”以及“那高高的坟上开满了火红火红的映山红……”虽在周建人口述、周晔整理的《鲁迅故家的败落》关于饥民领头的记述中有些根据，但具体描绘却是虚构的。这种虚构是符合鲁迅的思想本质的——尽管对农民起义领袖张献忠等有所批判，但最终将憎恨转移到封建统治者那边，是他们的惨无人道的剥削和镇压，逼出了人民的革命。鲁迅毕其一生对那些人民英雄充满了崇敬。我想，这种虚构不仅应该允许，而且值得发扬。

再如《野草梦》第二章女师大，写许广平阅读《语丝》肯定是事实，但她怎样得到《语丝》就只能虚构了，因为她在回忆录中没有说过，别人也没有记载。所以就写许广平在孙伏园等在东安门大街真光电影院门前销售《语丝》第一期时，首次买到了《语丝》。第二期则徒步跑到沙滩北大红楼新潮社《语丝》的发行地去买，并订了全年的。当然，这是出于想象，然而依照许广平的性格又是符实的：少女时代就曾与小妹同走十余里至城外购取《平民报》，现在已是青年，有的是力气，只要看到《语丝》，不管多苦多累，都跟吃了蜜糖一样，心里甜蜜蜜的，何在乎跑这点儿路呢！这就是大事不虚，小事不拘。

又如《野草梦》三一八惨案前一节写“受伤的鸽子”，刘和珍悉心照顾这只棕褐色羽毛的健壮雄鸽，待它恢复了，和许广平等四位姑娘一起放飞了它，“雄鸽又领着母鸽回来了。朝着四位姑娘盘旋了几圈，鸣响着动听的鸽哨，飞远了”。刘和珍祭奠仪式上“人们听见天空响起了哀鸣的鸽哨，仰首望去，只见天上一只棕褐色羽毛的健壮雄鸽领着一群雌鸽在刘和珍、杨德群遗体上空盘旋，久久不去。刘半农作词、赵元任谱曲的哀歌随着鸽哨唱遍京城……”鲁迅和许广平离京在火车车尾向送行者挥手时，“火车启动了，忽然天空中飞来了一群鸽子，为首的还是那只棕褐色羽毛的健壮雄鸽。前门站，不，似乎整个北京古城，都响起哀鸣的鸽哨。广平搀着鲁迅先生站在车尾向友人们挥着手，仰望着鸽群，心里说着：再见了，北京！再见了，鸽子！禁不住热泪滚滚……”则全属虚构，是为了烘托气氛，映衬鲁迅和他的弟子爱惜生灵、生灵也爱他们的主题思想。我想，这在小说中也是应该允许的。

“鸽子”的细节，是在开写《野草梦》序幕北京古城时想起的。当时，我想找出一种最能代表北京古城风味的物件，遍读了有关老北京风俗的书籍。在王世襄的《京华忆往》一书中看到了关于鸽子的描述，忽然灵机一动，感到写天上的鸽群是最能表现老北京特征的。我小时候就在北京常常看到天空中的鸽群，同学中也有爱养鸽子的人。就决定在序幕中写鸽群，写“棕褐色羽毛的健壮雄鸽”和一群雪白的雌鸽。写完之后，往下构思，又想起在田成仁先生指导下写戏的情景，忆起田先生说过的“经营细节”一语，说倘若发现了一个典型的细节，不要一闪即过，而须善于经营，将这个细节经营到底，开场出现，终场绽花。并以当时的样板戏《红灯记》加以说明：李铁梅开始就给李玉和戴过红围巾，后来李玉和被日本兵抓走时，又给他戴上红围巾，这就是经营细节，是从生活中提炼的贯串全戏的重要的感人线索。田先生的教诲在四十年后写《苦魂》时闪了光，我考虑不能轻易放过“鸽子”这一细节，一定要经营到底，就设计了三一八惨案前“受伤的鸽子”这个细节描绘。我曾经想请教一下养过鸽子的人，弄清楚怎样给受伤的鸽子养伤，但是如今这种人太难找了，我也实在精疲力竭，无力详查，只好凭想象写下去。其中肯定会有不符合科学的地方，但我想，读者或许不会苛求于我，因为这究竟是小说，为了凸现重要的主题，只得这样了。不妥之处，敬请原谅。

《怀霜夜》由于史料太丰富、精彩了，几乎没有我自己的虚构，全部采自有关回忆录。就是这样，篇幅也超过了前两部。其实这是好事，中国很多长篇小说多是虎头蛇尾，开篇分量很重，到后来越来越弱下来。《苦魂三部曲》不管写得怎样，却是一部比一部厚重，也是一种好现象。对此，华文出版社总编辑李红强博士很为赞成，我感到很是慰藉。

（五）小说化与非小说化

诗学原则第四条为：“不是依靠概念化、理念化的逻辑推理表述哲学思想，而是凭借生动的形象引发读者的感触与想象，让读者在惨淡经营的意象与空白中获得哲学的启示；简而言之，不是冯雪峰《回忆鲁迅》式的思辨性、推理型的论说，而是萧红《回忆鲁迅先生》式的原生态的艺术再现，但又必须加上一些必要的作品和史实说明；总之，是活生生的，而不是死板板的。”

所谓萧红《回忆鲁迅先生》式的原生态的艺术再现，就是汲取文学的本真特征，使“鲜活人生扑面而来”（恩师韩少华先生语），符合小说的要求，而不是冯雪峰《回忆鲁迅》式的思辨性、推理型的论说。

但是动笔到第二部《野草梦》，写到鲁迅作家生活时，必须对鲁迅著作的内涵与背景进行比较深入的解读，就感到完全符合小说要求，几乎是不可能的。然而，又不能为了符合小说要求而放弃作品评说。因为作家是生活在文字中的，离开作品评作家，就成了空中楼阁。撇开《野草》不谈，而评论鲁迅的哲学，只能是空对空。于是，我在小说要求与作品评议之间，处在了两难境地。

这一点，早在一九八五年我与文学研究所的蒋和森先生，同坐在中国科学院图书馆台阶上谈起想写鲁迅的长篇小说时，他就明确指出了。那时，蒋先生继写黄巢的长篇小说《风萧萧》之后出版了姊妹篇《黄梅雨》。他送给我一本，扉页上用毛笔题了词，盖着他精美的印章。我十五岁在北京二中念初二时，正中午就在院里报纸栏旁，头顶烈日，仰首细读过他吟《红楼梦》的诗。后来又读了他的《〈红楼梦〉论稿》，所以进文学研究所见到他时，真是仰慕至极，一见如故。一直到他逝世前因为书生气十足在所里处境不佳时，我们仍然保持着真挚的友情。这可能是文学气场所致吧。

蒋先生指出:一、鲁迅不好写。因为离得太近，知道的人太多，写出之后，会有很多人以自己心中的鲁迅与之衡量，会说你写得不像，予以否定。不像他写的黄巢，一千多年前的人了，谁也没见过，连照片也没有，人们连他长得什么样都不知道，可以由他任意写来就是。二、鲁迅是位作家，长年坐在那里写，动作很少，故事不多，不像黄巢似的是位农民起义领袖、军事家，有行动，有情节，可以制造悬念，编排故事，吸引读者看下去。三、现在虽然思想解放一些了，但在鲁迅研究领域还存在许多禁条，触犯不得，要写出真实的鲁迅，恐怕很难。

我至今依然深深怀念着蒋和森先生，衷心感谢他说给我的肺腑良言！令人遗憾的是，蒋先生本还准备写黄巢的第三部，跟我亲口说过题目是“紫禁城”。然而尚未及着笔，就在找书时从书架上摔下来，死了。如还能多活几年，以他笔下充满感情的天赋才气，深湛、厚实的学养，老熟、深沉的文笔，其成就绝非现在走红的一些历史小说作家所可同日而语。

二〇〇八年，《苦魂三部曲》轮廓已经成熟，申请到中国作家协会资金扶持，拿出初稿时，《十月》原主编、散文家、翻译家张守仁先生写了很长的鉴定书，表示不同意见。认为既为小说就须虚构，编织故事，制造悬念，形成情节，吸引读者，而鲁迅只能照实写，不能虚构，因此也不能写成小说。依照旧规，鉴定意见是不能交给作者本人的，即使给作者看，也须隐去姓名。但守仁先生直爽地说：“我跟梦阳是老朋友了，毋须隐瞒，直接交给他好了。”我看到这份异议书后，开始确实很是泄气。但过了会儿，即闻过则喜，觉得守仁先生的意见是非常中肯的，不像有些表面说好听话、背后又讽刺的人那样虚伪，值得认真考虑。

二〇一三年四月，我的散文《记我的老师——散文家韩少华》，在赞化杯“我的老师”全球散文大赛获奖，到汪曾祺家乡——江苏高邮赞化学校领奖。恰好守仁先生也获了奖，同我见了面。他一见我就道歉说：“赔礼了，意见说得让人不能接受吧？”我则连忙致谢说，应该谢谢您，使我多方面进行思考。会议结束时，守仁先生在致辞开头就说：“我见到梦阳，要向他道歉。想不到他竟然向我致谢。令我很感动。”

这是文学诤友的赤诚之言，君子之交！

的确，蒋和森、张守仁两位先生的中肯意见使我意识到这部鲁迅传，虽然须吸取长篇小说的现场感、生活化和复式结构等优长，又不能完全限制在通常的长篇小说范式中。因为写作《苦魂》的目的是尽最大可能给后世留下一位“近于真相”的鲁迅和他所处的历史时代，而不是哗众取宠式的戏说和胡编，所以在史实评说与小说趣味冲突的时候，宁失小说之优长，绝不失历史之真实。这一矛盾是《苦魂》写作中的难点，也是不可动摇的原则。我宁可让有些“聪明人”说我“没有才气”“笨拙”“太实”“缺乏想象力”，也不去做俗人所喜欢的“巧滑之徒”。这是一部基于“深读”和“返真”的“功夫书”，写起来处处要有确实的依据，非常费功夫。写作这部书，不仅要对鲁迅生平史实和全部著作有全面的总体把握，熟稔到如数家珍的程度，将自己融化为鲁迅家族中的一员，从而做到胸中自有宏观架构；而且在具体写作过程中，对细小的史实枝节也须严加考证。也可以说这部书是——在极其严格的史实考证与最新研究成果基础上的文学诗化，绝对不是任意编造的传奇与演义。这确实是非常麻烦、艰苦的，但为了此书经得住时间的考验，也只能咬紧牙关去做。

不过，长篇小说的范型也不一定不能有所变化。鲁迅就谈过长篇小说的严格形式的解放。他以为长篇小说可以带叙带议论，自由说话。——这里有这样的意思：就是长篇小说也可以由作者变成为社会批评的直剖明示的尖利的武器的。所以在写生活的间隙，夹进一些鲁迅著作的阐释和评议，也并非不可以。

经过反复思考，感到这部鲁迅传，还是不定性为“长篇小说体”好，因为它虽然汲取了一些长篇小说的写法，本质上仍属于文学传记，所以定名为《鲁迅全传·苦魂三部曲》。

我自认是一头笨牛，只知在史实资料的汪洋大海中埋头实做；绝非什么才子，可以天马行空地恣意胡吹。就让人说我“呆笨”“憨傻”吧！我宁当笨牛，绝不做才子！

（六）哲理性与情韵美

不像一般小说那样追求情节、制造悬念以吸引读者，又凭借什么致胜呢？只有在哲理性与情韵美上下功夫。

诗学原则第一条规定这部书“不是一味追求情节离奇、制造悬念的炫技之文，更不是媚俗从众、以感官愉悦、吸引读者的游戏之作，而是蕴含深邃哲理的诗化小说”。第三条明确“不是每事必录、包罗万象的流水账簿，而是以典型事件、典型细节，运用充满诗美的语言，营造诗的情境、美的意象、情韵，反映本质的真实，做到真、善、美的统一”。

概而言之，《苦魂》既然不能在情节上出彩，就应在哲理与情韵上用力。

哲理性是鲁迅及其著作本身所具备的。鲁迅是二十世纪最富哲学意味的作家，至今也无人超越。

凸现这种哲理性和哲学意味的焦点，是悖论。

鲁迅一生和他的大多著作都凸现着悖论。他自小热爱大自然，爱好读书，渴望和平、宁静、和谐的生活，有志在文学、美术等领域有所大成；但偏偏祖父因科场案下狱、判“斩监候”，全家每年秋天都要受一场令人战栗的惊吓；父亲又生病，使他为了治父亲的病辗转于当铺与药店之间，饱尝人间困苦；接着是父亲的死，家庭的败落，在从小康到困顿的途中受尽了蔑视和白眼，从中看见了世人的真面目；终于在流言的催逼下走异路，逃异地，去寻求别样的人们；留日学医的本意是救治像父亲似的被误的病人的疾苦，战争时候便去当军医，一面又促进了国人对于维新的信仰；但却从幻灯片上看到一个中国人绑在中间，正要被日军砍下头颅来示众，许多显出麻木神情的中国人，围着赏鉴这示众的盛举；由此觉得医学并非一件紧要事，凡是愚弱的国民，即使体格如何健全，如何茁壮，也只能做毫无意义的示众的材料和看客，病死多少是不必以为不幸的。所以第一要著，是在改变他们的精神，而善于改变精神的是，那时以为当然要推文艺，于是弃医从文，想提倡文艺运动了；但准备出版的杂志《新生》，创始时候既已背时，最后只落得一个失败的结局；个人生活上，初恋琴表妹，却受封建迷信的阻挠，不能圆梦，表妹抑郁而死，反喝了无爱婚姻的苦酒，只能在待死堂中抄古碑消磨生命；五四文学革命中，在铁屋子里呐喊，一发而不可收；但很快《新青年》的团体散掉了，有的高升，有的退隐，有的前进，又经验了一回同一战阵中的伙伴还是会这么变化，并且落得一个“作家”的头衔，依然在沙漠中走来走去，只能是“路漫漫其修远兮，吾将上下而求索”。“寂寞新文苑，平安旧战场。两间余一卒，荷戟独彷徨。”陷于悖论的苦境之中；后期在上海先遭创造社、太阳社围攻，后被拥为左联盟主，但又遭暗箭、冷枪，担心革命胜利后会先杀自己；向往无阶级社会的到来，但临终也未搞清究竟怎样才能到达彼岸……

这种悖论在冯雪峰、胡风、萧军、萧红以及周扬、徐懋庸等左翼人物身上，甚至于周作人、徐志摩等所有人身上也凸现着。

《苦魂》着力凸现这种悖论，从中表达这样的哲理——这个世界，以至整个宇宙都充满了悖论。人类只能正视这种悖论，从中寻找出路；任何回避和掩盖都是无济于事，而且有害的。

《苦魂》并不是以说教与枯燥的概念说明这些哲理，而是通过艺术的形象和内在的情韵让读者自己去体味的。

所谓情韵，说到底是一种内在的情感韵律。作者一心想把《苦魂》写成外在文字不押韵、内在情思却有韵律的长诗。

书中的情思有轻重，有缓急，有浓淡，有疏密，有空实，有粗细，有松紧，有悲欢……总之，有内含的韵律和节奏。

例如第一部《会稽耻》，以绍兴古街、酒店的宁静开篇，惊天大事突发急风暴雨；三味书屋又回到平静，但樟寿一回家就感到了惊涛骇浪，乌篷船又归于静谧；“偏要吃给你们看”，内心掀起被人诬为“乞食者”的波澜，琴表妹又归于娴静；“一定要报这恶狗的仇”，会稽复仇精神初显，影写绣像趋雅静，女吊又显复仇情结；娱园的冬雨和春雪，展开水墨画一样的江南景致和少男少女初萌情窦……其中冬雨和春雪是我最为惬意之作。努力酿造一种诗意和画境，追求诗韵的极致。大作家冯骥才先生和大评论家雷达先生，给我的反馈不约而同地是：“很有韵味儿。”我非常感谢，觉得这是他们从高超的艺术感觉出发，做出的最佳评语。《野草梦》和《怀霜夜》也竭力求之。

《野草梦》开篇第一章，着力写秋夜的宁静；以后逐步紧张起来，到第五章“大苦闷”弦开始绷紧，至第八章“嫩弟”与“愚兄”时，又开始放松，写“小刺猬”就成了幽默、嬉笑；第十一章“酷暑八月”，节奏加快；第十二章“秋天的果实”，复又放缓；第十三章“诗意的栖居”，平静得像深沉的慢板；第十四章“冬日的冷箭”，弦又绷紧；第十五章“三一八惨案”，推向高潮。原计划仍然与第一部《会稽耻》相同，写十九章，但耳畔又响起田成仁先生的叮嘱：戏一推向高潮，马上收尾，不可拖沓。如有好的细节放到前面去，放不了，就留到以后的戏用，如因为舍不得而搁置此处，会弄巧成拙，毁掉全戏。所以到第十六章北京避难交代完必要的事情后，立刻在离京南下中把鲁迅、许广平送走了，刹车结束。

第三部《怀霜夜》，也是依照以上原则处理内在韵律的。

三部都以序幕开场，尾声收束，形成对称的椭圆体。

其实，小说发展到高境界时，都是不以情节取胜的。张爱玲就说过小说表现的是“生活质地”，而非情节。她后期最推崇的是擅长生活白描的《海上花》，认为是《红楼梦》的继续。汪曾祺也说过：写小说就是写语言，并没有说编情节。所谓“生活质地”，就是以丰富的具有质量的典型细节表现出生活的天地。文学的才能，很重要的方面，就是对生活细节的感觉高度敏锐，善于捕捉之，运用之，发挥之。我在竭泽而渔、锐意穷搜鲁迅生平史料时，就像老鹰搜捕大地上的猎物似的寻觅富有情趣的细节，一搜到就无限惊喜，赶快打入电脑，放进《苦魂》的适当去处。例如小海婴说的两句上海话：鲁迅第一次见萧军、萧红时，海婴朝着萧红跑来说：“侬老漂亮咯！”；萧红和梅志在鲁迅家拉家常，问孩子长得怎么样。海婴在一旁用上海话说："依格小弟弟好白相勒！"和爸爸、妈妈到胡风家做客临走时提议道："妈妈，把小弟弟抱走好吗？"我从有关回忆录上看到这些对话和细节后，喜不胜收，立即决定写进《苦魂》。

我所说的哲理性和诗韵美，就是努力寻找鲜活的细节，用美的语言描绘之，刻画之，从而写出实生活的"质地"，并从"生活质地"中提炼和升华出一种哲理与诗韵相融合的美。哲人与诗人融化在一起的哲理诗人，是我追求的最高境界。当然，此生我不可能达到这种境界。但虽不能至，心向往之。

哲理性与情韵美，是我创作《苦魂》时惨淡经营的诗学境界。但由于才陋力绌，不能如愿以偿，只能请读者见谅。

不过，我又相信公正的读者会认可这样的事实：《苦魂三部曲》的确是数十年来呕心沥血之作。如不在鲁迅生平史料及其著作和相关人物资料中浸淫、濡染、酿造数十年，再有一颗富有哲理和诗意之心，将之反复淘洗、反复提炼、升华到哲学和诗学的境界，是绝对不可能成就此书的。其中甘苦，知音和行家自会体味。

我将其中要领归纳为以下四言打油诗：

以点带面，以情为重。
情为树干，枝叶茂盛。
作品为基，细节经营。
情韵隐秀，诗味求浓。
是史，是传，更是诗。

（七）关于性描写

既然汲取长篇小说写法，就须深入人物生活的深层，涉及其内部生活的一切，性生活当是不可回避的。"神化"鲁迅的一个实例就是把鲁迅的性生活列为禁区，不可言谈，似乎鲁迅是一尊神，是没有食色等人间生活的。二〇一四年十二月，列夫·托尔斯泰生平展览在国家博物馆展出。我冒着严寒，不远五十里路，从西山赶到天安门参观了三次。我发现，俄罗斯和西方就不回避伟人的性生活问题。展览放映的录像资料，竟然把托尔斯泰青年时代的嫖娼、吸毒、嗜赌恶习都暴露出来了，而且是托尔斯泰在火车包厢里与才十八岁的新婚妻子索菲娅·安得烈耶芙娜倾吐的。索菲娅回忆说：托尔斯泰当时坦露了他的一切，并像暴徒强奸一样粗野地度过了他们的新婚之夜。这种坦白，不仅没有损害托尔斯泰的伟大与他作品的不朽，而且向世界宣示了这位伟大文学家的赤诚。

然而，在中国对鲁迅的性问题却一直讳莫如深，不敢深谈。只是李庆西八十年代撰文称《鲁迅日记》所写的“濯足”，是暗指手淫。九十年代初，王晓明在《无法直面的人生——鲁迅传》中，提及了鲁迅携许广平到杭州度“蜜月”，预订了有三张床的房间，让许钦文睡中间的床，将自己和许广平隔开。这般犹如“惊弓之鸟”似的紧张，怎么能与爱人开展性生活？我虽然对晓明先生在此书中认为鲁迅后期“每每会显出文气接不上的模样”，显出“文思的枯涩和文气的衰竭”的看法，持不同意见，凭借在散文大家韩少华老师数十年熏陶下冶炼出的对散文语言的老熟感觉，写了《论鲁迅散文语言的艺术发展》一文，说明鲁迅后期在散文语言艺术上是一步一步升上去了，笔调不仅婉曲，而且愈加幽深了。但对晓明关于鲁迅杭州度蜜月的异议却感到由衷的钦佩，佩服他感觉的锐利与议论的中肯。事实上，许钦文关于此事的回忆文章《鲁迅先生的蜜月》（原载一九四一年一月一日《宇宙风乙刊》第三十六期，见《1913—1983鲁迅研究学术论著资料汇编》三卷第三七三页），很多鲁迅研究学者都看过，但都没有察觉出来，或者察觉出来了，不敢在文章中谈及。连许钦文本人在新中国成立后出版的《〈鲁迅日记〉中的我》的“伴游杭州”一节中，也把鲁迅让他睡在自己与许广平中间一事删去了，但还是透露了鲁迅问许钦文“你知道女人是什么？”和许广平“向鲁迅先生狠狠地盯了一眼”等细节，说明许广平对鲁迅的这种安排是不满意的。晓明先生尖锐地指出杭州一事反映出鲁迅的悖论性格，不能不承认是对认识“近于真相”的鲁迅的一大推动。

由此，我也不得不承认鲁迅与许广平的两性生活是并不美满的。本来鲁迅长许广平十七岁，矮许广平十公分。一个是男人里的矮个儿，一个是女人中的高个儿；一个瘦弱，一个高壮；特别是最后的一两年里，鲁迅重病，有时只能躺在床上，处于无欲望状态，“神色极惫，不愿动弹，两胫瘦得像败落的丝瓜”；而许广平三十多岁，正值性旺盛期。怎么可能有和谐的性生活呢？这样说，并不包含贬损二人的意思，反倒使我对许广平增加了尊敬，感到她实在是一位很伟大的女性，为了鲁迅，为了中国文化，付出了极大的牺牲。我们想一想，倘若没有许广平无私的爱，鲁迅后期将怎样生活？能有如今的成就吗？同时，他的著作和遗物又会怎样？能够像现在这样保存完好吗？我们应该更加提高对许广平的认识，提高她的历史地位。

至于李庆西提出的“濯足”说，有其开拓人们思路的一面，但也有待进一步研究。例如，李说鲁迅和许广平结婚后，鲁迅日记中就没有“濯足”一语了。但其实直到一九三六年三月三十一日，即鲁迅逝世前半年的日记中，仍然有“夜濯足”的记载。所以我只能在《苦魂》之二《野草梦》“大苦闷”一章中将之虚写为“性幻想与自慰”。

看来，鲁迅的性生活问题，是一个尚待深入研究的问题。鲁迅跟荆有麟说过：“Wife，多年中，也仅仅一两次。”而这一两次又是非常不成功的。说实话，我一直觉得鲁瑞给大儿子招揽的这桩婚事，实在是一个绝大的错误，是上了后院蓝太太和谦婶的大当。朱安不仅矮小、枯干，发育不全，而且固执、呆板，没有性感，本就是一个嫁不出去的老姑娘，不仅跟鲁迅过不了夫妻生活，跟其他男人恐怕也很难过得了。鲁迅新婚时就把她当作母亲送的礼物，只能好好养活她，爱情是没有的。在这种情况下，鲁迅对朱安也只好如此，无可奈何，竭尽人道。当然，她人品并不坏，但为人之妻，光人品不坏是不行的。至于鲁迅与羽太信子的种种传言，我认为与其信其有，不如信其无，或者搁置一边不必深究。因为无论说其有或说其无，都缺乏实证。不管有还是无，都不影响鲁迅著作本身的价值。不必要为此费无用功，因为根本就无从查起。但如说鲁迅在与许广平结合之前，没有跟任何女性发生过两性关系，则令人置疑。鲁迅在杭州教书时，还讲过生理卫生，解析过男女的生理机制，并让学生不要笑。具有如此丰富知识与经验的男人，会到四十多岁与许广平结合前还是童男子？这的确让人难以置信。但既是无从查考又与作家作品无大关系的事情，也只好淡化了。

鲁迅与许广平的性生活，当然无法直接描述。《苦魂》之三《怀霜夜》“相濡以沫”一章，借许广平跟王蕴如发牢骚，说要反抗一下，从杭州回上海才与鲁迅做成爱，由于激动，没有避好孕，意外地怀了海婴。“萧红的苦恼”一章，借萧红一闪念的想象，透露出鲁迅与许广平性生活可能不理想的猜疑。

《苦魂》之三《怀霜夜》写萧军与萧红的性生活，则采纳了上海《文汇读书周报》二〇一四年九月五日刊登的《萧军与萧红离婚的原因》一文的说法，认为“两萧”的离异，是由于萧军的大男子作风与性欲过旺，萧红无法承受造成的，并非两人感情破裂。事实上，萧红在香港清水湾临近生命最后一刻时，仍然惦念她的三郎，萧军也始终怀念着萧红。

至于鲁迅与萧红的关系，有人说这两人是精神恋爱，有人甚至说两人有性关系，萧红到日本去是为了打胎等。我认为后一说法，完全是无稽之谈，以至肮脏诬蔑。按照鲁迅当时的身体状况和道德规范，压根就是不可能与萧红发生两性关系的。但如否认鲁迅喜欢萧红的事实，也不实事求是。应该坦然承认：鲁迅是喜欢萧红的。例如鲁迅对男性作家柔石也很喜欢，柔石可以说是鲁迅晚年感情最深的人之一，他的《为了忘却的记念》，其实主要是怀念柔石。但鲁迅对柔石的爱与对萧红的爱有所不同——对柔石是爱他“工妙的技术”和笔下生动的人物以及台州方孝孺式的有点迂的硬气与天真，和“损己利人”的无私；对萧红却是爱她“女性作者的细致的观察和越轨的笔致”所形成的“明丽和新鲜”。我在《萧红的灵异与气场》一文中说过：“所谓气场，是一种吸引力，一种魔力，也可以说是某种具备神秘能量的魔咒。具有气场的作家，不论他或她怎么写，总能吸引人们的目光，受到人们的关注，是对生命的共同体验使这些作家与读者紧紧系联在一起，形成了一个难以言状的气场，相互怜惜着，相通着。而这些作家之间，也往往惺惺惜惺惺，相互爱惜。鲁迅有这种气场，他所倾心提携的萧红同样有这种气场。有人说鲁迅与萧红是‘精神恋爱’，未免缺乏根据。但说是两位一老一少‘文学灵异’的相知相通，气场相合，却并非没有道理。否则，鲁迅为什么对萧红的服饰那样注意又做出那般精辟的评品；萧红又怎能注意到鲁迅晚年在枕边放着一幅木刻画，小得和纸烟包里的商标差不多。画面上，一个诗人手捏诗卷在朗诵，地面盛开着红玫瑰花;远方，一个穿大长裙子、飞散长发的女人在大风中奔跑……”萧红是有“祖父情结”的，她爱鲁迅就像孙女爱祖父；鲁迅也视她为可爱的文学晚辈。“文学气场”相合的男女作家，彼此相惜，即便含有性的因素，也不值得非议，倒令人羡慕，因为这是人生天地间非常稀有的好事。

胡风与梅志可谓极其令人羡慕的一对。梅志有才也有德，人长得也很柔美。胡风一生很不幸，但有此好妻子与他患难与共、不离不弃，却是大幸！《苦魂》之三《怀霜夜》“胡风与梅志”一章，也写了他们的恋爱与最初的性生活，是必要的，也是很平常的。

（八）尘海苍茫与人生况味

综上所述，说一千道一万，《苦魂》所要通过鲁迅痛苦的一生表现的其实就是尘海苍茫与人生况味。

鲁迅一九三五年十月，即他辞世前一年写了《亥年残秋偶作》一诗。这是他一生写的最后一首诗。十二月五日，题赠给终生挚友许寿裳。可能这时就预感到自己来日无多，所以才将毕生的人生感慨浓缩在这首诗中。鲁迅享年不长，但他对人生的体验可说是世人难比的。“尘海苍茫沉百感”，集中了他在这苍茫尘世浮沉、体味的千百感慨，须后世多少代去深深体会。

余　谈

二〇一五年七月八日凌晨五点五十分，我写完了《鲁迅全传·苦魂三部曲》一百余万字最后一个字，舒了一口长气，如释重负。犹如自判了十二年的劳动改造，此时终于刑满释放了。第一个感觉，就是我自己不再像过去那样怕死，怕事了！

这绝对不是夸张！是真实的感受。

二〇一四年十二月十二日，到八宝山与挚爱的师长、著名文学理论家何西来先生遗体告别，当天夜里，我做了一个噩梦：自己在电脑前累得猝死了。

竟然灵魂出窍，上到天花板上，还能看到死去的自己。天亮了，人们来了，主要是出版社的社长和编辑。他们着急的倒不是我的死，而是书稿全在电脑里，任何人也取不出来，不禁大呼：这下子可完了。以前没有这样的书，今后更加不会有了！一下子，我惊醒了，出了一身冷汗，方知是一个梦！再也睡不着，赶紧起身接着写。

的确，我一生所系，全是书！功名利禄身外事，毁誉臧否耳旁风。其他皆过烟眼云，唯一的愿望就是有生之年把《鲁迅全传·苦魂三部曲》全套写成，发到华文出版社总编辑李红强博士电脑里，这样自己就可以置生死于度外，不怕死了。

不光怕死，还怕事。在公交车上，明明坐在很好的座位上。忽然上来一群有点儿歹徒味儿的野蛮人，我赶快躲开，宁愿放弃座位，也不能靠近这些人，以免出事，耽误《苦魂》的写作。走在马路上，也尽量靠边，避免出车祸，使《苦魂》泡汤。

为了加快写作进度，惜时如金。和无关的各色人等一律绝交，拒绝往来，把心思完全集中在《苦魂》写作上。

我本不是爱哭的人。经历了多少苦难、委屈，都没有落一滴泪。但写作《苦魂》时却时常泪流满面，尤其是写到鲁迅之死和尾声时，更是悲恸不已。不仅是写作当中，几乎哭出声来，就是每次复阅，甚至想起时，就热泪滚滚，激动难抑。我知道这对身体是非常有害的，特别是患有心脏病的人，更是危险，但总难以控制，心跳急剧。我想即使是写死了，只要能完稿，把全书交给出版社，就算值得！

如一位我看着成长起来的编辑、记者在短信中所说的："十二年了！多少艰辛，多少心血！赞叹，祝贺！"

《鲁迅全传·苦魂三部曲》的完成的确是我生命中的大事！除了搜集、打录资料、构思、写作之苦外，电脑的不时故障也使我头脑几乎炸裂，能够在有生之年写就此书，即一大幸也！余生再也做不了这种事了！这几乎是一生"功夫书"的终结。

当然，只要生存，我就要读书、思考、写作，但不会再写也写不动这种"功夫书”了。会“野渡无人舟自横”地散淡、从容、自在，跳出鲁迅研究的界域，完全以自己的独立眼光观察世界，谈出己见，运用从鲁迅那里学到的思想与艺术写一些独力支撑的随想录式的文章和书。但愿天假以年，能够将胸中“焖焐”的书和文章基本写出写好。

在林非等先生艰苦努力下，我调到文学研究所工作已经三十六年！三十六年来，我为鲁迅研究事业做了十件实事——

小事不计，十件实事里有中事七件：

一、从世界文学视野考察了阿Q的典型性。(《阿Q新论——阿Q与世界文学中的精神典型问题》《从世界文学视野看阿Q》)

二、从世界文学视野确定了鲁迅杂文的文学属性。(《鲁迅杂文与英国随笔的比较研究——兼论鲁迅杂文在世界散文史上的地位》《从世界文学视野看鲁迅杂文》)

三、从精神现象学的视角认识到鲁迅在中国乃至世界的精神价值，是警醒“不悟自己之为奴”的人们从奴性状态中悟觉，上升到悟性以至理性的境界。从而对鲁迅作出这样的定性：是深刻反思中国人精神的伟大思想家。(《悟性与奴性——鲁迅与中国知识分子的“国民性”》《鲁迅的当代价值》《中国鲁迅学通史》)

四、探究出鲁迅的本原思想是“幸福的度日，合理的做人”，从而正本清源，以正视听。(《“幸福的度日，合理的做人”——鲁迅本原思想探究》)

五、全面探索了鲁迅的科学思维，从思维方式上汲取鲁迅的经验。(《鲁迅的科学思维——张梦阳论鲁迅》)

六、体味出鲁迅散文语言的艺术发展，从而重估了鲁迅后期杂文的艺术价值。(《鲁迅散文语言的艺术发展》)

七、翻译了鲁迅毕其一生一再力主翻译的《中国人气质》，并使之成为多种译本中公认的最好的一本，多次再版。

十件实事中的大事三件：

一、编纂了五卷一分册一千万字的《1913—1983鲁迅研究学术论著资料汇编》，为学术史抢救、保存了珍贵的历史资料，获得中国社会科学院优秀科研成果奖。

二、写作、编纂了三卷本一百八十七万字的《中国鲁迅学通史》，获得国家图书奖，收入《中国文库》。

三、创作了这部《鲁迅全传·苦魂三部曲》，获得国家出版基金。

而以最后的《苦魂三部曲》最为艰辛，也最为珍贵。

从著名作家张炜先生主办的万松浦书院中看到两段箴言：

> 时间之后，一切各归其位。
>
> ——别林斯基

> 记住，一切将会消逝——一切。王国和皇位，盖世的家产和亿万钱财，将会化为乌有，一切都在变化。我们自己，我们的儿孙，也不会留下任何痕迹，我们的骨头也将化为尘土。但如果我的作品能含有哪怕一丁点儿真正的艺术，它们就会永恒地活在人间。
>
> ——列夫·托尔斯泰

这两段名人名言，让我懂得了什么才是自己生命中最重要、最需要、最本质的东西，一切浮华终将在时间面前颜色尽失，留下的只是对人类文化真正有价值的东西。

我把这两段话，当作最重要经典箴言放在电脑桌面上，时时观看，深思，鼓励自己克服艰难困苦，脚踏实地埋头苦干，绝不空谈，绝不浮华，绝不停滞。无论是表扬还是讥讽，都化作自己前进的动力。甚至在自己由于心软使小人算计走巨额利益反倒恩将仇报时，我也这样安慰自己：没有时间与鼠辈计较了，全力以赴写好《苦魂》！《苦魂》成功，即一切成功！《苦魂》失败，即一切失败！今生一切成败全系于《苦魂》！

而对那些在关键时刻帮助过自己的师友，我则永远感激！

我之所以能够具备干实事的环境和条件，毫无疑问地须衷心感谢林非和肖凤两位恩师，如不是他们冲破重重阻力调我到中国社会科学院文学研究所工作并无微不至地关怀、保护，以上实事都做不出，所有的书和文章都不会出现。

还要感谢刘再复、张琢二位至交，如不是他们的推荐和帮助，我说不定还在哪里的农村学校教书呢！谈不上做出鲁迅研究的十件实事。

当然，如林非先生一再叮嘱的，要感谢文学研究所当时的领导陈荒煤同志！是他以知人的眼光与魄力拍板，“拔猛将于卒伍”，调我来文学研究所工作。

曾经和我在一个县教书的著名作家汤吉夫先生，也是值得我终生感谢的恩友，如果不是他敦请当时的廊坊地区教育局局长陈浩山同志把我由县里调到廊坊，我也不会与林非、刘再复、张琢先生相遇，更不会有后来的调动。

上海鲁迅纪念馆原馆长、上海交通大学教授、资深鲁迅研究专家王锡荣，上海左联纪念馆馆长何瑛，复旦大学教授部元宝、张业松，上海师范大学教授杨剑龙，华东师范大学教授陈子善、杨扬，上海外国语大学教授陈福康，北京鲁迅博物馆原常务副馆长、资深鲁迅研究专家陈漱渝教授，北京鲁迅博物馆常务副馆长黄乔生教授，绍兴鲁迅纪念馆裘士雄、陈勤、徐东波、顾红亚、徐晓光，绍兴文理学院人文学院教授寿永明、王晓初、卓光平和张理明、傅支伟夫妇，中国人民大学文学院院长孙郁教授，北京大学中文系高远东教授，中国海洋大学徐妍教授，陕西师范大学田刚教授，北京第二外国语学院文艺评论基地执行主任李林荣教授，平顶山学院赵焕亭教授，山东作家张炜、陈占敏、李贯通，天津作家冯骥才、汤吉夫、张映勤、金钢，北京作家凸凹，评论家陈骏涛、雷达、张守仁、阎晶明、李建军、李云雷，历史学家陈铁健，吉林作家桑永海，山东高唐一中的王者玉老师，《中华读书报》的王小琪、舒晋瑜女士，《文汇读书周报》的朱自奋女士，《随笔》杂志社主编麦婵女士，我的知交刘纳女士，以及日本学者李冬木、韩国学者朴宰雨等都是我创作《苦魂》的知音并提供了种种无私的帮助，我都不会忘记他们的。

绍兴那秋生先生、北京鲁迅博物馆葛涛先生热情地为我传递电子资料，也令我感动不已，在此一并感谢。

最后还要感谢中国出版集团华文出版社总编辑李红强博士，李瑞虹、胡慧华、张明华编辑。如不是他们的大力支持，《鲁迅全传·苦魂三部曲》不会出版这么顺利。

总之，滴水之恩必涌泉相报，我永远记住帮助过我的所有朋友！

最后，我再申明:书出版之后，就成为客观存在，无论是赞扬，还是批评，我一般都不一一回应。因为人生短促，余下的时日已很有限，我必须全身心投入构思在《苦魂》之前、比《苦魂》更想写出、但不准备生前出版的反映五代学者心灵历程的长篇小说《心海苍茫》的创作中去。身后如有好事者印行，我已经言行两亡，更无从回应了。

二〇一五年七月二十日凌晨四时七分写于香山“孤静斋”

二〇一五年七月二十四日中午润色

二〇一五年十月至二〇一六年七月再修订、编校、润色

附　录

一点补充

二〇一五年十二月二十四日,《鲁迅全传·苦魂三部曲》一校已交回一个月,二校即将送来之时，我觉得已经枯肠搜尽，不会再有什么补充了，忽收到绍兴那秋生先生的邮件，传来了他从刘再复先生二十世纪八十年代出版的《性格组合论》一书中精选出的经典语录——

说人是一种力量与软弱、光明与盲目、伟大与渺小的复合物，这并不是责难人，而是为人下定义。

——狄德罗

当我告诉人们在一只老虎面前要怀着戒心的时候，我不能不把老虎的美丽发亮的斑纹也指出来,否则人们遇见老虎就不知道是老虎了。论人也是如此，如果全然邪恶，就绝对构不成艺术的对象，也不能抓住读者的注意力。

——席勒《强盗》第一版序言

在她们的情欲中都有历史、时代、社会的巨大投影，她们的内心充满着人的激情,但是,这种激情又充满着痛苦,充满着灵与肉的矛盾。

人在创造更加美好的世界时，也创造了自己的牢笼，天堂与地狱同时诞生。

在这个世界中，有天使的光辉，也有魔鬼的阴影，有人的高贵，也有人的鄙俗。

总之，这个内心是二重组合的，唯有这样的内心世界，才有感人的力量，才会让读者感受到真实人的内心世界，看到人的内心世界中善与恶、美与丑两种心理能量的相互撞击、相互转化，即看到一种心理活动的矛盾状态、活动形式。

小说应该从空间生活，进而进入价值生活。

所谓空间生活，就是小说必须具有空间感，比如《战争与和平》那些伟大的篇章，绝非起因于故事，而是出色地展示了俄罗斯的空间——林林总总，包括桥梁、冰封的河流、森林、道路、花园及田野，这样小说就有了立体感。

所谓价值生活，就是人的心灵生活，小说在于透过表现，体现人内心最深处的生活，就是每个人都有两个面，通过矛盾和痛苦，体现人内心最深广的东西。

一个人的长处，常常正是他的弱点，而一个人的弱点又恰恰包含着他的长处。完美并不等于美，缺陷正是美的有机成分。美丑总是相互依存、相互转化、相互映衬的。

作家在创造人物性格时，应当充分注意环境在发生变异时的差异性并多角度、多侧面地展示性格的组合。一个人在卧室、客厅、写字间面对不同的空间位置和人，性格风貌会显出差异。

由于不同环境促使性格发生变化，性格才显得真实而光彩。再以英雄性格来说，英雄在这一空间系统中可能是个凡人，而在另一种系统中则可能是一个豪杰。作为一个豪杰，可能在科学系统中是个巨人，而在政治系统中则是个呆子。也可能在艺术系统中是个骑士，而在家庭系统中是个懦夫；也可能在战争环境中是个无所畏惧的战士，而在爱情领域上却是一个优柔寡断的稚子；也可能在平常的空间环境中十分凶猛，而在非常的空间环境中则变得胆怯。

时间的变异性，是指人物性格随着时间向前推移，而不断地变更。文学中成功的性格，一般都有性格发展的历史。性格的历史因素与性格的现实因素的二重组合，使性格更有立体感、也更有深度。比如林冲，他发配到沧州，是空间的大变迁，而空间的变迁又是与时间的变动融合为一体的。林冲性格随着时间的推移，反抗的性格元素已经沉淀到相当的程度，而加上空间的大变迁后非常事件的发生，他的反抗性格也就完全形成了。

性格要具有流动性，不流动的性格，便是机械的相加，这就推动了性格组合千姿百态的丰富性，就没有性格组合的辩证法。简单的优点加缺点，会破坏人物的性格，与有机组合相去甚远。

人的全部行为，都是天生性格派生的，天生性格是人最内在的本质，是第一性的，而且是最原始的，它以人的欲求为自己的本质基地；而认识、行为都是第二性的，都来自于天性。

政治理想不等于审美理想。白居易在《长恨歌》中，不仅把唐明皇和杨玉环作为自己的审美对象，而且把他们的爱情加以升华，加以典型化，写出了动人心弦的千古名篇。因为白居易不是从封建和反封建的政治利害来考虑君王的爱情，而是从人类普遍情感的审美角度来处理这一题材，这就从世俗境界提升到了审美境界。人们厌恶、唾弃政治上的唐明皇，却喜欢、同情白居易笔下经过审美化了的唐明皇。

性格二重组合原理，一方面要求作家应当表现人物性格的丰富性、多样性和复杂性，一方面又要求性格的整体性，即在性格的二重组合中保持一种统治的定性，一种决定性格方向的主导因素。

在空间角度上，性格运动一方面表现出异向性，另一方面又表现出定向性。

在时间角度上，性格运动在不同的时间阶段，发生前后性格的二重组合，显示出历史差异性，但这种变动中又保存着某种稳定的东西，因此性格运动又呈现出一种相对稳定性和一贯性。这种性格的相对的定向性、稳定性、一贯性，就是性格的一元化。

我们所说的性格二重组合，就是一元的二重组合。

——刘再复

再复的《性格组合论》，一出版就送给我了。我仔细看过，但至今将近三十年，详细内容已经记不清，开笔写作《鲁迅全传·苦魂三部曲》之前，也未及重读，然而在着笔写作鲁迅和他周围的人物时，竟然是惊人地依照再复的观点进行的。这不能不使人感到惊讶！

很多地方，读者自己完全可以对照着看出来，我仅挑最主要之点说一说：“一个人的长处，常常正是他的弱点，而一个人的弱点又恰恰包含着他的长处。完美并不等于美，缺陷正是美的有机成分。美丑总是相互依存、相互转化、相互映衬的。”恰恰是对鲁迅形象的最好解释。多少年来，我刻意表现的正是这样的鲁迅：“作为一个稀有天才，又作为一个真实的人存在的鲁迅，有和常人一样的七情六欲、喜怒哀乐，有时也会出现一些失误，存在一些超乎常人的怪脾气和怪性格，但却具备着常人所没有的极其难得的思想天才与文学天才；作为一位文学家，他又常出现平庸之人没有的激烈和偏至，而他说出的许多发人深省的至理名言，却往往包含在这种‘深刻的片面’中。这样的鲁迅形象，可能比那种‘偶像化’、‘妖魔化’或‘俗人化’的鲁迅符合实际，也有益于人们对鲁迅的理解与接受，以纠正各种偏离和扭曲，使鲁迅及其作品长久渗进人们的心中。”(二〇一五年十月十九日《文汇读书周报》《写一个“近于真相”的鲁迅》)再复说“完美并不等于美，缺陷正是美的有机成分。”从美学原理上说明了什么是美的问题，也从人的哲学的角度，揭示了鲁迅观应有的哲学基础。我们不必为贤者讳，把鲁迅本来存在的一些性格缺陷掩盖起来，也不必在听到持不同意见者指出鲁迅的缺点时，就火冒三丈，以“捍卫者”的姿态痛加斥责，而应从根本上端正我们评价历史人物的哲学与方法。所以在《苦魂》中，没有十全十美的人，也没有十恶不赦的人。

“由于不同环境促使性格发生变化，性格才显得真实而光彩。再以英雄性格来说，英雄在这一空间系统中可能是个凡人，而在另一种系统中则可能是一个豪杰。作为一个豪杰，可能在科学系统中是个巨人，而在政治系统则是个呆子。也可能在艺术系统中是个骑士，而在家庭系统中是个懦夫；也可能在战争环境中是个无所畏惧的战士，而在爱情领域上却是一个优柔寡断的稚子；也可能在平常的空间环境中十分凶猛，而在非常的空间环境中则变得胆怯。”鲁迅恰恰就是这样的。作为一位世间稀有的文学天才与思想天才，他表现出了惊世骇俗的智慧和才华，但是在处理一些人事关系时，却如他的爱人许广平所说——“愚不可及”。

“所谓价值生活，就是人的心灵生活，小说在于透过表现，体现人内心最深处的生活，就是每个人都有两个面，通过矛盾和痛苦，体现人内心最深广的东西。”这正是《鲁迅全传·苦魂三部曲》所呕心沥血致力之处，之所以称鲁迅为“苦魂”，就在于矛盾和痛苦，是他内心最深广的东西。

我与至交再复的这些不谋而合，一是说明人的性格的二重组合，是客观存在。无论是创作者，还是理论家，只要正视了这个客观实际，都会不约而同地在这一焦点聚会。二是再复与我之所以成为几十年的知己，说明我们不仅在气质和为人上，而且从血脉和骨髓中确有相通之处。一九七九年第一次照面，他就拍着我的肩膀说：“廊坊还有这样的人啊！到我们这里工作吧！”

以至一些俗人责备他说:“你调查了吗?政审了吗?一见面就敢说这种话。”再复则不予理睬,坚持自己的意见。在有些小人不惜用造谣诬蔑的卑鄙手段竭力阻挡我的调动时,他又力排众议、据理力争,和林非先生一起共同努力,终于把我调进了文学研究所。三十多年来,我所做的《汇编》《通史》《全传》三件大事,就足以证明再复和林非先生“调的是对的!”一直到今天,相隔波涛万里的大西洋,我仍与再复心心相印,灵犀相通,就在于我们之间存在一种“气场”——恐怕现代科学尚未完全搞清的“气场”。

平安夜将尽,圣诞节即至,黎明前,西天角出现了一片微红的新月,把玫瑰色的熹微斜射进“孤静斋”,我向大洋彼岸的再复遥致敬意!

二〇一五年十二月二十五日圣诞节凌晨

刘再复先生来信

梦阳兄，读了你《一点补充》，真是感慨万千。你真的学到了鲁迅的耿介与韧性。无论经历怎样的沧桑，你对我的信赖总是不易不迁，这就是耿介。你总是疾恶如仇，悲悯弱者（不久前所作的《抚琴女那双冷去的玉手》之至文足以证明），也是耿介。而韧性则几乎无人可比，研究鲁迅的韧性，文学写作的韧性，友情友爱的韧性，等等，均为罕见。看来，你是想把心灵的张力场更深地切入鲁迅，不错，这会给人间留下更真实的鲁迅。我的性格组合论，其实是人性真实论。我觉得，文学能见证人性的真实和生存处境的真实就可以了。对于作家而言，真即善。不欺骗读者就是善。感谢那秋生兄和你还记得我过去的二重理念。有心有识有情,这种人愈来愈稀少了。我们不妨都当“愚不可及”的稀有生物吧。

再复二〇一五年十二月二十八日于美国科罗拉多洛矶山下